日本史研究叢刊 31

日本の近世社会と大塩事件

酒井　一　著

和泉書院

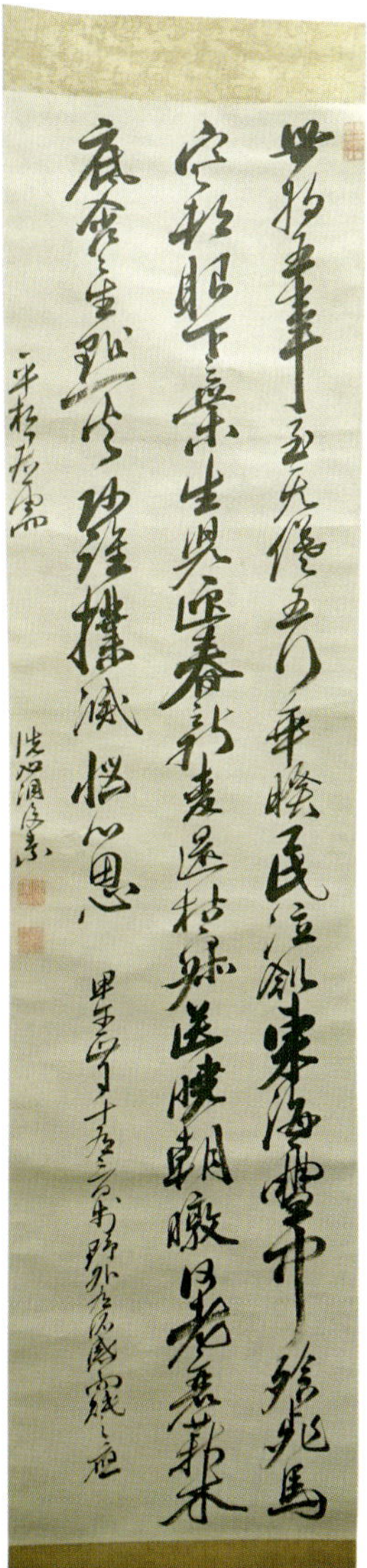

大塩後素七言律詩（酒井一旧蔵）

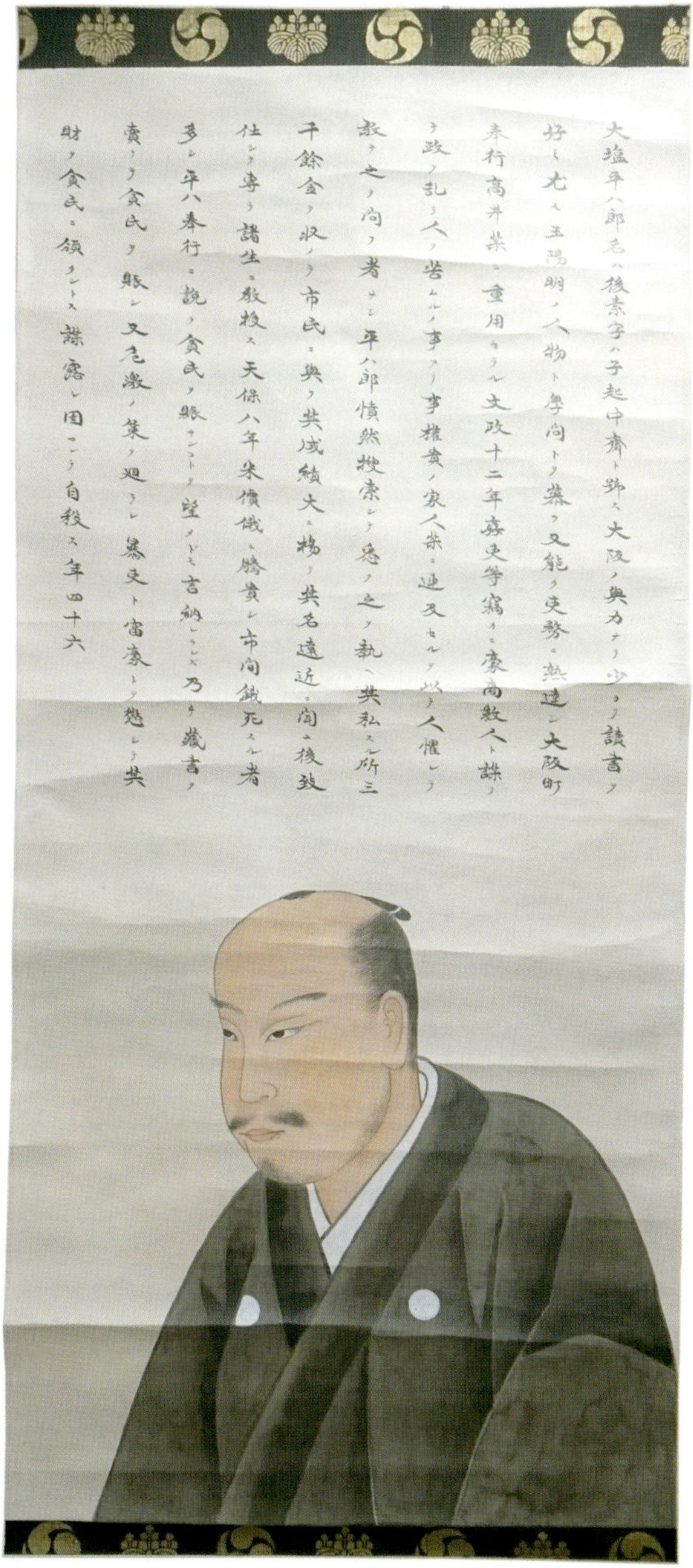

大塩平八郎中斎肖像（酒井一旧蔵）

釈　文

大塩平八郎中斎肖像　賛

大塩平八郎名ハ後素、字ハ子起中斎ト号ス、大阪ノ与力ナリ、少ヨリ読書ヲ好ミ、尤モ王陽明ノ人物ト学問トヲ慕フ、又能ク吏務ニ熟達シ大阪町奉行高井某ニ重用セラル、文政十二年姦吏等竊カニ豪商数人ト謀リテ政ヲ乱リ人ヲ苦ムルノ事アリ、事権貴ノ家人某ニ連及セルヲ以テ、人懼レテ敢テ之ヲ問フ者ナシ、平八郎憤然捜索シテ悉ク之ヲ執ヘ、其私スル所三千余金ヲ収メテ市民ニ与フ、其成績大ニ揚リ、其名遠近ニ聞ユ、後致仕シテ専ラ諸生ニ教授ス、天保八年米価俄ニ騰貴シ市間餓死スル者多シ、平八奉行ニ説テ貧民ヲ賑サンコトヲ望メドモ言納レラレズ、乃チ蔵書ヲ売リテ貧民ヲ賑シ、又危激ノ策ヲ廻ラシ暴吏ト富豪トヲ懲シテ、其財ヲ貧民ニ頒タントス、謀露レ囲マレテ自殺ス、年四十六

大塩後素七言律詩

世将に有事ならんとして無倦に至る　五行乖睽《かいけい》して民飢に泣く
東海雪中に死馬を餐《くら》ひ　空村眼下に生児を棄つ
春に帀《めぐ》るも　新麦遷《ま》た枯寂　暁を送る朝暾　何ぞ老衰せる
薪木底に含む　星火を点ずるを　阿誰か撲滅せん　心思を悩するを
　甲午正月十有三日　野外に歩き、感じる所有りて之を餞り、平松君の需めに応ず
洗心洞後素

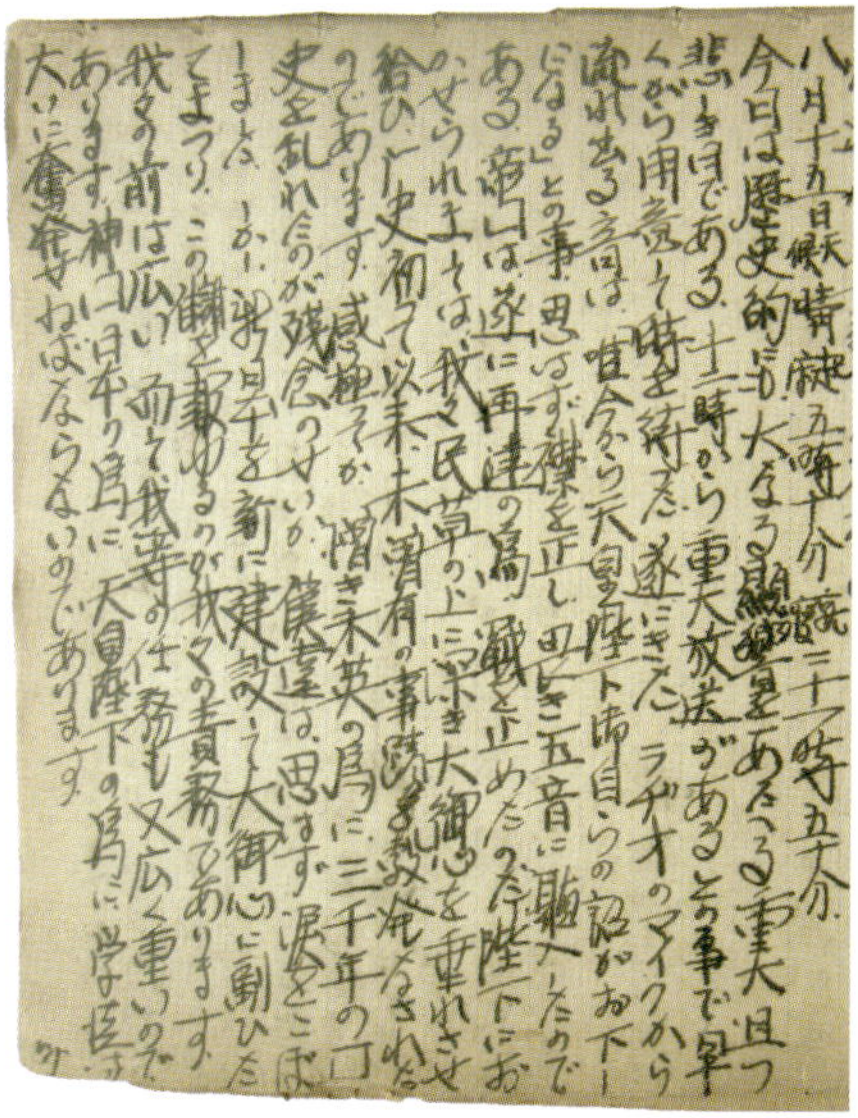

昭和20年 8 月15日記事

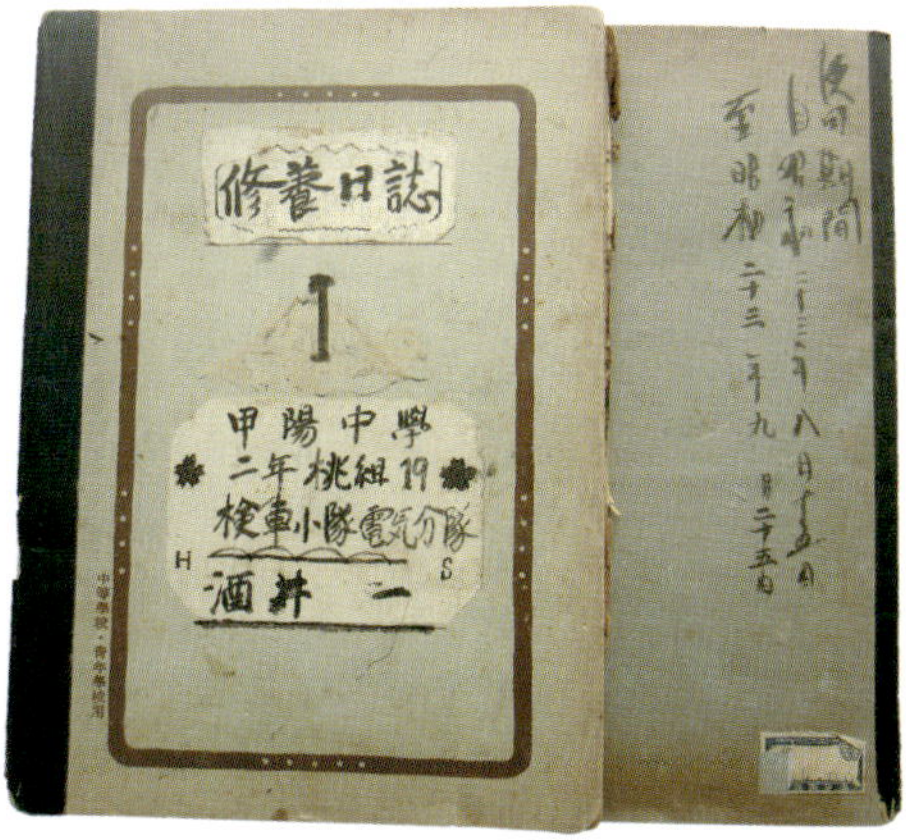

酒井一「修養日誌」

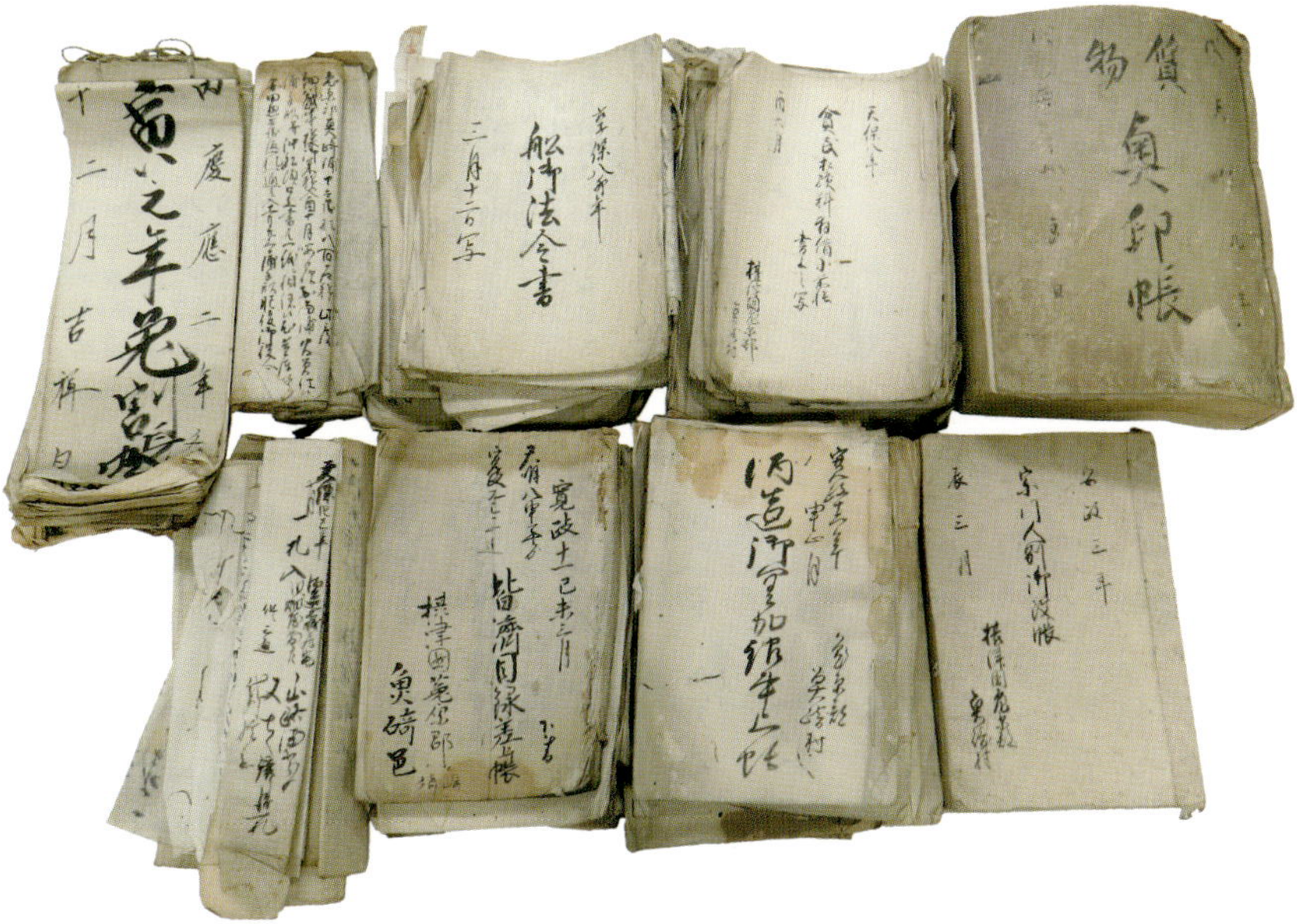

摂津国八部郡魚崎村文書（酒井一旧蔵）

釈　文

酒井一「修養日誌」昭和二十年八月十五日記事

八月十五日天候晴起床五時十分就寝二十一時五十分
今日は歴史的にも大なる影響をあたへる重大且つ悲しき日である。十二時から重大放送があるとの事で早くから用意して時を待った。遂にきた。ラヂオのマイクから流れ出る音は、「唯今から天皇陛下御自らの詔がお下しになる」との事。思はず襟を正し、畏き玉音に聴入ったのである。帝国は、遂に再建の為、戦を止めたのだ。（後略）

最初、大坂の打毀しについて関心を持ちましたのは、神戸大学の卒業論文で灘の酒造業の地である魚崎《うおざき》村、現在の神戸市東灘区で村の史料を分析しておりまして、近世後期魚崎村というのをまとめてみたわけですね。

（本書「半世紀の歴史研究を振り返る」一頁より）

目次

Ⅱ　大塩事件

Ⅲ　幕末の社会と民衆

Ⅳ　地域史と民衆文化

凡例

1　本書は、故酒井一氏が生前に発表した論考の中から四つの主題に応じて選び、構成したものである。出典は本書「酒井一先生著作目録」を要参照。

2　氏の半世紀にわたる歴史研究のあゆみを知るため、冒頭に同氏へのインタビュー記事を掲載し、あわせて各部の末尾に解題を付した。

3　掲載にあたってはそれぞれの論考の原文を尊重したが、表記の統一、振り仮名の加筆、句読点の補正、改行の補正、註の統一など、原文の主旨を損なわない範囲で手を加え、明らかな誤りについては改めた。なお、史料の所蔵機関・所蔵者名は、発表当時のものである。

4　引用されている研究文献については、現時点で入手できる文献名に改めた。

5　引用されている史料、とくに原文書については、追跡調査ができないため原文のままとした。なお、史料中に□とあるのは判読不能を示す。

6　各論考に付けられた表は、位置を変えたものがあるが原文通りにすべて掲載した。ただし、図版については版権の都合上、厳選して掲載した。

7　近世社会が身分制社会であるため、史料表現などに差別的な表記があるが、身分差別の科学的研究に従事した著者の意図を考慮し、そのまま掲載した。

半世紀の歴史研究を振り返る

——民衆史・地域史・大塩平八郎・歴史学——

小田忠　酒井先生、きょうは来ていただきまして、ありがとうございます。（平成十七（二〇〇五）年）五月八日に村井（康彦）先生、朝尾（直弘）先生、酒井先生で、鼎談を行っていただきました。話しに熱中されたせいか、お二人で予定の時間を三〇分も超えてしまい、酒井先生の話が聞けずに終了してしまいました。これは非常に残念なことでした。新たに酒井先生のインタビューを収録することにより、各先生の話がそろった方が読者にわかりやすいと考え、本日（五月二十五日）、酒井先生にお話をお伺いする次第です。

　インタビューの内容は、一つめが民衆史の視座、二つめが地域史からの視座、三つめが大塩平八郎、四つめが歴史学の視座を支えたもの、この四つの視点からお話をお伺いしたいと思っています。

　まず最初に、民衆史の視座ですが、この中で都市の打毀しというものがあるかと思いますが、その辺りのお話をお伺いしたいと思います。

《民衆史の視座》

酒井一　最初、大坂の打毀しについて関心を持ちましたのは、神戸大学の卒業論文で灘の酒造業の地である魚崎《うおざき》村、現在の神戸市東灘区で村の史料を分析しておりまして、近世後期魚崎村というのをまとめてみたわけですね。当時、村レベルの研究が多くて、定量的な研究も含めて、古島敏雄さんなどの研究もあって、それらに学んでまとめたんですが、このあと、一年間病気をしまして、時間をおいてもう一度、書いたものを再検討することになったわけですね。この魚崎村に慶応二（一八六六）年五月の打毀しの史料がわずかながらあった。ここからもう一回見直してみると、兵庫あるいは西宮から慶応二年、ちょうど長州征伐のときで、幕軍が大坂城へ入っているときですが、それが大坂に波及して、六月に江戸へ飛ぶという、大坂周辺が全国的な打毀しの起点になっている。慶応二年と天明七（一七八七）年も同じなんですが、そういうのを書いてみたんですね。今ほど明確な意識は持ってなかったんですけど、初めて、書いたのがそれなんですよ。のちに個別に絞り込んで書きました。

小田　天明七年のときは、大飢饉が起こった背景があり、慶応二年の江戸の打毀しは、世直しで、幕府の倒壊を促したとは思いますが、このような社会的な背景あるいはこのような幕府の態度をどのようにお考えですか。

酒井　最近、山形大の岩田（浩太郎）さんが総合的な打毀しの研究、『近世都市騒擾の研究』（吉川弘文館、二〇〇四年）をまとめていますが、早くは津田秀夫先生などが書かれていて、その時点ではまだはっきり考え方として持ってないんですが、ひとつ出したのは、大坂の打毀しが、大坂のど真ん中から起きないということを発見したんです。そこに目をつけたのは、難波村から東の方にかけて、長町《ながまち》、日本橋《にっぽんばし》筋ですね、これが起点であるということを押えたんですね。そして、ここから大坂へというか、大坂の周辺を巻き込んでいく。打毀しというのは、船場、島之内の大商家では起きないというふうに考えると、さまざまな理由が考えられるんですけれども、ともかく大坂周辺を縫うようにして広がっていく。ところが、天明七年もこの慶応二年も同じで、考えるきっかけになったのは、住吉郡平野郷町の覚帳にある菜種の売り先ですよ。大体打毀しの進行していくところにしかるべき職人だとか、小さな住民たちが存在している。概して大きな鴻池屋とか、天王寺屋とか、平野屋とかいうような大商業資本のもとでは、下は丁稚奉公から編成され、管理システムが強いので自由に動くことができないということに気がついたわけですね。それで、打毀しというのは、都市で起きるけれども、都市の民衆が、例えば船場《せんば》から走り出ることはないんですね。これは米の問題ですから、必ず米の打毀しの季節は五月であり、百姓一揆の季節は十二月である。大体そのパターンが決まってるんですね。そういう点で、大坂周辺をずっと縫うようにあって波及して行く。江戸でもど真ん中でなくて品川から入っていくという。それから、江戸を巻き込んで関東農村の武蔵地域にひろがると考えたんですね。具体的に岩田さんはもっと精密な研究をされていますし、それから、町方の構造については乾宏巳さん、内田九州男さん、吉田伸之さん、塚田孝さんなどが細かく分析されてますけど、私が最初入った時は精細なものではなくて、全体的なものを考えてみました。ただ嬉しいことに食べる米の問題がどういうふうに大坂とその周辺で問題になったかを考えて、ときどき示唆的なことを書いたんでね。私ちょっと変なくせがありまして、議論で展開していることよりも、その注で、わりあい大事なことを入れてるんです。これを、奈良教育大の本城（正徳）さんとか岩田氏が見つけて、酒井が少し言ったことを自分たちの米穀市場の問題だとか、打毀しの問題に広げてくれているんです。若い方がね、ささやかな注、実は私も思いを込めて注を入れてるんですがね。それを取り上げてくれてまして、大変うれしいですね。

小田　今のお話は、都市周辺で起きやすい問題なんでしょうか。船場・島之内では起きにくいという、周辺から起きやすいというのは。

酒井　大坂のど真ん中から起きないということは事実としてそうなんですね。そして、なぜかということを考えるのにね、二つ判断の基準があるんですね。一つは大阪の履物問屋で、まさに株仲間の構成員の家筋でみずから最後の「御堂筋履物問屋」の当主であった米谷《こめたに》（修）さんという郷土史家の方がおられて、その人はなかなかするどいことをおっしゃった方です。履物問屋は、昭和初年の御堂筋の拡幅で姿を消したんですね。そのお話を聞くと、船場・島之内の大店に奉公している小僧さんとか、丁稚、そういう人たちが住み込みで寝てますね。それを、ちゃんと番頭あるいはそれに近い立場の人が見てるんです。チェック、本当に寝てるかどうか。夜分抜けて遊びに行く可能性あるな。遊郭に行ったり夜遊びしてくるかと。必ずそれをチェックしていたということを米谷さんから伺ったんです。こういう状態であれば、枠にはまってますね。下から身分をどうこうして上へ上がって、成功する人はごく少ない。鴻池でもね、途中でやめていく人もかなりいると思うんですね。そういう中で、一つのシステムにはまってますから、ごたごたした雰囲気の場ではないわけだな。こういうところからは、打毀しをやるような層はまず出てこない。

もう一つ、実際住友の奉公人のデータをみると、夜遊びをよくしているけれども、しかるべくチェック機能が働いていると。一たん失敗したら店を放り出されますからね。そういう中で枠にはまっている。ここからは私が追いかけている打毀しは出ない、むしろ難波村から下ですね。長町のイメージ、最近考えをちょっと変えないといかんと思うのですけど、あそこは畑が多くて、ごたごたしたところで傘の仕事があったり木賃宿が並んでいるところで、大坂以外のところから来た人がまず住み着くところです。それで、東成・西成郡の市中隣接地もそういうところですね。ある程度住むと、船場界隈へ入っていく人もいるけど、まず食らいつくのは大坂周辺。今のＪＲ環状線界隈がそういう役割を果たしている。そこは、村がかりの住民税も安いんですよ。形の上では農村ですからね。町のように、町年寄があってというのとちょっと違ってごたごたしている。ここらが打毀しの発端と主体を構成する。

小田　その長町といいますと、長町も紀州街道につながっていますし、玉造の方も奈良街道に通じているし、京橋は京都の方でしょう。それぞれの街道という意味では、つながっているかと思いますが、その上で、なぜ長町だったのかという問題が出てくるんですか。

酒井　交通量は多いんですけれども、紀州街道で堺へ抜ける道ですね。京橋、八軒家とは性格が違う。八軒家は舟着場で旅宿があり名所図会に出てきますが、長町は性格が全然違う。アウトサイダー的な人がかなり住んでいるところなんですよ。それの延長である高津《こうづ》の辺と難波村もそうでしょう。

小田　高津というのは西高津新地のことですか。

酒井　天保期なら高津五右衛門町など。あの辺からずっと出てきますね。大坂のど真ん中では起きてないのに、その隣接地帯に出てくる。それから、難波村については、おもしろいことに逮捕された連中の記録が飯田にあります。数珠つなぎになってる姿がね、長州征伐で大坂にきていた藩士の記録が『伊那』という雑誌に発表されています。案外離れたところで史料が出てきて、難波村が一つの騒動の場所になっていることがわかるんですね。

小田　そうしますと、今の酒井先生のお話では、やはり周辺で、特に難波村とか、長町とか、どちらかというと、貧しい人々が住む場所というふうに考えてよろしいでしょうか。

酒井　船場の町には、恐らく大和とかね、大坂を取り巻く摂津も播磨も泉州ももちろん入る。ところが、そういうところのしかるべき農家から出てきて奉公している人は、船場や島之内のシステムに入ってますからね、これはほぼ打毀し勢力にならない。もっとアウトサイダー的な人が住み着くところ、それが長町とか、高津など。

小田　これはたしか、その都市の裕福者に対する、不満分子が簡単に結びついているわけではないですね。

酒井　本来は、食う米の問題です。だから、裕福な層への攻撃として出てきますけどね。やっぱり飯米がないという、恐らく日雇い層でしょうね。年季奉公人じゃなくて、日銭を稼いでいる連中が動いている。

小田　例えば、力仕事をする人、油絞人とか、米つき人足たちですか。

酒井　そうですね。それで、攻撃の相手は、米騒動と同じですよ。搗米屋を襲撃する。だから、鴻池屋の前へ行って丁稚たちが騒ぐというのではない。対豪商は大塩のやることであって、一般庶民は門前払い。

小田　今のお話をお伺いしますと非常によくわかってきました。まだ、もうちょっと何か、付け足されることがありますでしょうか。

酒井　打毀しについては以上ですが、私の打毀し論に一つの反省がありましてね。それは経済史的観点だけだったことです。そのことが当時は、経済が社会の基盤、基底であり、打毀しというのは、こういう観点から迫るべきであるということで、かなり意識的に経済問題だけで説明したんです。ところが、東の方から、新潟大学の佐藤誠郎《しげろう》さんが、東大へ国内留学したときに、東大の維新史料を追いかけて、私に対して批判を展開した。政治的役割を慶応二年について指摘された。そのとおりだと思った。山田忠雄氏は「直接的革命情勢」といっている。だって、長州征伐中ですからね。米をよこせというような経済的な問題が、当時の幕府崩壊寸前の中で、どのように政治的意味を持ったか。ちょっと時代を下げると、大正七（一九一八）年の米騒動が内閣を倒すわけですからね。そういうこともあって、佐藤さんのおっしゃることに私は賛成なんです。東京の人は、わりかた政治的意識が強いんですよ。関西の人より。関西は政治はなんじゃいというような気持ちがありますからね。実《じつ》とったらええと思いますけど。だから、私も経済史に意識的に絞ったということの欠陥はあるだろうと思いますね。

小田　わかりました。また、そういうことを受けて、そこから新しく構築をされるんですか。

酒井　私の次の仕事の一つというのは十年来関心をおいているんですが、天明七年の打毀しを一遍整理してみたいと思っています。慶応の打毀しと大分離れてるんですけど、起こり方はほぼ十八世紀後半ですが、のちの慶応二年と同じように、大坂周辺から徐々に全国に波及する点では天明の打毀しも慶応の打毀しも同じで、そのスタートが大坂のど真ん中でなくて、周辺から起こることを再度、新しい若い人の研究を踏まえてやりたいと思って、そのファイルを積み上げているんです。

小田　全国的に動いていますから、かなりの作業になると思いますが、でも、今から取り組まれるわけですか。

酒井　だから、波及した先のことは、ある程度おいておき、最初に火のついたところとして足元の大坂を押えて。

それから、もう一つは、これはやっぱり、社会運動が一般に反映した時代で、一九五四年からずっと六〇年ぐらいまでは、社会的に非常に高揚して、歴史家もその影響をかなり受けていたので、ある程度無意識ながら手をつけていた国訴の研究。先の魚崎村の論文は、朝尾（直弘）さんが『明治維新史研究講座　第三巻』（平凡社、一九五八年）で紹介されました。国訴は、ちょっとやってそれで終わっちゃったんだけども。そう、この打毀しの小論、旧制大阪高等学校の教授で、阪大から横浜（市立大学）・東北（大学）と移られた石井孝先生の論文にも使ってもらったが。ガリ版の大阪歴史学会『近世史研究』に書いたのは、幸いに『明治維新史研究講座　第一巻』（平凡社、一九五八年）で津田秀夫先生が、当時まだ少なかった国訴研究の一つとして紹介しておられる。この雑誌には、朝尾さんにもお願いしていい論文を書いてもらいました。昨年（平成十六年）著作集が完結して、その中に収められています。村々が連合して、そして大坂の種物《たねもの》問屋とか油問屋とか綿の問屋を訴えますが、朝尾さんがするどく指摘されたのは、そのときに、村と大坂の問屋との間に、いわゆる在郷商人的な役割を指摘されてるんですよ。これが私の周辺論と結びつくんですよ。村の庄屋の役割のほかに村と奉行所へつないでいく小商人的なオルガナイザーの存在を指摘された朝尾さんはすごいですなあ。私が書いたちょっとあとに、書かれましたね。私のは、八木哲浩《あきひろ》先生収集の史料をお借りして事実を並べただけで、随分いい加減な論文なんですけどね。

小田　それは在郷商人が指導した感じなんでしょうか。

酒井　これはまあ、朝尾さんに聞かないとわからないのですけども、都市特権商人に対して、大塚史学なんかで、在郷商人の動きが出てきてるんですよ。そういうのが背景にあるかもわかりませんね。それを、文政六（一八二三）年の国訴の文書を分析しながら指摘されている。その内容を見たら、株仲間を廃止しようというようなことまで言っている。画期的な文章ですね。都市と農村という単純な比較、対立関係じゃなくて、間をとりもつオルガナイザー、村を本当に経済的にオルガナイズしているのが、その周辺の小商人、あのときは代表に高井田村の庄屋が出てきますけれども、さらにもうちょっと都市に入ったところの表面に出ない商人の役割を指摘されて、私も同感でした。

小田　こういった国訴というのは、例えば百姓一揆とか都市の打毀しですね、そのような動きがあったと思いますが、同じような所に行き着くんでしょうか、流れとしては。それとも、別な傾向でしょうかね。

酒井　民衆運動としてはその概念にもちろん入るわけです。ただ、担い手と目的が違うということです。都市の打毀しは主に飯米の問題であり、今言ったように村の人は、これには動かないという特徴がありますね。百姓一揆の目的で一番大きなのは年貢です。だから、これは土地を持ってる層が中心で、そして、藩とか幕府との関係で。しかし、当時一九五〇年代で問題になったのは、近畿畿内は百姓一揆が少ないということで、それで全国を三つに分けるとしたら、畿内先進地帯と、それから余りよくない言葉ですけど、後進地帯と、中間地帯というふうにおくとしますね。そうすると、中間、後進地帯の藩領では、惣百姓一揆のようにものすごい万規模の一揆が起こる。畿内の民衆は何していたのかということになりますね。打毀しは全国に波及する役割を果たしているんだけれども、百姓一揆としては、小規模で数えるほどしかないんですよ。そうすると、畿内農民、特に摂河泉の村々はどうしたかというと、つまり、裁判が日常化してるから、個人的な賃借関係もあるでしょうし、商業関係の取り引き上の問題もあり、もちろん刑事事件もあるでしょうけれども、かなり民事に係る動きで、奉行所の裁きを日常的に経験している。そういう伝統が国訴を生み出してくる。だから、私は国訴を畿内的な闘争だと思うんですね。

それに対して、いやそんなことはないんだ、東北の村山地方、山形県のあたりにもあるんだと言われるんだけども、やっぱりね、裁判というものの受け止め方は、畿内農民あるいは先進地帯で大坂町奉行所管轄の摂河泉播とほかの地帯とはかなり違う。江戸の町奉行所のもとにいる地域とも違う。摂河《せっか》泉播《せんばん》というところが、町奉行所を軸にしながら、さまざまな形、国訴以外も含めましてね、細かく広域的に集まって合法的訴願運動をやって、実現、勝ちとっている。この場合、犠牲者はゼロになります。だから、百姓一揆は勇しいのでよく脚光をあびましたけれど、畿内ではむしろ、それよりもこちらの方が日常化している。実際、維新の直前、慶応元年まで国訴していますから。だから、私は実に畿内の特色じゃないかと思うんですね。

小田　今おっしゃっているように、特色と言われれば、特色でしょうが、政治的に考えますとね、高度に非常に発達していると。喧嘩してなんの得があるんだと、それより、裁判に訴えてはっきりした方がいいやないかとそういう姿勢は高度な判断だと思います。だけど、裁判というふうにしてみると、簡単には結論は出ないでしょうし、村々での出費いうのも、大変な金額にのぼると思いますが、これなんかも、『江戸の訴訟』（高橋敏《さとし》著、岩波書店、一九九六年）をみますと、かなりのお金がかかったように書かれていますが、それは畿内だって同じやないでしょうか、それにもまして、その裁判に訴えるというところがやっぱし特色なわけですね。

酒井　実をとるわけです。

小田　実をとる。

酒井　だから、百姓一揆は一命を捨てないといかんので、「身を殺して仁を成し」ますね。これは大坂町奉行所の管轄では、『江戸の訴訟』のような江戸へ遠いところから来て奉行所に座る人は余りいないですよ。摂河泉播ですからね。江戸へ出訴するのと比べればそんなに費用はかからなかったと見ているんです。それで、高橋敏さんが書いたように、裁判に出頭してくると、郷宿・公事宿が奉行所のそばにあって、知恵をさずけてくれたんじゃないか。それから、庄屋または村役人が立ち上がりますが、日常的に呼び出されたりしているから、簡単に言うと、ちょっと行ってきますいう形でできそうな、ちょっとじゃないんだけど行ってきますと。一揆は命を捨てますからね。もちろん三ヵ国、千ヵ村にまたがる国訴の組織化は、大変ですが。

小田　そういう点からすると、合理的と言えば非常に合理的な考え方を持っていたというふうに考えていいわけですね。それから、ここの惣代いうのは村の代表ということでよろしいでしょうか。

酒井　そうです。庄屋が出ますからね。庄屋連合みたいなもんです。それもやたらに立つものじゃなくて、支配ごとに立つわけです。村が幕領だったら幕領、旗本領だったら旗本の、藩だったら藩領の代表というふうに、当時の支配、藩領を超えて惣代に立つということはない訳です。必ずその何々領分の村惣代、しかし、領主を超えて打ち合わせをやってるというところがすごいですね。村役人の政治的力量が育つわけです。

小田　ひとつの村だけに限らずに、似たような条件がその村々で持っておれば、お互いが話し合いで何十ヵ村か、あるいはそれをもっと超えた郡とか、そのような単位でもって国訴をしていく、あるいは裁判をしていく、そのような認識でよろしいんでしょうか。

酒井　つまり、経済的な関係において、完全に一致しているということです。年貢は領主によって違う。だから、年貢で領域を超えるということは余りない。あるとしたら、ともに飢饉で、藩領や幕領で起きたのが、隣の支配地に波及するということがあるんですね。だけど、一緒にやることはほとんどありません。

打毀しは、米だけで走りますから、百姓よりもむしろ日銭を稼いで飯米をみずから稼がなきゃならない買食い層ということです。国訴は、村全体にかかってくる経済的な大坂商人との綿とか菜種油・肥料との関係で。それはもう藩領を超えているんです。支配を超えた関係でできた。ここにね、もうそろそろ文政以後、最近青木美智男さんなどセンスのいい方が言われているように、近代の予兆が始まっているんです。おかげまいりもそうです。藩札だってそうでしょ。藩の中だけ通用するんじゃなくて、領域を超えるような経済関係が生れてきて、これが後に藩を超えてついに廃藩にもなるでしょうし、伊藤博文が郡県制度の設置ということを明治二（一八六九）年に言い出して、廃藩にいたる動きの社会的背景が国訴の中にあると見ているんです。

小田　そのような村々は都市の株仲間が、流通過程において独占しているという声が出て、自分達の収益が奪われているという認識を持っていたわけですよね。そういうことにも反対して、国訴をした。それが株仲間の解散につながったと思いますが、これは幕府が、このような事件を、受け止めてそういうふうに至ったんでしょうか。

酒井　それはね、国訴の結果がそうなったとは、単純に言いにくいところなんですね。ただ、朝尾（直弘）さんが明らかにされたように、文政六年の綿をめぐる国訴で、恐らくこれは在郷商人的な発想だと思うんですけどね。株仲間を廃止するということが別書きのように書かれている。それは願書では消えているんですよ。だけども、少なくとも一八二〇年代において、そういう発想が出てきているという点ですね。それからあと、それが底流としてあるけれども、直ちに株仲間の解散になるかというと、やっぱり天保改革という、幕政の全国的な展開の中での路線に入れないといかんので、地下水としてはつながっているけども、株仲間の廃止のためには、もっといろんな要素を入れる必要がある。畿内だけでは説明できない。

小田　酒井先生も古い時代から関心を持っておられたと思いますが、周縁論、周辺的な示唆というんでしょうか。この辺りは。

酒井　私自身、都市と農村というものを考えた場合にね、都市そのものの分析はあまりやっていない。ただ、都市で起きた打毀しについてはときどき書いたり発言したりしているという程度ですね。

経済史的に言えば、宮本（又次《またじ》）先生のグループが都市商業を非常によくお調べになっているので、それはそちらにおまかせしておいて、私などは、農村の史料を追いかけて、それを分析する形で入っていったわけです。そのうちに今申しましたような打毀しという事が関連してきて、ここから都市のど真ん中から打毀しがどうも起きていないと。走ってるところを見たら、どうもその周辺の連中が動いて、同じ人が動いているかどうかは疑問ですけれども、階層としてはつながっているものがあって、いわゆる日傭層というか、日銭を稼いでいる、賃労働者的な階層が動いているということですね。

そういうふうに考えてみると、今までは単純に都市と農村という二つの面でみてきた。国訴もそうでしょうね、国訴の本当の本質は特権的な都市資本が農村経済を圧迫しているというのが、当時の議論だったんですが、そういう単純な議論じゃなくて、もう一つ間に媒介を入れる必要がある。その後、藪田貫《ゆたか》氏の頼み証文や平川新《あらた》氏の消費市場の観点もありますが、地域論としては中間地帯的なものですね。そして、都市の周りの半ば都市化している農村というのは、名前は、例えば難波村だと、実際は百姓をほとんどしてない、なんらかの屋号をもったり、村の中が、何々町、何々町にわかれてるんですよ。名称は村だけれども、大坂に隣接して都市化している。大坂の町に住んでいる人とはちょっと違う人たちが周辺の地域から集まってきているところに注目したらどうかということ。実はこれにはタネがあります。

小田　どんなタネなんでしょうか、一体。

酒井　私の生れたところが、そのひとつなんです。摂津国西成郡上福嶋村というんですけど、大塩の乱に施行札がまかれ、参加もしているし、大坂の町の外で曽根崎新地の西にあって、蜆《しじみ》川沿い、市中とはちょっと違うところです。今は一部堂島になっているんですけれど、ど真ん中の地域とは違うんで。難波村・天王寺村も同じだと思うんですね。

それがひとつと、院生の頃、中村哲君と大阪周辺地域で市内に編入され都市化したところを歩いたことがあります。旭区とか東成区ですね。その時、中村君が近世の東成・西成郡の重要性を示唆してくれました。それが第二のヒントです。

《地域史からの視座》

小田　つぎに〝地域史からの視座〟、地域史から日本を見通す、これはどのようなことでしょうか。

酒井　それはね、一転、大きな日本の、例えば近世社会がどうこうということを議論するのではなくて、自分の直接見たり、触れたりしたところから議論を組み立てていって、そして、望むべくは、日本全体、近世社会を考えるようにしたらどうかと。大前提に近世社会がこうであったから、地方はこうであるという議論がよくあると思うんですが、それとは逆ですね。その地域をそれぞれ追っていきますと全国共通のものと、個別的なものとあるんですね。この二つがあって、共通なものばかり探していてもおかしいんで、あるいは個別的なものだけを追いかけるのも問題で、それぞれの独自性を認めながら、その時代の姿を地域から二本柱で考えようというのが私の気持ちですね。

小田　わかりました。それは、先生が長い間地方自治体史にかかわられ、かなり多くの村に史料を探しに行かれたと思いますが、その辺りのお話しはどうなんでしょうか。

酒井　それは今の史料の所蔵の仕方は、我々のよく歩いた時代とは随分変わってきました。一昔前の話になるんですが、我々の場合は特に近世文書、あるいは明治二十二（一八八九）年の戸長役場の廃止までのものは、村の庄屋、村役人の家か、地域の共有文書としてあって、調べるときは、村から村へと尋ねていきましたね。もちろんやみくもに行くんじゃなくて、それなりの家というのを見当つけていくんですけど、村から村へ手弁当で歩いた。最初はですね。そのうちに自治体史が始まると、そちらのお世話になりながら、掘り起こしに行ったということですね。

小田　多くの自治体史を手がけられ、多くの人的関係といいますか、人的ネットワークを構築されたと思います。そこでのおつきあい、あるいは勉強されたことがたくさんあると思いますが、その辺りで『堺市史』の続編を手がけられて、小葉田（淳）先生、あるいは朝尾（直弘）先生、他にも成田（孝三）先生など、いろいろおられると思いますが、その辺りのお話をお伺いしたいと思います。

酒井　『堺市史』（旧）は戦前に小葉田淳先生がお若いときに三浦周行先生のもとで従事された。小葉田先生が大学を出られて間もない頃の写真が市史に収められています。そのご縁で京都大学へ堺市から話を持ってこられたと思うんですけども。そして朝尾先生がその編集責任として全力を投入された。その途中で京都大学へ就任されるということがありましたね。私がたまたま畿内特に摂河泉辺りの農村めぐりをよくやっているということで、近世担当として入ったと思いますね。ほかに福島雅蔵先生などが加わられた。

我々が担当しましたのは、旧『堺市史』以後新しく堺市に合併された旧村の歴史を、考古・古代からずっと近現代まで書くということですね。で、朝尾先生が全部を統括されてましたけれども、もとの旧市内については別の、京大の人文科学研究所の渡辺徹先生を中心に前の堺市史で取り上げた以後の旧市内の近現代史を担当された。ちょうど大学紛争の最中でしたね。苦労しましたね。もともと筆が遅いところへ。

小田　新史料をかなり探されたと思いますが、それまでになんらかの方法で史料が集まっていたんでしょうか。

酒井　いや、もう新市域は、基本的な調査を本格的に始めたということですね。文書をカメラでとって、CHに焼いて文書ごとにファイルして、並べるという形で、撮影してきましたね。そこで一番大きかったのはね、私の印象だけですけども、百舌鳥《もず》赤畑の高林さんの文書ですね。これは一橋領知ですけど、すでに津田先生が調査されていましたが、ここに広域的に天保期の史料がありましたね。あと夕雲開《せきうんびらき》の筒井家など別の古い時代の史料がありましたけど、私の担当では高林家の印象が強いですね。

もうひとつ、明和の一揆の史料がね、資料編のまとめの終わりぐらいに出てきましてね。これは本当にびっくりしました。この発見はエッセイに書きました。

小田　明和の史料で特徴的なものがあったかと思いますが、何か思い出されるようなことはありましたか。

酒井　これは北野田の井上さんというお宅なんですが、その村を含めて丹南藩高木領があります。丹南藩の百姓一揆が起きたということは大体知っているわけですね。その家に、その一揆の史料があるのかないのかは、確証はなかったんです。ところが、何回か行くうちに出していただいた古文書の中に、その一揆にかかわる断片があったたんです。それで一揆の史料があるでしょうとお尋ねしたんです。そしたら、ないとおっしゃるんですよ。この方は公的な役所に、職業安定所だったかにお勤めの方だったから、史料を市史に簡単に見せてもらえるかなという甘い考えを持っていたんですよ。個人ではちょっと問題があるけど、市の仕事だからと。何回目かは忘れましたけど、僕が行ったときに、明和の一揆にお宅のご先祖が関係されていると思う。ついては、そのお墓に参りたいって言ったんですよ。そしたらね、井上さんが先頭に立って、三ヵ村の共同の墓地へ、今はもうなくなってますけれど、連れていかれましてね。墓地に入ったらね、大きい声で、きょうは酒井先生が来ておられるとお墓に話しかけられました。あっと思ったらね、実はこの間の戦争で戦死した息子に話したのだと。こうして連れていってもらうと、墓地の真ん中に三ヵ村辺りの亡くなった方の柩を置く石の細長い台があって、その台のすぐうしろに百姓一揆に関係した庄屋さん、井上さんのご先祖のお墓があったんです、驚いたのは、村の死者一人一人をおくりますね。そのときに、自然に後ろにある墓をおがむ形になっちゃうんだ。それで感激しましてね、お宅へ戻ったら古文書が出てきたんですよ。江戸の小伝馬町の獄中からの手紙です。そのときは朝尾先生が、よう見つけたなという感想を編纂室の那須（久仁子）さんに伝えられたそうです。資料編の最終段階です。資料調査の仕方ですが、文書がありますか、見せてくださいではね、所蔵者が無条件に出してくれるという考えが間違っている。やっぱり個人のものですからね。ちゃんとしかるべき共通の認識の上に立たないと、古文書というのは、個人のお宅からは提供してもらえないんじゃないかという実感を……。

小田　共通的な認識というのは、人間としてというような。

酒井　そう、そういうことです。

小田　どのようなことでしょうか。

酒井　獄中で亡くなったのでなくて、幸いに釈放され善光寺へ御礼参りに寄って、帰ってくるわけです。坂迎えといって村人が迎えるんですね。ご苦労さんでしたと。村でのちに亡くなるんだけれども、それにしても、村の百姓を率いて立ち、獄中に入ったということは、我々からみると村のために立ったということになりますけれども、一応社会的には、獄へ入れられたという認識があるでしょう。だから、そういう意図、立場をよく理解し、井上さんに対する敬意を表して初めて、じゃあまあいいかと。その後盛んに、お便りをいただいて、『堺市史　続編』にはさんであります。

小田　そういうことを契機にして、人間のいい意味での関係がついたという証拠ですね。そのあとですね、『尼崎市史』の方も担当されたと思いますが、これはどういうふうな。

酒井　あれはね、若いときですから、助手みたいなもんですな。執筆は全然やっておりませんが、いい経験だと思うのは当時村の悉皆調査をやってるんですね。市史などをやる場合にしても、悉皆調査をせずに目に入ったところだけで資料集をつくる場合が時折あるんですけども、そうでなくて、担当の八木（哲浩）先生は、庶民資料所在目録の作成という戦後の全国的な仕事に兵庫県担当として従事され、尼崎藩大庄屋の上瓦林村岡本家の古文書を見つけて、それで今井（林太郎）先生と共著で『封建社会の農村構造』（有斐閣、一九五五年）をお書きになった。そういう考えから悉皆調査をされた。私はまことに役立たずでしたけれども、まず、文書のチリを払いながら古文書の目録をつくる。そして、それを踏まえて、内容に入る調査を行うという、その基本勉強をしました。小田さんも経験されたように、文書名をつけるのは非常に難しいですな。特に冊子はいいんだけども、とりわけ一紙ものはね、若い人には、こういう訓練をきちっとやってもらう必要があるんじゃないかと思います。在るものを調べるのじゃなくて。極端にいうとごみのようなものをあさって、内容別に一点一点分類してというような、基礎的な訓練をさせてもらいました。

小田　昭和四十年になりまして、『大阪百年史』（大阪府、一九六八年）とか、『兵庫県百年史』（兵庫県、一九六七年）といったお仕事をされますが、近代史への広がりについて、どういうような感じを持っておられたんでしょうか。

酒井　この大阪府の成立と兵庫県の成立は、大体同時なんですね。だから、同時並行で『大阪百年史』では教育を担当したんです。黒羽《くろは》（兵治郎《ひょうじろう》）先生がトップで府立大学が引き受けて、森杉夫先生と私が近代の文化、その中で私の担当は教育。生の史料を探してくる時間がほとんどなく、突貫工事でした。

それで既成の本を並べて書きました。教育史としてまとめたのは一応最初ではないかと思うんですが、このあと『大阪府教育史』が本格的に、福島雅蔵先生たちによって大阪府から出るんです。そのときに一番参考になったのが、曽根崎小学校というのが梅田にあり、愛日小学校とか、大阪の北にある小学校を調べてまして、第二次資料ですけど、学校沿革史を見たりしました。曽根崎小学校の校長さんが明治時代、児童の退学がふえることをものすごく嘆いているんですよ。そういう一節にあって驚きましてね。それでなぜかということを考えたんですね。当時、私は龍谷という私立大学におりましたから、学費をいかに上げずに学生に就学してもらえるかということに非常に関心がありまして、その目で見たら、大阪市の授業料の値上げによる退学なんですよ。このことに気がつきまして、読んでみると、校長先生が、その授業料の値上げによる中退者の増加に憤慨していたわけなんですよ。これが一番印象的でした。あとは、大阪の南の学校です。愛隣学校というのに関心があって、大分力入れて、当時『どんぞこのこども』（教育タイムス社、一九六六年）という本を碓井（隆次）先生が出しておられ、活用させていただきましたね。

もう一つの『兵庫県百年史』では、明治の後期を担当しました。監修は、今井（林太郎）先生、東大で平泉派の皇国史観になじまず、荘園研究をされた方。戦争中外務省の嘱託をされていたので、近代史にも詳しい。私は、政治と文化以外は大体取り上げたんです。つまり、兵庫県というのはおもしろい。江戸時代でいうと五ヵ国が入っているんです。日本海側と瀬戸内海側と内陸部が入っています。わかりやすくいうと、日本の縮図みたいなもので、また初代の知事が伊藤博文です。開港場として出発した。それで、特に経済的な関係も調べて、初めて近代史の勉強をしました。このあと私、龍谷大で日本近代経済史と経営史にかかわりましたので、これがものすごく役に立った。一県から、日本の経済を見ていくという、近代史で、本格的にというと恥ずかしいですけども、初めて多くのことを学んだように思います。

小田　そのあとに大変な仕事をされたと思いますが、『兵庫県史』全二十五巻、三十有余年にわたるお仕事ですが、これについては、さまざまな思い出を持っておられるかと思いますが。

酒井　これは、期間がちょっと長過ぎるんで、簡単に言いますと、近世編としては最初は、今井先生、八木先生、作道（洋太郎）先生などが編集の中心です。そこへ二番手をして私なんかが若輩で入れていただいた。『兵庫県百年史』の関係もあったんでしょうね。このときいちばん若かったのは、京都大学に後に移られた大山喬平さんでした。中世担当、大阪市大におられたので、直木孝次郎先生のお声がかかり。その次に若いのが私だった。だから、幸いに生き残ってるんです。八木先生はまだお元気だけれど、今井先生、作道先生、小林（茂）先生も亡くなって、あとまあ、残っている少ない人間の一人です。

『兵庫県史』の調査の頃は若かったから、五ヵ国をそれぞれに歩きました。それで、本文篇と資料篇との完成までたどりつきました。

小田　新史料探して全兵庫県下回られて、前の『堺市史』のときに資料を貸していただいたときの教訓としてあるわけですから、いかんなく、発揮されたと思いますけど。

酒井　堺のように特定の地域に食らいつくんじゃなくて、点々とある形でしょう。だから、必ずしもそういう密着型ではないんですが、地元で一生懸命調べておられる方の資料を提供してもらって。印象的なのは、但馬の元文の一揆がありましてね、隠岐島に流された人が但馬の故郷へ送った手紙を、地元の人が確認されてましてね、これも、泉州の井上家の文書等と同じように、獄中、あるいは流された先からの手紙というもので感動的ですね。

小田　そうですね。かなりリアリティーがあったんですね。

酒井　リアリティーあったと思いますね。あといろいろ思い出すこともあるんですけど、こういうところですね。

小田　それから、あと『阪南町史』であるとか、『高槻市史』、『羽曳野市史』、『八日市市史』、『相生市史』と続け様に手がけられますが、お仕事を通じて、新しい発見とか、感動されたようなことはありますでしょうか。

酒井　それぞれあるんですけどもね、阪南町は福島先生のお誘いで、これは昔南海沿線側の海岸沿いの尾崎村と山間の東鳥取村と、同じ泉南でも随分違うなということ。合併して阪南町（いま阪南市）ですけどね。隣接してるんだけども、違うなという実感は持ちましたね。だから、地域っていうのは細かく見ると、いろいろおもしろい問題がある。尾崎を中心にしたところの感じはそれなりの早くから続いた文化も持ってるところですね。

小田　はあ。今言われた尾崎の方ですね、海側と山側が違うということですね。この阪南町では。

酒井　阪南町は二つの町村が合併したんですね。今も町村合併がいろいろ進んでいますけど。だから、尾崎を中心にして箱作《はこつくり》だとか、海岸沿いは街村と漁村ですね、街道がずっと続いて。そういうところと離れて、JR阪和線の山中渓ってありますね、あそこから自然田《じねんだ》あたりは、やっぱり村民性が違うんですよ。海寄りはもう開放的です。

住民の意識が大分違うんでね。この山手の自然田村では、初期の免状に綿作が早くから入ってることがわかりました。これは大きい成果ですね。

小田　そうですね。泉州の方は早くから。

酒井　だから、綿作の発展のことを考える方はよく引用されますね。尾崎もまた特色がありますね。大庄屋吉田家などもおもしろいですね。

『高槻市史』は、松尾寿さん、島根大学、のちに大阪樟蔭女子大に先般までおいでになった。松尾さんとは若い時分からの知り合いで、私に声をかけてもらいました。これもよく歩きました。大塩関係の史料もそのとき出てきました。

小田 ああ、そうですか。

酒井 よく歩いたんですけど、本文編を書くときは、失礼いたしまして、イギリスに留学しました。

『羽曳野市史』はね、これは山中（永之佑）先生、大阪大学の法制史、近代政治史の、私の尊敬する先生のお誘いで近代の経済をやれということで。山中先生は『高槻市史』でご一緒したんです。山中先生がロンドンで下宿されたところへ、私もお世話になりました。『羽曳野市史』では、初代委員長が亡くなって、阪大の黒田（俊雄）先生になり、黒田先生が亡くなって、吉田（晶）先生が三代目の委員長、委員長が三代交代して、市長さんも変わりましたね。近世は藪田（貫）さんがおられまして、私は近代の担当。一番おもしろかったのは、交通ですね。それと水平社設立時の推定が適中したこと。鉄道の発展と地域がどういうふうに変わって、住宅がどう出てくるか。村がどうなるか。あるいは村でも産業が広がっていくとかね。大変おもしろかった。遅筆でご迷惑をかけましたが、納得するものができたと少々満足。

小田 多分、この仕事を通じて、そういうものを会得されたわけですね。

酒井 バットの芯にパチンと当たった感じですな。

小田 もともと先生はあるイメージを持っておられたわけですね。あるいはそういう問題意識みたいな。そうではないんですか。

酒井 ある程度持っていますね。羽曳野では、市史にはあまり載っていないんだけど、江戸時代から明治を通じて牛問屋の天王寺の石橋孫右衛門関係で、駒ヶ谷に牛市があった。駒ヶ谷村の古文書にあり、山口之夫先生が見つけてこられた史料群（真鍋甚策家）です。山口先生と広島文理大の同窓である宮川満さんという太閤検地論の先生と一緒に作業しました。私の親の家が会場でした。私は牛市を与えられて書いて『史林』に発表しました。朝尾さんが、その時分『史林』の編集をされてたんです。それで、羽曳野のイメージは大体できていた。後に奈良県の高田に移住しまして、近所に下田とかの地名があります。駒ヶ谷から山を越えると奈良県へ入った辺の村がね、既に牛の研究で知っていたところです。だから、なんとなく身近に、大和へ住んでも感じたものです。

近代史については、鉄道というものがどういうふうに普及していくかということは街道と違って面白かった。

小田　藤井寺のお仕事はどうでしたでしょうか。

酒井　『藤井寺市史』にもお世話になりましたが、直接関係ありません。羽曳野では鉄道敷設に伴う株主のお宅へ尋ねていったり、綿関係の工場の聞き取りをしてね。大正時代の資料ってあんまりないんですよ。そういうのを聞きとりと、わずかな文献と突き合せてね、組みたてたり、鉄道の普及と住宅開発。白鳥町というのがそうかな。

小田　これは市史をつくるときに、自分に与えられた担当分野がありますわね。同じ教育で入っても奈良県の教育とほかの教育は違うと思います。あるイメージを自分なりにつくって、あるいは持っておかないことにはつくりづらいということがあろうかと思いますが、先ほどから、このピタッとくるというのは、その自分でつくったイメージといろいろ資料を探しながら、そういうことが符合したというような解釈でよろしいですか。

酒井　いうよりも、地域によりますが最初は大雑把なイメージしか持ってないです。だけど、鉄道によって地域がどう変わるかという観点は持ってるんです。鉄道と工場が近代の河内だけじゃありませんが、特に大阪周辺を変えていったというイメージがありますね。地域経済をどういうふうに変貌させたか。一応近代経済史の知識として入れてあり、それが、どういうふうに展開してくるかは地域によって違いますわね。ＪＲが走るところと、私鉄が走るところと。私鉄の場合は、地域の庄屋の流れを汲む、地方名望家が株主として、今日の近鉄南大阪線をつくっていってるわけですね。そういうのを見て、そしてその地域に有力な株主がいたら、それを尋ねていったら庄屋さんだったとか。それで近世とのつながりを一応考えるとかね。かちんとあたったというのは、理論的に組み立てられたということです。

小田　そのような意味だったんですね。そうですか、『羽曳野市史』の時にはそういう思いを持たれたわけですね。『八日市市史』ではどうでしょうか。

酒井　『八日市市史』は、朝尾さんから声をかけていただいて、朝尾門下の水本（邦彦）さんもおられまして、ちょっと遠かったんですが。おかげ参りなどですな。幕末に近いところを担当させてもらいました。例えばひとつは、殿さんが違うと、村の生活が大分違う。この市域に、東北の仙台伊達家の領地があるんです。そうするとね、向こうの文化が入ってくるんです。馬頭観音があるんです。馬頭観音というのは、本来馬のことかどうか知りませんけれど、東北型の支配を受けてるところは、牛より馬を使ってるんです。普通西日本は牛耕、東日本は馬耕、というふうに分けるんですけどね。だから、近江は、牛耕地帯なんですよ。そこへ、殿さんが違うとね、東日本型の馬頭観音が祭られてるとかいうようなことがあって。おかげ参りは、ちょっと面白い。

それから、天保十四（一八四三）年の三上騒動という、幕府の天保改革による検地に対して、村々が十万日の日延べをかちとった一揆があるんです。滋賀県のJR東海道線に野洲駅がありますね。弥生時代の銅鐸のたくさん出たところです。そこでのちに史料が報告されましたけどね、おもしろい日記があった。一揆を起こす前に、火伏せの秋葉権現にお参りしているんですよ。秋葉山というのは、遠州、静岡県でそこへお参りに行ってるんです。何気なく書いてあるんだけどね、あとから見るとね、一揆の祈願に行った感じなんです。よその村から一揆が波及してくる記述もあって、おもしろいですね。それから、今度は京都の獄中に捕まってからも日記があるんですよ。それがなぞなんです。私の推定では、親父が獄中に入ったんで、息子が書きついだ。筆跡が変わっていると見たんですが。だから、興味津々。

小田　あと、『相生市史』は何かありませんか。

酒井　相生で印象的なのはね、相生市には、播磨の赤穂郡ともうひとつ揖保郡の西部が入ってるんです。揖西郡の庄屋さんの文書があって、色々小前の百姓から攻撃された家です。これを原稿に書いたら、市が慌てましてね。河《こう》本《もと》先生に相談しますといったんですよ。河本さんというのは、自民党の河本敏夫さんですね。河本先生は相生市のご出身だが、龍野藩領の庄屋で、河本家の文書だったんです。だから、国会議員というのはね、これもときどき喋らしていただいてますけれども、大体、普通選挙法の成立までは、あるいは今日も含めて地方の村役人、豪農、地方名望家でないと出れませんね。名誉職、日本の伝統といったらいいか、構造と言ってもいいか。河本さんは、地元に多大の貢献をされている方です。市の問い合わせに対して事務所から返事がきました。どうぞ、ご自由にお書きくださいと。私、これを聞いてね、はあと思ったね。大物ですね。

小田　うれしいですね。

酒井　うれしい。そういう思い出がある。ほかにもあるんですけど、まあ、これで。

小田　あ、そうですか。それでは、あと『三重県史』の方は、先生、三重大学の方で三重県とは深いつながりがあるかと思いますが、これは今も進行中ということで。

酒井　県史は今進行中ですね。

小田　ご担当は近世とか近代、両方……。

酒井　両方に入っています。県の要望で近代から始まって、資料編を完結して、近くその通史編の執筆の体制を固めるため、つい三日ほど前に打合せがありました。近世はまだ資料編が続刊中です。ちょっと若いときには、県下の方々にいっていましたが、今は職場を離れてからうとくなってますけども。三重県は、伊勢国、志摩国、南の方は、それこそ世界遺産に入ってくる紀伊国、紀州の東部、東紀州ですね、それから伊賀の四ヵ国が含まれるんですよ。だから、これまた、地域によってさまざまに違う。伊賀はやっぱり非常に特色がありますね。何ヵ国かにまたがる研究っていうのは実におもしろいですね。伊勢国だって北、中、南とありますわね。紀州だって、和歌山城の方と、それから新宮、東の方では、紀州藩領が伊勢国の要所、白子《しろこ》とか、松坂、田丸をおさえていますからね。そういう点では、ここもおもしろいです。

小田　そうですね、三重県というのは、不思議な地形をしていますから。例えば山の中に入りますと、上野とか伊賀ですね、港で言えば、津もそうだろうし、それから、伊勢とか、志摩とか、不思議なところだと思って。やっぱりその趣も全然違うんだろうなと思いますが。文化圏にしましてもね。

酒井　ただ、一般的な辞書を見ると、例えば、野呂元丈は伊勢の生れとあります。伊勢のどこかまで知らないとね。南勢の勢和村波多瀬の生れなんです。なるほど、ここの生れだから、ああいう蘭学者、本草学者になった。本草学者が享保改革のときに、江戸へ動いてるんですよ。これはこの地域が紀州藩領だからですよ。この九月大商大（大阪商業大学）さんでもお世話になりますが、世界遺産の紀伊半島論を考えるのは、この勢和村の研究やら東紀州の紀和町、これは熊野に近いものですから、熊野参詣道の一環ですよ。それぞれに歴史のボーリングをして考えました。

『四日市市史』は近現代を担当しました。四日市公害の漁村問題をやりましてね、百姓一揆分析を、近代の住民運動に適用しましてね、旗を立てて海上の男たちの闘いを海岸から女・子どもが支援するとか。公害裁判の勝利では、貴重な聞き取りをしました。

小田　実際のところ、このような仕事をしたことがないのでわからないんですが、例えば、先生がお若いころに、朝尾先生に、誘われてこれやってみないかと言われたときに、近世史やってくれとか、あるいは教育史やってとか言われますね。それは若いこともあるけども、〃うん〃と、あるいは〃はい〃と言わざるを得ないと思うんですけども、余り酒井先生のことやから、否定はされませんね。でも、先生はいろいろな仕事をやられながら、もう今は、お立場が全然違うと思いますが、例えば朝尾先生はよう知っておられるから、あんまり変なところは持たされることはないと思いますが、これやってくれと言われて、いや、僕はここよりは別な所をやりたいと、自分の希望を出されたことはあるんでしょうか。

酒井　それはありませんね。今ちょっとそういうことを言うような歳になりましたが。

ただね、私の悪い性格なんだけども、与えられた仕事はね、早々とやらないけれども、折角の機会だから、勉強するという気持ちで、お前近代やるかといわれたら、私はできませんとは言わないんですよ。やりましょうって気持ちで、勉強に入るんですな。だから、兵庫県と大阪府で近代を担当したのは、ある意味では、役に立っているというのは、明治維新をはさんで、近世の研究は大体明治の初めで終わるんですよ。せいぜい明治二十年まで、史料が庄屋さんの家にあるから書くけどね。その延長として明治まで書いたら、その部分は余りはっきりしないのです。明治は明治時代から独自性があるはずだが、明治維新の前も後ろも、大事な日本の変革を両方から押えているという気持ちなんです。で、歴史家も案外史料の所在によって、研究の方法は制約をうけもう打ち切ってしまうんですよ。しかし、村として住民として生きていて、一貫してるわけですね。生活様式が変わっても、一つのものだから、歴史家の時代区分で切ってしまうわけにはいかんと見ています。それで、近代もやらせてもらって、おもしろい。そういう点で、余り禁欲的に他の分野に手を伸ばさない方もあるんだけれども、私は貪欲にというか、思いをこめながら、裾野を広めてきたという気がします。

いろんな自治体史の担当をさせてもらって、やっぱり地域というものがそれぞれの特色、僕の言う顔や声のあるものとして存在している。だから、一律に地域というものは議論できないと。泉州だって、堺と阪南町とでは大分違っています。

だから、さっき申しましたように、地域独自の問題、個別的な、特殊と呼んでもいいんでしょうけど、個別的な問題と、それから大きく泉州なら泉州というところに共通する普遍的なもの、それを押えて、それが日本史の中で、どういうふうに位置付けられるかということを考えていく方がよい。そういう点では、この色々な史料を見せてもらったので有り難いと思います。これはなんでも食べようという悪いくせかもわかりません。研究者によっては、専攻以外あかんという人がいますからね。

小田 そのような貴重な資料をたくさん集めてこられて、自治体史編纂から得た地域像とか、それから大切な資料の保存問題ですね。これについてはどのようにお考えでしょうか。

酒井 今まで我々のやったところは、必ずしも史料保存が完璧でないんですよ。大阪府に関しては、大阪府公文書館ていうのがありますけども、本当に他府県の文書館などに比べると、公文書中心でしょ。兵庫県だって、公館県政資料館というのを置いてますけども、明治以後の公的な文書と現地で集めたのを、写真、その他でおいているだけで、本格的な建物を持ってないんですよ。その点では関係したところが、例えば『堺市史』で提示した資料や、写真が今どこに入っているか、探し出すのがもう大変なんですよ。担当者がどんどん変わって部屋がなくなってますからね。ほかの市域についても同じなんで、これはきちっとした保存体制を考えて、市史が終わってもここで集めた資料は公開して、もちろんそれぞれから関係者の承諾をえなければいけませんが、そういうことの努力をやる。ところが、自治体も財政難でとてもこういうことをやらないけれども、この観点を我々がきちっと主張していかなきゃいけないと思います。

小田 わかりました。

酒井 もう一つちょっと付け加えると、村で保存されていた史料ですね。これは今、住民の生活様式が非常に変わってきましたので、村や個人で保存しにくくなってきていると思うんです。蔵のあるお宅であればいいけれども、蔵も不必要になってきました。これはもうもっと広い意味で資料保存と活用を行政的にも考えてもらわないといかんなと。

《大塩平八郎》

小田　なるほど、わかりました。それでは、引き続き、大塩平八郎に移りたいと思います。

酒井先生は大塩事件研究会の創設以来の会長をお務めになっておられますが、大塩研究のきっかけということと、それから、大塩事件研究会の創設について教えていただけますでしょうか。

酒井　今年（平成十七年）の秋で研究会の二〇周年を迎えますので、なんらかの形で行事をやりたいと思います。大塩平八郎の菩提寺は成正寺《じょうしょうじ》というお寺ですが、私の家も寺なんです。同じ北区の日蓮宗で成正寺の住職さんが、私の寺へも来られるんですね。その関係で親父が大塩中斎先生顕彰会の案内のはがきをもらってきて私に見せたのです。それで、初めて話を聞きに行ったわけです。成正寺の主催で岡本良一先生が来てお話をされた。私が行き出して三回目ぐらいか、そこの席に東大阪の布施警察署の横近くに住んでおられた西尾治郎平さんという、日本の社会運動史上に名前の残る人が来られましてね。先生、会をつくったらどうだと。私が世話役をやるからと。豪傑でしたからね、やりましょうということになって、それで関係者子孫の政野敦子さんもそれまでは顕彰会の催しにこられているうちに、お寺を中心に研究会を作ろうということになった。若かったんだけど、歴史の一応専門家であり、百姓一揆だとか、打毀しだとかちょっと物騒な研究をやってますので、それじゃということで西尾さんが私を祭り上げまして、精力的に会のメンバーを組織されました。当時会員が一五〇人ぐらいあっという間に集まった。

小田　そのような考え方でしょうけど、先生ご自身は、大塩平八郎だけじゃなくて、大塩の乱を乱そのものとしてではなく、社会構造から組み立てなけりゃだめじゃないかと、そのようなお考えだと思いますが、それについては如何ですか。

酒井　それは私が関係したこの研究会は、研究者だけの会ではないんですね。まず研究者が入らないと、ちゃんとした裏付けができないというんですが。まず、関係者の子孫が入る。それから、市民が入る。だから、市民学習の会なんですよ。講演会にしかるべき先生方に来ていただいたら、この会はえらいするどい質問が出ますねというぐらいに、会員の方が成長されたんです。大塩というのは乱のイメージしか持ってないでしょう。貧しい人のために立ち上がった、飢饉や幕府と戦ったと。そういう意味で理解されるのは、いいんだけれども、大塩の個人的な実態を明らかにするのも大事な仕事で、大阪歴史博物館の相蘇《あいそ》一弘さんがよく調べておられます。

歴史において人物をどう見るかという、方法上の問題があり、人物の偉大さというものを、時代と切り離して考えてはいかんわけですね。だから、大塩が立ち上がったということの、哲学が一つですね。もちろん人柄がいりますね。それから、彼をとりまく社会構造もきちっと入れないことにはね。ただ、貧乏人のためにだけ闘ったから正しい、というような単純な理解ではいかんということで、総合的に考えていくというのが、ねらいです。天保の飢饉などにしても、その前にあったあたらしい時代の心音というか、鼓動が文政時代に始まっている。天保時代になるとはっきり聞えてくるようになって社会不安が高まってくる。大塩の研究というのは、まず政治のあり方を考えるということです。それは大坂の政治もそうだし、経済問題、それから当時の思想状況はどうなっているか。文化はどうか。社会状況、飢饉の実態はどうだったのかと。私は総合的にこの事件を通して明らかにする段階に来たと思うんです。ところがなかなか、これができなくてね。だけど、一般の市民の方には、やっぱり歴史を総合的に捕まえて、地域と人物と時代、そして国家というのをきちっと入れて、なぜこの事件がおきたのかを伝えないといかん。それで、三〇年やってきたと思うんですけども、成果は、それなりに進んでいると思いますけれど、私はまだ満足してないんです。

小田　でも、難しいと思うんですね。今、先生がおっしゃった同じ天保期だけでも、政治でしょ、経済、思想、文化、社会と五つの大きな項目がある中で、それぞれのことを勉強した上で、総合的に判断をしなければできないということになるんでしょうけど。

酒井　思想史では、宮城公子さんが大塩平八郎、思想史の専門家です。それから、大塩が、『洗心洞箚記《せんしんどうさつき》』を書いておりますけども、大塩は中国の本を実によく読んでるんですよ。私の考えでは、大塩の読んだ本を読まなければ、大塩の思想はわからない。この間、小野和子先生に中国の王陽明の思想を説明していただいた。明の時代の人ですから、これを大塩がどういうふうに見ているか。大塩が、明の時代の歴史について実に正確に知っていることを教えられましたね。これは中国の研究家ならこそわかるんでね。我々はそこまでわからないんだけど、中国の書物が長崎から入ってきて大塩が読んでるんです。だから、そういうことまでやる必要があり、研究者が大坂の町の研究で大塩を議論するのは基本だが、ごく一部分にとどまるんじゃないかな。総合的にそれぞれのお得意のところから入ってきてもらいたい。

小田　そうですね。重要なご指摘だと思うんですけど、今の研究者はそういうのを見落としてる研究者が結構多いと思います。というのは、もう形だけしか見てない、いわゆる現象面だけしか見てないですから。つまり大塩平八郎だと、大塩平八郎の書いたものを分析すれば、ひょっとしてこういうことだった、こういう考え方は、どっか中国からの影響下にあるんじゃないかと。それを見抜いた人はやっぱり一流の学者だと僕は思います。

酒井　例えばある論文を読んでるときにね、その先生が、マルクス主義の立場をとっておれば、マルクスを読んだらよくわかるんですよね。石母《いしも》田《だ》正《しょう》さんの本を読んだ哲学者から、この人の方法にはヘーゲルの影響があるといわれて、まさにそうだとお答えしたことがある。それと同じでね、大塩が王陽明とか、朱子など膨大な本を読んでるみたいですね。文章を見ていると、大塩が使っている言葉は実は中国の儒学や明・清の文献にいっぱい出てくるものです。だから、それを大塩を同じような形で読んで初めて大塩の著作がわかるんじゃないかというのが私の考えです。それはなかなか日本史家にとって大変なことなんで、宮城（公子）さんもよく挑戦されたが、中国史や中国哲学の人にも聞きたいところですね。

小田　大塩平八郎という人は、中国の古典ですね。それを教養としてじゃなくてね、思想化が、僕は読んでないからわかりませんが、今のお話をお伺いして、思想化していたかもわかりませんね。

酒井　そうそう。それが大塩の中斎学なんです。自分なりに編成し直したもの。そして自分の活躍した文政・天保の時代の現実をそれで批判し、最後にはこのとおり立ち上がるということになるんでしょうね。

小田　はい、そうですね。

酒井　例えば、話がそれますけど、大坂の道修町の薬種ですね。漢方の薬なんかも、やっぱり長崎が入口になって、薬の原料ですからね、唐本もそういうルートから入ります。中国は、江戸時代にとって大きい存在と思いますね。もうひとつ大塩について言いますと、大塩の乱を民衆運動として見るかどうかですね。これについては、大塩は民衆のために立ち上がったのであって、その意味は非常に大きいんだけれども、イコール民衆運動として言っていいかどうかですね。これは、吉田松陰が大塩の後二十数年経ってから書いている『講孟劄記』の中で、新しい時代の動きを、吉田松陰も武士の出身ですから「王者の兵」という言い方で示してるんですね。王というのは、どう解釈するのか、難しいと思うんですよ。例えば、王であることの資格を持っている人の軍隊というものなのか、あるいは、日本でいうと武士、中国でいうと士大夫と見るのかですね。私は治者としての責任をもつ武士の軍隊というふうに理解すれば、大塩は自分の決起は百姓一揆とは違うと、はっきり檄文で言っておりますから、為政者としてやはり政治のあり方を問うた。これでいいかどうか、評価が分かれるところですけども、私は万策尽きて、こういう行動に出て、民衆のために天命を奉じて王者の兵を挙げた。そして、政治責任を持っている武士及びそれにつながる村役人を軸にして、民衆を動員した。だから、百姓一揆とは違うというところをきちっと認識する必要があると思います。百姓一揆とこれとの違いは、百姓一揆にもルールがありまして、火を放たない、人の物を取らないという、それなりの村の共同体のルール、一揆の作法があるんですね。大塩はぶっ放しますから、火事が起きても構わんという感じですよ。悪いやつは徹底的にこらしめるという。だから兵乱です。

これは戦闘の仕方、乱の起こし方の違いがあるんだけど、もうひとつね、政治と戦ったんですよ。だから、社会関係の中で、もっというと利害関係のあるところだけで戦うんです。大塩はね、百姓一揆はね、だから、頼山陽が大塩についていみじくも指摘しているように、大塩は、国家のための政治をめざした。百姓一揆の場合はね、藩領でも自分たちの所属する領内だけで隣の税金についてほとんど考えてないんですよ。だから、地域と領主単位で考えたのに対して、大塩は、一国の政治そのものを問うたわけです。残念ながら日本の百姓一揆はこの時点でそれを超えられなかったというところが一つの限界なんです。それを近世史の佐々木潤之介さんは、農民戦争到来期といったりしましたが、なかなかそうはならないのですね。でなければ下級武士が、明治維新に躍り出てくることはないんですよ。

大きな背景としては、民衆の運動があり、その上で武士が動いている。武士の運動があって民衆ではないということ。これははっきりしておきますけれども、やっぱり民衆が本当に日本全体を動かすには至っていない。その条件を用意してくれただけ。躍り出るのは下級武士ですな。しかし、準備した民衆がみずから躍り出るのは、やっぱり明治になって民会、県会、それから後に国会、こういうのが置かれるときに、民衆の代表が躍り出てくるという、展望を持っているんです。

小田　そうすると、大塩平八郎は幕府に対して、幕府はだめじゃないかと、腐敗して。それはもともと皆、大なり小なりそういうのは持っているとは思いますが、それだけでなくて、ひとつはそのようなこともありますが、もうひとつは自分のその概念といいますか、それをやるにあたっての、百姓一揆とは違うよという自分のオリジナルな概念を持っていたと。そのように考えればわかりやすいでしょうか。

酒井　そうですね、多分哲学ですね。百姓一揆の哲学というのは、具体的であって、領域である。国訴は、その領域を超えた問題ですが。大塩は国訴を町奉行所の与力の若手・中堅として見てるんですよ。だから、庄屋が白州に入っていかに与力・同心、それから奉行とやり取りするか。彼自身、村々の惣代や村の代表を見ながら、鍛えられてるんですよ。

小田　じゃあ、その日々の若手で、結構愛された中で、あ、こんなことをやってるやないかということを道々で見てるわけですね。観察しているわけですね。

酒井　だから、庄屋がしっかりしなければ村々がだめになるぞと見ている。庄屋が駆け込んできますね。本当にこの村の後ろに村人何百人を抱えながら、惣代としてたずさわっているわけですから、その点を大塩は、この人たちを組織しなきゃならんと思ったに違いないですね。大塩は幕府の存在そのものは否定してないです。幕政担当者が腐敗していると。だから、幕府の首脳部を入れ替えてしまえということです。しかし、入れ替えようとしたら、構造的に幕府が倒れざるを得ないんですよ。幕政を批判してるんだけども、幕府そのものの解体、倒幕は一言も言いません。だから、むしろ幕政担当者が腐敗してるという考えです。

小田　それで、その商人とつながっているというような。

酒井　大商人が政治を動かしてると。武士から言えば、町人であるのに、より対等な立場をとるのは何ごとだと。

小田　これをするのに、一人でも二人でも、まだ何を書いてもね、一人、二人普通に読んでもらうだけでも大変なことだと思います。それを、統一しとく必要がある。それは数百人もいたわけでしょ。

酒井　まあ、三百人ぐらい。

小田　そうですね、数がね、すごいと思いますよ。

酒井　百姓一揆のは、万単位にもなりますね。万と数千でやりますからね。それにしたら、小さなもんですよ。

小田　だから、百姓一揆は、共通の主に経済問題なんですね。みんな一緒に千であろうが、万であろうが、共通の問題ですね。で、大塩の問題はそうじゃないですね。暗に思想の問題も含んでいるわけでしょ。別にそこに参加しないからといって、自分は困らないわけでしょ。そういう人たちもいてるわけでしょ。そこが違うんじゃないかなと思いますね。

酒井　だから、豪農層が参加しなくてもええやないかと。参加したために御家断絶されてるわけですね。これはどう考えたらいいか。

ひとつは大塩の哲学の魅力でしょうな。各地に行って講義しているんですね、特に退職してからはね。だから、講義内容などの中で、寺子屋辺りでやってるような話と全然違うんですわ。

小田　それは、もうどうしようもないぐらい違うんでしょうね。

酒井　懐徳堂でやってるような話と全然違う。現実を切ってるんですよ。それが感動的だということと、大塩のカリスマ性でしょうな。

それからもう一つは、村役人とても安泰でない時代です。

小田　それはどういうような意味ですか。

酒井　それもね、領主との関係でね、村役人がかなりの矛盾に直面してるということです。みずからの経営が、必ずしも安泰でない。つまり、赤字経営になってる可能性がある。村人の窮乏がかなり進んでいる。村役人というのは、飛び抜けた階層ですけども、地域の領主との関係で、地域社会に責任を持ってるんですよ。そのことを踏まえて、村政を担当するっていうことを儒学の教えで説いているのです。だから、村民が苦しんでいるときに何かしなきゃならんという考えで、村役人が選ばれてるんですね。その人たちは後ろを放ったらかしにして進むわけにいかない。金がない人のために、なんらかの金をやらないかん。それから、年貢を納めない人の分を自分が責任を持ってやらないかんでしょ。それでかなり難しい時代に差しかかった。だから、政野（敦子）さんのご出身の河内国衣摺《ずり》村の庄屋熊蔵が淀藩の庄屋だったんですけど、放り出されるでしょう。あれは領主に対して、百姓の腰押ししたと裁判記録に書いてある。つまり、百姓の立場に立って領主と対立する。そうすると、領主がやめさせて無宿にする。無宿というのは大変言葉が悪いんですけども、きのうまで庄屋だった人がにわかに村を追い出されていく。しかし、村人は熊蔵がなんのために無宿者になったかよく知ってるんですよ。熊蔵は喧嘩しなくてもいいのに、喧嘩してるんですよ。そういう社会的状況がかなり広がってきたと思っていいんじゃないでしょうか。それを村の状況をふまえて、それから血縁、地縁で、大塩が組織してたんでしょうな。

小田　僕は、今の矛盾とかそんなことは小さい問題ですからね、だれでもあるようなことだと思いますが、そうじゃなくて、大塩自身が持っていた思想とか、哲学を研究することにより、どうして大塩の乱が起きたのか、乱の再評価言うたら、非常に変な言葉なんですが、もっともっと光があたってもいいような事実だとは思いますが、そのような意味では、もっと思想的、哲学的に研究をしなければ真の姿は浮かび上がらない。そういう意識は持っています。本当にそのようなところを踏まえんと、先生、会長でいらっしゃいますから、これからの大塩事件研究会の行く末といいますか、あり方といいますか、それはどんなふうに。

酒井　なかなかこれは大問題なんですが、常識的に言われている理解をもっと豊かにせなきゃいかんと思うんですね。それで、伊豆の韮山《にらやま》の江川家から出てきた大塩の建議書、密書を見ると、大塩が恐るべき捜査力を持ってることがわかるんですね。幕府の幕閣に座っている老中連中や勘定奉行が、大坂の城代・町奉行としていかに不正を働き、名奉行だと言われている人物が獄中で人を毒殺や絞め殺すことを指示したことなど、出てくるんですね。もう大変な事なのですよ。単に、貧しい人が倒れ死んで、だから立ち上がったというのと違いすごい分析。幕政の中核に座っている連中の不正を、本当にしつこいぐらい暴露している。他にもいくつかあるんですよ。例えば大坂の商人の問題。将軍家出入の魚商人、日本橋の商人が大坂へ進出し大坂の魚仲間が反対するけれど、結局押し切られる。そのとき、大塩が抵抗したという。江戸からの指示に対して。それから、有名な天保三（一八三二）年の油方仕法の改正があって、退職していた大塩は、江戸からの大坂の支配の強化と見たようです。これらを明らかにしたい。そういうものをいろいろ組み立てていく。単なる飢饉救済でなくて。

小田　そうすると、もっと高い次元での大塩平八郎、あるいは大塩の関係する人々について解明していかれると、そういうことでよろしいでしょうか。

酒井　若い研究者には、やってほしいんですよ。我々のような時代と、今と社会状況が変わってきてますからね。社会運動、民衆運動についての関心はやや薄くなってきている。いずれこういうものを更に解明する時期がやってくると思いますので、そのためのに種を播いているんです。

《歴史学の視座》

小田　わかりました。それでは、いよいよ最後になりますが、歴史学の視座ということで、八月十五日の衝撃と国家崩壊の実感なんでしょうが、八月、それまでは天皇制ということで、皆さん、天皇万歳とか、軍国少年とか、そういう人達がたくさんおられたと思いますが、それは我々だって、そういう時代に放り込まれたら、多分軍国少年になってたんじゃないかなと思いますが、それから、玉音放送があって、軍に務めるか、人がですね、軍の物資とか物を勝手に持ち出して家へ持って帰ったりしてるような国はお目にかかるんですけどね。このときに、やっぱり思春期なり青春期を迎えた人達は、非常に大きな問題じゃないかなと僕は思っていますが、酒井先生の八月十五日は中学生ですか。そしたら、もう十分思春期から青春にかかるころで、いろんな思いがあると思うんですけれども、その実感からお話ししていただけますでしょうか。

酒井　朝尾（直弘）先生がお話になったように、一九四五年ですね、昭和二十年に黒塗りの教科書があって、自分の歴史に大きな問題を投げかけられた、とおっしゃったと思いますが、私たちの年代は、ほとんどが八月十五日ですね。絶対に崩れることがないと信じ込まされて、マインドコントロールされていた国家がつぶれてしまった。戦前国会で論陣を張って、軍部と論争したすぐれた政治家たちはいますが、ついに十五年戦争で国家が崩れ去りましたね。このときに、なぜ戦争に反対しなかったかという青年や子どもたちがいるようですけど、とてもとてもそんな時代ではありません。それははめられた人でなければわからない状況ですね。それで、身近な教師が国家の崩壊とともに、きのうまで言ってたことを手の平をかえすように平和・文化・民主と言い始める。ほとんどの子どもたちが不信感を抱くね。学校も荒れました。大人の態度の急変ぶり、学校の教師がにわかに態度を変えた。先生に対する不信感が非常に強かったです。それと同時にね、国家というものはいつまでも安泰ではない。実際歴史を見てもらったら、永遠に続いた国家というのはないわけですね。いずれ国家は崩壊する。今の学生にそれ言っても信じないけどね。我々、目の前で見たわけですからね。これは単なる内閣が倒れるのでなくて、社会システム全体が崩壊するということです。イラクが今（二〇〇五年）そうで気の毒な崩壊の仕方をしてるかと思いますが、そういうことがやっぱり学問の一番奥にある。そして、今の若い人が何を原点に歴史を研究するのか私もわからないんです。盛んにこんなことを言って学生に嫌がられてるんですけどね。

小田　それはやっぱりその大きな戦争体験ですね。それから病気やとか、死に瀕するような事故に遭遇したか。何かそういうものがあれば、自分の中の出発点みたいなものが明確になるんでしょうけど、今の若い人はそういう大きな社会現象みたいなものがないからだと思いますね。最近の事件・天災なら、オウム（オウム真理教による一連の事件）とか神戸の地震だと思いますけどね。

酒井　あれから、どう若い人が学んでくれるかということがありますね。

小田　それと、先生ご苦労をされておられまして、定時制教師をされていたときに、学生の方から新たに学ばれたことがあるということで、感謝しておられますね。

酒井　私ね、昼の学校の高校の講師してたんですけどね、かたわらしばらくは大学院へいって、それを終わってからも勉強するためには、やっぱり収入もはからないといかん、昼働いていたら勉強できないと。昼間はいろいろ調査をしにいったりしながら、夜の教師になった。ここへ行って、定時制の生徒のおかれている条件が、いかに劣悪であるかに気がついたんです。給食がありましてね、アメリカの払い下げの脱脂粉乳だったんですよ。「飲むとピー」といわれた。下痢するんですよ。それを、生徒はどうしてるか。極端に言うと、一人一合ないんですね。一人五勺しかない。一合びんを一日置きに飲めと学校は言うんですよ。私猛然と腹が立ちましてね。これで教育委員会と大げんかになり、市会の問題にもなった。これほど昼との格差の子どもたちをほっといて、飲むとピーになるなんてけしからんと言った。学校の近所の排水溝がね、給食の脱脂粉乳で真っ白になっているんですよ。昼一生懸命働いて、いかに腹が減っていても、この牛乳は飲む気にならないというんですよ。定時制の教育がどう子どもたちのことを考えていたのか、疑問を感じましてね。それで、あいつを首にせよという策動が始まりました。授業は生徒が疲れてるから寝かさないようにするにはどうしたらいいか、それなりの工夫をして、自分の知識を相手に送り込んだってだめで、生徒の持ってる知識を生かしながら、今とかかわって歴史を教えなきゃということを学んだのです。それが自分の研究そのものにかえってこないといかんわけです。生徒の持ってる問題を、自分の歴史学の中でどういうふうに取り入れるか、ということで大変苦労して。苦労したっていうかね、だから、定時制の生徒と私の行動を理解してくれる教師がいて、堅い結束ですよ、今でも。逃げない生徒と逃げない教師に守られたんですよ。これはええ勉強させてもらいました。

小田　これは酒井先生にとって、今でも大きな財産と。

酒井　だから、東大阪の辺で調査していて職員会議に遅れて行くんですね。私がドア開けて入ると雰囲気が急に変わるんですわ。いばっている校長を何言ってんだという顔で入りますからね。それで、みんながほっとする。あいつは夜の校長だといばってるって密告している教師もいるんですよ。本当にもう命懸けでやりましたわ。これは自分の原点ですね。この二つが歴史の哲学を支えてるんです。

小田　で、そういうふうな貴重な、子供たちあるいは同僚という、それは定時制高校では獲得されたと。身近な先輩、友人という中でも朝尾（直弘）先生、中村（哲）先生、山崎（隆三）先生はおられたかと思いますが、簡単にまとめて下さい。

酒井　朝尾さんと中村哲さんとは同じ研究室の人で、朝尾さんはやっぱり泰然としておられて、安易に人も批判せずに、風格豊かにおられたんですな。そして雑用もきちっとされて、人に対する好き嫌いも余りなくて、やっぱり大したもんですね。朝尾さんの歴史学にはちゃんとした哲学があって、それでいい加減に資料を読まずに、深く深く読み込みながら江戸時代、近世社会と今につながるようなものを出された。大したものですね。

朝尾さんとは一緒にいろいろ書かせていただきましたけれど、中村氏はもうちょっと距離が近い。この人に非常にお世話になったことは、私がもう研究を止めようと思った時に、家へ来ておだててくれてね。君は勉強したら伸びるんだといって励ましてくれたんですわ。現地調査の思い出もあり、かれの文章はわかりやすい。今は日本から韓国、アジアへと問題を広げ、ドイツへ講義に行ったりしてますね。

それから、もう一人山崎隆三さん。大阪市大の先生で、それに中村氏には、経済史では非常に影響を受けましてね、まさに尊敬しております。

小田　最後のですね、地域から発して地域を超えるものとして、国際的・学際的な視点という、これはどういうふうに考えておられるんでしょうか。

酒井　私は地域史研究から歴史を組み立てるということで、大所からの議論は、余りやらない。これは能力のせいか、大阪風かなとも思ってるんですよ。だけど、地域はがっちり押えて、自分の見たところを調べたところから一つずつ柱を立てて、そして建築するという感じですね。しかし、その地域の研究だけでは限界があるんです。そういう点で地域から外へ広がる研究、地域を外から見ていく研究をやって、はじめて社会構造になると思います。地域というのは、個別的であり、広がりは普遍的なものである。だから、個別、特殊なものと普遍的なものを両方持たなければならないという気持ちです。これに、学際的ということです。歴史の人が歴史を一番よく知っているように思われますけれども、歴史上の人物の哲学に関しては、哲学者も研究するんですよ。そういう点では、幅広く専門の違う人と交流してやらないと、歴史家だけが集まって議論するのは、果たしてどうでしょうか。

それから、国際的というのはね、外にも通ずる学問をしなきゃいけない。これは朝尾さんもハーバードへ行かれましたけども、私は外国へ行ってからね、日本史のあり方に、外国の研究者の方法も含めて国際的な視野を意識するようになりました。鎖国時代だからといってね、国内だけで調べてすみませんね。中国や、オランダというような広がりを学ぶ必要ですね。ちょっと大きな話になりました。

小田　どうもありがとうございました。

酒井　どうもご迷惑をかけました。

この談話は、平成十七（二〇〇五）年五月二十五日に大阪商業大学商業史博物館にて収録したものである。

※「半世紀の歴史研究を振り返る」（『大阪商業大学商業史博物館紀要』六号、二〇〇五年）のうち、小田忠氏（大阪商業大学商業史博物館学芸員、当時）による酒井一氏へのインタビューの部分を掲載したものである（編集記）。

Ⅰ　近世の領主支配と村々

西摂青山主水領の在払制度

一

近世の社会経済史の研究において、最近新たに開拓されようとする部門に、封建貢租の問題がある。従来主として農村内の資本主義的諸関係の発展を検証しようとする立場が、封建制の捨象理論を用いて展開されてきたのであるが、このような方法の成果に基づいて、今度は封建制そのものの研究が、幕藩体制下の地代形態の変遷を通して進められようとしている。つまり封建地代は、いうまでもなく、封建的土地所有の経済的実現にほかならないから、農民的土地所有の発展が地代を通して模索されるわけである。

地代形態、とくに当面の時期においては、幕藩体制的生産物地代から貨幣地代への転化は、具体的には貢租の変化と米穀市場の発展という形で追求される。しかし米穀市場といっても、貢租米の商品化による領主的なそれと、農民的商品米（農民自身が市場にたえず接触する）による農民的なそれとは、本性上峻別されなければならない。なぜなら、貨幣経済は、商品生産の歴史的前提であるが、貨幣経済一般は資本主義的諸関係をうみ出さないからである。コスミンスキーが、十三世紀のイギリスについて「農民経済における交換の発展」は貨幣地代の成立に導くが、これに反して、「領主経済における交換の発展」は現物地代の増大＝封建的反動をまねくとのべていることは、そのまま日本における米穀市場の問題に適用しうると思われるのである。

米穀市場については、農民層分解の結果需要の増すと考えられる飯米以外に、加工業部門（酒造業）の発展にともなう原料として商業的農業の成長がある。その点で西摂地方はまさに多くの問題をはらんだ地域であり、従ってすでにそれに関する研究も発表されてきている(1)。

本稿では、農民的な米穀市場と対抗関係にある領主的米穀市場が、いかに実現されているかを、酒造業の中心となる摂津西部の一旗本の貢租をもって、史料紹介的にのべておきたい。

二

旗本青山氏（幸正の系、本稿では青山主水領と表わす）の所領は第1表に示したように、摂津国西部、武庫郡四ヵ村・川辺郡三ヵ村と、少し離れた淀川筋の島上郡一ヵ村のあわせて七ヵ村二〇五二石余である。これらの所領は、伊丹・灘といった近世中期以降のわが国の酒造業の中心的地方に近いことが注意される。加工部門における酒造業のマニュファクチュア的発展にともなって、西摂（猪名川・武庫川筋から西にかけて、川辺・武庫・菟原《うばら》・八部《やたべ》の各郡）地方から淀川流域が、商業的米作を展開してくるのである。

ここでは、さしあたり　旗本青山主水領においてかかる酒造業の原料部門として貢租米が、いかに領主的な商品流通＝米穀市場を形成していたかを考察する。

青山領では、安政五（一八五八）年度において在払に関する直接的な史料が五点現存している。すなわち、安政五年九月付の「主水様御米売払帳」（A）・「主水様七ヶ村勘定帳」（B）および同年十月付の「主水様御収納米請取帳」（C）・「主水様御米代銀請取帳」（D）・同年十二月付の「当午年御物成御勘定帳」（E）である。これらの史料を総合的に利用してはじめて貢租米の商品化が明らかになる。その他関係史料を二、三援用しながらみていくこと

第1表　青山主水領（摂津国）慶応4年

郡	村	村高石
武庫郡	上大市村	467.965
	中村	382.210
	五郎右衛門新田	19.113
	皮多　芝村	262.202
川辺郡	下坂部村	321.655
	浜村	205.588
嶋上郡	冨田村	393.717
7ヵ村合計		2052.450

とする。ここでは近世史の研究において、しばしばみられる恣意的な史料操作におちいらないために、実証過程をくわしく説明していこう。

まず史料（A）をみよう。これを簡略に表示したのが第2表である。貢租米は、伊丹の米問屋千草屋定助方において、三度にわたる入札が行われている。入札に先立つ十月八日の下坂部村在住の代官沢田伊左衛門から江戸への御用書によると、

……又御収納米之義ハ、昨年之通り精々骨折当地ニテ相払候ハバ、海上之患モ無之安穏之義ト被思召候段、被仰下承知仕候、米相場之義、当時浜・坂部米ニ而者石ニ付百廿四五匁ニ、当年義ハ米高直ニ付未タ酒造家買入不申候間、入札之義モ相見合居候、最早追々之内ニ者程能所御払米致度奉願上候

とあって、伊丹の酒造家の動きが払米の価格決定に大きく作用していることがわかる。つまり大坂堂島の米相場に規制されるのではなく、独自の地方市場における米価がつけられてくるのである。入札は、初番札二二〇石、二番札三二〇石、三番札九〇石、あわせて六三〇石となっている。入札商人は四人であり、いずれも伊丹在の者であるが、彼らは米問屋商人であったと推定される[2]。

当地方は酒造米地帯として米の銘柄が入札に際して大いに顧慮される。文政五（一八二二）、六年と思われる「酒造米手引[3]」によると、当時品質は、極上々・上々・上・中・下・下々の六段階に分けられているが、領内七ヵ村のうちで判明する分は、上大市村（極上々）、中村（中）、下坂部村・浜村（下）となっている。この点を入札値段の上でみると、ほぼ文政の基準が安政五年にもあてはまることがわかる。ただ冨田村《とんだ》がとびぬけて高値になっている

ことは淀川筋の米作地帯を知る上に面白い。冨田村は純農村というより町場に近く、在郷町ともいうべきものである。享保十九（一七三四）年の天領の石代値段に用いられた米相場の一つに指定されているところであるが[4]、かかる石代の決定の上において冨田米の良質な点が一つ注目されるし――つまり石代が高くなる――また冨田村の貢租米が、町場で酒造業や米問屋にも事欠かぬ同村を素通りして、西摂で他の同支配下の領分村々とともに一括入札されていることは冨田村の在方相場の農民的なことを示唆するように思われる。

入札米の津出し

米高石	日付	送先
20	11月3日	尼問屋築地日本一屋出し
40	11月4日	神崎大坂屋吉兵衛着
40	11月3日	伊丹米屋町鹿嶋清太郎出し
20	11月6日	小林村水車出し、川面村善兵衛渡り
20	10月23日	西ノ宮今在家町播摩屋米蔵出し
30	11月3日	尼平野屋吉右衛門出し
20	11月4日	久代新田車出し
20	11月3日	尼平野屋吉右衛門出し
10	11月4日	久代新田車出し
40	11月29日	尼鍋利渡り
20	11月29日	神崎着鹿嶋平太郎渡り
30	11月11日	伊丹大和田屋平右衛門出し
50	11月19日	伊丹材木町井筒屋与市出し
40	11月10日	長洲瓦屋治兵衛渡り
60	11月10日	長洲瓦治渡り
10	11月5日	伊丹材木町大和田屋伊三郎出店方へ出す
10	11月9日	伊丹大手丁なへ宗家小西屋和助渡り
30	11月5日	伊丹大和田屋伊三郎渡り
20	11月5日	伊丹材木町大和田屋伊三郎出店出し
10	11月9日	伊丹大手丁なへ宗家小西屋和助出し
30	不明	不明
20	12月12日	西谷古城馬伊右衛門出し
20	12月3日	尼塚口屋五郎兵衛へ出し

右のような青山の入札方法は例年行われている。前年の安政四年九月付の「主水様御米売払帳」によると、入札場所は伊丹問屋袋屋吉右衛門方となっているが、入札は三回、入札商人は、樽屋為蔵・三木屋夘八・木綿屋伊助（以上三人は安政五年と同一）・大坂屋久兵衛・鹿嶋屋利兵衛・油屋作兵衛・丹波屋孫兵衛・大和田屋弥助の八人におよび、安政五年の二倍になっている。つまり入札場所や商人はその年度によって少しずつ移動が

第2表　安政5年青山主水領在払

入札（石数、銀高）	村　名	米高 石	単価 匁	入札商人
初番入札（10月17日）220石 27貫564匁	冨田村	60	128.05	伊丹　安倉屋芳兵衛
	上大市村	60	125.95	伊丹　三木屋夘八
	芝　村	10	123.4	伊丹　三木屋夘八
	中　村	10		
	下坂部村	50	123.2	伊丹　三木屋夘八
	浜　村	30	123.2	伊丹　三木屋夘八
二番入札（11月朔日）320石 40貫851.8匁	冨田村	60	131.75	伊丹　木綿屋伊助
	上大市村	80	128.5	伊丹　樽屋為助
	芝　村	40	126.1	伊丹　安倉屋芳兵衛
	中　村	60	126.1	伊丹　安倉屋芳兵衛
	下坂部村	50	125.71	伊丹　木綿屋伊助
	浜　村	30	125.71	伊丹　木綿屋伊助
三番入札（11月19日）90石 11貫591匁	上大市村	50	129.5	伊丹　安倉屋芳兵衛
	中　村	20	127.65	伊丹　三木屋夘八
	浜　村	20	128.15	伊丹　三木屋夘八
	下坂部村			

あったようであり、決して固定したものではなかったといえる。

三

次に村の貢租体系の問題と絡みあわせて考えてみよう。第3表は史料（E）を整理したものである。この表を見ながら、少しく史料（E）の史料批判を行っておく。

第3表のうち各村について入札商人の項に「村方買納仕候」となっている部分に、統計上の作為のあとがみられることである。各村の「その他」の部分は、史料（B）・（E）に村ごとにその内訳が示されている。つまりいずれも村役人給とか代官扶持米とか郷蔵敷地年貢米などであって、年貢からの本来的な控除分である。上大市村の項を第2表の入札と校合すると、同村は取米二〇八石五斗五升弱のうち、実米納は一八〇石であり、「その他」を右のような控除分とすると「村方買入」「村方買納」の問題が残る。この部分は、入札値段と同じ値段で農民が（ここでは村が）買入れた形式をとって実は銀納しているのである。(5)

第3表　安政5年青山主水領の貢租内容

村	総取米（石）	納米日付	納米（石）	単価（匁）	納米代価（匁）	入札商人
上大市村	208.5481	10月16日	60	125.95	7557	伊丹　三木屋夘八渡り
		11月朔日	80	128.5	10280	〃　樽屋為蔵渡り
		11月19日	50	129.5	6475	〃　安倉屋芳兵衛渡り
			8.4236	129.5	1090.86	村方買納仕候
			10.1245			その他
中　村	194.3683	10月16日	50	123.4	6170	伊丹　三木屋夘八渡り
		11月朔日	60	126.1	7566	〃　安倉屋芳兵衛渡り
		11月19日	20	127.65	2553	〃　三木屋夘八渡り
			60.3659	128.65	7766.07	村方買納仕候
			4.0024			その他
五郎右衛門新田	113.2598	10月16日	10	125.95（上大市並）	1259.5	村方買納仕候
			3.2111	129.5（同上）	415.84	村方買納仕候
			0.0487			その他
下坂部村	134.4962	10月17日	50	123.2	6160	伊丹　三木屋夘八渡り
		（11月朔日）	50	125.71	6285.5	同　人　渡り
		（11月29日）	10	128.15	1281.5	同　人　渡り
		（11月30日）	10	128.6	1286	長洲村瓦屋治兵衛渡り
		（11月30日）	8.8099	128.6	1132.95	村方買納仕候
			5.6863			その他
浜　村	101.1536	10月17日	30	123.2	3696	伊丹　三木屋夘八渡り
		11月朔日	30	125.71	3771.3	〃　木綿屋伊助渡り
		（11月晦日）	10	128.15	1281.5	〃　三木屋夘八渡り
		（11月晦日）	10	128.6	1286	長洲村瓦屋治兵衛渡り
			20.5376	128.3	2641.14	村方買納仕候
			0.616			その他
冨田村	137.8298	10月17日	60	128.5	7683	伊丹　安倉屋芳兵衛渡り
		11月朔日	60	131.75	7905	〃　木綿屋伊助渡り
			13.4403	131.75	1770.76	村方買納仕候
			4.3895			その他
芝　村	104.8236	10月17日	40	123.4	4936	伊丹　三木屋夘八渡り
		11月朔日	40	126.1	5044	〃　安倉屋芳兵衛渡り
			22.2666	128.65	2864.6	村方買納仕候
			2.557			その他

註：日付の欄の（　）は史料（B）によって補筆した箇所

しかしこのような方法を他の村に固定的に適用することはできない。この点を中村の場合で例示することにしよう。史料（C）によると[6]、

一、取米百九拾四石三斗六升八合三夕

　　内

一番

十月十七日入札　　伊丹

一、拾石　　三木屋夘八渡り

百廿三匁四分かへ　　代銀壱貫弐百三拾四匁

十月十六日

一、四拾石　　村方買入

百廿三匁四分かへ　　代銀四貫九百三拾六匁

二口〆　五拾石

　　代六貫百七拾匁

右四拾石之内へ

（中略）

十一月朔日　　伊丹

一、六拾石　　安倉屋芳兵衛渡り

百廿六匁弐分かへ　　代七貫五百六拾六匁

十二月六日

一、廿七石　　中村買入
百廿八匁六分五リかへ　　代三貫四百七拾三匁五分五リ
所　へ
正金四拾両
（後略）

史料（C）は、十二月上旬ごろまでの在払米と村方買入を記した中間的な帳簿で、とくに村方買入の部分は、そのすぐあとに（引用では省略した箇所）村からの貨幣払込みを記したものである。この帳簿は最終的に史料（B）を経て史料（E）（第3表）にひき写されていく。それゆえ史料（E）は、（A）～（D）の四つの帳簿の総決算にあたるものであるから、その記載に多分に帳面上の整除が行われており、記載をそのまま事実の反映とみることを危険化する。中村の場合はまさにその好例である。第3表の十月十六日三木屋匁八渡りの米五〇石というのは、先の史料（C）の事実と勘合すると、実は匁八渡りの四〇石と村方買入の十石とであり、両方が米の単価が等しく一二三匁四分であるところから、領主への報告が、匁八渡り五〇石と整除されてしまっている。つまり領主は結果的には貨幣で年貢をうけとるからこのような詳細な内訳は不必要であるが、このように農民の米納分と代銀納分が擬米納的に単一に表現されていることは、われわれの当面の分析角度――農民の米納・銀納比率の算出にとっては障害となる。同じことは芝村の場合にも指摘しうる。芝村の十月十七日四〇石三木屋匁八渡りは、三〇石の実米納と十石の村方買入（銀納）に分けうるのである。

右のことを更に史料（E）によって補うと、それには「七拾匁　右者芝・中村御米百四拾石伊丹問屋売足次代銀」とある。つまり芝村・中村の米納分は第2・3表を併せ考えると、第4表のようにそれぞれ五〇石、九〇石で合計一四〇石となり、右の記事と一致してくる。

第4表　安政5年米納・銀納率

	取米実数 石	米納		銀納	
		実数 石	%	計 石	%
上大市村	198.4236	190	95.8	8.4236	4.2
中村	190.3659	90	47.3	100.3659	52.7
五郎右衛門新田	13.2111	0	0	13.2111	100.0
下坂部村	128.8099	130	100.0	0	0
浜村	100.5376	80	79.5	20.5376	20.5
冨田村	133.3303	120	89.9	13.4403	10.1
芝村	102.2666	50	48.9	52.2666	51.1
計	866.945	660	76.1	208.2451	23.9

このように史料（E）の記載をつぶさに検討してくると、商人買入の入札米にも「村方買入」という銀納部分の混入していることがわかる。また史料（B）では、第3表の「村方買納」の項のうち一部空欄になっているところがある。このことは銀納でもその石代値段や決定時期のちがうことを示すものと思われる。すなわち中村の場合は、厳密に銀納部分を考えると、十月十六日上大市並の村方買入、続いて十二月六日の同村単価（第2表三番入札をみよ）プラス一匁の石代＝一二八・六五匁の村方買入と、それと同石代による端数銀納分（元来貢租米は俵詰めされるが、四斗未満の端数は特別の場合以外は俵に入れられぬため当然銀納となる）との、二つに分けられ、そのうち石代を等しくする後の二つが、六〇石三斗七升弱として一括されて空欄となり、史料（E）ではそれが「村方買納」となっている。

下坂部村は第3表にみる限りでは八石八斗強の「村方買納」＝銀納があったことになるが、これは史料的に間違いで、銀納の予定であったところ、一〇石として長洲村瓦屋治兵衛に売渡されており（十一月三十日という日付はその売却日を示す）、皆米納であって、むしろ一石二斗弱の過米となっているのである。

以上のような操作を経て、農民側の地代負担の実態を知ることができる。第4表がそれである。取米実数は第3表の「総取米」[7]から年貢控除分と思われる「その他」をさし引いた数値である。これによると、青山領七ヵ村で米納は六六〇石で、その率は七六・一％、銀納率は二三・九％であることがわかる。さらに子細に見ると、五郎右衛門新田のような特殊例をも入れるとすると、米納率は〇%から一〇〇%までの大きな開きがあって、一村だけのデータではその領主の収取体系をつかまええないことを示している。更に米納率の高い村は、入札の際にいずれも高値になっているところから、かかる米納率の高さには領主的な規制が反映しているように思われるのである。

銀納部分の石代も右のように主として在払相場によって決定され、地米（農民的商品米）の価格との差が比較的少なく、いわゆる貨幣地代とみてよいことを思わせるのである。

次に、銀納部分の内容をみよう。この点は史料（A）に委しい。冨田村の例をあげると、

前書之残
一、拾三石四斗四升三夕　村方買入　不足
百三拾壱匁七分五りかへ　代壱貫七百七拾匁七分六り
一、壱石壱斗九升四合　千石扶米
百三拾壱匁七分五りかへ　代百五拾七匁三分壱り
一、三百三匁六分　組割掛り
三口〆弐貫弐百三拾壱匁六分七り
内
一、拾匁　玉川入用心付　冨田村
一、廿五匁　年中日役賃　新七
一、拾八匁　年中取替御米ニ付同人
一、六匁　公銀証文仕替之節日役替
四口〆五拾九匁引

一、三百目

右ハ冨田村ニ而元銀五貫匁御借リ入銀、例年之通半利丈ケ村方へ御下ケ

一、百五拾六匁　　御米百廿石之船ちん引

一、七拾五匁六分八り　酒四斗七升三合樽代共

一、拾弐匁壱分五り　籾壱斗五升此米九升代引

八口〆六百弐匁八分三厘

引残　壱貫六百拾三匁八分七り

所　へ

金拾三両弐分壱朱

代壱貫壱匁六分　　十二月十九日受取

引残テ六百拾弐匁弐分七り　　不足

外ニ　金壱両　酒造家御冥加　十二月十九日受取

右六百弐匁弐分七り

所　へ

金八両壱分

代六百八匁八分五り

（皆　済）

各村とも大体右の形式をとっている。銀納は、農民の商品生産による貨幣収入でまかなわれることはいう迄もないが、その内容には色々な要素が入りこんでいるのである。冨田村の銀納分のうち、三百目は村から領主に貸した

第5表　安政5年銀納内訳

	銀納高 匁	領主的銀納分 匁	%
上　大　市　村	1629.08	150.0	9.2
中　　　　村	8223.60	322.38	3.9
五郎右衛門新田	1795.95	66.0	3.7
下　坂　部　村	404.6	246.45	61.0
浜　　　　村	2946.24	229.17	7.8
冨　　田　　村	2231.67	302.38	13.7
芝　　　　村	3218.64	0	0
計	20449.78	1316.83	6.7

金（おそらく御用銀）の利子であり、また日役・船賃など封建領主的雇傭関係に基づく貨幣計算（これはあくまで近代的な雇傭関係ではなく、経済外的強制によって直接的に収奪される封建的なそれである）によるものや、更に樋普請などの生産手段の再生産維持に関する領主的保護費（あくまで小農民経営の破綻を防ぐため）などによって、差引・相殺されている場合が存外あるのである。第5表は銀納分のうち、右のような領主的な性格をおびて相殺される銀高とその比率を示したものである。全体としてみると六・七%でさしたる量ではないが、この点について従来看過されてきたので、特に指摘しておく。

四

ここでは第2表に戻って、入札米がどのように動いたかを調べてみよう。第2表に「入札米の津出し」という項目を設けたが、史料（A）のこの箇所が右のようにいえるには、これまた若干の手続きを必要とする。

すなわち十月十七日の一番入札の後実際に在方から米が動いたことを示す史料をとり出して、第2表の右欄と対比させればよい。後掲の第6表の安政五（一八五八）年の青山主水領の項をみよう。この表は代官沢田伊左衛門家の「万覚帳」という私的文書によったもので、これによって沢田家個人の米の動きが判明する。日付と米を出した先がともにほぼ一致する。このことは右欄の記載が津出しであることを立証する。(8) その他史料（D）は、入札米の代銀請取のために作製された帳簿であるが、この冊子は前半部において入札の村名・米高・銀高を整理して記入し、後半の部分にその受取状態を記しているが、これによると、最初の入金は「十一月六日銀五貫目手形鍋利出米常渡り十一月六日請取千草屋定助より入」とあって、津出し後に代官沢田の許に代銀が届き始めていることは、右の指摘を傍証する。更に冨田村の例でみると、第2表では尼崎・神崎に運ばれているが、史料（E）にも「百五拾六匁冨田村より神崎尼ヶ崎迄御米百廿石船積ニ而積下候賃、石ニ付壱匁三分宛村方江相払申候」とあって、先に一部引用した史料（A）を更に詳しく説明してあるとともに、史料（A）の津出し解釈が妥当であることを示している。冨田村のみ駄賃が下附されているのは、同村が領内で一つだけ距った所にあって、幕府の五里以上の廻米賃は領主負担という規定によるのであろう。

かくて米の津出しの実態を見ると、十月十七日の一番入札の後、早くて十月二十三日の芝村・中村の米があり、他は大体半月おくれの十一月三日や四日に集中している。津出しの場所と村との関係をみると、武庫川西岸にある上大市米は、直接西国街道経由伊丹及び武庫川上流の川面村へ、芝・中米は西宮又は神崎川筋の長洲へ、川辺郡下の下坂部・浜米は尼崎・伊丹・久代新田へと陸路或は舟運にて猪名川沿いの地点に送られ、一方少し距った嶋上郡の冨田米は淀川を過書船で下り、尼崎・神崎まで廻送されてきている。大体このような地点まで生産農民によって運ばれ、あとは入札商人に引継がれたと思われる。[9] 第2表の津出し送先の「何某出し」と「何某渡り」の二形式に分けられるが、この表現の相違は何某商人の入札米に対する関係（ひいてはその営業）の相違を示しているのではないだろうか。つまり「出し」は米の運送に従事する者であり、「渡り」は購入というふうに一応考えられるが、この場合入札商人と「渡り商人」との関係がはっきりしないという難点が生じてくる。それゆえ第2表の送先の欄に出てくる商人は、これら在払米の運送に関係した者や一部それを購入した米仲買・酒屋であったと推定される。この点比較的よく名の出てくる伊丹について、第2表の「入札商人」と「送り先」の欄にみえる商人の営業を確定することが必要であるが、いまだ伊丹の史料に触れる機会がないので、一応右のような推定に留めておく。[10]

5年	安政6年		
塚口　喜左衛門出し	11月8日	8俵	東冨松　かき夘出し
中新田　林右衛門出し	〃　9日	8俵	同人出し
	計	16俵	
袋吉出し	10月27日	8俵	伊丹　丸屋家出し
袋吉出し	11月6日	4俵	伊丹　竹印出し
久代新田車出し	〃　10日	4俵	東冨松　かき夘出し
（2俵に付1匁3分駄賃）	〃　15・16日	10俵	尼崎　倉伊出し
尼崎　平吉出し	12月7日	24俵	殿蔵出し
伊丹　小西屋和助出			
伊丹　大和田屋伊三郎出し			
尼崎　塚五郎出し			
尼崎　塚五郎出し			
	計	50俵	

このように貢租米は動いていたが、とくに神崎・十三《じゅうそう》渡し場や小津嶋渡し場に対し「例年の通」として領主から祝儀を与えていることは（史料（E））、青山家の貢租米が神崎を一つの集荷場にし、淀川筋の冨田米が恒常的に小津嶋（現豊中市）を経由するという、貢租米の流通を物語っている。とくに神崎の井筒屋には年中御用向の世話になった（史料（E））とあって、米の集荷場である神崎村に特定の商人がいて、彼が津出しの一般商人への自由な配当を行い、それに基づいて毎年必ずしも同一でない商人が自在に登場してきて貢租米の廻送を取扱うことになっていたらしい。領主側は井筒屋とのみ結びついていて、直接にはその下にある商人とは特別の関係はなかったといえるし、また井筒屋も津出し商人と特別の結びつきはなく、比較的封建的な規制から自由な取引が行われていたと思われる。

五

下坂部村五二一石六五五合は、青山主水領三二一石（西組）と青山監物領二〇〇石（東組）の入組支配になっている。同村において東組の代官を勤めた沢田家の「万覚帳」を中心に第6表を作成した。同家は安政五（一八五八）年

第６表　下坂部村代官沢田家貢租米津出し

年　代	安政４年			安政	
青山監物領	９月晦日 10月２日 10月３日	４俵 ６俵 25俵	尼崎　塚五郎出し 尼崎　油庄出し 尼崎　塚五郎出し	10月20日 10月21日	34俵 16俵
	計	35俵		計	50俵
青山主水領	10月２日 11月11日 12月８日	10俵 14俵 26俵	尼崎　油屋庄兵衛出 尼崎　倉伊出し 伊丹中小路 松尾佐太郎出ス	11月朔日 〃　３日 〃　４日 〃　５日 〃　７・８日 〃　26日 12月３・４日 〃　５日	２俵 ２俵 ４俵 ８俵 ４俵 ８俵 ６俵 10俵
	計	50俵		計	44俵

には西組代官をも兼任しているが、いうまでもなく彼の所有地は両組にわたっていた。それゆえ第6表を通して、青山両家の貢租米の動きを知ることができる。

個人のデータで全村的な米の津出しを探ることは些か大胆であるが、先に青山主水領全体と沢田家の津出しを見た際両者に大した差のないことを知ったから、第6表で村全体の動きをみよう。まず気がつくことは、同一年代の同一村において貢租米が動く場合、領主を異にするために、津出しの日次とその商人が若干重複しながらも一致しないことの方が多いことである。このことを更に掘り下げるには、この青山両家の入札がお互にどのように関係しているか――つまり入札場所・入札商人・入札米価が明らかにされねばならないが、目下不詳である。

更に同一領主であってもほとんど毎年のように津出し先の商人が違っている。この事実は貢租米の運送が一部の特権的な商人によって独占されるのではなくて、ごくフラットな関係で流通していることを物語っている。不断に商人の名が変更していることは、西摂地方の米商人の多様な存在形態と米の流通の高度さを示すものである。

沢田家の貢租は皆米納であり、先にみた下坂部村の一〇〇％の米納を裏書きする。同家の米売価が安政五年度の末には不明であるので、農民的米価と領主的米価を比較することのできないのは残念である。ただ同年に沢田家と米取引のあった商人の名がわかるが、久々知村彦四郎・上坂部村三郎助・長洲村瓦屋治兵衛の三人である。最後の瓦治は今までもその名を指摘してきた商人であるが、安政四年に沢田家が彼から肥後米一〇石を買入れ算段をして十一月に銀をはらい、翌五年三月十七日に五石を、四月二十五日にのこり五石を受取っている。肥後米は大坂廻米の中では高値な米であるが、それを買った沢田家の思惑がどこにあるかわからないが、もって米商人としての瓦治を知る手がかりとなろう。それはとにかく、少なくとも農民的な米の商品流通は、下坂部村のすぐ近郷の村々の米商人を媒介として展開されており、伊丹という一地点で領主規制によって大量に値付けされる貢租米の流通と少しちがうことを示している。

六

史料（E）は、領主へ代官から提出される決算帳簿であるから、安政五（一八五八）年度の総収支を知ることができる。青山主水領は総取米八九四石四斗七升九合四夕で、その内二七石四斗二升四合四夕が村役人給ほかの控除分（本来はもう少し増す）であって、残り米八六七石五升五合、代銀にして一一〇貫一五八匁五分二厘（平均値段一二七匁四厘九毛）が同年の主要な収入となっている。支出は江戸送りの銀九七貫七一〇匁七分を最高に、その他合わせて一一〇貫四七二匁五厘となる。米収入のほうに一部雑収人を加えると、実収入は一一〇貫四二六匁四分九厘となり、代官手元における年間総収支は四五匁五分六厘の越銀となっているのである。

僅か四六匁足らずの越銀では、翌年秋までの青山家財政を賄うことはできない。江戸送りの金がすべて消費されずに、その何割かが領主の手元に残されているとしても甚だ心許ない状態である。小領主ほど幕末の財政は容易なことではなく、しかも旗本は慶応三（一八六七）年には半知上納という幕府の指令をうけてくる。事実安政五年も九月に収納米を引当にして金二〇〇両を他借（郷借りの形式）しており、十二月に年貢によって返済している。冨田村での五貫匁借入や次屋村藤左衛門から十貫匁、上坂部村元春から一貫五〇〇目を借りているなどは、その間の窮乏をよく物語っているといえよう。

七

以上、史料紹介的にのべてきたが、ここで一応のまとめを行っておく。

（1）西摂旗本の貢租は、村役人及び農民出身の在村の代官によってすべて換金され、旗本は代官からの仕送りによって生活をたて、自ら米の商品化には従事しなかった。

（2）西摂の領主的米穀市場は、年によって入札場所や商人に出入があって固定しておらない。しかし貢租米の売却には、多分に領主的な規制が加わってくると思われ、旗本領では代官の才腕の如何が大きく作用してくる。また領主米の流通は、在方に数多く存在した米商人を利用して展開される。

（3）しかし領主的な米の流通は、入札の開催方法などで農民的なそれとは区別される。後者は主として自生的な近郷の米商人を通して、比較的短距離間の取引で商品化されるが、西摂の領主米はかかる自生的な農民市場ではなく、伊丹という特定の場所で「延売買」によって行われている。

（4）銀納分の石代はほぼ在方相場をとるため、農民的な米価に近く貨幣地代と考えてよい。

（5）領主の指定する地代形態は、史料的に不明だが、たとえあったとしても、第5表にうかがえるように、各地に分散している全支配村落に、画一的に実施することはできず、農民的商品生産による修正を余儀なくされている。高く入札される米を産出する村に米納を多くする意図は指摘できるが、それとともに、地代形態に関する領主規制はいくらかの弛緩を生じている。

(6) 青山主水領の貢租は、米納に重点をおくという一般的な傾向がみられる。それにともなって銀納の規定が、固定的とは思われず、石代値段の納入日による変化とか、全支配村落への画一的な石代の実施とかいった点は、整一的に理解できない。

(7) 本文では「村方買納」＝銀納と理解したが、同じ銀納形態でも、制度的にみると、中村の事例で示したように、四斗俵につめられぬ端数米高の銀納と、おそらく先納銀の米高換算による銀納の、二形態に分けうると思われる。それゆえ、その具体的な内容の追求と、農民階層別の地代形態の相違の追求とが、今後の課題となる。

このほか史料操作についてのべると、近世においては領主側の史料は、一つの問題について必ずしも一種とは限らない。とくに貢租関係については数種の史料がそれぞれの目的をもって作成されるのが常である。それ故その一部だけを、しかも記載文言をそのまま無批判に利用することは危険である。また、同じ領主でも幕末には一般に村によって銀納率も異っており、それ故一村のデータでその領主の貢租体系を推論したり、その地方全体の傾向として一般化することは必ずしも妥当ではないといえる。

註

(1) 八木哲浩「西摂における米の商品化と在方商人」(『神戸大学文学会研究』一六号、一九五八年)、小林茂「近世貢租と農民闘争―大阪周辺の米作地帯を中心として―」(『ヒストリア』二五号、一九五九年)、小林茂「「在払い」の一史料」(『近世史研究』二八号、一九五九年)、豊中市史編纂委員会編『豊中市史　本編第二巻』(豊中市、一九五九年)。

（2）貢租米の入札に際して、伊丹問屋は文化三年以後、米一石につき銀四分五厘の口銭をとっているが（前掲註（1）豊中市史編纂委員会編『豊中市史　本編第二巻』二六頁以下）、青山領も口銭一八三匁五分を出しているから、これを入札高六三〇石で割ると、右と同じ数値がえられる。
（3）阿部真琴「大坂周辺農業の生産構造」（『神戸大学文学会研究』一三号、一九五七年）図三。
（4）大蔵省編『日本財政経済史料　巻五』（財政経済学会、一九二二年）一二～四頁。
（5）この点については、本稿の青山主水領と親類筋にあたる旗本青山氏（幸通の系）の天保七年の例が、下大市村の一農民の「万日記帳」によって知りうる（前掲註（1）八木哲浩「西摂における米の商品化と在方商人」（一三～四頁））。
（6）この史料には中村の三番札の二〇石（石当り一二七・六五）が脱落している。
（7）第2表の入札米と第5表の入札米とが三〇石違うのは、後者には正式の入札によらぬ米が加わったためである。
（8）ただ少し食違う箇所もある。第6表の十一月朔日・三日の「袋吉出し」四俵に相当する部分が、第2表にないのは、この米が正式の入札による米でないためである。第2表の原典である史料（B）は、特に「外ニ廿石　是ハ作右衛門支配米、袋屋吉右衛門渡り、百廿三匁弐分かへ」と記し、更にその内訳を「拾石袋吉江十一月朔日ニ出ス。又拾石同人江十一月三日ニ出ス」としているから、正しくは一致することになる。この袋吉は米問屋である。
（9）この点については、前掲註（1）豊中市史編纂委員会編『豊中市史　本編第二巻』一三一、一九九頁参照。
（10）ただ「送り先」の商人のうち米屋町鹿嶋清太郎というのは、清酒「白鹿」（伊丹の）を作っていた「鹿嶋屋清太郎」と思われるが、この典拠となった「印帳」は幕末のものらしいが、必ずしも年代が明催でないから（『郷土研究伊丹』昭和十一年六月号、郷土研究伊丹公論社、一九三六年、岡田利兵衛氏執筆）、直ちには酒造家と断定できない。

追記　使用史料はすべて尼崎市沢田正雄氏所蔵のものである。記して感謝の意を表する。（一九六〇年一月十四日）

河内国石川家領の貢租
――日本貨幣地代成立史研究の一試論――

はしがき

明治政府が、明治六（一八七三）年から同十四年にかけて実施した地租改正は、幕藩領主的土地所有の解体を示す重要な政策である。幕藩体制下の石高制に基く生産物地代原則は、この政策によって貨幣地代へ形態転化をとげたと考えられる。幕藩領主的土地所有の崩壊については、主として社会経済史の角度から、商業的農業の発展、マニュファクチュア、農民層分解といった部門においてその研究が深化されてきている。ところがこのような部門の研究の著しい発展に対して、土地所有そのものについての研究は、まだ漸くその緒についたばかりといって誤りないようである。

封建的生産関係とは、何よりも土地所有関係であるから、封建制の研究には土地所有の問題をぬくことはできないのである。封建的土地所有を考察するには、何よりも、その経済的実現である封建地代の問題をとりあげるのが至当な方法と考える。封建的土地所有の解体過程は、それ故、地代の形態転化に具現されるものである。この転化、当面の近世から近代への移行の時期についていえば、生産物地代から貨幣地代への転化が日本においていかに行われたかが、最も重要な関心事となってくるのである。

日本では貨幣地代の自生的な発展は、果してなかったのであろうか。早く野呂栄太郎氏が指摘されたように、

「突如として、而も国民的規模において画一的に遂行せられた[1]」のであろうか。われわれは、ここで幕藩体制下の銀納形態である石代納を念頭に浮べるが、これについては、平野義太郎氏は「銀納は、米納の正常な形態変化ではなく、むしろ逆に、米の未進部分を貨幣形態で貸付ける形態に引直し、その上、農奴から高利をとる前提として、或は米不足分を補うものとしてのみ徴せられる[2]」と、後向きの評価を下され、また山田盛太郎氏も、小作料の代金納に触れて「代金納の場合にも貫徹する所の現物年貢の原則。日本における地代の貨幣形態さへもが現物年貢の一の便宜的転化形態に過ぎぬ点に留目すべきである[3]」として、石代納は本質的には生産物地代の正常な転化形態ではないという見解を示されている。

戦後においても、このような見解は継承されている。すなわち高橋幸八郎氏は「西ヨーロッパの場合と異なり、農民層のもとにおける生産諸力の発展がなお封建地代の基軸的部分を、生産物形態から貨幣地代に『下から』転化せしめうるまでに至らなかった[4]」といわれ、また安良城盛昭氏は、石高制に基づく米納生産物地代の特殊性とそのかくされた二つの本質（米の商品化の阻止と剰余労働と必要労働の空間的分離―田と畑―）から、石代納は、「『石高制に基づく米納年貢制』の一つの転化形態に他ならぬ」とされるのである[5]。

このような戦前・戦後を通してみられる石代納の貨幣地代としての評価についての否定的な見解に対して、幕藩領主的生産物地代から明治絶対主義的貨幣地代への移行を結ぶ環として、石代納を積極的にみようと思う。そのためには、幕府そのものの石代納形態を全国的な規模において個別に研究することが必要である。しかし本稿においては、大略以上の如き問題意識から、河内国の一領主の地代をとりあげて、その変貌過程を農民勢力との対抗において実証的に跡付けようと思う。とりあげる素材は必ずしも右の問題のスムーズな発展を例証するものでなく、逆にその困難さを論証するかの如くであるが、貨幣地代への転化の方向が貫徹していくことを見落してはならない。また一般性を有する天領の貢租を必要な範囲でのべることとする。

主題は、地理的には河内国古市郡・石川郡の石川谷方面に所領をもつ、常陸国下館藩石川家とその分家にあたる旗本石川氏を中心に、幕末期の石代一件として展開される。

一　石川両家の所領と貢租

(1) 石川両家の所領

常陸国下館藩（二万三千石）は、常陸国真壁郡内三〇ヵ村で一万三千石、残り一万石を河内国石川郡一六ヵ村、古市郡四ヵ村に領有していた。下館藩のかかる河内における飛地を支配する役所が、河内国石川郡白木村にあって「白木表」とか「白木御役所」とかよばれていた。(6)一方、この下館藩石川氏の分家筋にあたる旗本の石川氏が、三千石の所領をこの本家所領の周辺に領有していた。旗本石川家は「寄合」の地位にあったようであるが、(7)石川谷に沿って古市郡では新町村・東坂田村・碓井村（この村は本家領と入組）、石川郡では寺田村・葉室村・東山村・下河内村・弘川村・畑村・持尾村の一〇ヵ村がその所領であった（第1表）。右のうち新町村以下東山村までの六ヵ村は「綿場六ヶ村」とよばれて、表作では主に綿作が行われていたが、旗本石川氏（以下分家という）のこれら所領は、河内といっても大坂から七、八里を隔てた村々であり、この点、本家の下館藩のもつ飛地とても同じで決して実入りの多い所領とはいえないのである。

分家領の自然的な条件をみておくと、文久元（一八六一）年十月の河内在の代官から江戸屋敷への御用状には「去月廿三日、下河内村・持尾村・畑村・葉室村・寺田村・東山村・東坂田村七ヶ村ゟ、当稲作方及干損候分、殊之外凶作……猶又綿場六ヶ村ゟも当綿作夏以来及干損居候……綿場之内中村（本家領、石川郡）と申所者大躰吹候由、先ツ一反歩ニ付百五十斤ゟ百八十斤或者弐百斤計も吹候由、聞込候趣御噂有之候……其噂ニ引替寺田村抔者一反ニ

第１表　石川分家領農村概況

支配	郡名	村　　名	高 石	田 石	畑 石	日損 石	山　　手　　銀
石川分家領	古市郡	東坂田村	194.5	37.098	157.402		
		碓 井 村	116.349	535.99	52.5	35（水損）	
		新 町 村	178.498	63.582	114.916		
	石川郡	東 山 村	476.908	410.072	66.836		米1.577石、小松
		葉 室 村	320.768	258.362	62.406	100	銀58.8匁、柴山草山
		畑　　村	354.32	258.47	95.85	70	銀201.6匁、小松雑木小唐竹
		寺 田 村	499.341	478.66	27.675	200	米0.56石、小松雑木
		持 尾 村	387.5	303.858	83.642	164.57	
		弘 川 村	17.0				
		下河内村	394.82	316.02	78.8		米2.63石、小松雑木
天領	石川郡	山 城 村	477.19	398.652	78.538		銀３匁
		大ヶ塚村	75.38	畑屋敷共			

出典：天保３（1832）年正月「河内国一国村高控帳」（浅尾重一郎氏所蔵文書）

第２表　石川分家領10村人口・戸数

年　代	石川郡７ヵ村		古市郡３ヵ村		人口計 人	家数	小屋	借家	戸数計 戸
	男	女	男	女					
文政９					1665	386		16	402
弘化４	704	677	207	199	1787	301	72	17	390
嘉永７	680	696	196	180	1752	290	72	21	383
安政２	676	703	197	187	1763	288	70	19	377
安政４	685	698	206	198	1797	289	71	19	379
安政５	688	697	210	197	1792	289	72	19	380
元治２	683	645	195	190	1713	304	69	10	383

付、七、八拾斤位迄之申立ニ御座候……東山・東坂田・葉室三ヶ村の畑方綿作者三十斤位ゟ吹不申、又寺田村領東山村田方之綿作且新町村畑方抔者、七八十斤位之由」とある。(8) こういった干損勝ちの村々で、どうしても収穫も期待できないといった恵まれない立地条件下にあったのである。

分家は、文化九（一八一二）年東山村に役所を建て、これを「東山代官所」とか「東山御役所」とかよんで、本家側の「白木表」の北一里足らずの地にあってこの本家役所と相呼応して所領の支配を行っていたのである。

一〇ヵ村の人口・戸数の総計は第2表のごとくである。総戸数にして四〇〇軒たらず、人口では一八〇足らずの小村落ばかりで、とりわけ大きな村もなく、町場もないといった所領であり、なかには村高の小さい弘川村のような山村も含まれている。

(2)　石川両家の貢租体系

下館藩及び分家旗本の貢租制度を調べて、次に展開される石代銀納一件の醸成されてくる必然性を考察することとする。

まず貢租の実態をつかまなければならないが、まず本家領碓井村の史料から本家のそれをみることができる。(9) 元禄頃から史料がのこっているが、貢租制度がはっきりとわかるのは安永期（一七七二～八一）に入ってからである。そこで当面安永以前の状態についてはここでは省略して、必要な限りにおいてのみのべることとする。

安永期には、四つの関係史料が残されていて、本家分家以外に分家側の貢租が比較的よく判明するので、両者を比較・勘合しながらやや委しくみることにする。次に示すものはすべて安永五（一七七六）年のものである。

史料1（分家側）「安永五申歳扣帳」(10)

御米直段触

十月十三日
初売　五十五匁五分　　大坂売
又二匁高
外ニ　三分欠印代
〆五十七匁八分
同十九日
弐番　五十六匁五分三リ
同　廿七日
三番　六十一匁八分七リ
十一月七日
四番　六十四匁九分八リ
同　十四日
五番　六十七匁四分
同廿二日
六番　六十六匁六リ
糯米七十弐匁四分

史料2（分家側）「安永五年九月申歳銀納帳」

初売直段　石ニ五十七匁五分

銀一貫三百八十匁	此米二十四石納	十月十九日納	下河内村
同一貫八百九十七匁五分	此米三十三石納	〃	畑　村
同　六百三十二匁五分	〃　十一石納	〃	畑　村
同　五百七十五匁	〃　十　石納	十月二十一日納	新町村
同　五百七十五匁	〃　十　石納	〃	東坂田村
同　六百三匁七分五リ	〃　十石五斗納	〃	東山村

弐番売　石ニ五十六匁二分三厘直

銀一貫四百五匁七分五リ	此米二十五石納	十月二十五日納	碓井村

銀　五百六十二匁三分　〃　十　石納　〃　東坂田村

銀二貫五百三十匁三分五リ〃　四十五石納　十月二十八日納　畑　村

（後略）

史料3（分家側）「安永五年九月先掛銀納帳」を加工

碓井村

九月十日
銀二百十一匁六分

九月二十八日
銀二百五十匁

十月十日
銀三百一匁五分

十月二十五日
銀七百匁　〆一貫四百六十三匁一分

内米二十五石納　二番石ニ五十六匁二分三厘直

代銀一貫四百五匁七分五リ

又　銀五匁印代

〆銀一貫四百十匁七分五リ

残銀五十二匁三分五リ

十月二十八日
銀五百十一匁九分五リ　〆銀五百六十四匁三分

内米十石納　二番石ニ五十六匁三分三厘直

代銀五百六十二匁三分

又　銀二匁印代

〆五百六十四匁三分　是込出入なし

十一月六日
銀二百五十六匁二分
十一月十四日
銀九百二十匁五分　〆一貫百七十六匁六分
　内米十八石納　十一月十五日納 四番石六十四匁六分八厘直 上納
　　代銀一貫百六十四匁二分四リ
　　又　銀三匁六分印代　残銀八匁八分六リ
十一月二十六日
銀百六十五匁八分
十二月三日
銀百六十一匁六分
十二月九日
銀二百六十二匁二分
十二月十五日
銀九百匁
同日
銀六十八匁二分
十二月二十六日
銀百九十四匁

史料4（本家側）「安永五年十二月碓井村皆済目録」

惣定米三百三十七石一斗八升四合九勺
　〆　申十月
　右之内度々上納
十月十八日
一、米八石　大坂出米
十月二十八日
一、米十三石　同
十一月五日
一、米十六石　同
同月十三日
一、米十一石　同

一、十月二十六日 米百十壱石五斗
　　　　石　五十六匁二分三リ直
此銀六貫四百九十四匁五分六リ五毛

四番売		五番売		六番売		取米計
11月13日・11月15日		?		12月15日皆済		
石	匁	石	匁	石	匁	石
26.5	1714.02			87.88294	5779.182	138.38294
18	1164.24			50.49064	3320.264	157.49064
				11.8096	776.599	163.8096
15	970.2			8.62118	566.92	65.62118
41.5	2684.22			141.25491	9288.923	288.25491
18	1164.24			27.40579	1802.25	80.40579
40	2587.2			80.90641	5320.46	192.4064
2.5	161.7			6.8695	451.738	13.3695
27	1746.3			94.46599	6212.83	191.46599
17	1099.56	0.1	6.71	126.34103	8308.186	273.44103
205.5	13291.74	0.1	6.71	636.04799	41826.515	1564.64799
64.68匁		67.1匁		65.76匁		

一、十一月十五日 米七十石
　　　　石　六十四匁六分八リ
此銀四貫五百二十七匁六分
一、十二月十五日 米八十七石一斗四升七合七勺五毛
　　　　石　六十五匁七分六リ直
（下略）

碓井村は、先にのべたように本家・分家の入組になっていて史料3の碓井村は分家領、史料4のは本家領である。以上明示した四つの史料を綜合して貢租の実態をさぐってみよう。

本家の収納法は、安永五年においては元禄期（一六八八〜一七〇四）と同じく大坂出米と銀納とからなり立っているが、元禄・宝永期（一七〇四〜一一）には不明瞭であった銀納部分の石代直段の決定方法がこの時点には判明する。すなわち史料1と4を比較しよう。1は分家側の代官が領内に触れ渡した米直段であるが、「大坂

第3表　安永5（1776）年石川分家領銀納

売／村名	初売		二番売		三番売	
	10月19日・10月21日		10月25日・10月28日		11月6日	
	石	匁	石	匁	石	匁
下河内村	24	1380				
畑　村	44	2530	45	2530.35		
新町村	10	575	131	7366.13	11	677.27
東坂田村	10	575	31	1743.13	1	61.57
東山村	10.5	603.75	95	5341.85		
碓井村			35	1968.05		
持尾村			71.5	4020.445		
弘川村			4	224.92		
葉室村			70	3936.1		
寺田村			130	7309.9		
計	98.5	5663.75	612.5	34440.875	12	738.84
売直段（石ニ）	57.5匁		56.23匁		61.57匁	

売」とあるように、本家の大坂出米の六回の売却直段なのである。史料4の十月十八日及び十一月五日の大坂出米は、それぞれ史料1の十月十九日の二番売及び十一月七日の四番売に対比できるし、史料4の銀納の部分についてみると、十月二十六日の五六匁二分三リの直段は大坂二番売、十一月十五日の六四匁六分八リは四番売（以上の米石高は五斗俵で数えうる単位であることに注意）となって、ここで銀納直段が大坂払米の直段によってその都度計算されているのである（但し端数石高の銀納である十二月十五日の六五匁七分六厘直がいかに決定されたか不明）。本家側については、以上のように大坂払米とそれによる銀納を確かめえたが、分家側はどうであろうか。

史料2を整理して第3表に示した。これで支配一〇ヵ村の様子が一目瞭然である。とくにこの表で初売から五番売まで銀納とされながら俵数で除しうる端数のない米石高で示されているものの実態がわかる。つまり史料3である。碓井村は史料2や第3表だけみたのでは、三五石、一八石と整数で示されているので俵拵で米納したようにみえるが実は銀納なのである。4の史料は九月に作成され、「先掛銀」とあるように、九月から農民は「先掛銀」という名目で銀を徴収されるのである。このようにして支払った銀高が一定額に達すると、その日に近い本家の大坂払米の直段で決済し、ついでその残額に、次に銀をおさめてまた一定額に達すれば決済、こういう方法なのである。かかる先掛銀は本家側にもみられる。

また、1の大坂売の日と、2の初売から五番売までの日の差違は、3の史料についての右の解釈の正しさを傍証する。すなわち初売では1の十月十三日は2の十月十九日及び二十一日に相当し、以下二番から五番もこれと全く同様で常に1の日付の方が早いことは、直段が既に決定してから、その直段によって銀納分を決済して石高に換算するからである。また史料1のように、本家の大坂売直段が分家領分に触れられたのは、このような銀納形態をとっていたからであり、その時々の本家の石代直段によって米計算したからである。

このような形態に基く分家の皆銀納という収納法はおそらく明和頃から始まっていたのではないだろうか。第4表の本家側の銀納率が明和～天明期（一七六四～八九）で八〇％を越ていることからも推測されるのである。[11]

このような方法は、両家とも文化年間（一八〇四～一八）に変化したようである。本家領碓井村の文化十三年（一八一六）皆済目録によると、

一、米三百三十七石一斗八升四合九勺　納辻

　　右之内上納

一、米五十石　　　　大坂出米

一、同百七石　　　　蔵直米

一、同百四十四石五斗九升八合三勺銀納

　　此代銀十三貫七十六匁四分六リ

従来の皆済目録とちがう点は、大坂出米のつぎに、「蔵直《なおし》米」なる表現がみられることである。碓井村の皆済目録は、この文化十三年分の前では天明八（一七八八）年分があるにすぎず、ここでは安永期に示したのと同じ記載

第4表　下館藩領碓井村貢租

年　代	取　米	諸　引	実取米	大坂出米	地　払	米納比率	銀　納	銀納比率	備　考
	石	石	石	石	石	%	石	%	
元禄15	225.6633	5.1023	220.561	59.5		26.9	161.061	73.1	
〃 16	211.6023	4.5523	207.05	66.5		31.2	140.55	68.8	
宝永 1	211.3575	8.7016	202.6559	72		35.5	130.6559	64.5	
〃 2	213.651	7.5781	206.0729	98.5		47.6	107.5729	52.4	
〃 3	223.9662	6.7462	217.22	84.5		39.0	132.72	61.0	
〃 4	211.9633	13.9243	198.039	82.5		41.6	115.539	59.4	
〃 5	355.3307	14.2543	341.0764	115.5	17.5	39.0	208.0764	61.0	入組再編成
〃 6	296.8456	21.3877	275.4579	133.5		48.5	141.9579	51.5	
〃 7	337.7307	13.0447	324.686	110		33.9	214.686	66.1	
正徳 1	338.631	16.1113	322.5197	107	0.8	33.4	214.7197	66.6	
〃 2	342.0083	67.2406	274.7677	93		33.8	181.7177	66.2	
〃 3	342.27	13.19	329.08	126.5		38.4	202.58	61.6	
〃 4	309.351	55.2266	254.1244	91.5		36.0	102.6244	64.0	
〃 5	379.9156	18.2427	361.6727	125.5		34.7	236.1727	65.3	
享保 1	226.003	102.1887	123.8153	32		25.8	91.8153	74.2	水損
〃 2	300.5955	17.0665	283.529	92		32.4	191.529	67.6	
〃 3	318.12	15.523	302.597	81		26.8	221.597	73.2	
〃 11	337.8184	8.3543	329.4641	55		16.7	274.4641	83.2	
宝暦 3	334.8159	60.0944	274.7215	67		24.4	207.7215	75.6	
明和 4	337.1849	63.0014	274.1835	49		17.9	225.1835	82.1	
安永 5	〃	11.03715	326.14775	48		14.7	278.14775	85.3	
〃 7	〃	35.3032	301.8812	48		15.9	253.8817	84.1	
〃 8	〃	35.3784	301.8065	48		15.9	253.8065	84.1	
天明 4	〃	48.40271	288.78211	50		17.3	238.78211	82.7	
文化13	〃	35.0866	307.0983	50	107（蔵直米）	51.1	150.0983	48.9	

様式で、「蔵直米」はみられない。それ以後については残念ながら皆済目録は一切現存しない。

蔵直米とはいかなるものを指すのであろうか。この表現は大坂出米（これは本米ともよばれて、大坂蔵屋敷に送られる）と対比されるもので、在地において保存又は売却（いわゆる郷払とか地払）される米をさしていると思われる。[12] 後の例であるが論拠を示そう。

蔵直米が、郷蔵に貯蔵されて備荒用としての意味ももったことは、文久元（一八六一）年四月に、石川郡北加納村の貧農たちが、飯米手当として蔵直米を合わせて五石を借り、十月に新穀をもって返納すると言っていることからわかる。また各人の借用高が五斗になっているが、これは一俵借りたことを示し、蔵直米が俵拵で保存されていたことを物語っている。[13] そのほか、主として「地払」としての意味をもったことは、左の種類の数々の史料が物語っている。

覚　　　　一甚買

一、蔵直米弐拾石也

右者此切手を以無相違相渡可申者也

亥十一月五日役所㊞　　雁井村

かかる米切手は、雁井村のほか北加納村にも残っていていずれも蔵直米であり、「一甚買」とか「一五かひ」「大安売」とか、入札商人の名前を窺わせるものが記入されている。この蔵直米の売却は、米商人たちの入札によって行われ、落札した商人に上記の米切手が手渡されたが、入札当時米がない場合もあり空米売買で行われることが多かったようである。[14] この直米は元来在地で売却されるために、大坂へ廻送される本米に比して、俵拵や米質などに不備な点が生じていたとみえ、弘化三（一八四六）年五月に「村々直米之儀、是迄別段改之者不差出候処、近年米拵方之儀不宜候儀も可有之哉ニ相聞候、依之当年ゟ御払相成納所日ニ改之者差出候間、得其意入念相納可申もの也」(15)と布告されている。

米納は幕末には四分方といわれるが、そのうち本米と直米との比率をみると、主として直米の方が多いのである。勿論本米として大坂で売れば領主として高く売れるであろうが、そういう手間を少くして蔵直米を多くしているのは、それなりの実益があったからと思われるし(16)、当地方で貢租米が商品化されて酒造米や飯米となることが一般的であったことを示すものであろう。第4表をみると文化十三年に銀納率が著しく減少していることに気がつく。これは勿論米納率の増加となるが、大坂出米はこの間さして増加しておらないから、この米納率の高さは、蔵直米の増加＝在払を目的とした米納が、文化末年から下館藩の新しい貢租制度として登場してきたことを示しているのである。

次に石代直段についてみると、安永期とくらべてやはり変化のあとがうかがえる。文政五（一八二二）年正月の白木村の村方取極めと思われる史料によると、「一、十月ニ御米大坂出後直段有之候節者□《六》売共歩行村不残相触可申候、尤年寄中江ハ右直段切紙庄屋方ゟ差出し可申候」(17)とある。更に文政六年の御用状によると「当年御米直段五番売迄先達而両度ニ御注進申上置候、六番壱石ニ付六十四匁八分七リ直、平均石ニ付六十三匁一分一リ一毛直、二匁上打、〆六十五匁三分一リ一毛」とある。このことから、本家・分家ともに、銀納石代直段の決定が、大坂払米（つまり本米）の六度売の平均直段＋上打(18)という形をとっている。この形態は文化から始まり、明治初めまで及んでいる。

以上、本家・分家と非常に煩雑な形であったが、石川当家の貢租体系の変化をみてきたのであるが、次にこの変化の意味するところをふり返ってみよう。

本稿の問題点は、石代銀納の性格の評価にあるのであるが、具体的には銀納率と石代直段の決定方法に絞って考

第5表　石川両家貢租体系変化

年　代	本家貢租		分家貢租	
	米　納	銀　納	米　納	銀　納
元禄〜宝暦	主として大坂廻米	石代直段決定法不明	主として大坂廻米	石代直段決定法不明
明和〜寛政	同　上	先掛銀を大坂払米のその都度の直段で決済	な　し	先掛銀を大坂払米のその都度の直段で決済（皆銀納）
文化〜慶応	大坂廻米と蔵直米（4分方米納）	先掛銀を大坂払米の6ヶ度平均直段＋上打で決済（6分方米納）	な　し	本家大坂払米の6ヶ度平均直段＋上打（皆銀納）

えてみよう。そのために、前述の変化を改めて表示してみよう（第5表）。

注意されることは、銀納率は文化以降本家で約六〇%、分家は明和頃（正確には安永頃）から皆銀納で一〇〇%に及び、幕末から明治に及んでいることである。皆銀納については、明治二（一八六九）年の分家領東山村明細帳は「御年貢納方之儀者、当村方ハ山寄せ并ニ畑方多く、其上水損場山谷田ニ付、御納米ニ可相成米無御座候ニ付、例年皆金納仕来りニ御座候」[19]とのべ、その原因を立地条件に求めているが、畑勝ちの土地であるといっても第1表からみてもわかるように必ずしも当らない。それゆえ畑方にも米納方針が入るとやむなく銀納となるといった、自然的条件から石代銀納の成立を説明する立場は正しくない。分家の場合は、第5表でわかるようにほぼ本家に準じた政治を行っており、分家の皆銀納は、本家の米納・銀納といった貢租体系に支えられたそれであると思われる。石代直段の決定の方法はそういった関連を示すものだろう。

ともあれ本家・分家に共通して銀納分の変化について指摘すれば、石代直段の決定は、明和期（一七六四〜七二）の「先掛銀を大坂払米のその都度の直段で米に換算して決算する」方法から、文化以降の「大坂払米六ヶ度平均直段＋上打で先掛銀を決算する」[20]方法へと

第6表　石川分家貢租変遷

年　　代	10ヵ村収納米	左の代銀	石代直段	小物成銀	銀　合　計
	石	貫　匁	匁	匁	貫　匁
宝　永　5	1622.2062				
〃　7	1622.306				
元　文　5	1407.6502				
安　永　5	1599.64799				97 016.694
〃　7	1552.8715				91 260.536
安　政　3	1599.33921	147 778.94	92.4	1168.85	148 947.79
〃　5	1599.33921	240 097.6	150.123	1168.85	241 266.45
〃　6	1599.33921	238 455.078	149.096	1168.85	239 623.923
万　延　1	1599.33921	327 597.45	204.833	1168.85	328 766.3
文　久　2	1599.30421	272 110.41	170.143	1168.22	273 278.64
安政5～慶応3 10ヵ年平均	1316.9485				

変化している。その意味するところは、その都度の直段から平均直段という変化にうかがえる。平均化することは、値段の固定化を示すものであり、後にみるように、幕末天領において一〇ヵ年平均とか二〇ヵ年平均とかで十分一・三分一銀納をとるように農民が歎願しているのである。平均直段をとることは、その前の形態に比べて僅かながらでも恒常的に農民に剰余労働部分を保証することになるのである。

次に、本家側の蔵直米が出てくる意味である。地払と大坂払とは、貢租米の販売――領主的な商品経済という点では本質的に同じ性格のものであり、農民の余剰米の商品化とは本質的に対立するものである。しかしそれだからといって、地払の増加の意味はないとはいえないのである。地払は領主米の商品化であるが、その場合、地方市場において農民的な商人の入札によって価格が決定され、ここでは大坂のような貢租米が入津米量の四分の三といった事態とはちがって、農民間の売買直段が大きく影響していると思われる。領主的な商品が、農民間の価格によって規制されているということである。このように石川本家においても地払米が増加してくることは、地方市場においてこれを処理しうるだけの条件が熟していたからにほかならない。すなわち年貢部分をとられたあと、中農以下の小農民にあっては、当然飯米にこと足りたとは考えられない。石川谷は大正期（一九一二～二六）には石川米としてその銘柄をしられているが、近世においてはかかる良質の米

石代直段	此代銀	外　ニ	惣貢租銀	内先納元銀	先納利銀	庄屋名
匁	匁	匁	匁	匁	匁	
170.143	49656.4	82.37	49738.77	5032.99	105.22	松右衛門
〃	48245.63	114.14	48359.77			太市郎
〃	2683.16	61.63	2744.79	4753.37	401.09	弥左衛門
〃	23544.90	202.17	23747.07	15595.95	947.07	弥太郎
〃	33144.91	183.34	33328.25	5251.11	143.44	多右衛門
〃	27204.33	320.13	27524.46	2094.52	108.92	栄造
〃	34321.98	134.42	34456.4	549.99	6.6	忠兵衛
〃	29013.97	34.1	29045.08	14475.89	863.42	徳助
〃	11147.94	17.97	11165.91	2428.42	68.62	庄治郎
〃	13147.19	17.96	13165.15	3410.32	255.73	六右衛門
〃	272110.42	1168.22	273278.64	53592.56	2900.14	

は悉く地代としてとりあげられていたと考えられる。それゆえ石川谷全体としてみると、あとの余剰米だけでは当時の飯米を満たすことは不可能に近く、従って他国米（たとえば山をこえて大和などから）を購入するか、或は一旦とられた年貢米の在払に依存せざるを得ず、これに伴ってまた米穀市場の形成も考えられてくる。これには勿論摂河泉地方における農民層分解――それにともなって飯米を購入しなければならない自己経営地をもたぬ農民が発生していたこと――が基底に据えられなければならず、また米穀市場についても農民的米穀市場と領主的なそれとが本来対抗関係にあることはいうまでもない。

日本全体の国内市場の形成に関して米の商品化をみる場合には、中村哲氏が指摘されたように(21)、「先進地帯、即ち綿織物・綿作地帯と、後進地帯、即ち米作農業地帯という、地域的社会的分業を一般的基礎として形成された」と考えられるのであるが、しかし、畿内内部でのかかる変化も忘れてはならないのである。

本家の米納のうち、地払されるべき蔵直米が大坂へ廻送される本米より多いことは、後の石代直段の決定について、農民側に強

第７表　文久２（1862）年　石川分家領貢租内訳

村　　名	石　　高	諸引残高	此定米	毛付高	その他合取米	内引残
	石	石	石		石	石
東山村	476.908	432.518	284.597	0.658	298.588	291.851
寺田村	499.341	449.742	273.4431	0.608	283.9093	283.5593
弘川村	17.0	17.0	15.3	0.9	16.12	15.77
下河内村	394.82	320.9326	127.0311	0.398	138.733	138.383
持尾村	387.5	378.1801	189.4722	0.501	195.1562	195.1562
畑　村	354.32	268.458	147.3834	0.549	160.241	160.241
葉室村	320.768	291.253	291.253	0.656	202.8385	202.8385
新町村	238.494	193.933	193.933	0.858	173.044	173.044
東坂田村	194.5	151.379	151.379	0.396	65.871	65.871
碓井村	116.349	88.3097	79.832	0.904	82.227	82.227
計						1599.30421

註：石高から毛付高にいたる各欄は、天保２年の免定帳と同一
出典：文久２年12月、御物成請取帳（東山御役所）、同年同月御物成御勘定帳

い抵抗の足場を提供することになるのである。その経過は次節で詳しくみるが、地払の多いということは、飯米を購入する農民層――労働力の販売その他による貨幣収入とそれの個人的消費――と、商品的米作に従事する農民層――労働力の購入と生産物の商品化――が農民層分解の結果として発生しつつあることを物語り、貢租米の在払は、領主的な市場で差配されるという歴史的な本質をもつとはいえ、一部上層農民（富農・中農）らの商品米による農民的市場と、右にのべた農民層分解とによって規制されたものといえる。またそれに対してより農民的な石代直段が市場価格として米取引において意味をもってくるのであり、領主米をその支配下にたえずおこうとする。

石川分家領一〇ヵ村の収納石高は、第6表にみるごとくである。約一五〇〇石をこえている。宝永期からみると、元文～安永期（一七三六～八一）は一時減少し、それ以後、天保から幕末にかけて再びもり返している。但し安政五（一八五六）年から慶応三（一八六七）年の一〇ヵ年平均値は、異常に少ない。これはこの史料が、幕令によって慶応三年に旗本の過去一〇ヵ年の物成を調査した際に作成されたという、史料上の性質による。つまりこの史料が旗本の半知上納による幕府財政の窮乏を緩和するという目的

で作られているからと思われる。

　分家の皆銀納による収取は、相当の高免であり、そのため石代一件が、嘉永四（一八五一）年から頻繁に展開されるのであるが、一方四分方米納・六分方銀納という収取を行う本家側でも銀納による実質的な増徴のために、農民は収取体系の変更――米納増を願うのであるが、かかる農民の過重な貢租負担は、石川谷の村々で今日なお老人たちの記憶にのこり、幼時手まり歌として歌われた「トトトよトトトよ米食うな、白木の牢屋へ、入れられる」という俗謡に端的にうかがわれるのである。(22)

　第6表の文久二（一八六二）年の分を個別一〇ヵ村について明示したのが、第7表である。これで村高・貢租率がわかるが、免は毛付に対して碓井村の九ツ四厘から東坂田村の三ツ九分六厘と村によってかなりの開きがあるが、平均すると六ツ四分ほどである。同年では銀高で二七三貫二七九匁が徴収されるが、そのうち五六貫四九二匁七分が先納銀元利であり、実に先納部分が二〇・六％の多きをしめている。

　石川両家ともに、幕末には相当の財政窮乏においこめられていたのであるが、本家下館藩では、天保九（一八三八）年当時で三万五千両から三万九千両の負債があったといわれる。ここにかの二宮尊徳があらわれて、天保九年から嘉永二年にかけて報徳仕法を実施し、領主財政の再建に貢献したのである。(23)尊徳は、下館藩の家老上牧甚五太夫・衣笠兵太夫の二人のよき協力者を得て大いにその実をあげたのであるが、就中《なかんずく》衣笠は尊徳と私的な関係も深く、彼の息子弥太郎や娘文子の媒酌をもつとめている。尊徳の負債整理の方法は、消費緊縮を本位として藩士の二割八分の減俸を実行、下館藩領常陸国真壁郡内二〇ヵ村で藩の経常費を維持し、のこりの一〇ヵ村の収納を負債償還にあてるとい

第8表　常陸国真壁郡内の報徳仕法

領　主	対実施地域	年　代
旗本　川副　勝三郎	青木村の仕法	天保3年
旗本　斎藤　鍬太	門井・辻村の仕法	〃　7年
石川　近江守	下館の仕法	〃　9年
天　領	真岡陣屋管内の仕法	嘉永3年
旗本　小宮山小左衛門	五所宮村の仕法	〃　4年

う方策であった。すでにのべたように、下館藩二万三千石の所領は、本国の常陸国真壁郡三〇ヵ村で一万三千石、のこり一万を河内国古市・石川当郡にもっていたわけである。ところが右の報徳仕法による藩財政の再建は、悉く常陸国真壁郡の所領の中で実行されているのである。尊徳自身が、同藩の河内における所領をどのようにみていたか、或は本国での仕法の実施が飛地支配の河内にどのように反映していたか、今のところ全く不明である。(24)

尊徳は、天保から嘉永にかけて、下館藩以外に常陸国真壁郡において第8表のように、やはり仕法を実施しており、この方面における彼の役割が跡づけうると思う。

次に、領主財政の面で分家の「調達講」なるものが、河内市・石川両郡などの有力農民を中心に作られているのを付け加えておこう。調達講は、安政二年九月に作られて、(25)一組三〇口とし、一口につき銀三貫目をかけ、返済は安政三年から一五ヵ年賦年五朱の利で行うという仕法であった。加入者は三三人（正確には二三人と一〇村）で、加

第9表　安政2（1855）年調達講加入者・銀高

村	加入者	加入銀高貫
山田村	田中　伊兵衛	12
〃	田中　伊右衛門	12
〃	矢野　伝右衛門	8
〃	田中　佐五郎	1.5
佐備村	道籏　治兵衛	9
中村	長沢　定五郎	3
山城村	浅尾　重兵衛	3
一須賀村	里内　治兵衛	3
〃	野村　文右衛門	3
北大伴村	芝野　七左衛門	2
富田林村	田守　三郎兵衛	1.5
〃	奥谷　伊兵衛	1.5
新堂村	高橋　太市郎	1.5
中野村	西徳寺	1
喜志村	山本　源右衛門	3
〃	松山　小右衛門	0.5
西浦村	葉山　清兵衛	1
碓井村	松倉　藤九郎	1
林村	東尾　勝治郎	1
岡村	岡田　伊左衛門	3
大坂	米屋　長兵衛	3
堺	具足屋孫兵衛	3
新町村	坂口　惣七	3
東山村		2
寺田村		1
弘川村		1
下河内村		2
持尾村		3
畑村		3
葉室村		1.5
新町村		3
東坂田村		1.2
碓井村		0.3
33人		98.5

第10表　安政2年12月分家調達講加入銀証文

加入者	加入銀高	銀預り主
大坂　米屋長兵衛	3貫目	畑村元治郎、東山村吉右衛門、新町村徳助・惣七
堺　具足屋孫兵衛	3〃	畑村元治郎・久右衛門・伊右衛門、新町村徳助・惣七・徳兵衛
林村　勝次郎	1〃	新町村徳助・惣七・徳兵衛
西浦村　清兵衛	1〃	東坂田村直次郎・庄次郎・勘右衛門
喜志村　源右衛門	3〃	東山村与次兵衛・松右衛門、新町村徳助・惣七・由兵衛
山田村　伊兵衛	3〃	新町村徳助・重五郎・徳兵衛・小三郎
〃	3〃	畑村元治郎・久右衛門・伊右衛門・伊兵衛
〃	3〃	持尾村熊蔵・房治郎・芳五郎・惣右衛門
〃	3〃	下河内村虎造・半右衛門・治兵衛・周蔵
〃	3〃	新町村徳助・東山村松右衛門・畑村伊右衛門・持尾村平右衛門
〃	3〃	東山村与次兵衛・新町村徳兵衛・畑村伊兵衛・持尾村房治郎
(以下略)		

入銀高は九八貫五〇〇目に及んでいる。加入者をみると第9表にみるように、主として近隣の農村にいる庄屋クラスの有力農民となっている。一二貫匁という最高加入銀高を示す山田村田中伊兵衛・同村田中伊右衛門は親類関係で村役人の家柄であるし、早くから油伊とよばれる絞油業・肥料商、更には米商人的な性格をおびた農民である。その他各村ともほとんどが庄屋であり、これらが他領から選び出されているのである。後に活躍する山城村の浅尾重兵衛の名もみえている。調達講は、後にみる村借(年貢を引当てに銀主から領主が借金する)と本質的に同じであって、年賦返済の御用銀ともいうべき性質のものであり、支配下一〇ヵ村の加入銀の返済は、年貢から差引く方法をとっている。但し村借と形式的にはややちがっている点がある。

ここで村借と比較して形式上の差異をみよう。調達講では、他領の加入者に対して、領分一〇ヵ村の農民が「銀預り主」として「預り申銀子之事」という借用証書を入れている。第10表にその一部を表示したが、領主の借財が領内農民に転化されているのである。これは一般に村借にもみられることであるが、村借と異なる点は、預り主として印形を加えているものが、いずれも庄屋・年寄といった村役人層であることである。しかも一人が何人もの加入者の銀預り主となっている。村借の場合は「年貢を引当て」にすることが第一条件であるので、村役人は勿論それ以外に広く農民を借用主として加判せしめているのである。それゆえ、調達講の場合は、これら村役人の個人的な経済力を考慮して、その財力を担保にしているといえるであろう。

石川両家の貢租については、更に付言すべきこともあるが、主な内訳は以上の通りである（付註1）。

二　石代納一件の経過

次に幕末期に展開された石代銀納一件の具合的な経過を、若干参考とすべき問題（主として石川分家の銀主の動き）をも入れて見ていくことにする。

嘉永四（一八五一）年　この年の五月になると、山田村油伊両家（油屋伊兵衛・油屋伊右衛門）と山城村（おそらく芹生谷《せりだに》屋重兵衛）、佐備村の銀主、合わせて四人が、石川分家への貸銀の返済を主張して大坂へ公訴に及んでいる。この借入銀には同年一月付の借用証書が残っているが、この四人の銀主に対する表面上の借用主は石川分家領内の農民七〇人となっている(26)。

いわゆる「郷借」とか「村借」とかいう性質のもので、その年貢を抵当とした借金なのである。このような「郷借」は広く領主間にみられたことであるが、これは土地そのものの抵当化ではなくて、年貢＝土地収穫物の抵当化であり、かかるケースは、農民間にも畿内では広く見られる現象である(27)。郷借の場合もし返済不能の場合は領内農民に負担が転化されてくるわけであるが、石川領の場合はまさにこのような例にあてはまる。年貢を抵当にするということは、封建領主の一時的にしろ年貢徴集権の移譲を意味し、商業資本の侵蝕作用はこの現象の恒常化↓封建的土地所有の解体へという反応をひき起していくものと考えられよう。

さて公訴に及ぶと、これら出訴の銀主と、領主に代る借用主七〇人が大坂の奉行所で対決しなければならない。しかし七〇人とはあまりにも多人数なので、一ヵ村につき庄屋一人（一〇ヵ村で一〇人）、外に五人の計一五人、このほか新町村・東坂田村から日帰りの者一五人が加わって三〇人ばかりが出頭することになったのである。

対決の結果は銀主の勝訴となり、その結果「御地頭所ニも被成方無之趣ヲ以、御借財向者郷中江引受呉候様」に命じられ、七〇人の農民は「銘々共印形故迚も被遁かたく御用金之代りと相心得無是悲（ママ）郷中江引受申」すことになったのである。農民にとっては、このように領主借財が返済の可能性のない用金として平素の年貢に加えられることになったのであるが、これに対し「我々初印形之面々不本意之至甚歎ヶ敷訳ニ者候得共不得止事……身上限可致候ゟ外致方も無之……各方も丸切損銀ニ可相成道理」とのべている。このようなため小前百姓は勿論村役人層まで身代限する可能性が生じてくるし、当地方で庄屋が再三身上不如意におちいるのも、このような弱小領主権力と関係あることを思わせるのである。

この嘉永四年は分家領綿場六ヵ村でも不作であり、本家でも救米が出されている。この時初めて分家の貢租に対する最初の変更が出されている。即ち綿作農民を中心にして「御収納之処も（御本家様と）御同様之米納ニ被成下度」と願い出ている。綿不作に対して比較的米の収穫がよかったためにかかる要求が出されたと表面的に考えられるが、問題はもっと深いところにある。というのは幕末ぎりぎりの段階まで絶えず米納願が出されているからである。分家の封建地代形態は第5表に示したように、少なくとも安永期（一七七二〜八一）から皆銀納であったのである。本家はほぼ四分方米納・六分方銀納であったから、ここに農民が要求したのは、本家並みの四分方の米納なのである。これが石代銀納をめぐる具体的な農民の動きの最初になるのであり、領主、銀主、惣百姓らの、領主借

第11表　石川家ほか石代直段

	文政6	弘化1	〃 3	嘉永2	〃 3	〃 4	〃 5	〃 6
石川分家 石川本家	匁 68.5	95.843	91.916	110.343	162.1	96.946	112.595	123.763
地　米							70〜80	
天領三分一	67.796	94.687	88.868	109.805	151.742	97.516	106.542	116.5
	安政1	〃 2	〃 3	〃 4	〃 5	〃 6	万延1	文久1
石川分家	106.585	92.716	92.4	118.56	150.1233	148.096	204.833	152.265
石川本家		93.016	92.7	118.86	150.4233	148.396	205.133	152.565
地　米				(−)20〜30			130〜150	
天領三分一	97.466	87.733	85.358	100.238	118.119	132.702		124.231
	文久2	〃 3	元治1	慶応1	〃 2	〃 3		
石川分家	170.143	221.021	341.986	464.9833	1163.243	740.948		
石川本家	170.443	221.321	342.286	465.2823	1163.543	741.248		
地　米	125	(−)50〜60	245〜250		1400			
天領三分一	143.813	183.041	301.777	435.04				

註：地米直段に（−）のあるのは、石川石代直段より（−）分だけ下直であることを示す。
三分一直段は『鷲洲町史』その他による。安政2年以降分家と本家で直段の違うのは、上打銀の差による。

財を核とした関係が示されるのである。

嘉永五年　この年も十一月になると米価が激しく上下に変動したため「其上何程も下落可仕哉ニ世間の思ひ入ニ候哉、第一買人無之此節専ら米売出し候時節ニ候処、一向米動キ不申」大坂市場が硬直し、また地米直段も「極上ニ而も壱石ニ付銀八拾目位、並にて七拾八匁」で安い。一方この白木表大坂払米の六ヵ度平均は石に一一〇匁五分九厘五毛、これに上打銀を加えて一一二匁五分九厘五毛が石川両家の石代直段となっている（第11表）。この表全体や例としてあげたこの嘉永五年の場合だけをみても明らかのように「上納直段と庭米直段大直違ニ相成、其上米売捌兼候由ニ付上納手当甚六ツヶ敷」いのである。嘉永四年から慶応四（一八六八）年まで石川両家領下で一貫して要求されている米納願は、上納直段と地米直段の差に最大の原因を有するのである。

嘉永七（安政元、一八五四）年　この年四月の御用状によると、分家領への入作百姓は従来とちがって天領の大ヶ塚村あたりも皆済したが、逆に本郷に不納が多く、寺田・葉室・東山の三ヵ村の庄屋が取立方不行届の故をもって宿預けを命じられている。ここにも当地方の庄屋の立場を理解する鍵がある。領主側は「御領分中抔も上々御不如（意脱）者年来之事ニ而無拠物入打続候而御大借ニ成行候事ニ候へ共、夫与申て百姓方江多分之過役被仰付候義も不承……是迄不納有之候事を全心得違ひゟ油断弥増候哉ニ被察候」という見方である。領内の全般的な窮乏は年来のこととみており、特別の過役を課した覚えはないとして不納の責任を領内農民の怠惰や庄屋の職務怠慢に求めている。前節でみたように「トトトよトトトよ米食うな、白木の牢屋へ、入れられる(28)」という今日なお俗謡に歌われる怨嗟の声や庄屋が江戸へ直訴したという伝承は、等しく石川両家の貢租取立方の厳しさを物語るものであるし、その主因は石代銀納にあったといえるのである。領主の大借が農民に過役を強いていたことは冒頭嘉永四年の例でみたところである。

なおこの年十二月付の支配一〇ヵ村の「公訴一件大坂日役銀割帳」が残っており、一〇ヵ村より大坂へ二一二人もの農民が出頭しているが、これも嘉永四年と同じケースの銀主の公訴であると思われる。

安政三年　十二月十三日、東山村惣百姓から東山役所へ訴訟文書が提出された。惣百姓代として弥右衛門・徳兵衛が中心になり、それに庄屋与次兵衛、年寄松右衛門・仁右衛門・吉右衛門が奥書している(29)。この史料は冒頭に「御上納御米直段与、下方銘々払米直段ハ、毎年壱石ニ付大庭弐三拾匁位ツ、齟齬」すると指摘して、石代納による実質的な増徴を批判し、ついで近年の凶作続き等々の理由をあげて、当年の上納銀は「銘々家財成共売払候テ、半納銀丈ケハ御上納仕候間、残リ半納銀ハ、行年ゟ拾ヶ年之間ニ御取立被為御成下度」、もしだめなら「当村江拾ヶ年之間、年賦之金子弐百両御拝借御願奉申上候」と要求している。分家領農村が嘉永四年に出した要求はここでは深く潜んで一応表面化していないが、根強く続いているのである。東山村は二年前に庄屋が宿預けをくらった村であるだけに一層庄屋層の動きは面白い。惣百姓の代表の一人である徳兵衛は、石川谷流域で東山村を中心に木綿を買集めて道明寺村山脇家などの木綿商人に売払っていた小糶人である。村役人にはなれない中農的な農民であったと思われるが、彼らが東山村の農民の要求を代表する役割を演じているのである。また一方村役人も次の年度に入ると惣百姓的な利害に立って活発に活動しはじめるのである。

安政七（万延元、一八六〇）年　この年に入ると、出入作関係による封建領主の収取形態の違いという思いがけない間隙から、石代銀納一件が非常に大きな事件となってくる。即ち十月十八日に、天領大ヶ塚村からの入作百姓惣代三人が同村庄屋新兵衛に伴われて、石川分家領の東山・寺田両村の庄屋宅へ来て「当御地頭御取立直段者格別之御直段故、年々殊之外直違ニ而百姓も取続出来兼候間、何卒六分方米納ニ被成下、四分方を御国御直段ヲ以、御取立被成下候様奉願上呉候旨」を申出ている。天領側から皆銀納の変更が要求され、六分方米納、四分方は御国御直段というほぼ天領と同じ形態での地代を願っているのである。嘉永四年に分家領から出された米納願が、他領内の農民からこのように更に具体的な要求へと進化させられているのである。かかる要求は、大ヶ塚をはじめ天領々内の百姓のうち石川家領へ入作しているものが追々倒産し、そのことを支配役所（京都の木村宗右衛門）で常々歎いており、その農民窮乏化の原因はすぐれて石川分家領の変則的な石代銀納にあるとし、手代衆も「何国へ参り候とも皆銀納と中事ハ有間敷儀」と言って、天領農民のかかる要求を背後で支えているかのようである。[30]

大ヶ塚村の要求は、皆銀納を六分方の米納に切りかえ、のこり四分方は銀納にするが、その際石代直段は、従来のような白木表六ヵ度大坂平均直段＋上打といったものでなく、御国御直段にしてほしいというのである。この「御国御直段」というのは、後の一連の事例から考えてみると、畿内の天領において広く採用されていた三分一直段と思われる。大ヶ塚村の農民がこのように天領並みの地代を要求したのは、少なくとも入作分の石川分家領での地代より天領のそれの方が軽いことを経験によって知っていたからである。それを我々なりに説明すると次のようになる。

つまり問題は、分家領の石代の異常な高さにあり、これを解消するために米納願が出てくるのであるが、一方別の形、即ち三分一直段による銀納との併用という石代変更願ともなる。それ故次の焦点は、天領が採用したこの三分一直段の性格にかかわってくるわけである。

三分一直段は、従来よく指摘されているように、享保十九（一七三四）年十一月以来、摂津は大坂・尼崎・高槻・三田・富田、河内は枚方・八尾・久宝寺・国分・中宮、和泉は堺・岸和田の、十月十五日から晦日までの平均相場に、六匁増ということになっている(31)。摂津の場合は富田村を除いて他はすべて城下町であるが、河内の場合は農村の市場、農民的市場が主として選ばれている。天明二（一七八二）年になると、米、木綿の平均直段を算出するのに「右平均直段之法は、京・大坂・摂州東成郡天王寺村・西成郡難波村・上福島村・天王寺庄・嶋上郡富田村・河州茨田郡牧方宿・守口町・若江郡西口村・渋川郡久宝寺村・植松村・安宿郡《(部脱)》国分村・石川郡富田林《(村脱)》・泉州泉郡下条大津村、右拾五ヶ所(32)」の直段が利用されて、享保期（一七一六〜三六）より更に広く在郷町場の米・綿の相場が取材されているのである。このように広く地米（このほか領主米も入る(33)）売買の地が採用されているために、天領の農民は比較的平均化された米価による銀納を要求されることになる。天領の貢租がゆるいといわれることの一斑は、単に石盛や免だけでなく、畿内摂河泉に関する限りかかる石代にも求めうると考えられる。

話を具体的な経過にもどすと、このような大ヶ塚村の申出に対して、分家側は「収納皆銀納も近年定り候ニて無之、古来より仕来之儀」として、慣習をたてにとって拒否している(34)。これに対し大ヶ塚村は「人気不宜村方」ゆえ「働者色をかえ品をかえて強訴ヶ敷申立……廿八日（十月）大ヶ塚村ゟ多人数東山役所へ米納願に可罷、尤御門前江釜持参いたし粥ヲ焼《(ママ)》候て、御聞入之御勘弁有之候迄詰居候催し之趣」という、相当強硬な態度をとっている。そのほかこの一件を聞いて別井村からも同趣旨の歎願が本家の白木表へ出されている。

この強訴には、大ヶ塚出作百姓だけでなく、分家領の東山・寺田両村の内にも一般農民は勿論のこと、村役人の中にすらこれに一味している者がいると察せられ、早速小頭を使って調べたところ、東山村は不明、寺田村は五、七人、大ヶ塚村では九〇人ばかりの参加が明らかになった。更に、この一件は、実は東山村から起り、寺田村へ相談、ついで大ヶ塚出作百姓へ内談に及んだことが判明、そこで寺田村から庄屋重兵衛を初め、与次右衛門・伊兵衛・佐右衛門・新右衛門、東山村から庄屋与次兵衛を始め、吉右衛門・庄兵衛・孫助ら合わせて九人が呼出され、夜中から尋問を受けたのである。彼らはいずれも寝耳に水と驚くばかりで口を割らず、拷問にかけようとしたが、右のうち与次兵衛・庄兵衛・与次右衛門の三人は六〇を超える老齢の上に病身であるためとりやめ、両村庄屋二人に手鎖宿預けを命じ、他の者には一応帰村を許した。

すると今度は十一月三日九ツ時頃大ヶ塚村ほか二ヵ村惣代が大ヶ塚村庄兵衛を付添にして再度十月と同趣旨の願書を出したが、領主の添翰なきゆえ却下されている。この頃、東山村では庄屋与次兵衛よりむしろ、年寄の吉右衛門の方が、加担の疑いが濃いといわれている。

大ヶ塚村を中心にした米納願は、先に少しく触れたように天領の手代が差図しており「拾ヶ年平均抔と申儀天下之御法も在之、且ハ米納ニ当り皆銀納と申事ハ無之」などと、農民を煽動していたのである。

かかる米納願には、また山城村芹生谷屋重兵衛と山田村酒屋伝右衛門といった分家分の銀主も加担して農民を煽動していた。とりわけ芹生谷屋重兵衛は、文政期（一八一八〜三〇）以来再三登場しており、「重兵衛義者見掛ケとハ違イ、至而不実之仁と相見へ申候、彼ノ仁元来彼方村と申所ゟ養子ニ参り、則下河内村甚次郎甥ニ当り、去ル戌年（嘉永三年）四月俄ニ銀主ゟ月下金断候一件……一須賀村堺屋へ銀主四軒参会仕候事も、彼ノ甚次郎ゟ手廻しニ而重兵衛頭取仕候義ニ相違無御座候」（傍点引用者、以下同様）と、領主側の代官から目をつけられていた人物である。

かれこれする内に、大ヶ塚村から、東山・寺田両村庄屋に手鎖宿預けを命じられたのは間違いであって、この一件は出作百姓が難渋したため本郷へ頼み出したわけであると申出があり、庄屋の赦免を願ったため、両人は許されることになった。この史料によると、右の寺田村庄屋重兵衛は大ヶ塚村に親類が多く、縁続の者が七、八軒もあって「此度出作頭取之者多分重兵衛縁者之由、右村ニて中通り或者下之者に候得共、先ツ顔役とか申振（触）、夫々至而不人物之族」とあって、大ヶ塚村の主謀者が、中農下層ぐらいの農民であったことが判明する。

同年十一月には米価が下落し、売人ばかりで買人はなく、このため小前水呑百姓は少し安定したが、大小の高持百姓が困っているという。このことは、水呑層が事実上、米のわずかながらにしろ購買者であることをよく示し、彼らが自分の経営地をもたないで、脱農民化して、労働力の販売者となり、また飯米の購買者化しつつあるという当地方の農民層分解を暗示しているのではないかと思われる。この年も地米小売直段と上納直段とは五〇匁もくいちがい、大ヶ塚村をはじめ天領村々が参会して「十ヶ年平均御直段抔と申様之儀相願候催し仕居候」と伝えられている。

この万延元年の事件は、大ヶ塚村庄屋新兵衛の言葉を借りると、領主の指図が強く働いている。「大ヶ塚村庄屋新兵衛、郷老分両人へ噂仕居候ニ者、米納願之儀者我々了簡ゟ出候儀ニ者無之、先頃大ヶ塚村へ御出役之手代衆ゟ、皆銀納と申事ハ無之、何故今迄左様ニ直違有之故御年貢ヲ皆銀納仕居候哉と、却而御呵り有之、片時も早く米納願ニ致□公辺へ出候而も、米納者急度筋立候事故、是悲（ママ）とも六分通り米納ニ可相成と被仰聞、又十ヶ年御直段平均願之儀も天下之御法ニ有之候間、是も二十年平均願出候ハヽ、十ヶ年平均相叶候様被仰聞候ニ付、御料方村々も右之参会致し願立候筈ニ御座候と申居」という。新兵衛がこの一件を「我々了簡ゟ出候儀ニ者無之」といっているのは文面通り受取ることはできないが、領主側から年貢形態について入智慧を行っていることは確かである。[35]先ほどから、三度にわたって史料的には別々の個所から、一〇ヵ年平均直段は「天下之御法」であるという指摘を引用してきたが、幕末には、石代直段が一〇ヵ年平均をとるのがあたかも一般的な法則となっているかのようである。これは天領において三分一・十分一の銀納両方にあてはまることで、農民の安石代願の成果である。(36)

即ち一〇年の平均値をとるということは、それだけ石代の固定化を意味し、幕末のように物価が騰貴していく時期には、実質上の地代の軽減となるのである。大ヶ塚村初め天領の入作百姓が、まず御国御直段を要求して、一歩石川分家の石代との差をつめようとし、次の段階に入ると、一〇ヵ年平均という一層の軽減化を策しているのは巧妙な戦術といわなければならない。

かかる一件に対して、分家側では「公儀之御台所」とちがって、三千石の一旗本では一〇ヵ年平均直段といった大家の収納法は真似ることはできず、分家は「年来勝手向不如意、十ヵ年以前（嘉永三〜四年）改革ニ付而者、猶更不依何事新規成ル願筋者決而取上ケ不申」という態度をとっている。更には他領から入作してくるところに非があり「御料所御田地而已所持致候者宜敷所、当知行所之田地を所持致し候が先祖之誤りニ而、不仕合を思ひ相諦候か致方無之」と言っている。出作百姓らは、これになかなか納得せず、「出作百姓共不残御願ニ出可申哉と口々申立候」という激しさである。

十二月六、七日頃に、山城村重兵衛を先頭に大ヶ塚・山城両村の出作百姓三〇人ばかりが、寺田村役人方へ来て「上打銀」のことで疑義を唱えて、同じく東山村庄屋方へも大ヶ塚村三〇人ばかりがつめかけ同趣旨のことを糺している。石代上納直段は、白木表大坂払米の六ヵ度平均値に、上打銀（二匁もしくは二匁三分）を加えることは、皆銀納の性格からいっておかしいという。これら強訴農民の一人で、本家の白木表和田五郎大夫（大坂蔵屋敷留守居(37)）の許へ常々出入していた大ヶ塚村藤蔵(38)が「御分知者皆銀納故上打ハ取立在之間敷」ということを和田から聞き出し「此弐匁三分御上へ納り有之間敷、年来庄屋之取込ニ而可有之」とやかましく申立てている。和田の言葉は、分家領で微妙な動きをしている庄屋と農民との分裂を策した言葉と思われ、それにのって、天領農民が分家の村役人宅へおしかけたと思われる。なぜなら上打銀は、少なくとも銀納である以上必ずつくもので、これによって農民側に胚芽的利潤の生じるのを防ごうという意味があり、封建的収取のよき現われなのである。それ故皆銀納とても上打のつくのは当然なのである。しかし和田の言葉はさておいて、上打に問題があるということ――つまり今のべた剰余労働部分の収奪――を農民は経験的に知っていたのである。大ヶ塚村では、庄屋新兵衛が農民側に立って活発に動き、翌日の十二月八日に早速白木表へ出かけ、和田五郎大夫や代官と会って石代決定の次第を直々に聞き出している。分家の代官たちは、大ヶ塚村をあしざまにのべたて「当辺ニ而評判之人気悪敷大ヶ塚村故、此後何を相工ミ可申哉」「大ヶ塚村ハ不絶壱両人程御公事訴訟ヲ渡世同様ニ仕居候族在之候ゟ、種々工夫仕□（事）発り候ヲ楽居、誠ニ憎奴原」とのべている。それではなぜかくまで分家は、米納領を退けるのであろうか。代官の言葉が、年貢の減少ということを次のように憂えていることからわかる。「万一御料之振ニ相成候様之御裁許相請候而者、米納者勿論、十ヶ年平均直段抔之御例ニ相成候而者、第一乍恐被為御取続ニも相振（触）候御義」。

文久元（一八六一）年　先の万延元年分の入作分年貢不納(39)は、文久元年に入って少しずつ納められたが、なお大ヶ塚村七六人、山城村九人、山田村一〇人、北別井村三人の計九八人（東山・寺田・畑・葉室の四ヵ村への入作）の多数に及び、大坂町奉行所へ訴え出た。一方本郷の方は万延元年以来の未済も比較的よく納まり、下河内・弘川・畑・新町・東坂田・碓井の六ヵ村では皆済した上に一三貫目余の先納さえ行い、領主も山城村芹生重弐軒（芹生谷屋重兵衛と分家の寿平）と一須賀村の治兵衛の三軒だけ無勘定でその他の領主にはのこらず返金するという、一時的な安定期を迎えている。

入作不納については、不納の原因として前年末から指摘されていた上打銀が、一月下旬の大坂町奉行所においても論点となった。二月十九日、山城・大ヶ塚村百姓と東山村年寄松右衛門・寺田村年寄太市郎とが奉行所で対決したが、後者の二人が上打銀は駄賃であると述べたため、前二ヵ村や掛り与力から、皆銀納に駄賃はいらぬ筈と詰問されている。両人はあわてて、かねての領主からの申含めの通り「米納ニ候ハ、買主之宅迄百姓ゟ持出候[40]、又大坂へ津出しニ候ハ、浜（喜志）迄百姓ゟ持出し候、夫ヲ石代銀納故右之替り、直段之上へ弐匁相加へ被取立候、全米納ニ候ハ、上打入不申、畢竟石代銀納故上打銀御取立ニ相成候」と答えて漸くいいのがれている。つまり石代銀納に上打がつくのは、米納の際の駄賃の代りというのである。歴史的にみれば、商品の価値通りの販売が一般的に行われ、それが石代直段にそのままあらわれてくることは、封建地代の減少を意味するので、それを防ぐため余剰労働部分の収奪をプラスαではかるのが本来的な上打の性格であるといえる。

奉行所の判決は、石川分家側に新規の儀は少しもないからといってその理を認められ（ここでも封建的な判決の基準は、慣習・伝統による）、もし異議あれば田地を地元へ差戻して「百姓相止、商内成共職ニ而も渡世致し可仕」といわれている。惣代らは「大ヶ塚村ハ田地之無之村方、右地所作不仕候半而者飯米無御座」とのべている。

この段階に入って奉行所での論争点は、石代納の上打銀から米納願へときりかえられた。即ち「御本家之石代ヲ御用イニ候間、御本家通り之取立ヲ相願候」となって、前年の要求が一歩後退したようである。本家通りというのは「御本家様同様、向後四分方ハ米納御取立ニ可被成置哉之趣」であり、四分方米納・六分方銀納で、石代直段は大坂払米六ヶ度平均に基くことを指すのである。

ここで我々は、嘉永四（一八五一）年分家領から出された要求と、この文久元年に出された天領の要求とが一致したことを知る。天領側が出した一〇ヵ年平均直段、六分方米納というより有利な線は後退したが、少なくとも奉行所において対決させられた（なぜなら、基本的な対立は分家領村役人と入作百姓との間にあるのではなくて、旗本石川氏と入作百姓との間にあるから）分家領村役人と天領入作百姓惣代とが、基本的な要求において完全に一致し、両者が手を結ぶ必然性が生じてきたのである。尤も万延においても共闘態勢はでき上っていたようであるが、農民意識の上でもここにはっきりとした結びつきをなしとげたのである。「東山・寺田両村ニ不限、身元宜者程、表向者、御領国様御忠節之振りニ申居候而も、内心者大ヶ塚村同意之者多く被察」、とくに寺田村先庄屋重兵衛、東山村年寄吉右衛門が疑わしいといわれており、前年も吟味を受けているのである。

奉行所の与力の取調も、賄賂をつかまされたり、或は天領側の支配代官である木村宗右衛門あたりから圧力を加えられたりして甚だ難航をきわめたが、結局石川家の勝訴となり従来通りの皆銀納が認められた。

これで一応片がついたようであるが、三月三日に東山・寺田両村へ、大ヶ塚・山城両村の惣代両三人が来て、上打銀の差引をすれば皆済すると申出ている。例の銀主芹生谷屋重兵衛は、この頃山城村の庄屋役をつとめているが、大ヶ塚村の新兵衛と同腹して最初から指導している。文久元年に彼は東山・寺田両村の年貢三貫目、一須賀村の庄屋で銀主である治兵衛は四〇〇匁余を不納している。「芹生谷屋重兵衛義……右一件最初ゟ頭取、寺田東山当村之入作高新兵衛同様皆不納仕、其上右之（大坂での訟訴）御入用引受之噂」があるほどである。

四月に入っても山城・大ヶ塚の不納は、公事のため雑用銀七、八貫目をつかったため一向に納まらず、約一二貫目（入作高約三百石）に及び、中以下の者は特に苦しかったようである。これを打開するために、分家領の畑村元治郎と新町村徳助（ともに庄屋）から、不納両村が村借りすることになり、更に不足五貫目を佐備村から借りようとした。その際山城村の芹生谷屋重兵衛と、彼の分家筋にあたる酒屋寿平とは、東山役所から借りるのならともかく、佐備村から僅か五貫目の金を借りて二ヵ村の多人数の連印中に名を連ねるのは残念だとし、両人だけでも皆済しようと申出ている。芹重のごときは「東山・寺田両村へ入作分御年貢銀納者例年手形廻し来り候」という財力をもったものであるだけに、彼ら銀主の不納は、経済的な窮迫とはちがった政治的な意図が明らかによみとれるのである。

このあと、分家領では領内の者の加担を整除するために、代官は「本郷村方之者共加り居候哉ニも聞込」んで危険な村役人の交迭を行い、東山村では吉右衛門が年番庄屋を召離され、奉行所で活躍した年寄松右衛門（吉右衛門の分家）が昇格している。寺田村でも先庄屋重兵衛が加担の疑で吟味を受けている。

この不納一件は、不納の根本的な論点をつきながら農民側の要求は通らないで、足かけ二年に及んだが、文久元年五月十三日に皆済して漸く落着した。

この頃大ヶ塚村庄屋新兵衛が寺田村庄屋多（太）市郎に「此度之一件、今私所存ゟ相企候ニ者無御座、辻ノ久助と申者発意ニて一統談し合」った、といっている。辻ノ久助なる者はいかなるものか明らかにしえないが、ことによると万延元年のときに述べた、寺田村先庄屋重兵衛の親類筋に当る者かもしれない。不納者のうち中以下の者の困窮が激しいとか、この親類筋の者が中農下層か貧農といった存在であったという指摘は、この一件の中心勢力が農民の諸階層のどこにあったかをわれわれによく示していると思われる。彼は万延元年末、東山村で五八五匁二分三厘を皆不納しており、これを当時の石代直段二〇四匁八分と毛付免六ツ五分八厘とから土地保有高に換算すると、東山村領だけでほぼ四石五斗前後の農民ということになる。

このあと、すぐに山城村芹生谷屋重兵衛一件が続いている。彼は万延元年、月並出金元利入銀一二貫七七一匁一分六厘、年賦銀四五七匁六分、扶持米三石八斗四升（代銀七八六匁五分六厘）、合計銀一四貫〇一五匁三分二厘の勘定を済ませ、以後月並出銀・賄金、更には扶持方もお断りとなり、石川分家の銀主たる地位を奪われている。重兵衛自身は、この時「私義別心有之候ニ者無御座候へ共、無余義（儀）、大ヶ塚村へ附合候半而者不相成儀故、御役所様（分家）へ対し候而者不本意ニ成行、何共申訳無御座、誠ニ後悔仕居候」と、一応の弁解をのべている。

文久三年　この年の十一月に石川本家領内の村々から、大坂出米六ヵ度平均直段が稀なる高直であるのに、下方庭米売直段が追々下落して、両者間に一石につき凡五〇匁余の直違が生じたため、領主の憐愍にすがろうと申し出た。おそらく救米の要求だろうが、はっきりとした線をこの史料に打出していない。ところが欠年号の文書ながら、これと同じ時期に記されたと思われる訴訟文書がある。(41)

乍恐以書付御歎願奉申上候
御領分村々百姓惣代
御領分拾六ヶ村村々

一、私共村々之儀者、近年諸色高直ニ付、小前百姓共必至ニ差詰居、然ル処当年之儀者木綿稲作共先中年之手並ニ御座候へ共、御直段之儀者前代未聞之高直（二脱カ）御座候上、下方地米追々下落仕、当時下方米相場ト御直段与ハ、石ニ付六拾目余も齟齬ニ相成候儀ニ御座候而、御上納手当甚以六ヶ敷、百姓共一同当惑心痛仕居、当月上旬より歎願奉申上呉候様、小前百姓共ゟ度々申出候へ共、御上様ニ茂御時節柄之御儀、殊ニ御大切之御場合も重々奉恐入、精々申聞セ為差控へ候へ共、不得止事申出候ニ付、去ル十九日大庄屋衆中迄一同ゟ内願仕候処、御利解ニ付、帰村之上、百姓共江御利解之趣ヲ以色々申諭候得共、何分此儘取立ニ相成候ハ、、百姓取続難出来申歎居候ニ付、亦候恐ヲ不顧乍恐私共惣代ヲ以御歎願奉上候、何卒格別之御仁恵を以、直違内損之儀御賢察被下、百姓とも御赦等被思召、深御勘弁被成下、当□米納増之儀御聞済被為　成下度奉歎上候

即ち本家領分一六ヵ村から、直違を理由に米納分の増加を願い出ているのである。この文言は、小前百姓→百姓惣代（庄屋か）→大庄屋→領主と、小前百姓からの発意で強く働きかけているのである。ここにいたって、本家領分からも石代直段の批判がなされ、そのために米納増しを願っているのである。この時点になると、分家領分や天領分の農民が要求した「御本家之通り」という、四分方米納の変更を余儀なくされるにいたっている。石代直段の農民層への破壊的な作用は、はやこのような段階にたちいたったのである。この文久三年の要求は通ったらしく、元治元（一八六四）年と推定される欠年の御用状に「碓井村庄屋六右衛門ゟ内々願出候者、同村御本家様御収納向者、此度四拾石増米納御聞済ニ相成、下方難有狩り、付而者是迄年々申居候此方様（分家）□□銀納難渋之訳柄、御細文之趣逐一承知いたし候」とあって、本家では、碓井村で四〇石の米納増を行って農民がよろこび、それにつ

いては分家の皆銀納はこまったものだという訳である。[42]

慶応元（一八六五）年　この年は御用状類をとどめぬため、訴訟等の農民の動きは判明しないが、分家領寺田村の一農民の「御年貢集帳」[43]に注目すべき変化がみられる。

丑年（慶応元年）
高二拾石七斗八升三合
定米拾二石六斗一升六合九勺
三石七斗八升五合一勺　三分方
代一貫六一八匁四分石ニ四百二拾七匁五分七厘
八石八斗三升一合八勺　七分方
二斗二升八合六勺　庄屋給
〆九石六升四勺
代四貫二百拾五匁八分石ニ四百六拾五匁三分

彼は村内に二〇石八斗弱の土地を保有し、これに対し一二石六斗余の取米が課せられている。従来であれば、分家の年貢収取は、石代直段×取米といったものであったが、慶応元年の事例では、定米を三分方と七分方とにわけ、それぞれの石代直段が、四二七匁五分七厘と四六五匁三分とちがっている。一方、同年の天領三分一直段は四三五匁四厘である。他の史料を勘合して調べると、七分方の直段は、従来通り本家の大坂払米の六ヶ度平均＋上打であるが、三分方の直段は、本家の米納分の地払直段に基いているのである。つまり第一節で示したように、文化文政期（一八〇四～三〇）に本家は蔵直米なる地払を主とした米納を大坂出米（本米）と併行して行っており、量的にも直米の方が多かった。この米は土地で――つまり農民の商品米と同じ市場圏において入札されるために、地米直段と蔵直米入札直段との差は殆どないといえるのである。それ故たとえ三分方にしても郷払米の直段の平均が石代銀納にとり入れられてきたことは、嘉永四（一八五一）年から執拗に支配関係をこたえて行われてきた農民闘争の、何よりの成果だと考えられる。

慶応二年　この年の史料をみると、前年の三分方、七分方の原則がよりはっきりする。慶応二年の本家大坂払米は、六ヵ度平均一貫一六一匁弐分四厘三毛で、上打二匁を合わせて一貫一六三匁弐分四厘三毛が上納石代直段となっている。ところがこの年は今までとは全然逆の事態が生じた。つまり地米が大坂相場より七月頃からすでに高直になったのである。同年末には「御同所御蔵直米地御払御直段」は初売九八一匁であり、十一月には一貫四〇〇目でも買人があるので、弐・参番御払はひかえている由、この間の消息をさらに詳しくみると「右初売後、無拠方江少々宛御分払ニ相成、直段も壱貫百五十目ト壱貫百七拾目両度御座候由、依而此両度ト初売ト都合三ヶ度ヲ平均仕候ハヽ、壱貫百目三分三りニ相成候由、此平均直段ヲ　此方様三分之御直段ニ相定候ゟ致方無御座」となっている。ここで、三分方の石代直段が原則として蔵直米の地払平均直段（上打なし）を採用していることを確認することができるのである。慶応元年にうまれたこの新しい原則は、地米が大坂払米より高価だという慶応二年の特異な時点で、農民側はたくみに動いていく。

この後、右の決定では初売は入札によっているが、他の両度は内分の売却ゆえ「御蔵直米御直段之定ニも相立不申」、そのため代官の案では「初売九百八十壱匁と当時買人有之由之壱貫四百目トヲ平均ニいたし相定可申哉と申聞候ハヽ、定而当惑仕、左候ハヽ、当年之処ハ、三分方之処も大坂御払御直段ニて御取立被下度と願出可申」とみており、事実三分方を地払直段でやると「案のごとく、　郷中当惑之躰ニ而、何卒（以脱カ）御憐愍当年儀者、右三分方も大坂御払直段ニて、七分方同様之御取立被成下度旨申立」てている。農民とすれば、蔵直米地払平均直段（三分方銀納）と大坂表払米平均直段（七分方銀納）の直段をくらべて、今年は珍しく後者の方が安いとみて、早速慶応元年原則の変更を要求して成功しているのである。[44]

それでは右にみたこの年の特異な現象は何に起因するものなのであろうか。慶応二年五月は、大坂周辺に広く一揆・打毀しが起り、[45]石川谷付近でいえば、富田林村での村方騒動→打毀しといった激化がみられ、石川が大和川に合流する地点に近い国分村では、五大名の出陣を招く大打毀しが発生している。この打毀しの伝播性はまことに著しく、そのため石川谷方面に所領をもつ大名・旗本は、救米・救銀の下附を行わざるをえなくなっている。[46]このように打毀し勢力の発生する社会経済的な要因を手がかりにして考えることができよう。

五月、六月の激化のあと、七、八月の端境期には、石川分家領でも「郷中米津出し留置、村ニ而直下ケ米売遣し候様」の津留がみられ、また万一のために領主が、石代直段より高い直段で農民から米を買上げ、[47]また大坂入荷米の主要産地である西国筋も囲米を行って「大坂表へ西国米入津不仕」、また石川谷でも大和へ買米に出かけても津留を実施していて、河内へは一石も入らないという状態であった。すなわち、当時第二次長州征伐という政治的変動に伴って、大坂を中心にとくに西国方面の流通市場が痲痺してしまったのである。その影響が米価を始め諸物価の騰貴を招いたのである。といっても大坂のような全国的な流通機構に立脚した市場は、その影響をうけることが相対的にゆるかったと考えられる。先に第二節で触れたように、石川谷については近世においてその内部で余剰米で十分自給できたとは考えられず、今引用した諸史料でも大和からの入米のあったことを示している。それゆえ流通機構の痲痺と風害に伴う凶作（米・綿ともに）や津留などの封建的統制は地方の小さな市場には大坂よりも直接的に作用し、石川谷地方へ廻送される米の絶対量の不足をまきおこし、そのため、大坂より相対的に大きな影響をうけたと考えられる。このような全国市場たる大坂と地方の小市場たる石川谷のおかれている米流通の規模における量的な差違が、一時的な石川谷の米の高騰という現象をうみ出したと推定しうるのである。

慶応四年　この年九月十日、本家領分一九ヵ村から、幕藩体制下最後の願書が出された。今までの経過をまとめ

るために、煩をいとわず引用する。(48)

乍恐以書付御歎願奉申上候

御領分　村々

一、私共村々御収納方上納之義、凡四歩方米納ニ而御取立被成下、此内村々石割ヲ以、大坂表江御出米、其上御入札ヲ以六ヶ度御払相成、右御直段ヲ以、六歩方銀納御取立相成候義者、御旧例ニ御座候、然ル処近年諸色前代未聞之高直ニ相成、右ニ付而者、御米運送入用多分相懸り、百姓共甚以難渋至極ニ奉存候故、何卒右御米納不残御地払被成下、右御直段ヲ以、御収納御取立相成候様、御歎願奉申上呉候ト、三、四ヶ年以前ゟ毎年百姓共村役人江申出候得共、御旧例之御廉、今更如何程迷惑迚も御振合相変り候義、御聞済難相成ト申之差押、是迄者御上納御差支無之様精々取斗仕候得共、最早当年之義者世上一統与者乍申、実以六ヶ敷時節ニ趣（赴）、百姓共凌方無覚束、加之駅方諸入用銀多分相懸り、其上右御上納米運送入費格外相嵩候而者、迚茂百姓取続致兼候与申之相歎、何分当年之義者、是悲（ママ）共御上様江取縋り、大坂御出米不残御地払成下候様、奉歎願奉申上呉候ト、先達中ゟ村役人共江数度申出候得共、御上様ニ茂御時節柄之御儀、村役人共も承知仕居候故、入割申諭取押罷居候得共、不得止事申出候ニ付、此上強而差押万一御出米御差支ニ相成候而者却而奉恐入候ニ付、乍恐此段御歎願奉申上候、何卒右之段御賢察被為成下、右御米納不残地払被為成下度、御歎願奉申上候、右御聞済被為成下候ハヽ、百姓共永続之基ト広太之御慈悲難有仕合ニ可奉存候、以上

慶応四年　　（一九ヵ村名略）

辰九月十日

この長い願書は、本家領一九ヵ村が、全米納分（本米・蔵直し米）の地払を願ったものである。これは石代直段

第12表　山城村天保13（1842）年諸色値下げ

営　業	直下げ率	営　業	直下げ率
木綿	2　割	肥物類	3割
木柴炭	3　〃	牛馬駄賃	3〃
材木竹之類	3　〃	田植草取賃・耕賃	前々之通り
酒味噌醤油	2　〃	綿打賃綿繰賃	2割
釘鉄物銅之類	2　〃	黒鍬手間賃	2匁5分定（自賄）
都而荒物類	2　〃	大工職賃	2匁6分定
傘提灯張	2　〃	手伝日雇	2匁定
下駄草履	2　〃	瓦代銀	2割
紙蠟燭	2　〃	藁屋根葺手間賃	2匁定（雇主方ニ而賄）
竹籠細工	2　〃	農挊其他日雇賃	2匁2歩定（〃）
紺屋職	5　〃	同断女日雇賃	6歩（〃）
鍛冶職・桶屋職	3　〃		

の高いことを、表面上、運送費等々の出費にかこつけてついているのであろう。本家側の石代が、分家のように慶応元年に変更されたとは思われないので、この同四年の動きは、分家領と同一の要求を潜めたものとみられ、地払を第一段階に要求して、つぎに石代直段のこの地払による決定という線を考えている。

以上、些か煩しきに過ぎたが、嘉永四年以来の石代銀納一件を、石川両家の貢租体系を通して具体的にみてきた。(付註2)

三　石代一件の背景

石代一件の基礎となるべき石川谷地方の経済構造については、紙幅の都合で割愛するが、ただ天領からの入作百姓が右の一件で重要な役割を演じているので、天領のうち年貢関係の比較的興味ある事実を提供する山城村についての少しだけのべておく(49)。

山城村は、町場の大ヶ塚村の西に隣接する村で、幕末には四八一石七斗余の土地であり、当時村高の五〇％以上が他村の入作となっている。同村は旱損勝ちの土地柄ゆえ棉作が商品作物の代表的なもので、ほぼ耕地の三三％に及んでいる。営業については第12表が大体のめどを示している。消耗品の値下げはその販売者の

第13表　山城村の米納の実態

		万延元年		慶応元年		慶応３年	
		人　数	納石高	人　数	納石高	人　数	納石高
米　賦	本　村	35人	71石	34人	69.5石	34人	68.5石
	入　作	42人	57石	41人	59.5石	42人	61石
	計(A)	77人	128石	75人	129石	76人	129.5石
入　米　(B)		54人	97.5石	52人	94石	61人	109石
入米率（B／A）		70.2%	76.0%	69.4%	72.1%	80.1%	84.5%

あったことを十分推察させるし、日傭などの賃仕事の存在も明らかである。余業としては、木綿織があるが、天保十三（一八四二）年の値下げ令に「木綿織之儀ハ毎年五月節日ゟ六月晦日迄、耕作修理中機止メ申付候事、但し差木綿織共」とあり、綿織に対する統制がみられる。当地方のはあくまで小規模な自家製の棉を加工する家内工業的な副業であって、専業化したり、或は問屋制資本の下におかれたりすることはなかった。安政四（一八五七）年には山城村の産物として、棉二五〇〇斤（代銀三貫七五〇目）、木綿一六〇〇反（代銀一二貫目）があげられる(50)。ここに示した棉は山城村の全木綿生産量ではなくて、おそらく原棉のまま加工されずに商品化されたものだけを指すのであろう。木綿織の方は、この地方としては相当多く、綿織物工業の意義を理解するめどともなろう。山城村一軒当りの平均を出すと二六反弱となる。当時一人前の織子で一日一疋（二反）(51)といわれるから、副業の最たるものであったことがわかる(52)。

次に山城村の年貢納入についてみることにする。第14表は年貢納入のうち、銀納・米納の比率をしらべたものである。天領である山城村では、いうまでもなく公的には三分一銀納、十分一大豆銀納が行われるのであるが、これはあくまで表向のことであって、実状を必ずしも反映しないと思われる。農民の各階層によってかかる基本的な銀納の線が当然修正を余儀なくされてくるが、それをみようとしたものである。土地所有については、明治三（一八七〇）年の史料、他は幕末慶応元（一八六五）年の史料をつかったのである。若干その間の

第14表　山城村米納率（慶応元年）

持　高	人数	米賦農民	階層内総石高（A）	階層内入米賦総高（B）	B／A	階層内入米総高（C）	C／A
石　石	人	人	石	石	%	石	%
20～30	5	4	93.7	20	21.3	10	10.7
15～20	3	2	33.2	4	12.0	4	12.0
10～15	11	5	61.7	12.5	20.3	10.5	17.0
5～10	39	17	128.9	29.5	22.9	20.5	15.8
1～5	49	12	40.9	12	29.3	5.5	13.4
計	107	40	358.4	78	21.8	50.5	14.1

出典：持高階層（人数・米賦農民の項）は明治３年閏10月山城村領田畑宛高番賃集め帳。
他は慶応元年御米納割賦・入米津出し控帳。

年代のひらきのため、土地所有の誤差が生じているかもしれないし、更に、本表に示した米納割当農民は四〇人で、慶応元（一八六五）年の割当農民七五人の約半分（その差は、持高分不明による）、つまり全農民（本郷・入作を含む）の約五三の例にすぎないが、大過なかろう。この表をみる前に、若干の手続きを経ておこう。

山城村では、まず領主の方から「米賦」として米納すべき農民とその額を指定してくるのである（第13表）。入作を含めてこれをみると、万延元（一八六〇）年では一二八石、慶応元年で一二九石、同三年で一二九・五石と米納が命じられているが、実際の米納額は、それぞれ九七・五石、九四石、一〇九石と「米賦」額を下廻っているのである。第13表でわかるように入米率（B／A）は、万延元年では領主の指定した人数の七〇・二％、領主の割当てた米高の七六％にすぎず、同じことは慶応元、三年にもみられ、いずれも領主規定の米納を下まわって、あきらかに銀納部分が多くなる。

次に、当地方の俵は五斗俵であり、そのため実米納は五斗単位になっている。それゆえ天領において三分一、十分一銀納――つまり四三・三％の銀納が行われたとすれば、最小限俵一俵で納めるとその農民は、〇・五石÷（一－〇・四三三）＝〇・八九石の取米をもたなければならない。俵でつめずに端数米納をすることは管見に触れた限り幕末にはないので、以上のように考えても間違いないと思われる（但し摂津西部地域のように、領主が酒造米原料として貢租米の商品化を積極的に行おうとして皆米納原則を固持する地方は、少し事情がちがう）。現に山城村の場合でも米賦及び実米納はすべて五斗俵単位で行われている。八斗九升の取米を、五公五民の租率とすれば、少なくとも米納しうる農民は、一石七斗八升、約二石の土地を保有しなければならないということになる。逆にいうと、二石以下の農民は俵づめの米納をできず、すべて銀納ということが、原則的な貢租の整理からでも結構できる。貧農＝銀納が、農民層分解とは別の方法、つまり領主の収取法によっても強制されていることがわかる。

以上の二点を知った上で具体的に山城村の第14表に戻ろう。この表は第13表の慶応元年の部分を別の史料を加えて新しい視点から作成したものである。慶応元年の米賦は、百姓の持高三五八石四斗に対して七八石で、領主の要求する米納率は持高に対して二一・八％である。山城村において天領の原則的な米納率は先にみたように、取米の五六・七％であるが、これを同村の同年の本免三割三分三厘によって、持高に対する米納率に換算すると、山城村の米納高＝持高×免（〇・三三）×〇・五六八＝高×〇・一八七四四となる。つまり幕府の基本原則によると、山城村では持高の一八・七％が米納ということになる。ところが、実際領主側は二一・八％と原則以上の米納を命じている。これに対して農民の実米納は、この二一・八％と、どういう関係になるだろうか。彼ら四〇名が実際に米納したのは五〇石五斗で、これは領主の命じた七八石の僅か六五％にすぎない。これを持高に対する比率（C／A）でみると、村平均では一四・一％となっていて、天領原則を四・八％、山城村指定の率を七・七％下廻っているのである。次に農民の階層別にみると、二〇石以上の大高持は一〇・七％となって米納率は最もひくく、一石から五石の貧農層がこれについで一三・四％という低さを示して、中農層が平均値を上廻る米納率を示しているのと好対称である。このように、村平均としても幕府の原則や山城村の実際的な比率よりずっとひくく、しかも階層別にみれば、農民層の両端において米納率が低く、中位において高いという、各農民層の経営の特徴を示す変化が十二分にえられたのである。上層と下層の両端の農民は、より貨幣経済にまきこまれる可能性があったのであり、一方中位の農民の自給的な性格がでているのである。

以上、主として貢租に問題を絞って考察したが、山城村では領主の指定した以上に銀納が行われており、天領の石代の性格を知る手がかりを提供する。このように天領たる山城村における領主規定を上廻る積極的な銀納は、米納による領主的商品流通よりむしろ農民自身の流通による米の商品化（農民の直接的な市場との接触）が盛んなことを物語っている。農民がかかる方法によって銀納するのは、米納よりその方がより彼らにとって有利だったからにほかならない。それではなぜ有利なのであろうか。それは天領の石代直段（三分一直段・十分一直段）が農民的な市場価格と大差なく、貨幣地代としての性格をもっていたからである（後述）。幕末ではこの方法による限り、米納より剰余生産物部分を農民側に保証するからである。

しかし、かかる貨幣地代下にある農民が他領に入作した場合、必ずしも天領におけるのと同じように銀納率を増加させるとは考えられない。他領の石代――石代銀納でもその石代の決定方法が最も主要な問題点となる――の性格の如何によって左右されるからである。事実大ヶ塚村や山城村百姓が石川分家領において、石川領石代の三分一直段への変更とか、地米直段採用とか、或は米納増とかを要求したのはその証拠である。このことは、当面の問題に即していえば、石川本家領で先の山城村のような分析を行うとすれば（史料的に不可能だが）、天領とは全く逆の事例、すなわち領主規定の銀納率を下廻わる銀納が出てくると思う。たとえば第15表は本家領白木村長坂分の貢租であるが、領主のいう「四分方米納・六分方銀納」はむしろ逆になって米納率が大体六分以上となっている。この事実は、石川領石代が少量の貢租米の大坂売によって決定されていて貨幣地代といえぬことを現象的に示しているといえよう。それ故にこそ石代一件が激しく展開されたのである。註（13）で見た北加納村の銀納率が高いのは、山寄りの土地であるという自然的条件の現われであろう。

第15表　石川郡白木村長坂分貢租

年代＼貢租	取米（石）	諸引（石）	残取米（石）	本米納（石）	糯米納（石）	直し米納（石）	米納計（石）	米納率（石）	銀納計（％）	銀納率（％）
嘉永六	一八二・六九六六	三〇・一五七九	一五二・五三八七	三〇		六九	九九	六四・九	五三・五三八七	三五・一
安政一	〃	六・七二九九	一七五・九六六七	三一		七七	一〇八	六一・四	六七・九六六七	三八・六
〃　二	〃	〃	〃	三一	〇・五	七六	一〇七・五	六一・一	六八・四六六七	三八・九
〃　三	一八〇・一六一三	〃	一七三・四三一四	三〇・五	一	七四	一〇五・五	六〇・九	六七・九三一四	三九・一
〃　四	一七七・七二八七	二・七二九九	一七四・九九八八	二七	一	七四・五	一〇二・五	五八・五	七二・四九八八	四一・五
〃　五	一八一・一二七六	六・八二四五	一七四・三〇三一	二九	一	七七・五	一〇七・五	六一・七	六六・八〇三一	三八・三
〃　六	一六六・七二九八	四・一五二九	一六二・五七六九	二八・五	一	四五	七四・五	四五・八	八八・〇七六九	五四・二
万延一	一五五・三八四九	一九・九七三	一三五・四〇七九	三一・五	一	四三・五	七六	五六・一	五九・四〇七九	四三・九
文久二	一五二・二三一二	一・七八八四	一五〇・四四二八	二八	一	四七	六六	三〇・五	七四・四四二八	四九・五
〃　三	〃	〃	〃	二六・五	一	五六・五	八四	五五・八	六六・四四二八	四四・二
元治一	一五二・四一一六	三・一八四四	一四九・二三二六	二九	一	八二・五	一一二・五	七五・四	三六・六三二六	二四・六
慶応一	一五二・二九五	〃	一四九・一一〇六	二七・五	〇・五	七七・五	一〇五・五	七〇・七	四三・六一〇六	二九・三

出典：弘化欠年長坂分御年貢取口帳（林総夫氏所蔵）

石川領の石代一件が展開されたのは、先にみたように嘉永四（一八五一）年から慶応四年までのことであるが、なぜ石代の問題が嘉永期（一八四八～五四）に至って顕然化したのであろうか。この時期の問題は非常にむつかしいのであるが、現象的には次の点が注目される。先の第11表によって石川領石代と天領三分一直段との差をみると、文政から弘化にかけては明らかにその差はほとんどないといってよい。この時点において石代一件は起らない。ところが幕末もぎりぎりに近づくにつれて両者の差が拡大し、常に石川領の（石代値段）が天領の（三分一直段）を上廻ってくる。すなわち両者の差は、嘉永五年五・三％、安政三年七・七％、安政五年二四・五％、文久二（一八六二）年一五・四％、元治元（一八六四）年一一・八％となっている。このような差がこの一件の原因を物語る。それではこのような差がどうして発生してくるかが、次の課題として問われなければならない。

天領の三分一直段は、河内では在郷町における農民的な米値によって規制されたものであり、それ故にこそ貨幣地代と考えてよいものと思われる。本稿では山城村の事例を示したのみでその実証性は十分とはいえないが、理論的には貨幣地代は「諸生産物の市場価格を、および、諸生産物が多かれ少なかれほぼ価値どおりに売られる」ことを前提する以上、右のように規定しうるのである。河内の在郷町の米穀市場は、主として天領石代の決定に参加している町場農村において最もよく発展しているが、これらもそれぞれ異なった様相を示していたことはいうまでもないだろう。ここでは米穀市場の存在形態を比較的よく示す枚方の場合をみよう。枚方は、淀川流域の米作地帯の中にある宿場町であり、舟運にも恵まれている点において面白い例になる。同村は享保十九（一七三三）年や明治五年の石代相場に採用されている。取引の様相は、すなわち、枚方の米穀仲買商が「本地に於て米穀仲間と称するもの六十余戸あり、然れども新穀既に成るの後は皆蝟集して之が業を営み、蔵廩空虚を告ぐるの日は皆去て農に就く、其中始終之を営むもの僅か四、五名に過ぎず……（米）産地は全く交野《かたの》・茨田郡のみにして……総て仲買は農家の取引を六分通りとし旧領主の払米を取扱ふこと四分とす(53)」とあり、いかにも農民的な商人による、農民的商品米を主とした市場で、大坂米市場との差を思わせる。

右のような在郷の米価に規定される三分一直段に対して、石川領石代は、貢租米の大坂市場での販売価格によって決定されていたのである。その量も貢租米の大部分は在払され、僅かの部分が大坂へ廻送されていたにすぎない。なぜ領主がそれほどまでに大坂市場に固執したか。それは大坂市場の性格にまつわる問題であり、先の設問の解答となる。大坂市場そのものの分析も今後深められなければならないが、この市場は四分三が貢租米といわれ、同じく米穀市場とはいっても領主的なそれであったのである。幕末に近づくにつれて石川領石代と天領石代の差が大きくなるのは、前者の依拠する領主的大坂市場と後者の依拠する農民的在郷市場の差の反映であり、更にいえば両者の対抗関係の内から発生してくる大坂市場の変貌過程の反映ともなる。

大坂の封建的なギルド制の流通機構は、ほぼ天保改革の前夜から大きく変動しはじめている。これは安岡重明氏が意欲的に立証されたように、西国諸藩からの廻着量の減少となって現われている。(54)たとえば大坂市場の取引品のうち米をとってみると、元文元（一七三六）年一〇〇万石、化政期（一八〇四〜三〇）一五〇万石、天保十一（一八四〇）年一〇八・五万石で、指数で表わすと、それぞれ六七、一〇〇、七二となる。このような大坂市場の全国的経済に占める地位の低下は、当然その脱皮を要請する。天保五年に納屋物雑穀問屋株が認可され、(55)農民の反対をうまくその組織に吸収していったのはまさにその脱出路なのである。納屋物という農民的な商品生産の発展とそれに伴う流通機構の成長、旧市場の変質といったものが醸成されてくるのである。それ故幕末は、大坂にとっては米穀市場をみるだけでもわかるように、まさに幕藩領主的な支配から、農民的規定性をもった市場に変わろうとすると きであったといえる。在郷町における米穀市場の成立は、大坂のこのような変化に照応したものである。大坂堂島の米相場が、旗振りや伝書鳩・煙り揚げによって東は江戸、西は赤間関まで伝えられて、全国的な規制力をもった事態も、(56)幕末には変わりはじめ、大坂とは離れた独自の在方相場が立ち始めているのである。大坂内部でも先の納屋穀物問屋が主として大坂市中の搗米屋に売る納屋米を扱い、(57)大坂都市民の消費米を提供していて、そのもつ意義は大きい。尤も従来の堂島の大坂米問屋とくらべた場合、あくまで量的には小さいことはいうまでもない。たとえば慶応四（一八六八）年閏四月十六日、三条実美から八〇人の大坂仲間に四八万八千両の御用金を命じられたときに、大坂米問屋の一万両に対して納屋穀物問屋は三千両の負担となっている。(58)この負担額の指定は、旧幕時代と同様ほぼその財力に応じたものと考えられるので、もって両者の規模を示すものといえよう。

それ故、先に設問した点を右のような情勢から判断すると、一般的には大坂市場への米廻着量の相対的な減少が、大坂米価の高騰をひきおこしたと思われる(59)。石川領石代と天領石代の差の発生は、大坂市場変貌の一つの現われであり、石川本家の例からいえば、大坂直段の一般的な高直にささえられて、大坂出米を行い、その六ヶ度平均直段による石代納に固執することになるのである。さればといって領主が在払をやめて大坂出米を増加し、有利に売払えばよさそうであるが、そうもなしえないところに農民的な流通市場の強さがあるのである。

四　農民勢力の構成

次にこの一件の中心的な勢力となったものを分析することにしよう。

既に何度も指摘したように、本郷・出作両者ともに庄屋・年寄といった村役人層が考えられる。

山城村庄屋芹生谷屋重兵衛は、とりわけ事件の当初から主謀者として積極的に、年貢不納農民を組織・指導してきた人物である。彼は、石川分家の銀主として早くから現われており、領主貸をする一方、所々に小作地をもっていた有力農民である。分家からは銀主たる故をもって扶持米をもらっていたが、他の銀主をかたらって領主貸を拒否したり、或は返済を強引に訴えたりして、領主側から本一件の主謀者であることは見ぬかれていた。山城村では安政四（一八五七）年閏五月十四日の夜に庄屋長兵衛が出奔する事件が起ったが、その跡をついで彼が年寄から庄屋役に昇格し、分家の寿平が年寄に就任したのである。長兵衛は、出奔当時古市郡新町村小三郎から買預け米出入、同郡駒ヶ谷村茂兵衛から預け銀出入の二つの訴訟をうけており、これが家出の直接原因となっている(60)。村民が不納した場合、庄屋は彼の責任において代納しなければならず(61)、領主側からは種々の献金を強制され、この両者にはさまれて村役人の立場は、一般に考えられるような特権的なものでもなかったのである。

安政四年、丁度長兵衛が出奔した時期であるが、山城村では御備筋冥加金の上納を命じられている。当時年寄役を勤めていた重兵衛は、一旦金一五両の三ヵ年賦上納を届出、後に一七両五ヵ年賦上納に変更している。(62)この時重兵衛は、㈠父重右衛門の時に大借銀ができて家名断絶に及ぶところであったが、漸く立直ったものの、借銀がまだ残っていること、㈡長兵衛の出奔の結果彼に皺寄せがきて難渋している、という二つの理由をあげている。重右衛門の時の大借銀が、領主貸の滞りに因ることは推測にかたくない。彼は村役人といっても、出作の年貢は手形で納めるほどの人物であり、一般の村役人といささか異なった面もあったと思われる。

重兵衛は、嘉永五（一八五二）年村内で一九石五斗四升三合をもち、牛一匹を所有、家族八人のうち可働労働力と目される者が男二、女一の三人あり、(63)手作経営も少しは行っていたと考えてよい。

分家筋の寿平については、文久元（一八六一）年の不納一件で一度その名を挙げておいたが、嘉永五年当時村内に二五石九斗九升三合の土地をもち、家族は男二、女三の合計五人（いずれも可働労働力）となっており、安政五年ではほぼ同じ所持高で酒屋・質屋・油屋等多種類の営業をかねている。領主貸の面では文政頃に本家下館藩に貸金し、明治五（一八七二）年にいたってまだ残銀があるというのがしられている。(64)彼は安政四年末から年寄役についている。

この二人が、山城村における一町以上の土地所有者である。詳しいことは別稿にゆずり、ここでは彼らの年貢納入状態を先に示した山城村の全体的なケースと比較してみよう。

第16表に、米賦と実米納を示した。重兵衛は殆ど皆銀納であり、慶応三（一八六七）年にいたってはじめて米を入れている。寿平は、比較的よく米納しているが、米賦の額より少なく、しかもこの米納分は、註記したように小作米である。彼らの米納率は、先の第15表に示したように村全体の数値より遥かにひくいのである。つまりいいかえると銀納部分が多いのである。彼らは、一部農業経営に従事しながら、地主的な側面をも有するが、とくに彼らを特徴づけるものは「銀主」という言葉で表現される領主への高利貸資本的機能である。それ故彼らの参加は、こ

第16表　山城村重兵衛・寿平の米納状態

年代		万延元年		慶応元年		慶応3年	
米納		米賦	入米（内訳註）	米賦	入米	米賦	入米
農民	重兵衛	石 5.5	石 0	石 5.5	石 0	石 5.5	石 4.5　重兵衛
	寿平	7	3.5 内 2.5 武右衛門ゟ入 1.0 甚右衛門ゟ入	7	2.5 善八ゟ入	7	5　内 2 善八ゟ入 3 茂兵衛ゟ入

の三つの性格の各々から規定されるものであり、更に惣百姓的な（少なくとも土地所有農民的な）利害に立つ村役人としての規定も無視することはできない。しかしこの中でとくに主点を置くべきは、領主貸によって生じる踏み倒しを恐れる点にあると思われるのである。だから同じ村役人とか地主とかいった規定をうける次のケースとは少しちがったものとみることができるだろう。彼らの山城村での年貢納入は、自作米（重兵衛）とか小作米とか銀納とかでその情勢に応じたものである。石川領内における不納は、石代の高さとか銀納に固定化した収取形態による増徴を攻撃したものであり、その限りで「銀主」としての性格と併せて政治性をもった極めて計画的なもので一般農民とは異なった姿をとるのである。彼らの高利貸的機能は領主のみならず一般農民にも及び、同家に残る史料の多くはその関係のものであるといえる。そのためこれら有力銀主は、直接的に農民との対立を内包し、また他支配領の農民とも「村借」の関係で間接的に対立することになるのである。この石代一件ではあまり積極的に動かないが（石川領内に土地を所有しないが故に）、銀主として重要な山田村の油伊（油屋、肥料商などを兼ねる地主高利貸）が明治二年に附近の農民千人ばかりによって打毀しをかけられたのは、時期から言っても、内包された直接的な対立の顕現化とみうるものであり、「銀主」の性格を示すよい例といえよう。[65]

このような高利貸資本によって特徴づけられる勢力のほかに、どちらかといえば富農であり、しかも村役人という限りで惣百姓的な利害をもって参加する勢力がある。東山村・寺田村の村役人でこの一件に参加したのは、この範疇に入るものである。東山村の庄屋（後に年寄に格下げ）吉右衛門家の土地所有は、明治九年の地租改正後では三町四反九畝一五歩で村内最高となっている。彼の家は、明治初年の家絵図には「綿庫」というのがあり、現在なおのこっているが、この綿庫は、自家製の実綿ではなくて、買込んだ木綿の庫であったといわれる。東山村には、徳兵衛のような仲買がおり、また吉右衛門の分家で年寄をつとめ、吉右衛門の失脚後庄屋に就任した松右衛門も、天保頃に木綿仲買を営んでいたので、(66) 東山村における吉右衛門家についても同じことが想像しうるのである。彼はほぼ毎年一年季奉公人一人乃至二人を使用している。その他の雇傭労働力があったろうから、富農的な経営を行い、かたわら商人的な側面と僅かながら地主的な面をもっていたと考えられる。

ここで、石川郡方面の村役人の性格を一般的に考えてみよう。当地方を訪れて感ずることは、庄屋の家といえば河内の棉作地帯では門長屋をもった大きな屋敷を想像するのであるが、今我々のみる家は、いずれも一般農民と大差のないものばかりである。東山村吉右衛門・寺田村太市郎・与次兵衛、その他すべてそうである。純綿作地帯の地主化した村と、地主化の条件が熟しえないで全般的な窮乏におちいる村とのちがいをまざまざとみることができる。それに村役人、とくに庄屋層が頻繁に交代していることは、特権的な利益の少ないこと、その任に堪ええぬ者の多いことを物語っており、当地方の村役人が惣百姓的に常に行動している根拠もこのあたりに求められるのではないだろうか。

先にみたように嘉永七年、分家領において寺田・葉室・東山の三ヵ村庄屋が年貢取立方不行届の廉で宿預けを仰せつかっていることもその論拠になろう。また寺田村では、弘化四（一八四七）年には村役人を入札によってきめている。この寺田村の庄屋太市郎は嘉永二年に困窮を理由に退役を願い出、かわって先の一件で活躍した重兵衛が年寄から庄屋並に昇格している。庄屋層の困窮は、彼らが多くの立替銀や支払銀を強要されるためで、当地方には一般的であった。例えば、新町村で浅七一家の家出事件が嘉永元年十二月におこっている。浅七家は、当時古市郡壺井村へ出作していた分を滞納していたため、一旦新町村の庄屋が立替、そのあと次のように分けている。「五ツ割ニテ　壱分きよ　三分組内乙右衛門・甚七・九兵衛　壱分村役人共」。きよは親類、組内は五人組かと思われるが、村役人が壱分（正味は二割）負担させられているのは、「村役人にも少し不行届之儀有之」からとなっている。取立のことを指すのであろうが、このような立場におかれたのではたまったものではない。

以上二つの勢力は、ともかく平均以上の土地所有者であり、村役人の地位につきうるという点で、有力農民であったという共通点をもっている。

右の勢力のほかにどのような階層の農民が中心になっていたのであろうか。

今地代を問題にしているのであるから、地代の軽減を主張するのは、当然地代支払義務を有する土地所有者でなければならない。史料的にも、大ヶ塚村あたりの入作百姓が最も尖鋭に動いたのは、彼らが現に入作地を保有していたからである。それゆえ右の一件には無高層の参加を実証することはできないのである。しかしこのことは無高水呑層の析出→賃労働者階級の形成といった農民層分解を否定することでは決してないのであって、逆に最大の経済的な背景であることは今さら言うまでもないであろう。この点を看過すると、この一件の要求を客観的に評価して貨幣地代成立史上に位置づけることが、むずかしくなってくるのである。以上のことを念頭において、主体勢力となった階層をさぐっていくと、当然中農・貧農といった中小土地所有者がでてくるのである。第二節の経過の中でその点は断片的に示してあるが、ここに再整理してみよう。

まず、第二節の安政三年の項で、東山村から石代の高さを指摘して領主に救済を要求したとき、惣百姓代として弥右衛門・徳兵衛の名があらわれている。東山村では吉右衛門や与次兵衛といった村役人層が積極的に参加しているが、かかる徳兵衛らの動きの方が早くからあらわれている。弥右衛門については全く不明であるが、徳兵衛に関しては若干の史料をとどめている。

徳兵衛は、嘉永三年志紀郡道明寺村の木綿商人山脇家に、二六一疋の木綿を売込んでいるが、彼は比較的大きな小羅人で、石川谷で農間余業として織り出された木綿を買入れて木綿仲買商に送り込んでいたのである。(67)持高などのわからないのは残念であるが、貧農とは思えない。文久二年四月十三日の石川分家の御用状によると「東山村徳兵衛〻同村新蔵外壱人相手取替銀滞出入、右同人〻同村安兵衛・持尾村儀兵衛相手取滞出入」といった農民への借銀の取立をしていると思われるものがある。前貸的な支配をやっていたとは考えられず、彼の木綿織の取引形態は現金と現物の即日引換えを行っているから、一般農民と小規模な貸借関係に入っていたと思われる。彼はそれゆえ中農か、更にいうと惣百姓代に選ばれるくらいであるから中農上層といった農民であったといえる。石川郡白木村長坂分の一中農林家の弘化四年の木綿売先に東山村徳兵衛の名がみえる。同家が織った二九はた二反の木綿のうち、二三はたの白木綿を買入れているのである。白木綿は林家の中でも最良質の布であり、赤木綿などとちがって単価も高く、大坂あたりへ送り出されて全国的に流通するものである。このことは徳兵衛の小羅人的活動が、小生産者と山脇家のような在方の木綿商人↓大坂商人といった広いルートにのった本格的なものであったことを物語っているといえよう。

次に万延元（一八六〇）年の項に現われた大ヶ塚村藤蔵と、文久元年の頃に現われた同村辻ノ久助をみよう。藤蔵は、上打銀についてのニュースをいち早くキャッチして来て強訴に参加した一人であるし、久助は「此度之一件辻ノ久助と中者発意」と大ヶ塚村の庄屋が指摘したほどの重要な人物である。彼ら二人は、第二節で少し触れたように、万延元年に東山村で藤蔵は五八匁六分、久助は五八五匁二分三厘を不納している。これを土地面積に換算すると、それぞれ四斗四升、四石五斗前後となる。とくに久助は東山村にて皆不納とあるから、四石五斗前後とみてよいであろう。大ヶ塚村（村高が僅か七五石の町場だからこれは殆どないと思われる）やその他の村への入作は不明である。

更にこれら中核的な農民の階層を示す言葉として、万延元年の頃に「此度出作頭取之内者多分重兵衛縁者之由、右村（大ヶ塚）ニて中通り或者下之者ニ候得共、先ツ顔役とか申振」とある。藤蔵・久助はまさにこれに相当する農民であったと思われる。

むすび――総括と展望――

以上、みてきたところを総括しておこう。

石川両家の石代直段は、ほぼ明和以後大坂直段によって決定され、化政期（一八〇四～三〇）以後は、大坂払米六ヶ度平均＋上打に変化してきた。それに対し、惣百姓的な反対が、入組関係を通して活発に行われ、その結果、慶応には地米直段が、一時的にしろ採用されるようになってきた。つまり貢租米の市場である大坂市場に対して、主として農民の商品米の市場である地方市場の米価がとり入れられ、農民が貨幣地代としての性格を自らかちとるところにまで及んでいる。

この一件では、要求は米納ということにはなっているが、これも必ずしも生産物地代への復帰といったものでなく、時の相場での銀納が、米価の変動によってこのようになったまでのことであり、石川領石代の貨幣地代への転化を要求したものといえよう。高利貸的な農民や村役人を指導層として、一方中貧農を中核的な先鋭勢力として惣百姓的にこの石代一件は展開されていったのである。

このように本稿においては、一私領の特殊な地代が変貌するところをみてきたのであり、この変化するところに、貨幣地代への歩みがこの私領の貢租の中に奔流として流れていることを強調したいのである。

いうまでもなく、貨幣地代は「諸生産物の市場価格を、および、諸生産物が多かれ少なかれほぼ価値どおりに売られることを前提する」[68]のであるが、この単純商品経済（勿論資本制の前提としての）は、幕藩体制下に十二分に熟しつつあったといえよう。日本において地租改正による全国的な貨幣地代が実施されても、ローマ帝国のように失敗しなかったのは、貨幣地代を支える社会的生産力の発展が自主的な所産であることを物語っていると思われる。

　われわれは、貨幣地代が成立したからといって、ただちに農民の負担が軽くなり、農民の各層に萌芽的利潤が発生すると考えてはならない。ドッブは、「金納化《コミュティション》が本来、領主のイニシアチーヴでおこなわれた場合には、この性格（金納化が封建的負担を強化する）をもっとも強く帯びがちであった[69]」といい、コスミンスキーも「農民経済における交換の発展」は貨幣地代の成立に導くが、「領主経済における交換の発展」は現物地代の増代＝封建的反動をもたらす[70]といっている。幕藩体制下の銀納は多分に領主的イニシアチーヴによるものであるから、これをもって直ちに農民の負担緩和を云々することはできない。しかし農民経済との対抗のうちに、領主的な石代は天領についていえば享保十九（一七三四）年からいくつかの修正をうけて次第に本来的な貨幣地代に近づいていくのである。

　享保七年の皆米納令が、同十九年に在町市場の農産物価格をとり入れた三分一銀納に変化してくるが、この政策は同じ頃から実施されてくる定免制と関連して考えなければならない。定免制は、いうまでもなく年貢の固定化であり、安良城氏の表現によれば、とくに「豊作に……農民に蓄積の可能性を与え」、これによって従来の領主の恣意的な――胃袋の大きさによって規定された――全剰余労働収取にかわって、「封建領主と農民間の一つの『契約』[71]」が成立するのである。つまり農業生産力の増大に対してその全剰余労働を収取しえぬように年貢部分が固定化するが、その固定化の上に乗ってその石高の銀納化が行われていることを忘れてはならない。それ故、天領においては享保末期から貨幣地代の端緒的な成立を部分的に（日本全体でみた場合）みることができるのである。

　しかし、これが端緒的な段階を脱するには、幕末までの一世紀を要し、その間少なくとももう二つの修正を経過しなければならない。一つは石代直段の決定日の修正であり、もう一つは一〇ヵ年平均直段という時間的な平均化

第17表　石代相場指定地

	享保19年	天明２年	明治５年
摂津	大坂・尼崎・高槻三田・富田	大坂・天王寺村・難波村・上福島村・天王寺庄・富田村	大阪・高槻・富田・尼崎・兵庫・西宮・池田・三田
河内	枚方・八尾・久宝寺・国分・中宮	枚方・守口町・西口村・久宝寺村・植松村・国分村・富田林	枚方・寺内（八尾）・富田林・国分・久宝寺
和泉	堺・岸和田	下条大津村	堺・岸和田
史料	日本財政経済史料５の12～８頁	同左５の25～７頁	府県地租改正紀要

註：森杉夫氏「明治五年の石代相場」（『土地制度史学』２号、1959年）を参照した。

――固定化の問題である。後者については、幕末の畿内ですでに「天下之御法」といわれていることは、第二節でのべたのでくり返さない。前者は古米直段を入れることに対する反対であり、文化六（一八〇九）年摂津村々の反対をうけている。[72]それゆえ、石代納の貨幣地代としての原型は、天領では、右の享保十九年の決定法を採用した、東海・近畿の諸地方に始まるといえよう。生産物地代から貨幣地代への形態転化が、「まず散在的に行われ[73]」ている姿を、このようにみうるのである。しかもこの移行の仕方は、急激に行われるのではなく、その困難さも、日本でもみてきた通りであるし、ヨーロッパでも「たとえば、革命前にフランスでは貨幣地代が従来の諸形態の残滓によって混和・混合されていたことを見ればわかる[74]」のである。明治に入って小作料半納の線が日本に残るのも、この移行の困難さを示すものである。

つぎに、貨幣地代として成立した石代納と地租改正との関係をみなければならない。

そこでまず考えることは、地租が地価×一〇〇分の三（のちに二・五）であり、この地価が、その土地生産物の平均価格を採用していることである。この平均価格の決定方法は、畿内のように早くから農民的な米市場の成立のみられたところでは、各町場の価格をとってきめており、享保十九年・天明二（一七八二）年の石代決定を、地租改正時のそれと比較すると、摂河泉では第17表のように、若干の変化はあるが在方市場の平均価額を採用する方針が、享保十九年から地租改正まで一定方向に進み、農民的土地所有確立のための地代上の動きがよみとれるのである。(75)

たとえば、津田秀夫氏によると、広く河内・和泉の農村に米相場が立っており、(76)また天保五（一八三四）年に納屋穀物問屋が成立したりして畿内先進地域では幕末からすでに貨幣地代の素地がととのっているのである。その他の地方では必ずしもスムーズにいかず、明治九年（一八七六）の一揆が、三重・茨城などにおこって石代直段を攻撃したのは、(77)まさに本稿で指摘した段階より一歩おくれた経済発展のあらわれであり、未熟な貨幣地代下にあったからと思われる。それゆえ石代納はまさに地租改正の歴史的前提であり、これなくしては改正が生まれえなかったとさえいえるのである。

事実、明治政府の地租改正の前及び施行中に出した諸方策は、すべて畿内を中心に展開された貨幣地代（石代納）を範として行われていると思われる節が多々ある。すなわち、政府は明治五年八月十二日の太政官布告で、無条件かつ任意に石代納を許し、(78)その価格決定は「最寄市町十月朔日ヨリ十一月十五日迄日日上米平均値段ヲ以テ金納出願ノ分ハ許可スヘシ」(79)という方法によったのである。

この農産物価格がどのように石代直段に入ってくるかが大きな問題になり、八年三月には「改組ニ用ユル米価ハ渾テ三年ヨリ七年迄ヲ限リ此五ヶ年間ノ平均相場ヲ用ユヘシ」(80)とされ、その前後には平均米価算出適用の地域に関する問合せが、福岡・和歌山・長野あたりから出されている。さすがに素地のできていた畿内摂河泉の名はみられない。在町の価格をとったり、五ヵ年平均のそれをとったりするのは、天領の一〇ヵ年平均直段などと同じ方針である。

このように地租改正の前に、政府が石代納による金納化に一旦全国を統一し、しかる後に地租改正にのり出していることは、農産物価格決定方法は勿論すべて幕藩体制下の、とくに石代納方策を踏襲する意図のあらわれであり、更にまた逆にいうと石代納が貨幣地代であることの証拠であると思われる。幕藩体制下では「散在的に行われる」にすぎなかった貨幣地代が、明治に入って、「国民的な規模」[81]で実施されたものであると考えれば、幕末から地租改正までの地代の説明が、スムーズに理解しうるのではないかと思うわけである。

註

（1）野呂栄太郎『日本資本主義発達史』（岩波書店、一九四九年）一六二頁。
（2）平野義太郎『平野義太郎論文集　第一巻　ブルジョア民主主義革命』（日本評論社、一九四八年）九一頁。
（3）山田盛太郎『日本資本主義分析』（岩波書店、一九三四年）二一〇頁。
（4）高橋幸八郎「地主的土地所有と商品生産」（高橋幸八郎・古島敏雄編『養蚕業の発達と地主制―福島県伊達郡伏黒村実態調査報告―』、御茶の水書房、一九五八年）二四頁。
（5）安良城盛昭「養蚕業の展開と徳川期の地主・小作関係」（前掲註（4）高橋幸八郎・古島敏雄編『養蚕業の発達と地主制』所収）第四節、安良城盛昭『幕藩体制社会の成立と構造』（御茶の水書房、一九五九年、のち増訂第四版、有斐閣、一九八六年）一六五～八頁。社会経済史学会編『封建領主制の確立―太閤検地をめぐる諸問題―』（有斐閣、一九五七年）一六二頁、一六八頁註三二。
（6）白木村誌編纂委員会『白木村誌』（大阪府南河内郡河南町教育委員会事務局、一九五七年）、井上正雄『大阪府全志全五巻』（大阪府全志発行所、一九二二年、のち復刻、清文堂出版、一九八五年）その他。
（7）竹越与三郎『日本経済史　第九巻』（平凡社、一九三五年）一四八頁。
（8）大阪府羽曳野市、塩野俊一氏所蔵文書。
（9）羽曳野市、松倉重興氏所蔵文書（大阪府立三国丘高等学校寄託）。以下本家領碓井村に関する史料は、すべて同文書による。

石川本家大坂払米日・先掛銀日

年代	先掛銀	大坂初廻米納所	大坂初廻米津出	大坂初売	2番売	3番売	4番売	5番売	6番売
天保15	9月19日	9月19日	9月23日	9月28日	10月1日	10月14日	10月15日	10月27日	不明
弘化 2	9月24日								
〃 4	9月24日	9月21日	9月25日	不明	10月7日	10月16日	10月23日	11月3日	11月10日
〃 5	10月3日	10月3日	10月6日	10月8日					
安政 2	9月23日	9月19日	9月24日	9月29日					
〃 3	9月29日	9月28日	10月1日						
〃 6	9月29日	10月2日	10月6日	10月10日	10月18日	10月27日	11月6日	11月14日	不明
文久 3	9月26日	9月23日	9月27日	10月2日					
元治 1	10月2日	9月29日	10月3日						

出典：大阪府南河南郡河南町 北村豊彦氏所蔵文書

(10) 羽曳野市、塩野俊一氏所蔵文書、以下分家側の史料は、特に断らぬかぎり同文書による。

(11) 第3表では、碓井村の取米が明和四年から文化十三年にかけて定量化しているのは、定免制が布かれたからと思われるが、同藩の収取体系がこの時期に固定化したことを物語っているのではないか。更にかかる先掛銀による銀納はいつ頃、本家側にもあらわれたか、つかみ得ないが、ほぼ分家と同じ明和頃と思われる。先掛銀は、先納銀とはちがい、その払込みがその年の九月頃に、大坂初売の出米の告示とともに領主から農民にしらされ、それに応じて米直段のわからぬままに銀納していく方法である。本家の先納銀は、享保元年に初めて史料に現われるが、これは先掛銀とちがって支払開始の日を告示せず、ほぼ九月までにおさまり、利子が加えられるのが普通である。

大坂出米は、明和頃から六回にわけられているが、これと先掛銀との日の関係をみると、上の表のようになる。幕末の史料であるが、明和頃と大して違いはなかろう。

なお碓井村の貢租については、小林茂氏の「近世貢租と農民闘争―大阪周辺の米作地帯を中心として―」（『ヒストリア』二五号、一九五九年）第三表参照。この表の米納は端数になっていることが多いが、それは皆済目録の記載をそのまま利用したために生じた誤りと思われる。ただ寛延頃から次第に領主の在払が増加してくることの指摘は適切である。

(12) 下館藩の蔵屋敷は、北組上町の近江町にあり（前掲註（6）井上正雄『大阪府全志　第三巻』三一七項）、天保六年には名代は河内屋栄三郎、蔵屋敷用達は泉屋源右衛門である（大塚史学会編『郷土史辞典』（朝倉書店、一九五五年）付録四七頁）。また塩野家文書の弘化四年八月の御用状によると「今般和田五郎太夫殿御儀、其御陣屋之方江御定居被蒙仰、大坂御蔵屋舗御留守居御役兼帯勤被蒙仰」とあり、更に北村家文書の文久四年日記に「此度和田老盛様御儀、御代官役首尾克被成御免、河州御郡代本勤、御蔵屋敷御留守居手代り、産物方是迄通り兼帯被仰付候」とある。

(13) 大阪府南河内郡河南町、北村豊彦氏所蔵文書。以下北加納村の文書はすべてこれに依る。

(14) 一、当御収納米之内直米、昨十二日入札相催、左之石数之通御払渡シ相成候間、来ル十九日迄納所可有之、尤同日
　米改之者差出可申間、米拵等入念取斗可申者也
　（弘化三）十月十四日　役所御判
　一、直米拾石　北加納村
　一、同米拾八石　北加納村
　十一月十日迄相納候様御達シ有之御事
　　但シ御払直段八拾目五分七リ
（北村家文書）

(15) 註（13）と同じ。

(16) 本米と直米とは、駄賃の点で違っている。年貢算用帳をみると、米納はこの二種類に分けられるが、農民は算用帳からみる限りでは、蔵直米にのみ駄賃を支払っているのである。村方財政を知る史料がないのでこの間の理由はわからない。本米と直米の比は、本文にのべたように直米の方が多く、白木村長坂分については第15表にみる通りであるし、北加納村でも慶応三年では本米一八石五斗、直米二九石となっている。なお北加納村の銀納率は、嘉永三〜五年の間では、定米一五二石一升二合四勺、うち諸引一三石六斗七合五勺、米納四七石（三四％）、銀納九一石四斗四合九勺（六六％）で銀納率は、本家領の標準並みである。

　なお米納分のかかる二つの区別は、明治三年にはなくなり、史料的には米納とのみあらわされ、駄賃も米納全体にかかっている。大体地払した場合、貢租米は買主の家まで村々の負担で運んでいる（「米納ニ候ハヽ、買主之宅迄百姓ゟ持付候」塩野家文書）。これはどの藩にでもいえることと思われる。なお尼崎藩のケースは、八木哲浩「西摂にお

ける米の商品化と在方商人」（『神戸大学文学会研究』一六号、一九五八年）一一頁参照。

蔵米は例外的に大坂廻米される場合もある。おそらく地払と大坂払との直段の照合によるのだろう。史料をみよう。

兼而申達置候村々蔵直米之内、左之割付之通、大坂廻米相成可申候、来ル十七日納所、同廿日津出申達候間、喜志浜迄津出可渡候、尤米拵向之義ハ、建縄入本米通急度計可申候、

大坂出し増米納内

一、米拾石　　北加納村

但し十一月十七日納所　同廿日津出し

本米、直米という表現の早い例は、本文に示したほかに、文政九年の北加納村「戌御年貢算用帳」と白木村の文政七年「申歳御蔵米并直米勘定帳」（平野喜秋氏所蔵文書）がある。

(17) 大阪府農地部耕地課編『水利史料の研究―南河内における水利問題の歴史地理学研究―』（大阪府農地部耕地課、一九五三年）三四頁、福田文書一六号。

(18) 上打銀は化政期から安政元年まで、石川両家とも二匁であったが、安政二年から本家だけ二匁三分となり、分家より三分多くなる。（第11表参照）

(19) 大阪府南河内郡河南町、浅田啓治郎氏所蔵文書。

(20) 前掲第11表の下の註参照。なお第3表のうち、安永七年が、二年前の同五年より収納米が少なく、銀に換算しても少ないのは、同年が「殊之外大不作」（野村豊『河内石川村学術調査報告―近世村落資料―』（大阪府南河内郡石川村役場・石川村学術調査報告刊行会、一九五二年）八二頁、一八一号文書）だったことによる。

(21) 中村哲・川浦康次「幕末経済段階に関する諸問題」（『歴史学研究』二二五号、一九五八年）

(22) 前掲註（6）白木村誌編纂委員会『白木村誌』九頁。同書にはこのほか古老からの聞取として「白木さんは取立がきつかった」「白木には白壁の家は一軒もなかったが、役所だけは立派なものであった」ということが記されている。なお年代は未詳だが、寛弘寺村と中村の各庄屋が年貢が高いので江戸へ直訴しようとして失敗したことがある（林総夫氏聞取）。

(23)　二宮尊徳翁全集刊行会編『二宮尊徳新撰集　尊徳興国事業要説』(二宮尊徳翁全集刊行会、一九三九年)

(24)　前記の家老上牧甚五大夫は、自ら禄三〇〇石を辞退して、報徳仕法に率先協力したが、その彼が下館藩で仕法が行われて間もなく、天保十三年二月に「御名代様」として河内所領を巡回しているのは、仕法の影響と思われる(前掲註(6)白木村誌編纂委員会『白木村誌』九頁)。尊徳を新しい観点からみたものに、奈良本辰也『二宮尊徳』(岩波書店、一九五九年)がある。この本は参考文献もあげてあり、尊徳研究の入門書として手頃である。

(25)　前掲註(6)白木村誌編纂委員会『白木村誌』七、八頁に、「年賦調達調仕法」が文政九年四月に出されたとある。この仕法は御中一二〇口、一口につき銀二〇〇目で、一五ヵ年賦元利返済となっている。これを真似て分家でも安政二年に行ったものと思われる。

(付註1)　文久元年石代一件(後述)のことで訴訟が行われたとき、「五六十年以前米納も有之候趣申居候」という言葉があり、皆銀納との関係を思わせる。文久元(一八六一)年から五、六〇年以前とは享和元(一八〇一)年から文化八(一八一一)年頃であるが、分家側の皆銀納は、本文やこの表(第3表)で実証したように安永には成立している。それゆえここに文久から五、六〇年以前にみられる変化は、石代直段に関する変化であり、この史料の言葉は正確ではない。

(26)　御用状には、本文のように七〇人とあるが、嘉永四年正月油屋伊兵衛宛の証文を息子の亀之助に作り替えたのが残っている。これを整理した上の表をみよう。亀之助一人からの借用銀は二〇二貫二三七匁一分二厘に及び、四四通の証文が作られて、九ヵ村延四四〇人の農民が印形を加えている。これは実は一四四人の農民であるが、油伊の一軒だけで、これだけの農民であるから、他の三軒の銀主分を加えると、本文の七〇人というのは腑に落ちない。

油屋亀之助借銀印形人(嘉永4年)

村	銀預り人	銀預り延人数
新町村	16	60
下河内村	20	45
持尾村	20	55
寺田村	12	30
弘川村	10	30
東山村	20	30
畑村	23	104
東坂田村	10	40
葉室村	13	50
計	144	440

(27)　農民が借金する場合、作毛を抵当にすることが多い。貨幣の必要な時期はいうまでもなく年末の年貢皆済期であるので、春に返済を予定して主に麦とか菜種の裏毛を担保にする。現代なお行われている窮迫

販売としての「青田売り」はこの例になる。

(28)　前掲註（6）白木村誌編纂委員会『白木村誌』九頁。

(29)　前掲註（20）野村豊『河内石川村学術調査報告』三四三号。

(30)　この手代の言葉は当っていない。大坂周辺でみると、摂津西成郡中南部の中在家・勝間・今宮・木津・難波・高津・今在家・清堀といった「畑場八ヶ村」は早くから皆銀納であるし（宮本又次「徳川期大阪近郊の農業経営―西成・東成・住吉郡の場合―」（宮本又次編『商業的農業の展開―近畿農村の特殊構造―』、有斐閣、一九五五年）八頁）や、大阪南郊（例えば住吉郡下の小田原藩大久保領）、更には大和国（森杉夫「畿内幕領における石代納」、『大阪府立大学紀要人文社会科学』四号、一九五六年）も皆銀納である。大坂周辺の石代直段は、森氏の前掲論文によると、天領の三分一直段を採用することが多い。狭山藩や平野郷をもつ古河藩、旗本の石丸氏などがその例としてあげられている。そのほか小田原領も管見に触れた限りではそうである。しかしそうでない所もあり、現に石川両家がしかり、更に伯太《はかた》藩も独自の直段をとっている（大阪府羽曳野市、真銅甚策氏所蔵文書）。

(31)　大蔵省編『日本財政経済史料　巻五』（財政経済学会、一九二二年）一三～八頁。

(32)　前掲註（31）大蔵省編『日本財政経済史料　巻五』二五～七頁。なお同じことを、津田秀夫氏は、泉州高林家文書から指摘しておられるが年代不明（津田秀夫「幕末期大坂周辺における農民闘争（幕末における農民一揆）」、『社会経済史学』二一巻四号、一九五六年、のち『近世民衆運動の研究』、三省堂、一九七九年、所収）。

(33)　古市・石川郡あたりで米市場としての役割を果しているのに、古市村・富田林村がある。富田林村でみると、伯太藩の河内所領一〇ヵ村の収納米が享保頃から富田林へ津出しされ売却されている（真銅家文書）。なお枚方宿の米市場は、後述する。

(34)　封建社会において慣習とか伝統とかが強い法律となることについて、マルクスはこう述べている。「この社会的生産関係・またこれに照応する生産様式の立脚点たる自然発生的で未発展な状態においては伝統が優勢な役割を演ずるに相違ない、ということは明かである。さらに、つねにそうだがこの場合にも、現存するものを法律として神聖化し、また、現存するものの――習慣および伝統によって与えられた――諸制限を法律的諸制限として固定化することは、社会の支配者部分の利益とするところだということも明かである」（『資本論一三』一一一八〜九頁）。

（35）天領と私領との領主間の対立がここにみられるわけであるが、翌文久元年には天領手代の石井古太郎なるものが「東山役所抔之義者実ハ役場と唱候も過候、帳場ニて宜敷」「御私領之御代官者御料之庄屋ト同格」とのべたという風説がとび、石川分家側の代官の憤激をかっている。本文にのべている米納願についても「右米納之儀強相願候哉と被察、御代官之御手代腰押致呉候而者実ニ迷惑至極、大心配可仕義と甚不安心ニ奉存候」と分家側は言っている。

（36）安石代については、前掲註（30）森杉夫「畿内幕領における石代納」一八八〜九頁に詳しい。安石代は、前五ヵ年、前一〇ヵ年の平均直段で上納し、その年の三分一・十分一直段との差引間銀は一〇ヵ年賦で上納するわけであるが、年賦上納ということは、平均直段よりの超過分を各年に分散させることであり、それ故平均直段のもつ意味は貨幣地代成立史上きわめて大きい。

（37）註（12）参照。

（38）彼は、万延元年末、東山村で五八匁六分を不納している。これを同年の石川分家石代直段（二〇四匁八分）と毛付免（六ツ五分八厘）とから土地面積に換算すると、約四斗五升ぐらいになる。彼がこれ以外に東山村やその他で持っていたかどうか不明であるが、一応貧農とみてよいだろう。

（39）万延元年の河内を中心とした社会経済情勢をみておくと（史料は六月塩野家御用状）、紀州で「百姓一揆発《（ママ）》り騒働《（ママ）》之趣噂仕……無程米弐百目（石ニ）ニも可相成、左候ハ、所々大家之分こぼち流行致し騒働《（ママ）》ニ可相成と、専ら浮説仕、殊之外人気損じ居候」。八月に入ると、綿一斤二匁七〜八分、木綿一疋一八〜九匁位で「小前之嚊共、或者後家暮之者仕事一向引合不申、甚難渋之趣ニ御座候」。十月には、泉州丹南郡金田村（秋元但馬守領）は家数四〇〇軒の大村であるが、そのうち二〇軒は煙立てかねる由、石川郡富田林村でも□□六十人ばかりが乞食に出ている由。また丹波篠山で百姓一揆が起っている。堺近郊でも「浅香山と中宮之森□《（ニ）》、在町共小前之者共寄集リ候様之張紙、堺者不及申村々江張紙仕候由、堺御奉行所ゟ色々御穿鑿被成候趣」によって、米値下げと施行が実施されている。十二月では、丹南藩で強訴が行われている。即ち「高木様抔凶作願御取上ケ不被成趣ニ而、領分中百姓丹南御役所へ詰懸ケ候催し致し候由」とある。

（40）註（16）参照。
（41）大阪府南河内郡河南町、北村豊彦氏所蔵文書。
（42）同右北村家文書によると、文久三年から、本家は大坂出米入札の際に、大庄屋衆一人、庄屋分一人が、上乗を兼ねて大坂に出て入札に立合うようになっている。石代一件の影響と思われ、庄屋層に入札の場合の交渉などをやらせて、直段を十分彼らに諒解させるためだろう。
（43）大阪府南河内郡河南町、松田太郎氏所蔵文書。
（44）同年の年貢関係の帳面を調べていると、各村は表（石川分家領の石代納）のようになっている。これは一例として東山村だけを示したのであるが、三分方・七分方と分けられている。本来この二つは石代直段が違うわけだが、同年のみ特殊例として両者が一致している。にもかかわらず、三分方・七分方と区別しているのは慶応元年の原則がここに実質上は適用されている証拠である。
（45）打毀しの全般的な様相は、拙稿「慶応二年大坂周辺打毀しについて」（京都大学読史会『国史論集　創立五十年記念』、一九五九年、のち歴史科学協議会編『歴史科学大系　第二三巻　農民闘争史　下』、校倉書房、一九七四年、所収、本書第Ⅲ部第三論文）を参照。なお右を図解したものに高尾一彦『近世の農村生活―大阪近郊の歴史―』（創元社、一九五八年）がある。
（46）当地方の救銀の様子を表示すると、表（石川谷領主の救銀）のようになる。分家の救銀が決定される経過は、分家領小前百姓が本家及び伯太藩の救銀を近郷からききだし、そして庄屋へ歎願したわけである。このように畿内では幕末にすでに貢租とか救銀とかいった彼らの利害に関することは、支配外のことなったデータを自由にきき出してそれ

慶応２年石川分家領の石代納

定米　石 291.7981	此代銀　貫 339　匁 432.1	石代直段　匁 1163.243	
内米　87.53943	〃　10　829.6	〃　〃	三分方
米　204.25867	〃　237　602.47	〃　〃	七分方

出典：慶応２年12月御物成御勘定帳・東山村の部

慶応２年石川谷領主の救銀

	難渋人	救　銀	１人当り
石川本家	1800 人	80 貫目	44～45 匁
〃 分家	507	20	40
伯太藩	小前難渋人の１人に麦１斗ずつ		65（麦石＝650匁）

を基準にして自分らの要求を出すところまで成長してきている。石代一件で出入作関係が契機となっているのも、こういった農民の成長の表現なのである。一般的にみると地租改正の時点で「曩ニハ農民一地頭ノ下ニ局束セラレ敢テ他ヲ顧ミサルモ、今ハ互ニ税法ノ異同ヲ討議シ彼我ノ軽重ヲ比較シ其不幸ヲ訴フルモノ日ニ多シ」（大蔵省編纂、大内兵衛・土屋喬雄校訂『明治前期財政経済史料集成　第七巻』（改造社、一九三二年）三～四頁）ということになる。封建制の地方分権的な支配構造下にあって、農民が他領と自分らの比較のしえないことは当然であるが、畿内のように入組がはげしく錯綜した支配構造下にあることはそこで近代的な発展がみられると、農民抵抗の阻止的要素となるよりむしろそれに積極的な足場を提供することになるのではないだろうか。

(47)　前掲寺田村の松田家文書に、同家が「一貫三百六拾五匁　米壱石御役所様買上」とあって、この時一石だけ米納したことになっている。慶応二年の石代直段は一貫一六三匁二分余であるから、領主の買上直段の方が高く、そのため米納しうる農民はそれだけ負担が軽くなるわけである。

(48)　前掲、松倉重興氏所蔵文書。

(付註2)　第二節においてとくに註記しなかった史料は、前掲、塩野俊一氏所蔵文書による。

(49)　山城村については、新保博氏の「幕末における畿内一農村の村落構造」(『国民経済雑誌』八八巻六号、一九五三年)がある。

(50)　前掲註(20)野村豊『河内石川村学術調査報告』二〇二号。

(51)　布施町誌編纂会編『布施町誌　続編』(布施町誌編纂会、一九三七年)二六九頁。

(52)　山城村の史料は、特に断らない場合は、大阪府南河内郡河南町、浅尾重一郎氏所蔵文書による。

(53)　鈴木直二『米穀配給の研究』(松山房、一九四一年)一〇一～二頁。

(54)　安岡重明『日本封建経済政策史論―経済統制と幕藩体制―』(有斐閣、一九五九年、のち増補版、晃洋書房、一九八五年)二八頁第五表、その他各所。

(55)　鈴木直二『徳川時代の米穀配給組織』(巌松堂、一九三八年、のち複製、国書刊行会、一九七七年)第五章第三節。その他阿部真琴「大坂周辺農業の生産構造」(『神戸大学文学会研究』一三号、一九五七年)、作道洋太郎「近世農村

社会における貨幣経済の問題」（宮本又次編『近畿農村の秩序と変貌』、有斐閣、一九五七年）、小林茂「都市商人と在郷商人」（『近世史研究』二〇号、一九五七年、のち『封建社会解体期の研究』、明石書店、一九九二年、所収）など。
(56)　宮本又次『大阪』（至文堂、一九五七年、のち『宮本又次著作集　第七巻　豪商と大阪』、講談社、一九七八年、所収）三〇頁。
(57)　前掲註（55）鈴木直二『徳川時代の米穀配給組織』。
(58)　宮本又次『日本ギルドの解放―明治維新と株仲間―』（有斐閣、一九五七年）八六～八頁。
(59)　但し西摂のように、在払米の値段が大坂の西国米より高いということもありうる（小林茂「「在払い」の一史料」、『近世史研究』二八号、一九五九年）。これは西摂地方の米穀市場が、貢租米＝酒造米という線に規定されているためである。
(60)　前掲註（20）野村豊『河内石川村学術調査報告』一八号。
(61)　例えば、大ヶ塚村で、天保十一年に先庄屋善五郎が同村百姓九三人を相手取り、東山村出作年貢不納取替の返済を願って訴訟している（前掲註（20）野村豊『河内石川村学術調査報告』二八九、二九〇、二九一、二九二、三二一、三二二号）。
(62)　前掲註（20）野村豊『河内石川村学術調査報告』一九、二〇号。
(63)　前掲註（20）野村豊『河内石川村学術調査報告』一〇号。
(64)　前掲註（20）野村豊『河内石川村学術調査報告』三六二、三六三号。
(65)　大阪府南河内郡河南町、松井幸一氏所蔵文書。
(66)　大阪府南河内郡河南町、林総夫氏所蔵文書。
(67)　中村哲「幕末における在方木綿商人の性格」（『近世史研究』一九号、一九五七年、のち「河内における在方木綿商人」と改題して、『日本初期資本主義史論』、ミネルヴァ書房、一九九一年、所収）。
(68)　『資本論』一三の一一一三頁。

(69) M. Dobb *Studies in the Development of Capitalism*（京大近代史研究会訳『資本主義発展の研究　第一』（岩波書店、一九五四年）九〇頁）。

(70) Kosminsky *Studies in the Agrarian History of England in the Thirteenth Century.*

(71) 前掲註（5）安良城盛昭『幕藩体制社会の成立と構造』一二〇頁、一三一頁註4。

(72) 前掲註（11）小林茂「近世貢租と農民闘争」が委しい。

(73)『資本論』一三の一一二三頁。

(74)『資本論』一三の一一二四頁。

(75) 森杉夫「明治五年の石代相場」（『土地制度史学』二号、一九五九年）。

(76) 古島敏雄編『日本地主制史研究』（岩波書店、一九五八年）第五章二七一～二頁。

(77) 大江志乃夫『明治国家の成立—天皇制成立史研究—』（ミネルヴァ書房、一九五九年）第二章第三節。木戸田四郎「明治九年の農民一揆」（堀江英一・遠山茂樹編『自由民権期の研究　第一巻　民権運動の発展』、有斐閣、一九五九年、のち『明治維新の農業構造—幕末水戸藩経済史研究—』、御茶の水書房、一九六〇年、所収）。

(78)『明治政治史』五の三〇二頁以下。

(79) 前掲註（46）大蔵省編纂、大内兵衛・土屋喬雄校訂『明治前期財政経済史料集成　第七巻』三五二頁。

(80) 前掲註（46）大蔵省編纂、大内兵衛・土屋喬雄校訂『明治前期財政経済史料集成　第七巻』二七三頁。なお明治初年の地租については、暉峻衆三「地租改正における地価算定をめぐる問題」、加藤俊彦「地租金納化と米穀の商品化についての覚書—米の流通機構を中心として—」（宇野弘蔵編『地租改正の研究　下巻』、東京大学出版会、一九五八年）を参照。

(81)『資本論』一三の一一二三頁。

後記　史料の利用を許された諸家に深く御礼申すとともに、調査・成稿に当って助言を与えられた河南町林総夫氏・大阪歴史学会山口之夫氏および畏友中村哲氏に感謝する。

本稿校正中に、森杉夫氏の二つの業績、「石代納をめぐる幕府と農民」（『日本歴史』一四〇号、一九六〇年）と「間銀をめぐる農民の動向」（『ヒストリア』二六号、一九六〇年、のち『近世徴租法と農民生活』、柏書房、一九九三年、所収）が発表された。参考すべき点が多いが本稿にとり入れる余裕がないので、別の機会に考えることとする。

幕末期畿内における石代納
――三分一直段平均化をめぐって――

はじめに

幕藩制は、特殊日本的な生産物地代による石高制を経済的基盤として成立していた。その成立後まもない時点から、石代納が行われ、石高制の規定性のもとで貢租の一定部分が貨幣納化していた。石代納についての研究は、畿内・東海地方で進んでいるが(1)、そこでの最も大きな関心は、石代納を単なる生産物地代の一変形とみるか、それとも生産物地代の転化としての貨幣地代とみるかにおかれている。

本稿では、この問題に直ちに答えようとするものではなく、天保以降の幕藩制解体期に摂河泉地方でみられた幕領三分一直段の平均化をめぐる農民の訴願運動をとりあげ、年貢をめぐる畿内型の農民闘争としての意義を明らかにしようとするものである(2)。そのなかで三分一直段の平均化を、従来の研究にみられた負担の軽減、小ブルジョア的発展の成長といったバラ色の貨幣地代観でなく、貨幣納の農民経営に果す役割を、新しい資本――賃労働の形成にともなう矛盾の激化としてとらえていきたい。

一　年貢の固定化傾向

幕藩制のもとでの貢租徴収は、一般的に十八世紀中ごろをピークにして、その後しだいに低下し、かなり低い水準で固定したといわれる。中村哲氏の研究によれば、明治の地租改正直前では、全国平均で貢租率は、石高に対して三八・六％、収穫米に対して二六・一％、農産額に対しては二四・六％にすぎなくなっており、(3)この傾向は畿内先進地帯では特徴的にあらわれている。

石代納は、石高制での免の固定または低下に対して、小ブルジョア的発展の成果を吸収し貢租の実質的な引上げを策したものであった。石代納の範囲は、皆銀納の形をとるにしても石高制によって決定されており、その値段は、米の販売価格プラスαと決められていた。領主は、米価の高低に応じて、石高制の枠内で石代納を自由に操作できた。したがって石代納は領主政策からみれば固定したものではない。しかし全体として幕領での三分一・十分一銀納は慣例として固定化する傾向があった。また領主が貢租増徴をはかる意味で貨幣納と米納を巧みに操作できたように、農民も石代値段をめぐる闘争ではこの両方を巧みに利用する戦術を展開できたのである。(4)

清水領知の泉州大鳥・泉・南の三郡では、天保四（一八三三）年に年貢米納入は、石代納でも米納でも村々の存寄り通りと命ぜられた。同領知三三ヵ村の石代は、この年十月に山方一二ヵ村では三分一直段の二匁引、里方は二匁五分引となっていた。米納か石代納か村方の自由といっても、決して無制限ではなく、たとえば弘化五（一八四八）年の三郡村々取締役の願書によれば「辰ゟ未迄」の五ヵ年間という年限があり、その年限がきれたので同年に一〇ヵ年間を願い、許可されている。一般には領主の強い規制がないかぎり、この三郡でも米納分の一部石代納または皆石代納が普通となっている。しかし農民からみれば米価の都合で三分一銀納分の米納をはかることもあった。

天保九年八月、清水領知の泉州大鳥郡三ヵ村・泉郡四ヵ村・南郡六ヵ村は、同年から未年（弘化四年）まで一〇ヵ年の間三分一銀納を米納に願いたいと申し出た。この村々は、従来六分方米納、三分一・十分一銀納という貢租納入形態をとっており、毎年木綿作取入売払代銀をもって銀納にあてていたが、近年の木綿違作で小前が困窮し銀の取立てに差支えるというのである。「御料所ニ茂三分一之分米納ニ被仰付候様承知仕」るとして、幕領の動きをも伝聞していた。

三分一銀納分の米納切替え願は、このときは「不容易御儀ニ付先々願書御預リ置、追而御沙汰可被下」といわれて実現しなかった。翌天保十年にも同様の願意を繰返した。そこでは、清水領知の三分一直段採用について具体的に説明し、「全体泉州三分一御直段格別ニ高直ニ而、既ニ播州米と正米八六、七匁余も例年下直ニ候処、近年打続播州ゟ御直段高直ニ御座候、同国之内外村々ハ六分米納之儀ニ付弁銀多、近年異作ニ而百姓大ニ困窮仕、同国之内ニ外村々ゟ是迄格別之御高直上納仕罷在候」とのべ、同年より一〇ヵ年間の九分米納を求めた。(5)これでもうかがえるように、同じ清水領一万四〇二〇石八三九四五の三三ヵ村（上組九ヵ村・浜組六ヵ村・山方組一二ヵ村・南郡組六ヵ村）でも貢租徴収法は区々で、九分方米納・十分一銀納の村と、右の願いに加わった村のように六分方米納・三分一・十分一銀納の村とがあった。(6)この違いを利用しながら米納願いを展開しているのである。

また米納の内容についても、廻米をめぐる要求が出され、天保九年に幕領摂河村々が、江戸廻米をやめて難波蔵納にしてほしいと願っており、(7)江戸廻米・難波蔵納・二条詰米にしても領主の一方的な指令だけでは農民を抑えきれなくなっていた。

年々増加の傾向にあった貨幣納についても、米納以上に確保が困難で、天保以降は凶作や多様な変動のなかで延納が慢性化する傾向があった。泉州の清水領知では、天保四年に三三ヵ村の全支配地で年貢銀一七三貫八八二匁余の延納、同六年には三四ヵ村で三二二貫一八〇匁八四（うち一〇八貫四三四匁七七願石代）のうち一八・六％を占める六〇貫目を翌年二月晦日までの延納、同八年にも皆済銀二四五貫八九四匁八四のうち三五貫目を翌年二月晦日まで延納、嘉永二（一八四九）年には、十二月十日までに納入すべき年貢銀のうち七九貫四〇〇目（二四ヵ村分）を「存外之異作ニ而小前大ニ手詰リ罷在」りとして、同じく翌年二月晦日まで延納となっている。(8) このようななかに、幕領を中心に、石代納の何ヵ年間かの平均化を求める農民の運動が展開することになる。

二　石代平均化の運動

天保期（一八三〇〜四四）以後幕藩制の解体は著しく、小ブルジョア的発展は、商業的農業の展開・マニュファクチュア・資本制家内労働の形成を生み出していた。このような国内的な発展と開港による世界資本主義の侵入は、幕藩制下の矛盾を深化させた。幕藩的な流通機構や価格体系の崩壊は、貨幣改鋳をともなって諸物価、とりわけ米価の高騰をまねき、幕長戦争の開始とともに米価は高騰した。加えては慢性化した凶作に見舞われて、年貢をめぐる領主と農民の基本的な対立は激化していった。

領主的要請で、貨幣による剰余労働部分の搾取を意図する石代納は、農民の土地喪失をはかる手段と化したが、これをめぐって摂河泉農民は、幕領石代の平均化による安石代運動を展開する。その嚆矢は天保七（一八三六）年にある。この年の三分一直段が銀一四九匁五三七という高値を示したのに対して、農民は安石代を要求し、天保三年から同七年までの五ヵ年平均一〇七匁五九九に、一二匁四〇一の吟味増を加えて、銀一二〇目を実現した。大和では二〇ヵ年平均の動きがあり、河内幕領はこれに呼応して文化十四（一八一七）年から天保七年まで二〇ヵ年平均石代を歎願した。(9) いま平均石代の実現が摂河泉のどの範囲におこなわれたか明らかでないが、摂津でも全域ではなく特定の郡に限られたのでなかろうか。西成郡については、『鷺洲町史』などの史料で平均化を確定できるが、住吉郡北田辺村（小堀主税代官所）[10]では、御定直段の銀一四九匁五三七を用いている。

その後天保九年にも、摂津では三分一直段一四七匁八五七に対し、前五ヵ年（天保五〜九）の平均直段一一八匁三一八に一匁六八二の吟味増を加えた一二〇目を採用し、大和も五ヵ年平均直段を実現させた。

天保期の安石代の特徴は、御定直段（正式の三分一直段）と平均直段との差額、「間銀《あいだぎん》」の年賦上納については規定していない点にある。天保七年の凶作に際して、前一〇ヵ年または二〇ヵ年の米相場による安石代を求めた村々は、「多分」にあったらしく、代官は同十年九月に、このような要求は幕府にとって「莫太之御不益」になるのに「一ト通」に心得る族もあるので、今後「引方並石代直段下ケ、又者諸拝借等、若願出候村方も候ハヽ、能々相諭願上候様取斗、右体之筋是迄之例ニ泥ミ、不申立様可被致候[11]」と令した。しかし一旦実現した平均化＝安石代は「是迄之例」として先例化し、領主の危惧もしだいに現実化していった。

摂津の天保期安石代運動には西成郡とりわけ畑場村々が主導的な役割を果したようである。この根拠は、後出の万延元（一八六〇）年の安石代願書や文久三（一八六三）年の凶作時の願書にも、畑場村々が「高直之御石代迚も御上納六ヶ敷安石代奉願上候ニ付而者、郡中一体同様奉願上候儀」とのべており、また慶応二（一八六六）年七月の安石代願書にも、摂河泉郡々惣代と並んで畑場村々が連記され、そのなかでとくに「畑場村々之儀者御年貢皆銀ニ而、既ニ天保七申年……、翌々戌年」に平均直段が認められ「右両度御直下ケ被成下候儀者皆銀納村ニ限リ」とあることによる。天保七・九年の平均直段は、摂津については、皆銀納村の西成郡畑場村々に限られていたことになる。

畑場村々とは摂津西成郡の大坂町場地続きの村のことで、同郡中在家・勝間《こつま》・今宮・木津・難波・西高津・今在家・吉右衛門肝煎地の各村は通称畑場八ヵ村とよばれる地帯であった[12]。これらの諸村は、全耕地が畑地で蔬菜栽培を主として米をほとんど作っていなかった。難波村の作付状況は「耕地之内二歩通リ余ハ木綿作、七歩通リ余ハ藍作雑事等仕付」（安政五（一八五八）年）、「前々より御年貢石代銀納仕来」（天保九年）といわれた。都市と隣接した村であったため「（市中）地続当村領内ニ住居いたし候者共ハ、不残諸商人諸職人働渡世之者ニ而無高借家人共多分ニ御座候」（安政五年）というプロレタリア化が顕著であり、天保五年には家持三六五軒、無高借家人九四八軒を数え、いま平均化の成功した天保七年の飢饉には、村内の借家全部が難渋人として米の施与をうけていた。(13)

畑場村々は、大坂の長町に接して非農業人口、とくに相対的過剰人口の集合地となっていた。この地方が米価の高騰に際して慶応二年五月の大打毀しの導火線となるのであるが、(14)畑場では石高制は文字通り仮空の計算の上に成立っていた。土地保有者はすべて皆銀納しており、米価とその他の農産物格差が大きくなった時点では石代平均化運動の中心にも立つことになった。この地方での激しい農民層分解が、石代直段の高さによっていっそう進められ、無作層の析出を激増させるとき、石代平均化は小農経営の防衛的性格を帯びることになるのである。

幕領の安石代運動に呼応するかのように、清水領知の泉州大鳥郡一〇ヵ村・南郡三ヵ村は、天保七年十月二十八日に「御年貢御取米百石ニ付御米四拾石宛之割合ヲ以、御米御救延納願」を出し、翌年から一〇ヵ年で延納分を上納したいと申出た。この願いは「御取箇筋延納長年賦等御取用難相成」として却下され、かわりに取米のうち四八四石八三三を拝借米とし、この分を翌八年から一〇ヵ年賦で返済して江戸廻米分に加えることになった。この要求は、米年貢そのものの年賦上納であり、前節で少し触れた皆済銀の延納をさらに大幅に修正し、米納生産物地代原則に立つ領主権の後退にまで立入ったものといえよう。

嘉永三（一八五〇）年の凶作に際して、石代直段の平均化が再び実現した。この時点での特徴は、平均石代の採用区域が、天保期の摂津・大和から、摂河泉和の四ヵ国に拡大されたこと、安石代を認めず「差引間銀年賦上納」仕法を採用したことの二点にある。(15)嘉永三年の例では、まず前一〇ヵ年平均の安石代を願い、それが拒否されると、弘化三（一八四六）年から嘉永二年までの五ヵ年平均直段を実現させた。その結果、三分一直段・十分一直段についてみると、それぞれ摂津では一〇七匁三三三（御定直段一五一匁四二、括弧内以下同じ）・九四匁四四九（一一三匁四二四）、河内九九匁六六四（一三九匁四八一）・八八匁〇四三（一〇六匁四八一）、和泉一〇六匁〇二二（一四九匁三九五）・九五匁七九八（一一七匁八三四）となった。また差引間銀については、嘉永三・四年はすえおき、同五年から文久元年までの一〇ヵ年賦で上納し、摂河のほとんどの村が完納した(16)。

その後も嘉永五年、安政五（一八五八）年に平均化と間銀年賦上納願いは繰返されたが、万延元年にいたって再び要求を達した。この年十一月十二日に、大坂鈴木町代官所支配の泉州大鳥・南・泉の三郡村々庄屋は連印して、石代平均直段について代官所に訴願した。その前年に違作破免、検見入を願ったが認められず、万延元年になっても引続き稲・木綿とも不作で小前百姓からは、破免・検見入の要求が高まったが、庄屋層がこれを抑えて定免を請けたところ「小前一同者及難渋候儀与頻ニ申立候ニ付、今更村役人とも不調法之儀小前百姓江申訳無之、後悔仕」り、しかも「古代ゟ承伝不申程之諸色高直之年柄」であるので、三分一直段を嘉永三年から安政六年までの前一〇ヵ年平均直段で上納したい、十分一銀納・九分方米納の村も同様の取扱いにしてほしいと述べている。この願書は代官所の取上げるところとならなかった。

同じ十一月二十三日には、訴願の規模が拡大し、鈴木町支配の摂河泉三ヵ国郡々村々の名で「当申（万延元年）銀納上納之分、石代前拾ヶ年平均御直段を以御上納」を求める願書が提出された。幕領三分一直段は、明和七（一七七〇）年八月の定めで、毎年十月十五日から同月晦日までの国々町場の相場で決定されていたが、寛政九（一七九七）年九月の改正で、十月朔日から同月晦日までの相場によることになった(17)。摂州郡々では、高槻・尼ヶ崎領に「余国ニ無之酒造酛米ニ相成候無双之精米」があり、正米の取入れ前から酒造を見込んで糶買《せりがい》するので自然と米価があがり、また河・泉二州でもこの酒造酛米《もとまい》の相場を基準にして売買するので、摂津に準じて値段が上がるといわれた。のち文化五年に摂河村々から、十月十五日～晦日までの上新米平均相場に六匁の増値段をつけるという旧法復活の要求が出されたりして、大坂・堺などでは十月十五日からの書上値段を用いるようになった。しかし酒造酛米は依然として十月朔日からの書上げになっていたため「地相場」も高くなっていた。

このような相場決定の時間的な事情のほかに、万延元年は近国一般に不作で相場書上げの時期に大坂堂島の有米がきわめて少く、諸国の入津米の動静も不確定のまま法外の空相場が立ったとみえ、石代直段は摂河泉ともに「往古ゟ及承不申高直ニ而一同驚歎」するほどになった。その後間もなく堂島米相場は日々下落して一石に四六匁余となった。このままでは忽ち潰《つぶれ》百姓、家出などの変事が生じるので、三分一・十分一直段とも前一〇ヵ年平均によるか、下米直段によるかを農民は求めていた。この訴願は「摂河泉播御料所何れも御出願仕候義ニ御座候」といわれていて、四ヵ国にまたがっていた。

同じころ（十一月）泉州大鳥郡では「万一作柄不宜より心得違小前之者共多人数相集ひ候而者徒党ニひとしく奉恐入候儀」として、小作人らの不穏な動きが予想されており、河内古市郡にいた旗本石川家の代官塩野氏の御用状も、万延元年の河泉地方の不穏な動きを報じている(18)。

翌年一月七日付の鈴木町代官所の触によると「去申（万延元年）人気不穏趣風聞相聞候場所も有之候処、一躰右様之次第相聞候節者時を不移頭取差続之もの共召捕可及吟味」きところ、違作の年柄だからとくに宥免したとある。

このような情勢を反映して、十分一直段の平均は認められなかったが、三分一直段については、嘉永四年から万延元年までの一〇ヵ年平均、差引間銀は翌酉年（文久元）から丑年（慶応元）まで五ヵ年賦上納となった。摂津の例では、御定直段二〇三匁五三九、平均直段一一一匁六〇三、泉州はそれぞれ一八九匁一八八、一一三匁五三〇となった。年賦上納分についても、摂津住吉郡北田辺村や泉州大鳥郡赤畑村(19)の例をみると右の規定通り五ヵ年賦で完納している。

この平均化については、河内石川郡で幕府の手代が万延元年当時すでに「拾ヶ年平均抔と申儀天下之御法も在之」と発言しており、農民も「十ヶ年御直段平均願之儀も天下之御法ニ有之候」と理解し、他支配の石代納にも同趣旨の動きをうむ素地をつくっていた(20)。

文久三年にも大和では、十分一・九分米直段の一〇ヵ年平均（安政元〜文久三）直段にそれぞれ三匁、五匁の増銀を加え、間銀については三〇ヵ年賦上納となっているが(21)、この年は他の国にも同じ動きがあったとは思われない。

その後も石代直段は上昇しつづけたため、元治元（一八六四）年十一月にも摂河泉州郡々惣代が訴願して、「弐百年来見競無之高直」「古今未曾有之御直段」と申立てて、同年から前一〇ヵ年平均の採用を求め、差引間銀についてはこれまで年賦上納したが、当年は当度限り御用捨という新要求を打出した。

この願書の提出後「御取調之上格別之以御憐愍願之通御伺立被成下、右平均を以同冬納方被仰付置」（慶応二年の願書）くことになり、農民は喜んで平均直段で上納したという。ところが二年後の慶応二年四月二十日にいたって、鈴木町支配の摂河泉三ヵ国詰合惣代が代官所によび出され、元治元年の平均化については「願之通難被仰付与御沙汰之趣」をきかされ、驚歎している(22)。

この間慶応元年には、幕長戦争にともなう郡中入用や摂河泉一円の助郷人足の徴発などで農民の負担は増加し、米価も高騰した。十一月に鈴木町支配の摂河泉州村々は、同年分をふくむ前一〇ヵ年平均直段の採用、差引間銀の免除を出願した。これに対する幕府の回答が年内に出なかったとみえ、翌慶応二年四月二十三日に三ヵ国郡々惣代は「当春以来万価追々高直」のこととて「御定御直段」による銀納を拒否していた。この願書は「御預り置」となり、六月中に間銀を「一時可相納様」という下知をうけたが、村々は「押而再願可致積」と考えている。

慶応元年の三分一直段は、摂津北田辺村では、文久三年〜慶応元年の三ヵ年平均で銀三四七匁六二五（御定直段四七〇目五三六）を用い、泉州赤畑村でも同じ三ヵ年平均で銀三六一匁〇二四（御定直段四六三匁三一八）を用いているので、この二例から推察すると、三分一・十分一直段とも同年分を含めた三ヵ年平均に基いて決定されている。

間銀についてもその後の皆済目録に返納の形跡がないので、幕府が内戦にとりまぎれて指示をおくらせているうちに要求を貫徹したといえるであろう。河内渋川郡荒川村本郷の慶応元年の三分一直段は銀三〇六匁七三九[23]で、御定直段の四三五匁〇四と差があるので、河内でも平均直段（おそらく摂泉と同じ三ヵ年）を採用していたのであろう。

慶応二年七月六日には、摂河泉州郡々村々の郡中惣代と畑場村々の名で訴願があり、摂津西成郡の畑場村々を嚆矢に石代直段の平均化が行われた歴史的な経過を説明したのち、同年分についても、大坂周辺の大打毀しとそれによる領主の動揺を見すえながら「此節米価猶々意外ニ相進、ケ成之者共も多く者飯米買入仕候儀ニ而、当節之場合ニおゐて末々之もの取救方迚も難出来、勿論自己之取続方如何可仕与心痛」し、石代間銀はたとえ年賦上納になっても困るので、村方へは間銀は「御伺中ニ者御座候得共、内実小前一統之者者願之通御救之御沙汰被成下候御儀与差心得居候」ため、当節「人気不穏折柄ニ付、其場合江持込、縦令年賦ニ願上候而も是非納方可仕様押而村役人共ゟ申聞候時者、忽人気立候気差ニ有之、既ニ泉州於最前（寄カ）者浪人体之もの時々徘徊仕、小前人気為取迷候儀ニ而、当節之形勢、若右等之悪族江相泥ミ候もの有之候而者重々奉恐入候儀ニ有之」とのべて、前年分の間銀の廃止を求めている。

この動きにも、皆銀納形態で直接石代高騰のあおりをうける畑場村々が中心的に動いており、非農業人口を中心に多くの相対的過剰人口を沈澱させていたこれらの諸村では「平素飯米さへ皆式買入候程之処」で、米価暴騰は高持層だけでなく無作層により深刻な影響を与えていた。「当四月（慶応二年）御再願後米価格別相進候而者、市在与も末々之もの共人気立、難波村・勝間村之儀者及大混雑ニ、右取鎮方当御役所（鈴木町代官所）者素ゟ御他向迄も深奉備御苦労、其余遠近村々与も右追々押移、兎角人気不穏候」（安政二年七月六日摂河泉州郡々村々惣代願書）という打毀しの勢力をも形成していた。

慶応二年十二月四日には、摂河泉郡々村々が鈴木町代官所に願い出て「前代見競無之高価」で村々は「銀納礑与差支」えるため、嘉永五年から慶応二年まで一五ヵ年平均直段の採用を求めた。「御定直段を以上納仕候時者忽変事、且離散之者も出来候儀眼前ニも可有之哉」と石代高直による小経営への破壊的な作用を指摘している。その結果慶応二年の石代は、十分一・三分一直段とも摂津・河内では文久二年から慶応二年までの五ヵ年平均直段を採用し、また差引間銀の年賦上納も行われていない。(24)

三　幕領三分一直段と領主・地主

摂河泉地方では、地元の藩領以外の地域、とくに旗本や関東大名の飛地・御三卿領知などでは、幕領における三分一直段が石代直段の基準となったり、そのまま採用されているところが多い。いま泉州北部の二、三の例を示しておこう。

旗本小出家は、幕末期に泉州大鳥郡一三ヵ村、河内錦部郡三ヵ村の知行所をもち、文政二（一八一九）年の総取箇高は二八二一石三八一一を示している。その年貢勘定は皆銀納になっているが、内訳は三分一銀納分と七分方米納分（実は銀納）にわかれる。三分一銀納は幕領直段を採用している。この場合小出領では、一六ヵ村全体に泉州幕領三分一直段をあてていたが、一般に河内直段より高くて河内の三ヵ村が困窮するため、文政元年十月に改正し、これら三ヵ村のみ河州直段を採用することになった。七分方米納分、または残米とよばれる部分の直段は、どうして決定されたか明らかでないが、泉州大鳥郡岩室村の例では、表（次頁）のように、残米直段は三分一直段より高くなっており、また同村の下作直段は残米直段の七匁引きと決定されている。(25)

清水・一橋・田安の御三卿についても、三分一直段の採用が指摘されており、関東関宿《せきやど》の久世領でも泉州大鳥郡檜尾村の例では、同じことがいえる。(26)

三分一直段は、それゆえ、摂河泉地方では広く貢租米の石代として採用されていたといえるが、ここで注意すべきことは、幕末の石代平均化との関係である。幕府は極力平均化を避けようとし、三分一についてはこれを認めても、三分一直段によって貨幣納されていた御伝馬宿入用・六尺給米、および三分一直段の五匁増の口米については御定直段を適用していた。

御三卿領知でも、幕領の平均直段は適用されず、田安領知泉州大鳥郡の諸村の例では、万延元（一八六〇）年・慶応元（一八六五）年・同二年には御定直段を採用しており、[27] 三分一については闘争を展開した幕領に比して高い石代となり、不利な立場におかれていた。一橋領知も同じ事情であった。

十八世紀末から、年貢帳の冒頭に、三分一・十分一直段が書上げられるとともに、地主・小作関係にともなう下作直段も記されるようになる。逆に小作宛作帳に石代直段が記載されることもある。竹安繁治氏の研究によれば、河内の渋川郡下小坂村・御厨村・若江郡稲田村では、下作直段の決定は、領主年貢の石代直段である三分一直段または蔵米直段を基準に行われている。[28] 同じことは和泉大鳥郡夕雲開についての中村哲氏の研究も指摘している。[29] このことは、石代直段（三分一または蔵米直段）が地主—小作関係にも一定の影響を与えており、地米相場より高いために実質上小作料引上げの役割を果していることを物語っている。

表　小出領泉州大鳥郡岩室村の石代（匁）

年　代	三分一直段	残米直段	村方下作直段
安政５	138.761	141	134
安政６	133.74	136	129

出典：関西大学図書館所蔵文書

下小坂村の下作直段は、畑方は（三分一直段＋平均米値段）÷２であり、田方は畑方値段の二匁増である。この場合に用いられる三分一直段は、年貢部分では平均直段の採用された万延元年にも御定直段の銀一八一匁九〇二を用いている。[30] 夕雲開についても三分一直段に準じている納直段は、慶応二年一一〇九匁三（三分一直段一一〇九匁三三五、平均直段四五二匁八三九）とあって、[31] 平均直段の影響はみられない。

このように、幕領外の領地の石代や地主の下作直段は、三分一直段を基準にしながらも平均直段の採用を認めず、むしろ一貫して御定直段を用いていることで増徴の線を守っていたといえる。

むすび

以上、幕領を中心に三分一直段に代表される石代平均化の実態を明らかにし、その実現されていく過程を追究した。摂河泉のこの農民訴願は、商品流通をめぐる国訴の年貢版というべきもので、両者は互いに密接に絡んでいた。石高表示の年貢額が固定した畿内では、年貢をめぐる闘争は幕末期ではこの石代納に集中していたといえるだろう。石代納をめぐる問題は、天保以後平均化と差引間銀を主題として展開するが、この場合一般的な背景として、米価の高騰と綿その他の農産物価格の相対的下落を考えなければならない。そのなかで石代納は小農民経営に破壊的な作用をおよぼし、広汎な農民を没落させる働きを演じている。開港後は実質的な賃金の低下があらわれ、地主制の再編成を生み出したのであるが、その意味で石代直段平均化の闘いは、小商品生産者の農業経営を守るための防衛的な性格をもっていた。貨幣納は単純に農民一般を富裕にし民富を形成させるのではなく、むしろ農民からの土地収奪をすすめて中貧農層を賃労働者または小作人に転落させる過程であり、小ブルジョア的発展による民富の形成が、同時に小ブルジョア的経済の分解を意味すること——中村氏の最近の問題提起に則していえば本源的蓄積過程の一環として位置づけられなければならないと思われる。

註

（1）森杉夫「畿内幕領における石代納」（『大阪府立大学紀要人文社会科学』四号、一九五六年）、「幕領における石代値段」（『歴史評論』八四号、一九五七年）、塩野芳夫「近世封建貢租に関する一考察―貨幣地代の成立過程―」（魚澄先

生古稀記念会『魚澄先生古稀記念　国史学論叢』、魚澄先生古稀記念会、一九五九年、のち『近世畿内の社会と宗教』、和泉書院、一九九五年、所収）、山口之夫「近世封建社会における貨幣地代移行の諸問題―伯太藩領河内国古市郡駒ケ谷村の場合―」（『近世史研究』三八号、一九六四年）、堤緋沙子「泉州一橋領における石代納―泉州泉郡長井村を中心にして―」（『近世史研究』四一号、一九六六年）、川浦康次『幕藩体制解体期の経済構造』（御茶の水書房、一九六五年）、拙稿「河内国石川家領の貢租」（大阪歴史学会編『封建社会の村と町―畿内先進地域の史的研究―』、吉川弘文館、一九六〇年、本書第Ⅰ部第二論文）・拙稿「西摂青山主水領の在払制度」（『丹丘』二号、伊丹市立高等学校、一九六〇年、本書第Ⅰ部第一論文）、竹安繁治『近世畿内農業の構造　近世土地制度の研究第三部』（御茶の水書房、一九六九年）。

（2）森杉夫氏は、石代納をめぐる中心問題について時期的に三段階を設定されている。すなわち元禄～享保期には、指定地の米相場の平均値に加えられる増値段のせり上げ、六分方米納分の願石代の新設・励行をめぐって増値段が中心課題であり、享保十九年の新規定の実施後は、石代直段と農民の販売商品値段との差、「間銀」であり、天保以後は、安石代運動と、三分一直段と平均値段との「差引間銀」年賦上納運動といわれている（森杉夫「石代納をめぐる幕府と農民」（『日本歴史』一四〇号、一九六〇年）、「間銀をめぐる農民の動向」（『ヒストリア』二六号、一九六〇年、のち『近世徴租法と農民生活』、柏書房、一九九三年、所収））。

（3）中村哲『明治維新の基礎構造』（未来社、一九六八年）一九四～五頁。

（4）註（1）に引用した堤論文の一橋領知、拙稿の旗本石川家領の例を参照。

（5）天保十年以前の三分一直段を和泉と播磨について比較すると、上の表のようになり、一時は願書の文面とはちがって和泉の方が高くなっているが、天保六・十年に関しては願面の通りである。

三分一直段の比較（匁）

	文政9	天保4	天保6	天保10
和泉	68.630	113.236	91.275	78.956
播磨	68.153	106.510	95.329	79.□79

出典：高林誠一氏所蔵文書「御用留」

（6）堺市、高林誠一氏所蔵文書「御用留」、以下とくに断らぬかぎり、引用はすべて同氏文書による。

（7）前掲註（2）森杉夫「間銀をめぐる農民の動向」。

(8) この間の農民をとりまく経済状況については、拙稿「泉州清水領における社倉制度」(『堺研究』四号、一九六九年、本書第Ⅰ部第五論文)。

(9) 前掲註(2)森杉夫「間銀をめぐる農民の動向」、布施市史編纂委員会編『布施市史　第二巻』(布施市、一九六七年)八二五〜六頁。

(10) 北田辺村については大阪市東住吉区、杉義利氏所蔵文書による。

(11) 荒井顕道編纂、滝川政次郎校訂『牧民金鑑　上巻』(誠文堂新光社、一九三五年、のち複製、刀江書院、一九六九年)第六、四六六〜七頁。

(12) 大阪府西成郡役所編纂『西成郡史』(大阪府西成郡役所、一九一五年、のち復刻、名著出版、一九七二年)、宮本又次「徳川期大阪近郊の農業経営—西成・東成・住吉郡の場合—」(宮本又次編『商業的農業の展開—近畿農村の特殊構造—』、有斐閣、一九五五年)。

(13) 岡本良一「「摂津型」地域に於ける一揆について」(『歴史評論』三二号、一九五一年、のち『乱・一揆・非人』、柏書房、一九八三年、所収)。

(14) 拙稿「慶応二年大坂周辺打毀しについて」(京都大学読史会『国史論集　創立五十年記念』、一九五九年、のち歴史科学協議会編『歴史科学大系　第二三巻　農民闘争史　下』、校倉書房、一九七四年、所収、本書第Ⅲ部第三論文)。

(15) 前掲註(2)森杉夫「間銀をめぐる農民の動向」、前掲註(9)布施市史編纂委員会編『布施市史　第二巻』八二五〜六頁。

(16) 大和ではこの間銀上納が遅々として渉らなかったようである(前掲註(2)森杉夫「間銀をめぐる農民の動向」)。

(17) 大蔵省編『日本財政経済史料　第一巻』(財政経済学会、一九二二年)六一頁、前掲註(1)森杉夫「幕領における石代値段」、前掲註(9)布施市史編纂委員会編『布施市史　第二巻』八一四頁。

(18) 前掲註(1)拙稿「河内国石川家領の貢租」四八八頁。

(19) 赤畑村については、堺市、高林誠一氏所蔵文書による。

(20) 前掲註(1)拙稿「河内国石川家領の貢租」四七三〜五頁。なお多羅尾民部支配の河内渋川郡荒川村本郷の三分一直段は、銀一八一匁九〇二（前掲註（9）布施市史編纂委員会編『布施市史　第二巻』八二四頁）となっていて、平均直段になってない。

(21) 前掲註（2）森杉夫「間銀をめぐる農民の動向」。なお鷺洲町史編纂委員会編『鷺洲町史』（鷺洲町、一九二五年、のち復刻、耕文社、一九九三年）は平均直段を記していない。

(22) 元治元年の石代については、摂津北田辺村、和泉赤畑村でみると平均直段でなく、御定直段を用いている（皆済目録）。

(23) 前掲註（9）布施市史編纂委員会編『布施市史　第二巻』八二四頁。なお前掲註（21）鷺洲町史編纂委員会編『鷺洲町史』は、慶応元年の石代について摂河泉の三分一・十分一直段を記している（六九五頁）。本文の農民の願いと関係あると思われるが、事実一〇ヵ年で決定したかどうかについては明らかでない。

(24) 摂津住吉郡北田辺村（三杉氏所蔵文書）、和泉大鳥郡赤畑村（高林氏所蔵文書）。なお河内渋川郡荒川村本郷分の三分一直段は、銀九六一匁八三六となっていて（前掲註（9）布施市史編纂委員会編『布施市史　第二巻』八二四頁）、平均直段ではない。『布施市史』に記された荒川村の三分一直段は、御定直段であって、実際は平均直段を採用していることも考えられるが、今後の検討に待ちたい。

(25) 一橋領知については、前掲註（1）堤緋沙子「泉州一橋領における石代納」。清水領知は泉州大鳥郡赤畑村（文政七年～安政元年まで。なお宝暦十四年～寛政七年清水領知、寛政七年～文政七年幕領、安政以後は幕領）。

(26) 関西大学図書館所蔵文書。

(27) 土師新田・梅村（関西大学図書館所蔵文書）の三分一直段と幕領赤畑村の平均直段と比較すると明らかである。例えば万延元年では田安領知は一八九匁一八八、幕領は一一三匁五三（五ヵ年平均）となっている。

(28) 竹安繁治『近世小作料の構造　近世土地制度の研究第二部』（御茶の水書房、一九六八年）二八～三〇、七七、八二頁。

(29) 前掲註（3）中村哲『明治維新の基礎構造』三八五～七頁。

(30) 前掲註（28）竹安繁治『近世小作料の構造』七六頁。

（31）　前掲註（3）中村哲『明治維新の基礎構造』三八七頁。

〔付記〕　本稿使用の史料の多くは、小葉田淳先生監修『堺市史　続編』（堺市役所）の編集過程で収集したもので、小葉田先生・朝尾直弘氏に深く感謝します。なお三杉氏所蔵文書については、森杉夫氏のお世話になった。

摂津国一橋領知の石代

はじめに

石高制のもとにおける代金納は、一般に石代納とよばれる。その内容は、幕領における三分一直段と十分一大豆銀納直段による貨幣納に代表される。しかし先進地帯といわれる摂河泉地方においては、複雑な所領配置がみられ、それに対応して多様な年貢収取の形態がみられる。

準天領的性格をもった一橋家についても、上方筋領知のうち摂泉播の三ヵ国の石代をとってみても必ずしも単一化されていない。さきに同領知の和泉国の事例についてはは考察するところがあったので[1]、本稿では、文政七（一八二四）年以後設定された摂津国三郡における一橋領知について、石代納の実態を明らかにしたいと考える。当面ここでは、石代納の形成に焦点をしぼっておく。

一　摂津における忍藩阿部氏の石代

摂津一橋領知は、もと武蔵国埼玉郡忍藩の阿部氏（忠吉系）の所領替の結果設定されたものである。そこで、一橋領知の石代が、それ以前の阿部氏領分時代と比して農民負担上からいって軽重いずれになったか、そのことが農

第1表　阿部氏（忠吉系）の摂津所領

郡　名	村　　　名
川　辺	新田中野・安倉・安場・中山寺・平井・山本・満願寺・若宮・柳谷・東多田・矢問・萩原・瀧山・出在家・小戸・火打・小花・栄根・寺畑・加茂・椎堂・富田・法界寺・瓦宮・岡院・久々知・水堂・野間・南野・御願塚・外崎・下市場・大広寺・千僧・昆陽・小浜
武　庫	友行・小林・鹿塩
豊　嶋	北神田・南神田・瀬川・新稲・西稲・東稲・芝・如意谷・西坊嶋・東坊嶋・白嶋・石丸・外院・西宿・今宮・庄本・箕輪
嶋　下	倍賀・上穂積・中穂積・下穂積・畑田・五日市・郡・道祖本・小野原

註：『伊丹市史　第2巻』57頁、貴志光男氏所蔵文書第81号

民の石代についての要求をどのように特徴づけたかを知ることが必要であると思われるので、阿部氏の貢租からとりあげよう。

阿部氏が摂津に所領をもったのは、貞享三（一六八六）年正月のことで、このとき川辺郡で一万石を加増され、ついで元禄七（一六九四）年四月に豊嶋・嶋下・武庫の三郡のうちでさらに一万石を加えられ、合せて一〇万の大名となった。[2] この貞享三年の川辺郡における加増分については、『伊丹市史　第二巻』は、川辺郡南野村と出在家村の事例をあげて疑義を示し、元禄七年の誤りではないかとのべている。[3] 同郡平井村の元禄七年閏五月の史料にも「今度阿部豊後守様江御代リ目ニ付」とあるが、[4] 豊嶋郡新稲村の史料によると、同年から阿部豊後守領分（五月三日加増地、六月十日引渡し）となったとのべたあと「尤新田中野村辺ハ、貞享三寅年ゟ壱万石御加増地ニ相成候、当辺壱万石者八年後之事也」とも記している。[5]

それはさておき、このように編成された忍藩阿部氏所領を示すと、第1表のとおりである。これら摂津所領は、阿部氏が武蔵忍藩から奥州白河藩へ転封した文政六（一八二三）年三月にすべて収公され、幕領にもどったのである。しかし翌年から文政十年にかけて旧阿部氏所領二万石のうち一万四七四七石が一橋領知となった。

阿部氏領分時代の年貢納入形態は、どのようなものであったか。比較

的早い時期について皆済目録の一例を示すと、(6)

去午年（元文三年）御物成米銀皆済覚

一、米弐拾三石三斗五合　　冨田村

一、米六斗九升九合　　御口米

一、米七合　　新開分

合弐拾四石壱升壱合

此内

拾三石弐斗壱升　　御蔵納

弐石三斗三升壱合　　十分一大豆銀納

代弐百弐拾目九分八厘六毛　　石ニ付九拾四匁八分三毛替

七石七斗七升壱合　　三分一銀納

代七百拾五匁弐分四厘三毛　　石ニ付九拾弐匁四厘替

六斗九升九合　　御口米銀納

代六拾四匁三分三厘六毛　　右同断替

外ニ

弐升五合　　小物成銀納

代弐匁三分壱毛　　右同断替

七勺五才　　右口米銀納

代六厘九毛　　右同断

納合米拾三石弐斗壱升
銀壱貫弐匁九分九厘八毛
（下略）

これは川辺郡富田村の元文三（一七三八）年分の年貢皆済覚である。同村は、上総国飯野藩保科氏との入組支配になっているため、阿部氏領分は六七石六六九にすぎないが、その後文政五年まで続く同領分の年貢収取の形態をよく示している。取米高の十分一・三分一については、幕領の十分一直段・三分一直段を採用しており、とくに後者は享保十九（一七三四）年に幕領で新しい決定法がうまれて以来阿部領でも適用されたものであろう。この両者は、あわせて当時四分方とよばれ、三度にわけて銀納されたあと、幕領石代の決定後それにもとづいて清算されている。のこりの六分米も三度に分納されるが、ときには代銀納される。問題はそのときの石代の決定の仕方である。

六分米石代銀納も、三度の分納であるが、そのときの石代は、備前米の大坂相場が基準になっている。元文三年の史料に「落札直段」とあるが、後の事例から察すると備前米の落札であることにまちがいない。延享三（一七四六）年では、一番直段は十月二十二日の備前米相場できめ、富田村は六二匁〇五、二番納は十一月五日ごろの相場、直段は不明、六分米皆済直段は十一月十八日の相場で、富田村は六三匁五五となっている。同年の摂津国幕領三分一直段は六七匁五一四で、備前米を基準にした阿部氏石代より高くなっている。宝暦五（一七五五）年では、一番払米相場は、十月十八日の「備前米相場ヲ以、例年之通被仰付候」とあって、富田村は七九匁〇五と指示されており、二番は日付が不明だが富田村は八〇匁、六分米皆済払米直段は十一月二十六日の相場に依り、富田村は七八匁八五である。なお同年の三分一直段は八三匁六五であった。(7)

このように、阿部領石代は備前米の大坂相場に依拠しながら、何日の相場をとるかは年によって異っているようである。のちにはあるいは三回の相場は一定の日になったとも思われ、慶応二（一八六六）年正月に一橋領知村々が石代一〇ヵ年平均願にさいして添付した文書によると、備前米相場の十月十七日、同二十八日と十一月十八日の三ヵ度平均で六分米石代を決定し、備前米の相場がたたないときは筑前米の相場で同様の取立てをおこなったという(8)。

備前米相場に依るといっても、実は三ヵ度の単純な平均値ではなく、延享四年の文書に「一番御蔵米、明（十月）十九日備前米相場を以、例年之通直増御直段相極リ候」(9)とあり、増直段がついていたのである。同年の六分米一番銀納直段は、千僧村七三匁二、外崎村・下市場村七三匁三五、原田村七三匁五、椎堂村・富田村・庄本村・瓦宮村七三匁〇五となっている。いずれも同じ十月十九日の備前米相場を採りながら、銀納石代が村によってちがっているのは、増直段の差によるものと考えられる。

増直段の相違が村または組によってどのようになっているかは不明であるが、地域的にも時期的にも変化があったと思われ、嶋下郡中穂積村の享和三（一八〇三）年の史料は、同じ村でも三回とも増直段がちがっていたことを示している(10)。

享和三亥年
六分方
納米弐百七石八斗六升三合
内
七拾石　壱番
代四貫八百九拾三匁
但 六拾壱匁五分 備前相場
又八匁四分 増
〆六拾九匁九分替
百拾石　弐番

代七貫弐百八拾八拾弐匁
　但　五拾七匁五分　備前相場
　　　又八匁七分　　増
　〆六拾六匁弐分増
弐拾七石八斗六升三合　三　番
代銀壱貫六百八拾八匁五分
　但　五拾三匁八分　備前相場
　　　又六匁八分　　増
　〆六拾匁六分替
〆拾三貫八百六拾三匁五分

このような記載は、文政五年まで続いているが（増直段の数値がわかるのは享和三年のみ）、各年の文末に記された銀総計を、六分米石高で割るとその年の六分方石代が得られる。その数値を幕領三分一直段と対比してみよう（第2表）。備前米の相場は、当時大坂の代表的な蔵米であった筑前・肥後・中国・広島の四蔵米や加賀米に比して概して安く[11]、その結果増直段を加えても三分一直段よりかなり安くなっている。

第2表　摂津阿部領の石代と三分一直段（匁）

年　次	六分米石代	三分一値段
享和 3	66.695	68.498
文化 1	62.628	67.507
2	58.675	63.680
3	64.203	65.482
4	82.617	86.805
5	81.249	83.246
6	66.274	69.305
7	62.349	62.928
8	62.839	64.807
9	56.239	60.473
10	71.223	69.965
11	67.523	72.876
12	66.839	70.376
13	75.737	81.532
14	68.443	72.346
文政 1	59.186	64.399
2	48.158	54.237
3	55.306	63.205
4	65.842	69.850
5	64.414	67.810

出典：岡村勇作氏所蔵文書

幕領の願石代は、三分一直段の五匁増となっているから、米納分銀納をおこなうならば、阿部領の方が幕領よりはるかに安い石代になる。しかし実際上は幕領においては寛政以後願石代はみられなくなっているから、(12)阿部領で代銀納を要求されるかぎりでは、備前米は摂津の地米直段より高いため当然何らかの間銀を負担せねばならなかったと思われる。しかしのちにみるように一橋領知になってから実施される皆銀納との比較からいえば、まだ負担は相対的に軽かったといえる。

天保三（一八三二）年に当時一橋領知になっていた川辺組・西組・中組から、阿部領時代の六分銀納石代は「備前米之相場を以御取立御座候ニ付、三歩一御直段とハ多分直段違ひ御座候」と申出たのは、(13)このような阿部氏支配の実情を指したものであろう。

二　摂津一橋領知の設定と石代

阿部氏の忍藩から白河藩への転封にさいして摂津四郡にあった二万石の所領は、文政六（一八二三）年に一旦すべて幕領に戻り、代官小堀主税の支配をうけた。しかし翌年二月に川辺・豊嶋・嶋下の三郡のうち一万四千石近くの村々が一橋領知となり、(14)さらに文政十年八月十日に嶋下郡倍賀・上穂積・中穂積・下穂積の各村が幕領から一橋領知となり、明治二（一八六九）年にいたる一橋の摂津領知が確定した。

その結果、一橋領知は、八ヵ国一〇万九千石に達した（第3表）。このうち摂泉播の三ヵ国は行政上一つの区画をなしている。摂津領知五四ヵ村は、嶋下・萱野・中・川辺・西の五組に編成され、各組は二〜三千石の石高をもつ一〇ヵ村前後の村から構成されていた（第4表）。

一橋領知の年貢納入形態は、村から領主への納入については、原則として皆銀納であり、米納や籾納は天保初年をのぞくと、若干の年次に「普請入用」などの名目で少量あるにすぎない。もちろん、個々の農民が村に納入する

第４表　摂津における一橋領知

郡名	組名	石高　石	村名
嶋下	嶋下	3,825.43363	小野原・道祖本・郡・五日市・畑田・倍賀・上穂積・中穂積・下穂積（穂積出作）
豊嶋	萱野	2,517.680	新稲・如意谷・西坊嶋・東坊嶋・白嶋・石丸・外院・今宮・西宿・芝・東稲・西稲・瀬川・萱野土居開
	中	2,598.6849	南神田・北神田・原田（角・南町・中倉・梨井）・箕輪・中川原・古江
川辺	川辺	3,179.195	加茂・栄根・寺畑・小花・小戸・出在家・瀧山・萩原・東多田・矢問・柳谷・若宮・満願寺・火打・栄根寺寺畑
	西	2,625.8987	安倉・安場・中山寺・山本・平井・丸橋・口谷 大野新田・小浜

註：森直繁氏所蔵文書・箕面市瀬川区有文書・『箕面市史　史料編四』、なお石高は天保４～７年の数値。

第３表　一橋領知（弘化３年）

国名	郡名	村数	石高　石
摂津	川辺	21	5,805.0937
	豊嶋	23	5,116.6219
	嶋下	10	3,825.43363
	小計	54	14,747.14923
和泉	大鳥・泉	54	18,550.67487
播磨	多可・印南・加東・加西・飾西・揖東	64	21,754.68733
備中	上房・小田 後月	64	(33,217.05445)
武蔵	埼玉・葛飾・高麗	41	13,041.5582
下総	葛飾・結城	13	4,385.6149
下野	芳賀・塩谷	8	6,156.2121
越後	岩船	10	7,274.5915
総計		320	109,127.54258

註：『豊中市史　史料編四』58頁以下より作成、（　）内は推定、数字は原文のまま。

ばあいには米納があり、それがどのように貨幣化されて領主に納められるかは、石代が農民経営に与える影響からみて重要であるが、別の機会に明らかにすることにして、ここでは、皆済目録上に示された形態をまず考察することにしよう。文政十年に一橋領知になった嶋下郡上穂積村の初年度の目録はつぎのようになっている(15)。

亥（文政十年）御年貢皆済目録
摂津国嶋下郡　上穂積村
高四百拾九石九斗三升九合
一、米弐百七拾七石八斗四升三合　本途
一、米八石三斗三升五合　口米
一、銀五拾八匁五分　糠藁代
一、銀壱匁七分六厘　口銀
一、米弐斗五升弐合　御伝馬宿入用
一、米八斗四升　六尺給米
一、銀六拾弐匁九分九厘　御蔵前入用
合米弐百八拾七石弐斗七升
　銀百弐拾三匁弐分五厘
右納次第
銀百弐拾三匁弐分五厘　銀納
米弐拾七石七斗八升四合　本途之内　拾分一大豆代銀納
代銀壱貫八百七拾五匁八分九厘　但壱石ニ付六拾七匁五分壱厘七毛
米九拾弐石六斗壱升四合　本途之内　三分一銀納
代銀六貫五拾七匁五分壱厘　但壱石ニ付六拾五匁四分六毛

米壱石九升弐合　　御伝馬宿六尺給米石代銀納
　代銀七拾壱匁四分弐厘　　但右同断
米百五拾七石四斗四升五合　　本途石代銀納
　代銀拾貫百七拾壱匁八分九厘　　但壱石ニ付六拾四匁六分六毛
米八石三斗三升五合　　口米石代銀納
　代銀五百八拾六匁八分三厘　　但壱石ニ付七拾目四分六毛
納合銀拾八貫八百八拾六匁七分九厘
右者去亥年分御物成米石代上納令皆済ニ付、小手形引替一紙目録相渡者也
　文政十一子年四月　木　徳太郎㊞

これによると、皆銀納の内訳は、幕領摂津石代を採用した十分一銀納と三分一銀納、三分一直段の五匁増である口米石代納、三分一直段と同値の御伝馬宿入用・六尺給米石代、さらに本稿の主題をなす本途石代納から成っている。ところが川辺郡寺畑村などでは、当初右のうち御伝馬宿入用と六尺給米を欠いており、それが皆済目録にあらわれるのは、弘化二（一八四五）年からあとのことである。なおこの村のばあいでも、口米石代や弘化二年から加えられる御伝馬宿入用・六尺給米の石代はさきにのべた上穂積村と同額である。

このような差異も次第に統一され、全体として皆銀納形態にまとめあげられていくが、そのさい最も注目されるのは、本途石代納にあてられる石代直段のことである。文政十年の上穂積村本途石代は、幕領三分一直段の八分安となっている。ところが、川辺郡寺畑村の同年のそれは三分一直段の二匁安である。したがって、同じ摂津の一橋領知であり、しかも三分一直段を基準としながらも、その何匁安かは村によって異っていたのである。これはあるいは阿部領時代の増直段のちがいを踏襲したものかもしれないが、それ以上に摂津三郡における米価を考慮し、嶋

下組・萱野組などの米価の高い酒造米地帯では引高を少くしていたのではないかと推察される[16]。

天保三（一八三二）年八月に、川辺・西・中の三組が定免明けにさいして記した史料によると、「組村々ニ応じ、三分一御直段之内、石ニ付弐匁四分、或者弐分弐分、又ハ三匁安ニ御取立御座候」とあり、これに対して各二分ずつ増銀を申出ている[17]。少し後になるが、一橋領知の摂州郡中惣代の提出した慶応二（一八六六）年正月の願書にも「当　御領知奉請御支配候後、三分一御直段ゟ村々不同も有之候得共、四匁ゟ弐匁者安石代ニ而取立ニ相成[18]」とのべている。このような三分一直段より安い石代は、第5表に示した嶋下組の上穂積村と川辺組の寺畑村の例でその一端を知ることができる。

しかしその後石代増徴の政策が強化され、次第に本途石代と三分一直段の差がなくなる。上穂積村では天保三年には両者は同額となり、翌四年からは本途石代は三分一直段の一匁増となっている。寺畑村ではちょうどこの時期は米納を中心としているため本途石代の記載はないが、天保六年には上穂積村と同じ石代になっている。嘉永六（一八五三）年の嶋下組・萱野組惣代の歎願書には、二匁安は「御領知御初年来巳年（天保四年）まで夫々御引方ニ相成」と記されている[19]。

このようにして天保四年ごろから摂津における本途石代は三分一直段の一匁増となり、阿部領時代はもちろん、一橋領知設定後数年の間にみられた安石代よりも高い額で固定し、幕末にいたるのである。

この増徴に対して農民はどのように対処したのであろうか。川辺組・西組・中組村々は、天保三年八月の年貢定免年季明けにさいして、領主から免率は従来どおりするが、年貢の納入形態については、六分方を米納にするか、三分一直段に増銀を加えて銀納するかと問われた。これに対して三組村々は産出米が良質でないため六分米の銀納を求め、そのばあいの石代については、従来の安石代より「二分出情」することを申出ている[20]。この歎願のなかで、嶋下組・萱野組はこれら三組とちがって「粟生米」とよばれる良質の酒米を産出し、売払直段も三組より一石につき二〇匁ほどの高額であるので、六分方石代に三分一直段を採用しても支障ないと申添えている。その結果であろうか、嶋下組に属する上穂積村の本途石代は天保三年から三分一直段と同額となっており（第5表）、川辺組に属する寺畑村はこの年から三ヵ年間米納にきりかえている。

定免・石代の年季明けの機会をねらって増徴を策するのが、全剰余労働の搾取をはかる領主の常であった。さきの天保三年の摂津領知の動きに続くかのように、翌四年二月には、泉州大鳥・泉両郡五四ヵ村領知のうち、定免年季明けとなる五〇ヵ村も石代をめぐって歎願している。これら領知の本途石代は当時泉州三分一直段の二匁安になっている。延享四（一七四七）年の領知設定後、石代は播州一橋領知米の大坂での十一月中払米平均直段に三匁の増方をつけたものであったが、寛政三（一七九一）年以後は三分一直段に増銀をつけた形になってきており、文政年間（一八一八～三〇）からは逆にその二匁安に軽減されている。(21) この間の事情について願書は「遠近国々大坂・堺払米直段増銀、且中興三分一直段ニ而上納候処、何分国違ニ而泉州米払相庭（場）等年々直段齟齬仕」り「去ル子」（文政十一年）(22)からは三分一直段の二匁安になったものの、それでも「下方ニ而売払米直段違多ニ付難渋ニ御座候」とのべている。そのため農民のなかには米納願もあったが、一応当年限りということで従来どおりの二匁安を申出ている。これに対し、領主は三分一直段に増銀をつけることを触渡しているが、結局は農民の要求がみとめられている。(23)

その後、嘉永六（一八五三）年二月三日に石代年季明けをむかえた嶋下組九ヵ村・萱野組一三ヵ村の惣代は、三分一直段の一匁増では「村方売払米直段と者夥敷増銀」になり、凶作の折から年々「直弁銀」が嵩み、他領村々では三分一直段より引方もあるのだから、一橋支配の「初年通三分一御直段弐匁安ニ而」当年より五ヵ年季上納を申出ており、同月六日と九日に再三同じ要求を繰返したが認められず、十一日には三分一直段による五ヵ年季石代に妥協するが、八月になって結局二ヵ年間は三分一直段一匁増という従来の線に落ちついている。(24)

第5表　摂津一橋領知の石代納（石当り）

	川　辺　郡　寺　畑　村			嶋下郡上穂積村		十分一大豆銀納
	A 本途石代納 匁	B 三分一銀納 匁	A－B 匁	C 本途石代納 匁	C－B 匁	匁
文政 6	65.796	67.796	－2	—	—	69.757
7	66.956	68.956	－2	—	—	58.369
8	90.155	92.155	－2	—	—	81.264
9	67.819	69.819	－2	—	—	66.715
10	63.006	65.406	－2	64.606	－0.8	67.517
11	86.045	88.445	－2.4	87.645	－0.8	69.387
12	76.501	78.901	－2.4	78.101	－0.8	65.247
天保 1	88.366	90.766	－2.4	89.966	－0.8	67.068
2	78.015	80.415	－2.4	79.615	－0.8	66.345
3	—	80.532	—	80.532	0	71.771
4	—	116.033	—	117.033	＋1	72.959
5	—	93.259	—	94.259	＋1	69.755
6	99.638	98.638	＋1	—	—	68.824
7	150.537	149.537	＋1	150.537	＋1	97.638
8	103.905	102.905	＋1	103.905	＋1	92.046
9	148.257	147.257	＋1	148.257	＋1	122.599
10	81.355	80.355	＋1	81.355	＋1	85.376
11	76.968	75.968	＋1	76.968	＋1	87.093
12	92.977	91.977	＋1	92.186	＋1	89.936
13	75.890	74.890	＋1	75.890	＋1	79.628
14	93.186	92.186	＋1	93.186	＋1	80.879
弘化 1	95.687	94.687	＋1	95.687	＋1	74.365
2	114.472	113.472	＋1	114.472	＋1	76.853
3	89.868	88.868	＋1	89.868	＋1	95.310
4	89.190	88.190	＋1	89.190	＋1	80.965
嘉永 1	99.058	98.058	＋1	99.058	＋1	87.895
2	110.808	109.808	＋1	110.808	＋1	94.649
3	152.742	151.742	＋1	152.742	＋1	113.424
4	98.516	97.516	＋1	98.516	＋1	79.989
5	107.541	106.541	＋1	107.541	＋1	105.018
6	115.5	114.5	＋1	115.5	＋1	120.032
安政 1	98.466	97.466	＋1	98.466	＋1	94.086
2	88.731	87.731	＋1	88.731	＋1	92.011
3	86.358	85.358	＋1	86.358	＋1	83.541
4	112.005	111.005	＋1	112.005	＋1	84.722
5	139.119	138.119	＋1	139.119	＋1	97.755
6	133.702	132.702	＋1	133.702	＋1	125.317
万延 1	200.535	199.535	＋1	200.535	＋1	233.540
文久 1	138.678	137.678	＋1	138.678	＋1	133.658
2	156.751	155.751	＋1	156.751	＋1	178.098
3	215.945	214.945	＋1	215.945	＋1	187.936
元治 1	350.393	349.393	＋1	350.393	＋1	354.896
慶応 1	479.536	478.536	＋1	479.536	＋1	420.570
2	1092.712	1091.712	＋1	1092.712	＋1	684.901
3	651.759	650.759	＋1	651.759	＋1	528.276
明治 1	7両3分 永196.4文	7両3分 永179.7文	永14.7文	7両3分 永196.4文	0	7両 永23.22文
2	永8貫441.4文	永8貫424.7文	永16.7文	永8貫441.4文	0	—

出典：川西市寺畑区有文書、沢田市郎氏所蔵文書、その他

このように、三分一直段を基軸にした増徴に対して農民は再三、その引下げを要求していたのである。

結びにかえて

以上明らかにしたように、摂津一橋領知の貢租は旧阿部領より一段と増徴され、三分一直段をもとにした皆銀納形態をとっていた。その主要部分をなす本途石代は、天保四（一八三三）年ごろ三分一直段の一匁増となり、以後幕末にいたるまで増徴の重要な槓杆となっていた。本稿はもっぱらこの本途石代形成の制度的な考察にとどまったが、ここに明らかにされたように、三分一直段は、幕領以外の所領にも広く適用され、さらには、村方の下作直段の基準にまでされて、年貢・小作料の銀納形態による増徴の不可欠の手段として機能しはじめていたのである[25]。

これに対して、小経営を維持し増徴を防ごうとする農民は、幕末、とくに開港以後の経済変動・物価騰貴のなかでどのような要求をかかげることになるのであろうか。この点を明らかにするためには、摂津領知の具体的な経済分析、農民販売米価と本途石代との差（間銀）などの解明が必要であろう。本稿は嘉永六（一八五三）年で一応しめくくったが、これ以後、幕領では高騰した三分一直段にたいして前一〇ヵ年平均などの要求があらわれ、ある程度実現するにいたるが[26]、この時期に皆銀納形態の農民は直接的により大きな負担をかぶることになる。したがって万延期以後一橋領知は本途石代の平均化をめぐって幕領以上の要求を展開していくことになる。本稿はかかる問題を解くための基礎作業である。

註

（1）小葉田淳監修『堺市史　続編　第二巻』（堺市役所、一九七一年）第三編第五章第一節の一。なお堤緋沙子「泉州

一橋領における石代納—泉州泉郡長井村を中心にして—」(『近世史研究』四一号、一九六六年)、森杉夫「天明期の百姓一揆—泉州一橋領知の場合—」(『社会科学論集』創刊号、一九七〇年、のち『近世徴租法と農民生活』、柏書房、一九九三年、所収)を参照。

(2) 高柳光寿・岡山泰四・斎木一馬編集顧問『新訂寛政重修諸家譜　第一〇』(続群書類従完成会、一九六五年)、三六五〜六頁。

(3) 伊丹市史編纂専門委員会編『伊丹市史　第二巻』(伊丹市、一九六八年)五七〜八頁。

(4) 宝塚市、乾武次郎氏所蔵文書。

(5) 箕面市史編集委員会編『箕面市史　史料編四』(箕面市、一九七〇年)第一六一号文書、二六〇頁〜。

(6) 尼崎市、貴志光男氏所蔵文書。

(7) 尼崎市、貴志光男氏所蔵文書。

(8) 箕面市瀬川区有文書。調査にさいしては箕面市史島田竜雄氏に格別のお世話になった。

(9) 尼崎市、貴志光男氏所蔵文書。

(10) 茨木市、岡村勇作氏所蔵文書。

(11) 須々木庄平『堂島米市場史』附録「米価表」(日本評論社、一九四〇年)、「古今八木相場帳」「八木相場帳追考」(島本得一編『堂島米会所文献集—世界最古の証券市場文献—』、所書店、一九七〇年)。

(12) 森杉夫「間銀をめぐる農民の動向」(『ヒストリア』二六号、一九六〇年、のち前掲註(1)『近世徴租法と農民生活』、所収)。

(13) 豊中市史編纂委員会編『豊中市史　史料編三』(豊中市、一九五九年)二八二頁。

(14) 茨木市、森直繁氏所蔵文書。なお川辺郡寺畑村は文政六年から一橋領知となった形跡があり、この年から皆銀納形態をとっている。

(15) 茨木市、沢田市郎氏所蔵文書。

(16) 嶋下・萱野組が酒米地帯であったことについては、さしあたり前掲註(3)伊丹市史編纂専門委員会編『伊丹市史第二巻』二〇五～九、三五三～七頁参照。

(17) 前掲註(13)豊中市史編纂委員会編『豊中市史　史料編三』二八二～三頁。

(18) 箕面市瀬川区有文書。

(19) 前掲註(13)豊中市史編纂委員会編『豊中市史　史料編三』二八二～三頁。

(20) 箕面市瀬川区有文書。

(21) 前掲註(1)小葉田淳監修『堺市史　続編　第二巻』九〇六～九〇八頁および表一〇五。

(22) 奥田家文書研究会編『奥田家文書　第五巻』(大阪府立図書館、一九六九年)四二九号文書。なお「去ル子」年は、文政十一年のことであるが、泉州大鳥郡大鳥村で考察したかぎりでは、三分一直段の二匁安は少くとも文政八年から確認しうる(前掲註(1)小葉田淳監修『堺市史　続編　第二巻』九一〇頁の表一〇五)。

(23) その後、泉州二郡の定免場二九ヵ村が天保八年二月に五ヵ年の定免と石代の年季明けにさいして、当年および翌年の二ヵ年分について三分一直段による皆銀納を歎願している(前掲註(22)奥田家文書研究会編『奥田家文書　第五巻』四三六号)。しかしこれは事実にあわず、三分一直段「之二匁安ニ而」が脱けているのではないかと思われる。

(24) 茨木市、森直繁氏所蔵文書。

(25) 竹安繁治『近世小作料の構造　近世土地制度の研究第二部』(御茶の水書房、一九六八年)七六～八五頁や岸和田藩四分一直段と下作直段の関連を示した、中村哲『近世先進地域の農業構造—和泉国南郡春木村の場合—』(京都大学人文科学研究所、一九六五年)九三～九四頁など。

(26) 拙稿「幕末期畿内における石代納」(小葉田淳教授退官記念事業会編『小葉田淳教授退官記念　国史論集』、小葉田淳教授退官記念事業会、一九七〇年、本書第Ⅰ部第三論文)。

泉州清水領における社倉制度

はじめに

泉州北部農村は、幕藩体制のもとでは最先進地帯であり、そのため多くの研究者によって分析の対象とされてきた。近世初頭については、朝尾直弘・佐々木潤之介・森杉夫氏らの業績があり[1]、解体期については、津田秀夫・中村哲・福島雅蔵・安良城盛昭らの諸氏による成果が報告されている[2]。

本稿では、これらのすぐれた研究にささえられながら、泉州大鳥郡を中心に、寛政期から幕末にかけて、御三卿の一つであった清水家の社倉政策をとりあげることにする。とくに社倉の設置とその管理運営が、どのように農民経営に作用していたか、また領主にとって社倉の設置はいかなる意味をもっていたかを明らかにしたいと思う。史料的にはこの問題に限っていえば必ずしも一貫したものが残っていないので、やや煩雑にわたるが、可能なかぎり実証的に点綴させながら述べていくことにする。

泉州北部農村は、中村哲氏の力作『明治維新の基礎構造』に詳細に分析されているが、それによると幕末期での農民層分解はきわめて大きく、最も進んだところでは農民層は寄生地主―地主＝富農（自作＝富農）―自小作＝富農（小作＝富農）―小作＝中農―小作＝貧農―賃労働者という構成を生み出し、寄生地主的関係と資本・賃労働関係が密接に関連しつつ存在していたといわれる[3]。このような地域で、領主による社倉制度がどのように展開し、ど

第１表　地方別人口の変化（人）

年　　代	和　　泉	河　　内	摂　　津	盤城・岩代 陸前・陸中 陸奥	長　　門	土　　佐
享 保 6	218, 405	243, 820	809, 242	1, 962, 839	212, 124	351, 547
寛 延 3	207, 952	231, 266	803, 595	1, 836, 134	226, 934	368, 192
宝 暦 6	226, 480	206, 568	841, 981	1, 806, 192	233, 307	372, 766
天 明 6	190, 762	205, 585	801, 220	1, 563, 719	241, 037	392, 597
寛 政10	199, 083	218, 102	806, 578	1, 589, 108	245, 020	399, 702
文 化 1	202, 283	214, 945	789, 857	1, 602, 948	247, 012	409, 413
文 政 5	205, 545	244, 816	790, 635	1, 650, 629	250, 063	445, 478
文 政11	208, 884	223, 747	812, 090	1, 680, 102	257, 607	445, 473
天 保 5	207, 211	224, 822	796, 439	1, 690, 509	259, 171	455, 306
弘 化 3	197, 656	224, 055	763, 729	1, 607, 881	261, 100	461, 031
明 治 5	209, 174	237, 678	729, 443	2, 294, 915	330, 502	524, 511

出典：関山直太郎『近世日本の人口構造』（吉川弘文館、1958年）

のような役割を果していくのだろうか。(4)

一　泉州清水領の寛政改革

幕藩体制下における畿内も、十八世紀後半期の天明の不作・凶作をはじめとする自然的な災害が、領主政策の貧困と農民層の新しい分解をはらんである程度大きい意味をもっていた。もちろん東北諸藩ほどの激しい変化をこの時期に認めることはむずかしいが、十八世紀初頭以来成長してきた農業生産力が、この時に一旦阻止されたようである。このことは、一般的には、明和～天明（一七六四～八九）から寛政期（一七八九～一八〇一）にいたる荒地・下免地の開発や何よりも手余地の問題に集中的にあらわれている。(5)生活状態を反映する一つの指標というべき人口の動態をみても、その点は首肯できよう。

いま全国的な特徴をみると、第1表にうかがえるように天明期（一七八一～八九）の人口減少は東北地方において最も著しく、長門・土佐などの西南日本にはほとんどその影響をとどめないが先進地帯というべき畿内の摂河泉三ヵ国では人口の一定度の減少もしくは停滞を示している。和泉をとってみても、それぞれの地域の自然条件とそこに展開する産業構造の相違によって人口の変化も一律にみることはできない。しかし幕末期にはげしい農民層の分解があり、寄生地主の確立と一定の資本・賃労働関係の成立と、それにともなう諸営業の展開をみた村落は、封建制の解体と小商品生産のひろがりを重視する点からいえば好個の例といえるだろう。いま比較的人口の変遷がわかり、本稿の主題の村落ともなる大鳥郡赤畑村の例を示すと、第2表のようになる。

赤畑村は、明和～安永期（一七六四～八一）に人口の減少もしくは停滞傾向を示し、その後一時回復に向うが、天明～寛政期（一七八一～一八〇一）に再度低下傾向をみている。十九世紀に入ってからは、泉州でも例外的とい

第2表　赤畑村の戸数と人口

年　代	戸数	高持	無高	寺	人　口
延享 1	54	24	30		—
寛延 1	竈 62			外ニ 4	231
宝暦 3	55				308
明和 1	62				246
2	60				243
3	63				246
4	63				244
5	64				245
6	62				243
7	65				248
8	63				249
安永 1	63				243
2	64				245
3	64				248
4	67				259
5	65				246
6	60				235
7	62				244
8	65				299
9	63				297
天明 4	71				325
寛政 4	62	28	30	4	277
7	60				281
8	62				286
文化10	68				345
文政 7	65	29	36	外ニ 4	344　外ニ僧 8
9	72	29	45		377
天保 8	84				422
15	83				376
弘化 2	82				367
3	83				372
4	83				378
5	84				397
嘉永 2	84				403
3	85				405
4	84				408
5	82				404
6	81				410
7	82				422
安政 2	85				419
万延 1	92				443

出典：高林誠一氏所蔵文書

えるほど急速な人口増をもたらしている。先の泉州全体の傾向とはくいちがっており、赤畑村に近い例として、その付近の大鳥村・上石津村・下石津村・宇多大津村をあげることができる。これらは、幕末期に木綿織や晒業マニュファクチュアを生み出し、それにともなって綿業関係の企業や小商人などの諸営業が展開した地域である。もちろんこの人口増は、戸数の階層別区分が示すように、無高層の増加によって生じたもので、封建村落をささえた本百姓体制が解体するなかでの新しい生産関係の発生にともなう現象であった。このような全体的な特徴を知っておいて、十八世紀後半の問題に入ろう。

十八世紀後半の人口減少は、単なる一般的な自然災害によるものだけではないことはいうまでもない。しかし泉州北部においても現実の問題として天明期（一七八一〜八九）に飢人対策が必要であったことは注意しなければならないだろう。大鳥郡豊田村では、天明三（一七八三）年家数四二軒、九二人の飢人の救済があり(6)、同五年旗本小出領の陶器組一〇ヵ村でも二三二軒、五四二人の飢人を数えている(7)。これらはいずれも地理的には河泉丘陵に沿った地帯であるが、丘陵を東に越えた河内丹南郡西村でも、天明三年および同七年に干糟一〇駄の代銀を困窮人へ無利足で貸付けたり、同七年には極難渋人一二四人に拝借銀三二六匁七分四厘を支給したりしている(8)。

当然このような事情は、貢租の低減を生み出した。いま赤畑村の貢租の変遷をみよう(9)。赤畑村の場合は、元禄期（一六八八〜一七〇四）に取米高が一五九石余になり最高値を示しているが、その後宝暦期（一七五一〜六四）に一四〇石代に回復したものの、明和〜天明期が底辺をなして一〇〇石を下廻る年も少くない。大鳥村についても途中で入組支配に変るため全体を通覧することはできないが、天明前後の取劣りは指摘できる(10)。

このような農村の窮乏に対して、畿内でも当然領主の具体的な対策が必要であった。いま泉州北部に所領を持っていた田安・清水といった御三卿の寛政期の政策について触れておこう。

田安領では、幕政における寛政改革と揆を一にして、寛政三（一七九一）年村目附制を実施し、泉州での田安領三三ヵ村を、深井中村の外山安右衛門廻村方一四ヵ村、草部村大塚吉右衛門廻村方一〇ヵ村、八田寺村楠栄助廻村方九ヵ村に区分した(11)。外山・大塚・楠は村目附であるが、それぞれこの地方の有力地主層であった。この政策は、幕領での惣代制の実施に照応したもので、新興寄生地主層を権力の末端に吸収して在地支配を徹底させようとしたものであった。

泉州の清水領は宝暦十三（一七六三）年に設定され、二五ヵ村がその領知となっていた。そこでの寛政改革はもう少し詳しくわかる。寛政五年三月巡見使が泉州へ来るとともに、(1)新規組合村の組織と取締役の任命、(2)御下穀と備窮倉の設置、(3)周急銀制度の実施、(4)増稼の奨励、(5)村方小入用減方などの施策が展開した。それぞれ寛政期の一般的な政策とよく類似したものであり、(1)は田安領の村目附制・幕領の惣代制にあたるものであり、(2)と(3)は寛政期の特徴ともいえる備荒救済政策である。(4)は農民の窮乏と脱農化を防ぐための余業奨励であり、(5)はこの時期以後しばしば村方騒動の争点となる村小入用問題への政策が出はじめていることを示している。

増稼《ましかせぎ》についていえば、大鳥郡五ヵ村（赤畑組と思われる）で、村民のうちから、僧・六十歳以上の男女・十四歳以下の男女・十二歳以下の女・他領からの入人を除いた一七一九人に、十一月十五日から翌年三月十五日までの一二〇日間「増稼」をさせるわけである。この地域では男は「作間ニハ縄草鞋又ハ木綿糸卒」、女は「都而糸取仕候而木綿反物ニ織立又ハかせニ而も売払(12)」という余業があった。しかし領主は綿業を中心に展開し始めていた諸営業を、たとえば専売制に代表されるような形で領主的に把握する動きを全く示しえず、どちらかというとさして問題にもならない縄を「増稼」として奨励するという方針をとっている。赤畑村の例では、寛政五年十二月から翌年三月までに、五七軒が従事して縄三一五把を増稼した。その代銀はわずか四一匁一分五厘で、高持百姓にはその小入用の支払にあて無高百姓には直ちに全額を割戻した。寛政六年暮から七年三月にかけては、銀二三七匁六分を増稼し、うち一〇四匁四分を積銀し、一三三匁二分は無高百姓に割戻した。

縄の増稼の利益は、農民にとってはあまり大したものではなく、むしろ綿業関係の余業に従事する時間とそれから生じる利益を奪うものであったといえる。それゆえ、増稼のねらいは「只出精いたし候様ニと申儀ニハ者無之、畢竟農隙之節寄合、無益之雑談又者世上之噂咄抔ニ空敷日を暮し候得者、終ニ相互申分も生し、其所より本業之妨ニも相成事故……男子女子共拾歳頃ゟ空敷遊ひ不致様、相応之手仕事為致」ることにあった。きわめて倫理的なにおいがするし、領主が封建的な道徳によって、増稼を強制しているように思われる。しかし単なる道徳の説教ではなく、寛政四年に小作貧農が耕作を放棄して小商いに従事することを禁止し、「村中ニ住居仕候者者仮令水呑店借り為独身共、壱人前ニ田畑之内地面弐反歩より作可仕候事、無作之者者勿論、弐反歩ゟ内作之者無之様可仕候事、尤商ひニ無拠者者弐反歩ゟ余計ニも作いたし、其作間ニ商ひいたし候儀者格別、何れもニ村中ニ住居いたし候者、為独身共弐反歩ゟ内作之者者壱人も無之様、組頭ゟ銘々組下之分吟味相糺可申事」と命じた清水家の支配方針と符合したものと考えた方がよかろう。この増稼除銀は積立てられて後にふれる周急銀となり、その利足が村囲米の基金の一部となった。一方では堺廻り三ヵ村に集中的にみられた手余地の増加、脱農民化の進展が、領主対策を生み出すが、清水家の場合は、わずかに増稼にとどまったが、寛政八年泉州の清水領が幕領に入るとともに継承される。

寛政改革の一般的な特徴といえる備荒対策の意義は大きく、寛政五年四月に備窮倉と周急銀制度が発表された(13)。寛政五年、まず下げ穀として籾一八石五斗五升が与えられ、これを手はじめに寛政八年正月には大鳥郡五ヵ村組合で寛政五・六年分の米一六石四斗三升八合、籾九九石七斗一升九合（籾のうち四三石一斗下げ穀）が備窮倉に納められていた。この備窮倉が何ヵ所で、どこにあったかは定かではない。あるいは特別には建てなかったのかもしれない。寛政五年九月に上石津・下石津村の村役人が「私共組合江御下穀并積穀共取締役両人ニ預ニ付、万一右村出火等有之候節ハ勿論、近村ニ而も風並悪鋪候節ハ、赤畑村江ハ上石津村、大鳥村へハ下石津村最寄之義ニ付防差出し」

との請書を提出しており、これをうけて赤畑村、大鳥村の村役人・取締役も請印形を差出しているので、この二ヵ村に五ヵ村組合の備窮倉がおかれていたと推測できる。この倉は、やがて社倉として充実する。郡中周急銀は、備窮倉の現米に対して積立てられた増稼銀を年一割の利息で村々に貸付けた分や年貢掛入用減銀などが基金となったもので、寛政八年には、大鳥郡五ヵ村（上石津村・下石津村・赤畑村・大鳥村・夕雲開）組合の御下げ銀二貫一九八匁と村積銀利息など二六貫六六一匁四分一厘四毛から構成されていた。後者の内訳は、一九貫六〇〇目の別積銀と二貫一八四匁六分弱の増稼除銀掛改減銀やその他各年の利息などであった。小前増稼除銀や掛入用減銀・積銀によって周急銀も増加し、とくに個人では赤畑村清左衛門、上石津村次右衛門・八郎右衛門・三郎兵衛、下石津村太兵衛・仙蔵の六人は格別の積銀をしていた。

寛政の上知によって備窮倉や周急銀も改めて継承される。寛政五年の趣法によって追々備窮倉を建てることになっていて、家々の貧富に応じて穀類を積立ててきたが、同七年冬に上知されたため、御下げ穀と積穀の分を従来赤畑村の清左衛門と大鳥村の十郎兵衛に預けていたのを改め、五ヵ村ごとに個別にその積穀数に応じて備窮倉詰の米・籾を預かることとなった。その後寛政十年から文政四（一八二一）年にかけて周急銀利息による夫食用の村囲米が行われた。文政七年の不作に際して旧清水領の泉州二七ヵ村の小堀主税代官所村々では周急銀による村囲米八三八石余の貸下げを願っている。周急銀についても同様で二八貫八百匁余の銀高を五ヵ村に割分けて預けることにきめられた。

備荒対策は、寛政改革時にはそれなりの意味を有していた。しかし十九世紀に入ると一段と農民層の分解がすすみ、すでに赤畑村の人口変遷でみたように、急速な人口増を示していった。その増加は、一般的な増加ではなく、十八世紀では生存を許されなかった貧民層がともかく生きられるだけの背景が生まれてきたことを物語っている。小作貧農や完全に脱農化した無作プロレタリアート層などの存在は、単なる不作や飢饉に対する備荒救済ではなく、新たな小ブルジョア経済の発展にともなう新しい貧困、救恤人口の増大を示していたのである。

二　十九世紀前半期の社倉

幕領のもとでの囲米には、清水領の時代に設けられた周急銀の利息が重要な役割を果していた。寛政十一（一七九九）年には、旧清水領の泉州大鳥・泉両郡の周急銀は一七貫一四三匁九分七厘八毛で、同十年分の利銀一貫九七六匁九分九厘二毛が囲米買上げ分に充てられた。このとき赤畑村では銀六八匁六分三厘で米一・〇七四八石を買うことになっていたから、石当り六五匁五分の米価である。それゆえ寛政十一年の囲米買上高は三一石七斗弱にあたる。

文化三（一八〇六）年の例をみても泉州では、同年の利息二貫二六〇目八分七厘八毛で米三五・四九二六石（石当り六三匁七分）を買上げることにしている。寛政十年から文化二年までの八年間にこのような利息による囲米は実に二六八・〇七八八石に達していた。同じ期間に赤畑村では米九・三〇五六石を囲米し、新規に一・二三二石を利息で買上げることとなった。文化四年までの村貯穀は一〇・二一八石となっている。

文化六年には、前年の利息二貫二六〇目八分七厘八毛で、三九・六六四五三石（その後米価の変動があったのか二九・八二六九石という数値もある）の囲米を買うことにしているが、同年五月現在で午年から卯（文化四年か）まで二二年間での囲米高は七六二・三九三七石に達した。赤畑村の例ではこの間の囲米高は米二六・四六四二七石と示されている。しかしこの数値は現実の有米量ではなく、四月現在赤畑村では囲籾数は二五俵、在升九・三一四石であった。利息銀は当時上石津村から関係各村に渡されて米を購入していたようである。

このような利息銀による囲米は、本来備荒用のものであったが、同時に領主からみれば江戸における必要米量を確保するための安全弁的な性格をもっていた。たとえば文化六年八月には大鳥郡九ヵ村の囲籾が江戸廻米にむけられ、摺立米一八二・八七五石が「御囲残籾米ニ摺立江戸御廻米申付」けられ、堺浦まで集荷させられた。

周急銀一七貫一四四匁ほどの元銀による利息で年々囲米がおこなわれていたが、もともとこの元銀も農民の積立てたものであり、清水領時代の方針が幕領になっても継承されていたものである。これに対して文化六年四月、泉州および和州の旧清水領農民らが相語らい、周急銀積止め、元銀御下げの願書を代官あてに提出した。元銀の管理運営が幕領代官の手ににぎられ、その枠内で何よりも領主的な要請でおこなわれる囲米政策に対し、農民は元銀の払戻し、ひいては周急銀制度の廃止を求めたものと考えられる。

文化十年六月、勘定奉行肥田豊後守の上方廻村のときに提出した文書によると、赤畑村には、当時備荒対策としては、夫食貯穀米九・七八五石、周急銀積穀米が一七・四九八七石（寛政十年～文化九年分）あったことになっている。もっとも実態は少し違うようで、村貯穀米九・七石余と麦一九・五七石で、清左衛門・安左衛門・善右衛門など有力農民六人が出し、周急銀御囲石米も清左衛門が籾三五石を出している。

第3表　清水領知石高（文政7年）

国	郡	村	石　高石
和　泉	3　郡	33ヵ村	14,019.51825
大　和	式上郡	14ヵ村	5,733.5537
	式下郡	8ヵ村	4,248.529
	十市郡	5ヵ村	4,668.246
	山辺郡	18ヵ村	10,359.6957
播　磨	2　郡	55ヵ村	18,120.8698
合　計			57,150.41245

出典：高林誠一氏所蔵文書
「文政7年御触書并御回状写帳」

文政七（一八二四）年正月に、清水斉明が前髪をとり元服すると、[14]寛政七年に収公された清水領が復活した。上方では和泉・大和・播磨の三ヵ国総高五万七一五〇石余で（第3表）、泉州でも寛政期の二五ヵ村が、新たに南郡の摩湯村ほか五ヵ村、泉郡肥子出作・大津出作などを加えて三三ヵ村となった。清水領は上方のほかに関東・甲州にも及び、都合一〇万石余となっている。[15]

清水領知の復活にともなって、従来の周急銀にかわる新しい救荒対策がたてられた。新規社倉穀積増・別段用水溜池浚積銀などである。社倉穀の最初は、文政九年のことと思われる。史料をかかげよう。(16)

覚

泉州大鳥郡上石津村外八ヶ村
同州泉郡宇多大津村外六ヶ村
同州南郡摩湯村外五ヶ村

一土蔵　但梁間三間 桁行六間　壱ヶ所
一土蔵　但梁間弐間半 桁行六間半　壱ヶ所

右者上石津村彌太郎抱屋敷内ニ有之社倉江貯穀其外已来年々相囲候積前書社倉見廻役彌太郎江被　仰付帯剣御免ニ相成、尤貯穀詰戻其外仕法附之儀者追而可沙汰候条、可得其意候、此廻状村名下江令印形早々順達留村ゟ可相送もの也

（文政九年）
十一月四日　　川口
　　　　　　　御役所

これによると、文政九年十一月に大鳥郡上石津村の彌太郎屋敷内の二つの土蔵が、泉州三郡二二ヵ村の社倉にあてられ、彌太郎が社倉見廻役を命ぜられ、帯剣を許されている。これに先立って三月に赤畑村では、梁間二間・桁行二間半および梁間二間・桁行三間の二つの郷蔵を書上げて領主に報告しているから、領主は社倉に適した土蔵を調査し、その内から上石津村組二二ヵ村用として大きな上石津村彌太郎個人の蔵を選んだのであろう。

このように、それまで各村で囲っていたと思われる籾が、上石津村に一手に集合されており、右から提定すると大鳥郡には二ヵ所社倉があったことになり、その後社倉を広く村ごとに設置していこうという意図はうかがえる。

安政二（一八五五）年、清水領が再度上知されて大坂鈴木町代官所付けになったときの「御用留」によると、赤

畑村高林組一一ヵ村の社倉はつぎのように記されている。

高林清左衛門
高林久馬之助組合村々之分

大鳥郡

赤畑村
夕雲開
大鳥村
下石津村

四ヶ村ニ而
社倉壱ヶ所赤畑村
高林清左衛門屋敷地ニ建有之

泉　郡

宇多大津村
社倉籾郷蔵囲

南　郡

摩　湯　村
三　田　村
包　近　村
中　　　村
稲　葉　村
積　川　村

社倉一ヶ所
社倉一ヶ所

〆十一ヶ村

右十一ヶ村組ニ而籾囲蔵四ヶ所有之

これによると高林組一一ヵ村では籾囲蔵が四ヵ所あったことがわかる。当時泉州清水領には五人の取締役がいたが、右に示した高林父子のほか、坪井村の沢三右衛門、市場村井上兆右衛門・上石津村深江尉之介の各組（村数二二ヵ村）にも同様の社倉がいくつか存在していたと思われる。上知後の安政三年五月に、大坂屋貞次郎は「清水上知村々社倉籾囲蔵都合七ヶ所」について梁間・桁行・高間数および諸石数の調査を命じているので、三三ヵ村で七ヵ所の囲蔵があったのであろう。安政三年社倉に入っていた御買入穀・村積穀などは籾高で表わすと、赤畑村社倉は一八二・〇四五石、宇多大津村郷蔵三三・八五五石、稲葉村社倉一二一・四二一四石であった。

安政五年七月の赤畑村「村方模様書上帳」によると、郷倉二ヵ所のほかに、

　社　倉　　壱ヶ所

　但清水御領知中ゟ庄屋高林久馬之助屋敷地ニ建有之候御囲籾蔵ニ而、組合赤畑村夕雲開下石津村大鳥村宇多大津村〆五ヶ村、夫食貯穀并新規人別囲籾等年々積立有之、御上知後も引続毎年一手ニ囲来り申候、尤高林清左衛門高林久馬之助両人とも社倉見廻り役相勤候事ニ御座候

とある。安政二年上知後も社倉は引きつがれていたわけだが、安政五年では赤畑村高林家屋敷内の社倉は、五ヵ村用で、安政二年と比べると、宇多大津村分がふくまれていることがわかる。同じく安政五年六月の上石津村「村方模様書上帳」[17]には、郷蔵一ヵ所（「但戸前弐ケ所ニ而市方北方年々御年貢米積入申候」とある）のほかに、

一社　倉

　但清水御領知中ゟ庄屋深江英二郎屋敷地ニ建有之候御囲籾蔵ニ而、組合上石津村野代村新村市場村高石北村高石南村助松村蓮正寺分大津出作肥手出作一条院村〆拾壱ヶ村、夫食貯穀并新規人別囲年賦返納籾并御買入囲籾等年々積立有之、御上知後も引続而毎年一手ニ囲来申候、尤清水御領知中者深江尉之介、市場村長左衛門両人社倉見廻り役御勤候事ニ御座候

とあり、上石津村の深江家に一一ヵ村用の社倉があったことがわかる。

このうち、上石津村のは、文政九年に指定された分である。赤畑村のは、天保十五（一八四四）年に下石津村大工彌助が銀五七六匁で請負って、高林家の屋敷内に新築したもので、梁間二間半・桁行八間、屋根瓦葺の土蔵で、内部は一寸板で作った穀櫃一五櫃がとりつけてあった。安政五年ではこの社倉は組合五ヵ村用となっているが、のちに宇多大津村の郷倉が再度社倉に指定されるとこの分は除かれ、四ヵ村組合となった。

社倉の管理は、社倉見廻役によって行われた。たとえば高林家の例では、清左衛門（天保六年持高一一八・五九〇五石）は、文政十三年十二月「社倉見廻役目同様相心得、腰懸まで帯剣御免」、天保二年九月、社倉見廻役・帯剣御免、同じく取締役となっている。その子の勝三郎（のち久馬之介と改名、天保六年持高九四・四三九石）は天保六年八月家督相続をして庄屋となり、同八年二月社倉見廻役取締役手伝、袴勤となった。

天保四年十一月の清水領分の村方支配をみると、坪井村の沢久太夫・赤畑村清左衛門は「上石津村十次郎方当分取締役申付、尤社倉方者深江彌太郎組」、上石津村深江次郎右衛門・坪井村沢久太夫・赤畑村清左衛門は「村々取締役・社倉見廻役組合替改而申付」、赤畑村清左衛門は「其村々取締役社倉見廻役申付」となっている。最初の上石津村十次郎方云々というのは、同村に起きた村方騒動との関係で、久太夫と清左衛門が当分取締役となったことで、社倉見廻役としては、この二人のほか深江彌太郎・同次郎右衛門がいたことになる。

その後幕末に近づくにつれて、社倉の利用は激しくなり、同時に返納穀の延滞や新規積穀の延期が生じてくる。そのなかで清水領内の数ヵ所にしかなかった社倉に対して、村別の設置を求める動きが生じた。文久三（一八六三）年のつぎの願書は、その動きを示している。

乍恐御伺奉申上候

泉州南郡摩湯村
外五ヶ村

大鳥郡赤畑村
外五ヶ村
泉郡福瀬村
外三ヶ村

社倉之儀清水御領中最寄遠辺ニ不抱、社倉見廻り取締役与申、重庄屋之方ニ社倉建置組合村々囲穀者一ト体ニ穀櫃江積入候仕法ニ罷在候処、積込之節者御出役御改を請候ニ付、組合村々道法を遠近ニ□一時ニ持運ひ候事故多人数相掛り、夫是相混し中ニ者生々籾穢連籾等も相交り候をも積入候哉、詰替之節受痛強く多分欠減相立百姓共弁籾候仕儀ニ而、村々一体ニ積入囲置候儀外見ニ者為方宜敷様ニ御座候得共、内実者不為之儀与村々一同差心得居候故、清水御領中ニも少し年柄不宜候得者違作申立拝借返納籾年延相願候儀与相聞江、全躰難有御赦介筋空敷差心得候段、何共奉恐入候、然ル処村別囲ニ相成候ハヽ、村々重百姓之内所持蔵差出し申度与申寄特人も有之由ニ付、其村方江は割当り候石数之分返納方村限りニ囲蔵江詰置候様仕度、左候ハヽ欠減者不及申不願万一火盗之難等迄其村限りニ為引請候得者大切ニ相囲候儀者勿論積入、精々籾撰方自ラ行届不受痛内詰替相願、持運ひ之人足等も不相費村為筋ニも可相成儀ニ付、壱ヶ年ニ壱ヶ度ツヽ御見分御出役御改を請候様仕、其上隣村組合村々申合、相互ニ取調致合難有御仕方不取崩様取締申度、依之村々寄持人取調、所持之蔵差出候ものハ其村ゟ願出候様仕度奉存候間、乍恐御賢慮御伺奉申上候、何卒御沙汰之程奉願上、右御聞済被成下候ハヽ、難有奉存候、以上

文久三亥年
右村々惣代
三月十九日
赤畑村庄屋
高林楠之介

摩湯村庄屋
与治兵衛
福瀬村庄屋
北川藤太郎

鈴木町
御役所

このように、いままで重立った庄屋方に社倉がおかれ、何ヵ村かが共同でこの倉を利用していたが、文久前後からは違作続きで籾の返納も遅延しがちになったため、社倉を村別囲にし村々の重百姓のうち奇特人の土蔵を使うようにしてほしいというのである。ちょうどこの年にも幕領摂泉州郡々村々では、不作と臨時入用による負担増を理由に、年貢の延納を求め「近年見込違之事而已ニ而百姓手元格外相痛み」、籾納の御免を願っている。「近年違作打続、其上諸色高直ニ付、小前一同相痛罷在候処、度々臨時入用等も相掛り、当年者肥手等も格外ニ高価ニ相成、作方相続六ヶ敷」ありさまであった。不作時には一般的に銀納率が高くなっており、社倉穀が夫食飯米用に供出されて救恤にあてられた。したがって年貢すら完納がむつかしいのに、借りた籾の返納はいっそう困難であった。同時に社倉に対する需要は農民経営の破綻と小作貧農層のつきあげによってふえるいっぽうであった。

天保四年の凶作では、清水領泉州大鳥・南・泉の各郡で「猶又銀操手当無御座、御年貢之儀ハ如何様ニ仕候而成共上納可仕と奉存候得共……小作ニ宛付候もの共ハ今ニ至、小作年貢皆不納之もの多分御座候間、当時上納之米銀不残地主手元ゟ上納仕候仕合」となり、地主層は小作貧農の不納に悩まされていた。幕領でも万延二（一八六一）年の鈴木町代官所の触は、小作層の動きが先鋭化してきていることを示している。すなわち、

去申年中（万延元）人気不穏趣風聞相聞候場所も有之候処、一躰右様之次第相聞候節者時を不移、頭取差続之

もの共召捕可及吟味処、違作之年柄……令宥免……以後何事ニよらす大勢申合宮寺又者明地等江集り候儀相聞ニおゐてハ、追而相知候共無用捨召捕（万延二年一月七日）

あるいは、

万々一（小作人共）大勢申合無躰ニ小作米引方等地主江申掛候得者、則徒党ニひとしく御法度を背候次第ニ相成、且又平年地主之恩義を忘れ候事ニ至リ候条、地主ゟ申聞候趣ヲ以、御年貢米銀無遅滞可相納候（万延二年十月九日）

などと小作貧農に対する取締りを強化していた。事実泉州でも村方騒動は頻発していた(18)。

このような事態では、社倉の改革が必至であり、地主富農をはじめとする高持層の願意はこのとき認められた。赤畑村の四ヵ村立会（赤畑村・大鳥村・夕雲開・下石津村）の社倉籾詰蔵も、文久三（一八六三）年以後一村囲が認められて以後不用となった。天保十五年に新築されたこの蔵は、その後明治二（一八六九）年五月には金四二両一分三朱、代銀にして七貫目で高林家が買うことになり、その銀高が関係村落の間で分配された。

三　社倉の運営と農村の動き

このようにして出来た社倉の運営は、簡単に示すと、つぎのようになる。

社倉穀之儀者組々ニ而一手ニ囲置有之、外組ニ而も人別多分之村方、其組之囲籾ニ而是迄違作之年柄ニ者其国之他組之村方江も配分仕、年賦詰戻被仰付候儀ニ度々御座候……猶又極窮之者ニ者社倉御借付銀拝借其外御救拝借も御座候事故……（安政二年二月清水領上方村々取締役惣代願書）

社倉の積穀は、清水領の場合、寛政期の備窮倉以来と思われる籾を主とし、それに農民一人あたり五合ずつ徴集された人別籾囲とで構成されていた。積穀分は籾または銀で農民に貸付けられた。

社倉設置後間もない時点から早くも積穀や貸付分の返納には支障が多かった。文政十二（一八二九）年三月には、深江彌太郎から願書が出され、「社倉穀去子（文政十一年）御貸下ケ之分并去子人別籾囲当春積可申様厳敷被仰付候得共、米価高直ニ付只今買入積立候而ハ余程之弁銀ニ相成難渋之上、尚更差詰可申与段々歎訴仕候所……御勘弁、去子年人別籾囲代一石ニ付六二匁替ニ而取立、社倉穀代金共一先御役所へ上納被仰付、新穀取入之節米価引下リ候ハ丶、其節右代銀早速相下ケ可申様被仰付候」と命ぜられている。社倉穀の貸付は、籾を当時の米価で銀に換算し、社倉貸附銀として出されるため、貸付けられたとき（多くは米を銀計算して貸付ける）と返納時とで米価に変動があり、米高となるときは、弁銀が農民の負担となっていたのである。この願書は、社倉穀三ヵ年詰戻分および無利息五ヵ年拝借分の両者の返納をともに延年してほしいと要求していた。

このような傾向は、天保期の凶作ではいっそう激しくなっている。

第4表　泉州清水領困窮人（天保4年）

郡　　村		困窮人数
大　島　郡	9ヵ村	1,468
南　　　郡	6ヵ村	674
泉　　　郡	16ヵ村	1,436
合　　計		3,578

出典：高林誠一氏所蔵文書「御用留」

天保四（一八三三）年に清水領三三ヵ村では年貢銀二一一貫三八二匁余の延納願が出されるほどであり、領内二一ヵ村で救済を要する困窮人は三五七八人を数えた（第4表）。赤畑組四ヵ村でも、同三年四月に社倉残穀代銀を上納して、翌四年に銀四貫四六七匁八分一厘を下げ渡され、この代銀で村々での囲米をはかっている。同年十一月泉州三郡での囲米高は二五〇〇石であった。

この寸前十月三郡村々の取締役四人（赤畑村清左衛門・上石津村深江彌太郎・同村深江次郎右衛門・坪井村沢久太夫）は年貢米のうち難波蔵納の分を当分村方置米にして「社倉穀御下ケ御振替渡し」にしてほしいと願い出ている。蔵納すべき籾を凶作に頻する農村におき、領主から借りる社倉穀と振りかえにしてほしいという意味であろう。この願いは認められなかったようで、十一月に入ると、格別の凶作で囲立ができないので「難波御蔵江御預ニ相成候社倉石并村囲共、此節御下ケ渡御願申上候内江、辰年分（天保三年）も御加へ被下、拾ヶ年賦詰戻被仰付被下候」とし、また同四年の人別囲米納の年延願を提出した。これによると村々組合での囲米のほか、社倉穀が難波御蔵に保管されていたことがわかる。

社倉穀のうち難波御蔵預米は三千石に及んでいたが、領主は、天保六年十一月に農民の要求を入れて、三千石を年貢へ差つぐことで村々へ下げ戻し、これを残らず村囲に申付けるつもり、皆籾では困るなら半石籾囲、半石分は代銀で差出しておくよう、もっとも籾囲の分は、四、五年目ぐらいに積めかえ改封することを申達した。そしてこれまで村々で囲って来た分については仕来り通りとし「社倉囲方之儀一時ニ社倉造立致し候ニハ村々可及難儀候間、最寄壱弐ヶ村又ハ壱ヶ村ニ二ツ位穀櫃補理囲候積」と命じた。先に少しふれた文久の村別囲に近づく方向がみえ始めており、結果的には天保十五年の赤畑村社倉の建築とつながるものといえる。

これに対して、和・泉・播三国の取締役は「穀櫃補理仕候迄、此入用并四、五年目ニ詰替被仰付候儀、其度毎欠減等多分相立可申義」と判断し、もし難波預米惣石数が下げ渡しになるなら、この分残らず代銀で上納するから、代銀で貸下げてほしいこと、その利息は月五朱、囲米の詰替は毎年おこなうことを求めた。しかし結果的には三千石の拝借は実現しなかった。

このように天保期には社倉をめぐる問題は年々深刻化し、同七年にも社倉三ヵ年賦積戻・拝借年賦近納分の年延を申し出ている。その結果は定かでないが、「年延奉願上書付御預りニ相成有之、是ハ多分御聞済ニ可相成と存候」と「御用留」は付記しているので、おそらく許可されたのであろう。

天保八年は正月から困窮人の救方が問題になり、年初から慌しい雰囲気であった。赤畑村では、当時救米并拝借米をうけない層一八軒、中分の暮し二三軒（実際の計算では二七軒あり）、極窮人は四六軒で二〇四人を数えていた。

この者に一日一人一合ずつ日数一五〇日間支給することになった。同村の戸口は別の史料では八四軒、四二二人であったから、全村民の半数近くが正月からいち早く救恤を必要としていた。正月十六日には村方三役と民之進・甚左衛門・卯兵衛が立会って、社倉村囲の分を肥後米切手で売り、その代銀の下切りを願っている。この肥後米切手の意味は他に史料がないのでわからないが、村囲分の米は、農民が堺浜あるいは大坂堂島などで肥後米を買入れて積立てるのではないだろうか。このとき赤畑村の社倉村囲有米は三・四二二一三石で、この代銀五〇六匁五分一厘となっている。このうち四八〇匁六分で白米二・六七石を買い、一一一人に一升一〇〇文替で売払い、のこりの二五匁九分二厘（実際より一厘増）を銭二貫七〇〇文にして右の人員に銭で施した。このほかさらに社倉穀三・一〇七石を米一石一六〇目替で拝借し、その代銀を小米・麦・銭などにかえて極窮人二〇四人に支給した。このような動きは、赤畑村だけでなく、泉州の清水領に広くみられたことであろう。

天保八年は、救恤が従来とちがった規模にまで拡大し、その後嘉永四（一八五一）年や慶応二（一八六六）年にあらわれる、泉州を含んだ畿内全般にわたる救米の先駆をなすものであった。

和・泉・播三州の社倉見廻役は、天保八年二月つぎのような願書を提出して再度、難波御蔵預米三千石の拝借を求めた。

……無是非社倉穀之内村囲之分、先達而皆被下切御願申上候処、御伺中ニ而御沙汰無御座候内、又候大造成御願方ニ者御座候得共、去ル午年（天保五年）ゟ社倉穀村囲之分無数、困窮人数者却而相増、都而大小百姓手元之次第連々相劣、且者天明之度ニ引競候而ハ難渋年々弥増、縦令当時社倉村囲之分被下切御聞届被成下候共、困窮人多人数之儀ニ付、麦作取入迄凌難出来奉存候ニ付、先年難波御蔵江御預米ニ罷有之候社倉穀三千石拝借奉願上候処、去冬以来厚御仁恵を以種々御勘弁被成下候迚不容易、右三千石皆拝借等願出候儀心得違之段、御利解を以願書御下為成下、重々奉恐入候……御利解之程ハ重々奉恐伏候得共、再応御歎訴奉申上候次第ニ而、只

今迄少々宛穀類世話致し遣候もの迚も最早自ら手切之凌方難出来候故……前書難波御蔵預ケ社倉米三千石之分皆御拝借伏而奉願上候、若正米ニ而御貸下ニも難被為成下御儀も御座候ハヽ、代銀を以拝借仕度、左候ハヽ、遠方国々抔者道中運送入用等も相懸不申、却而村為ニも罷成難有仕合奉存候、返納之儀ハ来戌（天保九年）ゟ巳年迄二拾ヶ年賦を以御趣意ニ基、村々ニおゐて程能穀櫃補理、年々運籾怔撰立籾囲ニ仕度、

このように、天保四年の飢饉をうけて、同五年には「諸色高直ニ而夫食差支候節、其以前ゟ身元相応之もの連々貯罷在候雑穀類其外共夫々手当ニ差遣候故、其後貯置候年柄も無之」き状態となった。加えて同八年には大塩平八郎の乱が起こることになる。この文書の提出されたのは、大塩事件の前後、おそらく直後のことではないかと思われる。天保期（一八三〇～四四）の農民にとっては、激しい分解の結果飢饉の影響は天明期（一七八一～八九）よりいっそう深まった難渋を生み出していたのである。そこで清水領三ヵ国取締役が、一旦拒否された難波御蔵への預け社倉穀三千石の拝借を願い、もし正米で貸下げできなければ代銀で拝借したい旨申し出たのである。

そこで、三月十日に川口役所に泉州取締役四人が出頭を命ぜられた。その結果三ヵ国への拝借高は要求の三分一ほどにへっているが、一〇九二石五斗（実質上は一〇九七石）、代銀一七四貫八一六匁（米一石につき一六〇目かえ）を認められた。泉州分はそのうち三六・四二％とされ、三九九・五二七石（代銀六三貫九二四匁三分二厘）を拝借し、これを五ヵ年賦で毎年籾一五九石八斗一升八夕ずつ返納することになった。泉州四組分の内訳は第5表のようになっており、代銀計算された上で金貨で支給された。赤畑村組四ヵ村（赤畑村・下石津村・大鳥村・夕雲開）の社倉穀難波御預米は当時一九九・三八二石あり、そのうち七二石六斗余が貸下げられた。このほか赤畑組として社倉穀村囲米四七・一七七六五石が下げ切りになっている。

このような拝借は、飢饉とか物価高に直面すればするほど増加し、その返済が農民経営の上にのしかかっていった。天保八年当時赤畑村の拝借米銀は、社倉穀や年貢米、銀をあわせて第6表のようになっていた。

第５表　清水領難波御蔵預米社倉穀拝借内訳（天保８年）

		上石津組	稲葉村組	坪　井　組	赤畑村組	合　　計
拝　借　米 石		187.019	30.5338	109.3623	72.6149	399.527
此　代　銀 匁		29貫922.56	４貫855.41	17貫497.97	11貫618.38	63貫924.32
５ヵ年賦返済１ヵ年分（籾・石）		74.8064	12.1352	43.74492	29.04596	159.8108
此　　金		480両２分１朱 永44文	78両１分３朱 永30文４分	281両永46文 ７分	186両２分１朱 永48文２分	
金の内訳	小　判	144両	23両	84両	55両	
	二分判	96両	15両３分	56両	37両２分	
	壱分判	48両	７両２分	28両	18両１分	
	二朱金	145両	23両１分２朱	84両１分	56両	
	一朱銀	47両２分１朱	９両１朱	28両３分	19両３分１朱	
	又銀　匁	2.67	1.85	2.34	2.93	

出典：高林誠一氏所蔵文書「天保６～８年御用留」

第６表　赤畑村拝借米銀（天保８年当時）

拝借年代	拝　借　内　容		返　済　予　定　期　間	１ヵ年返済分
天保４年	元　銀	900目	天保５～天保９（５ヵ年賦）	銀180目
〃　４	元　銀	295匁１分７厘	天保５～天保９（　〃　）	銀59匁034
〃　７	米	27石51	天保８～弘化３（10ヵ年賦）	米２石751
〃　２	溜池浚手当銀	６貫500目	天保３～天保12（　〃　）	銀650匁
〃　８	社　倉　穀	12石4447	天保９～天保13（５ヵ年賦）	籾５石

出典：高林誠一氏所蔵文書「天保６年～天保８年御用留」

第７表　大鳥郡赤畑組４ヵ村社倉詰戻籾ならびに御下銀籾囲・人別囲籾石高

村　名	天保９年ゟ同13年迄５ヵ年賦同10年分詰戻	天保11年春御下銀籾囲２ヵ年詰の内１ヵ年分	天保11年人別囲籾	（人　数）	合　　計	代　　銀
赤畑村	４石54562	７石５	１石755	（351）	13石80062	（籾ニ而取立）
下石津村	14.5	23	6.02	（1204）	43.52	１貫392匁64
大鳥村	8	15.5	2.405	（481）	25.905	828.96
夕雲開	2	6.25			8.25	籾ニ而取立
合　　計	29.04562	52.25	10.18	（2036）	91.47562	

出典：高林誠一氏所蔵文書「天保11年御用留」

この表の下段にある米一二・四四四七石は天保八年三月の拝借で、代銀一貫九九一匁一分五厘であった。その返納は翌九年から五ヵ年賦、一ヵ年に四・五四五六二石ずつ毎年十二月十日限で組合社倉へ詰戻すことになっていた(前掲第7表の赤畑村の欄を参照)。

天保十一年二月の大鳥郡赤畑組四ヵ村の社倉詰戻籾は二九・〇四五六二石、同十年の人口による人別囲籾高は一〇・一〇五石で、この合計三九・一五〇六二石が農民の納入義務額であった。この代銀は一貫三三一匁一分二厘で石当り三四匁で買籾され、赤畑村の高林が一九・四〇〇六二石を、同村安左衛門が一七・七五石を引受け、二石は夕雲開から取立てている。なお天保十二年当時の社倉詰戻籾と御下銀籾囲・人別囲石高の実態を赤畑組四ヵ村について示すと第7表のようになる。

社倉貸付利銀の下げ銀による囲米の買入れもおこなわれた。清水領分三三ヵ村では天保十一年二月に「社倉御囲籾買入御手当」として銀一八貫目を与えられ、社倉米三〇〇石、籾にして六〇〇石を天保十一・十二年の二ヵ年に買納する計画が立てられた。三三ヵ村の組別内訳は第8表のようであり、赤畑組五ヵ村の内訳は第9表の通りに銀四貫一一〇匁、籾一三七石となる。

同十一年十二月には右の二ヵ年計画の一つと思われるが、凶年非常の備えとして、社倉貸付利銀のうちから籾二〇〇石の囲籾買入のため代銀六貫

第8表　泉州下げ銀と買納石数（天保11年）

組	村　数	下げ銀	此　米
沢久太夫組	12	3貫600目	60石
深江弥太郎組	12	6 480	108
高林清左衛門組	5	4 110	68.5
森三郎右衛門組	6	3 810	63.5
計	33	18 000	300

出典：高林誠一氏所蔵文書　「天保11年御用留」

第9表　高林組下げ銀と買納石数（天保11年）

村	銀	籾
赤畑村	450目	15石
大鳥村	930	31
下石津村	1貫380	46
夕雲開	375	12.5
上石津村北方	975	32.5
計	4貫110目	137.0

出典：高林誠一氏所蔵文書「天保11年御用留」

三〇〇目が与えられた。内訳は山方の沢久太夫組社倉詰四〇石、里方の深江彌太郎・井上長左衛門組八三石、同じく高林清左衛門組三五石、南組森三郎右衛門組四二石であった。この限りでは、清水領の社倉は、山方・南組に各一、里方に二つ、合計四つあったことになる。この籾の調達はむずかしく、結局肥後米切手を石当り六二匁七分がえで大坂堂島で八〇石を買入れ、のこりの銀五貫〇四〇目は市場村井上の預りとなった。

このような形で広く村組合別に囲籾が実施されており、赤畑（高林）組四ヵ村の例では、天保十年冬に籾三九・一五〇六二石を囲い、これに天保十一年分を加えた同十二年正月現在では、籾一三〇・六二六二石の積立てがあった。このうち「子春（天保十一年）御下銀籾囲二ヶ年詰之内壱ヶ年分」として先にみた下げ銀籾囲五二・二五石がふくまれている。

宇多大津村の例は天保十三年現在第10表のように、各年の社倉詰戻籾や一人当り五合の人別積籾および先にふれた社倉貸付利銀のうちの下げ銀による買納で総計九三・二五四二石が社倉に詰められていた。

天保十五年（弘化元年）に泉州社倉見廻役高林清左衛門の組合四ヵ村社倉を新築したが、その普請中囲籾を高林の持蔵に詰替えたところ、古籾のうちに多分に受痛ができていた。この籾七〇石余を新籾にかえるつもりで、古籾を売った代銀を当分社倉普請入用の内へ差入れ、弘化二（一八四五）年に新籾に詰戻しする計算だったところ、米価があがり、右の受痛籾代銀と見競べると抜群の弁銀になり、加えて木綿凶作で小前難渋の年柄だから、欠減ともおよそ籾一〇〇石のうち今年は三分一を新籾で取立て、残り籾の分は翌年まで延納をしてほしいと申し出ている。

第10表　宇多大津村囲籾（天保13年）

年　　代	詰　戻　籾	人別出石籾	御買入籾
天保10年	10石8198	4石755	—
〃　11	10　8198	4　925	15石
〃　12	10　8198	5　125	15
〃　13	10　8198	5　17	—
計	43　2792	19　975	30

出典：高林誠一氏所蔵文書「天保13年御触書御廻状写帳」

この結果は江戸表からの改めの節は差支なきようにとのことで許可された。

天保六年に囲籾の毎年詰替を農民が主張したのは、古籾値段の低落と年々上向傾向にあった米価との思惑があったのだろう。赤畑村の場合も、籾の延納を求めたが、その年の九月堺浜津出米のうち二千石の江戸廻米を命ぜられ秋は木綿凶作で百姓一統が困窮し年貢上納もおぼつかない状態であった。十月七日には清水領の和州惣代岡田作兵衛・泉州惣代高林清左衛門・播州惣代阿部善太夫・同三枝徳十郎の四人の取締役が川口役所へ願い出て、小前籾の取立に難渋しているので、同年分の社倉詰戻籾の一ヵ年延期、人別囲の免除を求めた。

この年の籾囲高は、大鳥郡の赤畑・下石津・大鳥・夕雲開、泉郡宇多大津村、南郡摩湯・三田・包近・中村・稲葉・積川の一一ヵ村で天保十四年から一〇ヵ年賦の詰戻分、弘化二年の人別囲、同二年拝借籾一〇ヵ年賦返納の詰戻分を合せて籾九二・二六一石、そのほか弘化元年六月の揚立米三六石五斗のうち詰戻分五〇石を合して総計一四二・二六一石であり、その蔵別の内訳は、赤畑村社倉囲九二・九五石、宇多大津村郷蔵囲一四・一〇五石、南郡三田村十右衛門持蔵囲三五・二〇六石となっている。

弘化三年も夏以来雨続きの上、七月の大風で木綿作は格別の損毛となった。大鳥・泉・南郡村々惣代は、十月社倉詰戻籾ならびに人別囲にあてる精籾がなく、とても腐毛の籾では長年囲うにはよくなく、石数も調いかねるので、右の詰戻籾一ヵ年延、人別囲の免除を前年に引続いて要求した。しかし「是迄二ヶ年引続年延相願候事故当年ハ六ヶ敷、殊ニ米価も追々下直ニ相成候故、当年ハ囲置可申候」といわれて、願止めとなった。この動きと平行して十一月には年貢銀について市場村の三貫五〇〇目をはじめとして、高石北・高石南・助松・蓮正寺・大津出作・宇多大津・一条院の八ヵ村が二九貫八一八匁余の納入を翌年二月晦日まで延期するよう歎願している。

嘉永年間（一八四八～五四）に入っても社倉穀返納詰戻しはうまくいかず、天保九年二月の拝借の一〇ヵ年返納籾、同じく嘉永二年春、同三年春の籾拝借、あわせて三回をいずれも嘉永五年には新籾で社倉へ詰めるべきところ、この年もまれな不作、第一籾性がよくないという理由で、取締役五人は連名で、返納籾年延と同年の人別出穀の免除を願い出た。後者は許可された。これと同じ趣旨が翌年にも繰返された。嘉永五年十一月には、清水領三ヵ国で違作手当拝借がみられ、和州式上・山辺・十市郡六ヵ村（米四〇九石）、播州加東・加西郡（米一三六六石）、泉州泉郡北田中村ほか五ヵ村（米一二七石）、南郡三田村ほか二ヵ村（米一四〇石）、大鳥郡上石津村（八三石）、夕雲開（六石）に及び、泉州分では合計三五六石を一〇ヵ年ずつ返納することとし、さしあたり年貢米のうちから拝借した。

同六年十月二日にも泉州三郡村々庄屋・年寄・百姓代および取締役五人の連印で、「社倉人別出穀之義、是迄違作之年柄ニ者願之上御免被成下候処、以来者如何様之凶作ニ而も免除申立間敷旨、江戸表ゟ被仰渡有之趣、一同承知奉畏候」という一札を川口役所に提出している。このことはいままでたびたび人別囲籾が免除されたこと、領主側はこの事実が慣例化することをおさえようとしていることを物語っている。しかしこの一札にもかかわらず、同じ日に同年の「稀成大旱魃」を理由に、三郡の取締役五人は違作手当米三五石六斗と銀五貫六五〇目の返納一ヵ年延を願っている。この願いは、十一月に再度くりかえされた。また同じ十一月には上石津・下石津・高石南・大鳥・市場・野代・赤畑・新村が早くも総数五六四五人分の囲籾二八・二二五石の年延を願い出た。今後人別出穀免除などを申立てないことについては、ほか村々は承知したが、この八ヵ村は「当夏秋稀成旱魃ニ而田畑諸作皆無同様又者七八分以上の損毛」であるので、翌年に二ヵ年分出穀するから当年の分は免除願いたいとのべている。当時田方の損毛が多く、第11表にみる五ヵ村では、損毛率が少くて五一％、多いのは上石津・下石津村のように七〇％をこえていた。このとき清水領三ヵ国で損毛高は一万〇七三七石一斗三升四合に達し、泉州では大鳥郡上石津・下石津・野代・赤畑・泉郡肥子出作の各村では田方五分以上の損毛となり、御伝馬宿入用・六尺給米・御蔵前入用の三役がその損毛率に応じて免除された。

嘉永六年の不作は翌年の農民経営にも影響していた。正月に清水領知・泉・播三ヵ国で第12表のような拝借分の

第11表　村々田方損毛（嘉永６年11月）

	村高	畑高	田高	田方諸引	田方残高	損毛高	損毛率
	石	石	石	石	石	石	%
上石津村	1023.747	316.234	897.513	1.705	895.808	636.653	71.7
下石津村	1074.688	581.035	566.553	0.221	566.332	435.042	76.8
野代村	190.87	49.535	141.335	3.643	137.692	70.66	51.3
赤畑村	351.735	67.244	284.491	—	284.491	154.707	54.4
肥子出作	595.732	2.7593	56.8139	—	56.8139	38.266	67.7

出典：高林誠一氏所蔵文書「嘉永６年御用留」

第12表　清水領３ヵ国拝借籾銀延納（嘉永元年）

拝借高	拝借内訳	拝借期間と返納
籾139石499	泉州村々社倉籾詰戻　去年延願	去丑ゟ午迄６カ年賦之内去丑可詰戻分
籾 62石4	播州村々　〃　〃	去丑ゟ卯迄３カ年賦之内去丑可詰戻分
籾215石6	和州村々　〃　〃	去丑ゟ酉迄９カ年賦之内去丑可詰戻分
籾310石	和州泉州播州　〃　〃	去丑ゟ辰迄４カ年賦之内去丑可詰戻分
籾 29石	播州中野村自普請所御手当 拝借返納	去丑ゟ卯迄３カ年賦之内去丑可詰戻分
銀600目 籾 10石	泉州宇多大津村　〃　〃	
銀500目	泉州積川村溜池浚其外 御手当拝借　〃	去丑ゟ巳迄５カ年賦之内去丑可詰戻分

出典：高林誠一氏所蔵文書「嘉永７年御用留」

返納をかかえていたが、ついに出穀拝借返納籾銀とも一ヵ年延願が認められた。同時に前年の「夏秋中日照打続田畑諸作悉旱損、皆無同様又者損毛夥敷、種籾才覚難相成」、嘉永七年から五ヵ年賦で三割の利銀を加えて、年々年貢銀のうちへ差加えて納めるということで、和州山辺郡、播州加東・加西郡、泉州村々から種籾代の拝借願が出された。泉州分は泉郡肥子出作・大鳥郡上石津・下石津・高石南・野代・新・市場・赤畑・大鳥の九ヵ村で、田反別二五六町五反二六歩に対して、一反に籾三升三合の計算で、種籾八九・七七八石、この代銀四貫九三四匁、この三割利銀一貫四八一匁四分、銀合計六貫四一九匁四分が、一ヵ年一貫二八三匁八分八厘ずつ返納の予定で貸下げられた。

また嘉永六年冬から小前百姓で夫食に差支えるものが多く村内の「身元ヶ成之者」の融通で飢えにも及ばずにすんだが男女とも「聊宛之手稼仕居候得共、第一木綿稼不引合、夫食買調之元手も絶果、其上米価高直ニ而」小前百姓は必至と困窮した。第13表に七ヵ村の困窮人数を示したが人口の二五・七%に及び、この救済のため、二月二十日ごろから五月中旬ごろまで約九〇日間の夫食拝借を願っている。

第13表　大鳥郡村々困窮人（嘉永7年）

村	人　数	極困窮ニ而夫食ニ離候もの	身元ヶ成のもの
上石津村	1,023	310	713
下石津村	1,318	396	922
赤畑村	410	123	287
野代村	141	43	98
市場村	250	63	187
大鳥村	538	108	430
高石南村	1,664	333	1,331
合　計	5,344	1,376	3,968

出典：「嘉永7年2月村々極困窮人取調書上帳」、高林誠一氏所蔵文書「御用留」所収

　同年四月には、村々惣代として南郡積川村庄左衛門・泉郡仏並村長右衛門・同郡宇多大津村彌太郎・大鳥郡高石北村彌太郎の各庄屋が五人の取締役と連印で村方救済を申し出ている。これによると、大鳥郡下石津村ほか四ヵ村と泉郡肥子出作は極難渋の村であるので、夫食ならびに相続銀拝借を願い、大鳥郡野代村ほか二ヵ村と南郡摩湯村は夫食拝借のつもり、その他の村々は極難と

いうほどでもないので許可しがたい、もっともここにのべた一〇ヵ村は囲置いた社倉籾を貸下げるつもり、しかしながら「十ヶ村之囲籾ニ而ハ迚も引足不申、外組合社倉之儀者其組合毎銘々非常之年柄備ニ可相成与存、難渋之年柄ニ而も積立有之儀、外組難渋村々融通ニ相成候而者、小前人気ニも相抱」り、また遠方の社倉で借りても取出や詰戻に賃銭が多分にかかるので「御救助被仰付被下度」と願っている。役所の返答は「拝借村々ニおいてハ実ニ極難之儀ニ付、今般之儀者何分ニも郡中相互ニ融通可仕」ということで農民間のやりくりにまかせて聞届けなかった。

右の一〇ヵ村の要求は、数字で示すと、夫食拝借籾二二六・六五石、相続拝借二四八石、合計四七四・六五石であった。実際の拝借額は当時の社倉の有籾を関係村の石高に応じて分配した。その内訳は、第14表のようになり、四ヵ所の社倉におかれていた籾が二一ヵ村に割り当てられた。

この大幅な拝借の影響であろうか、清水領では七月に二〇〇石の買入籾が計画された。その諮問をうけて九月二十七日に高林清左衛門と井上兆左衛門は、この節平米（蔵米に対して一般の米の意）一石につき八五〜六匁というが「異（国）船之折柄相場如何可相成哉ニあやぶミ、先売手も見合候方之由相聞へ」、そこでまずまず八〇匁がえでも六分摺のつもりで籾一石四八匁で御下銀になれば、早速買入れると申し出ている。もしこの値段より値上りしたときは、郷方の足し銀でまかなうという予定である。翌日さらに五人の取締役の名で、同趣旨の願いを繰返した。その結果、値段については来月堺浜米拂出役の節米屋で値段書を取調べ、四八匁より下直で買入れできたら予定の値段より引下げて渡す、自然高直になったら郷方より弁銀のつもりでまず二〇〇石の買入が命ぜられた。早速十月二十七日ごろ四八匁がえで二〇〇石の籾が買入れられ、赤畑社倉に一五〇石、上石津社倉に五〇石が積入れられ、二十九日にその代銀九貫六〇〇目を五人の取締役の名で受け取った。

嘉永七年秋も不作で存外の取実しかなく、泉州大鳥郡上石津村ほか六ヵ村・泉郡助松村ほか一七ヵ村・南郡摩湯村ほか五ヵ村で惣皆済銀辻一五六貫六五一匁余（大鳥郡では上石津村一貫目、野代村五〇〇目、市場村一貫八〇〇目、

第14表　清水領夫食・相続拝借籾配分（嘉永７年）

社　　倉	有籾石	関係村高合計 石	高１石につき籾 石	村別配分 石	
赤畑社倉	97.8138	2,141.65175（３ヵ村）	0.04563	赤畑村	16.3138
				下石津村	49註①
				大鳥村	32.5
上石津村社倉	242.69992	5,118.0012（11ヵ村）	0.04742	上石津村 深江方	21.6999 註②
				〃 北方	35.5
				野代村	9
				新村	10
				市場村	16.5
				高石北村	27
				〃 南村	64.5註③
				助松村	38.5
				蓮正寺村	3.5
				一条院村	11
				大津出作	2.5
				肥子出作	3
宇多大津郷蔵	34.094	688.0716	0.04955	宇多大津村	34.094
稲葉・中村社倉	92.543	2,969.0562（６ヵ村）	0.03116	摩湯村	12.5
				三田村	28
				包近村	7
				中村	14
				稲葉村	21.043
				積川村	10
合計	467.15				467.15註④

註：①ほかに籾2.5石当寅暮返納籾之内ニ而拝借分
　②ほかに籾2.5石同上
　③ほかに籾2.5石同上
　④ほかに籾7.5石同上
出典：高林誠一氏所蔵文書「嘉永７年御用留」

高石南村二貫目、下石津村五貫目、新村五〇〇目、高石北村五〇〇目）のうち三分通りの五〇貫目を翌年二月晦日まで延納を願うほどであった。

このころになると、救米や救銀を必要とする貧民層の動きが当然活発化してくる。このような動向が、年貢納入はもちろん社倉穀をめぐっても反映していった。

領主も救恤についてはたえず配慮しなければならなくなった。十八世紀の時点での臨時的なものでなく、十九世紀中ごろ、とくに嘉永期以後にはなかば恒常化して、領主も村内地主層も施米・施銀対策をたてざるを得なくなっていた。

清水領でも、嘉永五年十二月に郷方臨時手当銀の利息金六両三分二朱と永七四文三分（銀四三七匁八分）が、組合村々の極窮人に施銀された。一人当り二匁であったが、赤畑組一一ヵ村の内訳は第15表のようになる。これ以後嘉永六、七年にも引続いて施銀がおこなわれた。この間極窮人数も九五人、一三二人、一五六人と増加し、一人当りの施銀も二匁から三匁、四匁と増えていった。第15表の嘉永七年赤畑村の項では、同村の極窮人は一〇人になっているが、これは「表帳面」だけのことで、実質は一〇人分として支給された銀四〇匁を、一人二匁にして二〇人に分配していた。

清水領時代の社倉は安政二（一八五五）年の上知以後も引つがれた。解体する封建農村の特質が本質的にかわらないため、清水領時代と同じ要求が幕領代官所に提出されている。安政三年十月、赤畑・高石南・助松・摩湯の各村は、違作手当ならびに社倉拝借米籾返納・人別出穀の同年分を、十一月晦日限り組合郷蔵へ詰置くように命ぜられたが、村々大旱損の上籾恠が悪いので、一ヵ年返納延、人別出穀御免を願った。この願書は一旦却下されたが、その後七日ほどたって赤畑・上石津・下石津・野代の四ヵ村が再願した。その結果は「願書御預り之上、追而御沙汰之旨被仰渡」ることになったが、結末は定かでない。赤畑村の同年分の皆済目録によると、この年は破免となり

第15表　極窮人施銀

年代		嘉永５年	嘉永６年	嘉永７年
救銀用利息匁		郷方臨時手当銀利息 437.8	本陣預金利息 909.6	郷方臨時手当銀利息 1,434.27
配分	井上・深江組匁	159.78	332	523.52
	沢組匁	87.8	395.1	287.65
	高林組匁	190.17	182.42	623.02
高林組極窮人数	赤畑組	6	8	10
	下石津組	17	23	28
	夕雲開	3	4	5
	大鳥村	11	16	19
	宇多大津村	11	15	18
	積川村	5	7	8
	稲葉村	11	15	17
	包近村	4	5	6
	中村	7	10	12
	摩湯村	6	9	10
	三田村	14	20	23
	合計	95	132	156
極窮人１人当り施銀匁		2	3	4

出典：高林誠一氏所蔵文書「御用留」（各年）

村高のうち一六九・八二四石が損毛で、田方五分以上の損毛となったため残りの一八一・九一一石に対してのみ御伝馬宿入用・六尺給米・御蔵前入用の三役がかけられている。

安政五年も同六年も返納籾の延期と人別出穀の免除を願い出ており、そのうち史料的には五年の分は許可されていることが確認できる。安政五年の場合は、肥料や米価が高値のため「困窮弥増日用凌兼罷在候」ありさまで、十一月に三郡新付（新しく幕領になった旧清水領）村々は年貢皆済銀辻のうちの半分を翌年三月十日まで延納させてほしいと願っている。この三郡で年貢銀は二二一貫八二五匁五分一厘であった。この願いはすぐに三五％の延納にきりかえられ、一四四貫一八六匁五分八厘を年内に皆済し、のこり七七貫六三八匁九分三厘を翌年三月まで延期してほしいと願い、許可された。同六年には社倉穀返納の願いとともに、三二ヵ村は江戸廻籾の免除を求めていた。このように本年貢分についての農民の要求も一貫して強くうち出されていた。

泉州では社倉のほかに、郷備銀という制度があった。これについての最も早い時期と思われる史料はつぎのようにのべている。

乍恐以書付奉願上候

泉州
取締役

近年郷方無拠入用筋多御座候而折々差支候儀御座候故、何卒郷備銀積立置度、兼而相心得居候得共、異作続ニ而積銀可仕年柄も無御座、無拠等閑ニ相成候処、此度於　御上様も厚御配慮被成下、先年御米方為欠米泉州郷方ゟ差出候代銀四貫八百五拾九匁壱分三厘、御役所ニ有之候故、品ニ寄右欠米代銀ニ差加致積銀候様ニも相成可申哉之段、御内慮被仰下難有奉存、何卒右欠米代銀積銀ニ御立被下候ハヽ、当午年ゟ来ル戌年迄五ヶ年之間郷方ゟ積銀差出、右欠米代銀ニ御差加被下、何卒於御役所御貸付利倍被成下度奉願上候、尤銀高之儀者年柄豊凶も難量候故何程与申儀只今ゟ難申上、当年初而之儀故相応ニも出銀仕度奉存候共、先頃之風痛ニ而木綿作大損毛、稲作も不熟ニ相見え候故、当年之儀者銀壱貫百四拾匁八分七厘差出、都合六貫目ニ仕、以来豊熟之年柄ニ者精々銀高相増候様仕度奉存候間、年々ニ積銀高申上候様仕度候、五ヶ年相満候ハヽ、元銀者御置居△下ケ札左之通被成下、年々御利足分御下ケ被下候ハヽ、溜池浚其外自普請所手当ニ仕、往々郷為宜相成候様仕度奉存候、右之段御聞済被為成下候ハヽ、永続之基難有仕合可奉存候、以上

△下ケ紙

当午年銀六貫目ニ仕来、未年ゟ壱ヶ年限三貫五百目ツヽ、四ヶ年差出、都合弐拾貫目ニ相成候様仕度奉存候事

弘化三午年八月二日

取締役

沢　三右衛門印

同　高林清左衛門印

同　高林久馬之助印

同　深江彌太郎印

同　井上長左衛門印

川口

御役所

これによると、泉州郷備銀は弘化三（一八四六）年にはじまり、米方欠米として泉州郷方より差出した代銀四貫八五九匁余を基金にして五ヵ年間つみたてて元銀二〇貫目とし、その利息をもって溜池浚ほか自普請所手当にあてる計画であった。その後最初二年間は郷方から四貫六四〇匁八分七厘を積銀したが、その余は違作続きで滞ってしまった。嘉永五年にようやく一貫五〇〇目を積立てたものの、同六年には「稀成旱魃ニ而稲木綿両作共格別之違作」で積銀ができなかった。しかしともかくこの年の末までに一六貫八五〇目四分となったが、当初の目標であった元銀二〇貫に達する前に安政二年の上知に際会したのである。このとき泉州三郡村々はその元利の下げ渡しを願っている。おそらく聞き入れられたのであろう。

かわって幕領では、安政三年に鈴木町代官所支配の摂河泉三ヵ国村々の郷備銀仕法が立てられ、摂州佃村・三番

村・天王寺村の三ヵ村のうち身元相応のもの三人から、下歩（低利）で銀子を郷方へ借りうけ、詰合惣代が貸渡方の世話をし、その利倍をもって備銀にする制度が生まれた。泉州三郡新付の村々もこれに参加することになった。

四　社倉貸付銀

社倉貸付銀は、社倉穀の代金化によって資金がつくられていたのではないかと思われる。たとえば清水家が、難波御蔵に三千石もの村々の社倉穀を預り、天保八（一八三七）年に農民はその下げ渡しを要求していた。この米籾を領主が米価の変動のあわせて適宜売買して利益をあげ、その代銀を農民に貸付けることで領主自身が利貸活動をおこなっていたものと推定できる。社倉穀の貸付けとともに、社倉貸付銀制度がおこなわれていたのである。

大鳥村惣七は、文政十一（一八二八）年二月に同村の良蔵・孫左衛門と組んでそれぞれの田畑を質入れして、社倉御貸附銀一貫七〇〇目を借り、翌年から九ヵ年にわたって年一割二分の利足を返納してきた。一〇年間利足を返納すれば元銀のうち半分は棄捐になるので、当暮までに自分の分担の利銀三六匁と元銀のうち一五〇目（三人組んで借金し、惣七分は元銀三〇〇目）を上納するから、私の分は皆納として認めてほしいと元保九年に願い出ている。これをみると、貸付銀には、一〇ヵ年利息を返納すれば元銀の半分を棄捐するという救済措置があったことがわかる。

その後天保改革のなかで、社倉貸附銀の仕法が天保十四年二月晦日の触で改正され「社倉御貸附銀十ヶ年貸居并済崩之外」は当卯（天保十四年）から年七分に利下げし、一〇ヵ年賦元利済崩の積りという仕法となった。ただし「去ル未年迄」（天保六年か）貸渡した分は、これまで通り一〇ヵ年目の暮に半銀棄捐とし、残銀を年賦返納するように命じ、また天保十年から貸渡した分は五ヵ年目まではこれまで通り一割二分の利息を取立て、その年の暮に元

第16表　南郡三田村社倉貸付銀拝借（嘉永５年）

百　　姓	拝借願額	許　　可	質　　地	備　　考
佐次兵衛	1貫300目	1貫000目	上田 4反	年　寄
源兵衛	1 300	1 000	〃 4	百姓代
角右衛門	1 300	1 000	〃 4	百姓代
長九郎	700	500	〃 2	
久太夫	2 300	2 000	〃 7	
孫太夫	1 700	1 500	〃 5	
佐小右衛門	1 400	1 000	〃 4	
計	10 000	8 000	〃 30	

出典：高林誠一氏所蔵文書「嘉永５年御用留」

銀の四分一を棄捐し、残銀は翌年から年賦返納、また有来済崩の分は利下げのみのつもりで取りはからうことになった。

この仕法改正によって、拝借を願うものは早々に申出ること、以来年々暮に貸渡すから拝借を願うものの有無を七月晦日までに届出ることとした。またこの利下げによって当分のうち社倉籾買入代は除置がないつもりとなった。

社倉貸付銀を借りるのはどのような階層であろうか。貸付の際には質地その他を差出すことになっていたから、当然無高層は排除される。いま嘉永五（一八五二）年の南郡三田村百姓による社倉貸附銀拝借の内容をみると、第16表のように七人の農民があわせて銀一〇貫目を要求し、八貫目を許可されている。質地は銀高に一定の割で応じて上田二反から七反となっている。七人のうち三人は村役人である。これよりさき同村の先庄屋と年寄はすでに「御拝借銀口々御座候」ありさまで「此度重右衛門諸式売払、右代銀を以元銀四貫目之口者此節元利返納仕、残銀之儀者印形懸り之もの并重右衛門方百姓共へ引請、急度上納可仕候間、今暫之間御猶予」を願っていた。三田村の場合は、泉州北部農村にくらべるとまだ寄生地主制が確立するに至っていないが[19]、村役人層をもまきこむ（農民層の）分解が生じ始めていたのであろう。

分解の進んだ大鳥郡大鳥村でも、弘化二（一八四五）年に年寄孫左衛門が、近年病身で困窮し「他所江質地ニ差入候而者請戻之節皆銀返済難渋可仕候故」社倉貸付銀を拝借したいと願っている。このような村役人のケースは多い。拝借人の全貌がつかめないのでわからないが、村役人以外の農民が含まれていたことはいうまでもない。特徴的にいえることは、中位以上の農民がその恩恵にあずかっていたことであり、それ以下の小作貧農や無作プロレタリアートは対象からはずされ、その意味では貸付銀制度のねらいは、本百姓体制の維持にあったといえる。この点は社倉穀についても全く同様である。農民個人による場合のほかに、村借による拝借も多く、安政六（一八五九）年十二月には第17表のように大鳥・泉両郡の村々が三四貫七九一匁余を借りているのが好例であろう。この種の例はほかにいくつかみられる。

安政七年には、泉州新付三郡村々が社倉貸付銀二八貫五七〇目八分一厘の拝借を願い、またそれまで貸下げられた分は年七朱の利付で年賦取立を申し出た。十二月には、下石津村ほか一八ヵ村では金三五〇両を無利息七ヵ年賦で貸下げられている。

第17表　社倉貸付銀村別拝借高（安政６年）

銀　　高	村　　借
7貫500目	大鳥郡 高石南村
1　500	〃　新　村
2	〃　市場村
3	〃　高石北村
4　500	泉　郡 助松村
4	〃　宇多大津村
2	〃　一条院村
4　491.79	南　郡 摩湯村
400	泉郡 助松村の内蓮正寺分
5　400	大鳥郡 下石津村
34　791.79	安政６年12月11日下渡し 合計

出典：高林誠一氏所蔵文書「御用留」

上石津村については、慶応三（一八六七）年五月の「社倉穀・買入穀・違作手当村小前口々取立明細帳」があり、農民の名と拝借籾高とがわかる。これによると、同村の北方と市方（二組に分れていた）とでそれぞれ人別の拝借人数は四〇、三四、一軒に一斗五升ずつの拝借軒数は八〇、五四となっている。北方の農民で拝借籾の多いのは、年寄の島田三郎兵衛の一四・四九八七石であり、市方では力蔵（当時晒業を営む）[20]の一一・四三一石である。籾高に個人差のある人別の拝借籾と、一軒前一斗五升の拝借戸数とは、重複しているものもいくつかあり、また逆に人別のみで戸別の分に入ってないのもあるが、これを整除すると一八三戸ほどの家が拝借に関係していることになる。このほか「当時無株」と記されたものが五八戸ある。上石津村の戸数は、二七六戸（安政五年）から二五四戸（慶応四年）ほどで、かりに慶応三年の戸数を二五五戸と推定すると、拝借の恩恵にあずかるのは七五％にすぎず、他は土地所有から無関係な小作貧農・無作層であったといえよう。しかも当初二三九戸の拝借がありながら、実際は四分一に近い五八戸が無株となって返済が事実上不可能となり、その分が村の共同責任に転化していた。しかしその数が増加の傾向にあり、拝借籾の性格が農民層の欠落によって大きく修正され始めていた。

それゆえ、同村の階層構成は不明だが、右の計算からいえることは、拝借籾は本百姓体制の維持のための政策であって、安政二年に和・泉・播三ヵ国の取締役惣代がのべたような「極窮之者ニ者社倉御貸付銀其外御救拝借も御座候」という表現は、正当とはいえないことになる。

まさにこの社倉籾や社倉貸付銀による救済の対象からはずされた無高層の動向が、幕末期に経済的にも政治的にもきわめて重要な役割を演じ始めていたのである。

むすび

天保期を境にして不作は一段と農民層の分解を促進する作用を示し始めた。大鳥郡南東山新田では、天保十（一八三九）年十一月の史料では「拾三ヶ年前九月小前百姓共御年貢ニ差詰候ニ付、段々難渋申立村役人共へ相縋、無拠御拝借御願奉申上、御聞済之上、村役人借請奉拝借、村方小百姓新蔵・音次郎外ニ十九人之者共へ為奉拝借罷在候、然ル処右名前之内音次郎壱人不納ニ付……右音次郎急々御召出之上厳敷御異見被為成下度」(21)といわれた。

ここに出てくる音次郎は、安政三（一八五六）年四月の史料には「右之者、去ル亥（嘉永四年）御上様ゟ御救米奉頂戴候者ニ御座候得共、未タ極窮ニ付、村方諸懸リ等相除キ囲木茂無之次第、村役人共ゟ小屋懸ケ仕入置、亥年ゟ此方家内之者乞食同様之事ニ御座候」[22]と記されている。嘉永三（一八五〇）年からの不作は、同四年二月にいたって大鳥郡和田村では「此儘捨置候而ハ最早食物等他方江乞出候との出来候ニ付、不外聞之躰」[23]といわれるような農民の流浪化を生み出していた。幕末期では、嘉永四年の救米は慶応二（一八六六）年時のそれとともに最も広範に実施されている。

大鳥郡陶器荘の福田村では、旗本小出家が文久元（一八六一）年十二月、同村の小作免引が近年多いため地主が不引合になり往々年貢上納に差響いていることを指摘し、「其上小作人無躰に免乞いたし、不平穏之儀有之候ハヽ、其段御役所江可訴出候」とのべ、小作人の闘争が減免増加を生みだしている背景を指摘している。[24]

このような動きは、開港後の幕藩的価格体系の崩壊につれて物価騰貴をうみだすといっそう激しくなり、とくに米を事実上購入していたプロレタリアまた半プロ層の不満をも併発した。慶応二年五月大坂周辺をまきこんだ大打こわしの波は、長州征伐という内戦が、人民蜂起をうんだことを示している。このとき五月十七日に幕領堺廻り惣代は「此（節）中市中搗米屋江押入乱妨之一件、当御支配所市中続村々江茂押移、多人数屯集、且人家等打こわし候村茂有之候ニ付、夫々御出役之上追々鎮静相成候得共、□万一外村々江茂押移右躰及所業候もの茂有之候而ハ以之外之事ニ候」と触れている。[25]

大鳥郡村々でも、この一揆の高揚にあおられて各地で救米・救銀を施した。赤畑村では、五月以来小前難渋の由を百姓代から歎願し、新籾取入れまで社倉籾を貸渡したが、六月に至っていっそう米価が騰貴したため百姓代は再度歎願した。その結果六月二十三日に村役人が相談した結果、つぎのようにきめられた。

身元ヶ成之もの除之、中分百姓共江高林外四軒ゟ出銀仕、来卯（慶応三年）九月迄無利足ニ而壱軒ニ付銀百目ヅヽ貸渡シ申候積リ、尤取立方之儀者、来ル九月村勘定之節取立、夫々出銀之者江村方ゟ月五朱之利足相弁返済可仕積リ、猶又極難之者江銀子貸渡候而茂返済方ニ差支候様奉存候間、壱人ニ付壱日ニ銀五分ツ、当七月朔日ゟ時節立直リ候迄、村方ゟ施シ切ニ遣し候様、相談詰ニ相成候事(26)

この文言は、幕藩制解体のぎりぎりの時点で打こわしの背景のなかでかかれただけに、社倉の本質をも無意識に描き出している。すなわち社倉貸籾や地主らの借金は中分の農民のためであり、借銀の返済のできない極難の者は銀の「施シ切」を勝取ったのである。五軒の地主富農の金は、まず村内三六軒（「中分の者」にあてはまるのだろう）に一軒に銀百目貸付けられたが、二二軒には「極難之者江助成銀施シ切」の銀が一人五匁ずつ与えられた。

明治三（一八七〇）年の赤畑村の救米については、中村哲氏は、「救米をうけているのは大部分無作、拝借金は『肥手代』の名目であり、月一歩の利子がつくので借りている者は二〜八反に集中しており、地主五戸と自小作・小作上層の大半は救米を出している」(27)とのべて、救米の階層性を指摘している。

寛政期から整備されてきた領主による社倉政策は、本百姓体制の維持のために農民に貸しつけられ、その意味で備荒の意味を果していた。しかし新しい小商品生産の展開によって商業的農業の成長、木綿織マニュファクチュアの形成をみるような時点では、社倉の役割は次第に後退し、貸付けた籾の返納や人別囲籾などのような年々の積穀が不安定になっていった。まがりなりにも土地をもった農民は、積銀や積穀の貸付にあずかりながらも、領主側が本質的にもっている石高制による支配によって米価との関係では籾納を強制され、自ら積立てた籾・銀を領主の裁断による資金運営に充てさせていた限りその政策の限界はみえていた。天保期から明治初年にかけての施米政策の展開は、無作・貧農の歴史的役割とともに登場したものといえよう。単なる農業経営の再生産のための備荒対策が自己経営そのものから分離した無作層や土地所有から分離した小作貧農層の輩出によって無力化し、これらの新しい階層を対象に施米銀方式が幕末維新期に広範にあらわれてくるところに、この時期の新しい息吹きを感ずることができる。

このような社倉の本質は、返納の滞りや人別出穀免除という農民の要求によって揺さぶられるが、よりいっそう大きくは、社倉の救済からはみ出た無高＝小作貧農・無作層が施米銀を実力的に勝ちとっていくことによって露呈されていった。

註

（1）朝尾直弘『近世封建社会の基礎構造―畿内における幕藩体制―』（御茶の水書房、一九六七年、のち『朝尾直弘著作集　第一巻　近世封建社会の基礎構造』、岩波書店、二〇〇三年、所収）、佐々木潤之介『幕藩権力の基礎構造―「小農」自立と軍役―』（御茶の水書房、一九六四年、のち増補・改訂版、一九八五年）、森杉夫「都市接続農村の貢租」（『堺研究』創刊号、一九六六年、のち『近世徴租法と農民生活』、柏書房、一九九三年、所収）。

（2）津田秀夫氏は「幕末期大坂周辺における農民闘争（幕末における農民一揆）」（『社会経済史学』二一巻四号、一九五六年、のち『近世民衆運動の研究』、三省堂、一九七九年、所収）・「幕末期の雇傭労働について」（『土地制度史学』八号、一九六〇年、のち『幕末社会の研究』、柏書房、一九七七年、所収）・「明治国家成立の歴史的前提―幕藩体制解体過程における主体勢力についての素描―」（津田秀夫編『明治国家成立の経済基盤』、御茶の水書房、一九六六年、のち『近世民衆運動の研究』、所収）、など一連の発表、中村哲氏はいくつかの泉州関係の論文をまとめた『明治維新の基礎構造』（未来社、一九六八年）、福島雅蔵氏は「幕末明治初期における石津晒業の展開」（『堺研究』二号、一九六七年、のち『幕藩制の地域支配と在地構造』、柏書房、一九八七年、所収）・「幕末期泉州北部の一農村―「作付反別其他取調書上帳」を中心として―」（『近世史研究』二六号、一九五八年、のち『幕藩制の地域支配と在地構造』、所収）、安良城盛昭氏は「幕末期泉州における小作農の存在形態」（高橋幸八郎編『土地所有の比較史的研究』、東京大学出版会、一九六三年、のち『天皇制と地主制　上』、塙書房、一九九〇年、所収）など。

（3）前掲註（2）中村哲『明治維新の基礎構造』第二章第五節。

（4）社倉をはじめとする飢饉・食糧問題をとりあつかった研究には、小林平左衛門『郷蔵制度の変遷』（日進舎、一九三四年）、上田藤十郎『近世の荒政―飢饉及び食糧問題とその対策―』（大雅堂、一九四七年）などの先駆的な業績がある。
（5）この点については、政策史的には、竹安繁治『近世土地政策の研究』（大阪府立大学経済学部、一九六二年）がすぐれている。
（6）文部省史料館所蔵小谷家文書。
（7）堺市、児山忠信氏所蔵文書。
（8）堺市立図書館所蔵日置荘西村文書。
（9）前掲註（2）中村哲『明治維新の基礎構造』二九六～七頁。中村氏は、赤畑村では十八世紀以降年貢はかなり低い水準で固定化し、十九世紀には農産額の二〇％以下になったと推計されている。
（10）堺市、土居通和氏所蔵文書。
（11）堺市、外山家旧蔵文書。津田秀夫「寛政改革」（家永三郎ほか編『岩波講座日本歴史　一二』、岩波書店、一九六三年、のち『封建社会解体過程研究序説』、塙書房、一九七〇年、所収）二五四頁。
（12）堺市、高林誠一氏所蔵文書。清水領寛政改革はすべて同文書による。
（13）寛政改革期の農業経営保護政策については、前掲註（11）津田秀夫「寛政改革」参照。
（14）黒板勝美編、国史大系編修会編『新訂増補国史大系　四九　続徳川実紀　第二編』（吉川弘文館、一九六六年）一〇四頁。
（15）高林誠一氏所蔵文書。以下とくにことわらない限り同じ。
（16）堺市立図書館所蔵上石津村文書。
（17）堺市立図書館所蔵上石津村文書。
（18）前掲註（2）津田秀夫「幕末期大坂周辺における農民闘争」、青木虹二『百姓一揆の年次的研究』（大原新生社、一九六六年）。
（19）前掲註（2）中村哲『明治維新の基礎構造』一〇〇頁。

(20) 前掲註（2）福島雅蔵「幕末明治初期における石津晒業の展開」、「石津晒―堺風物誌の一こま―」（『上方文化』四号、一九六二年）など。
(21) 堺市、梅川卓氏所蔵文書。
(22) 堺市、梅川卓氏所蔵文書。
(23) 堺市、和田良昭氏所蔵文書。
(24) 前掲註（1）朝尾直弘『近世封建社会の基礎構造』二四六～七頁、前掲註（2）中村哲『明治維新の基礎構造』三九六頁。
(25) 堺市、高林誠一氏所蔵文書。
(26) 堺市、田中恭氏所蔵文書。
(27) 前掲註（2）中村哲『明治維新の基礎構造』四七二頁。

〔付記〕高林誠一氏をはじめ堺市域の文書所蔵者に御礼申し上げます。本稿使用の史料は、小葉田淳先生監修による『堺市史　続編』（堺市役所）の編集過程で調査収集したもので、小葉田先生・朝尾直弘氏・市史編集室の各位に厚く感謝いたします。本誌『堺研究』掲載については大阪府立大学教授森杉夫氏と堺市立図書館司書山田道治氏には格別のお世話になった。

解題

Ⅰは、領主支配のあり方と、そのもとでの村々の動向を考察した五編の論文から構成される。貢租問題が中心的なテーマとなっており、なかでも石代納の考察が三編を占めている。したがって、ここでは、これら石代納論文を中心とした形で、以下、掲載順に各論文の解題を試みることとしたい。

まず、「西摂青山主水領の在払制度」では、旗本青山氏領の在払制度の分析を通じて、貢租米商品化のための領主的な米穀市場のあり方が考察される。それによれば、幕末期の同領では貢租全体の約八割を占める米納分が、在村代官の差配によって伊丹の米問屋宅にて数回にわたる入札によって在払され、領主にはその代銀が納入されること、在払米は伊丹の米商人を中心に買請けられ、酒造原料米として消費されたとみられること、貢租の約二割を占める銀納の石代値段は主として在払相場によっていること、等が明らかにされる。また在払相場は農民的商品米の価格（市場価格）に近く、銀納部分については貨幣地代とみてよいことが指摘される。

本論文は、早い時期に発表された在払論文として注目される。在払研究は、戦後の近世貢租研究にあっては、徴租法や石代納研究とともに、比較的研究の進んだ分野といってよいであろう。当初の在払研究においては、本論文のように、摂津地域の酒造業発展に基づく酒造米需要の拡大と結びついた貢租米処分制度として注目された。八木哲浩『近世の商品流通』（塙書房、一九六二年）は、こうした在払研究の総括的な成果である。しかし、その後、在払制度は摂津地域のみならず畿内諸私領において広汎に採用されている貢租米処分制度であり、その成立時期は十七世紀後半にさかのぼることが解明される。また、在払の市場的条件についても、酒造米需要に限定されるものではなく、農民の飯米需要を含む多様な農村部米穀需要の形成・拡大が重要であることが明らかにされている。こうした在払研究の研究史については、拙著『幕藩制社会の展開と米穀市場』第三章（大阪大学出版会、一九九四年）を参照されたい。

ついで「河内国石川家領の貢租―日本貨幣地代成立史研究の一試論―」では、幕藩制下の石代納が、日本における貨幣地代の成立という観点から究明される。主要な分析対象は河内国に所在する下館藩石川氏（本家）領とその分家の旗本石川氏領である。まず、本家領の年貢収納法は大坂出米と銀納（石代値段はその都度の大坂払米値段）、分家領では皆銀納（値段は本家領と同じ）であることを明らかにし、文化期以降、本家領では四分方米納の内に、大坂出米を上回る規模の蔵直米（在払を目的とした米納）が登場し、六分方銀納の石代値段は大坂払米平均値段に増銀を加えたものに変化すること、分家領の皆銀納についても、この本家石代値段が採用されるようになること、等が指摘される。

その上で、幕末期石川両家領で展開する石代納訴願運動が詳細に分析され、慶応期に至って、分家領皆銀納の七分方の石代値段が、従来の本家領大坂払米値段（増銀つき）から、本家領の蔵直米（在払米）平均値段（増銀なし）に変更される事実を確認する。そして、幕領三分一銀納値段とその基準となった所相場の考察をふまえて、この蔵直米値段の採用は、主として農民の商品米から構成される在郷米穀市場の米価（市場価格）の採用を意味することが指摘される。つまり、本論文では石川両家領にあっては、領民の訴願運動を媒介に、最幕末期において、部分的な形ではあれ、貨幣地代が成立に至ることが指摘、強調されるのである。

本論文が発表された一九六〇年前後の時期は、石高制に特徴づけられた近世封建的土地所有の解体過程研究の一環として、石代納の性格をめぐる論争が活発に展開された時期であった。石高制に基づく生産物地代原則の貫徹を重視し、石代納は米納年貢の単なる一転化形態、変形にすぎないとする戦前以来の系譜を有する有力な学説に対して、石代納を農民経済のブルジョア的発展に基礎づけられた貨幣地代として、より積極的に評価しようとする研究が提出されれ出したのである。本論文は、塩野芳夫（「近世封建貢租に関する一考察―貨幣地代の成立過程―」、魚澄先生古稀記念会『魚澄先生古稀記念　国史学論叢』、魚澄先生古稀記念会、一九五九年、のち『近世畿内の社会と宗教』、和泉書院、一九九五年に収録）、川浦康次（「幕藩体制と貨幣地代」、『名城商学』一四巻二号、一九六五年、のち『幕藩体制解体期の経済構造』、御茶の水書房、一九六五年に収録）等の論考とともに、こうした新しい石代納理解を明快に主張した代表的研究といってよいであろう。

ところが、こうした主張は、その後の二編の石代納論文では、いわば保留された形となり、変って民衆運動史的な問題関心が前面に押し出されている。まず「幕末期畿内における石代納―三分一直段平均化をめぐって―」では、天保期以降畿内幕領を中心に展開される三分一値段（石代値段）平均化による安石代納訴願運動が詳細に検討される。その結果、幕領では天保期には認められた三分一値段平均値に増銀という形での安石代が、嘉永期以降は認められず、差引間銀（平均値段との差額）の年賦上納仕法に変化すること、畿内諸私領では幕領三分一値段を石代値段の基準とする事例が多いものの、平均値段の採用例はないこと、等が明らかにされる。本論文では、石代納は貢租増徴の手段、小農民経営に破壊的な作用をもたらすものと捉えられ、それゆえ幕末期の本源的蓄積過程の一環として把握されるべきことが指摘される。

ついで「摂津国一橋領知の石代」では、文政期以降成立する摂津国一橋領の貢租納入制度の変化が詳細に跡づけられる。同領では当初より幕領摂津石代値段を基準とした形での皆銀納制が採用されたこと、天保期以降本途（六分方米納部分）石代値段は幕領三分一値段に一匁増となり、領民側の再三の引下げ要求にもかかわらず、増徴は幕末に至るまで継続されること、等が明らかにされている。

これら両論文では、幕末期畿内諸所領で広域的に展開する石代納訴願運動が、国訴とならぶ当該期畿内の代表的な民衆運動と理解され、評価される。石代納訴願の場合、貢租制度の枠に規定され、当然ながら訴願の広域性は同一所領の内にとどまる。個別領主権の存在ゆえに、各領主の貢租制度は本来同一ではないからである。にもかかわらず、幕末期の畿内では、幕領三分一値段が多くの私領石代値段の基準でもあったがゆえに、貢租についても幕領・私領農民は密接に絡む形で闘争を展開しえたという酒井の指摘は重要であり、注目されるべきものと考える。

それは、右の指摘が民衆運動史研究のみにとどまらず、畿内地域における貢租体系や近世領主支配のあり方を理解する上においても、大変な重要な指摘となっているからである。多くの畿内諸私領では、幕領三分一値段がそのまま採用されたり基準値となったという事実は、畿内諸私領における貢租制度・政策が全く別個独立した形であるのではなく、部分的にもしろ幕領（幕府）貢租制度・政策の強い影響下ないし規定下にあったことを意味する。近世初期に設定された在地諸藩を除く多くの畿内諸私領が、十七世紀後半以降幕領を分割する形で成立してくる経緯からみても、諸私領貢租制度の相当部分が幕領をモデルに成立し、幕領制度・政策を軸とした形での地域的な貢租体系が形成された可能性は十分に高いように思われる。

畿内諸私領における貢租制度研究自体がなお不十分なままであるという研究史の現状からすれば、右の見通しの検証も今後の課題としなければならないが、この地域的貢租体系の問題は、そのまま領主支配、当面、畿内諸私領の個別領主権の問題でもある点を確認しておきたい。というのも、安岡重明（『日本封建経済政策史論―経済統制と幕藩体制―』、有斐閣、一九五九年）が提起した畿内非領国論以来の畿内地域支配構造研究においては、貢租徴収権こそが畿内諸私領の個別領主権の実質ないし本体部分とみる理解が共通認識となってきたからである。酒井氏の石代納研究は、畿内地域にあっては、この個別領主権の本体部分すら、部分的にもしろ幕府ないし幕府制度に依拠して成立・存在している事実を明示しているのである。畿内地域における諸私領個別領主権の内実を改めて問直す作業と、こうした作業をふまえた形での畿内地域支配構造研究の再構築が要請されているように思われる。

「泉州清水領における社倉制度」では、泉州清水領の社倉政策が、領民側の動向に留意しつつ、領主支配上の意味および農民経営との関連を軸に詳細に跡づけられる。それによれば、清水領の社倉制度は幕府の寛政改革の方針を踏襲しつつ整備されること、社倉政策は財源を領民側負担とした形で成立する備荒政策であり、その目的は積穀や積銀の貸付による本百姓体制の維持にあったこと、しかし十九世紀以降貸付籾の返納や人別囲籾等の積穀が次第に不安定化し、社倉政策も無力化していくこと、変って幕末期には、本来社倉の救済からはずされた存在である無高・無作層の増大によって、彼らを対象とする施米銀方式が広範に登場すること、等が明らかにされる。二度の上知（幕領期間）にも継続される清水領社倉政策と幕府政策との共通性（同一性）が印象的である。なお、清水領社倉制度については、本論文の考察をふまえつつ、播磨国所領を主対象に、社倉政策の実現に果した取締役の役割に注目した形で、山崎善弘が考察を深めている（『近世後期の領主支配と地域社会―「百姓成立」と中間層―』第四章、清文堂出版、二〇〇七年）。

（本城正徳）

Ⅱ　大塩事件

大塩の乱と在郷町伊丹

はじめに

天保八（一八三七）年二月十九日に大坂で起った大塩平八郎の乱については、われわれは豊富な研究史をもっている。とくに第二次世界大戦前においては、『大阪市史』の編纂過程のなかで誕生した幸田成友氏の『大塩平八郎』（東亜堂書房、一九一〇年）と、大塩洗心洞門弟と称する石崎東国氏が著わした『大塩平八郎伝』（大鐙閣、一九二〇年）が双璧として聳えている。

戦後、社会経済史研究が進むなかで、いくつかの秀れた業績が発表されたが、その成果は二人に代表されているといってよい。一人は戸谷《とや》敏之氏の研究に示唆をうけて登場した阿部真琴氏で、「農業と哲学の前進―大塩中斎について―」（神戸大学『研究』創刊号、一九五一年）にはじまる業績であり、もう一人は岡本良一氏で、『大塩平八郎』（創元社、一九五六年）に集約された一連の業績である。両者は論争を展開するなかで、大塩の思想・経済と民衆のかかわり、革命性をとりあげてきた。

この状態を一歩たかめ、明治維新にいたる政治変革の過程のなかで、大塩の乱にみられた下級武士と村落支配者の連携を認め、経済主義・思想中心の検討を階級配置と基本矛盾のあり方にまで止揚して政治史と結びつけようとしたのが、堀江英一氏の『明治維新の社会構造』（有斐閣、一九五四年）であった。

ついで、一九六〇年代以後開始された幕藩制構造論の研究は、佐々木潤之介氏の『幕末社会論』(塙書房、一九六九年)にいたって維新変革の特殊日本的な方法を明らかにしようとした。しかしこの研究に触発されたいくたの成果にもかかわらず、大塩の乱の研究も、またその時代像としての天保期(一八三〇~四四)の研究もまだきわめて不十分なものにとどまり、大塩の政治史的位置づけも堀江段階にとどまっているのが現状である。

いま、幕藩制国家論がとわれ、明治国家論の本質を究明する作業も歴史学界で意欲的にすすめられている現状から考えると、幕藩制の崩壊にエポックを画する大塩の乱とそれをふくむ天保期の解明が、人民闘争史やあらたな国家像の構築などの視点からすすめられる必要がある。

最近、青木美智男氏は、この大塩研究について、全体として「平八郎個人の人物論としての分析がすすめられてきて、参加者全体の動きがよくわからないのが実情」と指摘されている(1)。大塩の伝記的・思想的研究ももちろん必要欠くべからざるものであるが、もう一つの柱として村落単位での緻密な分析が求められるであろう。また斎藤純氏らも天保期を中心に、あらたな国家論をつくるべく、従来の理論の克服をめざして前期プロレタリア・半プロレタリアの役割を通じて階級関係を明らかにしようとする観点を提示しはじめている(2)。

本稿は、このような先学の成果に学びながら、大塩の乱の関係者を生みだした西摂の在郷町伊丹を素材に、具体的な分析をすすめようとするものである。

一　天保の飢饉と伊丹地方

いせ《伊勢》の天神様がおとれ《踊》とおさる《仰》
おとら世《りや》の中よふなおる《直》

と音頭にあわせて豊年を祝い踊ったのは、天保元（一八三〇）年から二年にかけてのことであった。伊丹地方でも、川辺郡北村で天保二年五月から六月にかけてはやり、伊丹・池田、その他三八ヵ村へ他行して踊るという熱狂ぶりであり、禁令を犯してもひろがるお蔭おどりのなかに、民衆は「世直り」、時代の変化を鋭敏に感じていた。しかしその後は、天候不順によって次第に不作の色を濃くし、ついに天保七年には畿内地方一帯がはげしい飢饉に見舞われた(3)。

伊丹・池田といった在郷町場も、その周辺の農村も、農産物不足による飯料の欠乏、食料の高騰に苦しんでいた。川辺郡小坂田村の記録をみても、牛も食べないような干菜一貫目でも二五〇文もの値段がつき、人々は野辺に出て、おおばこ（車前草）をつみ雑炊に入れて食べていた。麦も前代未聞の高値で、農家でも飯麦に不足するくらいで、村方へ乞食が大勢物乞いにやってくる有様となった。天保八年四月ごろになると、領内のおおばこをとり尽して、椎堂《しどう》・利倉《とくら》村あたりまで出かけたが、ここもとり尽して逆にむこうから伊丹地方にさがしにくるくらいであった。この年の二月に、本稿の主題とする大塩の乱が起こるが、小坂田村からはるか一三村の中津川堤や吹田あたりまで草摘みに出かけ、ついでに乱後の大坂の焼跡を見物しに行く者もいるくらいであった(4)。

農村部でこの事情であるから、飯米を購入していた池田・伊丹の町場ははるかに深刻な飢餓状態にあった。噂では、この両町場でも粥施行がおこなわれ、五合杓で一人前に、池田では一杯、伊丹では三杯給与され、伊丹の酒造家小西家が米一〇〇石を放出したと伝えられた。池田村・池田町は天保八年三月当時石高一七二四石三八のところに人口五二三九人をかかえていたが、そのうち「夫食才覚有之候者」はわずか八二一人で、のこりの八四・三％に及ぶ四四一八人が飢人として数えられていた。同町村では、天保七年九月に恒例の神事渡御もとりやめ、神事中は魚商人の村内立入をも禁止し、十月からは「身元相応ニ相暮候者ゟ持寄、日々粥をたき難渋之者江相救遣し候得共」（林田良平氏所蔵文書）、困窮者にとっては焼石に水のような状態であった。

伊丹も同じ事情にあり、天保七年から「御救米御加勢并御手当米調帳」が作成され、加勢米高・名前などをもれなく吟味するように命じられ、二年後の九年閏四月にもそのことを触れている。この年五月には、右の加勢の向々に褒詞が下され、領主近衛家からの筆・色紙が与えられた(5)。さきの噂の伝えるような救恤がかなり実施されたと思われる。

池田・伊丹地方は、灘酒造業の台頭する以前からの伝統的な酒造地で、とりわけ伊丹郷町の経済的・社会的構成は、酒造業およびそれに関連した手工業・商業を中心として多様な職種の営業からなっていた。天保七年からの飢饉は、この酒造業にとっても大きな打撃を与え、それを軸に編成されていた在郷町貧民の窮乏をいっそう激化させたと思われる。このようななかで、天保八年二月十九日の大塩平八郎の乱が起こり、伊丹との直接的な関連が生じるのである。そしてお蔭おどりとは別の激しい「世直り」の事件が、時代を画期づけたのである。

大塩騒動による火災とともに群集は先をいそいで逃げまわった。大坂斎藤町の医者が記録した「浮世の有様」も「諸人木津・難波・住吉・堺・尼ヶ崎・池田・伊丹其外近辺の在の逃（ママ）行候者夥敷、誠に大乱世と相見、此上如何相成候事哉と恐居候」とのべている(6)。伊丹への避難者はそう大した数ではないだろうが、もっと根深いところで、大塩与党の結びつきがあったのである(7)。

具体的な主題の分析に入る前に、年貢を中心に伊丹郷町のこの時期の特徴を少しとりあげておこう。近衛家領伊丹一三ヵ村の天保七年の年貢勘定帳は、表のとおりである。この一三ヵ村のうち、曼陀羅寺村だけが純農村で、他の村々は伊丹郷町を構成する町場的な村であった。これらの総年貢（物成）は一七五〇石九六弱で、うち定免引方が八〇石、さらに伊丹町についてのみ郷中窮民救用捨として一〇〇石、凶作による当年別段用捨三〇石がひかれ、他の村々は石代で換算した銀高から「口々用捨」が貨幣形態で差引かれた。米納分は本来なら村によって差異が生ずるはずであるが、総量を一〇〇石にし、これを取米高と比例させて分配しているため、ほぼ同じ米納率となって

表　伊丹13ヵ村年貢勘定（天保７年12月）

村名	物成 石	定免引方 石	米納 石	郷中窮民救用捨 石	当年別段用捨 石	残石高 石	左の代銀 匁	口々用捨 匁
伊丹町	644.27346	28.23958	104	100	30	382.03388	60361.35	—
北少路村	245.01777	11.17069	41	—	—	192.84708	30469.8386	4939.569
昆陽口村	129.01199	5.86173	22	—	—	101.15026	15981.741	3602.924
南・北中少路村	95.39116	4.3683	17	—	—	74.02286	11695.612	1484.58
円正寺村	17.21515	0.76196	3	—	—	13.45319	2125.604	241.09
外城村	48.48057	2.22292	8	—	—	38.25765	6044.708	928.39
外崎村	99.10615	4.52591	47	—	—	47.58024	17517.678	1981.61
高畑村	27.3009	1.25179	5	—	—	21.04911	3325.759	1086.47
古・新野田村	101.95867	4.61416	18	—	—	79.34451	12536.432	1998.462
植松村	236.07879	10.41985	41	—	—	184.65894	29176.112	5609.97
曼陀羅寺村	107.12038	6.56311	24	—	—	76.55727	12096.048	3548.53
計	1750.95499	80	330	100	30	1210.95499	191330.888	25421.595

出典：伊丹市図書館所蔵文書15の１。数字は原史料のまま。

いる。実態と若干の乖離があると思われるが、史料的制約から一応これに依拠しておこう。

この数値と、飢饉からの回復のきざしのみえた天保十年のそれとを比較すると、物成総石高・定免引高・米納高とも同一であり、相異点は、一つは用捨引にあるが、それ以上に問題なのは、石代値段である。天保七年では一石一五八匁であり、これにもとづいて石高を銀値段に換算しているため銀高が大きくなっているが、同十年では七三匁で実に半額にしかならない。貧農層が賃銀収入によって経営をささえ、些少ながらも年貢納入を確保しようとすれば、一般に賃銀が物価ほど上昇しない事情を考えると、これら下層民に米価高騰が重圧としてかかったことはいうまでもない。

植松村の例でも、村高二六四石余に対して、免率は幕末期ほぼコンスタントに八五％であった。この高さは、石高制の年貢が単なる米生産力に応じたものでなく、貨幣収入など村の経済性をもくみ入れた収奪であるという通説の正しさを示している。しかも植松村の主要な構成員は、後に分析するように多く貧農・半プロ層であり、一部地主・小作関係のもとにあるほか、何らかの貨幣収入に依拠した階層とすれば、土地保有者が年貢収奪の軽減を実現しないかぎり、その負担を直接・間接に転化させられていたといえる。大塩の施行に、伊丹郷町が加わる客観的な条件はここにあると思われる。

二　伊勢町紙屋幸五郎のこと

平八郎の妾ゆう（正妻はいない）は、大坂曾根崎新地一丁目茶屋（大黒屋）和市の娘で、本名をひろと称した。大塩に見染められて、文政元（一八一八）年に摂津東成郡般若寺村の橋本忠兵衛の妹分という名義で大塩邸に迎えられていた。忠兵衛は、「ほうずき忠兵衛」ともいわれたこの地方の豪農・庄屋であり、文化八（一八一一）年ごろから大塩の門弟となった、最も重要な与党の一人であった。大塩平八郎の養子格之助の妻みねは、忠兵衛の娘であった。

天保八（一八三七）年二月七日に、平八郎は、ゆう・みね・平八郎養女いく（同人の叔父吹田村宮脇志摩の娘）および弓太郎（格之助とみねとの間に生まれた子）に下女りつをつけて、一行五人を一旦般若寺村の忠兵衛のもとに預けた。そして間もなく「差支之儀有之」として、十五日には忠兵衛が付添って川辺郡伊丹伊勢町の紙屋幸五郎方に移動させた。

幸五郎は「大塩平八郎与ハ兼而懇意ニいたし候、去酉（天保八年）二月同人方江罷越候節」に、忠兵衛家内の者が、伊丹から程近い中山寺観音を参詣かたがた近辺を遊覧したいので、止宿させてくれるよう頼まれた。かれは、忠兵衛とも「此ものと知ル人故」とか「忠兵衛懇意ニいたし候」という間柄であったので、これを承諾したのである(8)。伊勢町は、伊丹郷町のうちの中心部をなす伊丹町の南端近くに位置する町場であり、数軒の酒造業者が存在していた。

二月十九日の事件のあと、避難者にまぎれて大塩与党の一四人は、大坂東横堀から大川筋の八軒屋にのがれた。

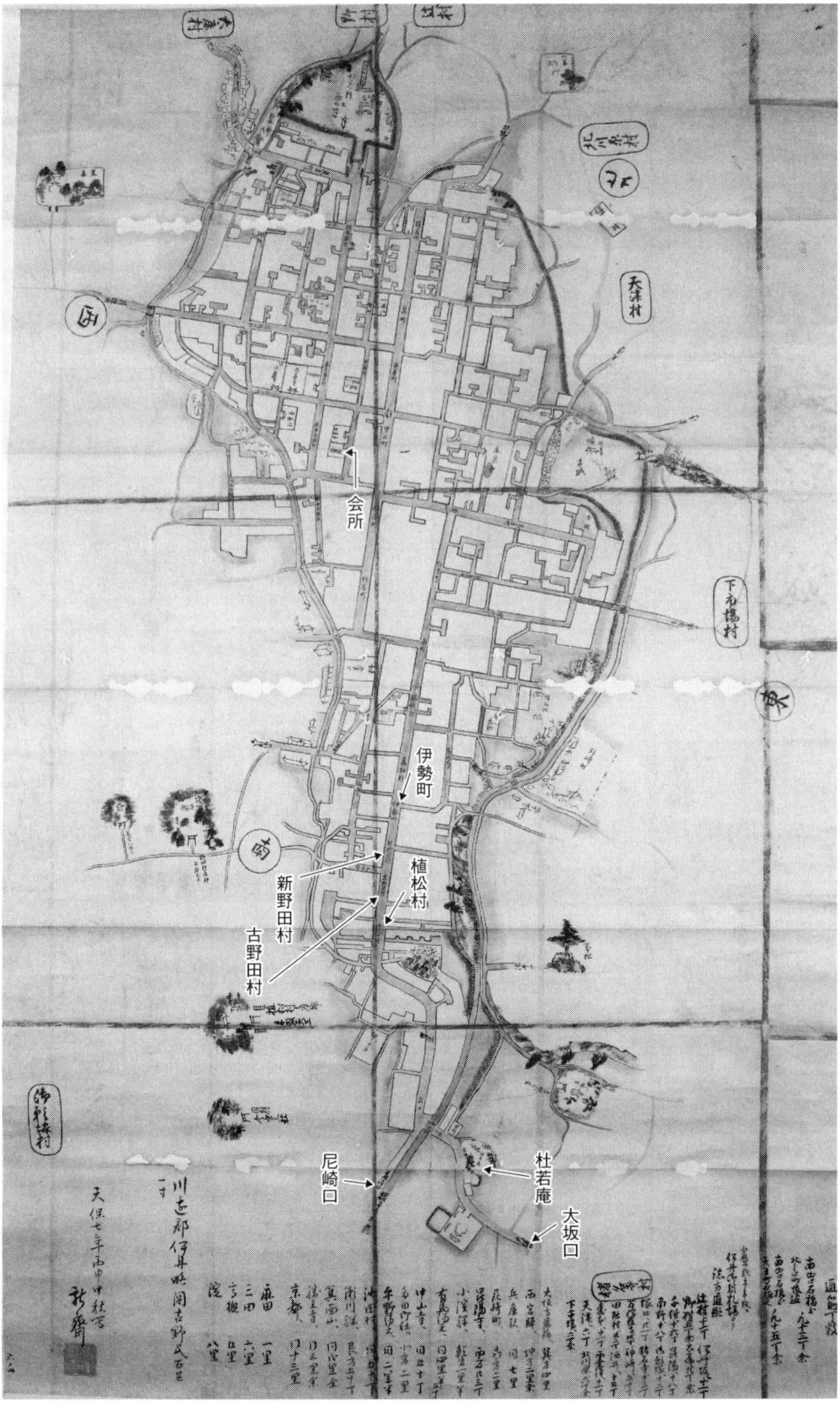

「伊丹郷町絵図」（「文化改正伊丹之図」天保7年写、伊丹市立博物館所蔵、一部加筆）

大塩父子・瀬田済之助・渡辺良左衛門・杉山三平、それに忠兵衛・天満北木幡町の大工作兵衛らである。ここで小舟に乗り船頭を脅迫しながら大川を上下したが、その内平八郎が遺言をのべ、ゆう等に自殺をすすめるように命じたので、忠兵衛と作兵衛の二人は一行より一足さきに上陸し、混雑のなかを伊丹へ走った。(9)

作兵衛は、大工職渡世の者で、母が以前大塩方の賄いにつとめていた関係で、正月ごろから日々日雇に入り、大塩が泉州七堂浜で大筒丁打（練習のこと）をするので、棒・火矢細工の注文をうけ、たまたま格之助宅に泊まって連日夜おそくまで仕事に励んでいた。十九日に施行のある由をきいていたが、早朝騒然とした大塩邸の様子に初めてその計画を知り、これに参加したものであった。

二人は、夜四ツ半時（午後十一時）ごろ幸五郎宅に着き、深夜密かに事件を説明し、大塩の伝言を話して自殺をすすめた。ゆう等は一旦意を決したものの、幼少の弓太郎の「生死」を案じ、「暫く存命致度旨」を忠兵衛に懇願したので、娘と孫の情にほだされてかれも同意し、ここを遁れることにした。翌二十日早朝、幸五郎には忠兵衛から、中山寺へ参詣したのち般若寺村に帰ると伝えて、一行は出発した。幸五郎は大坂の異変と大塩・忠兵衛のかかわりをまだ知らなかった。一行は能勢郡へ立ちまわり、丹州路を経て京都へ入った。二十五日になって柳馬場三条下ル町にあった木賃宿（喜兵衛方）に、摂州原村山田七助一行と名乗って宿泊したが、宿屋年行司からの宿泊人届けで京都町奉行所の吟味をうけ、二十七日に悉く逮捕された。

幸五郎は、この事件との関係について「実ハ平八郎不容易企いたし、発起之期ニ至、同人子供・妾等為立退可置ため、品能申欺候」（「浪華異聞　天」）とのべている。文字どおり直接のかかわりはなく、「品能申欺」かれたことになるわけであるが、かれがかねて平八郎や忠兵衛と懇意であり、かなり交流のあったことからみると、大塩が伊丹地方に来て講義をするにさいして何らかの役割を演じていたとも考えられる。

事件後、天保九年正月に大坂町奉行所同心が伊丹に出張してきたさい、町方では、幸五郎について「再調」になるか「付立」（欠所による身代限り）になるか案じられたが、結局「何等之沙汰茂無之帰去、先安心之趣致承知候」（伊丹市図書館所蔵文書41の2）と領主近衛家の家臣が報じている。このあと大坂鈴木町代官根本善左衛門が追って裁許を下すことになっているが、その内容は不明ながら、さして重い処罰はなかったものと予想される。

それでは、紙屋幸五郎はどのような人物であったか。二次的な史料ながら「大阪騒動之目録」（大阪市立中央図書館所蔵）によると、紙屋幸五郎は「伊丹伊勢町帋屋七郎右衛門」となっている。ここへゆう等一行が隠れたという噂が立ったが、かれについては、「至而厳重之人ニ御座候、則伊丹表ニて近衛殿の御役茂相勤被申候人ニ御座候、尤大塩とわ常々じう《（つ）》こん之合柄ニ而、学文万端よみ物ニ時々被参候、猶又時節柄ニ付、伊丹表ニ難渋人も数多御座候、右大塩施行被致候砌、七郎右衛門世話ニ被致、伊丹表難渋人江茂夫々施行可被遣候」と記している。大塩との学問上の交流・施行とのかかわりがあり、そのため疑いがかかるのはもっともだが、匿ってはいないと否定し、一応嫌疑がかかっているため「町預け」になったという。

七郎右衛門という名は、大塩関係の数多くの記録のなかで、額田善右衛門が誤伝され、額田、糠田あるいは糠屋、ついには砂糖屋になったのと同じように、「善」の字体が伝写の過程で崩れて「七郎」となり、さらに幸五郎との混同が生じたと推定される。たとえば、「大塩逆騒実誌」のあげるゆう・みね申口には「糠田七郎右衛門」とある。天保三年に、伊丹郷町方役として「額田七郎右衛門」の名が知られ、町庄屋を勤めているし（山本賢之助氏所蔵文書、津国屋閑三郎「諸用控」）、弘化二（一八四五）年には、酒造家紙屋七郎右衛門のいることがわかる。(10) ゆう等隠匿はまぎれもない事実で、その点この伝聞史料はきわめて不十分であり、人名上も混同しやすい要因があったものの、紙屋幸五郎の伊丹における地位をおぼろげながらも伝えている。紙屋という酒造家もあるからその一族ででもあろうか。

なお天保九年閏四月に、伊丹で木綿屋某の倅が身持ち悪く、親元に押込を命じられたことがあるが、その折「幸五郎世話いたし改心之由」（伊丹市図書館所蔵文書41の21）という出来事があり、この幸五郎が右の紙屋とすれば、この時点で再び町方で一定の役割を演じ始めたことになる。いずれにしても、幸五郎は二月十九日夜のように、ゆう等四人の大人と二人の子どもを泊めうる家であり、酒造家につながる「豪商」的存在であり、大塩を招いてその講義を聞いたという酒屋グループかその周辺にいた階層であったとみていいだろう。その意味で、大塩与党に参加した農村の村役人と同じ階層といえるが、これら在郷町の「ブルジョア」を講義上組織しながら、蜂起には直接巻き込みえなかったのである。さらに考えれば、つぎにのべるグループへの期待が大塩のなかに秘められていたのではないだろうか。

三　馬持額田善右衛門らのこと──前期プロレタリア的性格──

当時、大坂玉造口与力であった坂本鉉之助は、かねて大塩と昵懇の間柄であった。乱にさいしては荻野流砲術の手腕を発揮して鎮圧につとめ、大塩勢の大筒方で、彦根浪人と称した梅田源右衛門を射とめて、一揆敗北の契機をつくり功をあげた人物である。その記録「咬菜秘記」は、大塩研究上必見の文献であるが、そのなかに、伊丹とのかかわりを示す記事がある。内容が微細にわたり、しかも原本が稀覯本なので、繁を煩わず引用しておく。

平八郎、近年伊丹の酒蔵家に彼是門人有て、折々招待にて平八郎参りて滞留して講釈せしが、伊丹の馬奴両人一文不通の者ながら其講釈と云ふものを一度ハ聴て見たいと申故、社中の許しで内証にて次の間襖の蔭にて聴かせければ、至極面白くて難有いと申して、講釈の度毎に襖の蔭へ出て聴き居たるを、或時平八郎其由を知りて、夫ハ甚だ殊勝なる志なり、左らば馬奴にても此方の弟子に致して遣す間、矢張席中の末座に出で聴けとて、其後ハ一ト間の中にて講釈を聴かる丶ことになりて、殊の外難有がり先生様とて尊敬したりしが、（天保八年）二月の十七、八日の頃に両人共急に用事あれバ来れとて、大塩より呼びに遣はせしが、其内一人の者ハ、此頃少々博奕を致したれば、若し哉其の事が先生様に聞へて呼で叱られることかと内心に疑念を起して、些不快なれば我はゆけぬ程に、そなた一人先づ行きて御用を聞て参れと云ふ故、去らばとて一人大塩へ参り、某は少々不快にて参り得ず、先づ私一人参りたり、御用ハ何にやと申せば、平八郎呼入て申にハ、定めて米高にて其方共も難義すべし、先づ是をとらするとて一朱金を一握りつかみて遣し、袂を出せとて袂の中へ入れて遣り、又一握り掴みて是ハ参らぬ今一人へ遣す程に持帰りて遣れといふて、又一方の袂を出させて夫へ入れて遣りければ、驚き入りて難有がり、平常結構なる御講釈を承りて難有存ずる上へ、ヶ様な御恵みを請けてハ重々恐入りて難有、定めて某も嘸難有がり可申と云ふ、平八郎申は、イヤ外に頼みたき用事もあるから其用事を精出して働けとて、かの檄文を（是ハ世間へまきちらしたる落し文にて、世間に見たる人多し、貞ハ遠藤殿（近江三上藩主遠藤但馬守のこと、事件当時大坂玉造口定番を務めていた。）の御見せ候を一覧せし計りゆへ委敷ハ覚へず、板行にして美濃紙四、五枚へ摺りて夫を黄なる木綿の袋に入れて其上へ伊勢剣先の御祓を一ツ挟みて、天より下さるゝと上書をしてあり、此檄文十九日場所の長持の中にも夥敷ありたり、いまだ此時散らしの思ふ程行届かざりしことにや）夥敷渡して、是を段々西の宮より灘目・兵庫の方、一村々々の寺或ハ社の類へ人知れぬ様に蒔き賦バれ、今一人と申合せて随分早く遠方まで行届く様に賦り呉よ、其用事申付くる間、夜の用心の為め亦是を遣るとて、長脇差を二腰渡して、是を指して両人して働いて呉れよと申せば、其者是ハ何より易き御用なり、私共歩行むことハ年中商売なれば少しも苦労に存せず、夫に又結構な脇差まで頂戴いたして、某も嘸悦び可申とて受合ければ、直に是から帰り掛けに大坂外れの村々より伊丹迄の道筋へも夫々配りて帰れと申付て遣りぬ。

　其者唯一走りに道筋夫々配りて急ぎて伊丹へ帰り、扨今一人の所へ行て、先生様御用ハ米高にて難渋する故、恵て遣るとて金子を夥敷下されたりと云へば、左様の事なら我等も行けば能きを作《(詐)》病遣ひて行かさりしは残念なりと云ふ、イヤそなたにも下されたりとて片袂の一朱をふるひ出せば、一人も殊の外に驚きて誠に存じ寄らぬ難有事哉といふ、また外に下されたるものありとて、彼脇差を出して遣れば、猶以て驚きて難有がる、扨御頼みの御用があるがと、是ハ爰で人の聞く所でハいわれぬ、此方へ来いと云て、村外れの産神の森の中へ同道して、扨御用と云ハ是を方々の村々の寺や社へ賦り歩行く御用なりとて、彼の檄文を出せば、夫々中に何が書いてあるかと云ふ、先の一人いろはのいの字も知らぬ故、夫ハ一向知らぬといふ、さらばおれが見やうとて、中の檄文を読み兼るなりに、所々読みて見て、イヤ是ハ滅多にウカと出来ぬ大事のことなり、仮令先生様の御頼みでも是は己れハ断はるなり、そなたもめったな事ハ出来ぬぞ、よく勘弁せいと云ふ、一人ハ大ニ驚きて其様な事とハ知らず是迄道筋を大分配りて来たといふ故、今迄配りた事ハ是非に及ばぬが、是より配ること勘弁せよと云て、其儘宅へ帰りし、一人は殊の外其事を苦労に思ひて居しや、十九日大阪の乱妨の事伊丹へ聞ゆると、此馬士俄に発狂して種々のことを口走りて伊丹の町中を駈廻り、卒に産神の森へ行きて首縊りて死したり、馬奴にハ似合はぬ正直なる気質あ《(な)》り。

「咬菜秘記」は、大塩にまつわるエピソードや交戦の様子を伝える史料として貴重なものであるので、長々と引用した。伊丹に関する引用部分にも、当然いくつかの誤りがふくまれているが、現在文献上確かめられない伊丹馬借と大塩との交流についても叙述が生き生きとしており、信憑性が高いとみてもよいだろう。坂本は、おそらく当時の取調べや風聞にもとづいて書いたのであろう。大塩と伊丹については、「浮世の有様」も二ヵ所で触れている[11]。そのうちの一つは、大塩が「馬士」二人を天保八（一八三七）年正月によんだが、一人だけ来たので、これに金子五両を渡し、「近日に人足分入用に候間仕立申べく」と命じ、その後二月十八日にこの者を呼寄せ、一〇両を与え人数何十人かを仕立てるよう指示したという。さきの坂本の回想と類似した点があり、話の筋からみて「咬菜秘記」の記述が利用に堪えうることを示している。

これによると、大塩はかねて伊丹の酒造家に陽明学を講義していたことがわかる(12)。そこへ馬借の二人が別室から襖ごしにその講義を聞いて傾倒し、さらに同席を許されて大塩に心服したというのである。この二人の名前は、確定できる。二人とも伊丹植松村の「馬持」馬借で、一人は額田善右衛門、別名油屋吉蔵であり、もう一人は升屋茂兵衛である。大塩邸によばれて檄文を配布したのは善右衛門であった。

地元伊丹の伊勢町で質屋業を営んでいた木綿屋与次兵衛の記録「天保度以来永代記」（木村与次三郎氏所蔵文書）も、大塩と伊丹の関係をつぎのように書き残している(13)。

……焼出され人夥しく最寄ニ逃、伊丹へも数人参り申候、朝五ツ時頃（二月十九日）ゟ初り、其夜七ツ時頃ニ漸々火鎮リ申候、あちこち役人躰之者之死骸在之候、右大筒車ニのせ角力取抔ニひかせ、其外見当次第ひかせ候由、翌日より神崎渡し場ニ而往来人相改メ申候、其後右一味之人数諸方ニ而召捕又者切腹、当町内油屋善右衛門大塩弟子ニ在之処、十八日ニ参り落し文在之、持歩行候ニ付、東ノ曾根村ニ而首縊《くゝ》り相果申候ニ付、公儀ゟ検使在之候、其時之書付手元ニ在之候

ここにいたると、善右衛門の終末までが整理されて理解できるが、もう少し詳細に、大塩との交流や馬借二人の生活状況の一端に触れてみたいと思う。

大塩平八郎は、手もちの書籍を売却し、天保八年の二月上旬からそれを原資として、一人あて金一朱ずつ施行するという板行摺の小札(14)、または銭二〇〇文に引替えるという印紙を配付させた。これには主な門弟があたり、河州茨田郡の世木・北嶋、摂州東成郡の下辻・内代・馬場・関目・今市・千林・上辻の九ヵ村の者は、般若寺村忠兵衛から、東成郡沢上江・中野・友渕、西成郡薭嶋の四ヵ村は孝太郎から、東成郡猪飼野村は同村司哥之助親司馬之助から、茨田郡江野・別所・中・南嶋・荒生・北寺方・池田下・池田中・池田川の九ヵ村には守口町彦右衛門親孝右衛門から、東成郡森小路村には同村医師文哉、河州志紀郡弓削村には同村利三郎から請取るようになっており、そ

の村数はこのほか、河州渋川郡衣摺村、交野郡尊延寺村や摂州川辺郡伊丹郷などをふくめて、三三ヵ村に及んでいた。(15)

伊丹については、「伊丹植松村・同村伊勢町のもの共ハ、同町善右衛門ゟ銘々貰受」（「浪華異聞」）けていた。施行引札の配付数はもとよりわからないが、右の守口町孝右衛門の場合では、二月のある日（「不覚」）に、施行札二五〇枚を大塩から渡され、村方へ一〇〇枚、池田村へ七〇枚、(16)のこりは近村難渋人へ差遣わすように命じられている。善右衛門は、この施行札を軸に、かれが伊丹在郷の貧農・半プロ層を人足としてオルグしようとしていたことは確かである。大塩の意図は、施行札を請取った者を「人足」その実、一党の兵力に加えようとするものであったからである。

二次的な史料ながら風聞を留書したと思われる「大阪騒動之目録」は、「同所（伊丹）植杢馬持善右衛門と申者、聊の学文ニ心を寄、大塩江弟子入仕、尤大塩氏之気ニ入りニ而御座候、直（猶）又大塩より施行之砌、伊丹役中等同道ニ而世話万端致候趣」と記している。植松村は、伊丹郷町の南端にあり、さきにみた伊丹町南端の伊勢町よりさらに南下した地点にあり、これまた酒造業者数軒が存在し、それをとりまくように零細な家並みが続いていたところであった。

さて、取調べにさいして、女房もんは、つぎのように供述している。夫善右衛門は、「馬士渡世」をしていたので、平素から二、三日もしくは五、六日も帰宅しないことがあった。天保八年の二月十五日に大坂表へ行くといい残して出かけた。十九日朝四ツ時ごろ（午前十時）刀脇差を帯びて帰宅したが、程なくまた家をとび出し、そのまま帰らなかった。夫がとび出したあとへ、茂兵衛が来て話すには、善右衛門は大塩を「仁慈之者」と思い、「施行配」りと唱えて人足を雇ったが、この点について公儀に対し恐入る次第と話して聞かせたところ、いつもとちがった様子で、どこかへ立戻ったという。もんは、それを聞いて不審に思い、夫の行方を尋ねたがわからず、その折柄大塩一件の取沙汰を耳にして不安に思っていた。

茂兵衛の供述では、十九日四ツ時ごろ、おそらくまだ帰宅する前であろう、善右衛門がかれに会い、大塩方へ人足を雇ったことを後悔していると話したので、もし懸念することがあるなら、領主役場（近衛家会所）へ申立てるように答えたところ、善右衛門は「発狂ニも可有之哉、俄ニ其場ゟ駈出し」た。そこで不審に思い、その様子をもんに伝えたという。

この二人の供述を総合すると、善右衛門は十五日に大坂に向ったことになる。同夜天満与力町の大塩洗心洞に与党の者が会したというから、当然これに列席していたとみてよい。そして十九日早暁まで止宿していたのであろう。大塩邸にとまるのは、この点が最初でないことは、後掲の杉山三平の供述にもあるとおりである。十六日から与党の出入が激しくなり、十八日には兵庫西出町の柴屋長太夫をも迎えて、夜には酒宴を催し、渡辺良左衛門・橋本忠兵衛ら主な同志とともに宿泊した。そして翌朝起きがけに檄文をもって大塩邸を出発、四ツ時に伊丹に戻って来たと思われる。

大坂・伊丹間は四里の道のりで、檄文をまきながら急いだとしても、三、四時間はかかろう。天満を出発した時点では、十七日夜の平山助次郎の裏切りやその後の通報もしらずにその道中をいそいだに違いない。瀬田済之助が急を大塩邸に伝えたのが六ツ半（午前七時）、これより邸内が騒然となり、大塩勢が火を放ったのが五ツ時（午前八時）ごろだから、大坂方面に望まれた火の手をかれはどのようにみたのであろうか。

有名な「四海こんきういたし候ハヽ、天禄ながくたゝん」で始まる檄文は、[17]蜂起の前年の十二月にはでき上っていたようで、天保八年の正月から二月にかけて門人への手配がなされたと思われる。檄文は、摂河泉播のうち「田畑所持不致もの、たとへ所持いたし候共、父母妻子家内之養方難出来程之難渋者へ」よびかけたものであった。そして「是迄地頭村方ニある年貢等ニかゝわり候諸記録・帳面類ハ都而引破焼捨可申」とも指摘した。ここには、単なる米金の施行から一歩すすんで、年貢収奪機能の停止まで考えていたということができる。その意味からしても、檄文は、石崎東国氏が「蓋シ先生一代ノ精力満腔ノ忠憤傾倒シテ此ノ一篇ニ存スルヲ見ル」[18]と指摘するように、大塩思想の最終像を示していた。

この「落し文」檄文は、酉の内（美濃紙ともいう）五枚続きに板行されたもので、薄黄（鬱金《うこん》色）絹の袋に入れ、袋上に、「天より被下候村々小前のものニ至迄へ」と墨書し、裏に伊勢神宮の御祓を貼付していた。その配付については、「是年（天保八年）二月十七日夜先生（大塩）弔民唱義ノ檄文ヲ摂河泉播ノ間ニ伝フ、義盟ノ門人上田孝太郎、額田善右衛門等数人其任ニ当ル、十七日夜ヨリ十九日暁ニ至ル方数十里其数ヲ知ラズ」という[19]。檄文が落ちていたと届出た村として幸田成友氏は、「一件吟味伺書」によって、摂津では沢之上《かすがえ》村・稗島村・赤川村・野里村・天王寺庄・加嶋村・大和田村・上福嶋村・森小路村・光立寺村・下三番村・海老江村・三津屋村・新在家村、河内では池田中村・同下村・池田川村をあげているし、このほか摂州でも宮原新家村・西大道村・北大道村・柴嶋《くにじま》村などまだ多数を検証することが可能であろう[20]。

善右衛門が配付しはじめた時期と区域ははっきりしないが、少くとも「咬菜秘記」や遺書の文言から察すると、天満から西にかけてがかれの分担であり、馬借としての健脚を駆って動いたと考えられる。その日を十九日早暁とみても、十三渡しなどで知人に手渡すなり、行きずりの村に投じたりしてかなり配り、残りを持ち帰って自宅に秘したと思われる[21]。右にあげた村名のうち、加嶋村・三津屋村などはかれの手によるとみてよいだろう。

檄文配付の刻限をみると、東成郡赤川村では、十九日朝六ツ半時に国役堤字郷蔵上というところに落ちているのを発見されており（「一件吟味伺書」は朝五ツ時とする）、西成郡北大道村では同九ツ時ごろに村の農民が女づれの帯刀した者から直接うけとっている[22]。九ツ時はやや早く、何らかの間違いの可能性が大きい。沢之上村孝太郎およびその関係者の尋問では、十八日に大塩邸へ赴き、平八郎から壱朱金を九九枚うけとり、帰村の上村内や近村の者へ施行した。翌十九日朝六ツ時すぎに檄文三〇部を受取り、「所々江捨置可申」旨を被施行者に依頼している。朝五ツ時前に、孝太郎は庄屋平次郎に出逢って檄文三部をわたし、その足で叔父四郎兵衛のいた西成郡稗嶋村に走り、同じく朝五ツ時前に渡したことになっている。これらのことから考えると、瀬田の急報が入った六ツ半時にはすでに配布担当の孝太郎・善右衛門は大塩邸から行動を開始していたと思われる。

十九日の朝、発狂のような容態で伊丹から姿を消した善右衛門らは、三月一日に、安部摂津守領分摂州豊嶋郡曾根村で縊死体となって発見された。伊丹の東方、隔たること半里の地点である。遺骸は同村地に「仮埋」にされた。そのそばに、「額田善右衛門」と上書きした書付けが散乱していた。遺書である。いまこれを「大坂乱妨一件吟味伺書　二」と「浪華異聞　地」の文章のままで、一部改行の点で補正した上で示すと、つぎのとおりである。

乍恐口上

油屋吉蔵事　額田善右衛門

一私儀、大塩平八郎殿兼而仁心之人与存候処、此度右同人施行被致候役ニ被相頼、続而当月十九日朝同様あつき志之施行差紙村々江配り被申候役ニ被遣候与存、天より下され物与書付候書物、村々又は十三渡場なとニ而知合之人々江相渡、跡ニ而承リ候へ者大塩企事之由、存之外なる事、御公儀江対恐入、唯善事与存被相頼候事、悪ニ組候様世上人之口ニかゝり口おしき事ニ存候、尚又我朋友之もの大塩施行金十九日ニ少々遣し、猶大塩方江参り施行申請候様申遣候もの拾人斗御座候、此者とも私おろかより定而難儀ニ逢候様存候、此ものともハ何事も不存候故、能々御聞合之上御憐愍奉願候、何分此度之大変　御上江申訳恐入候、一命を極候、あわれ我罪なき事、御憐察可被下候（度）奉願候、以上

月　日　額田善右衛門

御公儀様

猶妻子之ものとも御憐愍幾重ニも奉願上候、以上

追書置、右之太刀・差紙大塩企立事与聞候より早速我家江忍ひ二階之北之方江入置候、家内之ものしり不申、御上様ゟ御しらへ被下候、但、此書置候死人残言、我むほん企抔候者か、我当地又ハ近在ニ而得与我心中ヲ御聞合被下候上、御憐愍御願申上候、以上

額田善右衛門

御上様

今一命落候時ニ書候故、口上前後之段御断申上候、我等此度不存寄大難出来、一命を落、此所穢候段御免可被下候

月　日

所御役人中

いかにも遺言らしく、自殺寸前の気持の乱れがうかがえるが、大塩の乱に加担の意志のなかったこと、自分がよびかけたことで災難をまねくであろう伊丹住民や家族にひたすら憐愍の沙汰を願ったものである。

「大塩企事之由、存之外なる事」とのべていることは、果たしてそうであろうか。「吟味伺書」はその点を疑って「右書面之趣者親族之身を厭ひ取繕ひ申立候儀与相見」と判断しており、おそらく知人・家族へ累の及ぶことを慮ってのこととみてよいだろう。善意に解釈すれば、坂本鉉之助のいうように、大塩施行の善意をたより、「仁心の人」と敬愛しただけで、蜂起をよびかける檄文すら読めなかったから、計画を直接知らなかったとみえる。檄文をみつけた村方からの届出の多くは、その難解ぶりを指摘しているものの、[23]檄文についても全く知らなかったのだろうか。河州渋川郡衣摺《きずり》村で庄屋を勤めながら、村方の出入の腰押をして「領主役場之申渡不相聞」るため、村払となり、守口町白井孝右衛門の紹介で大塩の門弟となった「無宿」杉山三平が、善右衛門と知りあった経緯について、

平八郎方江折々罷越止宿いたし候摂州伊丹植松村善右衛門ハ、力量并才覚も有之候ニ付、平八郎門弟之内おゐ

て、同人も取用候もの之由、正《（大井）》一郎咄聞、同人引合ニ而善右衛門与知ル人ニ相成と述べているのに、注目しなければならない。大塩が善右衛門の力量・才覚をことさら評価していたというのである。とすれば、善右衛門が一切事の相談にあずからなかったといいきれるであろうか。また大塩の期待が、どのようなものであったか。またかれが「門弟」として特異な存在であり、それが伊丹におけるかれの階級性とかかわってはいなかったろうか。

大塩が乱にさいして動員した大筒は、百目筒の鉄砲が三挺、巣口《すぐち》四寸ばかりの木筒が二挺、合わせて五挺であったが、そのうち四挺は車台付きで、車にのせて牽引した。この車台にはそれぞれつぎの人名が書き記されていた。㈠には、宮脇志摩守（平八郎叔父、摂州嶋下郡吹田村西宮神主）・大井正一郎（玉造口与力伝次郎悴）・白井孝右衛門（河州茨田郡守口町古手屋・質屋）・橋本忠兵衛（摂州東成郡般若寺村庄屋）、㈡には瀬田済之助（東組与力）・平山助次郎（東組同心）・柏岡源右衛門（摂州般若寺村年寄）、㈢には近藤梶五郎（東組同心鍋五郎の子）・竹上万太郎（弓奉行組同心）・高橋九右衛門（河州茨田郡門真三番村農民）、それに㈣として大塩格之助（東組与力、平八郎養子）・庄司儀左衛門（東組同心）・茨田郡次（河州茨田郡門真三番村農民）・額田善右衛門である。

これらは、蜂起に参加した与党の構成と同じく、与力・同心といった武士身分と百姓身分に二分することができる。このうち、百姓身分の多くは、豪農層であって大塩家の勝手方をつとめたり、姻籍関係にあった、村役人またはそのクラスの人物であった。そのなかにあって善右衛門は少しくちがった階層をなしていた。

かれは、車台に名前を刻まれたことについて、とくに「右額田善右衛門者摂州伊丹植松村善右衛門ニ而、其□《（愚カ）》昧之百姓共夫々苗字を以認載候儀与相聞」と、評定所の吟味でいわれる存在であった。この一四人の名は平八郎自らが揮毫したというから、まさにかれの最も信頼した門弟・血縁者と判断してまちがいない（もっともこのなかから平山のような「反忠者」の出たことも皮肉であるが）。そのため、善右衛門の遺書が、知人・家族への連座をおそれて大塩の企てを知らなかったと書きとめたのに対し、「吟味書」も車台に刻まれた善右衛門名をもって疑問を提示しているところである。

遺書によって家宅捜査され、二階の北の方に家族にも秘してかくしていた「刀并脇差・捨文」が押収された。朝一旦家へ立ち帰ったときに隠匿したのであろう。

取調べの結果は、伊丹は大坂から四里の行程を隔てたところであり、「善右衛門悪意翻候刻限等、賊徒共発起申否も不相分内」であるとみて、事件以前に思いとどまったため、自殺によって事は解決したと判断し、死骸取捨、所持の田畑家屋敷・家財は欠所に処せられた。天保九年二月二十日付の近衛家代官安平次右京大進・木村兵庫大允から伊丹惣宿老であった山本庄兵衛・坂上三有郎・八尾与左衛門あての御用状（伊丹市図書館所蔵文書41の2）によると、正月二十日に大坂同心が大塩一件吟味のためやって来て、伊丹宿屋にとまり、翌二十一日に、「彼馬持善右衛門死跡・家財等付立点帖二冊拵、一冊者大坂ニ留置、一冊者江戸表へ達し可申旨噂ニ而持帰候由」を伝えている。

ここでさらに、善右衛門と茂兵衛の身元と階層性についてとりあげることにしよう。伊丹植松村には、幸いなことに、天保六年および天保九年の宗旨改帳が現存しており、大塩関係者をさがす手掛りがつかめそうである。しかし、町場で人口移動がきわめて激しいために、作業は簡単には成果をあげてくれない。ちなみに天保六年二月の宗旨改帳（坂戸照雄氏所蔵文書53の23）によって戸口の集計を算出すると、家持（人名の右肩に何の記載もないもの）三七、かし屋住（肩書に「何某支配かしや」と記されているもの）一五五、同家人一五で、合計二〇七軒、人口八五〇人となる。

額田善右衛門＝油屋吉蔵、その妻もんは、少くとも二階のある家に住む馬士稼ぎ・馬借であるが、容易にそれらしい家を見出せない。善右衛門という名は、この年同村にはいないのである。善右衛門に近い名前で、しかももんという女性のいる家は、寺本村の真言宗遍照院旦那　吉富屋利介同家人　吉富屋善助（43歳）、男子　善吉（22）、同藤吉（18）、女子もん（20）〆四人の例である。同九年宗旨改帳（坂戸氏所蔵文書53の24）では、この家は、大坂屋喜兵衛同家人吉富屋善助（46）、女子もん（23）〆二人の家族に変化している。

額田善右衛門というより、油屋吉蔵が正式の名称と仮定して調べてみても、成果はなく、油屋と称する者は、天保六年には甚助（31）、万助（43）、津志（67）、久太郎（21）の四人いるが、いずれも天保九年には姿を消して全く手掛りもない。吉蔵名の者は、天保六年に三人おり、うち二人は同九年に現在している。のこりの一人についてみると、はりま屋権兵衛支配かしや　播磨屋伊三郎（11）の同家として、同家　吉蔵（22）、同うの（16）、同久蔵（11）、同竹蔵（9）、同寅吉（6）がある。同家分の五人については「同家分五人共除ク」および「除ク」と記した付箋がつけられている。もし吉蔵名で宗旨改帳に記載されているとすれば、この分が最も可能性が大きい。しかしやや年齢が若いようにも思われる。女房もんは、天保六年三月の帳面作成後、事件のすぐ前ぐらいの間に娶ったとすればよいかもしれないが、まだ不自然さが残るように思われる。

もんという名の女性も天保六年に三人いる。一人は右にのべた吉富屋善助の女子（20）で、あとは、米屋卯右衛門の母（58）、松本屋和助の母（62）で、いずれも可能性は薄い。

升屋茂兵衛については、ずばりその名を確定できる。天保六年の家族構成は、枡屋茂兵衛（43）、女房ぬい（36）、男子勇吉（15）、女子かめ（12）、男子彦作（8）の五人で、同九年には、六年生まれと思われる男子百市（4）が加わって六人家族となっている。名前の肩書がないところから、家持とみてよいだろう。天保期に馬借をつとめたことは明らかであるが、文化十（一八一三）年九月にも、伊丹馬借方の馬持株を有しているから、[24]一貫して運輸業に従事していた家とみてよいであろう。

馬持・馬士の善右衛門・茂兵衛が、植松村をもふくめた伊丹酒造業の生み出した直接的な分業関係のなかで、運輸に従事したことは、「咬菜秘記」が物語る大塩と二人の出会いの場からみても十分理解できよう。植松村からす

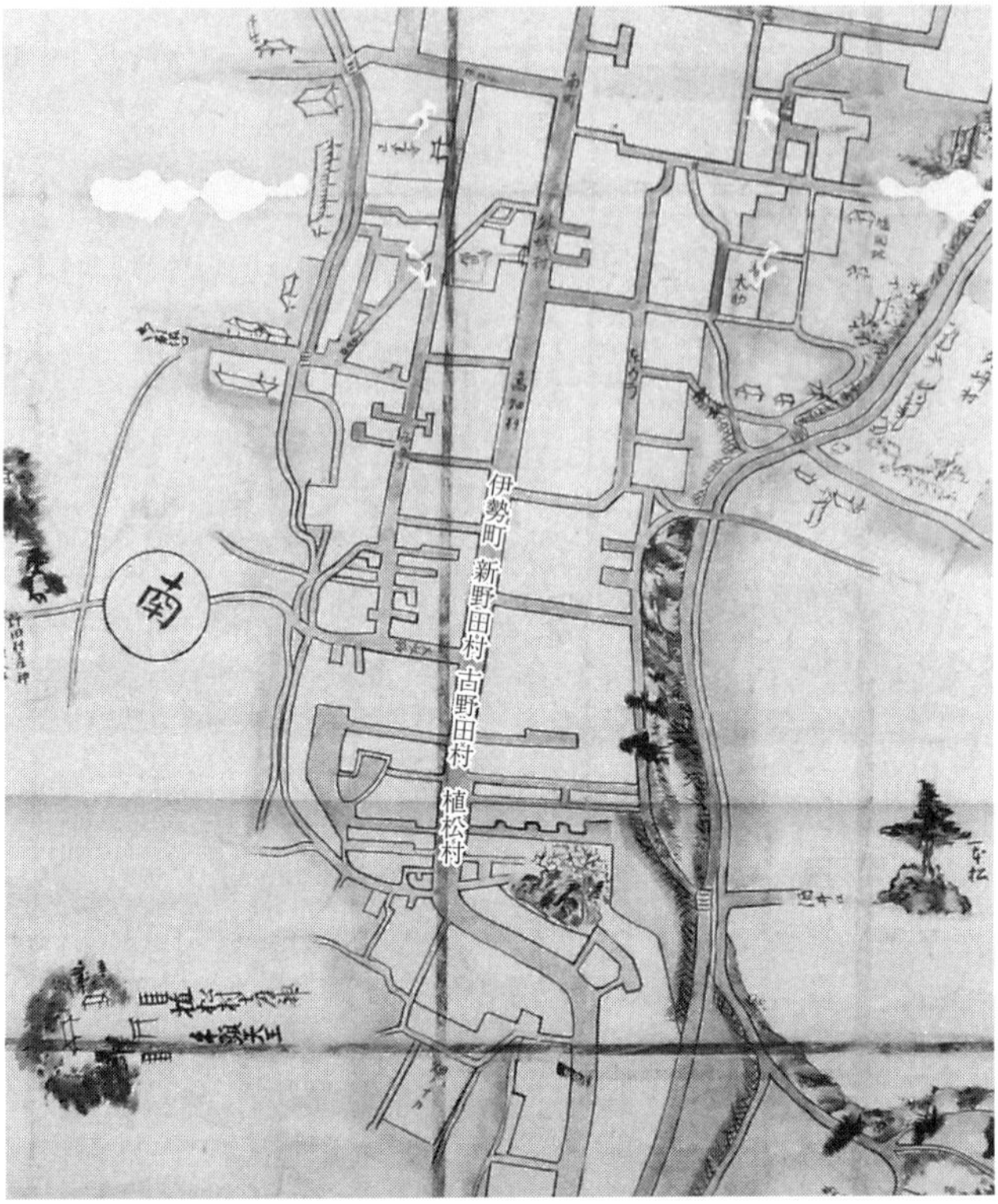

「伊丹郷町絵図」植松村付近（伊丹市立博物館所蔵、一部加筆）

ぐ北の伊勢町の街道ぞい西側には、「駒ヶ谷」という字名があり、このあたりに伊丹馬借のたまり場があったのではないかと思われる。

かれら馬借は、おそらく「馬持」として自ら馬を所有し、茂兵衛のように家持と推定される面をもつ。これは一見自立した経営のようにもみえるが、むしろ前期プロレタリアとみた方がよいのではないか。かれが「朋友」とよんで施行の対象とした、つぎにのべる半プロ・雑業層の数人と共通の経済状態とみられる。酒造業者ときわだった対称をなした層であることも、「咬菜秘記」の描く様相からうかがえるところである。

伊丹郷町が、人馬二五人、二五疋の馬借所に指定されたのは、元和三（一六一七）年のことであり、その後正徳元（一七一一）年の駅法改正によって駅所株四二株が領主近衛家によって設定された。[25] この数は幕末期までかわらず、幕末期のものと推定される明細帳「正心調法記」（武田八郎氏所蔵文書5）によると、「場借所四十二内廿二馬持株廿地方株」とあり[26]、伊丹宿の馬借方がもつ二二株と周辺農村のもつ在馬による地方持（百姓もち）二〇株とがあった。善右衛門と茂兵衛は、この馬持株の所有者であったのである。その限りでは、ギルド的な制限の外にあった雑業・日雇層とはちがった階層であったが、その生活実態からみて、持馬による駄賃稼ぎで生計をたてていた前期プロレタリアと規定できるものであろう。なお、事件後大坂鈴木町代官の根本善左衛門からさきの紙屋幸五郎とともに、善右衛門後家もんが取調べられ裁許が下る天保九年二月ごろの時点では、「善右衛門町役代馬借新兵衛」（伊丹市図書館所蔵文書41の2）が出頭している。馬借の行司か取締り的存在で、善右衛門はその管轄下にあったのであろう。

　伊丹郷町と大坂を結んで考えると、前掲図版（二一九・二三四頁）に示したように伊丹会所から南へ街道をはさんで町場が細長く続いている。主題の伊勢町を少し南へ、野田町（新野田村・古野田村）を隔てたところに植松村があり、いまに当時の景観をしのばせる。ここからさらに南下したところで、街道は二つに分れる。一つは真直ぐに南へ下る尼崎道であり、もう一つの道はやや東よりに折れ、杜若庵前を通って神崎村へ通じる大坂道である。さきにのべた伊勢町駒ヶ谷という字名も街道に面した地点である[27]。

　大坂道が伊丹と大坂を結ぶ道であり、その中間に位置する神崎渡しは、これまた重要な場所となる。二月十九日の早朝と深夜に、善右衛門と忠兵衛・作兵衛がそれぞれ走ったのは、おそらくこの道であったろう。

　なお、付言すれば、大塩らの行方を求めて「近国遠国ニ至ル迄誠ニ草を訳（分）而ゆくごとく御吟味厳敷、大坂街道ニ而ハ神崎渡之場、尼ケ崎遠江守様御出張、此所ニ者大筒鉄砲数多筒さきを添へ、御役人数多御ひかへ有之、渡場上問屋兵助宅ニ而店のこし（腰）を取捨、番所かたち□□（ニ拵）、往来人壱人宛荷物万端相改」、二十日ばかり吟味していたというし、丹波篠山藩も十三村まで、三田藩は小浜村に、姫路藩は西宮まで出張したという（「大阪騒動之目録」）。

　池田から大坂安治川へ出かけた者の報告でも、二月二十七日に道中「神崎渡口ニ而旅人荷物御改有之、尼ヶ崎御役人也[28]」と記されている。村方での吟味も厳しくおこなわれた。伊丹での具体的な動きはわからないが、池田でも二月二十六日の朝から「今朝町内ゟ与力大塩へ出入致者有無尋ニ廻」り、「出入致者ハ入牢吟味山下（川辺郡山下村）辺ニ在之、引行也」(29)といわれ、直接少しでも関係のあった者を調査している。

四　施行をうけた人たち——在郷町における半プロ層——

善右衛門の遺書には、「我朋友之もの大塩施行金、十九日ニ少々遣し、猶大塩方江参り施行申請候様申遣候もの拾人斗御座候」とあり、かれの指示で一〇人ばかりの者が施行金をうけとるなり、大坂へ向おうとしていたことになる。十九日とすれば、かれはまず貧農らに大塩から預って来たと思われる金子（一人あて一朱か）を渡し、その後本意を翻えして発狂の躰で出奔したことになる。施行札を配ってつなぎをつけたのはもちろんそれ以前であるから、村に帰るなり直ちに金子を渡して、人足をたのんだのであろう。

「大阪騒動之目録」では、善右衛門は前日に大塩の計画を知り、「伊丹表ニ而人足漸々拾人余り拵候て大塩屋敷江参上仕候、尤人足ハ施行頂戴致候様ニ相心得、悦勇罷越可申候所、右大塩家鋪ニおゐて何角身分之趣厳敷御申渡御座候ニ付、人足ども大ニ驚入、皆々早速逃帰り可申候」となっている。つまり一〇人ばかりが一旦大塩邸へ施行目あてに、当日かけつけたことになっている。しかし、事実は、善右衛門が事前に施行札を配り、その後当日に金子を与えて約束どおり人足として動員しようとしたとみた方が妥当であろう。かれの出発や蜂起の時間からみてもとても間に合うはずがないからである。

かれが死に臨んで「私おろかより定而難儀ニ逢候様存候」と案じたこの一〇人ばかりのうち、吟味をうけたことが史料上明らかなのは、つぎの七人である。すなわち（なお（　）内は天保九（一八三八）年当時の年齢）、

伊丹植松村　百姓 与助（28）同 与兵衛（35）

同　伊之助（28）庄兵衛悴庄佶（26）　友吉（不明）　竹蔵（不明）[30]
伊丹伊勢町　百姓弥太郎悴岩松（24）

この七人は、「大塩落着記」「浪華硒阿志火」（いずれも大阪府立中之島図書館所蔵）など諸種の史料を勘案すると、同じ罪状で、施行札をもらったときの約束にもとづいて、「大坂市中放火及乱妨候を出火与見請、銘々同人《大塩》方江駈付候積り、途中迄罷出候段」（「吟味伺書」）であった。同じ罪状の者は、伊丹の五人をふくめて、西成郡稗嶋村伊兵衛ほか摂河村々で一五七人もおり、かれらのうち一四九人は過料銭五〇貫文に処せられ、のこりの九人は被差別部落住民であるため、過料銭三貫文のところ、大坂もよりの被差別部落に引渡された。

伊丹植松村の二人、年齢不詳の友吉と竹蔵は「吟味中病死」したものである。同じような吟味中の病死者は、摂州西成郡稗嶋村の者二名、東成郡の馬場村一名・猪飼野村二名・友淵村一名・沢之江村一名・江野村一名・中野村二名を数え、伊丹植松村の両名を加えて一二名に達している。また、吟味中欠落して行方不明となった者が五名いる。

欠落した者についての吟味は、長期に拘留しておこなわれたものでなく、「村預け」にした上でその都度出頭させておこなわれたともみられるが、一二名におよぶ病死は、事件後逮捕・拘留した上で吟味中に起ったものであろう。これは罪状の軽重、つまり事件への参加の仕方によるちがいであって、「金壱朱宛貰請候人足雇之百姓共、天王寺村牢内江入牢之もの」と「金壱朱ツヽ貰請候もの其村預ケニ相成候」[31]という形をとり、病死者は多く天王寺村などで入牢させられていたものと思われる。したがって、伊丹関係のここに記した者は少くとも入牢させられたとみてよいだろう。

さて、さきと同じ方法で、天保六年および九年の植松村宗旨改帳によって、可能なかぎりかれらの身元を確認しておこう。

まず与助である。天保九年分では、大鹿村の妙宣寺旦那に、大坂屋喜兵衛かしや 丹波屋与助（28）とあり、年齢が一致する。家族数は、母美津（58）、弟捨吉（22）、妹すて（25）、妹とわ（19）、同とめ（18）の合計六人となっている。

与兵衛については、同名が多いのであるが、伊丹在の正覚寺旦那である丹波屋源二郎支配かしや 原村屋与兵衛（36）、母いよ（65）の二人家族か、上食満《けま》村浄宗寺旦那の加せ屋久兵衛支配かしや 長洲屋治兵衛（71）の子どもで、男子 与兵衛（35）のいずれかであろう。前者は、年齢が一歳ちがう不合理さがある。後者は、この年か翌十年あたりに、嫁なか（30）と結婚している。この分は年齢は一致するが、天保六年の宗旨改帳には三十一歳となっている。この方が記入ミスかもしれない。

伊之助も数人いるが、最も可能性の大きいのは、天保九年に法光寺旦那 弦屋喜兵衛かしや 稲寺屋定次郎（57）の項に、女子やす（22）とほかに女子二人がいるが、ここに付箋で「悴伊之介 廿九才」「女房やす 廿三才」「孫平吉二才〆六人」とある分である。やすの年齢からみてこの付箋は天保十年のもので、そうすれば養子に来た伊之介は、天保九年当時二十八歳ということになり、年齢は一致する。もっともどこから養子に来たか不明で、事件当時は植松村の者ではない可能性も考えられる。

庄兵衛悴庄佶《（吉）》についてみると、天保九年宗旨改帳に、寺本村一乗院旦那 河内屋新兵衛かしや はりま屋庄兵衛（58）の一家が、女房みつ（56）、男子庄吉（26）、同竹松（25）、女子しも（28）、同てる（23）、同すゑ（24）の七人家族となっており、この庄吉とみて間違いない。なおこの庄吉が該当しているとすれば、それと関係あるかどうかわからぬが、竹松の上に貼紙があり、「張紙下竹松義五月九日ニ家出仕候ニ付、同月十四日家出御届奉申上候事」とある。

吟味中病死した二人の身元の解明は、いっそう困難である。友吉または太吉の名は全然見当たらない。竹蔵については、天保六年三月現在、十一歳、十八歳、二十九歳、三十歳の四人いる。この四人ともが天保九年三月にも現存している。竹蔵の死亡年月ははっきりしないが、九年三月の宗旨改帳作成後に移動のあった者とみれば、二人にやや絞ることができる。一人は六年史料の、上食満村浄宗寺旦那　はりまや権兵衛支配かしや　広嶋屋弥七（63）の項に、女房とく（53）、男子竹蔵（29）、女子その（11）とあり、さらに「との十二才」「女子いさ三才」の二つの付箋がつけられている。

また天保九年の宗旨改帳によると、広嶋屋弥七（肩書なし）（62）、女房とく（56）、女子とよ（14）とあり、「とよ」の上に「同家仲卅二倅 いさ 六才」の付箋がある。当該の竹蔵は、この年には父の項目から独立し、広嶌屋弥七同家人 広嶋屋竹蔵（32）とあり、女房仲（31）、女子いさ（5）、男子乙吉（2）の四人家族を構成している。ただし、「竹蔵」の上に「張紙下竹蔵ハ五月九日家出仕候ニ付、同月十四日家出御届奉申上候事」と付箋がつけられ、竹蔵は家出し、あとに残された妻と娘とが弥七のもとに同家として編入されている。付箋の年月を確定しえないが、吟味中病死という前提にそぐわない。

もう一人は、天保六年に酒井村玄徳寺旦那で河内屋新兵衛支配かしや　竹蔵（18）とある分である。かれは天保九年にも記載されているものの、この上にも「竹蔵除」と付箋があり、それ以後姿を消してしまっている。

大塩一件の吟味伺書の人名・年齢に誤りがないとすれば、いまみて来たように宗旨改帳による身元の確認は大した効果をあげえないことになる。土地柄によるのか、移動の激しさがこのことの最大の要因とみてよさそうである。酒造業を基軸産業とした在郷町伊丹の特徴をよく示しているともいえる。しかし極めて不十分ながら、これら借屋住いの階層の流動性が、かれらの階級的特質をも暗示しているものとみられる。

ここに、土地所有の問題を導入してみよう。天保七年十二月の植松村免割帳（坂戸照雄氏所蔵文書76の39）によると、高二六四石三斗六升九合に対して、免八五％で、取米は二二四石七斗一升三合六夕二才となっている。高を書上げられている者はちょうど六〇名、うち三四名が植松村民で、のこりは小土地所有の入作と推定される。[32] 村内で最大の所有者は庄屋のかせ屋伊右衛門（家族数一七人、うち下男四、下女四、同家一）の三一石七七二五で、ついで酒屋庄右衛門（単身）の二六石一九四、松屋勘兵衛（家族数九人、うち下男一、下女二）の一八石八五五八二、かせ屋三郎右衛門（家族数一三人、うち下男四、下女四）の一七石三一五二と続いている。これらの多くは酒造業者かこれにかかわる業種を経営している商工業者であろう。村外土地所有はわからないが、伊丹郷全体の構成からみて、土地所有の意味はさほど大きいものといえないが、数多い小規模な出入作のもとで、小作関係が一定度拡がっていたと思われる。

すでに元禄七（一六九四）年の伊丹郷町八ヵ村の職業構成をみても、四五四戸のうち百姓は一一五戸、二五・三％にすぎず、実に一八二戸、四〇・一％が「日用」層であった。[33] これ以後天保期まで百数十年を経た時点では、職業上の変化は大きく酒造業マニュファクチュアを軸に展開する多様な日用・雑業層・小職人の増大が考えられる。植松村の大塩関係者の名は、一人として免割帳に見つけることができず、土地所有から全く自由な階層であったとみてよいだろう。そしてさらにいえば、馬士であった善右衛門から「朋友」とよばれる半プロ層と規定することができよう。かれらは早くから伊丹郷町の構成員の大きな要素をなしたことはいうまでもないが、小商品生産の展開の結果いっそうの数を増し、酒造業を基軸にして、そのアウトサイダー的な諸営業に従事した非農民的な階層であり、また近代的な資本に包摂される以前の雑業・半プロ層であったと思われる。この点は大塩与党を形成した一般的な農村の貧農層より、さらに進んだ階層とみてよいであろう。

植松村の人口は、現伊丹市域に属する農村部の停滞・漸減傾向に比して増加ぶりを示している。この点の特徴は、『伊丹市史　第二巻』の指摘するところであるが、[34] 享保元（一七一六）年の四八六人が、明和二（一七六五）年には八六四人となり、天保六（一八三五）年は八五〇人で、ほぼ明和以後嘉永期まで七〇〇人〜八五〇人を数えている。

おそらく伊丹郷町一二ヵ村に共通の傾向とみてよいが、これこそ、酒造業を背景とした在郷町の発展の姿であろう。

町場化した村であるため、全戸すべて屋号を有している。この屋号は、大別して四種類に区分することができる。㈠は商品名をつけたもので、米屋・五穀屋・油屋・かせ《(綛)》屋・酢屋・酒屋・樽屋・団子屋・綿屋・木綿屋・硫黄屋などである。㈡は国名または大都市名を付したもので、河内屋・播磨屋・但馬屋・近江屋・淡路屋・丹波屋・尾張屋・山城屋・能登屋・津国屋・大坂屋・京屋・姫路屋・江戸屋などであり、㈢は最も種類が多く、伊丹そのものおよびその周辺農村名（一部在郷町名）を付したものである。伊丹屋・有岡屋・破専堂《はせんどう》屋および食満《けま》屋・御願塚《ごがづか》屋・田能村屋・桑津屋・清水屋・山田屋・塚口屋・荒牧屋・常吉屋・中野屋・生嶋屋・久々知屋・丸橋屋・山本屋・豊嶋屋・利倉屋・加嶋屋・上ケ原屋・池田屋・西宮屋などである。㈣は人名に類すると思われるもので、柄谷屋・松本屋・松屋・奥村屋・大塚屋などである。

㈠は一見屋号と関係した職種を予想させて、酒屋などは文字どおり酒造家であるが、多くは名称とは全く別の職種であったと思われる。ここで問題になるのは、㈡と㈢である。この部分の地名は、出身地かあるいは商業取引上関係のあるものと思われるが、最も件数の多い㈢の伊丹近傍農村名から類推すると、ここがかれらの出身地であり、さほど遠くない川辺平野一帯から移住し、半プロ化して植松村に住みついたといってよいのではないだろうか。宗旨改帳を通じてうかがった漸増の特徴やきわだった流動性もこの流入半プロの性格によるものであろう。

ここに少し時期は下るが、植松村について、左のような長い表書をもった嘉永三（一八五〇）年の冊子がある（坂戸照雄氏所蔵文書52）。すなわち「嘉永三庚戌年八月より、近年打続米価高騰ニ而郷中小前渡世方六ッケ敷、附而者近来酒造家不景気次第ニ及衰微候ニ付而者、酒家拵之者者勿論、諸職人共拵方薄、追々及窮迫罷在候処、当夏已来追々米相場引上ケ、此節白米壱升ニ付価百五十文ゟ六十文ニ至リ、弥凌方六ッケ敷難渋ニ付、今般窮民共へ粥施行被為　成下候、依之郷中一体惣人数御調相成、内極貧之者へ粥施行被為　下候御沙汰ニ付、村方人数調書上ケ」とある。この表題は、米価高騰による酒造業の衰退と、酒造関係の分業のもとにある諸種の職人・日雇・諸雑業層ら半プロ層の窮迫を端的に示したものである。

このときの調査によると、家持二八軒、借家の内「身元可成ニ而当時御施行不申者」が七五軒を数えたのに対して、「借家施行頂戴仕度者」が一〇二軒、二八六人を占め、ほぼ半数が粥施行を希望し、一〇五軒、二九四人に「切手」が渡されている。ここから半プロの経済状態を理解することができる。大塩の施行の直接対象となって吟味をうけた者と同じ階層は、実に広範に存在していたのである。

むすび

以上、不十分ながら論証して来た諸点を整理すれば、つぎのようにいえるだろう。伊丹郷町における大塩与党は、㈠紙屋幸五郎のような在郷町「ブルジョア」とみるべきグループであり、大塩の講莚につらなりながら「品能申欺」かれたとみる階層である。厳密には与党としてみなしえないかもしれないが、少なくとも伊丹において大塩講釈の場を提供したものである。㈡は、善右衛門・茂兵衛に代表される馬借・馬持であり、ギルド規制の中にあるが、前期プロレタリアとみるべき階層である。大塩はオルガナイザーとしての役割をここに期待していたのである。㈢は在郷町場に流入し停滞していた日雇・雑業に従事する半プロ層であり、大塩が動員力として着目していたもので、㈡とともにエンゲルスが『ドイツ農民戦争』で指摘する、きわめて雑多な要素からなる平民的反対派を構成していた。

大塩蜂起に直接参加した与党の構成は、一般的には、大坂町奉行所などの与力・同心と、般若寺村忠兵衛らに代表される村役人クラスの豪農およびそのもとに動員された貧農・半プロ層であった。この一般性と対比した場合、伊丹地方の㈡・㈢のグループの特徴はどの点にあったといえるであろうか。

大塩のよびかけは、直接貧民へ通じたのではなく、その間に村役人的豪農を介在させ、かれらを門弟にしてその村落での影響のもとに施行という武士的・「市民」的救恤を働きかけ、施行とひきかえに人足として動員しようとするものであった。その限りでは村落支配の秩序をある程度利用したといえる。

大塩が周辺農村の貧農に訴えながら、都市貧民への訴えを欠いたという岡本良一氏の『大塩平八郎』（創元社、一九五六年）での指摘をここに想起しよう。まさに幕藩制下の都市の支配と村落支配のあり方の差に帰因するものであり、大塩的方法をもってしては都市貧民を直接組織しえなかったのは無理のないことであった。ここで在郷町の前期プロレタリアがオルグとして、才覚・力量を高く評価されて登場する必然性があったのではないだろうか。檄文の配付の仕方についても、沢之上村孝太郎がもっぱら自村および姻戚をたより、施行札の配付にも村内の貧農を動員できたのに対し、植松村の善右衛門は自らの機動性と前期プロとしての共通性にたより、自村の半プロによびかける形をとっているのである。ここには村落支配者のオルグとは異質のものを見出すことができる。そしてその動きが少くとも天保八（一八三七）年二月十九日の時点で瞬時でも実現できたのは、在郷町伊丹の経済的・社会的構成からくるところであったのである。

大塩は、類推をたくましくすれば、大都市大坂において実現しえなかった都市貧民へのよびかけを、ギルド規制のもとに株持ちとして存在し、しかもプロレタリア化した馬借を通じて果たそうとしたのであり、少なくともここに伊丹地方と大塩の乱の最大の問題点を求めることができよう。門弟中、善右衛門のもつユニークさはその点に集約されている。農村支配組織の上にのって貧民・半プロを動員しようとした大塩の計画のなかで、伊丹郷の在郷町としての特質が、まだ半プロの失われない農民的要素を媒介に生かされようとしたのであろう。

なお本稿は、大塩の乱全体にかかわる分析をめざしたものではない。したがって、幕藩制崩壊に大きな画期をなした天保期に、大塩の蜂起が「一地域的な反乱」ではなく、「日本の事件・反乱」としての役割を果たそうとしたこと、しかも周知のように蜂起が短時日についえさったことの構造的理解は、今後参加村落の個別分析と時代的背景の全体的究明によってはじめて可能となるであろう。本稿はそのための一つの礎石にすぎない。平民的反対派の動きが、多く農民に依存した当時の経済発展と日本幕藩制の特質のなかで、不十分ながら運動を拡延した力量は、摂河地方の半プロ的要素であったが、前期プロレタリアが直接これと結ぶ道にはまだかなりの日程を必要としたといわなければならない。善右衛門の縊死はこのことを物語っている。

註

（1）『シンポジウム日本歴史一三　幕藩制の動揺』（学生社、一九七四年）一九〇頁。
（2）斎藤純「幕藩制解体過程における階級闘争と領主権力―天保期の歴史的位置づけをめぐって―」（『人民の歴史学』三九号、一九七四年）。
（3）伊丹市史編纂専門委員会編『伊丹市史　第二巻』（伊丹市、一九六九年）五〇五～七頁、同『伊丹市史　第四巻』（伊丹市、一九六八年）三七一～六頁、山中永之佑『日本近代国家の形成と村規約』（木鐸社、一九七五年）八五～九一頁。
（4）小坂田村文書Ａ1、前掲註（3）伊丹市史編纂専門委員会編『伊丹市史　第二巻』五〇八頁以下、『伊丹市史　第四巻』三七六頁以下。
（5）伊丹市図書館所蔵文書41の13。
（6）原田伴彦・朝倉治彦編『日本庶民生活史料集成　第一一巻　世相一』（三一書房、一九七〇年）四三五頁。
（7）伊丹と大塩の乱の関係については、前掲註（3）伊丹市史編纂専門委員会編『伊丹市史　第二巻』五一一～二頁に叙述されている。本稿はこれをふまえて、個別的に分析しようとするものである。
（8）史料はとくに断らないかぎり、「大坂乱妨一件吟味伺書」（大阪市立中央図書館所蔵）および「浪華異聞」（大阪府立中之島図書館所蔵）の二本による。

（9）幸田成友「大塩平八郎」（『幸田成友著作集　第五巻　史伝篇』、中央公論社、一九七二年）二〇三頁、その他。

（10）前掲註（3）伊丹市史編纂専門委員会編『伊丹市史　第四巻』五四二、五四四頁。

（11）前掲註（6）原田伴彦・朝倉治彦編『日本庶民生活史料集成　第一一巻　世相一』四四三、四四四頁。

（12）前掲註（3）伊丹市史編纂専門委員会編『伊丹市史　第二巻』は、天保四、五年ごろから伊丹に出講し、大学を講釈したという（五一〇頁）。

（13）前掲註（3）伊丹市史編纂専門委員会編『伊丹市史　第二巻』四五三〜四頁に木綿屋与次兵衛の説明がある。

（14）この施行札は、大阪市参事会編纂『大阪市史　第二』（大阪市参事会、一九一四年、のち復刻、清文堂出版、一九七九年）、四八八頁の折込写真参照。なお前掲註（9）幸田成友『幸田成友著作集　第五巻　史伝篇』および岡本良一『大塩平八郎』（創元社、一九五六年、のち改訂版、一九七五年）のそれぞれの口絵にグラビアで収められている。

（15）前掲註（9）幸田成友『幸田成友著作集　第五巻　史伝篇』一六七〜八頁。前掲註（14）岡本良一『大塩平八郎』一二七頁にはこれに西成郡上福島村を加えている。

（16）この池田村は、「一件吟味伺書」「浪華異聞」ともに「摂州池田村」とある。そうすれば豊嶋郡の池田ということになる。しかし配布の範囲からみて河内茨田郡の池田村ではないだろうか。

（17）檄文の原物は、大阪市北区末広町成正寺に所蔵されている。また石崎東国『大塩平八郎伝』（大鐙閣、一九二〇年）の巻頭には全文の写真が収録されている。

（18）前掲註（17）石崎東国『大塩平八郎伝』三一七頁。

（19）前掲註（17）石崎東国『大塩平八郎伝』三〇九頁、前掲註（9）幸田成友『幸田成友著作集　第五巻　史伝篇』一六六頁、徳富猪一郎（蘇峰）『近世日本国民史　第二七巻　文政天保時代』（近世日本国民史刊行会、一九六四年、初版は一九二八年）一八二頁。

（20）前掲註（9）幸田成友『幸田成友著作集　第五巻　史伝篇』一六六頁、小林茂「大塩平八郎の乱をめぐる農民闘争」（『名古屋学院大学論集』二〇号、一九六九年、のち『封建社会解体期の研究』、明石書店、一九九二年、所収）

四一頁。

(21)　前掲註(3)伊丹市史編纂専門委員会編『伊丹市史　第二巻』は、善右衛門が十九日に「ビラ」まきを依頼されたとする。史料の出典が明らかでないが、このビラは施行札とも檄文ともとれる。市史のいうビラの五千部増刷は、施行札一万枚の増刷の事実(前掲註(9)幸田成友『幸田成友著作集　第五巻　史伝篇』一六六頁)があるから引札のことであろうが、ビラに檄文らしい文章があるとするのは、施行札と檄文とを当時の記録が混同したからであろうか。

(22)　前掲註(20)小林茂「大塩平八郎の乱をめぐる農民闘争」三八、四一頁。

(23)　難解なものとして檄文がうけとられたことは、さきの基本史料に指摘されているが、伊丹の南一里ばかりの地点川辺郡下坂部村でも、事件後檄文を入手し、「真字ニ而書習之候得共、文盲之者共見安キ様、仮名ニ書替候者也」といわれている(前掲註(20)小林茂「大塩平八郎の乱をめぐる農民闘争」三七〜八頁)。

(24)　前掲註(3)伊丹市史編纂専門委員会編『伊丹市史　第二巻』二四一頁所収の写真60。

(25)　前掲註(3)伊丹市史編纂専門委員会編『伊丹市史　第二巻』二二九〜三〇頁。

(26)　前掲註(3)伊丹市史編纂専門委員会編『伊丹市史　第二巻』二二七〜八頁、『伊丹市史　第四巻』三〇三頁。なお津国屋閑三郎の「諸用控」は、馬株四二株を、二二株の「馬借方之持」、二〇株の「郷中惣持」と記している。

(27)　当時から二十数年くだった文久三(一八六三)年の記録に「摂州伊丹駅之義、累年困窮ニ付、既ニ先年ゟ人馬賃銭割増之義下方願立、年限ヲ以御聞済有之」とあり、物価騰貴のなかで駄賃稼ぎ人が困窮している様子をうかがわせる(伊丹市図書館所蔵文書5)。天保期の価格変動がその始点とみてよいだろう。馬借の窮乏も想像できるところである。

(28)　池田市史編纂委員会編『池田市史　史料編六』(池田市、一九七三年)、稲束家日記一五四頁。

(29)　池田市史編纂委員会編『池田市史　史料編三』(池田市、一九六八年)、伊居太神社日誌一七三四〜五頁。

(30)　なお「浪華異聞　天」は、友吉を「太吉」としている。いずれが正しいかは不明。

(31)　前掲註(20)小林茂「大塩平八郎の乱をめぐる農民闘争」四一頁。

(32)　なお慶応三(一八六七)年四月の史料でも、土地所有の村内・村外の数は、推定で三五と三四であり、出入作関係が著しいという特徴を指摘できる。一戸あたりの規模は小さいが、件数は多い。

(33)　前掲註（3）伊丹市史編纂専門委員会編『伊丹市史　第二巻』一三七頁。

(34)　前掲註（3）伊丹市史編纂専門委員会編『伊丹市史　第二巻』二九〇～一頁。

〔付記〕　本稿に必要な史料を提供していただいた文書所蔵者ならびに利用の便をはかられた伊丹市行政資料室の各位、国立国会図書館本「咬菜秘記」のコピーを恵投された白井孝昌氏に深く謝意を表します。

大坂書林河内屋のことなど
――伊丹の書簡からみた大塩余聞――

一

江戸時代に酒造業の中心地であった伊丹は、上島鬼貫をはじめとするユニークな文化を生みだしたことはよく知られている。(1)伊丹の酒造業がその後新興の灘地方のそれに追いつかれ追いこされて行くなかにあっても、長い文化の土壌は生きつづけてきたようである。

かつてわれわれは、天保期において、有名な大塩平八郎の事件と在郷町伊丹のかかわりを調べたことがある。そこでは、事件の直前に伊丹郷伊勢町の紙屋幸五郎なるものの屋敷に、妻（妾）と息子格之助の妻、孫らの一行を隠したこと、植松村の額田善右衛門なる馬借を通じて当地方へのオルグ活動を期待したことをのべ、酒造業地としての伊丹が天保期のこの事件にかかわった事実の一端を示した。(2)

その過程で、実は一つの興味深い史料を発見していたが、前稿に収めえなかったので、ここに紹介しておきたいと思う。

二

大塩が天保八（一八三七）年二月の蜂起に先だって、大坂周辺の貧民にたいして施行札を配った。すでに周知のものであるが、念のため全文を示すと、つぎのようになる。(3)

相渡　口上　「上福嶋砂町鴻池屋佐兵衛支配かしや（後筆）
平野屋庄左衛門」

近年打続米穀高直ニ付、困窮之人多く有之由ニ而、当時御隠退大塩平八郎先生御一分を以御所持之書籍類不残御売払被成、其代金を以困窮之家壱軒前ニ付金壱朱ツ、無急度都合家数壱万軒へ御施行有之候間、此書付御持参ニ而左之名前之所へ早々御申請ニ御越可被成候

書林　河内屋喜兵衛
同　新次郎
同　記一兵衛
同　茂兵衛

但シ酉二月七日安堂寺町御堂すぢ南へ入東側本会所へ七ツ時迄ニ御越可被成候

後筆の部分や「相渡」とあるところ以外は木版刷りで、平八郎所持の書籍類を売りはらい、その代金で一万軒に金一朱ずつわけるというものであり、現在摂河両国の三十数ヵ村に配付されたことが確認されている。

この施行札と金との引替えは、天保八年二月七日七ツ時から、大坂安堂寺町御堂筋南へ入、東側の「本会所」でおこなわれたことになっている。「本会所」とは、大坂本屋仲間会所のことで、たとえば天保八年五月の時点で、「当時本屋仲間は先年ゟ安堂寺町五丁目播磨屋嘉兵衛代判京助かしやを俵屋安兵衛の名前を以てかりうけ、之を仲間会所とせり」(4)といわれるので、正確な住所は安堂寺五丁目で、俵屋安兵衛の名儀でかりうけた本屋仲間であった。

この引替えには、四軒の書林が窓口になっていたのであるが、問題はかれらと大塩との関係である。書籍の売却にさいして四人が関係したことは十分想像できるし、また直接大塩自身の著書の販売にもかかわっていたのである。

大塩平八郎著作一覧表

著作名	板元	売払	許可	絶版
三魚堂文集	小川屋市兵衛 (本町５丁目)		文政12年正月18日	天保８年４月
呂新吾先生語録序	河内屋太助 (唐物町４丁目)		文政12年２月25日	天保９年11月
増補孝経彙注	間五郎兵衛 住所不明	河内屋吉兵衛(南本町５丁目) 京屋浅次郎 河内屋茂兵衛 河内屋記一兵衛	天保６年４月出願	天保８年４月
儒門空虚聚語 儒門空虚聚語(増補)	斉藤方策 (南江戸堀３丁目)	河内屋喜兵衛(北久太郎町５丁目) 京屋浅次郎 河内屋茂兵衛 河内屋記一兵衛	天保６年５月１日 天保６年６月４日	天保８年４月
洗心洞劄記 洗心洞附録抄	間五郎兵衛	河内屋喜兵衛(北久太郎町５丁目) 河内屋茂兵衛 河内屋記一兵衛	天保６年５月	天保８年２月
古本大学括目	不明	河内屋喜兵衛 河内屋茂兵衛 河内屋記一兵衛 河内屋新次郎	不明	天保９年11月
奉納書籍聚跋	不明	不明	不明	天保９年11月

出典：『享保以後大阪出版書籍目録』による。なお許可の日付は、再版分である場合もある。

事件後大塩の著作はすべて絶版に処せられた。いまそれを表示すると、右のようになる。個々の著作についての説明は省略するが、ここに示した九点の作品の売払人に、さきに示した引替人であった四人の書林の名があることに気がつく。

河内屋茂兵衛（岡田氏）ははじめ北久太郎五丁目、のちに博労町に住み『享保以後大阪出版書籍目録』でみると、『天のみはしら』（作者・豊後臼杵の鶴峯戊申、文政四年五月許可）・『訂正絵鈔校本庭訓往来』（校合・難波村の峰岸啓蔵、文政十年五月許可）・『弁慶異伝』（作者・江戸の浜田屋村助、天保二年四月許可）などの板元となっている。

河内屋喜兵衛（柳原氏）は北久太郎町五丁目の住人で『四書』（道春点竹林堂の再版、天保二年十二月申出）・『医療瑣談』（作者・紀州若山の宇井謙菴、天保四年十月許可）『腹証奇覧翼』（序者・天満樋之上丁の甲柳菴、天保四年七月許可）・『捃印補正』（再版、天保五年四月申出）・『新世話千字文』（作者・大宝寺町織田蕭斉、天保五年十月許可）・『鶴堂画譜』（画師・紀州若山の塩路隺堂、天保五年十一月許可）などの板元であり、事件当時二十七歳であった。

また、北久太郎町四丁目の河内屋新次郎（鹿田氏）は、『校正博物筌』（校正者・南米屋町の播磨屋小六、天保五年十一月許可）などの板元であった。これに河内屋記一兵衛を加えた四人が、大塩の代表作である『儒門空虚聚語』や『洗心洞箚記』の売払人をつとめ、施行にさいしても斡旋の労をとっていたのである。(5)

三

四人の書籍商は、「大塩平八郎方江ハ是迄多分之書籍売渡、又ハ同人著述之書類彫刻之世話引受候儀も有之候故、懇意ニ立入」（「浪華異聞」、以下引用はこれによる）りしていた。天保八（一八三七）年正月二十八日に、大塩からの呼出しで一同申合わせて出かけたところ、窮民救済のため、所持の書籍をのこらず売払うため、その買取りと施行の世話を頼まれ、唐和本あわせて一二四一部を代銀四〇貫八九六匁（金にして六六八両三朱と銀二匁五分）で買取った。その折、施行札の板木をもうけとり印刷を頼まれた。喜兵衛（木兵衛）は、板摺職の北久太郎町五丁目源兵衛・平右衛門町弥三郎下男竹松をよび出して板木を渡し、施行札一万枚を刷らせ、二月一日に刷り上った札と板木を喜兵衛らは大塩方へ持参し、一万枚のうち千枚と板木を大塩の手元にとどめ、のこり九千枚と施行用の一朱金九千（金額五六二両二分）をもち帰った。

この版木は、北久太郎町五丁目源右衛門借家に住んでいた次郎兵衛（市田氏）が彫ったもので、かれは天保六年から大塩の著書の版木を彫っていた。しかも、同七年十二月には有名な檄文の彫刻にも関連した人物であった。

施行札の引替は、二月六日から九日にかけておこなわれ、「在町之者共多人数寄集」り、その結果河内屋四人は九日に引替ずみの施行札九千枚を大塩へ返し、紙代・摺立賃として銀三四一匁を領収した。

二月十七日に、板木師次郎兵衛は大塩によび出され、施行札の文言のうち、「安堂寺町五丁目本屋会所」とあるところを削取り、「平八郎方江」と彫り直すように命じられ、「判摺功者」の源兵衛・竹松をつれて、十八日早朝洗心洞に出向き、交替で施行札を摺りいそぎ、十九日暁六ツ時前になってようやく一万枚余を完成した。源兵衛と竹松は、一昼夜の仕事でくたびれ、即刻帰っていったが、次郎兵衛が残って後かたづけをしているところで大塩勢の蜂起となり、おそろしくなって逃げ出す羽目となったのである。

このように、施行札と出版関係者は深くかかわっており、檄文も大塩の学者としての活動の線にそって次郎兵衛の手によって彫られたものであった。北久太郎町五丁目に喜兵衛はじめ関係者の多いことは、この土地に出版業が根をおろしていたことを示している。事件後四人の書林は、「急度叱り」の処分をうけた。『享保以後大阪出版書籍目録』によって検索すると、河内屋喜兵衛が『摂津国大絵図』の板元として再び名を出すのが天保十一年四月、河内屋記一兵衛が「金銭相場早割便覧」（撰者・本町四丁目加賀屋平七）などの板元として許可をえたのが天保十二年五月のことで、これらが事件後最初の目立った業務と思われるので、それまでの活発な営業と比べると三〜四年の間なんらかの制約があったのであろう。

なお、その他の関係者の処分についても少し触れておこう。安堂寺町の本屋仲間会所のあった家主嘉佶（嘉兵衛）をはじめ年寄桂造・五人組の作兵衛・利右衛門・忠八・忠兵衛も吟味をうけ、桂造は「急度叱り」嘉佶ほか四人は「叱り置」に、板木師次郎兵衛は「五十日手鎖」、印刷に関係した源兵衛・竹松の二人は「三十日手鎖」の処分をうけたのである。(6)

四

さて、四人の書林のうち、南本町五丁目にあった河内屋記一兵衛は、いまのところはっきりしないが、実は思いがけなく、伊丹の史料にその名を見ることができた。いまその全文を示すと、つぎのとおりである。(7)

春色駘盪(蕩)愈御静穆被成御起居奉拝賀候、爾後杳然存外之御無音申上赧顔奉存候、僕今般浪花遊学として罷出候、久々ニ而是非一応御尋申上、旧年之御礼旁何角御挨拶可仕之処、出坂後勢遊、其上少々俗事も有之、未遂本意罷在申候、いづれ其内得間暇貴地奉訪相考居候事ニ御座候、近来御方角之御様子如何、拝顔之節ハ種々御話承度相楽居申候、当時爰許河内屋書林ニ寓宿、潜心研業相考居候処ニ御座候、書外河記一ゟ御聞取可被下候、先者何之緊要も無御座候得共、久々ニ而一書陳謝旁差出申候、万期面謦候、不悉

三月十三日　　乾　高潔

桐陰雅契

座右

乍憚令郎君へ宜敷御致声奉希上候、伊東兄者此節上京之由承申候、吉田恕庵も昨年物故仕候由為知、呉々も未吊(弔)慰、是も此度一弔仕度奉存し候。

この書簡の差出人乾高潔について、いまのところ明らかでなく、今後の調査に待ちたい。また年代についても断定することは困難である。ところが、いま伊丹市立博物館に所蔵されているこの書簡の受取人桐陰については、いままでの研究がすでに明らかにしている。

桐陰は、伊丹郷材木町の大醸造家剣菱の主人で、津国屋閑（勘）三郎と代々称する名家で、姓は坂上《さかうえ》氏を名乗っていたのである。同家は享保期にすでにその名が知られ、天保十一（一八四〇）年当時酒造株高五九九五石四斗一升、酒造株一一株を有し、六一軒の酒造家中株高において五位をしめ、文化・文政期すでに惣宿老として町政に参与していた。明治三（一八七〇）年でも、酒造鑑札高一万一五八石一斗で、四九人の酒造人中鑑札高においては伊塚吉右衛門・小西新右衛門についで第三位を占めている。大名貸にも関係し、筑前・麻田・姫路・高槻などの諸藩や近衛家への貸付がみられた(8)。

この書簡は、酒造家としての津国屋勘三郎としての面より、むしろ桐陰の号で示される文人としての交流の一端を示すものであった。かれが頼山陽と親交のあったことはすでに知られているが、このような文人としての関係から乾高潔なるものからの来信となったものであろう。

ここで、注目されるのは、高潔が、大坂の書林河内屋に寄寓して勉学につとめようとしていることである。この河内屋がだれかはこの文面からだけでは定かでないが、かれについての近況は、河記一こと河内屋記一兵衛から聞きとってほしいということは、桐陰と河内屋記一兵衛と書籍などを通じて交流のあったことを示している。

この年代については、さきにのべたように明らかでないが、文政ないし天保期のものとみてよいであろう。学者としての大塩と出版業者との関係はさきにみたとおりであり、事件にさいして四人が処分を受けたのであるが、そこにいたるまでの文化的な交流の場に、伊丹の酒造業が生みだした文人がかかわっていたことを、この一通の書簡は物語っている。

註

（1）伊丹市史編纂専門委員会編『伊丹市史　第六巻』（伊丹市、一九七〇年）、その他。岡田利兵衛編『伊丹資料叢書一伊丹文芸資料』（伊丹市、一九七五年）など岡田利兵衛氏の一連の業績を参照。
（2）伊丹市史編纂専門委員会編『伊丹市史　第二巻』（伊丹市、一九六八年）、拙稿「大塩の乱と在郷町伊丹」（『地域研究いたみ』三号、一九七五年、本書第Ⅱ部第一論文）
（3）現物は黒田新介氏所蔵。なお大阪市参事会編纂『大阪市史　第二』（大阪市参事会、一九一四年、のち復刻、清文堂出版、一九七九年）、四八八頁の折込み写真および岡本良一『大塩平八郎』（創元社、一九五六年、のち改訂版、一九七五年）所収の写真による。
（4）大阪図書出版業組合編『享保以後大阪出版書籍目録』（大阪図書出版業組合、一九三六年、のち復刻、清文堂出版、一九六四年）一七頁。「浪華異聞」は、嘉佶借家とする。
（5）井上和雄編『慶長以来書賈集覧』（彙文堂書店、一九一六年、のち復刻、言論社、一九七八年）、長友千代治「「享保以後大阪出版書籍目録」書肆索引」（『大阪府立図書館紀要』二号、一九六六年）、出版タイムス社編『京阪書籍商沿革史』（高尾書店、一九二九年、のち復刻、高尾彦四郎書店、一九六八年）。
（6）「浪華異聞」・「大塩落着記」・「浪速迺阿志火」（いずれも大阪府立中之島図書館所蔵）による。
（7）伊丹市立博物館所蔵古文書49の6。
（8）前掲註（2）伊丹市史編纂専門委員会編『伊丹市史　第二巻』四六七、四七〇、四八二～三、四八五頁など、前掲註（1）伊丹市史編纂専門委員会編『伊丹市史　第六巻』一一一～三頁。

〔付記〕 なお、本稿執筆後、東大阪市の西尾治郎平氏からいくつかの貴重な助言をいただいた。大塩が河内屋嘉兵衛を通じて売却した書籍の一部が、泉州大鳥郡深井中村の外山家に入ったこと。河内屋嘉兵衛に大塩が感謝の意を表して描いた「稲目画賛」などのことである。外山家には、のちに大塩門弟田結荘千里の門人となった外山苔園の名がしられ、これらの諸点については、今後の調査を待ちたい。また大阪府立中之島図書館資料課長多治比郁夫氏からも種々御教授をうけた。あわせて感謝の意を表する。

大塩の乱と枚方地方

一　尊延寺村の参加

おかげおどりで始まった天保時代も、その後あいつぐ不作、飢饉に民衆はあえぐようになった。天保八（一八三七）年二月のこと、河内国交野郡尊延寺村（枚方市）の豪農治兵衛（深尾姓）のもとへ、知人の茨田郡守口村（守口市）の白井孝右衛門から一通の手紙がとどき、天満（大阪市北区）に住む、もと大坂東町奉行与力で、著名な陽明学者であった大塩平八郎が面談を求めているむねを伝えられた。

白井家は東海道守口宿の豪農で、孝右衛門は平八郎の講ずる洗心洞の高弟の一人である。十八日にかれに同道して天満に着いた治兵衛は、救民の企てをうちあけられ、すでに弟の才次郎はこれに加担していると教えられた。鉄砲・大砲を見せられ、決意をせまられたが、一応この日は大塩邸に泊ることにした。かれを天満へ呼び出したのは、すでに蜂起の準備をしていた才次郎の行動を容易にし、しかも治兵衛自らをも直接参加させるためのもので、平八郎と孝右衛門の才覚であろう。

十九日の真夜中午前〇時、尊延寺村の高台にある治兵衛宅の座敷の軒先につるされた半鐘がけたたましく早鐘をつき、ついで新義真言宗奥ノ院の釣鐘がうち鳴らされた。治兵衛宅がうちこわしにあうおそれがあると村方へ触れ歩き、あわてて村民が同家へ集まった。そのうえで、才次郎（当時二十歳）が股引《ももひき》・半纏《はんてん》・野羽織姿で大小を帯び、かたわらに早鐘をついた同村の忠右衛門と無宿新兵衛をしたがえて上座に坐り、村民にむかって演説をはじめた。このたび西国筋から大坂へ攻めのぼるものがあり、大塩平八郎がこれと一戦におよぶが、勝利すれば、以来年貢・諸役を免除し、借金も棄捐《きえん》するとのべ、懐中から黄絹の袋に入れた書付けをとり出して、せわしくよみあげた。「四海こんきういたし候ハヽ、天禄ながくたたん」という文章ではじまる檄文で、二千字をこえる格調の高いものであったが、村民には容易に理解できなかった。

そのうち、隣村から杉村の小右衛門・穂谷村の利右衛門らも加わり、主だった村民の参加のもとに、鉄砲六挺、竹槍十五本、高張り提灯二張、白木綿に尊延寺村と墨書した幟一本も用意された。この幟は大坂への往復に立ててあるいたので、かなり目立ったらしく、大塩関係の古記録にしばしば書きとめられている。母のぶは、不在中の治兵衛の嫁うたを叱咤しながらかいがいしく準備をととのえ、深夜に食事の支度をし、酒・ぼた餅を振舞った。平八郎に私淑し青年らしく決起する末子をよく理解し、無言のうちにこれを支えたと思われる。

村方の庄屋治五平は、治兵衛家とは同じ深尾家の流れで、家も一軒おいて隣であったが、年寄甚兵衛・卯兵衛とともに慰留につとめたが、才次郎は笑みを浮かべて、勝利帰陣のうえ挨拶をしましょうと答えて応じなかった。村役人からの急報が、尊延寺村の領主であった旗本永井兵次郎の陣屋（交野郡船橋村—枚方市）にとどいたのは、午前二時ごろで、警備の手薄な役人が急遽山をこえてかけつけたときには、すでに尊延寺勢は出発したあとだった。

枚方宿を経て東海道筋を西進した一揆勢は、夜明けとともに大坂の方角にもえさかる火煙を望見した。この日の早朝午前五時に、大塩平八郎は、反忠者が出たため急ぎ天満に蜂起し、門弟の町奉行所の与力・同心や守口の白井孝右衛門・摂津国東成郡般若寺村（大阪市旭区）庄屋橋本忠兵衛・門真三番村（門真市）茨田郡士らの農民たちと行動を開始していた。才次郎らが守口の白井彦右衛門宅（孝右衛門の息子）についたのは、午後六時であったという。やや時刻的におそすぎる感があるが、この火の手を勝利の兆とみていたかれは、彦右衛門から大塩敗走をしらされ、仰天、色を失った。兄の治兵衛は、このころ鉄砲玉を入れた革文庫たずさえて大塩勢にくわわったが、その後市中をさまよったあげく逮捕された。

あまりの事態に接して、持参した鉄砲・竹槍を白井家に隠匿し、消防人足といつわって毛馬村（大阪市都島区）から淀川を渡ったが、思うように前進できず、弁当で昼食をとってからもかなり時間を費やし、八里の道のりを歩きつづけて疲労の極に達していた。ようやく午後十時に長柄村（大阪市都島区）にたどりつき、さらに杉村の利右衛門の身寄りということで北野村（大阪市北区）の不動寺に入った。才次郎が持っていた金子で近辺から米を買入れ、寺のかまどを借りて炊出しをおこなった。境内は火災にともなう難民でごったがえしをしていたが、一行は食事をすますと、地面に倒れるようにうち臥して一夜をすごした。この間才次郎と新兵衛は逃亡に入り、のこされた村民たちは、翌二十日早朝に忠右衛門らの統率のもとに、幟・提燈をかかげて帰村し、あいついで捕縛された。

一行が村方をたったあと、二、三人の村民と留守をまもっていた母のぶは、才次郎が大名になるか、御仕置（処罰）にあうかは今日の勝負次第と語った。幕府支配がくずれはじめ、民衆の声が高まってくる世直しの流れをこの母は息子を通じて敏感にさとっていた。大塩与党の一人として救民に身命をささげた才次郎への信頼からくるものであった。

その夜与党の曽我岩蔵（大塩平八郎の子、格之助の若党）と大井正一郎（もと玉造口与力大井伝次郎の息子）の二人が、乱から逃げのびて治兵衛方をおとずれ、のぶの接待をうけて一泊し、翌日大和路へ去った。のぶには行方のしらぬ二人の息子の安否が気づかわれたことであろう。一方北野村から姿を消した才次郎と新兵衛は、これまた思いがけず、二十一日に岩蔵・正一郎と大和国初瀬村（桜井市）の旅籠屋で同宿し、一夜をすごした。才次郎は尊延寺村での母のことをたずねたであろうことは推測にかたくない。

岩蔵は、正一郎の粗暴な性格をかねて知っていたので一行にわかれて京都へ入り、逮捕されるが、のこりの三人は、新兵衛の手引きで尾張・美濃路を経て、三月十六日に能登国羽咋《はくい》郡福浦村（石川県志賀町）についた。新兵衛は、もと加賀国金沢の堅町の出身で、文政七（一八二四）年に親元を欠落し、天保六年から河内へ来て日雇稼ぎに従事していた。治兵衛家の直接の関係はわからないが、身分上「無宿」とよばれるが、かなりの人物ではなかったかと思われる。

三人は福浦村の船宿を営んでいた喜之助宅に寄宿し、京都から和倉温泉に湯治に来たもので、村内の不動尊にも参詣したいというのが口実であった。そのうち十九日に新兵衛と正一郎の二人は、才次郎の書状をもってその親類である京都笹屋町浄福寺西へ入った六兵衛方へ金子の工面に出かけたが、そこに張りこんでいた役人に捕縛された。一人になった才次郎は、二人からの連絡のないことを案じ身の行く末を思いつめたか、四月二日に喜之助一家が老母を残して農事に出た留守に、土蔵よこで剃刀でのど・腹・脇腹の五ヵ所を切りつけて若き命を絶った。大塩父子が、四十日近い逃亡の日々をすごしたあと、大坂靱油掛町（大阪市西区）の美吉屋五郎兵衛方で、内山彦次郎ら町奉行所役人にかこまれて、火焔の中で自害し果てたのは、これに先立つ三月二十七日のことであった。

二　処罰の数々とかくれた史料

才次郎は、大塩の高弟の一人であり、きわだった組織能力をもっていた白井孝右衛門のすすめで、天保二（一八三一）年からその門に学んでいた。十代の後半の多感な時期に平八郎の説く教えを、文字どおり身に泌むように学んだ。大塩事件、当時「大坂騒動」とよばれたこの大事件に対する処罰は、きわめてきびしいものがあった。首謀者のかれは、塩詰の死骸を引廻わされたうえ、磔刑に処せられた。能登から死体が大坂に運ばれた。肥前国平戸藩（長崎県）の藩主松浦静山が著わした『甲子夜話《かっしやわ》』（巻五五）に、大塩関係者の鳶田《とびた》御仕置場の図（二七八〜二七九頁）があり、一九人の磔刑者のなかにその姿見ることができる。

尊延寺村にある浄土宗来雲寺の過去帳には、この村民で一命を失ったものの戒名が記録されている。そしてその多くが二月の蜂起から四月初めにかけて死没している。同寺の三木雲外師から教示された戒名を手がかりに、さる昭和五十二（一九七七）年十二月に、私たちは改めて深尾治兵衛一族の位牌と墓石を確認することができた。子孫関係者の野田昌秀氏や大塩事件研究会の西尾治郎平氏、枚方市史編さん室の田宮久史氏と、暮れのおしつまった一日来雲寺に詣で、本堂左手奥の棚のなかに、思いがけず位牌を発見した。その表面には、

欣立院僉誉然悦居士
（梵字）博誉智練大姉
博岸浄練居士　位
僉岳浄然居士

とあり、裏面には

然　天保七年九月七日　春日三良兵ヱ出
智　天保八酉三月廿日　然悦　妻
浄　天保八酉二月十九日智練末子
僉　天保八酉二月廿六日
酉ノ年三霊大塩掛ニ而横死之事
治兵衛事

と刻まれている。春日村（枚方市）奥野三郎兵衛から入聟となった先代治兵衛が、天保七年九月に死没したあと、半年を経ずして一家は激動の波にのまれ、あいついで三人の柱を失った。まず治兵衛が二月二十六日に死し、母の

ぶも、また能登でひそんでいた才次郎に先立って三月二十日に絶えた。「横死」の言葉は牢死であることを物語っている。

来雲寺本堂正面の欄間の透し彫りは、天保九年七月に作られたものであるが、その寄進者のなかに、大塩事件で息子を失った山下元左衛門の名もみえる。そのほか、同寺に天保十一年二月に先代治兵衛夫妻・治兵衛らの菩提のために赤羅紗の大打敷一枚が、また才次郎と両親のために銀一貫五百目が施食料として来雲寺に寄進されており、この静かな山あいの村をまきこんだ事件へ、関係者がかぎりない哀悼の意を示したことが知られる。

深尾一族の墓地にも、両親と才次郎の三霊を刻んだ墓石と、治兵衛の墓石が残されている。いずれも明治期に治兵衛家をついだ深尾太良の建立したものと思われるが、もと治兵衛家のあったところは、現在は畠地になっていて、地元では「正太郎屋敷」とよんでいる。

関係者の処分についてみると、治兵衛は死骸取捨て、所持の田畑・家・屋敷・家財も闕所となり、のぶも死刑をまぬがれがたいところ、病死したため死骸取捨てとなった。治兵衛妻のうたは三十日の押込みであった。その他重刑に処せられたのは、忠右衛門と新兵衛であるが、病死したため、存命ならば引廻しのうえ獄門とされた。奥ノ院の釣鐘をついた源六と卯右衛門は、摂河両国を構い（立入禁止）・江戸十里四方追放、仲右衛門・長左衛門は所払いとなった。杉村の小左衛門・穂谷村の利右衛門も病死したが、存命ならば重き追放となった。

一般参加者では、亀右衛門ほか九七人が敲きの刑、幼少の二人が特別に免ぜられて三十日手鎖となった。これらをみると、尊延寺村から一〇〇人をこえる処罰者があったことになる。おそらく全戸あげて関係者があったと思われる。寝屋川市葛原の上堀家には、尊延寺村と同じ永井氏知行所であった関係でこの一件の貴重な史料が残されているが、これによると多くの村民が妻子ぐるみ縄手錠にかけられたことがわかる。

淀川左岸にひろがった大塩与党のなかで、枚方地方はその北端をなし、村ぐるみの参加をみた貴重な例である。

村民がどのような意識で参加したか、当時の公的な記録はもっぱら才次郎の威嚇によって動いたことになっている。たとえば枚方宿から守口村へ向う道中、大塩の戦う相手はだれなのかと囁きあって、一般百姓は忠右衛門と新兵衛に切殺すとおどされたという。

才次郎が十九日の深更、平八郎の意向をつたえ、年貢・諸役の免除や借金の棒引きをとりあげたのは、これらが村方にかなりの問題としてあったからであった。往復に尊延寺村の幟をかかげた村民の真意はどうであったか、新しい史料と分析方法が今後も求められることになろう。

なお、春日村の奥野家は、この事件にさいしてきびしい捜査をうけ、屋根瓦まではがされたといい伝えている。茄子作村（枚方市）でも檄文がまかれ、それを摂津国渡辺村（大阪市浪速区）で写しとったといわれる（『奥田家文書第一五巻』）。あるいは尊延寺勢が進行の道中まいたものであろうか。

〔付記〕　本稿で意をつくさなかった点については、左の文献を参照されたい。

「大阪乱妨一件吟味伺書」（大阪市立中央図書館所蔵）
「浪華異聞」（大阪府立中之島図書館所蔵）
枚方市史編纂委員会編『枚方市史　第三巻』（枚方市、一九七七年）
田宮久史「深尾才次郎・治兵衛とのぶの墓―枚方市大字尊延寺・春日方面調査記―」（『大塩研究』五号、一九七八年）
向江強「寝屋川市上堀二三六文書にみる大塩一件調査記」（『大塩研究』六号、一九七八年）

大塩の乱と畿内農村

はじめに――大塩研究史と当面の課題――

口碑に生きた大塩を科学的な歴史像に

天保八（一八三七）年二月十九日に元大坂町奉行所与力大塩平八郎が起こした事件は、すでに周知の事実であるが、その研究史も実に長い。事件後、「大坂市中殊之外平八郎を貴ひ候由、甚しきハ焼たてられ候者迄少しも怨不レ申、小者迄も大塩様と貴ひ、既ニ此度大塩を召捕候ものハ、銀百枚の褒美被レ下由触ニ相成候処、大坂のものの申候者、たとひ銀の百枚が千枚になろう迚、大塩さんを訴人されうものかと申居由、其外徒党の者をも皆ひいきいたし候よし」と、水戸藩藤田東湖が事件の調査を記した「浪華騒擾紀事」に記している(1)。大塩が、本稿でも論述するように直接に動員できなかった大坂市中の、エンゲルスの『ドイツ農民戦争』の表現を借りるならば「平民的反対派」の大塩支持の声をまざまざと伝えている。一部の小市民的な学識者が戯れた狂歌・狂詩・落首の類より、この種の民衆の支持の声が数多く端的に残されていることは重要で、大塩の西国逃亡説ともからんで、かれが長くこれら市中の「平民的反対派」の心の中で生きつづけていたことを物語っている。

近代に入ってからまずこの乱に注目したのは、上からのブルジョア改革に抗して闘った自由民権運動の闘士たちであった(2)。その後膨大な大坂の史料をアカデミズムのメスをふるって初めて歴史学の対象として『大阪市史』を編纂した幸田成友が、その成果を用いて『大塩平八郎』（東亜堂書房、一九一〇年）を発表した。口碑の中に生きた大塩をとりまく史実の多くが解明された。この著書を下敷きにして、戦前天皇制国家による「冬の時代」の訪れを招いた「大逆事件」を身近かに目撃した森鷗外が『大塩平八郎』（一九一四年）を『中央公論』誌上に書いて「未だ醒覚せざる社会主義」者へのひそかな同情を示したことも忘れられない。

大塩が天満四軒屋敷に開いた私塾洗心洞の後学と称し、大坂の平民的立場をとると思われる在野の学者石崎東国は、かれの思想と行動への強い共感とアカデミズムの切りすてた視角によりながら『大塩平八郎伝』（大鐙閣、一九二〇年）を世に問うた。大正七（一九一八）年「于時八月十三日天王寺村荘の東窓に吾此の稿を終るの日、世は米価騰貴、食糧恐慌、一揆蜂起各地騒擾、京都、神戸、大阪、次第に焼打起り、軍隊出動、人心恟々」という米騒動の渦中で「筆を擱っ」ていることも想起する必要がある。

幸田・石崎の二書の到達した実証的な方法を第一期の研究とすれば、新しい第二期の研究は、昭和恐慌とファシズムの台頭の中で進化し、日本近代化の始点となった明治維新をめぐる議論の中で、大塩の乱に科学的な照明があてられた。

日本資本主義論争における羽仁説

早く羽仁五郎氏は昭和三（一九二八）年十二月に、「江戸後期経済教説の発展」を『新興科学の旗の下に』に発表し、「中斎は社会の現実に関する彼の理論を明示していないが、根本的に考えしたがって根本的に行動せんとする要求は洗心洞劄記およびその他の遺著の中にしばしばあらわれている。そしてもとより根本的に理論し行動する仕方は彼において把握されるに至らず、無根拠な感情的な徒党を心臓とし狂信的な陽明学を頭脳とした彼の解放運動は、当然失敗におわったが、しかも解放されねばならないものと解放の欲求とがすでにあきらかに存在することは、彼において示された。われわれはここに時代と思想との新しき転向を認めざるをえない」とし、「ある根本的な社会解放を目標とせねばならなかった」当時の転換点としていた。[3] この引用の後段の部分や「幕末における社会経済状態・階級関係および階級闘争」(『日本資本主義発達史講座』、岩波書店、一九三二年)[4] の文中にいう「ここ(大塩の乱)に至って封建制下の被搾取被抑圧の民衆の階級闘争はようやく内乱へ、政治闘争への動向を公示した」とみる考えは正当なものであろう。

それでは、なぜ大塩の乱が内乱・政治闘争への画期となったか。羽仁氏は、「アジア的生産様式」論を帝国主義との関連で正しくとらえながら、開港の前も後も一律に「東洋的な停滞的な農村過剰人口」「農村の窮乏のいっそうの激化」を指摘し、農民一揆の役割を重視する。飢饉凶荒の機会に民衆の反封建的搾取に対する反抗闘争の登場である。この評価はいまだに大塩の乱をめぐって窮乏からみる議論として今日まで尾を引いている。当時早くも服部之総が指摘したように、ここには「『アジア的停滞性』の非資本論的帰結」があらわれている。公然として乱が大坂市中で起きた理由は、幕藩制の解体をもたらして小ブルジョア経済とその生み出した諸矛盾を基軸にとらえ直さねばならないだろう。窮乏した農民は幕藩制を通じて存在し、また一揆も頻発した。もし画期を見出すなら、農民層の質的な変化と他の諸階層との関連を明らかにすることが必要であろう。はたして羽仁氏のいうような「無根拠な感情的な徒党」の蜂起だったのか。

大塩に民富と政治主体を求めて

戦後民主化の気運の中で、農村経済史・人民闘争史の新しい蓄積にもとづいて、大塩研究は第三期の活況を呈した。早く口火をきったのはすでに第二次大戦中戦死していた戸谷敏之の遺稿「中斎の「太虚」について―近畿農民の儒教思想―」で、マックス・ウェーバーの「資本主義の精神」によりながら西欧の禁欲プロテスタンティズムと大塩の太虚思想に幾多の相似点を見出し、前者を生んだ母胎“Mittelstand”に比定されるべきものとして、「近畿の富有な農民」を想定し、門人の農民をあげて「中斎の思想は農民との接触により漸次変質し、農民の儒教に転化していった」とした。徳川時代の農業について秀れた地域類型論を示した戸谷が、西南日本、とくに貨幣経済の浸透によって富裕化する近畿型農村の上に大塩をおき、かれの儒教史上のユニークさを「かゝる富裕地帯の限定性により充分証明されるであろう」と指摘した。(5) この方法に示唆をうけた阿部真琴氏は、これを西摂菜種作地帯の富農経営の事例で豊富にし、さらに大蔵永常との交流を通じてかれらの「民富観」を浮かびあがらせた。(6) これらの方法は、封建制解体の基軸に「民富」、小ブルジョア経済の形成を見出したもので、その限りでは羽仁氏の窮乏論的な方法の欠陥をのりこえたものであったが、服部が「厳密なるマニュファクチュア時代」を提起した「維新史方法上の諸問題」(『歴史科学』二巻二・三号、一九三三年)の方法は生かされていない。逆に阿部氏が対象とした武庫川ぞい農村と大塩が直接基盤とした淀川下流左岸村々との差異が岡本良一氏から批判された。岡本氏は、淀川・寝屋川・古川の三水流にはさまれた極端な低湿地帯では、先進地とはいえず、富農経営の発展は期待できず、したがってここを地盤とした中斎に封建体制支持者としての本質を見出し、戸谷・阿部両氏のいう「資本主義の精神」を否定した。(7)

岡本氏は、その後意見を改めて阿部氏の富農論に接近して、『大塩平八郎』(創元社、一九五六年)をまとめあげた。ここでは畿内特有の農民闘争である国訴もからめて戦後経済史の成果を吸収し、大塩与党とその時代像を全体にわたって描き出したもので、農村史からの接近の到達点を示している。とくに下級武士・富農・貧農・都市貧民・被差別部落民らを与党の内容として分析し、都市貧民を動員できなかった大塩の市民観の誤りや部落民利用にみる賤民観など、本稿にもかかわる重要な論点が提起されている。

同じころ昭和二十九(一九五四)年に堀江英一氏は、『明治維新の社会構造』(有斐閣)を発表して、経済の変化に規定された農民一揆とその中から維新の主体勢力の誕生する過程を追求した。[8]歴史分析では維新の基点に大塩の乱をおき、「与力同心などの下級幕吏と農村支配者＝村役人層とが結合し、惣百姓を指導して幕藩政権を改革しようとしたもの」で、文久三（一八六三）年型（天誅組・生野の義挙）の原型・先駆形態とした。民権運動にいたる維新変革を惣百姓一揆の最後の段階と見て、村落支配者層の政治的進出のスタートを大塩の乱時の同盟関係に注目する。経済と政治勢力を統合する方法であり、農村史研究が維新前夜で分析の筆をおくのに対し、維新の社会変革として民権期までを一貫して視野に入れた。国内的分析に中心があり、まだ昭和三十五年安保闘争を経験する以前の研究であるため、世界資本主義による衝撃的な開港の視角はない。

「世直し状況」論と農民革命論

一九六〇年代の幕藩制構造論の研究は、佐々木潤之介氏らによる「世直し状況」論を生んだ。[9]林基《もとい》氏の「宝暦～天明期の社会情勢」（『岩波講座日本歴史』12、一九六三年）に触発され、羽仁理論を再検討して継承し、豪農・半プロレタリアの階級対立を基軸に維新変革の道をさぐろうとしたものであった。ここで改めて「農民戦争の到来期」を設定し、「中世の本来の異端」たりえなかった幕藩制下の都市で、本来変革を組織すべき平民的反対派＝前期プロレタリアの歴史的限界を、アジア的に農村に滞留させられた半プロレタリアが代位し、その「めばえばかりのプロレタリア的要素」（『ドイツ農民戦争』）が革命を体系化させたとする。この方法の基礎に、安良城盛昭氏の幕藩制論と山田盛太郎氏の『日本資本主義分析』（岩波書店、一九三四年）があり、そのうえに幕藩制固有の運動法則を追求した自己の理論から羽仁説の継承をはかったものであった。

これに対し、マニュファクチュアの検証、開港による農村の相対的過剰人口の創出など一連の問題を提起していた中村哲氏は、[10]服部の「歴史的範疇としての農民革命」（一九四七年）と「明治維新における指導と同盟」（一九四九年）を検討・発展させ、佐々木氏の豪農・半プロレタリア論における基本的階級対立の誤りを批判し、昭和四十三（一九六八）年に「明治維新と農民革命」を発表した。[11] この両者は旧講座派がかかえた内部対立を新しい現段階の問題意識で展開させる結果となっているが、人民闘争を考えるうえにおいて当然看過できないものである。

現状のこの二潮流の検討のうえに、初めて幕末維新の階級闘争が解明されなければならず、これこそが第四期ともいうべき大塩研究の課題でもある。昭和五十年に拙稿「大塩の乱と在郷町伊丹」[12] と乾宏巳氏の「大塩の乱と農民的基盤」[13] が発表された。前者は、佐々木説への一定の批判を通じて、都市前期プロレタリアを組織できなかった大塩が、酒造業の在郷町伊丹の馬方（前期プロレタリア）を門人にすることによって、農村半プロレタリアと畿内的経済発展の所産である在郷町の貧農・前期プロレタリアを結合させ、大坂に蜂起させる志向をさぐろうとしたものであり、後者は、門人であった河内国茨田郡門真三番村の茨田郡士家の経営を分析した労作である。

このころから大塩研究は活況を迎え、思想史的な整理を行った宮城公子氏『大塩平八郎』（朝日新聞社、一九七七年）などいくつかの秀れた論文が発表されはじめた。[14] 大塩研究については、人民闘争史の観点だけでなく、近時乾宏巳氏による大坂の都市構造の研究、[15] 中瀬寿一氏による住友・鴻池・三井など大塩が攻撃対象とした特権的前期資本の分析[16] や多くの関係者の個別事例究明などが進められているが、まだまだ多くの課題が残されている。

やや冗漫な研究史の整理となったが、近時民衆運動史の研究が多様に深化してきているところから、本稿では、大塩をめぐる問題の全貌を明らかにすることはできないので、当面大塩与党の農民勢力の分析、大坂市中の情勢、大塩が都市民を動員できなかった理由、大塩蜂起のもつ普遍的な意味（たんなる畿内・大坂の反乱でなく、幕藩制解体の画期をなした）などを考察したい。

一　大塩与党の構成

1　農民的反対派

下級幕吏と組織力をもつ豪農の参加

大塩門弟の人名などの全貌は容易に確定しがたいが、かれがもっとも信頼した中心勢力を推測させるのは、蜂起寸前の連判状と戦闘に利用した四挺の砲筒に刻まれた人名である。前者は「評定所一件吟味伺書」[17]に記すところで、約三〇名を知りうる。拷問・誘導による口述をもとに作成されたから問題が多いが、あえてこれを分析すると、与力・同心一一、浪人一、百姓（豪農・馬方）一二、医師二、神職二、その他二となる。砲筒に刻まれた一四名の内訳は、右の人名と重複するが、与力・同心七、百姓（同上）六、神職一となり、下級幕吏と豪農を軸にしていることがわかる[18]。

この両者を結びつけるものはなにか。事件後の調書は、幕吏が直接幕政や奉行所の行政に不満を抱いたことを物語ることがないが、大塩に共感する点も少なくなかったろう。大塩蜂起につづいて起こった天保八（一八三七）年七月に北摂能勢の山田屋大助騒動に、玉造口定番遠藤但馬守組同心本橋光次郎が縁者の土佐屋（今井）藤蔵の誘いで捲きこまれるが、その動機は新しい職の斡旋にあったという。同心にも転職を考える不満があったのだろう。

下級幕吏と豪農の場合は、婚姻やその出自を通してすすめられる。東組同心庄司義左衛門は、もと河内丹北郡東瓜破村百姓の悴であり、のち同心の庄司家の養子に入っており、河内茨田郡門真三番村の門弟茨田郡士の祖父は与力瀬田八右衛門の悴で婿養子にきたものであった。摂津東成郡般若寺村庄屋橋本忠兵衛の娘は、平八郎の養子格之助の嫁であり、平八郎の妾（正妻はいない）ゆうはもと曾根崎新地一丁目大黒屋和市（茶屋渡世）娘であったのを、一旦忠兵衛の妹として嫁付かせたものであり、守口町白井孝右衛門は弓奉行組同心竹上弓太郎の縁者であり、門弟にかかわる範囲だけでもこれだけの例証をあげうるのであるから、幕末期になるほど下級幕吏と経済的地位を高めてきた豪農の縁戚は深まっていたとみることができる。しかも豪農には、一般百姓をこえた同一階層間の広い通婚圏があった。

大塩事件関係者のひろがりは、その処罰の地域別区分にあらわれているが（第1表）、実際の蜂起にあたっては下級幕吏の参加は個別的であったのに対し、中心勢力となった豪農の門弟を有したところは、村ぐるみの大量参加

第1表　大塩の乱関係処分者

		磔獄門死罪	遠島追放	押込手鎖	過料叱り	計
武士		8	2	1	19	30
家族・奉公人		3	1	2	4	10
摂津東成	般若寺	4			109	113
	下辻	1			8	9
	上辻				1	1
	馬場				1	1
	貝脇			1		1
	今市				2	2
	千林				5	5
	野江				7	7
	別所				4	4
	中				6	6
	南島				3	3
	葱生				8	8
	森小路	1		1	4	6
	沢上江	1		12	19	32
	善源寺			15		15
	中野				5	5
	友淵				12	12
	上福島			1		1
	関目				1	1
	内代				2	2
	猪飼野	1			10	11
摂津西成	蒋島			2	4	6
島下	吹田	1		15		16
川辺	伊丹				5	5
河内茨田	守口	2	1	20	168	191
	北寺方			4	2	6
	門真三番	2		7		9
	世木		1		8	9
	北島				20	20
	池田下				2	2
	池田中				1	1
	池田川				3	3
交野	尊延寺	2	5	3	101	111
	杉			1	1	2
	穂谷		1			1
志紀	弓削	1			12	13
大坂市中		4	2	8	29	43
無宿		8	1			9
その他		1	5	2	9	17
計		40	19	95	595	749

出典：「浪華異聞」「浪速廼阿志火」より作成。乾宏巳『なにわ大坂菊屋町』（柳原書店、1977年）より。

となった。百姓の中には「随分剛気之者も有レ之、是等皆々刀・脇さしをせおひ、帯刀致、且者鑓抔用」いる壮観ぶりを示した。中心は農民だった。直接反忠者を生み、他への組織化の道を欠いた武士層よりも、たとえ動員されたとはいえ、平常平八郎を信じて事件後の取調に際して、その「勘弁」にとりまぎれ「白洲へ手を突候義も打忘、察度（当）受」けた河内茨田郡世木村百姓治三郎のような農民にこそ、もっとも信頼すべき階層を見出していた。その頂点に村役人クラスの豪農がある。第1表の処分者の数から容易に般若寺村の庄屋橋本忠兵衛と守口町百姓兼質屋白井孝右衛門の二人が浮かび上がる。両名は大塩宅へ「別而心易立入、勝手向世話」をした重要人物である。

ほおずき忠兵衛と守口宿白井孝右衛門

忠兵衛は、高五〇石、妻子と下男下女あわせて一〇人ぐらしで、「先年菜園に酸醤草を多く作りて売出し利徳を致し候などより、追々豪家となりしより、人称してほうづき忠兵衛といふ」（「浪華津蘆話」[19]）とされ、日雇をも雇う富農的側面を有する庄屋であった。天明五（一七八五）年すでに庄屋役をつとめ、寛政四（一七九二）年には同村平右衛門とともに三五石二斗、文化十二（一八一五）年には単独で一七石五斗一升の出作地を隣村守口町に有したことがわかる[20]。文化八年ごろからの門弟といい、もっとも早く大塩の教学に参加し、大塩家との姻戚ももっとも深い。年寄柏岡源右衛門・百姓代柏岡伝七は、それぞれ天保五（一八三四）年と天保四年にいずれも忠兵衛の紹介で大塩門弟となっている。事件後、般若寺村は一時村役人不在の村方となった。下辻村の猟師金助も、天保七年十二月から忠兵衛の紹介で手猟の鳥獣を大塩宅へ売るため出入りし、のち村内窮民への施行にも関係し、蜂起に加わる。

京街道守口宿の孝右衛門は当時四十八歳、尚賢・履とも称し、妻・悴・娘と下男・下女の一一人家族であった。文政八（一八二五）年入門し、その後資力ときわだった組織力で悴彦右衛門や渋川郡衣摺《きずり》村の甥儀次郎（一八三〇（天保元）年入門）をはじめ、広範に門弟を確保した。門真三番村（小路）茨田郡士（一八三〇年）・同村（宇治）の

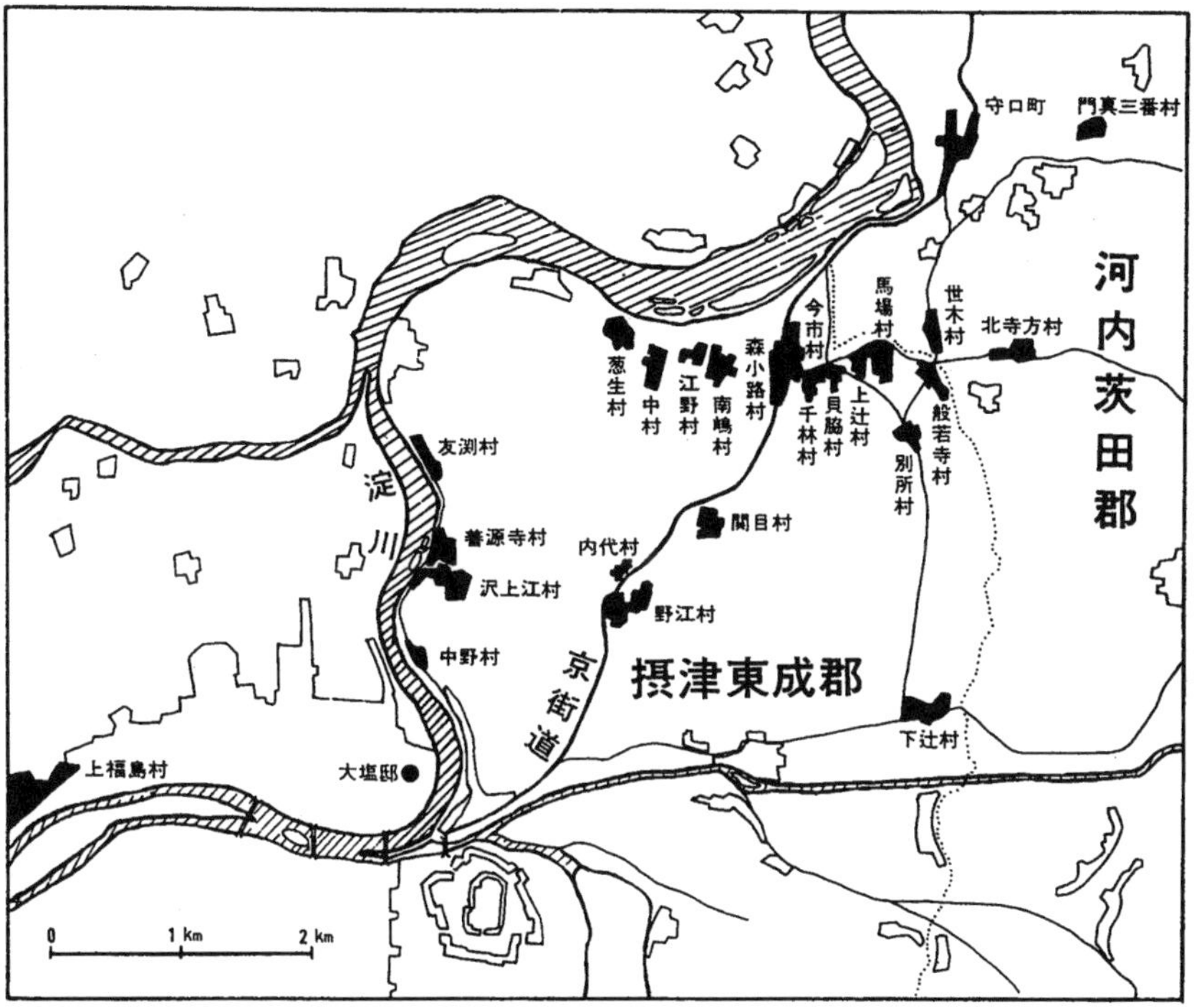

淀川左岸地帯の挙兵参加村（大阪市立博物館『展覧会目録第70号　大塩平八郎』1976年より、一部加工）

高橋九右衛門（一八三四年）、もと衣摺村庄屋で当時無宿熊蔵（一八三七年）、交野郡尊延寺村深尾才次郎らの名をあげうるし、事件寸前には才次郎の兄治兵衛を天満へ誘導し、儀次郎の兄市太郎を大塩に引き合わせている。

文政十一年十一月、かれは曾祖父の墓誌をつくった。彦右衛門吉禧が、代々庄屋を勤めたものの、享保期（一七一六〜三六）に天災によって貧窮し土地を喪失し、日夜家業に励んで田宅を旧に復した功を讃えたものである[21]。この年かれは生家衣摺村政野家の変事を経験している（後述）。同家に現存する土蔵の二階に、天保元年二月に取付けられた小さな転社があり、扉に「天照大神宮御祓串　大聖不動明王壱体　是ハ白井三郎右衛門正胤□年之持仏也」とある。転社のつくられたのは、三月から盛行をみるお蔭参りに先立っている。転社の作成の理由は、「此度切支丹宗門御改ニ付、夫々手次寺宗法相改候故之事」とも記している。[22]大塩のキリシタン糾弾は、文政十年のことで、幕府評定所の裁断を文政十二年十二月に得、翌年正月に禁制の町触が改めて出されている。転社の作成はその翌月のことで、何か深い意味合いをこめているのだろうか。いずれにしてもこの年にかれが門人の拡大に本格的にとりかかっている。かれと郡士・般若寺村柏岡家などは、書籍を購入する「講書社」という頼母子講をつくり、また、この地方を悩ました助郷関係の費用を孝右衛門が用立てるなど、教学・経済上の強い連帯が生まれていた。[23]

茨田郡士家の経営

門真三番村の茨田郡士については、乾氏の詳細な分析があるので、村況およびかれの経営を筆者なりに紹介しておこう。[24]同家の持高は寛政元（一七八九）年に六〇石八斗（反別六町四反四畝）で、その後もほとんど変化なく文政十二（一八二九）年・天保三（一八三二）年には六〇石七斗となっている。天保三年の戸数九九戸の階層別構成をみると、無高五〇、五石以下高持二一、五～一〇石層一〇、一〇～二〇石層九、二〇～三〇石層三、四〇石以上層六となる。無高率五一％、五石以下の貧農層は七二％に達する。天保十三年の守口町の構成は、本百姓六一、無高水呑一一六で、無高率は六六％で門真三番村より高いが、これは諸商内《あきない》・諸職人四七、旅籠屋渡世二六を有する宿場町であることによる。総じて無高率はこの付近では五〇％をこえることが多い。

茨田家は、文政十二年から天保六年にいたる間では、零細な散りがかりの小作人五四～五五人をかかえ、毎年百石前後の小作料を収取していた。有畝（台帳上のとは違った現実の土地面積）を基礎にした宛米高（契約小作料）比にみる自作率は、文政十二年で一四・三％にすぎず、それ以後さらに低下傾向をみせているから、ほぼ全面的に小作収入に依存する地主であった。

宛米の反別約二石に対し、実際の納入額は一石六斗ほどで、この間の差額約二〇％が免引である。地主・小作間の力関係がその比率をきめるが、河内綿作地帯の免引率よりやや低い。後者は金納小作料などの展開が前提としてある。(25)

同家の利貸活動は兄への貸金返済の滞りがあって、一般的な地主の場合よりはるかに大きい困難をかかえている。郡士が文政十二年家を継いだとき、すでに銀三三貫の借財をかかえていた。そのうち二〇貫余は、淀川対岸にある摂津島下郡別府村堤八作方へ養子に入った兄が新田買戻しをはかったときに用立てたものであり、それが尾を引いている。米価の騰貴した天保四年以外は収支かろうじて償う状態である。

同家の収入に占める公的な負担（年貢その他いっさい）は、かなり高く、ほぼ三四〜三九％に達している。この数値には惣取米のうち商品化されなかった一〇〜一二％ほどの在庫米が除かれているから、これを加味すると貢租率は低くなるが、三〇％をこえることは間違いない。綿作地帯の河内若江郡新家村の富農今西家のこの期の年貢負担率は、利貸活動の大きさもあってわずか一〇％ほどと推定される。(26)それほど低くなくても菜種作地帯の摂津武庫郡西昆陽村の氏田家（持高三四石余、小作地率一六〜二〇％）の経営例から算出すると、文政十二年一九・七％、天保三年一八・四％、天保八年一六・八％となっている。(27)

淀川左岸下流の村々の年貢率は五〇％前後になっているから、茨田家はかなり軽減するにいたっている。しかし、大塩の組織の手がのびた同郡池田下村の例で明らかなように、領主による年貢の免引（減免）は少ない。天保四年から明治四（一八七二）年にいたる三九年間で取米の減額はわずか四回、これに対して宛米の減免は一一回に達する。(28)天保十二年十一月に、麾下永井氏が淀川筋の知行所にあてた廻状は、「小作人ども地主方へ小作人宛米応対に罷越候義」「近来小作人ども地主違の者までも直に為₂申合₁、大勢地主方江応対に罷越、不実の掛合いたし、地主迷惑為ₗ致候」という事態があった。(29)小作層の減免闘争を前にした地主の苦衷がある。対領主の問題がここに関心事となる。

三番村では、文政十年冬から村方困窮に対処するため、「上下一統相談」し、小前難渋者に対する銀子貸付仕法をたてたが、二年後に庄屋役交代をめぐる争論が生じ、年寄役であった郡士と大西氏が調停する一幕があったが、この村方騒動の背後には小前層の強い発言があったと思われる。このような中で郡士は大塩へ紹介される。

郡士が大塩に傾倒して行く姿は、その私的な記録に描かれている。文政十二年の「金銀附込帳」以後、ほぼきまったように毎年正月や三月三日、五月五日、九月九日という節句日に天満の大塩邸に挨拶に出かけている。そして、蜂起の年天保八年の「金銀出入帳」にいたる。この帳簿をみると、正月二日に金二朱をもって「洗心洞先生様江年頭御祝儀」に出かけており、二月七日には「大塩大先生施行」として河内屋喜兵衛（出版兼書店）へ金一両二分一朱を立替え払いし、同月十一日にはこの取替分の内金三分三朱を喜兵衛から領収している(30)。大塩が書籍を売却した代金で町在の一万軒の貧民に一朱ずつ施行を始めた大坂安堂寺町本屋会所の席にかれの姿を見ることができる。二月十六日、いつもとかわりなく記帳したあと、一〇ヵ月分の余白が残されている。この白紙の物語る意味は大きく、固く決意した心中は、筆跡の上ではいささかもうかがえず、わずかに大塩への尊称の深まりに知りうるだけである。この記帳後間もなく十八日には郡士は大塩邸に入る。

村ぐるみ参加の尊延寺勢

河内国交野郡尊延寺村からの村ぐるみ参加は、重軽刑ふくめて一〇〇名近い処罰者を生んだが、かなり当時でも注目を浴びたらしく、大坂への往復に掲げた「尊延寺村」と記した旗幟が、大塩関係の記録画にしばしば登場する。京街道枚方《ひらかた》宿から西へ一五キロメートルばかり入った山間村で、河内平野の東壁をなす生駒山系の北端に位置する。大塩門弟が集中的に分布した淀川下流地域からは、地理的にも隔たり、生産構造や農村構造上差異を有しているが、それでも大塩独自の農民オルグの方策からすると、その一線上に存在することになる。淀川左岸低湿地から徐々に中間村の豪農を媒介してその行動範囲をたどると、尊延寺村にたどりつく。

尊延寺村の蜂起の先頭にたった才次郎は、当時二十歳で、守口村の白井孝右衛門のすすめで大塩門人に加わっていた。前年に父を失っていたが、家を継いだ兄治兵衛はかならずしもこの動きには共鳴しなかったので、事件の前日二月十八日に孝右衛門によび出され、大塩邸に止宿し蜂起に消極的に参加する。治兵衛家は、庄屋役こそ勤めたことはないが、同村の豪農の一つで元禄期（一六八八～一七〇四）以後村役人ないしそれに近い存在として成長してきた家柄である。

尊延寺村からの参加は、いくつかの問題点を描き出し、当時のこの地方の社会情況を十分うかがわせるに足るものがある。十九日の夜九ツ時（午前零時）尊延寺村の高台にある治兵衛宅の座敷の軒先につるされた半鐘がうちならされ、ついで新義真言宗奥ノ院の釣鐘が乱打された。そして治兵衛家が打ちこわしにあうおそれがあると村方へ触れが走り、急遽村民が同家へ集合した。そのうえで、才次郎が股引・半纏・野羽織姿に大小を帯び、傍らに早鐘をついた同村の忠右衛門と無宿新兵衛を従えて上座に直り演説を始めたのである。この演説では、このたび西国筋から大坂へ攻め上るものがあり、大塩平八郎が期するところあってこれと一戦に及ぶので味方するが、平八郎の「存立之通り相成候へハ、以来年貢諸役とも差免、借金等ハ棄捐ニいたし」（「浪華異聞」）、当面金三両ずつ支給するといい、懐中から檄文をとり出して読み上げたという。ここで注目されるのは、飢饉による救荒対策のおくれから大坂やその周辺の窮乏化がすすみ、西国筋からも一揆が起こってくるという認識である。村民がただちにこれを鵜呑みにしたとは思えないが、それにしてもそのような認識が社会情況として存在していたことは否定できない。そして農民自体の問題としては年貢諸役の軽減と借金の棄捐という救済策が一つの望みとなっている。

才次郎の意図はどうか。一行五〇人ばかりが「足揃いたし」たのにおどろいた村役人が、これを制止しようとし

たところ、かれは逆にこれを罵り、「乍レ笑、勝利帰陣之砌、挨拶可レ致抔嘲哢」し、さらに説得しようとすると居宅を焼払うとまでいい張った（「浪華異聞」）。庄屋治五平は、才次郎とは同じ深尾家の一族で屋敷も一軒おいて隣にあるが、才次郎は日常的な村落支配と同族の絆を断つかまえである。大塩のいう「血族の禍」を犯す気持は固い。

　夜中行動を開始した村民を前に、治兵衛・才次郎兄弟の母のぶのとった態度は毅然たるものがある。動揺している治兵衛の嫁を叱咤して一行の食事をととのえ、酒・ぼた餅を振舞った。一行が出発したあと留守をかためたのぶは、「才次郎ハ大名ニ相成候歟、又ハ御仕置ニ被レ行候歟、今日之勝負次第ニ候」と語った（「浪華異聞」）。わが子が大名になるか、処刑されるかは今日の勝負次第、この家つきの母には、平八郎に殉ずる子どもの気持ちと世直しの気運が読みとれたに違いない。

　守口宿の白井彦右衛門宅へ行き、事の破れたことを知って、摂津西成郡北野村不動寺で夜を明かしたあと、才次郎ら指導層は姿を消し、大和初瀬の宿で奇しくも尊延寺村のかれの家へ一旦落ちのびて大和路へ入ってきた大井正一郎

鳶田《とびた》刑場での処刑場面、下段の右端が大塩平八郎
（『甲子夜話』三巻、松浦史料博物館所蔵）

（もと玉造口与力の子）と曾我岩蔵（大塩格之助の若党）と邂逅し、能登国羽咋《はくい》郡福浦村まで走るが、ここでついに自殺する。

才次郎の父は、交野郡春日村の出身で尊延寺村に養子に入ったものであるが、その実家も大塩教学に連なる家筋で、淀川筋から山間の尊延寺村へ通ずる中継点にあたる。この一件で、前年に死んだ先代治兵衛についで、逮捕された治兵衛・のぶがあいついで牢死し、四月二日に才次郎が自害し果てる(31)。すでに三月二十七日に大坂靱《うつぼ》油掛町美吉屋五郎兵衛宅で、大坂城代の手勢や与力内山彦次郎らに包囲されて大塩父子が火炎の中でその壮途を断ったことを知る由もなかったろう。

河内綿作地帯衣摺村の参加

北河内を中心にした農民与党とは少し離れた地点から密接な結びつきを示したのが、渋川郡衣摺《きずり》村である。河内平野のほぼ中央に位置して典型的な綿作地帯に属する。近世中期以後村方は二分され、幕領六一七石六斗二升三合（高槻藩預り所）と山城国淀藩領の四九六石七斗八升六合の両支配となり、天保六（一八三五）年以後は淀藩の一円支配となった。宝暦五（一七五五）年の農民階層をみると、庄屋（預り所分）重郎右衛門の四六石を筆頭に高持三八軒、無高三二軒（ほかに二ヵ寺ある）があり、四五・七％の無高率を示す。高槻藩預り分の綿作率は、石高の五九％、畑地だけに限ると九三％に達し、河内を特色づける畑作綿作の展開した村であった。

この村の文政から天保期にいたる激動は、十九世紀前半の河内農村の情況を物語っている。文政十一（一八二八）年正月に村方で「大騒動一件」が起こった。かつて庄屋役をも勤めた豪農重郎右衛門が逮捕され、入牢のうえ、四月二十七日に摂津の葭《よし》島において死罪に処せられ、その遺体がその地に埋められた事件である。罪状は明らかでないが、村方を震撼させた「大騒動」であった。この結果、重郎右衛門家（政野姓）は家屋敷・家財が闕所となった。この年四月二十六日付で大坂町奉行の同心二人が作成した「重郎右衛門家内改諸色附帳」によると、同家の屋敷は一畝二歩（二筆、高一斗六升）、建物（梁間三間・桁行六間半）、土蔵二ヵ所、納家二ヵ所、門長屋・灰小屋など一ヵ所ずつ、田地二町九反九畝一歩（高四六石五斗二升一合）となっている。建物の規模は、一族間の取替わせ文書では梁間三間半・桁行八間とあり、持高から見ても村役人クラスの豪農である。(32)

重郎右衛門の財産は、親類の八左衛門らに売却されたが、このうち主要な部分は守口町の三郎右衛門の手に渡った。三郎右衛門から「甥市太郎」にあてた文政十一年十二月付の「譲り渡屋敷田畑建家証文之事」をみると、いったん三郎右衛門の手に入った高一六石八斗余の土地がふたたび重郎右衛門の子市太郎に戻されていることがわかる。そして、この三郎右衛門こそが重郎右衛門の実弟であり、守口町の白井家に養子として入った人物で、大塩門弟の一雄白井孝右衛門なのである。衣摺村の縁者への組織化は、この「大騒動」を契機に進められたと見られないか。当時まだ大塩は取調側の町奉行所の中にいる。

淀藩領分の庄屋に熊蔵がいて、さきの重郎右衛門の「附帳」の奥書に、幕領方庄屋の太郎右衛門と並んで名が記されている。かれはその後天保六年六月、「庄屋勤中、出入の腰押いたし、領主役場之申渡不二相聞一」（「浪華異聞」）、ついに庄屋役を罷免されて村払いとなり、無宿者として流浪する。この間名を杉山三平と改め、加賀国本泉寺に滞在し、さらに白井孝右衛門の世話で、事件寸前の天保八年二月七日から洗心洞に入り、寄宿塾生の世話をし、蜂起に参加する。村方の出入に際し領主の命に背いたという罪状が、孝右衛門の手引きで乱に入る大きな要因であり、この両者を結ぶ対領主観に共通したものを想定させる。

死罪に処せられた重郎右衛門の子市太郎と儀次郎も、ともに孝右衛門を通じて大塩と結びつくことになる。弟の儀次郎は天保元年洗心洞に入塾したが、のち病いのため退塾して白井彦右衛門（孝右衛門の子）方に身を寄せていた。天保六年版の『洗心洞劄記』巻頭の「後自述」の文末に「門人白井為本謹書」とあるのが、この儀次郎である。市太郎は、儀次郎ほど直接に大塩と交流したわけではなかったが、孝右衛門からの連絡で事件間近い二月十日に初めて洗心洞を訪れ、施行札三〇枚、壱朱金三〇をうけとり難渋人へ渡すことを命ぜられた。このとき注目すべきは、大塩が四名の庄屋を名指しで非難した点である。渋川郡のうち衣摺村庄屋源吾・正覚寺村庄屋儀右衛門・北蛇草《はぐさ》村庄屋三郎兵衛と高安郡恩知村の庄屋（名未詳）は、性質正しからず、米価高値の時節を顧みず、「一己の強欲のミニ拘り、小前のものともヲ非道ニ取斗ヒ」、そのため「四人之居宅焼払ヒ、百姓ともヲ可二助遣一所存」（「浪華異聞」）であるので、その期に臨んで加勢することを依頼された。大塩がかなり広く綿作地帯の庄屋の「不仁」を熟知し、市太郎らを介在させてこれらへの攻撃を意図していたことがわかる。

事件後、四ヵ村庄屋に対しては大塩平八郎の誹謗によるものとして奉行所は取り合わなかったが、正覚寺村では天保十三～十四年にわたって儀右衛門・歓三郎父子を排撃する大規模な村方騒動が起こった。儀右衛門は、文政七年から天保十三年まで近隣の淀藩領一四ヵ村を支配する大庄屋で、その権柄を利してわずか一代で七〇石から二〇

○石の大高持に急成長した者である。(33) 十数条におよぶ村方からの訴状の中に、前掲の北蛇草村三郎兵衛らと共謀して、天保元年に不正に郡中割を課し、私用に充てたとするくだりがある。隣村にいる重郎右衛門・熊蔵と明暗二つの動きである。宝暦四年にすでに衣摺村で儀右衛門は八石余の入作地をもっているから、天保期には土地保有の拡大にともなってかなりの入作高をみせていたのではないか。死罪・追放に処せられる衣摺村の村役人と、藩政の一角にあって土地集積を進める大庄屋との岐路、ここに大塩の「救民」「不仁」の眼がとめられていたと見れないか。

さきに、「大騒動一件」後重郎右衛門の土地を譲り受けた八左衛門も、大塩の乱に参加し、その最期は史料上あとをとどめない。かれの父は正方と称し、隣村大蓮村《おばつじ》の大蓮寺の門外にある隠居所（知足庵）に留守番として住みこんでいたが、(34) 白井孝右衛門・政野重郎右衛門の伯父にあたる。事件の起こった二月十九日夜九ツ時に孝右衛門と杉山三平が逃げのびてくる。二人にとって出生村の間近かを走り、のち伏見豊後橋上で逮捕されることになる。

2　都市民的反対派の不参加

不在の市民的反対派

豪農の経済的・社会的支配力を組織化した大塩は、都市大坂に対してはどのような方法で接近したか。ここに「都市民的反対」派としたのは、いわゆる「市民的反対派」と「平民的反対派」を一括したもので、互に対立するこの二派をまとめて論ずる点に、大塩の都市民組織化の失策を見出しうると思うからである。

大坂市中の者で門弟として判明しているのは、天満小島町医師李白の悴貞助（貞介）と堂島新地中一丁目甚兵衛借屋医師天民の悴不動次郎および中船場医師寛悟の悴松本隣太夫の三人にすぎない。貞助は幼少のころ、文政十一（一八二八）年に洗心洞塾生となって、平八郎「謹厳之行状を感伏いたし」（「浪華異聞」）、勤学に心がけたが、天保七（一八三六）年十二月に病気のため退塾した。学識は豊かで、『洗心洞劄記』の点校に、不動次郎こと但馬守約

（田結荘千里）・松本乾知とともに松浦誠之の名で加わり、天保六年四月づけの秀れた跋文を付している。『儒門空虚聚語附録』にはかれの質問とこれに答えた大塩の回答が記されている。天保六年十二月に門弟の門真三番村茨田郡士家の葬儀（釈浄寿）に「大塩御名代、松浦貞祐」として記名されている。(35) 不動次郎も天保二年十六歳で門弟となって入塾していたが、同じく事件前の天保七年十一月に病気で退塾し療養していた。相弟子の貞助・不動次郎は、天保八年正月の年始の挨拶に揃って出かけて大塩から檄文を見せられたが、ついに蜂起とは袂をわかった。隣大夫は天保元年に入塾し、事件当時十四歳にすぎなかった。ともに医師の子であるから、普通の意味でいう町人でないことが注意される。

「天満組風の我儘学文」(問)（「咬菜秘記」）と評され、懐徳堂やそれほど有名でもない塾もふくめて町人の実学に応ずる場は決して少なくない中で、「洗心洞入学盟誓」のいうきびしい鞭朴を加えて八ヵ条の誓約を厳守させる武士的な気節に満ちた学塾であり、その説くところは独特の解釈をこめた陽明学、「中斎学」であった。町人の容易に近寄りがたい学風であった。

そのため市中オルグの手がかりは弱い。事前に守口町白井孝右衛門が甥の儀次郎を潜伏させた手段にも、その例証を見る。二月十三日に孝右衛門は悴彦右衛門の病気療養のためと偽って、知人である豊後町亀屋金兵衛（貸座敷渡世）の座敷を借りようとしたが、ちょうど居宅が普請中であったため、金兵衛の口ききで、かれの名義で「仲間」の松江町亀屋新次郎の居宅裏手にある貸座敷を借りうけた。東西町奉行所勢を制し、放火して捕方の気先を打つ手筈である。十五日に孝右衛門は、彦右衛門が出坂する前に掃除をさせるという口実で下男と称して儀次郎を同伴して新次郎に会わせ、ここに引越しさせた。十九日儀次郎はこの場で大塩勢の到着を待ったが、ついに敗走のため所期の目的を達しえなかった。儀次郎は、すでにのべたように、河内渋川郡衣摺村の出身で、孝右衛門の甥にあたり、病いをえて洗心洞を退塾して孝右衛門方に身を寄せていた。もし都市民の中に直接の確たる門人を有していたなら、土地勘の弱い在郷の農民をここに配置して事をはかる必要はなかったであろう。

例外的な都市の反対派

このような中で注目されるのは、天満北木幡町の大工職大和屋作兵衛と靫油掛町美吉屋五郎兵衛の存在である。作兵衛は大塩の依頼をうけて大砲の木身の製造に従事し、前日から泊り込んで作業をしているうちに事件にまきこまれた。それにもかかわらず大塩勢の首脳部と終始行動をともにし、岡本良一氏がその著書でこれら都市民（前期プロレタリア）を正当に評価しなかった大塩の市民観の誤りを指摘されるのに登場した人物である。「平民的反対派」の代表例であろう。

美吉屋五郎兵衛夫妻は、大塩父子が二月二十四日夜五ツ時（午後八時）僧形に身をやつして潜伏して以来、三月二十七日火を放って自刃し果てるまで娘にも秘して二人をかくまった人物である。五郎兵衛家は、夫妻と娘、孫娘、下男五人、下女一人の合計一〇人所帯で、手拭地仕入職であった(36)。職業については「さらさ染」職とする記録も少なくない。大塩家へは年来立入り勝手向請払いの世話をし、大塩が蜂起時に掲げた旗幟を仕立てたとする嫌疑をかけられ、町預けにされていた。夜目を忍んできた大塩父子は、備前島町河内屋八五郎の使と称していたが、八五郎はかねてから大塩家の払米買請銀を五郎兵衛に渡していた。

下人六人をつかい、借家ももつ美吉屋五郎兵衛はまぎれもない大坂の「町人」であり、「市民的反対派」であった。かれがなぜ忠実に大塩を隠匿したか。石崎東国は、かれについて「本姓塩田、阿州脇町の士塩田忠左衛門の後である」とし、平八郎中斎と深い縁戚にある阿波稲田家の家臣塩田の末孫とみる(37)。平八郎と阿波との関係にはまだ解明されない部分が残されているが、阿波の塩田家との血縁は疑う余地はない。

明治二十（一八八七）年に自由民権家で知られる島本仲道の著わした『青天霹靂史』（岸田俊の序文あり）は、平八郎の妾で曾根崎新地の茶屋渡世大黒屋和市の娘ひろは、五郎兵衛の妻つねの実妹とする。とすると平八郎と五郎兵衛は義兄弟となるが、「大坂乱妨一件吟味伺書」によると、五郎兵衛妻つねは、「鞠町」（靭町か）儀兵衛の娘であり、平八郎らにこれまで面会したことがないとされている。おそらく『青天霹靂史』の記述は誤りと考えられるが、両者を結びつけた血縁の強さは、大塩家の米代銀の受取にも示されている。このつながりを基礎に、市民的反対派の健全な支援が生まれたと思われる。

本屋会所での施行

大塩の攻撃目標は檄文に明らかで、「此度有志之もの申合せ、下民を悩し苦メ候諸役人を先誅伐いたし、引続き驕に長し居候大坂市中金持之丁人共を誅戮およひ可レ申」といい、「右之者共穴蔵ニ貯置候金銀銭等、諸蔵屋敷内に隠置候俵米、夫々分散配当いたし遣候間、摂河泉播之内田畑所持不レ致もの、たとへ所持いたし候共、父母妻子家内之養方難二出来一程之難渋者へハ、右金米等取らせ遣候」という救民の方法であった。天保八（一八三七）年一月から蜂起時の大塩勢の進行コースまでの行動は、忠実にこの檄文の内容に沿ったものである。敵は大坂市中にある。

大塩は、この年正月二十八日に、かねて「是迄多分之書籍売渡、又ハ同人著述之書類彫刻之世話引受候儀も有レ之候故、懇意ニ立入」りしていた四人の書林を自宅によびつけた。河内屋喜兵衛・同新次郎・同記一兵衛・同茂兵衛で、大塩の著作『儒門空虚聚語』や『洗心洞箚記』の売弘人をつとめていた。この日かれらは、唐和本あわせて一二四一部を代銀四〇貫八九六匁（金六六八両三朱と銀二匁五分）で買い取った。喜兵衛は大塩から手渡された板木で二人の板摺職をつかって施行札一万枚を刷らせて、二月一日に大塩方へ届け、一万枚のうち一千枚と板木を大塩の手元にとどめ、のこり九千枚と施行用の一朱金九千（金五六二両二分）をもち帰った。施行札の引替は本屋仲間会所において二月六日から八日にかけて行われ、「在町之者共多人数寄集」り、施行の範囲は、大坂三郷ほか三三ヵ町村に及んだという。その結果、河内屋四人は九日に引替ずみの施行札九千枚を大塩へ返した。

　この施行に関連して注目されることは、施行額の大きさと町人オルグの方法である。在町の貧民九千人に一朱ずつ、金五六二両二分を与えたが、このほか二月十七日からこの施行札の引替所を「安堂寺町五丁目本屋会所」とあるところを「平八郎江」と彫り直させ、まさに蜂起寸前の十九日暁六ツ時前に新しく一万枚余を印刷させている。当時鴻池善右衛門の施銭が銭一八〇〇貫文で大坂最高額を示したが、これを銭四貫文＝金一両とみて換算すると、金四二五両になる。大塩個人の拠出が一回きりながらこの大富豪たちに優越している。「塩賊騒乱記」の筆者が、「曾て聞、鴻池善右衛門・善五郎ハ巨豪たること天下に並ふものなし。去年（天保七年）大塩これに説て施行して、饑寒に逼るものを救ハしめんとす。鴻ノ池うけかはす、纔に銭千八百貫目を施行す。其上米七万石を買しめあるを知るゆへ、これを悪むこと甚し」(38)と指摘している背景がここに浮かび上がる。

　もう一点、大坂町民への働きかけの方法である。施行は本来領主や富豪層からの下賜的・恩恵的救済であり、大塩の運動の進め方には町在ふくめてこの特色がきわだっている。しかも、施行の配付の仕方に町在におのずから差違のあることが重要である。蜂起に先立ってみられた施行引札と檄文の配付は、都市民およびその周辺貧民にあてて行われたが、後者が門弟となった村落有力者（豪農）とその類縁を通じて自村やその周辺に行われたのに対し、大坂市中の場合はどうであったか。

豪農による農村への施行札配付

　施行札の配付者とその地域についてみると、般若寺村忠兵衛が東成郡下辻・内代・馬場・関目・今市・千林・上辻・世木・北島の九ヵ村、猪飼野村司哥之助の親司馬之助が自村へ、沢之上《かすがえ》村孝太郎は東成郡中野・友淵・沢之上と西成郡稗島の四ヵ村、守口町孝右衛門が江野・別所・中・南島・荒《(葱)》生・北寺方・池田下・池田中・池田川の九ヵ村、森小路村医師文哉は自村、伊丹植松村善右衛門は自村および伊丹伊勢町へ、志紀郡弓削村利三郎は自村へとなっている。伊丹の額田《ぬかた》善右衛門（馬方、後述）をのぞくと、すべて村役人クラスの豪農の手によっている。しかも、この配付が檄文の配付と連動する仕組になっている。両者の間にはほんの数日ほどのずれをともなっていることが多いが、檄文については、摂津東成郡沢之上・稗島（西成郡）のほか赤川・野里・天王寺庄・加島・大和田・上福島・森小路・光立寺村・下三番・海老江・三津屋・新在家、河内の池田中・同下・池田川などで、「捨置、又ハ百姓家江投込、或ハ小児等江相渡」（「浪華異聞」）したとされる。

施行札の配付は、この中心人物からその周辺に拡延されるから、実際少量ながら配付に関係した人物は多い。般若寺村の忠兵衛の例では、二月九日に同村の九右衛門を同道して大塩邸へ赴き、一朱金で一〇両を受取り、同時に檄文と軍令書に調判している。北寺方村の日雇藤蔵は、折々忠兵衛方で雇われていた縁で二月五日ごろかれから施行札四一枚を受取り村内難渋人へ配付した。もらった者は本屋会所へ出かけて金一朱ずつをもらい、「平八郎ハ仁慈を行ひ候者与互ニ噂」したという。世木村治三郎・下辻村猟師金助も忠兵衛から施行札と一朱金を受け取っている。

守口町孝右衛門の場合は二五〇枚で、うち七〇枚を摂津池田村へまき（どのようなルートがあったのか不明）、のこりを近村難渋人へむけたが、興味深いのは弓奉行上田五郎兵衛組の同心竹山万太郎が親類であったので、一〇〇枚を委託し「知音ハ勿論、其余及㆓見聞㆒候窮民へ」の配付を依頼したことである。配付関係者中唯一の士分であるが、豪農の地位と孝右衛門個人の力量のしからしむるところか。河内衣摺村の市太郎は、前述のように二月十日孝右衛門の世話で初めて大塩方をおとずれ、施行札三〇枚、一朱金三〇を受け取っている。

沢之上村上田孝太郎は、文政十二（一八二九）年十五歳のとき洗心洞塾中に入り、のち長じて農業手伝いのため退塾したが、施行の世話をたのまれ、二月十八日に一朱金九九枚を受取ってただちに配付し、翌十九日早朝今度は檄文三〇部を携え、まず自村で父与一右衛門や偶然出会った庄屋にも手渡し、さらに一路西へ走って稗島村の叔父（父の弟）四郎兵衛にも配布した。このような形の配付が農村を組織する形態を生むことになる。

核をもたなかった町方の施行

ところが都市の場合、施行は大坂町人である四人の書林を通じて行われたのである。この場合、北寺方村から会所へ出向いた者があり、上福島村民の領収を示す引札も残されているから、文字どおり町在へのひろがりが考えられるが、主に対象となったのは三郷および在領村々であろうか。この施行には、茨田郡士が、既述のように立ち会った形跡があるから、他の有力門弟の豪農もその場に何人かいたと見て間違いないだろう。ここに町方をかりた施行の場に、「市民」である書林経営者と「農民的反対派」の頂点に立つ豪農とが奇しくも並列したことになる。

しかし、この両者には決定的な差がある。守口町彦右衛門は幼少のころからの門弟で洗心洞に寄宿したこともあったが、近年欝病を病んで廃学し、自宅にこもって大塩とは疎遠になっていた。その父孝右衛門は大塩門弟の雄であるが、天保七（一八三六）年十月ごろから、平八郎、般若寺村の忠兵衛・源右衛門・伝七、門真三番村の郡士・九右衛門らが、孝右衛門隠居所へ寄り合い、深更におよんで立ち帰る様子を見ていた。すでに蜂起の相談がこのメンバーで進められており、むしろ与力・同心といった武士的な門弟よりこれら豪農との密接な計画づくりに注目される。施行札引替の日には、すでに連判状も檄文もでき上がっている。そのことを前提にした農民的反対派とまったく事情を知らない町人との対比が浮かび上がる。

この施行は、町奉行跡部良弼《よしすけ》の警戒を招いたが、資金の出所が書籍の売却にあることがわかって認められた。その限りでは船場豪商が一個の「慈善」において行うものと同様であった。乱後市中に対してみられた奉行所の施銭は、三郷六万六八九〇軒を対象としたものであり、類焼か否かの差異や貧窮についての公的な調査にもとづいて実施されたものである。文字どおりの「施し」であった。その本質は船場豪商が個別に実施したものとちがわない。たとえば、泉屋住友家の例では、天保四年十一月に、白米一升一三五〜一四〇文に達した時点で、市中各所に所有した借家三六六戸、家守二九戸に米一八石八斗三升を、出入方・手伝・吹屋大工手伝・下働・吹屋出入方・茂左衛門町　鰻谷《うなぎだに》の者ら一二五人に米六石四斗一升を施した。銅吹所をふくむ職人への対策である。加えて所持した山本新田百姓七五人へも銭一九貫八五〇文を施した。いっそう窮迫のすすんだ天保七年秋にも、市中難渋者へ銭一千貫文、町内難渋者へ一五貫文、吹所大工手伝等五八人へ三四貫八〇〇文、抱屋敷借家中吹所出入の者へ二〇〇貫文を出している。[39] この範囲は住友家を中心として出入の職人から町内・市中全般へと広げている。いずれにしても米価高騰による困窮救助、不穏抑制の試みである。

これに対し大塩の施行は、いったん札を配付したうえで、これを施金にかえさせる。このとき天満で火災が起きたときはかけつけることを徹底させる。そのためには続いて檄文の配付が計画されなければならない。だれが配付するのか。大塩が謀議をたてた農村では、すでにみたような豪農層の村落における地位を活用し、下層民へ媒介項をおきながらも浸透させている。市中ではこの役を演ずる者を欠如させている。四人の書林は施行の手伝＝協力者であるにとどまり、檄文のことにはもとより触れることのできない存在である。市中では淡路町付近の激戦地の井戸の中で檄文が発見されているが、これは事前にまかれたとみるより、乱戦時にとり落としたとみた方がよいだろう。

このようにみると、市中貧民＝前期プロレタリアへの施行は、書林を使っているものの、思想的に武装した核を有せず、ただ不特定に与えるだけのもので、領主・豪商が行ったものと大差なかった。いやかれらの方が、町年寄など町方の組織を活用していたのである。大塩は、都市に豪農にあたる「市民的反対派」の手がかりをつかんでいなかったのである。さりとて、「平民的反対派」であるべき前期プロレタリアへの日常的な教学の影響ももたなかった。年貢村請制や生産点における共同性が、村方騒動や貧農を先頭にした世直しの攻撃の中で、豪農を軸に保たれていた農村と、特定の家主だけが公役を負担し、下からの攻勢も日常的にもまだ熾烈をきわめず、住民もかなりの移動性を示していた町方の違いが、大塩の組織方法に限界を生んだと思われる。

兵庫津柴屋長太夫

最後に、これら反対派との対比で注目したい二人の人物がいる。兵庫津西出町の家持柴屋長太夫と伊丹植松村馬借額田《ぬかた》善右衛門である。

柴屋長太夫は、天保三（一八三二）年から洗心洞に修学し、大塩の書籍購入費仕送りの要請に応じてこの年から天保八年まで総額金二〇〇両・銀一二貫六〇〇目を用立てた人物で、摂津八部郡車村の逸見文太郎を紹介してその門弟にするほどであった。事件前の二月八日ごろ大塩から、仁事を行うので長太夫蔵書と心得る分も売払う旨の書状を受け取った。十七日には大坂東町奉行所へ貸金の取立て訴訟のため上坂した折、洗心洞を訪れ、十八日夜にはその要望に応じてさらに金一〇両を調達した。その席で「誓書」を作らされ、翌日早朝にふたたびくるように命ぜられた。しかし、この朝四天王寺の供養鐘を撞きに行ったうちに、大塩は、反忠者が出て時間をくり上げて急遽挙兵したため、危く参加をまぬがれた。

かれは「身元茂相応ニ暮居候」（「一件吟味伺書」）といわれるが、大坂の特権的豪商の驕奢に憤った大塩に共鳴したと思われる。天保五年一月に兵庫津で難渋者施行を行ったとき、金一〇〇両と白米三石を拠出している。同じ年の「安売米取続仕法」による一三三件（個人・町別など）の出資状況をみると、最高は鍛治屋町北風荘右衛門の金三五〇両で、ついで一五〇両の者二人、一〇〇両の者一一人となっていて、この中に長太夫や木場町に住む穀物仲買年行司柴屋伊左衛門も含まれる。

乱後天保十四年に改革の一環として大坂・兵庫・西宮・堺に御用金が課せられたとき、かれも銀一一貫七〇〇目（三ヵ年賦）で拠出することになっている。北風荘右衛門を最高にして上位から三五位にあたり、天保五年時より順位がかなり下がり、乱をはさんだ時期の変動がかれの身辺に生じたことを思わせる。

かれの職業は明らかでないが、兵庫の豪商の一つであったことは間違いない。柴屋姓の穀物商人が近隣にいるところからみて、あえて穀物仲買とみたい。兵庫は干鰯仲買と穀物仲買を商品流通の要とした港町であった。

こうみると、大塩を憤怒させ「大坂之奉行并諸役人とも万物一体の仁を忘れ」「江戸へ廻米をいたし」たと檄文に書きあげた兵庫津の動きに、長太夫は身近くいたとも考えられる。与力内山彦次郎が町奉行跡部良弼（老中水野忠邦の実弟）の命をうけ、天保七年九月兵庫津へ江戸廻米を厳達し、与力吉田勝右衛門・朝岡助之丞を加えた三人で、諸問屋・穀物仲買にも手配し、ついに北風家らを「屈伏」させ、この月から翌年五月までに総額三万七三四七石の米を江戸へ送らせた。

長太夫への大塩の働きかけは、かれの豪商としての資力を認めたうえで、仁事のための日常的援助を求めたものであった。しかしその組織化は、蜂起への一方的な強要にあらわれるように、成功していない。「四海困窮」をまぬがれるために、町人の財力による施行も拠金にまつにとどまり、蜂起への誘いはむなしく大塩の自己昇華にとどまった。(40)

異色の門弟伊丹の馬借

西摂の在郷町伊丹へは、「豪家」（酒造業ブルジョアジーおよびこれに類する町方商人）に招かれ、近衛家領として早くからユニークな文化を展開させた酒造りの地に、かれの教学を聞く者が多かった。(41)大塩はここをかなり重視していたと思われるふしがある。一つは、事件直前の二月十五日に、妾ゆう・養子格之助の妻みね（般若寺村忠兵衛娘）・養女いく（平八郎の叔父摂津島上郡吹田村宮脇志摩の娘）および孫の弓太郎（格之助・みねの子）を忠兵衛付添いのもとに、伊丹伊勢町の紙屋幸五郎方に潜伏させたことである。蜂起した日の夜中、大塩の命を受けた忠兵衛と大工作兵衛は混乱の中大坂から伊丹へ走り、これら家族に事の顚末を報ずる。

二つには、武士・豪農を中心にした門弟の中で、馬借（馬方）という異色の人物を二人伊丹植松村にもっていたことである。油屋吉蔵こと額田善右衛門と升屋茂兵衛である。酒造業に関する分業の一つとして多数の貧農・半プロレタリア層とともに存在した運輸業者で、株持ちの前期プロレタリアであった。

かれらの入門の事情は、坂本鉉之助の「咬菜秘記」にくわしく、大塩が伊丹の酒造家に招かれて講義したとき、つねにつぎの間の襖のかげで傍聴し共感していたことがわかり、とくに許されて末席に坐して正式に受講を許されたという。善右衛門については、大塩の評価は高く、力量も才覚も秀いでているとされ、乱のとき使用された大筒の台に刻まれた重要門人の名の中に、かれも含まれている。

十九日早暁、前日から大塩宅に入っていた善右衛門は、多くの檄文をかかえて一路伊丹へ走った。すでに施行札は町内貧民へまいていた。かれの配付の仕方は、多くの農民的反対派が自村および縁故者を通じて行われるのに対し、道中行ずりの家や神崎の渡しなど不特定にまかれた。前期プロレタリアらしい方法である。この点にもっとも注目すべきものがあり、この形式の組織はかれの階級性からくるものと思われる。

いかんせん、善右衛門は、大坂にあがる火炎をみながら、事の重大さに気づき、摂津豊島郡曾根村で縊死し果てた。ここに、大塩がからくも求めた下層民（前期プロレタリア）による下層民（半プロレタリア）の結合の挫折を見ることができる。(42)

二　乱前後の市中・近在の社会情勢

所々に張紙

大塩の乱にいたる天保期の大坂市中の社会情況については、斎藤町に住んだ医師の克明な記録である「雑記後車の戒」と「浮世の有様」が身近かな伝聞によりながら書きとめている。

天保三（一八三二）年八月下旬ごろから天満辺の所々で「如レ此に米価尊きやうなし、こは奉行の政道の手ぬるき故也」と町奉行批判を記した張札があり、九月二十日すぎには、天満天神社の鳥居や西成郡大仁《だいに》村などで、買占めの者への打ちこわしを呼びかける張札がみられた。同じころ「天満新宅」というところで、米の買占めをした大根屋惣兵衛を打ちつぶすと称して暴れる五人組もあらわれた。

天保四年の不作や不穏な情勢を経た翌年一月十五日には、町奉行所の触は、一、二升の小売米を市中搗米屋から買取って在方へ運び、高く売って徳用をあげる者のあることを挙げて、これを禁じ、搗米屋が正道の値段で飯米を売渡すべきことを命じた(43)。この触によって「一升、二升つゝの類を風呂敷に包み持ぬる者迄召捕へられ入牢す、斯て厳しき御触書あり(44)」と「雑記後車の戒」の筆者はその統制ぶりを示し、同時に米の囲持ちなどをして米価の値上げをはかる大名たちの行為についても、昨年来堂島の「姦商共と馴合、多の米を〆囲ひ諸人を困窮せしめし事、天理人事にも背きぬる業也」と指弾している。この領主の対応はかなりこの医師の憤懣を買ったようで、「姦商」という商人批判とともに、大名の行為が「天理人事」に背くことを再三書き記している。領主と悪徳商人の癒着が、大塩ならずともかなり広く非難の対象となっている様子をうかがい知る。

この触によって直接の影響をうけたのは、堂島米市場から飯米を日常的に購入していた三郷地続きの村々であった。二月早々これら村々を支配する代官添田一郎治と大原吉左衛門の両名は異議を唱え、堂島米仲買へ米の販売を要請した。「捨置候而者人気立可レ申も難レ計」[45]い事態であったからである。添田一郎治支配の幕領天王寺村・南平野町・北平野町の三ヵ村へは、天保四年正月から十月まで毎月三五〇石ずつ堂島から積み送られていたが、添田はその増石を求めていた。当時飯米の対象となる戸口は、市中に掛屋敷をもつ者を除いて、天王寺村二〇九八戸・七四二九人、南平野町三四九戸・一二三八人、北平野町一三五〇戸・四七七五人、合計三七九七戸・一万三四四二人を数えた。天王寺村の人口が七八八〇人で、当時飯米のある者はわずか四五一人（五・七％）にすぎなかった。町中より高い飯米不足層の比率である。添田はこの三ヵ村に一人一日三合と見て毎月一二一〇石の輸送を求めたのである。

同じ事情は大原吉左衛門支配の幕領村々にもあてはまり、「三郷続并在方とも米穀払底」し、難波村（一〇〇石）、木津村（四〇石）、今宮村（三〇石）、勝間《こつま》村（一二〇石）の四ヵ村へ毎月送ることとなったが、天下茶屋村・住吉・平野郷・かわたの役人村への蔵出しは米方年行司から拒否された。役人村は、天保四年十月現在、人口五〇三九人の大村であったが、その後の折衝で二〇〇石の積送が実現した[46]。三郷地続きおよびそれに隣接する畑場村々での動きを警戒したことが予想される。

町奉行所は、五月十日に米価が依然として高いため、米市場への入荷量の多い「九蔵」の大名に廻米を督励し、同十七日に預米・貯米を禁止し、納屋米の有米高・廻着見込高を報告させたが[47]、この間五月十二日には「貧人三百五十人玉造稲荷へ会合シテ米屋ヲコボチマワルヘシト徒党ヲ催セシ」[48]を、町役人が説得し町内申合わせで施行をして切りぬける一幕があった。十三日に惣年寄・肝煎年寄の中立てによって三郷囲籾一千石をもって「三郷并端々迄」「身軽キもの」を救済することにし、同月二十二日から二十四日まで実施した救米の「端々之分」の中には、この玉造稲荷社地も含まれている[49]。

市中衰微のきざし

ついで六月二十九日夜から七月朔日まで一昼夜の間に「大坂近在へじま」（西成郡稗島村であろう）で米屋一二軒を打ち潰した。茨住吉の氏子で祭の餅つきに際して米屋が米一升に三二文ずつの利をとったから、一統の憎しみを買ったともいう。七月二日に八〇～九〇人が引きくくられ、三〇〇人ばかりが追い放しで町奉行所へ連行されたとする。この村は大塩蜂起のとき東成郡沢之上村の上田孝太郎の手で檄文がまかれる。この村は、百姓はきわめて少なく、蜆・蛤や雑魚を商う者が多いという。(50) 低湿地で耕地条件はあまりよくなかったところである。

米価高騰にさいして「浮説之張紙等」をするものが多く、天保五（一八三四）年九月にその者の逮捕を命じていたが、翌六年七月十日には、施米と称して米の安売を始めたのに乗じて、米屋の名前を記した張紙がみられ不埒であるとし、奉行所はその逮捕と人を誘った者を名ざしで訴えるように命じた。(51) このころようやく米価も下落し米方年行司を西町奉行所でねぎらい褒詞をのべたが、この夜中堂島新地北町から出火し天満にひろがる大火が発生した。大塩ら与力・同心の役宅はこのとき類焼をまぬがれたが、余談ながら、大塩の菩提寺成正《じょうしょう》寺は類焼し、かれの父祖の墓石も損じる事態を招いた。大塩には「大火天怒」とみえたであろう。この年改めて寺の再建にさいして旧墓を地下に埋め新墓を残すことになる。

注目されるのは、天保五年の五月ごろ「天満・玉造辺の建物仰山なる明家」となり、「前以何れも追々に欠落し、其行衛しれず(52)」というさびれようであった。欠落による明家の増加である。同じ年の十一月に、三郷惣代火消年番・町年寄の連判による願書は、この堂島焼けにも触れ、「近年市中続村方新建家追々相増、当地借家の者、右在領へ引越、市中自ら明借家多く」なったという。(53) 火災がこれを促進したことは考えられるが、在領、すなわち三郷隣接地への移動と思われる。移転の理由は、建家入用として課徴されるのは、在領では年貢銀だけで、川浚冥加金・御用人足賃銀や火消人足賃銀等の諸入用がかからないからという。大坂市中の下屎は摂河三一四ヵ村の引請となっていたが、当時安価となるのに対し、在領下屎は自由に処分できるので市中よりよほど高値で、その結果「在領段々繁昌仕、市中近来明家多く有ㇾ之」という状態であった。

三郷続きの村でも、西成郡の上下福島・北野・九条の四ヵ村下屎は播州明石郡三三ヵ村の引請となっているから、[54]この点に関してはここにいう在領一般の動きとは異なると思われるが、いずれも下屎が商品化される町場化した村であることには間違いない。そのほとんどが屋号をもち、市中より軽い入用掛りのもとでかなりの貧民が滞留したと思われる。

このような動きは、堂島焼けに始まったものではなく、すでに十九世紀初めから進む大坂の経済変動と都市民の分解によって顕著になっていた。文化十四（一八一七）年正月に、大坂三郷火消廿壱組年番町弐十壱丁の惣代が提出した「三郷町人品々困窮迷惑」による嘆願の中に、当時市中に明借屋等が多くなり、追々掛屋敷も離し、たとえば十間之表口に住居する者も二軒に仕切って借屋等をつくり、表住いは裏店へ仕替えるようになり、一方「近年町続在領ニ追々新建家仕候」事態がすすみ、市中の難渋を招くから、「町続建家繁昌之場所并新建家場」の「町入」を願っていた。すでにこれら町続の在領が町入されたところもあり、年貢は地頭（村であるので年貢負担がある）へ上納するが、町方家役御用人足は軽く勤めていた。[55]三郷接続地への町場の拡大、市中明借屋の増大などが市中の公的・町的負担の混乱、財政の窮乏を招来していたのである。

かつて宝暦・天明期に四〇万人をこえた大坂市中人口が、文化末年から三七万人台となり、天保八年の大塩の乱時には前年より三万四五六人を減じて三二万八九六三人となり、以後幕末までほぼ三一〜三三万人を数えるにとどまる。皮革加工を中心に商工業の町場的要素を濃くもち、多くの半プロレタリア層をかかえていた西成郡渡辺村（役人村）は、この間史料の判明する宝暦七（一七五七）年の三三三七人から人口を増加させ、文政元（一八一八）年には四五一七人、天保二〜四年には五千人をこえるが、天保八年には四二二四人となり、前年より七五〇人という最大の減少をみせて、以後減少の一路をたどる。在領村々は、このような市中や渡辺村とは別の人口動態を示したと推定される(56)。

ついに高津で打ちこわし

天保七（一八三六）年七月二十七日東町奉行として跡部山城守良弼が着任したが、その翌日堂島米方年行司は、奉行あてに米価平準につとめる旨の請証文を提出した。しかし、米価はこのころ上昇を始めた(57)。八月三日大江橋で富家・米屋を打潰すと記した張紙があり、その後淀屋橋・老松町・奉行所の門などへ同様の張紙があったという(58)。同十七日の町触は搗米屋に安価に米を販売することを命じたのを始め、その後米仲買に凶作を予想して米価を騰貴させることを禁じ、九月十七日には、三郷囲米を順次売払い、川崎社倉囲籾をも白米に摺立てて安く売ることを指示した。

九月二十日西町奉行矢部駿河守定謙の勘定奉行栄進がきまるが、同二十二日米価騰貴のおりから東町奉行所では与力吉田勝右衛門・朝岡助之丞が米方年行司を呼んで米価平準に努めるよう、長文の内容を二度くり返し読みあげた(59)。

しかし、ついに九月二十四日夜、高津五右衛門町の者が米小売屋と雑穀売方をめぐって争論し、多人数群集して居宅を打ちこわすにいたった(60)。「浮世の有様」はこの日のこととして別に「道頓堀二つ井戸辺の雑穀屋を打潰し、夫より其近辺の米屋共十三軒を打潰す。八十余人召捕られ入牢すと云」と噂を記し、それ以前にも米の買占めする者を打潰すと所々に張紙があり、二十七日には老松町へも張紙があったという(61)。道頓堀周辺の動きの真偽はわからないが、高津と混同しているのかもしれない。

二十七日の町触は、米屋の名前と住所を記した張紙が依然としてある旨をのべ、高津五右衛門町の一件に触れて、

「末々身軽キもの共」へ家主、所の者から申し諭すことを命じた(62)。領主の対応策や鴻池善右衛門・加島屋久左衛門・同作兵衛ら多数の豪商の拠金による施行などの動きがつづくが、ここでは「浮世の有様」の伝える市中およびその周辺村の民衆の動勢にのみ触れておこう。十一月上旬に中橋筋過書町《かしょまち》辺の木戸に大坂三郷焼払と記した張紙、九日には北浜の某家門口（富豪か）に二通の捨文、十日には西成郡野田・福島辺の百姓一統が年貢上納にさしつかえて寄合いをしたという噂など、不穏な雰囲気を記している。

さきに触れたように、市中から在方への米の流通がとめられているため、「在処〳〵は何れも年貢・飯米等差つかへぬる程なれども、これを買入るゝ手術もなく、又市中続の在領福島・北野・曾根崎新地・難波新地などの在丁等は、市中よりは売らず、在々よりは出さる事ゆえ、何れも米の手当六ヶ敷(63)」い状態においこまれていた。そして翌年二月大塩が蜂起する。

乱後も不穏つづく

大塩の乱とその後罹災の窮民をとりまく事態は、依然として緊迫し、三月六日には阿波座讃岐屋町で米屋二軒を打ち潰したという(64)。同じ十一日付で米仲買が作成した米価平準にする旨の請証文では、市中搗米屋の中には不正の商いをする者もあって人気不穏であり、「市中不レ穏時者市場衰微之基」と述べているし、十五日にも、市中搗米屋で「押借いたし候者」があり、そのため南堀江三丁目ほか五ヵ町の会所へ組の者が昼夜とも詰めた(65)。いずれも大塩の行衛がまだ判明しない時点で乱の余燼が搗米屋をめぐってひろがっていると見てよいだろう。

領主への脅威も持続する。大塩の蜂起によって二月十九日に予定した東西両町奉行の巡見は取消されたが、新しくきめられた五月七日の近づいた前々日に、堀江問屋橋の南北、その他辰巳屋休兵衛横町・高麗橋・西国橋・新難波橋・中橋・戸屋（ママ）町・天満樋之上町など三郷中心の地点に張紙があり、大塩の名を挙げて焼け残った難波橋筋から西南をことごとく焼土にするとか、奉行が出張してきたらただでは済まず、恐しければ関東へ立退《の》くべし、もし張紙をはがしたらその町を最先に焼き払う、同志は今宮の森へ会合すべしと書かれていて、七日に予定した巡見をとり消し、早々に三郷貧民に銭五万文を施行した。このとき上福島村だけで八〇〇人がきたという(66)。

搗米屋や雑穀屋に対しても、乱後日用飯米の安売が命ぜられていたが、六月十四日の町触は、多数の買手の中に「かさつの振舞」があり、搗米屋の商いに支障をきたしたと報じている(67)。

このころ「西辺にて八下々の職人寄あつまり、堀江播屋といふ米（屋）有、此家立寄、我々しはらく《（暫）》やしない《（養）》くれい、さなくは此家た、きこほた《（毀）》んとせり合、戸をさすやら棒を持きたりた、くやら、大そうどう《（騒動）》なり」といい、このため「何所ニハこほち有、又どこにもこほち有、買〆有てゆい《（言）》ふらして、さハ《（騒）》がしかりける」と「近来年代記」は記し(68)、それを契機に市中豪商による施銭が行われた。大塩蜂起の前年天保七（一八三六）年十二月に安値の白米を売出したことで賞誉された市中の搗米屋九一人の中に「北堀江五丁目 和泉屋九兵衛 かしや はりまや源七」というのがあり、ここに名をあげた「堀江播屋」の可能性が大きい(69)。乱後も五、六月裏作の麦が出廻るまでがもっとも危険な打ちこわしの季節であった。

張紙対策を評定所一座に議す

六月三日に江戸において幕府評定所一座は、大坂表で所々へ不届の張紙をする者に対する処断について城代からの伺いを評議した。これによると、二月の乱後「何となく大坂市中不穏由」といい、町奉行跡部山城守・堀伊賀守両名が城代にあてた伺書と張紙写を一覧した。張紙には「大塩平八郎取計振等之儀を認候廉も有レ之候」とあって大塩に仮託して米価高値の折から「小民共取続方不安堵」に乗じた動きであり、「此上何様之変事可レ企哉も難レ計」と見られた。

緊急の事態が予想されるだけに、従来奉行所から城代へ伺って処断した方式のいかんを問うたもので、六月十四日付の評定所一座の大坂城代あての回答は、大塩の乱後間もないときで「平常とも違候間」、捨文張紙をした者は「此度限」召捕次第大坂の御目付が立合って町奉行が吟味し、大塩と無関係なら城代へ伺わずに相当の仕置を命じる。もっとも重科の者は伺いのうえ仕置にする旨、両町奉行に通達することを指示した(70)。

評定所の判断では、張紙は「平八郎欺謀ニ倣ひ、奉行所取計向を誘」った便乗組によるものとしたが、確かにそれが一般的なものであったろうが、即決態勢で不穏に対処しようとする動きを示しており、大塩与党のほとんどが逮捕された後もなお市中に不測の事態が続いていることを物語っている。

大坂打ちこわしの基本類型

このような大坂とその周辺村、「町在」の事態は、まさに打ちこわしの条件がほぼそろいはじめていることを物語っている。幕藩制下の大坂の「米騒動」は、天明七（一七八七）年五月と慶応二（一八六六）年五月をその代表例とする。この両者には約八〇年の時間が介在するが、きわめて共通した要素がある。それは三郷地続きの町場化した村の半プロレタリア層が激化の起爆勢力となり、三郷に導入して都市の下層借屋民・日雇・職人らの前期プロレタリアにつなぐ形態である。慶応期については別に触れるところがあるので、ここでは天明期の打ちこわしの事例のみとりあげよう(71)。

『大阪市史　第二』によれば、天明の打ちこわしは、天明七年五月十一日夜、天満伊勢町茶屋吉右衛門の居宅への攻撃に始まり、翌日市中に拡延したものといわれる。しかし、同月十二日付で三井の大坂両替店から京・江戸へ送った聞書には、五月十日夜木津村の米屋が打ちこわされ、「右家作諸道具共不ㇾ残打潰し候、打潰候者ハ木津・難波之者共之由、昨朝迄引退キ不ㇾ申候由、定而被召捕候事と存候」と伝え、その後五月十三日には「今朝ゟ天王寺村・木津村・難波村并平野辺搗米屋へ昨日之通押買ニ罷越候者、多ニ被召捕一候者も有レ之候由」と伝聞を記録している。この形態こそが一貫した大坂の「米一揆」の類型である。

それは、畿内先進地帯の小ブルジョア的発展が生み出した農民層分解と都市民の分解を基軸に形成されたものであった。この町場化した「在領」の存在と役割にこそ他の地域と異なった大坂の特色を見出すことができる。この地帯がまず三郷中心の米価・米流通政策の矛盾の集中点であり、市中のような町方や職業上の規制を脱した多量の半プロレタリア層・一部初期プロレタリアをかかえていたからである。

町場化した在領の様相

では、これら在領の実態はどうであったか。大坂三郷接続地帯の戸口を天保・幕末期において確定することができないので、便宜上参謀本部が作成した明治十二（一八七九）年の数値をみよう。まだ松方デフレによる本源的蓄積の強行される前夜であるので、大塩蜂起から四〇年の歳月を隔てるが、大勢と地域的特徴を判断するのには支障はなかろう。人口二千をこえる町場的な「村」が一六あり、西成郡に集中している。天保五（一八三四）年と天保七年にこの村々の多くが堂島出米に仰ぐところが多かったことはすでに指摘したと

第２表　明治12（1879）年の摂津東成・西成・住吉郡の主要村の戸口

郡	村	戸数	人口
東成郡	南北平野町	2,257	7,143
	天王寺村	2,772	10,129
	西玉造村	1,600	4,910
西成郡	西高津村	431	2,067
	今宮村	661	2,606
	木津村	1,043	4,311
	難波村	5,334	13,275
	勝間村	739	3,488
	今在家村	405	2,048
	九条村	714	2,761
	上福島村	1,743	6,918
	曾根崎村	2,589	9,190
	川崎村	805	3,054
	北野村	1,385	4,994
住吉郡	安立町	1,050	4,657
	平野郷	1,647	6,905

出典：参謀本部編『共武政表　明治12年』（柳原書店、1978年）

おりである。

ちなみに、この第2表の天王寺村・南北平野町の戸口と天保五年度（既述）のそれとを比較すると、約三割増を認めうる。統計の整備にともなう増加を考慮に入れても、この四〇年間にも一貫してこれら接続地帯への戸口の集中を知りうる。都市民からの流入とそれを遥かに上回る農村部からの流入であり、農民層分解の結果であった。

大塩の乱に動かない在領勢力

三郷地続き村々や隣接村々の町場的様相は、西成郡の畑場八ヵ村のような皆畑地による米不足の村や脱農化した非農業人口を多くかかえ、市中をとりまく独自の米穀市場を形成していた。これらは諸国廻着米による堂島米市場に依存していたが、さきに天保五（一八三四）年の事例でみたように、市中からの米販売ルートが三郷第一主義をとる町奉行と村方支配を行う幕府代官との間に意見の相違をみせていた。そのかぎりでは、不測の事態を予想して堂島からの移送を要請した代官の判断は正しい。筆者たちのみるところでは、打ちこわしの情況が醸成されつつあったからである。

天保七年度にも、在領への堂島出米がみられた。天王寺村・北平野町・南平野町・難波村・木津村・今宮村・勝間村・渡辺村・住吉安立《あんりゅう》新家・八尾・平野郷へ毎月八九〇石におよんだ(72)。二年前の一一四〇石の積送と比べると、減石されているが、堂島浜方有米の減少に照応したものと思われる。市中からの米の供給に支障が生じたときは、別策をたてることもあったとみえ、この年十二月に河内志紀郡太田村の蔵米一〇〇石が平野郷夫食米として動いた例にうかがえるように(73)、農村と直結する流通もあったと思われる。

西成郡上福島村は、曾根崎新地の西に接する比較的大きな村で、他の在領同様村内は町別にわかれ、村民はほとんどが屋号をもっている(74)。大塩がまいた有名な施行引札と檄文もこの村に届いていて、「上福嶋砂町鴻池屋佐兵衛

支配かしや　平野屋庄左衛門」が安堂寺町の本屋会所で金一朱の施行を受取ったことが確認できる[75]。事件後平作借家平右衛門なる者が、罪状は不明ながら「鉄之棒取上」に処せられている[76]。

　いずれにしても大坂打ちこわしの基本類型に含まれるこれら村々からの参加がほとんどみられないことは重要である。領主側の米手配もある程度効を奏していたであろう。それにしても大塩が拠った淀川左岸下流とはことなった村落構造のこの地もまた、かれの豪農中心の組織化が、半プロレタリア中心の町在を町方同様に「施行」と自然発生的合流をまつにとどまったのである。市中に「米一揆」をひろげる導火線を失っていたのである。しかも、武装した「武士」まがいの政治性の強い軍勢の動きが、かれらを集団としては近づけさせない。

第3表　堂島有米量と米価

年　　代	浜方有米 俵	肥後米石当り 匁
1833年（天保 4）	790,000	69
1834年（〃 5）	1,123,000	70.5
1835年（〃 6）	1,149,000	83
1836年（〃 7）	500,750	151
1837年 1月晦日	401,900	151〜161
〃 2月 〃	274,950	167
〃 3月 〃	201,550	218.5
〃 4月 〃	133,850	242〜3
〃 5月 〃	122,350	225
〃 6月 〃	105,050	248
〃 7月 〃	102,600	181.5
〃 8月 〃	90,850	200
〃 9月 〃	63,700	120
〃 10月 〃	107,550	98.7
〃 11月 〃	889,150	91.7
〃 12月 〃	853,945	97

出典：「米商旧記」、一部は『株式会社大阪堂島米穀取引所沿革』（大阪堂島米穀取引所、1915年）

米価高進の時期を逸す

　米一揆形態の打ちこわしにもっとも直接的な影響を与えた米価は、このころどのように変動していたか。まず堂島の浜方越年米量をみると、享保十（一七二五）年以後では天保七（一八三六）年が最低で五〇万七五〇俵となっている。ちなみに慶応二（一八六六）年の激化時を迎えた越年米は一一万一六〇〇俵で、史料上判明する範囲では最小となっている。天明期の打ちこわしをはさんだ天明六（一七八六）年と天明七年の越年米は、それ

第４表　天保期の白米価格

年　　代	白米１升価格（文）
1829年11月（文政12）	124
〜	
1833年 7月（天保４）	格別変動なし
8月下旬	140
9月下旬	148
1834年正月（天保５）	154
2月中旬	158
3月下旬	164
4月下旬	170
5月中旬	180
6月中	格別変動なし
7月上旬	132
8月中	格別変動なし
9月中旬	110
10・11月	格別変動なし
12月上旬	100
1835年正月（天保６）	84
〜 8月まで	変動なし
9月上旬	140
〜12月まで	格別変動なし
1836年 4月（天保７）	124
〜 7月まで	格別変動なし
8月上旬	164
9月上旬	178
10月中	格別変動なし
11月中旬	150
11月下旬	180
〜12月まで	格別変動なし
1837年正月（天保８）	170
2月上旬	188
2月18日	176
2月21日朝	218
2月21日夕方	224
2月22日	232
2月23・24日	240
2月25日	250
〜 3月節句	相場変らず
3月 9日〜12日	256
3月12日〜18日	258
3月下旬	260
4月上旬	264
4月中旬〜 5月上旬	270
5月下旬〜 6月上旬	284
6月中旬〜 7月上旬	380
	〜396
7月下旬	260
8月上旬	250
9月上旬	240
10月上旬	160
11月下旬	120
1838年正月上旬（天保９）	130
2月上旬	124
3月上旬	132
4月上旬	124
閏４月中旬	116
5月上旬	124
6月上旬	150
7月上旬	158
8月上旬	154
9月中旬	158
10月上旬	168
11月上旬	174
12月中旬	162

出典：天保10（1839）年大新板「有かたい御治世末代ばなし」(関西学院大学図書館所蔵)

ぞれ一〇八万千俵と一〇八万七千俵であるから、天保期の不作の様相は深刻である。堂島有米量は、天保七年の歳末から翌年十月までひたすら減少する（第3表）。この傾向は当然米価の上昇を招来し、肥後米の変動にもそれをうかがえるが、微視的にみると（第4表）、天保七年からの上昇が顕著であり、都市とその周辺部での搗米屋に対する不穏の高揚を肯定させるものがあり、大塩騒動を経ても依然として高米価を持続し、天保八年七月にいたって下向しはじめる。この天保期のわずかな期間の変動をみても、五、六月期の米価高原の状況を知りうる。

大塩の蜂起は、この季節に先行した。決起を米価変動の波調にあわせず、東西両町奉行の天満巡回にあわせた政治判断の優先がここにあった。事実事件によって遷延した巡回を五月に実施しようとして、ふたたび不穏の気配となり取消したことはさきに記したとおりである。惜しいかな、大塩はその組織方法から洩らした都市貧民を、時期の設定においても掬えなかった。

三　大塩の思想と組織論の形成

大蔵永常との交流

摂河泉の農業生産への関心を通じて大塩が交流した人物に大蔵永常（一七六八〜一八六〇）がいる。豊後日田に生まれた永常は、寛政元（一七九六）年から文化七（一八一〇）年まで、文化十四年から文政八（一八二五）年まで、途中江戸住みの期間をはさんで前後二二年にわたる在坂滞留を数え、江戸・三河田原・駿河浜松への移住後も再三往来している。日田から上坂した当座は、土方をして暮したとか、手習い師匠をしたとか伝えられるが、ついに大坂で農学者としての地歩を固めるにいたる。天保四（一八三三）年に出版された『綿圃要務』の記載する木綿の品種は、摂津・河内・大和の事例によるものであり、河内独特の綿作の耕地形態としての半田・掻揚田や農具について詳細に記しているところからみると、広く畿内農村を跋渉した姿がうかがえる。宮崎安貞の『農業全書』の示す稲の掛干法も、「浪華の西市岡新田なる長」に説いて実施され、四、五年を経ずしてその付近の村々がすべて掛干にするという事態を生み出したが（『豊稼録』）、この地方の富農経営への技術指導による成果であった(77)。

大塩の乱後、永常から駿河国田中藩の石井俊助へあてた手紙によると、「大平手紙之事被二仰下一一枚切もの有レ之、文中に柴田君之御名有之候間、其所を切ぬき献し可レ申と山の神に相談仕候処、承知不レ仕候、……妻も彼宅へ来り塩氏はよく存知罷在候」とある(78)。「大平」は大塩平八郎のことであり、その手紙を所望した俊助への断りであるが、山の神（妻）は大坂生まれと伝えられ、大塩をよく承知しているという。

さらに興味深いのは、天保元年十二月十三日付で大塩連斎（平八郎）から大蔵十九兵衛（永常）にあてた手紙である(79)。この年に大塩は、みずからを深く信頼して手腕をふるわせた東町奉行高井実徳の高齢・病痾による引退に従って与力職を辞した直後だけに、在職中の功業や心理を明確に物語っている。辞職後の大塩をふたたび「青雲之上へ引上」げようとする永常の気持に応えようとして率直な意見を表明しており、有名な「辞職詩并序」や頼山陽の「送大塩子起適尾張序」など(80)同年の文章を補ってあまりあるものがある。

当時大塩は「貧の一字サヘ堪忍いたし候はヽ、一生此儘安楽ニ御座候」と追伸し、幕府の「海島人遷」（無人島移民開拓）への参加を勧めた永常の好意に感謝している。本文ではいわゆる大塩の三大功績とよばれる行状に触れ、徳川の仁恩に報いんとして「先頭」（東町奉行高井実徳）に仕え、大坂表の悪風を七、八分まで引直したという。「身命を捨、夫々根本迄問詰」めた文政十年のキリシタン弾圧、「金銀貪取、人民を苦候而、御政事を取壊し候吏卒姦民」（筆頭与力弓削新右衛門糾弾、「辞職詩并序」にいう文政十二年三月の「猾吏姦卒」への糺察）などを想起し、「心力を尽し不レ残平治ニ相成、其艱難苦痛ハ実ニ難二申尽一、戦場之血戦よりも辛烈」であったという。当時の奉行所における異例の刷新に高井と、大塩が談じ合った一両人のほかは知る者のない辛烈な苦衷であり、それ以後病身となったという。文字どおり心血をそそいだのであろう。

　これを支えたのは中斎学ともいうべき大塩独特の陽明学にあり、世間では「天満組風の我儘学文」（「咬菜秘記」）と評せられるものであり、この手紙でも「学文者詩文又経済之両門而已ニあらす、此義ハ当世之儒生へ相語候共迂遠ニ存、殊ニ他之人ニ語候ハ、一向取用不レ申」と自覚するところであった。解釈の独自性と知行合一の実践性が際立っていたのであろう。このことは、後段の部分で触れている町人との交際にも示される。与力の中には「豪家之丁人と入魂いたし候もの」もあるやに聞くが、自分は「町人豪富之者ニ交無レ之」、隠退後はますます遠ざけ、読書修身に専念しているという。

　この手紙にある無人島一件は、のちに蛮社の獄として展開し渡辺崋山を追込むことになる。数年のちの歴史とからめるとまさにきわどいかかわりである。大塩挙兵のとき、永常は三河田原にあり、かれが農事改良につとめた家で崋山が自尽し果てる。崋山を追込んだ鳥居耀蔵の告発状（第二回）には大塩との通信を問われ、崋山は否定につとめる。[81]

　永常と大塩を結ぶものはなにか。商業的農業の展開をはかる永常の農村巡回と技術指導が、「夫れ民間之財を生ずる、則ち国家の財を生ずるなり、国其の中に在り」（『古本大学刮目』）や「利済太虚に出でずんば、則ち管商の政なり、太虚にして利済無くば、則ち仏老の道なり、もし一に偏せば、則ち大学の明徳親民の学にあらず」（『洗心洞箚記』）とみる、太虚の上に立った利済、大塩独特の「民富観」に共通するものがあったのであろう。

天保四年加古川筋一揆と大塩の一揆観

　天保四（一八三三）年九月播磨加古川筋に起こった世直し一揆は、大塩と直接間接に深くかかわっているように思われる。この一揆の特徴は、播磨で綿作・綿織物の中心地帯であった、もっとも経済的に進んでいた加古川全域をおおって展開したが、「此度ハ強訴と申二而ハ無之、御城下へハ参り不レ申候、私領御料入交、身上柄之者潰し候よし」(82)と伝えられたように、対領主の闘争というより、商品流通に関係する豪商農への攻撃が主な目標であった。

この一揆にまきこまれた加東郡河合西村から源兵衛悴掘井儀三郎こと仁三郎が大塩の門弟となり、一揆の翌年洗心洞に登場する。源兵衛家は、同村の豪農与七郎家からの分家で、みずから「耕耘之余力讃二心学一」えたという。この心学とは、中国の陸象山にはじまり、王陽明がさらに朱子学批判の理論とした心即理の学問であり、大塩もまたこれを深めた陽明学の意味である。儀三郎の兄与右衛門も中江藤樹を敬慕していた。儀三郎の思想形成の土壌がここにある。

一揆の嵐は、酒造・銀貸・干鰯屋を営む本家筋の与七郎家をも襲った。一揆時の調査では、同村の戸数六七戸のうち、二〇戸が農業外余業に従事しており、酒造・醤油屋の掘井与七郎ら豪農の営業とともに、瓦仕職・屋根葺・桶屋・牛馬博労・酒蔵稼ぎ・左官などの日雇・職人層がいた。天保十三年の史料から推定した与七郎の持高は約八〇石、儀三郎の生家源兵衛家は三五、六石と思われる。(83)

この一揆では「為二万人一捨レ命」と紙に記した幟を背中に差した者が数多くみられ、また「天下泰平我等之命者為二万民一」と記した旗があったともいう。(84) このような数万におよぶ一揆と学問が儀三郎を大坂に向かわせた。大塩の乱に「救民」の旗が翻る原型をここに求めるのはうがちすぎであろうか。

大塩と豪農の一族につらなる儀三郎を結んだ思想、中斎の教えの要はなにか。

この一揆の鎮圧には、大坂町奉行与力朝岡助之丞・内山彦次郎があたった。大塩蜂起の第一弾は、朝岡の家に打ちこまれた。新任の西町奉行堀利堅を案内した先任の東町奉行跡部良弼がここに着くところを攻撃する手筈であった。内山は年長の大塩とは宿年のライバルで、「西組与力内山彦次郎は兼而平八郎心に合不レ申由」(吉見九郎右衛門急訴)といわれ、不思議な歴史のえにしに結ばれる。この一揆の報は大坂にも衝撃を与え、九月晦日に市中所々で浮説の張紙がみられたが、動揺しないよう町触が出された[85]。摂河村々でもその聞書がいくつか残されており、渋川郡衣摺村政野市太郎も一揆の詳細を記録している。

この一揆を大塩はどう見ていたか。平松楽斎あて同年十月三日付の書状に「播州辺石価踊貴騒動いたし、先鎮り申候へ共、偖々いやなる事に御座候、傷人も往々可二出来一、仁人之可レ悲事に候」と述べている[86]。同じころ京都の儒者猪飼敬所は津の藩士川村貞蔵にあてた書状の中で「播州之賊民乗レ之為レ盗可レ悪之甚也、……三都ニハ官許ヲ受テ民害ヲ為者多シ、……吏をして皆々大塩ノ如クナラハ一朝ニシテ皆禁スヘシ」と大塩を想起していた[87]。

この年の十二月二十四日大塩が近江大溝藩士にあてた書状は、藤樹書院で「孝之一字を講義」する約束をし、「此節畿内侯家藩臣重役之内、憤発入門、致良知之学に志候向出来、近衛殿領摂州伊丹豪家之者并其地一同、良信奉仕候様相成、弟子共教授ニ遣し御座候付、蒼生菜色飢饑之時、一方一村成共孝悌之道を心得躬行為レ致置候ハヽ、心得違も不法仕候もの自ら少く[88]」と記している。高槻藩などの重臣（芥川庫次郎・柘植牛兵衛ら）や酒造地伊丹の豪家へ教線をひろげていることがわかるが、さきの書状と合わせて考えると、一揆を仁人の悲しむべきことと判断した理由が理解できる。

「天地万物一体の仁」の世界を孝（愛敬の心）と見、「上一人ヨリ下衆人ニ至ルマデ、愛敬ノ心少シモナクナリテハ、災害至ラズトイフコトナシ」（『孝経講義』）という中斎学がここにある[89]。檄文にいう「人の君人の臣たる者」の心得を欠けば、『大学』卒章篇にいう災害ならびいたる事態が生ずる。孝悌の道を各地に説いたのは、それを防ぐためであった。「万物一体の仁」を欠いた者には天討を加えねばならぬ。檄文が「必一揆蜂起の企とは違ひ」と書いたのは、民百姓を苦しめる不仁の輩、姦吏貪商へのこの思想からくる攻撃であった。加古川筋一揆観から蜂起までの間には、教学の限界をこえる飛躍があるはずであるが、この中斎学が儀三郎の内面にある二つの体験――「心学」と世直し一揆――に応えたのであろう。一揆そのものを正当視できないが、そのような仁人の悲しむべき事態を生んだ者への怒りは強い。

草莽中に蟄居して定言を吐く

大塩の学問は現実とのかかわりで常にきびしい緊迫感をもっていた。与力としての在職中はもちろん、退職後教学に専念することによってその度は増した。『洗心洞箚記』の発刊についての世評も「今命なくとも、蟄居素よりの事にて、世間之栄辱患難を不レ掛二方寸一候間、其為箚記に申尽候太虚之学問いたし候義にて、人之誹議は不レ構、只自了而已に御座候」と伊勢津から案じた平松楽斎への書状に記している（天保四（一八三三）年九月十一日付書簡）。いましばらく「知己之老兄にあらずして誰能」くその心中を「昭察いたし呉候哉」と述懐した平松への書簡を追おう。[90]

天保七年五月二十九日付でも、在職中はもとより、隠退後も、「万端上之気受不レ宜よし」、江戸をふくめた幕吏上層部の悪しき評価をも知ったうえで、「塵を塵中に避」け、「草莽中に蟄居し、定言を吐き」つづけた。飢饉のさなか天保四年十二月十四日付では、「災害並至候は財用ヲ務小人之招処ニて、自レ古皆然」りとして『大学』を引用し、荒政を前に「慨然たる」「仁人之心」を語っていた。檄文の一節を想起させる。天保五年正月、蒼生菜色市中城外に満ち満ちていた元旦には、

新衣着得祝二新年一　羹餅味濃易レ下レ咽
忽思城中多二菜色一　一身温飽愧二于天一

と詠じた。さらにもう一詩にも、「一身の温飽を天に愧《は》」じ、黙して『大学』卒章篇を繙《ひもと》くとうたった。

この心境からすれば、世の儒者は山のごとく多くいながら、ただ「言語沙汰而已にて、実用に立候人は僅にて候」（天保四年）とか「皆訓詁文字上之事」だけの輩にすぎなかった（天保四年十二月十四日付）。そして心太虚に帰し、

良知の学を服膺した中斎は、奉行所を退いて足を周辺の農村に向ける。知行合一の実践である。「文を以て諸侯に仕えてきた儒者が致仕して豪家の農商の間に門戸をはることで自由な文人——たとえば頼山陽[91]」に肝胆相照らす知己を見出したのは、当然であった。佐藤一斎に『洗心洞箚記』を呈したときの書は、「摂州大坂城市吏致仕大塩後素」と書き出され、いかにも武士＝下級幕吏の意識を強烈にしめしているが、これはあくまで武士の武士たる地位をかれの陽明学から合理化した面にすぎず、商人のつけとどけを峻絶したことから察せられるように、「平民的禁欲主義」を基軸にした知識人の姿こそが、その思想的外被の中の経済的・社会的本質であった。このことが、都市の前期的支配に抗する豪農がその講筵につらなる理由であり、その教学に触れたかれらを軸に大坂に「天怒を謝す」（小人をしりぞける）ことになったのである。

大塩与党の組織方法

大塩の農民組織の方法は、豪農の掌握にある。北河内に集中した農村への教線の拡大は、豪農を軸にかれらの思想性の変革と村の内外にひろがる影響力に依拠したものである。その基底には、百姓一揆にみる激化形態の少ない畿内での、惣百姓的農民闘争としての国訴があったと考えられる。天保五（一八三四）年の佐藤一斎あての自伝的内容に満ちた書状は、与力時代を顧みて「日所レ接、非二褚衣罪囚一、必府吏胥徒而已、故耳目開見、莫レ不三栄利銭穀之談一、与二号泣愁冤之事一」とのべ、学問と無縁な奉行所勤務を回想しているが、奉行所を舞台に展開した国訴に都市の前期的商業資本に抗する農民の意志とその組織に学ぶところが多かったのではないか。

文政六（一八二三）～七年の油方をめぐる国訴の代表の中に、西成郡北大道村庄屋沢田休左衛門（平八郎の母方、養子格之助の生家西田家の親類）と東成郡猪飼野村庄屋木村権右衛門（悴熊次郎と分家司馬之助が門弟）の名を見出しうる[92]。まだ大塩の洗心洞の門弟は少なかったが、これら豪農との結びつきの契機となったと思われる。文政七年三、四月の菜種・灯油をめぐる摂河泉一四六〇ヵ村の国訴状には、菜種・綿実の両種物問屋の者が大勢で、正月下旬に摂津東成郡・河内茨田郡・讃良郡の村々で、村役人宅で作成・保管していた種物取締りの帳面を理不尽に押取り、「御用抔と偽、種々乱妨仕候ニ付、右村々大ニ及二混雑一難義迷惑[93]」した事実が指摘されている。

これと並行して文政六年五月、摂河一〇〇七ヵ村が三所綿問屋を相手に「実綿売捌方手狭[94]」を訴えた国訴は、東町奉行高井実徳の掛りで、与力寺西源五兵衛の担当であった。同年の大塩の役職は「浪華御役録」によると、吟味役・目安役并証文役であり、直接これに携わることはなかったが、高井の厚い信頼のもとにあり、しかもこの年すでに「時に大塩は東与力中に在り、廉能を以て輿誦嘖々、東大塩西成瀬の称あり[95]」といわれているから、三十一歳のかれにとって国訴の高揚に学ぶところが多かったであろう。

文化期から天保期にいたる綿・菜種・灯油・肥料に関する一連の国訴は、農村構造の変化、大坂市場の経済的地位の低下、これに対処する商業資本の独占強化の中から生じたもので、惣百姓的に、とりわけ多分に豪農指導型（農業経営の収支の困難さなどにも示される）の闘いであった。ここでは幕藩制下の支配機構によりながらも、領主支配の錯綜をこえた商業資本の「赤い糸」の支配に抗する共通の運動であった。奉行所の内部からこれを共感する大塩の思想の形成を考えざるをえない。そして、かれ独特の農村組織の歩みがはじまったとみてよいだろう。

むすびにかえて

大塩の乱の基盤には、幕藩制解体の事実がある。新しい小ブルジョア経済、マニュファクチュアを波頭とする農村工業の展開が、領主間の矛盾をふかめ、人民の多様な闘争をもたらしていた。これらが天保飢饉を触媒として噴出していたことを忘れてはならない。

また多くの民衆闘争が農村に依拠し、そして開港後本格化する農民的農業革命が下から展開し、全国的な政治運動をもたらす前の時代であり、階級対立が領主対豪農を先頭にした農民勢力の間にくりひろげられた時代であった。大塩の反乱は、その掉尾をかざるものであり、民衆の政治意識を高め新しい世直しの到来を告げるものであった。大塩の行動のうしろには、組織化に成功しなかったものの、広範な「世直し層」（前期プロレタリア・半プロレタリア・一部初期プロレタリア層）が立っている。[96] 乱後二年にして蛮社の獄に坐した渡辺崋山が、天保十二（一八四一）年十月三河田原に残した遺書に、「数年之後一変も仕候はゞ、可レ悲人も可レ有レ之や」と記している。このときアヘン戦争の衝撃を前に天保改革は開始されたばかりである。大塩の乱後三〇年にして倒幕の時節がくる。かれからさらに飛躍した大きな政治勢力と全国的な動乱の展開である。この時期への展望のうえで、改めて大塩の位置づけを考える必要があろう。

註

（1）大阪城天守閣所蔵、閲覧にさいしては内田九州男氏の御配慮をえた。
（2）島本仲道『青天霹靂史』（今橋巌、一八八七年、復刻版、島本昭、二〇〇七年）、横須賀新報社編『横須賀新報』（二二～二六号所収の島本鳥歌「民権講釈」、一八八九年、複製版、横須賀新報復刻刊行会、一九七五年）など。秩父事件でも大塩をとりあげた文書が作成されたことを以前知ったが、出典を確認できないでいる。中尾捨吉編『洗心洞詩文　上・下』（船井政太郎、一八七九年）、大塩中斎『洗心洞箚記　上・下・附録』（吉川半七、一八八一年）、編輯者不詳『天満水滸伝―大塩平八郎実記』（栄泉社、一八八二年）、河村与一郎『警世矯俗　大塩平八郎伝』（赤志忠雅堂、一八八八年）などの出版も民権期の時世を反映したものであろう。
（3）羽仁五郎『羽仁五郎歴史論著作集　第三巻　日本史明治維新』（青木書店、一九六七年）一七三頁。
（4）前掲註（3）羽仁五郎『羽仁五郎歴史論著作集　第三巻　日本史明治維新』三七五頁。

（5）戸谷敏之「中斎の「太虚」について―近畿農民の儒教思想―」（小野武夫博士還暦記念論文集刊行会編『日本農業経済史研究　小野武夫博士還暦記念論文集　上』、日本評論社、一九四八年）。

（6）阿部真琴「農業と哲学との前進―大塩中斎について―」（『神戸大学文学会研究』創刊号、一九五一年）、同「大蔵永常・大塩中斎―民富観について―」（『ヒストリア』三号、一九五二年）。

（7）岡本良一「大塩中斎について」（『ヒストリア』五号、一九五二年、のち『乱・一揆・非人』、柏書房、一九八三年、所収）。

（8）堀江英一『堀江英一著作集　第一巻　明治維新の社会構造』（青木書店、一九七五年）。なお、維新期の農民と下士の同盟の原型を大塩の乱に求めた先駆的な業績として、貴司山治「明治維新の原型としての大塩乱」（『歴史科学』二巻七・八号、一九三三年）がある。

（9）佐々木潤之介『幕末社会論―「世直し状況」研究序論―』（塙書房、一九六九年）、同『世直し』（岩波書店、一九七九年）を参照。

（10）中村哲『明治維新の基礎構造』（未来社、一九六八年）。

（11）その内容は、一九六九年に公刊され、その後、中村哲『世界資本主義と明治維新』（青木書店、一九七八年）に収録。

（12）拙稿「大塩の乱と在郷町伊丹」（『地域研究いたみ』三号、一九七五年、本書第Ⅱ部第一論文）。

（13）乾宏巳「大塩の乱と農民的基盤」（『ヒストリア』六九号、一九七五年、のち『近世都市住民の研究』、清文堂出版、二〇〇三年、所収）。

（14）大塩事件研究会による機関誌『大塩研究』の発刊、相良亨・溝口雄三・福永光司校注『日本思想大系四六　佐藤一斎・大塩中斎』（岩波書店、一九八〇年）、青木美智男『天保騒動記』（三省堂、一九七九年）など。

（15）乾宏巳『なにわ　大坂菊屋町』（柳原書店、一九七七年）、同「近世都市の社会構造」（『史潮』六号、一九七九年、のち前掲註（13）『近世都市住民の研究』、所収）、同「近世都市の支配と町人自治」（『日本史研究』二一一号、一九八〇年、のち『近世大坂の家・町・住民』、清文堂出版、二〇〇二年、所収）、同「大坂町人社会の構造―人口動態における―」（津田秀夫編『近世国家の展開』、塙書房、一九八〇年、のち前掲註（13）『近世都市住民の研究』、所収）など。

（16）中瀬寿一「大塩事件と泉屋住友の〝家事改革〟―天保改革前夜を中心に―（上）・（下）」（『大塩研究』九・一〇号、一九八〇年）、同「大塩事件と特権的門閥町人層の衝撃―鴻池・越後屋三井の動向を中心に―」（『大阪産業大学論集社会科学編』五三号、一九八〇年、ともにのち『住友財閥形成史研究―幕末・維新期における比較史的考察―』、大月書店、一九八四年、所収）、その他。

（17）大阪市立中央図書館所蔵。

（18）石崎東国『大塩平八郎伝』（大鐙閣、一九二〇年）二八一頁、幸田成友『大塩平八郎』（中央公論社、一九七七年、初版は一九一〇年）一〇九頁。

（19）国立国会図書館所蔵、前掲註（5）戸谷敏之「中斎の「太虚」について」所引。なお享保期に関祖衡・並河永の著わした『日本輿地通志畿内部』（『大日本地誌大系　一八巻』）によると、「酸漿《ホウツキ》門真二番村出、蓮藕葉、実附、烟草倶郡西、多出、茄子浜村出四月初旬充食」とあり、このほか諸口村の甜瓜《まくわ》、氷野村の胡瓜、横地村の西瓜、守口村の糟菜《つけもの》をあげている。摂河地方の青物流通は、大坂天満市場の独占のもとに掌握され、そのため時代が下るとともに農民・百姓市との対立を生じることになったが、当初天満がおさえていた一二品目のうちにほおずきも含まれている。しかし「はしりより」一〇日の間だけで、他所行も格別とされ、比較的自由な流通を確保していたと思われる（小林茂『近世農村経済史の研究』未来社、一九六三年）。

（20）守口市史編纂委員会編『守口市史　史料編』（守口市、一九六二年）七〇、九二、五八〇頁。

（21）駒井正三「白井孝右衛門が書いた墓誌」（『大塩研究』三号、一九七七年）。

（22）政野敦子「大塩平八郎と河内国衣摺村」（『歴史研究』一八一号、一九七六年）一〇頁。

（23）前掲註（13）乾宏巳「大塩の乱と農民的基盤」二三頁。同氏は、助郷村々が白井家から月七朱の利息で借銀していることから、助郷制度に乗じ農民に吸着していたと推定される。この評価は大塩与党の性格を「地主的基礎の上に立」ち、世直し状況を展開する貧農・小作人＝「農民的基盤」をもたないとする大塩事件観にも通ずる。当時の基本的階級関係とそれに規定された闘争の特性をどう理解するかにかかわる問題である。当時一般的な利子率が月八朱であるから（前掲註（20）守口市史編纂委員会編『守口市史　史料編』三〇、三五、三八～九頁など）、白井家の貸付はむしろ低利であり、しかも守口宿の困窮を天保二（一八三一）年宿内熟談のうえで借財皆済しようとした時期でのことで、助郷問題の江戸出訴の事情も加味して、乾氏とは逆に本文のような評価を与える。

（24）前掲註（13）乾宏巳「大塩の乱と農民的基盤」。

（25）竹安繁治『近世小作料の構造　近世土地制度の研究第二部』（御茶の水書房、一九六八年）。

（26）古島敏雄『近世日本農業の展開』（東京大学出版会、一九六三年）第三篇附論第二。

（27）山崎隆三『地主制成立期の農業構造』（青木書店、一九六一年）。

（28）前掲註（25）竹安繁治『近世小作料の構造』一四三・一四四頁。

（29）寝屋川市『寝屋川市誌』（寝屋川市、一九六六年）。

（30）門真市図書館所蔵茨田家文書。

（31）枚方市史編纂委員会編『枚方市史　第三巻』（枚方市、一九七七年）第一〇章第二節（森杉夫氏執筆）、田宮久史「深尾才次郎・治兵衛とのぶの墓―枚方市大字尊延寺・春日方面調査記―」（『大塩研究』五号、一九七八年）、拙稿「大塩の乱と枚方地方」（『まんだ―北河内とその周辺の地域文化誌―』八号、一九七九年、本書第Ⅱ部第三論文）。

（32）東大阪市、政野敦子氏所蔵文書、以下多くは前掲註（22）政野敦子「大塩平八郎と河内国衣摺村」によるところが多い。

（33）大阪市『加美村誌』（大阪市、一九五七年）。

（34）東大阪市、芦田家所蔵文書。

（35）門真市図書館所蔵茨田家文書「釈静寿様御悔帳」。なお不動次郎については、天坊幸彦「田結荘千里翁伝」（『ヒストリア』一四号、一九五六年）参照。

（36）高野真遜編『実録彙編　初輯』（忠愛社、一八八六年）は、家内・下女下男ともで一一人とする。

（37）前掲註（18）石崎東国『大塩平八郎伝』三七五頁。岩佐富勝『天保の青雲―阿波人・大塩平八郎―』（教育出版センター、一九八〇年）12章。
(38)　大阪市立中央図書館『大阪編年史　第一八巻』（大阪市立中央図書館、一九七四年）三六六頁。
(39)　前掲註（16）中瀬寿一「大塩事件と泉屋住友の〝家事改革〟（上）」三〜四頁、出典は『垂裕明鑑』巻之一八。
(40)　兵庫県史編集専門委員会編『兵庫県史　第五巻』（兵庫県、一九八〇年）六章（酒井執筆）、原史料は国立国文学資料館所蔵北風家文書、安田荘右衛門『北風遺事・残灯照古抄』（喜多善平、一九六三年）など。
(41)　大塩と伊丹を結びつけた人物に、伊丹と早くから接触のあった頼山陽を筆者は想定している。
(42)　前掲註（12）拙稿「大塩の乱と在郷町伊丹」。
(43)　大阪市参事会編纂『大阪市史　第四上』（大阪市参事会、一九一一年、のち復刻、清文堂出版、一九七九年）、一〇七四頁。
(44)　「雑記後車の戒」（宮本常一・原田伴彦・原口虎雄編『日本庶民生活史料集成　第一一巻　世相一』、三一書房、一九七一年）五八〜五九頁。
(45)　前掲註（38）大阪市立中央図書館『大阪編年史　第一八巻』三、七頁。
(46)　前掲註（38）大阪市立中央図書館『大阪編年史　第一八巻』四〜八頁。
(47)　前掲註（43）大阪市参事会編纂『大阪市史　第四上』一〇九一頁以下。
(48)　前掲註（44）「雑記後車の戒」六三頁。
(49)　前掲註（43）大阪市参事会編纂『大阪市史　第四上』一〇九九〜一一〇〇頁。
(50)　前掲註（44）「雑記後車の戒」六四頁。蒋島村は、旧中津川と神崎支川との間にあり、幕領高一四六〇石余の大村で、明治二十一（一八八八）年当時の戸口は九二〇戸、三六六八人、大阪府西成郡役所編『西成郡史』（大阪府西成郡役所、一九一五年、のち復刻、名著出版、一九七二年）はその村況を「海は街道に当りて人家繁く、沿道小商家を以て充され、青物魚類の行商を営むもの多く住居」と記す。天保十二（一八四一）年の階層構成は、高持一七八、無高四九一で、無高率七三％に達し、職業では、魚貝採集二〇六、干物青物商一九三、一手百姓一三〇、魚商九三、居職人四〇、その他七となっている（三浦忍「近世後期畿内農村人口の構成について」、『鹿児島経大論集』一一巻一号、一九七〇年、のち『近世都市近郊農村の研究―大阪地方の農村人口―』、ミネルヴァ書房、二〇〇四年、所収）。

(51) 前掲註（43）大阪市参事会編纂『大阪市史　第四上』一一一七頁。

(52) 前掲註（44）「雑記後車の戒」六三頁。

(53) 前掲註（43）大阪市参事会編纂『大阪市史　第四上』一一四六～一一四八頁。

(54) 大阪市立中央図書館市史編集室編『大阪編年史　第二六巻（拾遺）』（大阪市立中央図書館、一九七八年）四一七頁。

(55) 前掲註（43）大阪市参事会編纂『大阪市史　第四上』六五九～六六四頁。

(56) 西山松之助「大阪・兵庫・西宮・塩飽嶋人口統計表―一七五七（宝暦七）～一八五六（安政三）」（『歴史学研究』一五七号、一九五二年）。なお天王寺村については、佐々木陽一郎「徳川時代後期都市人口の研究―摂津国西成郡天王寺村―」（『史海』一四号、一九六七年）を参照。

(57) 大阪市参事会編纂『大阪市史　第四下』（大阪市参事会、一九一三年、のち復刻、清文堂出版、一九七九年）、一二〇四頁。

(58) 「浮世の有様」（原田伴彦・朝倉治彦編『日本庶民生活史料集成　第一一巻　世相一』、三一書房、一九七〇年）二八七頁。

(59) 前掲註（38）大阪市立中央図書館『大阪編年史　第一八巻』二〇六～二〇九頁。

(60) 前掲註（57）大阪市参事会編纂『大阪市史　第四下』一二一九頁。

(61) 前掲註（58）「浮世の有様」一八八頁。

(62) 前掲註（57）大阪市参事会編纂『大阪市史　第四下』一二二一～一二二二頁。

(63) 前掲註（58）「浮世の有様」一八九頁。

(64) 前掲註（58）「浮世の有様」三四二頁。

(65) 前掲註（57）大阪市参事会編纂『大阪市史　第四下』一二七八、一二八一頁。

(66) 前掲註（58）「浮世の有様」三五七頁。

(67) 前掲註（57）大阪市参事会編纂『大阪市史　第四下』一三〇五頁。

(68) 大阪市史編纂所編『大阪市史史料　第一輯　近来年代記　上』(大阪市史料調査会、一九八〇年) 一七頁。
(69) 前掲註 (57) 大阪市参事会編纂『大阪市史　第四下』一二五二頁。
(70) 『御仕置例類集　第一一冊　天保類集二』(名著出版、一九七三年) 九〇頁以下。
(71) 三井文庫所蔵「聞書帳」、史料は京都大学大学院安国良一氏の御教示による。拙稿「慶応二年大坂周辺打毀しについて」(京都大学読史会『国史論集　創立五十年記念』、一九五九年、のち歴史科学協議会編『歴史科学大系　第二三巻　農民闘争史　下』、校倉書房、一九七四年、所収、本書第Ⅲ部第三論文) をも参照。
(72) 「米商旧記　下」(大阪経済史料集成刊行委員会編『大阪経済史料集成　第四巻』、大阪商工会議所、一九七三年) 八〇頁。なお本城正徳「畿内における米穀市場の構造と特質」(脇田修編『近世大坂地域の史的分析』、御茶の水書房、一九八〇年、のち『幕藩制社会の展開と米穀市場』、大阪大学出版会、一九九四年、所収) 二一一頁参照。
(73) 李東彦「徳川後期石代納についての一考察―畿内一綿作農村を対象として―」(『六甲台論集』二七巻三号、一九八〇年) 一一九頁。
(74) 大阪市立図書館所蔵上福島村文書 (若干量のみ)。時代はくだるが、明治以後の工業化の中で雑業層を中心に、いっそう広い規模で滞留した同村の初期プロレタリア層の姿を、前掲註 (50) 大阪府西成郡役所編『西成郡史』は「多くは労役に従事する細民の住居地となり」「村内中央より西南の裏町は卍形の小街不規則に通じ、細貧者此辺に蝟集して巣窟を構へ」と記述している。
(75) 現物は黒田新介氏所蔵、大阪市参事会編纂『大阪市史　第二』(大阪市参事会、一九一四年、のち復刻、清文堂出版、一九七九年)、四八八頁の折込み写真参照。
(76) 「浪速硒阿志火」(大阪府立中之島図書館所蔵)。
(77) 前掲註 (6) 阿部真琴「大蔵永常・大塩中斎」参照。
(78) 早川孝太郎『大蔵永常』(山岡書店、一九四三年、のち早川孝太郎著、宮本常一・宮田登編『早川孝太郎全集　第六巻　農村更生』、未来社、一九七七年、所収) 二四二頁。
(79) 前掲註 (18) 石崎東国『大塩平八郎伝』一〇〇～一〇二頁。および前掲註 (78) 早川孝太郎『大蔵永常』二九三～

二九五頁、原本は大阪市立博物館所蔵。
(80) 前掲註（18）幸田成友『大塩平八郎』所収。
(81) 井野辺茂雄『幕末史の研究』（雄山閣、一九二七年）、佐藤昌介『洋学史研究序説—洋学と封建権力—』（岩波書店、一九六四年）、吉沢忠『日本美術史叢書　第七　渡辺崋山』（東京大学出版会、一九五六年）。
(82) 西宮市上瓦林岡本家文書、兵庫史学会『天保四年加古川筋百姓一揆関係史料』（兵庫史学会、一九五五年）所収。
(83) 藤本欣司「大塩の乱に参加した播州の人掘井義三郎について」（『兵庫県社会科研究会会誌』八号、一九六一年）、前掲註（40）兵庫県史編集専門委員会編『兵庫県史　第五巻』（酒井執筆部分）。
(84) 野村兼太郎『近世社会経済史研究—徳川時代—』（青木書店、一九四八年）。
(85) 前掲註（43）大阪市参事会編纂『大阪市史　第四上』一〇五〇頁。
(86)「後素手簡」（池田四郎次郎・浜野知三郎・三村清三郎編『日本芸林叢書　第八巻』、鳳出版、一九七二年、初版は一九二九年）七頁、前掲註（18）石崎東国『大塩平八郎伝』一五五頁。
(87)「猪飼敬所先生書柬集」（池田四郎次郎・浜野知三郎・三村清三郎編『日本芸林叢書　第四巻』、鳳出版、一九七二年、初版は一九二九年）、前掲註（18）石崎東国『大塩平八郎伝』一五九頁。
(88) 前掲註（18）石崎東国『大塩平八郎伝』一五四頁。原本は大阪市立博物館所蔵、相蘇一弘氏の御好意をえた。
(89) 宮城公子「大塩中斎の思想」（『日本の名著　二七』、中央公論社、一九七八年）。
(90) 前掲註（86）「後素手簡」所収。
(91) 服部之総「明治維新における指導と同盟」（『服部之総著作集　第五巻　明治の革命』、理論社、一九五五年）二〇二頁。
(92) 岡本良一『大塩平八郎』（創元社、一九五六年、のち改訂版、一九七五年）、七二頁。
(93) 神戸市灘区魚崎の八幡神社保管文書ほか。
(94) 宮本又次「文政六年摂河一〇〇七カ村の訴訟の史料」（宮本又次編『農村構造の史的分析』、日本評論新社、一九五五年）、および入交好脩『幕末の特権商人と在郷商人』（創文社、一九七七年）第五章。

(95)　前掲註(18)石崎東国『大塩平八郎伝』五九頁。

(96)　紙幅の都合で、大阪市中の詳細な分析をされた乾宏巳氏の所説(註15)に触れえなかった。別の機会に改めて考察したい。同氏が天保・幕末期の町方構造(奉公人雇用の借屋層の増大傾向など)から、世直し状況に否定的な意見をもっておられるが、ここでは都市「世直し勢力」を日雇・職人におくこと、都市民の流動率の高さに階層分解と地域的移動の特徴、奉公人の質的な変化を見る必要のあることを付記しておくにとどめる。

大塩与党をめぐる村落状況

はじめに

近年大塩平八郎に関する研究は、天保八（一八三七）年二月十九日の乱をめぐる吟味史料である国立史料館編『大塩平八郎一件書留』（東京大学出版会、一九八七年、以下『一件書留』と表記する）と大塩が挙兵直前に江戸へ送った密書を総括した仲田正之『大塩平八郎建議書』（文献出版、一九九〇年）の公刊により一段と深められることとなった。とくにこの二史料は、民衆の乱への参加状況と幕府の処断を明らかにし、あわせて大塩が与力在職中の調査をふまえて幕閣を糾弾した政治課題をも研究の俎上にのぼせることを可能にした。

これらの基本史料に支えられながら、なお他に明らかにすべき課題も多い(1)。そのうち本稿では、大塩与党としてその門に学び、乱に参加した農民たちがどのような村落状況の中にいたのかを、前稿につづいて、地方文書の調査によって明らかにしておきたい(2)。

直接的には、与党を生み出す村々が直面した文政・天保期（一八一八〜四四）の村況と、門人またはその周辺にいた豪農たちの動きを中心に考察する(3)。

一　文政・天保期の衣摺村

渋川郡衣摺《きずり》村は、中河内の綿作地帯に属し、大塩に関係する人物——政野市太郎・その実弟白井儀次郎・庄屋熊蔵、そして守口町白井孝右衛門ら——を生んだ村である。

この村で文政十一（一八二八）年正月十七日に政野重郎右衛門が逮捕され、十九日に入牢、四月二十七日に四十三歳で死罪に処せられ、「葭嶋へ取捨被仰付、内々ニ而彼嶋へ桶ニ入埋置申候」という一件が起った。同家は宝暦四（一七五四）～五年に庄屋を勤めたことの明らかな豪農筋の家で、当時衣摺村幕領分の農民であった。

この一件の記録として、「大騒動一件諸事控書」が二冊あり、一冊は守口町白井三郎右衛門から政野市太郎殿宛て、他の一冊は衣摺村政野市太良から守口町白井伯父様宛てとなっている。内容はほぼ同一で、両者が共同でもつようにしたものである。書上げられた重郎右衛門の田畑に若干違いがあり、前者に記されていて後者にない土地が三筆あるだけである。

重郎右衛門が処刑された理由は残念ながら判明しないが、後にみる状況からして村方に関わる一件ではないかと想像される。この事件を伯父の白井三郎右衛門と甥の市太郎が処理し、相互に整理・確認したのがこの文書である。この三郎右衛門は政野重郎右衛門の弟で守口町の白井彦右衛門娘たつの夫として養子に入り、同家の家運の回復をはかった人物であり、政野家の末孫政野敦子が明らかにしたように、この人こそ孝右衛門に当る(4)。

この史料によると、重郎右衛門の入牢後に、正月に「天満礼」として金三分、二月十八日に「天満行」として銀八〇匁のうなぎ切手四〇枚が記載され、一件に天満組役人が関わっていたことを思わせる。処刑の行われた四月二十七日の項は詳しく、金二分が天満同心衆二人に、一分が同人の供二人に渡され、他に定供二人や渡辺村の人足に要した費用も記されている。河内高井田村の長栄寺に逮捕後祈禱を頼み、死後も土砂加持を行って供養している。

冊子の後半部分は「所持田畑建家」と「売払田畑」の二項目からなり、所持の資産と八左衛門（衣摺村の人、孝右衛門の父方の叔父正方の悴）・四良兵衛・勘右衛門・長八・助右衛門・清兵衛・長左衛門・吉左衛門へ同年十一月に譲り渡された田畑がわかる。

この他、もう一点の史料は、表紙に、

文政十一子年年四月廿六日
永井飛弾《ママ》守殿御預り所河州渋川郡衣摺村
百姓重郎右衛門家内改諸色附帳
西　藤野織右衛門
東　村上伝吉郎

とある。重郎右衛門の家財・田畑の付立帳で、天満の同心二人が立会っている。建家一ヵ所（梁行三間×桁行六間半、一方に三尺下庇付）・居屋敷一畝二歩（分米一斗六升）・封印された土蔵二ヵ所（二間×三間、二間×二間）・納屋二ヵ所・門長屋（一間半×三間半、一間戸一枚）・灰小屋・雪隠・土小屋がある。田地は二町九反九畝一歩（分米四六石五斗二升一合）[5]、このほか九九点に及ぶ農具・仏壇・衣類などの家財が悉く書上げられている。文政十一年四月二十六日付で、「右諸色私共へ御見置御役之上御預ケ被仰付奉畏候、御預ケ中紛失其外不念之義御座候ハ、如何様共可被仰付候、依而如件」として、「永井飛弾《ママ》守御預り所　河州渋川郡衣摺村庄屋太郎右衛門・同熊蔵、年寄五郎右衛門、百姓代八右衛門」とあり、奉行所宛てとなっている。最後の料紙には「覚」として妻子持ちの品について付立て九九点の内〇印を付けた一二点がそれに当るという。付立てから除外されるのであろう。

欠所に処せられた政野家は市太郎が相続し存続する。その経緯をみよう。文政十一年十二月に守口町三郎右衛門は甥市太郎宛てに「譲り渡屋敷田畑建家証文之事」という文書を渡している。屋敷二筆・田畑一三筆と建家一ヵ所・土蔵二ヵ所で、土地の石高は一六石八斗四升三合にあたる。この一五筆すべてが、「大騒動一件」の「所持田畑建家」の二五筆中に見出せる。したがって八左衛門ら八人に売払われた高三六石二斗九升五合五勺とは別に、所持田畑分として三五石四升六合が三郎右衛門の裁量する土地であり、一旦付立てで引取ったあと、その年の暮に三郎右衛門は居屋敷・建家を含めて一部を生家へ戻したと思われる。このようにして政野家は三郎右衛門の尽力で再興したのである。(6) そして文政十三年には市太郎の手で「下作年貢勘定帳」が作成されている。市太郎は天保二（一八三一）年十二月、二十一歳の時、四十三歳の母よふとともに先祖の墓碑を改葬し、父重郎右衛門（法名正徳）らを追悼した。

この一件に庄屋として名の出た熊蔵は、大塩の乱に無宿三平として登場する。かれは『一件書留』の朱書によると、(7) 衣摺村庄屋（稲葉丹後守・淀領分）勤め中「出入事腰押いたし領主役場之申渡不相用候ニ付」、天保六年六月二十八日に村払を申付けられた者である。村追放後庄屋は一転して無宿杉山三平となり、所々を立廻り、同七年九月から十二月まで加賀国本泉寺（東本願寺末）に滞在し、その後『一件書留』の本文に、「兼而懇意いたし候同国（注・河内）守口町孝右衛門江身分イ方之儀相頼み」とあるように、孝右衛門の世話で同八年二月七日大塩決起の直前に洗心洞に身を寄せ、塾生の食事などの世話を引請けていた。

衣摺村の淀領庄屋としての熊蔵を僅かな証文類から窺うことにしよう。(8) 文政九年二月に庄屋熊蔵は、屋敷を質物に入れて同村弥三兵衛から同十二月限りの約束で銀九〇〇目を借りていた。天保五年二月十七日弥三兵衛の代人悴の弥三郎から、元利合わせて銀一貫五九八匁四分の返済を訴えられた。度々の催促にも、「我儘計り申之一向取敢不申」とあり、その文書の奥書には、衣摺村庄屋見習源吾・庄屋源右衛門・同永治が連印している。同村は高一一一三石余の大村で、寛政七（一七九五）年から幕領と淀藩領の相給となり、天保五年には淀藩の一円支配となっていた。庄屋が二人いるのはこれらの事情によると思われる。

この出訴をうけて両者が領主から呼び出されて、銀五五〇匁の支払いで和解したが、天保五年三月になっても銀子の調達ができず、請人を立てて同年九月晦日までの猶予を頼み、この三月から月一分の利足を添えて返済する旨の一札を、熊蔵から弥三兵衛に差入れている。この借金は、もとの証文に「三郎兵衛」とあったが、相続人のゆえをもって熊蔵が訴えられたのである。しかし庄屋の家が米一〇石ほどの金に困り、元利を三分の一に値切ったところにかれの経営の実態が察せられる。その一年四ヵ月後に領主の意向に逆らって村追放となっている。

熊蔵は、乱後の裁決で「引廻之上於大坂獄門」に処せられた。松浦静山の『甲子夜話』に示された大塩一党の「鳶田御仕置場之略図」の一九人の磔刑図にはその姿はなく、同書は「三平儀は刎首ニ相成獄門ニ掛り候ニ付、千日墓所ニ曝」として、大坂引廻しの様子をのべ、墓所の前、自安寺の横に捨札とともにその首を絵図で示している。(9)ここは摂津西成郡今宮村鳶田に当る。のち飛田と改称される。

因みに、衣摺村庄屋見習源吾は、のち改めて庄屋となり、大塩が衣摺村市太郎（政野重郎右衛門の子、白井孝右衛門の甥）に施行札の配付を命じたとき、「一己之強欲而已」にかかわり小前の者を非道に取り計らったとして居宅の焼き払いを命じた河内の四人の庄屋の一人であった。(10)

大塩が挙兵に際して、このように焼打ちにすべしと考えた非道の庄屋は四人、河内衣摺村源吾・恩知村名前不明・正覚寺村儀右衛門と北蛇草《はぐさ》村三郎兵衛である。正覚寺村庄屋儀右衛門父子については天保十二、三年に大がかりな排斥運動が起きている。僅か一代で六、七〇石から二〇〇石に身代を築き豪邸に住み、日夜酒宴に耽ける評判の家で、儀右衛門は文政七年頃から天保十三年まで近隣淀藩領一四ヵ村の大庄屋並を勤めていた。訴状によると、年貢不納の小作人とその兄への厳しい処置、村の「番太郎」を用心棒に使い、賄賂次第で博奕取締りに手心を加え、旧悪に乗じて無心を吹っかける、文政七年不作時の救米のピンはね、同十三年にお上の入用金と称して銀一三貫を郡中割に加え、この中から同人が柏田村嘉蔵と北蛇草村三郎兵衛と共謀して私用に宛てる、小作人との間に紛争が絶えない等々、十数条にわたるものであった(11)。

ここに北蛇草村庄屋の名が出ており、さきの四庄屋がすべて淀藩領であることからみて、正覚寺村の大庄屋並の儀右衛門を首謀者にかれらが共通した動きをしていることについて、大塩は程近い衣摺村や淀領村々と関連の深い門人たちから情報を得ていたと思われる。大塩がかれらを「非道」とする理由は、弓削新右衛門と非人頭との関係で示した行為や檄文で指弾した内容と全く同一であった。衣摺村で熊蔵が出入りに際して百姓の「腰押」をして追放になったのは、河内淀領にみられた村役人の所業と領主との関係に問題があったと見てよいのではなかろうか。

孝右衛門は、文政八年に大塩門人となっていて、兄の重郎右衛門一件を見たことになる。甥の儀次郎は、天保元年に入門し、一時期孝右衛門方に寄宿していた。大塩との関わりをこの一件を通じて考える必要があろう。

二　門真三番村一件と般若寺村忠兵衛

つぎに、同じく大塩重要門人の一人、摂州東成郡般若寺村橋本忠兵衛の弟に関わる一件を取上げてみよう。河内茨田郡門真三番村庄屋野口五郎兵衛家に(12)、「文政十弐年丑六月　利右衛門入牢被仰附牢死致し申候一件書物入　門真三番村　野口」と表書きされた袋がある。この史料をつかって調べてみる。

門真三番村の利右衛門が文政十二（一八二九）年四月十七日に家を出たまま帰らない旨、おりう（柳）から五月二十五日に届けられた。二十七日に親類相談の上、般若寺村の忠兵衛（庄屋）と大坂の大津屋お柳が村方へ出頭した。りうは、岩次郎こと利右衛門の姉、幼名やそと思われ、阿波町大津屋作右衛門へ嫁した女性である。家出した利右衛門はこの岩次郎の名跡を継いでいる。二人に庄屋五郎兵衛が対応したが、二十八日夜忠兵衛から庄屋宛てに、利右衛門の名義変更を見合わせてくれるよう求めた書状が届いた。(13)

（表封ウワ書）
「門真三番村
　五郎兵衛様　　　般若寺村
　　大急用　　　　　　忠兵衛」

〆

昨日者罷越（カ）御面倒□□、然者利右衛門家跡之義、名前切替之旨本人行辺不相知候ニ付、柳娘当時名跡ニ□□可申旨示談致し掛り候へ共、当日右利右衛門行辺少し手つる相付候ニ付、今四五日御見合可被下候、何分本人引取次第、且者存心を承りもやう次第ニ可致候、先一両中者阿波座堀之義送り引取も御待被下候、尤本人之義□□置被下候、右申上度、以上

　　五月廿八日

翌二十九日付でりうからも、五郎兵衛に忠兵衛の意向を聞いたので、名跡変更を四、五日見合わせるよう依頼してきた。六月朔日忠兵衛は五郎兵衛を訪ねた。五郎兵衛は、利右衛門について、二十七歳、高一一八石三斗八升四合五勺、家族は男一人、ほかに下男清蔵十七歳・下女たけ十九歳とメモを記している。ところが、この日付で門真三番村の庄屋・年寄に東番所から差紙が送られ、二日五ツ時に牢屋敷へ出頭するよう命じられた。発信者は多田屋篤右衛門（用達か）で、忠兵衛も早速多田屋に使を送って事情をさぐったが、要領を得なかった。

以下、「文政十二年丑六月二日　利右衛門一件扣へ帳」の記載に従って事件の展開を追ってみる。二日庄屋五郎兵衛と年寄茂右衛門が出頭したところ、担当与力は盗賊方大塩平八郎であり、事件の内容が大塩から説明された。この日利右衛門は東組役人の手で枚方宿泥町で逮捕されていたのである。

御掛り大塩様之仰ニ而、入牢ゟ当村利右衛門并泥町二階屋弥右衛門内政吉与申女縄附ニ而引出し、利右衛門先年ゟ之身上不宜義被仰、此度政吉と欠落仕候処、短刀を利右衛門一寸もはなさす、親類并村方にもこわき者者壱人も無之、まだこわき者者大塩平八郎計与申、若召取にも相成候得ハ短刀ニ而手向ひ可致積り之訳合等、政吉ゟ口上リ（ママ）候ニ付、公義役人江短刀を以手向ひ致候了簡甚相済がたく、佐土（渡）へでも遣し可申旨被仰[14]、村方へ家財公義ゟ相預ケ候間、麁末紛失物無之様急度可致様被仰付、猶又名跡之義者取片附相談等ハ不相成候間、沙汰有之迄ハ何角其儘差置候様被仰附、本人義者追々吟味致し村方呼出し申候間、牢扶持差入候様被仰附候ニ付、則差入置申候、泥町之義者二階屋弥右衛門并附添罷出居候、且又北野村政吉親父も御呼出ニ而罷出居申候

これによると、出奔した利右衛門は北野村（摂津西成郡）出身の遊女政吉とともに引出されて、枚方宿泥町の湯屋の二階屋に立てこもり、短刀をかざして、親類や村方に怖いものはないが、「こはき者者大塩平八郎計」りと叫んでいた行状がわかる。当時大塩が畏怖されていたことは、天満組惣年寄今井克復の証言（『史談会速記録　第六輯』）がある。その大塩の手で逮捕されて入牢し、この日から牢扶持の差入れを認められた。

三日東町奉行盗賊方として松浦・古市の二人の同心が村方に出張し、以前からとかく風聞のあった利右衛門宅を調査し封印の上、下男・下女を村預けにして帰った。すなわち、

六月三日東盗賊方ゟ松浦六郎様[15]・古市丈五郎様御両人当村江御越被成、庄屋御召ニ付罷出候処、利右衛門義如何めかしき風ふん有之候ニ付罷越候間、利右衛門宅へ直様案内可致旨被仰候ニ付案内仕候処、村方相役三四人呼ニ遣し置呉候様被仰候ニ付、茂右衛門・郡治・伊右衛門呼ニ遣し申候、然ル処付立と申事ニ而者無之候得共、家内不残見及候間、村方ゟも立会可申被仰付、家内たんす入もの不残御改之上、書状之分且又大塩様筆之書物不残より出し被成、封印附ニ相成申候、其外土蔵迄御改之上、宗門帳面御改被成、下男清蔵・下女たけ両人者村預ケニ致し申候間、請証文可差上様被仰付、扨又封印附預り一札可差上様被仰付

ここに大塩自筆の書物もあり、封印をうけた。大塩との交流を示している。

四日、村役人三人は同心から預っていた柳こうり一つ（封印付）・掛物二幅・額一枚・唐紙まくり八枚を奉行所に持参した。この四品を届けたとき、大塩は自ら出勤し、封印されていた自筆の書物を「引上ケ」た。すなわち、

右之品牢屋敷へ持参差上候処、松浦六郎様御請取御改之上、大塩様御出勤有之、御書物之義者御引上ケニ相成、利右衛門不埒之義段々御利害被仰聞、若相頼候義なと有之由相聞候へ者、急度了簡難相成候間、心得違無之様之旨被仰聞、且御憐愍願仕度旨申上候へ者、了簡ニ可致旨被仰、九ツ相過候へ者東盗賊方役所へ引取候間、其方へ罷可出旨被仰聞候ニ付、左之通書附相認メ奉差上候

「左之通」とあるのは、門真三番村庄屋と年寄、親類として般若寺村忠兵衛病気ニ付代利助・阿波座堀阿波町大津屋作右衛門の四人が、利右衛門の持病癇気《かんき》を理由に憐愍の処置を願った口上書のことであるが、奉行所では聞届けられず、文書を認めた四日一同相談の上、五郎兵衛が担当の天満同心に働きかけることにした。古市は留守で願書を預けて帰ったが、松浦はこれを差戻し、五郎兵衛が差出した金一〇〇疋・南鐐一片の二点も即座に返却した。五郎兵衛はそのため返金の事実を一筆書かされる羽目となった。六日付の口上書も四日と同趣旨で提出されたが、ここには、門真三番村庄屋五郎兵衛に続いて、百姓惣代九右衛門・般若寺村の親類惣代忠兵衛と同村伝七、ほかに親類惣代作右衛門（りうの夫）がいるが、六人中のうち大塩の乱に関わることになる四人の名がここにある。この願書も奉行所から却下されたが、大塩自らが声をかけた。

右書附差上候処、大塩様段々厚思召之御利解被仰聞、銀子之処相調候処借用致し外ニ衣類売払候代銀拾五両、都合四拾両ニ三拾八両、合七拾八両ニ御座候処、つかい捨候銀子と者手究合不申候ニ付、吟味致し申候間、書附者下ケ申候間、此方ゟ沙汰致し申候迄相扣へ可申旨被仰付候、且又御上様之思召を以、御さほう通ニ相成候様之御利解ニ御座候

一件に関する金子の調査と、作法どおり処置するというものである。

その後、十日付の口上書も取上げられなかった。ここでは署名人に少し変化があるが、現存する願書は何度も書き直され、清書分も連印の箇所をすべて墨で抹消している。十七日忠兵衛は五郎兵衛宛てに書状を送り、「岡田」（利右衛門）のことで出張に感謝するとともに、十日以降「于今何之御沙汰も無之、誠ニいか、成行候哉と甚不案《ママ》ニ奉存候」と述べ、翌日改めて憐愍願いのため今一応の出役を願っている。これをうけて十九日付の口上書が出された。が、意外なことが奉行所から説明された。

右書附出候処、□□大枝村九兵衛呼□《（二）》□□置候間、相調可申との□□□、五郎兵衛退役致させ申度、むほん之書附下書四五枚罷出、此方へも御見□被成下、五郎兵衛実躰ニ相勤居申候者をケ様之くわたて甚不埒、上を不恐之者一向不宜御利解被仰聞、先たまりニ暫扣へ居可申段被仰候ニ付、其後罷出候処、先達而之封印書物御下ケ被成候間、牢屋敷へ罷出請取帰り可申趣被仰附、即牢屋敷へ罷出候処、先達而四月ニ封印持参差上候通御下ケニ相成申候、尤庄屋退役之たくみ書附者御取置被成候、利右衛門義者追々吟味ニ相成候間、憐愍書附者御聞不被成候而御下ケニ相成申候

大枝村九兵衛も取調べをうけ、三番村庄屋五郎兵衛の退役をたくらんだ書付の下書が奉行所の手に入っていた。前に大塩が没収した封印の書物は牢屋敷で返却されたが、庄屋退役の書付は奉行所預りとなった。九兵衛については後述する。

忠兵衛はなおも懸命に五郎兵衛に働きかけ、二十日夕刻に「岡田」で会いたいと書状を送っている。この頃利右衛門は牢死したようで、後日（二十三日か）の作成と推定される二十日付の死骸引渡しの請証文がある。少し前後するが、二十二日に利右衛門の遺体は仮片付され、二十三日付で牢屋敷役所から浜墓所（茨田郡浜村か）に宛てて、親類の者が貰いたい旨申出があるので渡すよう伝えている。

二十三日暁六ツ時五郎兵衛らは牢屋敷に着いた。

右着届ケ致し相待居候処、御呼出しニ相成罷出候、大枝村庄屋年寄并九兵衛・同人伯父・親類一同御呼出ニ而、其上泥町二階屋政吉と申候、牢内ゟ引出し御吟味有之、其上大枝村九兵衛不埒之趣厳□御異見被成、入牢にも相成可申之処、段々御憐愍相願候ニ付、此後者急度相慎可申段被仰附、村預ケ御免ニ相成申候、且又利右衛門義者湯屋へ参候□(迄)たん刀を以歩行候段、且又とがなき庄屋五郎兵衛を退役致させ度書附など致し候段、上を不恐余りふとゞけの□□(カ)、其外利右衛門悪事御利解ニ而吟味相詰候へ者、佐土(渡)行ニ候得共、右利右衛門牢死致し申候段被仰聞、牢死によんで家替んしよう者たすかり有かたく候、且又利右衛門死骸貰ひ度候へ者書附を以願出候様被仰候、女政吉義者双方親類申分無之哉御調之上、御払ニ候様之□、利右衛門名跡之義者勝手次第ニ可致□(と)被仰附、下男清蔵・下女多希両人并諸色村預ケ之義者御免ニ相成申候

九兵衛と利右衛門一件との関連は今一つはっきりしない点があるが、一連のものとみうるようで、九兵衛は村預けとなった。五郎兵衛退役の書附は、前の引用では九兵衛からのようにもみえるが、ここに引用した限りでは同じ村の利右衛門の手になるようである。利右衛門についてはその死をもって一件落着となった。利右衛門家の名跡は勝手次第となった。二日に逮捕されて後二〇日足らずの牢生活であった。この間村役人や縁者は大坂の亀金・川藤に詰めて六月二・四・五・六・十・十七・十八・十九日と牢扶持を届けている。十八日の顔触れは五郎兵衛（庄屋）・九右衛門・郡士（郡治ともあり）・源兵衛・般若寺村忠兵衛・利助で、日によって変化し年寄茂右衛門も加わっている。大塩の処断を身近に見ながらの奉行所対策であった。このうち大塩入門者は、忠兵衛が文化八（一八一一）年で最も早く、郡士は天保元（一八三〇）年、九右衛門は白井孝右衛門の口ききで天保五年のことであるから、後の二人はまだ大塩と距離があるが、郡士の文政十二年「金銭附込当座帳」（門真市教育委員会蔵）には、三月から「大塩先生」への祝義が登場する。

無表題ながら、冊子中に「延宝七未年御検地請高 元禄二巳年所持高 取調　宝暦元未年ゟ嘉永三戌年迄百箇年之間門真三番村高持百姓之分代々家督相続親□系図出生縁附死失　委細取調書（帳）」とある一紙文書をはさむ竪半帳がある。持高・系図など長期にわたって詳細を極め、大塩一件で牢死した農民についても注記されている貴重な文書である。

これによると、利右衛門家は元禄二（一六八九）年持高七八石八斗二合（反別六町三反六畝歩）、宝暦二（一七五二）年七九石四斗三升九合、ほかに門真四番村に五六石九斗六升四合、天明八（一七八八）年一三〇石一斗三升六合五勺の大地主であった。寛政七（一七九五）年に当時十一歳の岩次郎（のち享和元年（一八〇一）利右衛門と改名）が高一三三石四斗三合を相続したが、内一八石八斗八升三合は般若寺村忠兵衛出作預りとなった。忠兵衛との関係は、寛延二（一七四九）年に利右衛門からますが忠兵衛方へ縁付き、明和五（一七六八）年に同家の悴粂之助が忠兵衛方へ養子に行き、伯母に当るますの子となるという重縁につながるものであった。そして事件の利右衛門は、般若寺村忠兵衛の悴で十二歳の文化十一年に門真三番村の岡田利右衛門家に利吉郎の名で養子に入り、高一一四石二斗七升四合の豪農の家筋を継いだのであった。そして大塩重要門人である忠兵衛（字は含章）の実弟に当る。

文化十一戌年
一高百拾四石弐斗七升四合
東成郡盤（ママ）若寺村忠兵衛悴当戌養子参候
利吉良 戌十二才
妹 千勢 戌六才
〆二人
文化十二亥年大坂阿波町大津屋
作右衛門娘貰置候へ共
同（ママ）六未年引取申候
まつ 亥九才

右利吉良文政三辰年利右衛門改名、同十二丑年廿七才ニ而不埒之筋有之ニ付、大塩ゟ召捕ニ相成、同八月牢死被致相続人無之ニ付、右利右衛門下女もと与申者腫（懐）妊之節ゟ仕切置候悴亀松与申者有之候ニ付、村役人親類

相談之上、大津屋作右衛門悴ニ致引取相続為致候事

文化十二丑年
一高百拾八石三斗八升四合五勺

弘化三午年大坂阿波町大津屋
作右衛門娘縁附参候

弘化三午年出生

嘉永三戌四月出生

養子
亀松　丑二才
改名利右衛門

女房
はる　午十九才

娘
せい

同
やゑ

文政十二年七月二十九日付の領主小堀主税宛ての願書では、利右衛門名跡の相続人がいないので、親類（大津屋作右衛門）に預けていた同人悴亀松を取戻し相続させたいと申出ている。大塩の乱時の評定所「親族名前書」（『一件書留』）にも般若寺村庄屋忠兵衛の甥（忠兵衛弟利右衛門死悴）、天保九（一八三八）年十一歳として亀松の名がある。のち明治五（一八七二）年の門真三番村「姓名書上帳」をみると、「文政十一戊子年十月八日出生　亡養父岡田利右衛門養子　岡田利吉申四十五才」とあり、妻と四人の子供とともに記載されていて、四三年後の歴史に名をとどめている。

さきに触れた茨田郡大枝村の九兵衛が、翌年思いがけない形で登場する。東海道枚方宿岡新町村の庄屋であり宿役人でもあった中島儀輔の文政十三年の「宿村御用留日記」をみると、閏三月二十一日の村方に関する記事として、つぎの一節がある。(16)

七ツ時山又助参り候ニ付、則林田様ゟ被仰遣ノ御触書読聞、右ノ次第故、右大枝村九兵衛ハいづれニ被居候哉、尤当村へハ決而寄付不申様取置候様、且四ケ村ハ一体同様ノ事ニ而、若参居候へハ其沙汰可仕候由申聞置候、尤同人義ハ大坂御与力大塩様ノ門弟ニ而発明成仁ニ有之よし、且昨年ゟ度々大金持出し候様、尤昨年抔百三両

も持出し遣払候よし、又助申居候事

文中の「山又助」は山番（非人番）又助のことで、同年四月小頭となり二四ヵ村を支配し、弟子を従え、鉄棒をもち、村々の夜廻りや山番などに従事している。職務として出奔した九兵衛の捜査に当り、かれについての情報を得ている。林田は幕領代官所手代林田舟治郎、四ヵ村は枚方宿を構成する三矢・泥町・岡・岡新町を指す。大杉村は茨田郡に属し、文政十三年当時家数七一戸・人数三〇五人（男一五五・女一五〇）で、文化十年の七三戸・三一六人から天保期にかけて漸減の傾向をみせている。九兵衛は、この地域の大塩門人と同様豪農とみられ、少し遡るが寛政七年に年寄役にあることが判明する。この頃大塩の門人で利発者として知られていたが、大金をもって出奔している。利右衛門一件のとき逮捕されたのも、この行状によるのだろう。

般若寺村利右衛門一件で東町奉行所で大塩の取調べをうけた九兵衛が、利右衛門一件とも関わりをもち、事件の翌年のちにかれと類似した行動を重ねたことを知りうる。豪農もまた不安定な状況に追い込まれていたのであろう。当時大塩はまだ在職中である。

三　淀川左岸の村況

不作の続いた天保期に、淀川左岸北河内の農村に関わる問題で大塩与党の動きの前提として考えるべきものは、負担軽減を求めた助郷一件・年貢皆石代納の要求と農業経費維持を求めた肥類高値反対の国訴であろう。

この地域は京街道、京三条から伏見・淀を経て河内の枚方・守口・大坂京橋にいたる東海道筋に当たるが(17)、守口宿の助郷をめぐって天保五（一八三四）年から七年にかけて一連の問題が起っていた。茨田郡馬場村・門真三番村・同四番村・西橋波村・世木村・大枝村・土居村の七ヵ村は元禄七（一六九四）年から助郷高三八三二石で守口宿を支えてきたが、御用人足の継立て困難を理由に助郷休役を願い、天保五年正月十四日に馬場村の源兵衛らを江戸へ発足させた。七ヵ村は源兵衛を百日間この役に当たるものとし、諸経費一一〇両三朱を計上した。この費用には、守口宿年寄の白井彦右衛門が銀七貫目を融資し、一ヵ年利足四九〇目ずつの約束であった。

三月には結果の如何を問わず費用は村方へ高割りとすることにした。この訴願は認められなかったが、江戸評定所出役として地役手附普請役格の小野貢右衛門と手代向嶋真兵衛が現地を見分することになり、この年十月二十一〜二十二日にかけて茨田郡五三ヵ村を廻村した。この時提出された定助郷七ヵ村の文書はきわめて詳細で、元禄年中一ヵ年の継立人足の勤方は六〇〇人ほどであったが、寛政年中から始まった紀州藩主の陸路通行などで近年一ヵ年八千人の継立という。守口宿問屋五郎兵衛が書き上げた文政十二（一八二九）年から天保四年にいたる五年間の助郷勤め人足は四万三三九一人を数えている(18)。

七ヵ村の村況は、享和二（一八〇二）年・文化四（一八〇八）年の洪水をうけて、田畑水腐・夫食農具肥灰も流失し、田畑の冠水も甚しく、累年損毛が多く、定免が実施できず年貢も「見取り」で課せられるというものであった。定助郷の実態を西橋波村の天保四年の例でみると、戸数四六、男一〇四・女一一九の戸口から十七歳から五十歳までの男子三〇人が動員された。文政十二年から天保五年に至る数値もほぼ同じである(19)。

同五年十月二十二日に長崎奉行久世伊勢守が通行した時、七ヵ村は先触人足二七三人分の賃銭は受取ったが、荷物の人足一〇一七人を出すべきところ、これら定助郷村では三五〇人しか調わず、六六七人が不足し、他村からの人足分一人銭二五〇文ずつ、合計一六六貫七五〇文（金二四両二分ト一五〇文）を村が負担することになった。このことを記した守口宿と七ヵ村の願書は、江戸からの見分役人に提出されたもので、役人自身この前日に長崎奉行通行を耳にしていたと思われるだけに訴えるものがあったといえよう。そして河内の村方からすれば、長崎奉行久世伊勢守の前職が大坂西町奉行であっただけにまた別の思いも込められたと思われる。

小野・向嶋の巡見のあと、村々が呼び出され請書の調印を求められ、定助郷七ヵ村は応じたが、四六ヵ村は代助郷の差村になることを警戒して、不承知を申立てて調印しなかった。「甚以不埒」で所轄の領主へその旨通知することにして、十月二十六日一行は止宿地の西橋波村を出発した。

翌六年一月二十六日付の道中奉行曾我豊後守の差紙を受取って、守口宿問屋二人と定助郷七ヵ村の村役人ら総勢九人が下向した。馬場村源兵衛も加わっている。三月九日曾我立会いのもとで「休役并代助郷」について申渡しがあり、天保六未年から巳年まで一〇ヵ年間は、助郷高三八三二石のうち七ヵ村が高六五五石を従来どおり勤め、残り三一七七石を休役とされ、代って摂津東成郡の中村・荒生村・赤川村・今市村・千林村・馬場村・下辻村、河内茨田郡の諸福村・岸和田村・仁和寺村・点野村の一一ヵ村が代助郷として負担することを命じられた。

小野・向嶋に請書を出すことを拒否した河内茨田郡・摂津東成郡の四六ヵ村の惣代もこの日道中奉行所で吟味を受けて、中村ほか四〇ヵ村惣代へは過料銭三貫文ずつ、千林村ほか四ヵ村惣代へは急度叱りを申渡された。千林・内代・下辻・関目・馬場の五ヵ村は心得違を認めてこの席で調印を申立てたが、他の四一ヵ村は同調せず、このことが刑の違いとなった(20)。いずれにしても守口宿助郷一件は、大塩の乱に参加する村々を見事に包摂している。

この一件は、天保七年五月二十九日に守口宿の問屋二人・庄屋一人・年寄二人・百姓代四人と定助郷および代助郷の茨田郡仁和寺村など一九ヵ村の村方三役が連署して起請文を作成して終息した。一九ヵ村はこの誓詞に請書をつけ江戸へ送ったが、この場合名前と実印の間に血判を取る厳しいものであった。起請文の内容は三ヵ条で、

一守口宿江助馬之儀被仰付候、少茂我儘成義不仕、守口宿ゟ触次第馬急度出可申事
一守口宿之衆を頼、金子ニ而馬為請負申間舗事
一人通多時分馬を隠申間敷事

とある(21)。守口宿の馬の確保を助郷村々に確約させたものであり、宿年寄の一人として孝右衛門の子、彦右衛門の名

がある。守口宿は御用人足に責任を負う形でこの誓詞を作成させた形になるが、もとより周辺村々とその負担を共有し、領主の通行と村方への過課の結節点に立っていたのである。

飯米と年貢納入のために米穀市場にまきこまれていた摂河の村々では、とくに不作時には年貢形態そのものが領主との争点であった[22]。小堀代官所領であった茨田郡門真三番村・横堤村と若江郡御厨村・稲田村は連名で地方役所宛て再三幕領貢租形態のうち六分方の銀納を一貫して歎願していた。凶作の続いた天保六〜八年にその動きを確認できる。若江郡は「他村買米」の村柄、茨田郡は河内国「第一之地低水場」であり、米不足に悩んでいたので、役所の対応は、大坂城代の在坂中は年貢の八分方を正米納、京都・江戸城にいるときは皆銀納でもというものであった。領主側は石代納分の二分方について三分一直段より七匁引とし、残りを正米納させる姿勢であった。村方は三分一直段より五匁引にしてでも皆銀納を求め続けていた。

天保七年十月晦日の時点でも、凶作を理由に村方は六分方の正米納を求められ、幕領東成郡村々は承知したが、茨田郡は「達而」銀納を願い、この年限りということで六分方を三分一直段の五匁引で銀納することを認められた。江戸廻米も含めて正米を要求する幕府に対し皆銀納を願う動きは、かなり広域的なものとみられ、摂河村々の年貢納入をめぐる折衝は、その量だけでなく納入形態にもかかわっていたのである。助郷と年貢は、農民負担をめぐる重要問題であった。大塩の決断をせまる条件は徐々に形成されつつある。

大塩との関わりでいえば、この間天保六年八月から七年十月二十一日までの門真三番村からの願書には、惣代庄屋五郎兵衛のもとで年寄として茂右衛門とともに郡治の名がある。村方の史料、天保六年「願書御届ケ書留」[23]は、さきの天保七年十月晦日の年貢納入一件のあと、翌八年正月十一日にとび、続いて二月十八日付の九通がある。ここにはもとより年寄郡治の名はない。すでにかれは二月十六日に「金銀出入帳」に常のごとく金銭の出入を記入したあと、乱のために大塩邸に入っていたからである[24]。

最後に、天保六年の肥類高値反対の国訴に少しく触れておこう。この種の訴願は、寛保三（一七四三）年・宝暦三（一七五三）年・天明八（一七八八）年の先例があるが、天保六年五月二十一日に摂河両国の幕領惣代（おそらく六二五ヵ村か）が大坂町奉行所に出訴し、やがて幕領私領の摂河一五郡九五二ヵ村の運動に拡大した。この間私領ごとに郡単位の動きもあり、河内交野・讃良郡の旗本久貝氏知行所の六月十三日の「奉行」宛ての歎願を確認できる。天明八年の訴願に対しては、同年七月二十七日に大坂町奉行から干鰯・油粕など肥類に交物をして売出さないことが布達されたが[25]、今回も六月十五日に東町奉行大久保讃岐守と西町奉行矢部駿河守の名で「肥類ニ交物等致間敷事、并肥類買占・囲持等致間敷事」が触れられ、郡切村次に順達された。農業諸経費の高騰が農民を困窮させていたのである[26]。助郷一件や皆銀納要求の背景にこのような農家経営の困難が横たわっていたのである。

また加えて、豪農の村役人＝地主としての村方および農民支配にも、小作人の抵抗が強かった。大塩の活動地盤である淀川左岸をみても、河内茨田郡下番組四ヵ村では、天保元年に小作年貢をめぐって村方が混雑し、翌二年六月には肥料の高値もあって年貢等を不納にし、村方を出奔する者が出ていた[27]。交野郡田口村でも小作人五〇人ばかりが天保六年十二月に凶作を理由に年貢米を皆納せず、村方の説得に応じず逮捕される事態が起きている[28]。

茨田郡世木村の次三郎は、般若寺村忠兵衛から大塩施行をうけてその勧めに従い、大塩に心服したが、乱後の吟味で大塩の欺謀に迷わされたといわれ、「真実施行之恩恵迄手段之様」にされたのに対して抗弁し「白洲江手を突候儀も打忘、察度受」けた人物で[29]、早くから岡本良一の注目するところであるが[30]、かれの住む世木村の天保七年八月の村況をみよう。水腐とされる耕地は、高三〇六石七斗三升七合（村高五一二石三斗六合の五九・九％）、面積にして二七町九反四畝一三歩（村総面積四二町五反九畝一六歩の六五・六％）に及んでいた[31]。この地域の窮乏や思うべきである。そしてこの地域が淀川下流、大川沿いの洗心洞からの大塩の歩む道筋であった。

おわりに

文政十（一八二七）～十三年の間は、町奉行所与力として大塩が最も辣腕をふるい、「三大功績」を挙げた時期であった。その大塩の前に、河内の豪農の門人やその縁者に、ここに触れたような一連の事態が起っていた。領主との関係で、小前百姓との関係で、そして社会環境をめぐる生き方のなかで、大塩は思いをめぐらすことも多かったのではないか。

与力として、城代配下の幕吏・諸藩の蔵屋敷役人・豪商とその下に生きる町方の貧民、そして天満の市場に集まり、月に何度か大坂町奉行との接触を日常的にもっていた村民たち、これらの結節点として、大塩は与力時代の経験や見聞をもとに、自らの思想を高めていったと思われる。天保期の周辺農村の窮乏と官財の癒着に対する怒りはやがて決起の日を招くことになる。本稿の後半でのべた村況は、幕政とからんで大塩をして「国家」を改めて考えさせることになる。それにしても、大塩が身近にした豪農層も小前の上に立ちながら、きわめて不安定な経営基盤に立っていた。一つは領主から、他は豪農のもとにある農民からもたらされるものであったろう。

その中で豪農層も血縁と村落の二つの共同体を支えに「家」の存在を試みるが、利右衛門や九兵衛のように何らかの理由で追い込められる者も少なくなかったと考えられる。

大塩がとくにその教学を武士と豪農層に説いたのは、かれらこそに「良知を致す」必要を感じたからである(32)。与力として畏怖された大塩は、ここにのべたような豪農層をときには冷静にみながら、退職後一層教学を説く必要を感じたのではなかろうか。文政十三年から入門者が増え始める。

そして、年貢問題や助郷一件は、檄文にいう「諸記録帳面類は都て引破焼捨可申」きこととなり、その対極として幕政担当者の不正・秕政が暴露され、「救民」の思想にさらにすぐれている政治性を与えることになったと思われる。

註

(1) 大塩が檄文に刻んだ内容は、単なる哲学論でなく、逐条史料的裏付けが可能と思われ、その調査が求められる。また三大功績と呼ばれるものは相互に関連し、「建議書」で告発した内容とも密接に関わるものと思われる。ここでは主題上取上げないが、文政十二（一八二九）年の非人頭を含めた奸吏糾弾一件と同十三年の破戒僧処分は、「建議書」の「武家方宮方寺社無尽名前書」に共通した寺社・人名を確認できる。破戒僧一件については独自の分析が必要であるが、「摂陽奇観」（船越政一郎編『浪速叢書　第六』、名著出版、一九七八年、初版一九二九年）や「浮世の有様」（原田伴彦・朝倉治彦編『日本庶民生活史料集成　第一一巻　世相一』、三一書房、一九七〇年）などの記事と無尽関係者を対比するとその関連が浮かび上る。その一つ、道頓堀竹林寺は四ヵ所非人頭の頼寺で、大塩の捜査・糾弾が進められる方向を端的に示している。

なお近年の研究として特記すべきものを挙げると、中瀬寿一『住友財閥形成史研究―幕末・維新期における比較史的考察―』（大月書店、一九八四年）、中瀬寿一・村上義光編『民衆史料が語る大塩事件』（晃洋書房、一九九〇年）、中瀬寿一・村上義光編『史料が語る大塩事件と天保改革』（晃洋書房、一九九二年）、森田康夫『大塩平八郎の時代―洗心洞門人の軌跡―』（校倉書房、一九九三年）などがあるが、とくに相蘇一弘「大塩の乱と大阪天満宮」（大阪天満宮史料室編『大阪天満宮史の研究　第二集』、思文閣出版、一九九三年）、相蘇一弘「大塩の乱の関係者一覧とその考察」（『大阪市立博物館研究紀要』二六号、一九九四年）はその堅実・本格的な研究として、井形正寿「横山文哉と島原・三之沢村」（『大塩研究』三二号、一九九三年、のち『ありあけの歴史と風土』一〇号、有明の歴史を語る会、一九九三年、所収）などはユニークな調査と旧説を訂正した点で注目される。

(2) 拙稿「大塩の乱と畿内農村」（青木美智男・山田忠雄編『講座日本近世史　六　天保期の政治と社会』、有斐閣、一九八一年、本書第Ⅱ部第四論文）。

(3) 大塩与党の農業経営を本格的に明らかにした数少ない例として、乾宏巳「大塩の乱と農民的基盤」(『ヒストリア』六九号、一九七五年、のち『近世都市住民の研究』、清文堂出版、二〇〇三年、所収)がある。

(4) この一件の史料は、政野敦子氏所蔵文書(東大阪市)による。政野敦子「大塩平八郎と河内国衣摺村」(『歴史研究』一八一号、一九七六年)、国立史料館編『史料館叢書九　大塩平八郎一件書留』(東京大学出版会、一九八七年)所収の孝右衛門親類書、二八八～九頁、守口市の白井家墓碑銘など。

(5) 「大騒動一件」にある田畑屋敷を集計すると、高七一石三斗四升一合五勺となる。

(6) 河内茨田郡門真三番村の茨田郡次(郡治)の例も同様で、前掲註(3)乾宏巳「大塩の乱と農民的基盤」に詳しい。また郡治(文政十二年高六〇石七斗三升三合)の欠所後の処置については、門真市、野口弘氏所蔵文書にも、「天保八酉二月大塩乱妨掛りニ付入牢被　仰付、同九戌年御仕置ニ相成、家材(財)不残欠所ニ相成、村方へ買取、依之村方ゟ新規ニ交野郡星田村庄九郎弟徳五郎与申もの取立、高廿九石八斗三升壱合村方ゟ相譲り申候」とある。

(7) 前掲註(4)国立史料館編『大塩平八郎一件書留』二六頁、他に一一七頁参照。

(8) 白井孝次氏所蔵文書(東大阪市)。

(9) 松浦静山著、坂田勝校訂『未刊甲子夜話　第三』(有光書房、一九七一年)二七、三八～四二頁。

(10) 前掲註(4)国立史料館編『大塩平八郎一件書留』二〇〇～一頁。

(11) 大阪市『加美村誌』(大阪市、一九五七年)一一六～九頁。この訴状の原物を見る機会がなく、村誌の記載に従ったため、正確を欠く憾みがある。本文中の「番太郎」はあるいは「非人番」とあるのかもしれない。

(12) 史料は、野口弘氏所蔵文書(門真市、元門真三番村庄屋野口五郎兵衛家)による。文書調査以来一二年目にして漸くここに紹介することができた。調査を許された同家に感謝したい。なお同家文書のうち大塩の乱に直接関係する史料は、大野正義の手で、門真市市民部広報公聴課編『門真市史資料集　第一号　野口家文書　大塩事件関係史料』(門真市、一九八四年)と門真市企画財政部市史編さん室編『門真市史資料集　第二号　大塩事件関係史料二(野口家文書)』(門真市、一九九〇年)に収められている。

(13) 般若寺村橋本忠兵衛についての原史料は今まで殆ど見つかっていないが、野口家には利右衛門一件で庄屋五郎兵衛宛てに忠兵衛が送った書状数点がある（開封不能分も含めて）。忠兵衛は大塩と縁類の最も濃い家であるが、その子松次郎は薩摩屋久島に流され、その時持参した長持が子孫の計屋家に伝わっているし、「橋本計次郎」と刻んだ墓銘もある。政野敦子「屋久島を訪ねて―大塩の乱関係者調査記―」（『大塩研究』創刊号、一九七六年）、酒井一・政野敦子「大塩と私　三　計屋晃成氏に聞く」（『大塩研究』、二〇・二一合併号、一九八六年）、大塩事件研究会制作ビデオ『大塩平八郎と民衆』（島田耕監督）、『読売新聞』一九五八年六月十三日「百年の大阪」（四二九回）「屋久杉の家」（のち、読売新聞大阪本社社会部編『実記・百年の大阪』、朋興社、一九八七年）。

(14)　大坂牢舎からの佐渡送りについては、例えば、文政六年五月九日に「大坂牢舎之内ばくえきの者大ぜい三郷払之後卅六ケ月佐渡の金山へ水かへの人足ニ被遣候」（「摂陽奇観　巻四九」、前掲註（1）船越政一郎編『浪速叢書　第六』二三二頁）。

(15)　松浦六郎は東組同心で、大塩門人河内志紀郡弓削村七右衛門こと西村利三郎の母方の縁者であり、文政十二年には四十五歳。岡本良一・内田九州男編『清文堂史料叢書　第二九刊　悲田院文書』（清文堂出版、一九八九年）一三四頁所収の松浦某書状は、この人物のものと思われ、賽かるた一件の捜査に当っている。続柄は前掲註（4）国立史料館編『大塩平八郎一件書留』二九八頁参照。なお弓削村西村利三郎については前掲註（1）森田康夫『大塩平八郎の時代』に詳しい。

(16)　中島儀輔著、中島三佳・松本弦子編『清文堂史料叢書　第六三刊　枚方宿役人日記―中島儀輔御用留―』（清文堂出版、一九九二年）七八頁。

(17)　菊田太郎『大阪経済大学研究叢書　第二冊　東海道守口宿・守口駅』（柳原書店、一九五九年）、中島三佳『東海道五十七次―京街道四宿　大坂―守口・枚方・淀・伏見―大津』（中島三佳、一九八六年）、守口市史編纂委員会編『守口市史』（守口市）、枚方市史編纂委員会編『枚方市史』（枚方市）参照。

(18)　守口市教育委員会『守口市文化財調査報告書　第四冊　古文書助郷編』（守口市教育委員会、一九八六年）九七頁以下。

(19)　前掲註（18）守口市教育委員会『守口市文化財調査報告書　第四冊　古文書助郷編』一〇〇〜三頁。

(20) 前掲註(18)守口市教育委員会『守口市文化財調査報告書　第四冊　古文書助郷編』一〇八〜九頁。
(21) 前掲註(18)守口市教育委員会『守口市文化財調査報告書　第四冊　古文書助郷編』一二一頁。
(22) 本城正徳『幕藩制社会の展開と米穀市場』(大阪大学出版会、一九九四年)一九七頁以下。
(23) 門真市、野口弘氏所蔵文書。
(24) 拙稿「大塩の乱研究の問題点」(『歴史地理教育』四四三号、一九八九年)。
(25) 大阪市参事会編纂『大阪市史　第三』(大阪市参事会、一九一一年、のち復刻、清文堂出版、一九七九年)一二六七〜八頁。
(26) 大阪市参事会編纂『大阪市史　第四上』(大阪市参事会、一九一二年、のち復刻、清文堂出版、一九七九年)一一六二頁。枚方市史編纂委員会編『枚方市史　第七巻』(枚方市、一九七〇年)三〇九〜一二頁。農業経営に与える諸経費の増大については、山崎隆三『地主制成立期の農業構造』(青木書店、一九六一年)、藤田覚『日本歴史叢書三八　天保の改革』(吉川弘文館、一九八九年)五六頁。
(27) 守口市史編纂委員会編『守口市史　史料編第二』(守口市、一九六六年)一一二頁。
(28) 前掲註(26)枚方市史編纂委員会編『枚方市史　第七巻』三一四〜五頁。
(29) 前掲註(4)国立史料館編『大塩平八郎一件書留』一六〇頁。次三郎は所払に処せられたが、それ以前に牢死した。
(30) 岡本良一『大塩平八郎』(創元社、一九五六年、のち改訂版、一九七五年)一一五〜六頁。
(31) 前掲註(27)守口市史編纂委員会編『守口市史　史料編第二』一一六〜七頁。
(32) 拙稿「親民から救民へ」(大阪人権歴史資料館編『大塩平八郎と民衆』、大阪人権歴史資料館、一九九三年)四三頁。

解　題

Ⅱは、天保八（一八三七）年二月十九日に大坂で発生した「大塩事件」をテーマに、大塩平八郎や門人を輩出した畿内農村などを考察した、五編の論文から構成される。大塩平八郎に関する研究は、酒井一氏がその後半生において最も精力的に取り組んだ研究テーマであり、ここでは主要な論文として、①「大塩の乱と在郷町伊丹」（一九七五年）、②「大坂書林河内屋のことなど―伊丹の書簡からみた大塩余聞―」（一九七五年）、③「大塩の乱と枚方地方」（一九七九年）、④「大塩の乱と畿内農村」（一九八一年）、⑤「大塩与党をめぐる村落状況」（一九九五年）を収録した。

論文①～③は一九七〇年代後半に、④は一九八一年に発表されたものである。ただし、④は、青木美智男・山田忠雄編『講座日本近世史6　天保期の政治と社会』（有斐閣）に収録されたもので、①～③をベースに、ほぼ同時期に執筆されたものと考えてよい。論文⑤は一九九五年に発表されたもので、①～④とは年代の隔たりがあるが、冒頭に「乱に参加した農民たちがどのような村落状況にいたのかを、前稿につづいて、地方文書の調査によって明らかにしておきたい」とあることから、前稿にあたる④の続編であると言えよう。なお⑤は、同窓の朝尾直弘氏の京都大学退官記念論文集『日本社会の史的構造　近世・近代』（思文閣出版）に収録されたものである。以下、掲載順にしたがって各論文の要点や意義について、若干の解説を加える。

論文①は、『地域史研究いたみ』三号に掲載されたもので、大塩事件をテーマとした酒井氏による最初の本格的な論文である。なお、発表と同年の昭和五十（一九七五）年十一月九日に大塩事件研究会が創立され、酒井氏が会長に就任する。

さて、論文の内容は、まず伊丹における天保飢饉の状況や、大塩と以前から懇意であった伊丹伊勢町の商人紙屋幸五郎について述べられる。決起にあたって大塩は、妻ゆう・みね（息子格之助の妻）らを門人の橋本忠兵衛に託す。その後一行は、伊丹方面に行きしばらく逗留することとなるが、その宿泊先が紙屋であった。

続いて、伊丹植松村の額田善右衛門について論述される。善右衛門は馬借を渡世とし、大塩の門人の中では異色な存在であった。大塩が伊丹の酒造家に出講した時に、善右衛門が別室で襖越しにその講義を聞き、大塩に傾倒したという。大塩事件に際しては、施行札と檄文の配布という重要な役割を担っている。この額田善右衛門の存在を浮かび上がらせた点に、論文①の際立った特色があると言える。酒井氏は後にこの論文を、「佐々木説への一定の批判を通じて、都市前期プロレタリアを組織できなかった大塩が、酒造業の在郷町伊丹の馬方（前期プロレタリア）を門人にすることによって、農村半プロレタリアと畿内的経済発展の所産である在郷町の貧農・前期プロレタリアを結合させ、大坂に蜂起させる志向をさぐろうとしたもの」（論文④）と位置づけている。なお「佐々木説」とは、佐々木潤之介氏が提唱した「世直し状況論」「豪農・半プロ論」を指す。

論文の「むすび」では、「大塩の蜂起が「一地域的な反乱」ではなく、「日本の事件・反乱」としての役割を果たそうとしたこと、しかも周知のように蜂起が短時日についえさったことの構造的理解は、今後参加村落の個別分析と時代的背景の全体的究明によってはじめて可能となる」とある。論文①の発表後、酒井氏は村落の個別分析と大塩事件の全体像の究明に着手する。

論文②は、『伊丹史学』二号に掲載されたもので、大塩の施行の世話をした書林河内屋に焦点が当てられる。冒頭には、「実は一つの興味深い史料を発見していたが、前稿に収めえなかった」とあり、論文②は前稿にあたる①と一連のもの、あるいはその副産物であると言えよう。

さて、その内容であるが、まず大塩の施行札の検討から始まる。ここでは、大塩所持の蔵書一二四一部を代銀四〇貫八九六匁で買い取り、その代金で大坂とその周辺の貧民一万軒に、金一朱を配る世話をした河内屋は、蜂起以前から大塩と懇意であり、『洗心洞箚記』など大塩の著作の販売にも関わっていたことが明らかにされる。さらに、大塩の施行札を印刷した板摺職の源兵衛と竹松、加えて大塩の蔵書と檄文の板木を彫った次郎兵衛（市田氏）などの動向が述べられる。その上で、副題にある「伊丹の書簡」が紹介される。書簡は、乾高潔という人物が伊丹の大醸造家剣菱の主人・桐陰に宛てたもので、伊丹の桐陰と河内屋との交流をうかがわせる内容である。論文②は短編ながら、大塩事件と河内屋との関係、河内屋と在郷町伊丹との関係を示す貴重な成果である。

論文③は、『まんだ』八号に掲載された短編のものである。大塩事件と枚方、具体的には河内国交野郡尊延寺村との関わりが述べられる。北河内に位置する尊延寺村は、大塩の門人の深尾才次郎らを輩出した村であり、かつ大塩事件に際し、村ぐるみで参加したことでも知られる。また、事件の当日、深尾才次郎率いる尊延寺村勢が大坂に向け進軍した後、才次郎の母のぶが「才次郎が大名になるか、御仕置（処罰）にあうかは今日の勝負次第」と語ったとされる。この点は、しばしば紹介されるエピソードである。

守口で大塩敗走の報を受けた尊延寺村勢は、その後離散し、才次郎らは逃亡に入る。次に才次郎が姿を現すのは三月十六日、能登国羽咋郡福浦村においてであった。事件後、大塩平八郎・格之助が一ヵ月余もの間、姿を隠したことと同様、この才次郎らの逃亡もまた、驚嘆に値する。

なお、論文③の執筆の動機は、深尾家の位牌と墓石の「発見」であるとみられる。文中には、「さる昭和五十二年十二月に、私たちは改めて深尾治兵衛一族の位牌と墓石を確認することができた」とある。この「発見」は、大塩事件研究会の発足から二年後のことであった。

論文④は、酒井氏の代表論文であるとともに、発表された昭和五十六年時点における大塩研究の到達点を示している。幸田成友『大塩平八郎』（東亜堂書房、一九一〇年）以来の研究を丁寧に整理した上で、「大塩与党の農民勢力の分析、大坂市中の情勢、大塩が都市民を動員できなかった理由、大塩蜂起のもつ普遍的な意味など」が考察されている。

まず「一　大塩与党の構成」では、与力や同心などの下級幕吏、般若寺村庄屋の橋本忠兵衛や守口町百姓兼質屋の白井孝右衛門など組織力をもつ豪農、門人の中で唯一家の経営実態が判明する茨田郡士、村ぐるみで参加した尊延寺村勢などの存在を浮かび上がらせ、それまでの大塩研究を飛躍的に高めている。ここでは、大塩事件研究会の活動を通して得られた調査成果が、存分に発揮されている。

続く「二　乱前後の市中・近在の社会情勢」では、「浮世の有様」や「雑記後車の戒」などをもとに、天保期の大坂市中の状況が説明される。特に、大坂三郷地続きの町場化した村々と堂島有米量及び米価の推移とを絡め、大坂打ちこわしの基本類型との兼ね合いから大塩事件を分析した点は、氏ならではの考察であると言える。

最後の「三　大塩の思想と組織論の形成」では、大塩の書簡や著作物をもとに、大塩が交流した大蔵永常や、天保四年の加古川筋一揆を通してうかがい知れる大塩の一揆観などが紹介される。さらに、大塩による与党の組織方法と国訴との関係を指摘した上で、「奉行所の内部からこれ（国訴）を共感する大塩の思想の形成を考えざるをえない」と述べられており、大塩が民衆運動としての国訴を通して、農村組織の方法を学んだことが推考されている。

この論文④に関し、平成二十五（二〇一三）年七月十一日に逝去した青木美智男氏は、次のように指摘する。「それまでの大塩研究は、岡本良一さんの『大塩平八郎』（創元社、一九五六年）のような人物論が中心だったので、もっと蜂起に至る歴史的・経済的背景を含めた視点で描けないかと思っておりましたので、酒井さんにご執筆を依頼したのです。そうしましたら、あっという間に原稿が届きまして、しかも凄い内容の論文に感動したことを覚えております。私は、酒井さんのこの論文が、第六巻『天保期の政治と社会』のなかで一番出色の論文だと思っております。いまでもこの論文を越える大塩の乱研究はないと思っております」と。この一節は、平成二十五年三月二十三日に、大塩事件研究会総会で講演した青木氏の発表レジュメから引用したものである。もちろん、酒井氏が論文④を発表した後、個々の事象に関する研究の進展は図られ、史料の発掘もなされたが、大塩事件を総合的に考察するという点において、同論文は他の追随を許さない。この論文の水準の高さは、青木氏でなくとも広く認められるであろう。

論文⑤は、先述した通り④の続編であり、「与党を生み出す村々が直面した文政・天保期の村況と、門人またはその周辺にいた豪農たちの動きを中心に考察」される。まず、大塩事件に関与する衣摺村庄屋熊蔵（大塩事件では「無宿杉山三平」として登場）や大塩の重要門人・守口町白井孝右衛門（衣摺村の政野重郎右衛門の弟）らを輩出した河内国渋川郡衣摺村の動向が説明される。具体的には、政野重郎右衛門が死罪に処せられた「大騒動一件」の後、政野家は闕所となるが、白井孝右衛門の尽力により家の再興がなされたことなどが解明されている。

また、同じく大塩の重要門人・橋本忠兵衛の弟の岡田利右衛門が引き起こした「一件」が明らかにされている。ここで言う「一件」とは、門真三番村の利右衛門が出奔し、遊女政吉とともに枚方宿泥町の湯屋の二階にたてこもった事件であり、その処理を大塩平八郎が担当した。この立てこもり事件の後、利右衛門は捉えられ牢死するが、もともと岡田利右衛門家は豪農の家筋であった。「おわりに」では、「豪農層も血縁と村落の二つの共同体を支えに「家」の存在を試みるが、利右衛門や九兵衛のように何らかの理由で追い込められる者も少なくなかったと考えられる」と指摘されている。なお、この点に関連する近年の研究成果に、常松隆嗣「大塩の乱後にみる家の再興と村落共同体」（『近世の豪農と地域社会』、和泉書院、日本史研究叢刊二七、二〇一四年）がある。

「大塩事件」をテーマとした酒井氏の論考は、この五編以外にも、「親民から救民へ」（『大塩平八郎と民衆』、大阪人権歴史資料館、一九九三年）、「大塩の乱与党の走路」（『いずみ通信』二〇号、和泉書院、一九九七年、のち『なにわの歴史八景』、せせらぎ出版、二〇一〇年、所収）など、多数存在する。また、逝去する直前の平成二十二年十一月十八日に、大塩事件研究会創立三五周年を記念して行われた講演「大塩平八郎が向き合った時代」の講演録が、『大塩研究』六四号（二〇一一年）に収録されている。あわせて読まれることを願う次第である。

（松永友和）

Ⅲ　幕末の社会と民衆

近世後期における農民闘争について

——灘地方を中心にして——

一

封建社会崩壊期における農民闘争は、畿内先進地域においては次の二つにそのピークを見出しうるのではなかろうか。(一)は文政六(一八二三)年の摂・河・泉千ヵ村を超える農村の団結(国訴)であり、(二)は慶応二(一八六六)年の摂・河・泉各地におきた打毀しである。この両者の間に天保八(一八三七)年大塩の乱があったのであるが、大塩の乱の持つ意義はこの両者を上回るものではないと思われる。摂津型地域における百姓一揆については、従来の僅少性を唱える見解に対し、津田秀夫、岡本良一両氏の反論があり(1)、特に岡本氏は「「摂津型」地域においても富裕化するのは決して農民一般ではなく、従って貧農の生計は他地域の農民と比べて必ずしも余裕のあるものではなく、当然一揆発生の可能性は完全に存在した」とされた。以後、摂津型農村における農民闘争が百姓一揆、打毀しの例挙にとどまらず、文政六年の農民の動きのごとき形態にも認められるに至っている(2)。先進地域における合法的な「国訴」の意義は、非合法的な百姓一揆、打毀しに匹敵する反封建闘争であることは言を俟たないからである。

二

文政六（一八二三）年の三所綿問屋に対する国訴には、いわゆる綿作中心の村と菜種作中心の村とが共同戦線を張って、大坂の商業資本及び幕府の対商業的農業政策に反抗しているのである。畿内においては商業的農業が農家々計上大きな役割を占めていることは、衆知の事実であるが、またそれなりに幕府や商業資本の蚕食もあり、その自由な発展はとかく妨げられがちであった。畿内の商業的農業は、綿作と菜種作に代表され、それぞれ地域的な区分もあった。だから千ヵ村をこえる村々が一致して、「恐れ乍ら」と訴え出る以上、その要求にも諸種の要求が存在することとなる。

かかる国を越え、支配者の異同を無視した農民統合は――これがまた分権的な封建支配を破る第一歩である――一朝一夕にして成るものではなく、生活の飢渇にかかわる前史を有している。今文政六年の国訴を一瞥するのであるが、史料の制約と後に論ずる慶応二（一八六六）年の打毀しとの関係から、舞台を西摂津の灘地方にとり、その地における国訴の発展、農民団結の経緯を見て行きたい。

三

寛政・享和の頃、大坂廻米納入用が格別増加して、摂・河の農民の苦しむところであったが、彼らの願が通って寛政元（一七八九）年より大坂蔵納の納宿株が差止められ、村々百姓の直納となった。その為「万端百姓共勝手能相納、其上諸入用相減」じた。更に寛政五年酒造三分一造令（酒造株高の三分の一だけ醸造を許す令）が布かれると、今津郷及灘四組（東組、中組、西組、下灘組）の酒造家は、摂・泉の収納米の江戸廻送分のうち、五万石を上方で売払うように願い出た。五万石を所払にすれば江戸廻米一石につき三升、合計余米一五〇〇石、江戸納入用一石につき銀一匁五分、此銀高七五貫匁、これらが百姓の負担から免れ、百姓の利益になるという理由を挙げている。この酒造家の要求が許されたかどうか不明であるが、一般百姓の米納に関する運動に巧みに便乗してくる富裕酒造家の動きは注目すべきで、かかる性質の故にこそ慶応二（一八六六）年、幕府倒壊寸前、打毀しの運命に会うのである。

更に享和元（一八〇一）年には摂・河・泉・城四州の村々（天領か）年貢の京二条廻米につき、運送問屋を旧来の下鳥羽村のほかに、今一ヵ所横大路村を加えるよう、郡中より願書が出され許可された。翌享和二年には天領の三代官支配の摂・河・播各村々の惣代より江戸廻米の容赦米減少を願い出ている。容赦米とは運送に伴う附加米で、従来五斗俵一俵につき九合四勺五才であったが、享和元年廻米御用達へ対談に及んで一俵につき四合五勺と半減した。ところが廻船御用達の方から破談を申込み対談状を差戻すこととなった為、摂・河・播三州の庄屋を惣代に立てて、元の対談の如く容赦米を減少するよう出訴したのである。この運動に加わった村数は不明であるが、摂津は西成・東成・菟原《うばら》、河内は石川・茨田・丹北、播磨は赤穂・飾西《しきさい》の各郡出身の庄屋が惣代に立っている。その落着は不明である。かかる一連の蔵米運送に関する農民の運動は、生活の困窮より端を発することはいう迄もないが、組織的な団結の上に立っていることは一に農民の成長を物語るものであろう。これがやがて封建的な枠を無視して広範な、しかも強力な組織を編んで行くのであるが、これこそ文政六（一八二三）年の国訴に先行する形態であり、その萌芽的な事件であるといって過言ではなかろう。

文政六年五月、摂・河両国一〇〇七ヵ村百姓が三所綿問屋の専横を訴えたことは(3)周知の如くだが、これと殆ど時を同じくして文政六年六月、油小売直段及び菜種・綿実売捌のことで摂・河両国一一〇二ヵ村が訴訟を起している。綿と菜種の栽培によって畿内の農村は高度の商品経済に順応してきたのであるが、彼らの生計の拠り所であるこれらの栽培が、問屋＝幕府の手によって甘い汁を吸われ、「僅々八、九軒の綿問屋の為に数万の百姓が被る所の損耗莫大」[4]となるのである。

今、三所綿問屋に対する綿を中心とした一〇〇七ヵ村の排撃運動は姑くおくとして、これと期を等しくして（起きた）、数量的にはこれを上廻る菜種及綿実をめぐる農民闘争を見ることにしよう。勿論この二つの闘争は、村の数からいっても一村が両方の闘争に加わっていると考えられるから、その意味から見ても本質的に全く同一のものといってよい。

文化二（一八〇五）年七月五日摂州の菟原郡一八ヵ村、武庫郡五六ヵ村から菜種売捌のことで大坂西町奉行所へ訴訟が出された。明和七（一七七〇）年に株を免許された菟原郡水車油稼人が[5]、新規に目代並に手先の者に鑑札を持たせ、油相場より下直に菜種を村々から買上げる為、菜種の売捌が手狭になったというのである。寛政九年以来定めによって菟原・武庫両郡の菜種は水車油屋へ直売していたのであるが、目代などの仲介者ができ直売の妨げになる。同年八月七日の両郡七四ヵ村の訴状には、油稼人が目代を設けてお上の命じる直売を中止させ、又これら目代、手代仲買へ出す口銀が「油屋共之損銀ニ相成不申、堅々百姓之難義ニ相成」った為、村々は、油稼人が新規に申合せた「立直段」（油相場より下直）及び目代・手代の廃止を願っている。同年八月二十五日にはこの動きは北東の方、摂州豊島・川辺両郡八四ヵ村に飛火した。その訴状には、㈠「菜種・綿実共諸商人望之者江勝手次第ニ」売払う事（油稼人の菜種買上が廉価な為、菜種を減作するより致し方がないから、右の特定の者より百姓の希望する商人へ自由に売却させてくれとの意）、㈡灯油の小売は大坂三郷仲買の者からのみ買う定めになっている為に小売値段は高い。だから灯油は「大坂仲買之油在々江引取不申、在々最寄之絞リ油屋並小店等ニ而小売仕候様」の二条を願い出ている。二十七日には摂・河五六八ヵ村の訴訟となり、一旦奉行所から却下された「菜種・綿実両種並売買手広」の願を繰返した。閏八月五日には前述の菟原、武庫両郡七四ヵ村が再度、㈠目代を廃止し、「油稼人共江直々正路之売払出来候様」、㈡目代を廃止できなければ時の相場通りに正路に菜種を買上げる様、の二条を願い出た。かかる執拗な農民の態度は菜種に依存する事の大きい商業的農業と、農民の政治的成長に原因している。[6] かくて文化二年十二月には農民の願の一部がかない、油方年行司（目代）が御取放ちとなったのである。

しかし事はこれで片付いたのではなかった。二一年後の文政六年六月十三日に摂・河一一〇二ヵ村が、五日後の十八日には一一〇七ヵ村が、「油小売直段並菜種・綿実捌方手狭」につき二ヵ条の願を提出した。文化二年には精々五六八ヵ村の団結にすぎなかったものの、すでに寛政・享和の時に国を越える団結を経験した身には、これが更に拡大する可能性は十二分に存在した。文政六年五月あの一〇〇七ヵ村の団結に功を収めた農民は翌六月、数をまして一一〇七ヵ村の組織の結集に成功したのである。その二ヵ条の要求は、㈠灯油売買は大坂仲買より買受ける為、口銭や駄賃が増し値段は自ら高直となる。以後「油仲買ニ不拘、手寄在方ニ而油稼仕候ものより時之相場を以て直買仕呉候様」、㈡文化二年に油方行司は廃止されたが（前述）、「近来御当地（大坂）において油方年行司、在方におゐて請負人と相唱」うる者が出来て、油相場に不釣合の値段で菜種・綿実を買上げる。だから「直段不釣合之砌右株外之もの江質ニ差入候肥代之替リニ、干鰯屋抔江差遣候様」、の二つである。菜種・綿実の売払代銀は「夏向肥手買入並作立中人夫日雇賃銀又は夫食交易銀等に相用候」という通り、これら作物に農民は大きく依存していたのである。[7]

この運動は大小の自作農から小作農層を含んだ全村落の組織によって起されたと考えられるが、庄屋を惣代に立てる点より見てもそのイニシアティブは村の富裕上層部が握っていたと思われる。そこにこの運動の限界もあり、内部には貧農と富農の対立を内包していたのではなかろうか。それはさておくとして、この六月の訴訟は訴状願面不行届との理由で願下げとなった。翌文政七年四月十三日には和泉国をも合せて摂・河・泉一四六〇ヵ村が再度同趣旨の願面を提出した。この文書には、同七年正月摂州東成郡、河州茨田・讃良両郡の三つの郡で「村々之内村役人宅江前々仕来リ候種物取〆り仕候通帳等理不尽ニ押取、御用抔と申偽種々乱妨仕候ニ付、右村々大ニ及混雑難義迷惑仕候」として、村役人層の不正をも俎上にあげている。村役人を惣代に立てて幕府権力と戦う危険性はここに早くも暴露されているのである。

菜種は植付から収穫までに、一反当り肥代三五匁、人夫手間三五匁、計七〇匁を要するが、一反当り菜種取実を九斗とすると菜種相場は五六～五七匁だから、九斗で五一匁三分しか収入はなく、肥代を費した後には人件費すら十分でなく、ましてや農具損料は補う余地がないという。この文政七年の訴訟がどう判決されたか不明であるが、菜種や綿をめぐる運動とはいい条、究極的には幕府との対決である以上、慶応元年まで再三かかる闘争は続けられたのである。

四

以上で文政六（一八二三）年をピークとする一つの農民闘争を見たのであるが、かかる村役人を惣代としての合法的な闘争も更に発展すべき運命を担っていた。慶応二（一八六六）年の打毀しがそれである。灘地方に端を発したといわれる慶応二年の打毀しは、燎原の火の如く江坂（江戸・大坂）に飛火し、その近郷農村でも大小の打毀し、村方騒動を惹起せしめたのであるが、かかる伝播性は単に各農村や都市の窮乏の結果、一触即発の危機に瀕していたことにとどまらず、文政年間に見られその後再三繰返された広汎な農民団結の上に築かれた、階級意識のもたらす所産とみなさなければならぬ。その前には支配者の異同とか、村々の入組支配などは問題にならない。だから岡本良一氏が前掲論文中で、畿内先進地域において百姓一揆が小規模化した原因の一つを、入組支配に求められているのは、封建時代後半の崩壊期には少くとも妥当しないと思われる。いなむしろ非合法的な百姓一揆・打毀しに至るコースをたどらずに、村落内の村役人糾弾等にその民主化が求められたこと――農民意識の高揚にその主因を求めなければならない。合法的な訴訟による団結は文政年間にピークがあるが、そのストラテジーに限界が見出されると、猶一層激しい打毀しの形態をとるに至るのである。

今摂津国西部の菟原、八部両郡における近世後半の農民闘争を見ておこう。

八部《やたべ》郡駒ヶ林村に天明七（一七八七）年に村方騒動が起っている。(8) 即ち同年より翌八年にかけて百姓三六七人が庄屋・年寄四人を相手取り、「庄屋・年寄共より申出シ候諸掛リ物等甚過分ニ御座候」とし「全体是迄御免定一向私共江相見為致不申」る有様で、村役人の地位を利用して私腹を肥やした庄屋・年寄に対し、百姓がその不正の数々を責め立てている。寛政九（一七九七）年には菟原郡中野村で庄屋彌三左衛門を相手取り、同村百姓代表二九人が村方騒動を起している。(9) 彌三左衛門が年貢山を横領し、田地横の道を自己の耕地にする等が百姓の弾劾するところとなったのである。文政十一年には菟原郡住吉村で、小入用帳面の出入で百姓二九八人が年寄・百姓代五人を糾弾している。(10) 村役人から村借金が六〇貫あると聞いて、百姓は不審のあまり村方小入用帳を見せてくれるように要求したが、それが聞届けられぬ為に立上ったのである。そこには年貢取立の不正、免割の不正、小入用の不正、升目の不正が暴露されている。「御免定並御皆済目録小前一同一切不存、依之村役人江拝見為致呉候様度々引合候得共、是は小前百姓江拝見為致候筈ニ而は無之旨申、御上様江御上納ハ七ツ六分免、村取立は九ツ八分七厘ニ而取立」て、しかも「小入用帳年々白紙に印形ヲ取」り、それから始めて内容を記入し「翌年宗旨之節読聞セ可申と年々申居、例年読聞セ不申」る有様である。

以上見た三例は、村役人の不正を百姓が攻撃したものであるが、大体百姓の要求が通ったようである。また右の二例に共通して年貢取立の「不見帳」が問題となっている。村役人の不正は先進・後進の地域差を問わず共通の現象と思われる。しかし意識の成長した農民は、惣百姓からあくない中間搾取をなす村役人の不正を黙認する筈がない。その為か天保改革に入ると、天保十四（一八四三）年に「毎年御代官より相渡候御取毛割付並村掛諸の入用之帳面等、其村中之相（惣）百姓立会披見之上加判せしめ候事ハ古来よりの定法に候処、近年に及ひ末々百姓ハ委細之事を存するに及ハす、名主・庄屋等私の事共有之、御年貢米金納方並ニ御城下御蔵納之次第にも村方物入之費多く、末々の百姓共難儀に及候由相聞候、自今以後は其名主・庄屋等古来よりの法之如く御取毛割附はいふに及ハす、村入用之事一々帳面印したて、村中百姓共に披見せしめ皆々得心有之上、名々（銘）判形仕置」と令している。村役人不正弾劾事件はこの外数多く存在したに違いない。百姓は、徳川封建制の支配者と村役人が同穴のむじなであることを早くも感じ取っていた。文政年間（一八一八～三〇）のように庄屋を惣代に立てる運動の最中にも、前述の如く村役人の不正が指摘される始末である。農民は幕府政権の実体を、わが村の「庄屋様」の姿に見出したであろう。

五

慶応二（一八六六）年五月の打毀しは、兵庫・灘・西宮・伊丹の地に起ったが、そのいずれもが当時有数の酒造地であることが注目される。では酒造地のいかなる所に打毀しの生ずる原因があったのであろうか。これらの地での農民蜂起が全国的な大小の打毀しを併発したのであるから、この地方の農村の分析が重要な意味を持ってくるのである。今史料の関係上、灘の東端にあたる摂津国菟原郡魚崎村[11]を例にとって酒造地の農村を考察し、打毀しの発起人をさぐることにしよう。

この地は正徳元（一七一一）年早くも第1表に見るような農民層の分解をとげている。正徳四年の尼崎藩の免定によると、本田九ツ取、新田は六ツ五分取という高免をうけている。この村は元和年間（一六一五～二四）から延宝四（一六七六）年の間に広汎な新田開発が行われたらしく、正徳頃には本田四四石余に対し新田一五四石余で、

第１表　魚崎村農民階層

持高＼年代	正徳１(1711)	明和７(1770)	天明１(1781)	寛政１(1789)	寛政８(1796)	文化１(1804)	文政１(1818)	安政３(1856)	明治３(1870)
50～40石	1	1	1	1					
40～30					1				
30～20	1					1	1	1	1
20～15		1	1						1
15～10								4 (1.6)	2
10～５	3	3 (1.8)	4 (2.1)	5 (2.7)	5 (2.7)	4 (2.1)	7 (3.5)	4 (1.6)	6 (2.3)
５～１	35	34 (20.0)	36 (19.6)	35 (19.1)	37 (19.8)	39 (20.6)	38 (18.9)	36 (14.5)	32 (12.3)
１石以下	60	95 (77.0)	68 (77.2)	21 (77.6)	109 (77.0)	104 (76.7)	116 (77.1)	113 (81.9)	106 (83.8)
0	不明	36	74	121	35	41	39	90	112
最高持高 石	49.875	42.613	41.443	41.919	35.476	28.866	20.374	22.1805	22.3315
戸数	不明	170	184	183	187	189	201	248	269
備考									外ニ不明3

一対三の比率にあった。

正徳年間（一七一一～一六）実質的には七公三民以上の高免をうけていることは、この地方の高度の生産性を物語るものであるが、それは実に農業以外の副業の支えるところであった。灘酒造家自身、天保二（一八三一）年ではあるが「郷々中ニハ格別御高免御年貢も有、酒造稼之余徳ヲ以、上納無滞相勤候[12]」とその理由をのべている。

かかる支配者にとって有利な農村は幕府の看過する筈がなく、西宮・兵庫間は尼崎藩から上知され、以後天領となった。時に明和六（一七六九）年二月である。当時、植崎九八郎が「賤策雑収[13]」にのべているように、田沼意次が「貪戻を根差候頃にて」「豊饒の兵庫津・西宮辺をば御料所に」なしたのである。商業資本の利用によって享保改革後の幕府の破綻をくいとめようとする田沼の政策が、この灘地方の上知となったのである。

また忘れてはならぬことは、明和期（一七六四～七二）における百姓一揆の高揚である。黒正（巌）

氏の「百姓一揆概観及年表」[14]によると、明和年間は平均六・二二件の一揆が示されている。特に明和五、六年頃の農民闘争は上方筋において著しく、明和五年正月家質奥印差配所に反対する大坂市中の打毀し[15]（「鷹山公世紀」の、藁科貞祐の言にある「大坂が騒げば佐渡ゆるゝ」とはこの打毀しを指す）や同年摂津平野郷町には綿作の検見をめぐる騒動、同年冬から同六年にかけての河内古市郡古市の下作百姓を中心とする騒動、河内丹南郡一二ヵ村の明和六年二月の大津御役所へ直訴せんとする動き等々[16]が散見する。その為明和六年一月及二月には上方筋を当面の対象として徒党強訴禁止令が出されている程である[17]。すでに動揺の色のあらわれた幕府は、一方では富裕地の天領化、他方では徒党強訴の禁令を発したのである。

魚崎村の農民階層を、持高を基準にして集計したのが第1表である。十八世紀初頭すでに両極への分解をとげ、文政期（一八一八〜三〇）まで大した変動はない。安政に至ると一〜五石の層が上下に分解し、水呑層の増加とともに一〇〜一五石の層の増加がある。しかし村の最高土地所有者の持高は正徳年間の四九石を最高にして文化末年まで低下する一方であり、幕末に再度漸増していくようである。

各年代を通じて無高層の数は予想外に少なく、明和七年二一％、寛政八（一七九六）年一八％、文政元（一八一八）年一九％、安政三（一八五六）年三六％、明治三（一八七〇）年四三％となっている。しかし無高層と実質的に大差のない生活水準にあると思われる一石以下の零細土地所有者が圧倒的に多いが、これを無高層と一括すると、その比率は明和七年七七％、安政三年八二％、明治三年八四％という驚くべき高さとなり、峻厳な階層分化が知られるのである。かかる高度に分解をとげた農村では、農民の階層を土地所有によってのみ捉えることは危険極りないもので、既に岡本・津田両氏が注意をうながされたところである。例えば魚崎村では、村小入用費は、家別・浦役掛・日役掛の三名目で徴集され、その負担は一分から「丸」（一〇分）までに分類された。この基準は全く持高になく、実際の経済力の評価にあったらしい。皆無として無役の者は水呑層であるが、一分・二分・三分等々の微

第２表　魚崎村明治３年職業別持高

職業	戸数戸	%	職業内総持高石	%	１戸平均持高石	村役人
酒造稼	22	8.4	107.843	51.7	4.90195	1
素麵稼	13		10.729		0.8253	2
酒樽桶職	17		12.385		0.7285	
酒小売	4		0.099		0.02475	
輪竹屋	2		2.883		1.4415	
焼酎	3		6.581		2.19366	
渡海船	6		1.572		0.2620	
小廻し船	6		1.234		0.20566	
百姓	178	67.7	60.2422	28.8	0.33855	1
医師	2		記入ナシ		ナシ	
その他※	9		4.193		0.4658	
不明	1		1.189		1.189	
	263		208.9502		0.79448	4

※その他　口次渡世２、材木挽売問屋２、畳屋、蒟蒻屋、鍛冶屋、紺屋各１

妙な役の区分は、その戸の農業以外の職業によると思われ、一般に農業一本立の家は役が少ないのである。魚崎村の農業の実態は不明だが、明治三年農家は七割（第２表）を占めているが各農家当りの持高は少なく、当然小作地経営が予想される。小作料も近郷諸村の例から見て段当一石～一石六斗であろう。この地方は木綿の作付は微々たるもので、寧ろ菜種作中心の土地であった。産米も土地の狭溢と人口稠密、高免からして自己消費と貢租を賄いきれず、隣村の住吉村同様他から買入れていたのではないかと思われる。

灘地方一帯は「村高不相応人高多御座候而、百姓一通ニ而ハ渡世難仕」(18)ので、酒造業を中核としてそれに関連する諸産業が展開していた。明治三年では第２表の如き種々な職業があるが、かかる例は西接する住吉村や御影村にも見出しうるところである。これらの村々は立地条件から見ても酒造業の隆盛に伴って都市化していき、屋敷地の占める比率が著しくなっている（第３表）。

村内においても「身元相応ニ暮候者共ハ酒造

第3表　魚崎村・住吉村の土地構成

魚崎村			住吉村		
明和7			明和6		
土地	石高石	%	土地	石高石	%
田	97.225	47.6	田	488.883	69.7
畠	84.643	41.4	畠	171.319	24.4
屋敷	22.560	11.0	屋敷	41.167	5.0
計	204.428	100.0	計	701.367	100.0

魚崎村			住吉村		
安政3			弘化2		
土地	石高石	%	土地	石高石	%
田	125.762	59.4	田	485.293	62.9
畠	19.271	9.1	畠	230.687	29.8
屋敷	66.784	31.5	屋敷	56.285	7.3
計	211.817	100.0	計	772.265	100.0

稼諸商売仕来候ニ付、末々百姓共作間挊として酒造働キ、其外船手・水車・諸商売酒造ニ拘リ渡世仕候[19]」というように、農民の上層と下層とでは異なった副業をもっていたのである。上層は、「元禄以来栄えてきた酒造業に、下層はその季節労働者として酒造に雇われ、或は酒造米の米踏水車に、酒米仲買に、酒樽製造に、廻船船頭や小舟の積入に、老幼男女を問わず従事していたのである。灘地方は樽廻船による船運の便を得て、従来の池田、伊丹の酒を陵駕する繁栄を示し、江戸に広い市場を獲得していった。魚崎村のごときは、特に酒造業の発展はめざましく、安永年間（一七七二～八一）以後は、大坂、住吉村、大石村、御影村、伝法村等々からの出店出造人《でづくり》があらわれ、そのいずれもが有数の酒造家であった。特に魚崎村は勿論、灘一角にその名を高くした萑部市郎右衛門と山村喜太郎は、いずれも摂州西成郡伝法村からの転入者であった。今出造者の出自を見ると、隣村住吉村からの吉田喜平次は、同村の庄屋筋であり、寛政元年の文書によると持高二一九石三斗で、家内三人、下男下女三一人を持ち、その上、船（廻船）を有し、天明三（一七八三）年以来は一橋家の蔵元を勤めていた[20]。大坂からの米屋三郎兵衛、辰五郎の父子は、文化十五（一八一八）年に羽州の在郷商人と、同地の米六千俵の代金をめぐって訴訟を起す程の大坂商人であり、文化七年には辰五郎名義の廻船

三七〇石積を持っている。他の出造人もこれと大同小異の富豪であった。

魚崎村は大阪湾に面し、酒造業と御影石の産出の為舟運がことさら発達していた。その船には廻船、渡海船、小廻船、石船、猪牙《ちょき》船等があった。

廻船は、大体二百石積以上の大船で、その持主も一般農民と異なっていた。例えば宝暦二（一七五二）年に八〇〇石積廻船三艘を所有した十兵衛は、元禄以来の大百姓・酒造家であり、生産と輸送の両面で収益をはかっていた。廻船持ちを調べるとすべて同様の結果を見るが、これに反し三〇石積以下の小船は一般村民の所有であった。

小船のうち、渡海船が最も多く、廻船が遠隔地との海運に従事するのに対し、これは近隣海港間を往来し、灘地方にあっては、渡海船と小廻し船は、春・夏・秋は大坂石問屋へ割石を積入れ、また絞り油・絞り粕を運送し、冬は酒造家仕込米を大坂・兵庫・播州から積入れていたのである。

一般農民の農閑余業は、灘地方に関する限り酒造に関係のあるものが多く、そのため有力酒造家に対し農民は目に見えぬ圧迫を感じていたに違いない。村内の酒造家の持高を見ると第2表の如くになるが、持高から見れば大した農民層ではない。しかしその富力はかかる方法による集計では求められぬ形態をとっていたと思われる。

酒造業の盛んな御影・住吉・魚崎の各村は、一般に畿内が人口停滞現象を見せている中にあって珍しく激増の型を見せている。その人口稠密も摂津国内でも異例と思われる。天保八年に「灘目村々之儀者御高無レ少家数多、酒造専ラ之土地ニ付、右ニ相携候諸職人而已ニ而御高家数ニ割当候ハヽ、家壱軒ニ付高壱石ニも相当兼、迚も農業之稼ニて渡世難相成」[21]と述べられている通り、純農村とは遥かに異なった半都市化した村であった。魚崎村は、千石当りの人口は安政三年四五九九人で、弘化三（一八四六）年現在全国一の稠密さを誇る摂津国全体の一八三〇人を遥かに凌いでいる。

魚崎村の階層分化を一見すると、文政元年と安政三年との間に、戸数及人口の激増があり、水呑層の増加の割に高持が三軒しか減少していない。これは村内の階層分化の上に、他村、とくに近郷村落からの高持＝酒造家の入部があるからである。

以上、我々は灘地方の特異性を、大雑把に把握したのである。この地の農村は半都市化し、そこには有力酒造家群を頂点にして多数の貧民＝半プロレタリア的農民の存在が注目されるのである。それは酒造業を中心として全国的商品流通の波にまきこまれることによって、実に激しい分化をとげ、そこに尖鋭な階級意識の生ずる原因があったのである。

六

天保八（一八三七）年二月、大塩平八郎が「摂・河・泉・播村々庄屋・年寄・百姓並小前百姓共」へよびかけ大坂で乱を起したが、彼は長年奉行所の与力として、民衆の訴訟と直接していたから彼らの闘争力を百も承知であったに違いない。あの文政六（一八二三）年の国訴のごときも、奉行所の内から見聞し、成長した農民の姿に深く悟るところがあったのであろう。実に彼の立ち上った根底には、文政年間（一八一八～三〇）を頂点とする民衆エネルギーの強大さがあったのである。大塩の乱を天下の台所、大坂に見た幕府は、農村の窮乏に早くも手をうたねばならないと痛感したに相違ない。莵原郡魚崎村を中心に賑給行為を見ていくと、同年六月、貧民相続料二四四匁五分という僅少な銀が一〇ヵ年賦で農民に貸与された。幕府は、大塩の乱の前後、天保八年正月及び三月、大坂三郷並に兵庫・西宮の窮民に賑給行為をなし(22)、天保十年には灘地方から差上金を取上げている(23)。魚崎村ではこの時五八人が六〇六両三歩を差上げているが、赤穂屋市郎右衛門の一八二両、荒牧屋喜太郎及赤穂屋亀兵衛の七五両（三人はいずれも酒造家）が目立ち、村方小前の者も三八人で計三五両を出している。同十四年には五街道助成金として村内有力者八人で百両を差出している。同年七月には大坂・堺・西宮・兵庫の富商豪家に用金令が出された。幕府は用金・差上金などによって幕政の危機をきりぬけようとし、一方賑給事業によって現実に発生する階級対立を緩和しようとするのである。

安政二（一八五五）年、魚崎村は一六九両の献金に対し銀五一〇匁二分が褒美銀として与えられ、各々出金高に応じて請取っている。幕府のかかる形式的な手段――献金の中から出金の褒賞を出す――の中に、苦しいやりくりの実態をまざまざと見ることができよう。安政四年灘地方の各村が、この地方と同じ天領であった播州宍粟郡の二ヵ村の困窮に対し、七四〇両の金を無利息で貸している。農村の困窮という一点からのみ見れば灘地方に一揆・打毀しの起る可能性は、宍粟の村々より少なかったといえようが、単なる生活困窮のみに打毀しの生ずる原因はない。飽くまで農民の階級意識の所産といわねばならないのである。この時魚崎村は百両出金し、二九〇両の御影村に次いで一二ヵ村中、第二位の出金高を示している。[24] かかる頻繁な用金が問題なく満たされればよいが、村自体が困窮し、更に村借金のあるような場合には用金をめぐって村方騒動が当然起きてくるのである。[25]

灘地方のように、支配者側から見れば富裕な村々も、その農民分解の激しさと階級意識の高さから貧農層＝半プロレタリアの存在は特に注目すべきものがあり、またこの層にこそ大都市打毀しの主体勢力を求めうるのである。[26] 用金・差加金とは逆に、上からの賑給事業が盛んに行われているのも、貧農層の革命的な意識と行動の鉾先をそらそうとする幕府及び豪家側の苦肉の策にほかならない。用金の担い手は村内の有力者で、彼らはこれによって永世苗字帯刀を許されるのが常例であった。魚崎村では嘉永三（一八五〇）年困窮の小前百姓に、囲籾二四五石が貸与された。小は籾七斗五升三合から大は籾四石五斗一升八合まで一二六戸（当時の戸数は二四〇戸前後）に貸出された訳である。また同村の萑部市郎右衛門、山村喜太郎等の酒造家が、嘉永三年八月二日から九月十二日まで、一升八〇文、九月十七日から翌四年三月まで一〇四文で、一八九石七斗の米を魚崎村極困窮人に家族人数割りで安売した。

この困窮人は一三二人に及んでいるが、今史料の関係上、安政三年の彼らの持高を見ると、無高六四戸、〇～一石以下の者六二戸で一石以上の者は僅か三戸（他に不明三）にすぎない。当時の戸数以上がかかる賑恤を必要としたのである。御影村でも、米高直で米払底の為「小前之者一統困窮に及び既に餓死も可致姿」となり、町内大家衆（主に酒造家）に助力を頼み、同年九月から融通安売米（米屋値段一八〇文のところを百文で売払）を始めている。[27]魚崎村では、万延元（一八六〇）年雨続きで米・麦不作、大豆皆無の状態になり、萑部市郎右衛門、同幸太郎、赤穂屋庄助、山村喜太郎、山路久次郎、岸田屋平吉の六人の酒造家（持高の判明する五人の平均持高は六石九斗余）より極難渋人へ五升・三升・二升と助成米を出し、同二年には米価は更に高騰し一石につき二八五～七匁にもなった為、酒家一同が相談の上「百日之間人別一人前ニ白米一合ツ、施米可申」とし、酒造家十六人より三一石六斗と青銅五貫文、その他有力農民二五人より八石四斗、合計四〇石と銅銭五貫文が出され、同村の困窮人六八戸一五九人に施米された（一戸の内でも要保護者―老幼病者―のみが困窮者として数えられたらしい）。かかる貧窮者が多数に存在したことは、後年の打毀しを既に予想せしめるのである。

農村は商品経済の波によって分解をとげ、貧民は事あるたびに救済を必要とする状態に呻吟していた。村役人対惣百姓、地主対小作人の対立は、村落内における幕府と民衆の対決であり、それは限界にきていた。幕府は政治的にもその基礎を国の内外から揺り動かされ始め、幕府や豪家の賑恤行為では、社会的・政治的な矛盾の深化を癒すことは不可能であった。

地主と小作人の対立を附記しておくと、天明二（一七八二）年十一月に横屋、魚崎、東青木《おおぎ》、青木、西青木、田中の灘六ヵ村が、不作を理由に代官所へ拝借銀を願い出ている。その歎願書によると、諸作不熟で取実もないので「下作之者共鎌入レ不申、地主に刈取給候様ニ」唱えて小作人はストを起し、地主自ら刈取れば凶作の程も身に泌みてわかろうという態度に出ている。ここで村役人が仲介に入り「壱段歩ニ付四、五斗迫々用捨引致遣シ」始めて収穫を始めたという。幕末元治二（一八六五）年には、分家して持高の少ない為小作人となっていた魚崎村の利八なる者が凶作を理由に、小作人仲間と相語らい年貢の軽減を願い出た。これは利八の弟から、村方の高持百姓衆中へ一札詫び証文を入れることで片附いたが、かかる小作人の成長も看過できないものである。

七

慶応二（一八六六）年再度の長州征伐では将軍家茂自ら大坂に出陣していた。将軍の進発に随う旗本以下諸藩兵が畿内に集結した為、折柄の凶作と相俟って米価をはじめ諸物価は高騰し、細民の窮迫は極点に達していた。同年四月大坂・西宮・兵庫の富豪に、摂・河・泉・播の天領からの収納金を引当にして、三〇ヵ年賦二朱の利で、七〇〇万両の用金を課した。(28)年貢を引当にする用金令は前代未聞のことといわれたが、(29)その徴集は思わしくなかった。かかる用金は特権的巨商から民衆に転嫁され、その為関西一円の民衆の幕府怨嗟は頂点に達していた。(30)同年五月の打毀し後「此勢を醸出候は全く此節上納金より相起り候事の様被察申候」(31)という武士の言葉から、その実態を知り得よう。用金は、上金と異なって一方的収奪たりえず返済の義務があり、大体元金は返済されていたが、(32)慶応二年の事例といい、また早く天保八（一八三七）年に大塩が檄文の中で用金が民衆の怨嗟を誘発することを述べているように、用金の齎す影響は幕府のはかりしれないものであった。

五月八、九日に兵庫・西宮・灘・伊丹の辺に打毀しが続発し、江坂へ、その近郷へ波及した。その発生地は主に酒造地であるが、酒造家が米屋と同様打毀しの対象と見做されたことは推察に難くはない。まず貧農の上に聳立する酒造家の米蔵には、原料米があり、また金もあるわけである。魚崎村に現存する唯一の打毀し文書にはこう記されている。「私村内小前難渋之者共米価格外高直ニ付、当日凌兼候所意を以、当五月上旬之比、誰頭取となく人気相揃村内一躰ニ寄集り、身元相応之方々江救米可頼心得ニ罷在候処、何分多人数之内心得違之者出来、不法之取沙汰いたし候」。この文書は、同村の打毀しの首謀者と目されるものが召捕になったのを、出牢させてくれと願い出たものである。右の「身元相応之者」とは他ならぬ酒造家であり、これに対し「小前之者共心得違とハ乍申、渇命ニおよび候より相発し候」次第で打毀しをかけたものである。

この打毀しは長州征伐の幕府軍の第一歩を挫き、後の幕長の交戦に際し「腹背敵を受姿」[33]という悲鳴は、早くもここにきざしていたといえよう。この打毀しの持つ政治的意識の高さは、民衆の言葉に読取れるが[34]、徳川封建制に与えた打撃の大きさは、天保の大塩の乱、文久三（一八六三）年の天誅組、生野の変以上であったろう。幕藩体制下の第一被支配者たる民衆が「此張本人は御城内に御座なさる」[35]とか「今じめつ為致呉候歟、又ハ米三百目位（時価七百目）ニ為致呉候哉、右両用共出来かたく候へは、上町初市中墨ニ致候」と叫ぶ程の成長を見せている。この「市中墨（灰ともいい、黒土ともいわれる）ニ致候」[36]の言葉には、慶応二年より二九年遡った大塩の乱当時の市中の災害が思い起され、彼らの自信を強めたであろう。

この打毀しの直後、同年五月に魚崎村では難渋人の名前書上帳が作成され、家数七五軒（男一五七人、女一七六人）が難渋人として名を連ねている。持高別に見ると無高五九軒、高持一六軒となっている。高持とてもその平均は七升四合という零細土地所有者である。これらが誰頭取るともなく寄集まったのであるが、正に大塩がよびかけた「田畑所持不致もの、たとへ所持いたし候共父母妻子家内の養方難出来程の難渋者」（檄文）であり、慶応二年の打毀しの主体勢力であったのである。

酒造家は自らに対して打毀しの起る危機を知らないわけではなかった。一般農民に対する態度は狡猾を極めたものであった。嘉永三（一八五〇）年頃からの不作で米価は高騰したが、同年十月大坂三郷酒造家が、次いで摂・河・播の酒造家が自発的に酒造高の半減を願い出て許可された[37]。これは、一見殊勝な行為であり、先述の嘉永三年から四年にかけての魚崎村・御影村酒造家の米の安売、嘉永三年十二月及び万延二年大坂での払下の米麦三百石の廉売と合せて、慈善的な色彩が濃いのであるが、しかし彼らは打毀しの怖れを知ったからこそかかる行為に出たのである。[38] しかもその行為の裏を見れば事は明瞭となる。即ち先の減石願の翌十一月に早くも酒価は俄然騰貴し、小売値段も著しく高価となったのである。[39] 奇特なりとされる酒造高減石によって生じるマイナスを、酒価の騰貴によって巧みに切抜けようとしたのである。

八

以上、慶応二（一八六六）年の打毀しを見たのであるが、結論的には救米を求める貧農層が全国的な同年の打毀しの発起人であったといえよう。そしてその闘争力は文政年間（一八一八〜三〇）高揚を見た国訴を通じて磨かれ、国訴によるストラテジーの限界を全国的な打毀しにまで押し拡げたものといえよう。

灘地方においても、打毀しの実態は救米を要求し、乱暴に及んだということしかわからないのは残念である。打毀しを受けたと思われる酒造家等に、持高の減少もなく、質物関係も破棄されず、役の割当てにも大した変動はなかった。この点からすれば打毀しは、一時的な米の安売を要求したものと見うるのであるが、その意義は決して過小評価さるべき性質のものではない。

註

（1）津田秀夫「摂津型地域における百姓一揆の性格」（『歴史評論』二八号、一九五一年、のち『近世民衆運動の研究』、三省堂、一九七九年、所収）。岡本良一「「摂津型」地域に於ける一揆について」（『歴史評論』三二号、一九五一年、のち『乱・一揆・非人』、柏書房、一九八三年、所収）。

（2）津田秀夫「封建社会崩壊期における農民闘争の一類型について」（『歴史学研究』一六八号、一九五四年、のち前掲註（1）『近世民衆運動の研究』、所収）。
（3）大阪市参事会編纂『大阪市史　第二』（大阪市参事会、一九一四年、のち復刻、清文堂出版、一九七九年）。
（4）前掲註（3）大阪市参事会編纂『大阪市史　第二』。
（5）司法省『徳川禁令考　第六帙』（司法省、一八九五年、のち復刻、石井良助校訂『徳川禁令考　全11冊』、創文社、一九五九～六一年）、大阪市参事会編纂『大阪市史　第三』（大阪市参事会、一九一一年、のち復刻、清文堂出版、一九七九年）。
（6）以上、菟原郡三條村文書。八木哲浩氏の御教示による。
（7）以上、本山村誌編纂委員会編『本山村誌　史料篇』（本山村誌編纂委員会、一九五三年）。
（8）「摂州八部郡駒ケ林村」文書について」（『日本史研究』一九号、一九五三年）。
（9）前掲註（7）本山村誌編纂委員会編『本山村誌　史料篇』。
（10）住吉常盤会編『住吉村誌』（住吉常盤会、一九二八年、のち再刊、住吉村常盤会、一九七六年）。
（11）現神戸市東灘区魚崎町字魚崎。
（12）関西学院大学編『灘酒経済史料集成　上巻』（創元社、一九五〇年）一二〇号文書。
（13）滝本誠一編『日本経済叢書　第一二巻』（日本経済叢書刊行会、一九一五年）。
（14）黒正巌「百姓一揆概観及年表」（『経済史研究』一七巻第三号、一九三七年）。
（15）前掲註（3）大阪市参事会編纂『大阪市史　第二』。
（16）前掲註（1）津田秀夫「摂津型地域における百姓一揆の性格」。
（17）『徳川実紀』、司法省『徳川禁令考　第五帙』（司法省、一八九五年、のち復刻、石井良助校訂『徳川禁令考　全11冊』、創文社、一九五九～六一年）、内藤耻叟編『徳川十五代史　第九編』（博文館、一八九三年、のち復刻、新人物往来社、一九八六年）。
（18）関西学院大学編『灘酒経済史料集成　下巻』（創元社、一九五一年）二五八頁。

(19)前掲註(18)関西学院大学編『灘酒経済史料集成　下巻』。
(20)前掲註(10)住吉常盤会編『住吉村誌』。
(21)前掲註(12)関西学院大学編『灘酒経済史料集成　上巻』三一号文書。
(22)前掲註(3)大阪市参事会編纂『大阪市史　第二』。
(23)御影町編『御影町誌』(御影町、一九三六年、のち複製、臨川書店、一九七三年)。その目的は江戸城西丸の普請という。
(24)前掲註(23)御影町編『御影町誌』。
(25)塩野芳夫「幕末百姓一揆の指導層―摂州川辺郡下坂部村に於ける代官騒動―」(『日本史研究』一九号、一九五三年、のち『近世畿内の社会と宗教』、和泉書院、一九九五年、所収)。
(26)岡本良一「大都市の打毀しとその主体勢力―大阪の場合―」(『日本史研究』一二号、一九五〇年、のち歴史科学協議会編『歴史科学大系　第二三巻　農民闘争史　下』、校倉書房、一九七四年、所収、『乱・一揆・非人』、柏書房、一九八三年、再録)。
(27)前掲註(23)御影町編『御影町誌』。
(28)前掲註(3)大阪市参事会編纂『大阪市史　第二』。
(29)井上清『日本現代史　第一巻　明治維新』(東京大学出版部、一九五一年、のち新装版、東京大学出版会、二〇〇一年)。
(30)前掲註(29)井上清『日本現代史　第一巻　明治維新』。
(31)「島津家国事鞅掌史料」(鹿児島県歴史資料センター黎明館編『鹿児島県史料　斉彬公史料　第四巻』、鹿児島県、一九八四年)。
(32)飯淵敬太郎『日本信用体系前史』(学生書房、一九四八年、のち複製、麻島昭一・渋谷隆一編『近代日本金融史文献資料集成　第四巻』、日本図書センター、二〇〇二年)、前掲註(3)大阪市参事会編纂『大阪市史　第二』。
(33)『編年雑録』六二一。

（34）原平三・遠山茂樹「江戸時代後期一揆覚書」（『歴史学研究』一二七号、一九四七年、のち歴史科学協議会編『歴史科学大系　第二二巻　農民闘争史　上』、校倉書房、一九七三年、所収）。
（35）前掲註（31）「島津家国事鞅掌史料」。
（36）前掲註（3）大阪市参事会編纂『大阪市史　第二』。
（37）前掲註（3）大阪市参事会編纂『大阪市史　第二』、大阪市参事会編纂『大阪市史　第四上・下』（大阪市参事会、一九一一・一九一三年、のち復刻、清文堂出版、一九七九年）。
（38）前掲註（3）大阪市参事会編纂『大阪市史　第二』。
（39）前掲註（3）大阪市参事会編纂『大阪市史　第二』。

後記

この打毀しと翌慶応三（一八六七）年の「ええじゃないか運動」との関連が私に残された課題である。西宮でこの運動が盛んであったといわれる。郷土史料の発見を待つ次第である。

紙幅の都合上、註はなるべく割愛した。史料のうち特に註記しなかったのはすべて魚崎村文書による。

この稿の成るに当っては、神戸大学日本史研究室の諸先生、特に八木哲浩講師に全面的に御教示を受けた。記して感謝の意を表したい。（一九五四年八月二十四日）

幕末における絞油業の発展

はしがき

「農村都市」という大会テーマに即して、絞油業の発展が日本の近代化にどれほどの役割を演じたかを、大雑把に見ていきたいと思う。いわゆるブルジョア的な発展を、ここでは農村の構造的変質――すなわち農村の都市化もしくは封建都市の変質化――の過程にさぐろうとするのである。

この場合、農村の産業のいかなる部分にその変革の要素を見出すべきであろうか。まずわれわれは農業面におけるブルジョア的諸関係を抽出する前に、非農業部門、商業及び工業にそれを求めてみたい。そして資本主義の発展は、マルクスの「資本論」を引用するまでもなく、とりわけ工業――農村工業の発展にその指標をさぐりうるのではないだろうか。

近来マニュファクチュア問題が再び新しい見地からとりあげられ始めたのは、そのような問題意識に基くものと思われる。われわれもそれを農村都市――農村の社会的分業の発展の一指標としての、商業乃至工業都市化（封建都市大坂及び城下町についてはその変質）――に求めようとするのである。

本稿は、かかる大きな問題を、農業における菜種作と、その加工過程たる絞油業を通してみていくことを目的とするが、ここでは、絞油業のもつ近代化への役割を検討するにとどまるかもしれない。行論のうちに、それらの諸点が明らかにされうることと思うが、大体の経過を、紙幅の都合で概観していくこととする。

一

農村における副業的加工業が発展すると、当然既成の都市ツンフト制的手工業との間に対立をみせてくる。かかる対立が絞油業で初めて現われてくるのは、摂津西部の灘地方における水車油稼である。この地方の絞油業は、六甲山脈から出る河川を利用して、水車という新しい生産用具を使用して、享保以後急速に発展してきていた。その絞油原料（絞草）についてみると、寛保三（一七四三）年の取締り以前までは諸国からの菜種登高は大坂へ二〇万石余、兵庫・灘目へは一八、九万石であった（『西灘村史』、兵庫県武庫郡西灘村役場編纂・発行、一九二六年、四三一頁）ことからその規模が十分に窺いえよう。かかる新興の絞油業は、封建制の基本的工業形態であった都市手工業にとり何よりの脅威であった。享保をさることわずか十年後、寛保三年に早くも取締りの対象となっている。その寛保三年の触れをみると、油の江戸直積の禁止、他国種物の買入れ禁止がねらいとなっている。ために、灘目水車油稼の中心たる水車新田は村退転にも及ぶ事態を招いている。当地方に多く現存する「他国菜種子一切買入申間敷候」という請一札は、この統制の厳しさを何より雄弁に物語っているといえよう(1)。

かかる事態に対し、水車新田では請負人五右衛門が江戸に愁訴して、宝暦九（一七五九）年、漸く活路を見出した。同年の令によると、水車新田は菜種は大坂廻着高一四・五万石について内五千石、綿実は同じく三〇万貫について内一〇万貫の割合で他国種物を買入れることが認められたのである。しかしこのような方法によって蘇生したものの、これはいいかえると原料購入については完全に大坂問屋に従属することを意味する。好適の自然的条件を利用して著しい生産性を示してきた灘水車油稼は、かくて原料及び製油販売の両面で、封建的統制化にしかれてしまうのである。ここからわれわれののぞむ近代的な工業センターはでてくる可能性を失ってしまったのである。

ただ注意すべきは、宝暦九年令は、灘目の水車油稼に対して一律の統制をもってむかったのではなく、西摂三郡（八部・菟原・武庫）のうち、水車新田にのみ右の原料購入の特権を恵与したのである。その理由は今井林太郎・八木哲浩両氏の『封建社会の農村構造』（二四六頁註一九）にゆずるが、そのために、その他の水車稼と利害を異にしたと思われる。

今その一例をあげると、摂州菟原郡野寄村から宝暦九年訴状が尼崎藩に提出された。それによると、野寄村は、小高の村で百姓一通りにては渡世むつかしく「難所之荒場夥敷人歩（夫）ヲ入レ屋敷ニ仕リ、絞リ油屋江貸屋敷賃銀請取」り、「上下仕候末々之者共賃銀ヲ取、又者農業両用ヲ以渡世」してきたが、寛保三年の他国菜種買入れの禁止以来、油商売がさしつまり、村民渇命に及ぶ事態となった。しかるに今度水車新田に大坂表の買場を認められたが、われわれも右に準じてほしい、というのである。この文書の指出人は、同村の水車持九人、上下之者二九人となっている。上下之者とは油稼労働者を指すと思われるが、もって野寄村における水車稼の規模が窺えよう（大阪市立大学図書館蔵。なお『芦屋市史　史料編二』三五頁の明和六（一七六九）年芦屋村明細帳には、この地方の農間余業が示されている。即ち「稼小百姓、農業手透之節は、油屋稼、酒造挊、或は石掘挊、野山ニ而柴刈是ヲ売代、日雇挊仕渡世仕候」）。

同じことは、菜種生産農民の側にもみられる（拙稿「菜種に関する国訴について」『近世史研究』八号、一九五五年、五頁）。一方大坂に宝暦九年から同十一年にかけて大坂種物問屋、出油屋が指定され、都市問屋による原料・製品両面の支配はますます完備されていくのである。この動きは、明和三年に更に強化されて「手作之絞草を手絞いたし、其分之油を大坂表出油屋共江可積登儀ニ而、一村之内たりとも他之絞草を買請、絞油稼致し候儀ハ不相成」（『大阪市史　第三』七二〇頁）として、在々の営業的絞油業を全面的に否定し、圧殺しようとした。これに対して武庫郡五五ヵ村の訴訟が起るのである。その内容は、先掲拙稿で触れたのでここでは省略しておくが、これと前後して、幕府は、従来行われていた堺及び平野郷の油問屋を廃止し、大坂の独占的地位を確保しようとしている。かかる大坂中心主義は、後に大坂の支配の動揺によって変更を余儀なくされ、兵庫・堺に問屋を設置するようになる。封建的出先機関の発生がみられるのであるが、さしあたり、摂州住吉郡平野郷あたりがその動きの主要なキーポイントを握ってあらわれてくる。

平野郷については、後にその発展と意義をみるが、明和三年の同郷の出油屋廃止に際し、同郷の絞油屋は明和五年に当地の絞油業の歴史的な意義をのべて、その復活を願っている。[2] これより先、宝暦三年七月同郷では、平野郷綿実中買と油屋が連判して訴状を出し、同八月繰屋仲間から返答書がなされている。ここにみるものは、井ケ田良治氏によると、「宝暦頃に大坂には、買付けに関して独占的な大坂油屋仲間ができ、又平野への綿も量を減じたことから、平野郷の油屋、中買は」大坂との対抗上、他所売禁止の独占的な買占めを行い、綿実の価額が下落していくため、郷内七町の綿屋一二五人が、「繰之油屋中買（に対する）大分之くり屋其外百姓繰」の利害を擁護し、手広売捌を望んでいるが、大坂の特権ルートの強化とその影響を示すものとして面白い（『史林』三四巻一・二号、一九五一年、図版五及び一六九頁）。

明和という時期は、畿内において反封建闘争の激化しつつある時期であり、まさに封建的危機が全機構的に幕藩体制をゆすぶりはじめていたのである（井上薫「封建崩壊期における畿内小藩の動揺」『ヒストリア』六号、一九五三年、一七～八頁。拙稿「近世後期における農民闘争について」『兵庫史学』二号、一九五四年、三二～三三頁、本書第Ⅲ部第一論文）。このような動きが先の明和三年令に対する武庫郡百姓の訴願事件、更には同六年二月頃の不穏な動きに応じて、明和七年、絞油業の発展史上では、注目すべき触書を発した。

明和七年令はまず、大坂三郷出油屋一三軒の油不足をのべ、大坂への出油を督促しているが、ここに興味深いのは、その督促の対象が「国々並近在ニ而絞リ油屋」（『大阪市史　第三』七七二頁）になっていることである。在々絞油業は、早く明和三年以来「手作手絞」以外は禁止されているからである。これは、明和三年の触が、結果的には全くといってよいほど実効性をもたず、それ自体暴令に近かったことを物語っている。

同九月には「大坂之外摂河泉州村々ニ而モ油稼株相定候」と、在々油稼の株仲間加入をみとめ、ついで三ヵ国内における絞油業者の原料買入圏を指定した。これ以降在々の絞油業は正式にその存在を認められたのである。幕府は、明和八年、安永三（一七七四）[3]年と両種物問屋の独占的な買入（伏線として、絞草供給先たる大坂油稼の優待）をくり返している。安永六年には兵庫綿実問屋と灘目問屋が設置され、前者は兵庫絞り油屋に、後者は灘目絞り油屋に綿実を売渡すこととなり、また灘地方の水車稼も明和七年以降水車新田油稼二〇株と灘目・兵庫油稼（一般に「両組」とよぶ）が許可されたのである。

安永六年では、右の明和七年令によって、菜種買方手狭になったから、油屋以外へも手広にうりたいと、摂州川辺・武庫郡一二三ヵ村から訴訟を行っている。[4]

これ以降、絞油業に関するいわゆる国訴が頻発していく。天明八（一七八七）年摂河八五六ヵ村から肥料に関する訴訟の中で、菜種の買いたたきがとりあげられ[5]、またこの時期になると、両国諸藩の不正油稼のために灘両組も綿実不足をきたし、寛政元（一七八九）年では八一軒内六三株が休稼となっている。

右の事態に対して寛政三年令は、灘目の再建を主眼として出されている。このとき灘目は、寛保三年以来の禁を改めて江戸直積をゆるされるとともに、新たに一三ヵ国[6]の買場を与えられた。しかしこの結果は幕府の意図とは逆の結果を招いたのである。

寛政九年令は、まず畿内の菜種作の吟味を命じ（『大阪市史　第四上』二八二～三頁）、一方菜種仲買の差留と、種物売先の絞油屋への限定を触れている。この令によって、菜種と絞油業に対する封建的な統制は完備し、以降天保三（一八三二）年の仕法改正まで根幹的な政策となっている。仲買のことは今ここでは割愛するが、菜種売先については、早く寛保三年から「質取り」などが禁止されているが、効果がなかったらしく、明和三年・安永六年などにその証跡をみうるのである。

こののち、文化二（一八〇五）年に、苦境におちいった灘目両組の水車油稼人は、「近年諸国ニ綿実稼之油屋共増長仕、綿実買留、登リ方追々相減、只今ニ而ハ前々三分一ニモ引足リ不申」るため、手先仲買による買たたきを行って農民の反対をうけている。この事件は更に拡大して摂河泉全域をその渦中に巻きこんでいる。

寛保年間（一七四一〜四四）、大坂都市手工業の前途に大きく立ちはだかった水車新田は、或は特権化され、或は大坂への従属を強いられて自生的な発展は全く換骨され、文政五（一八二二）年令によって、水車新田は旧に復して菜種一万五千石の配当を保証されたが（『大阪市史　第四上』七九二頁）、一方江戸直積の特権を奪われ全く凋落していくのである。しかしこの頃、別の勢力が都市の絞油業に対抗しはじめていたのである。つまり在々の絞油業の発展がそれである。

二

畿内の、安永期（一七七二〜八一）から寛政期（一七八九〜一八〇一）までの地主経営についての最近の業績は、いずれもその農業経営の危機を報じている。例えば高尾一彦氏は、有名な寛政年間の摂津国西成郡江口村の農業経営も木綿織などの副業がなければマイナスになっていること、安永九（一七八〇）年の河内国古市郡古市村の森田家の手作経営の赤字なることを示しておられるし（「大阪周辺における綿作の発展と地主制の形成」、歴史学研究会編『明治維新と地主制』、岩波書店、一九五六年）、津田秀夫氏も小作人の抵抗を高く評価しつつ、手余り地の増加を堺東廻り三ヵ村、平野郷、泉州忠岡村などの例で示して地主経営の不安定を報じておられる（「地主制形成期における小作騒動」同前所収)。同じく脇田修氏の報告もそのことを示している(「地主制の発展をめぐって」『歴史学研究』一八一号、一九五五年)。

この原因を、今私なりにみておきたい。まず結論的にいうならば安永・寛政期の地主の危機とは、まさに封建的農業一本経営の危機であったのである。

この後、地主は変質乃至新興してくるのであるが、それには地主の多様な営業への従事がみられるのである。今までの経営の転換がみられる。

脇田氏の論文は、かかる地主の不安定性を寛政四(一七九二)年の八尾近郊各村に行われた、農業一件訴状をあげている。「近年農業一通之者ハ衰微仕、商内携候者ハ取続出来、風躰宜相見へ候ニ付、下賤之者共作徳薄キ農業を疎シ、商内ニ思ヒ付、近年村々小商人多出来、其上木綿稼糸ツムキ布織稼之儀ハ、尤春冬作間ニハ出精不仕候而ハ取続出来不申儀ニ御座候得共、近年木綿直段宜耕作ヲ相減シ、或ハ奉公ヲ引取年中渡世ニ致候者数多有之」(一七頁)というこの好個の史料から、農村における非農業的分業の発展とそれに伴う貧農のそれへの従事に、原因のあることがわかろう。まさに農村工業とそれに伴う諸営業の発展が、この地主経営の危機をもたらしていたのであり、以後の地主は、かかる中小農民の営業を自己の傘下におさめることによって蘇生しはじめるのである。

その一環として在々絞油業が考えられる。ここで当然菜種の栽培について、その比重をみるべきであるが、割愛しておく。

三

文政期(一八一八〜三〇)に入ると国訴は、まさに千ヵ村を越える規模で展開された。とくに文政六(一八二三)

年から七年にかけて、綿の訴訟を並行して行われた菜種捌手狭の国訴は、この時期の最も大きな事件の一つであった。その要求を概観しておくと、

(1)　灯油は、在々絞り立候油を残らず大坂出油屋へ出し、油仲買から小売油を買うために、二重三重の口銭・駄賃がかさむ。だから在々油稼人から直買したい。

(2)　油株所持のものの、菜種買いたたきをやめてほしい。直段不均合のときは、株外の者へ質入するか、肥代のかわりに干鰯屋へ渡すようにしたい。

この国訴の経過は、他に譲るが、奉行所内部に封建的流通機構及び手工業の動揺とその再建を痛感せしむるに十分であった。この時点までの国訴は、在々絞油屋と農民との共同がみられ、菜種生産農民（中核は中農層）(7)を主体勢力として、絞油屋の指導のもとに闘われたものといえよう。(8)

文政の国訴は、楢原謙十郎が文政十一年江戸表へ奉った「大坂表油売買元方之儀取調候趣申付候書付」に反映し、これが天保三（一八三二）年の原案と思われるところから、その意味の大きさが想像できよう。

かくて天保三年に油方仕法上の大変革と思われる法令の発布をみるのである。今その主要な点をみると（『大阪市史　第四上』一〇一六～二五頁）、

①　堺兵庫両種物問屋の新設。

②　諸国からの菜種綿実は三ヵ所（堺・兵庫・大坂）の両種物問屋に限る。

③　絞草仕入圏

(i)　大坂堺並摂津河内和泉播磨、水車人力絞油屋は五畿内播磨に限る。

(ii)　三ヵ所種物問屋の菜種綿実は、すべての油稼人に無差別売渡す。

(iii)　大坂堺並摂河泉播の人力絞油屋の買入れは、両種は三ヵ所両種物問屋から買受、其外五畿内播磨にて直買

も可。

(iv)　右同断水車絞油屋は、両種物は右と同じ。但し菜種は稼人共住国一国限。

(v)　灘目の水車新田は、大坂問屋からの菜種一万五千石買入れを止め、三ヵ所両種物問屋並摂津で買うほか、摂河泉播和城州で菜種五千石に限り直買許可。

④　油の売捌方

(i)　大坂堺摂河泉播四ヵ国在々油稼人は、一国限絞油直小売許可。

(ii)　堺並摂河泉水車人力絞油屋は、大坂内本町橋詰町に新設した油寄所に出す。

(iii)　大坂表絞油屋は従来通り居宅にて油問屋へ売る。

(iv)　灘目住吉村水車新田両村請負並兵庫より西宮間の絞油屋は江戸一方直積。

⑤　摂河泉手作手絞の禁止

今、これを明和七（一七七〇）年令と対比すると、この令が幕政の大きな転換を示していることがわかろう。ここでは都市絞油業の保護は全然みられない。むしろ在々で澎湃《ほうはい》として起りつつあった在々絞油業の把握をねらったものということができよう。天保三年は、酒造における改革もあり、あわせて天保改革の性格を知る手がかりとなるものといえよう。

この令では、在々も大坂・堺市中も絞油業者はともに株仲間内部でフラットな地位におかれている。それは何を物語るのであろうか。

原料の買入れに関しては、大坂廻着の分は従来大坂の絞油屋にのみ捌かれていたのであるが、在々稼人もその分配にあずかれるようになったし、灘両組も再び江戸直積の許可を得たのである。これは何よりも在々絞油業の発展のもたらしたものであり、株仲間内部のいわゆる「特権」のもつ内容が大きく変質してきていることを示すものと考えられよう。

四

(1)　大坂における絞油業

特権的封建都市たる大坂におけるツンフト的手工業は、幕末にどのような実態であったろうか。農村工業との競争を知る上にも看過することのできない問題である。

大坂市中に関する研究は、現在のところ全く空白といってよいくらいであり、今後の開拓に俟つべきものが多いが、今少しく大坂の変容過程をみておこう。

まず人口問題をとりあげておく。大坂の人口は、元禄文化の花咲いた時期から、徐々に増加し、明和二（一七六五）年には四二万で最高を示し、以後急激に減少して、嘉永五（一八五二）年には三二万六七八四人となっている。かかる都市人口の徳川中期以降の減少をどうみるべきであろうか。

そのために都市人口の増減をより詳細にみておこう。

大坂市中の出生率は、関山直太郎氏が菊屋町・米屋町の例で算出されたのによると農村のそれより遥かに低い（『近世日本人口の研究』、竜吟社、一九四八年、一五〇～二頁）。

今摂河泉の人口と大坂との人口変化を比較してみると、第1表のように、寛延以降いずれも減少しているが、都市の方がその減度の著しいことがわかろう。

ここで天保十四（一八四三）年に行われた大坂の人返令をみると、天保十二年の三四万二千、同十三年の三五万、同十四年の三三万二千とその変化がうかがえる。天保十二年から十三年への人口増加は、人返令の前哨として宗門

第1表　摂河泉並びに大坂の人口

摂河泉							
A.D.	1750	1756	1786	1804	1828	1834	1846
年代	寛延3	宝暦6	天明6	文化1	文政11	天保5	弘化3
人口	1,242,813	1,275,029	1,197,567	1,207,085	1,244,721	1,228,472	1,185,440
指数	100	103	96	97	100	99	95

大坂							
A.D.	1749	1757	1786	1804	1828	1834	1846
年代	寛延2	宝暦7	天明6	文化1	文政11	天保5	弘化3
人口	404,146	407,447	380,098	374,687	376,177	359,290	337,842
指数	100	101	95	93	93	88	84

帳の厳密な調査が行われたのではないかと思われるが、十四年の人返しで一万八千人が帰農させられたと考えられる。

ここで第一に問題になるのは、当時の大坂の宗門帳が人口の実態を正確にとらえていないのではないかということである。とくに幕末ともなれば、空人別の流入人口が多くあったと思われる。彼らが都市手工業の職人化していき、前期的プロレタリアートとしてツンフト制を崩す大きな要因となっていくと思われる。

当時の三都の人口構成は全く不明であるが、他国からの流入が極めて多かったのではないかと思われる。例えば江戸の場合では、幕末期では人口の約四分の一が江戸以外、つまり農村出身者であったといわれるから（関山氏前掲書、二四〇頁）、かかる形で農村の荒廃、都市の変質が三都、とくに商工業の中心地である大坂において深化していたといえよう。

大坂市中の階層構成については、僅かに岡本良一氏の指摘があるにすぎないが、これによると、天保年代市中の借屋軒数は七、八万、その人数は市中総人口の約六三％で施行米の対象となっている（『大塩平八郎』、創元社、一九五六年、二六頁）。かかる都市内部の分解が、農村の分解と並行して行われていたのである。とくに農村における分化は都市に浮浪人を送り込み、彼らが広く工業労働者として使用されていったと思われる。『大阪市史　第四下』所収の史料はかかる者の取締を示している。

人返令が問題になったのは、都市人口の表面的な増大でなく、何よりも封建的農村の分解が第一の問題であり、農村の編成替と都市の封建的秩序の再建が一つのものにまとまったものではないだろうか。かかる浮浪人は、ヨーロッパではエンクロージャーなどとからみ合って、封建家臣団の解体とともにマニュファクチュアを形成する大きな契機となり（マルクス・エンゲルス『ドイツ・イデオロギー』、国民文庫(1)、六八頁）、また更にはエンゲルスが『ドイツ農民戦争』で指摘したミュンツアー的平民的反対派の一翼をにない、日本では打毀しの主体勢力となっていくものである。

以上、都市人口からその変貌を瞥見したのであるが、次に都市手工業を、絞油業を通してみておくことにする。延享五（一七四八）年には、大坂には「種しぼり油屋二五〇軒余、長堀・東堀・阿波座堀・上町・天満其外所々有之。綿種《（ママ）》しぼり油屋二七軒、東堀・阿波座・天満に有」とある（「改正増補難波丸綱目」）。延享頃は都市の封建的繁栄が続き、ツンフト的規制が厳然として存在していた時期である。明和七年の株仲間結成当時は、菜油《（ママ）》絞油屋株々数二五〇軒、綿実絞油屋株々数三五軒（『大阪市史　第二』一〇七六頁、安永末年では菜種絞油屋二五〇人、綿実絞油屋三二人（「諸品定数大坂記録」下）となっている。延享—安永頃にかけては、まだ都市絞油業の衰退の色は、数量的には窺いえない。これは寛政九（一七九七）年豊島郡四一ヵ村でおこった訴訟文書の一節がのべている在々絞油業の発展の度合と全く符合している。即ち菜種仲買禁止に対する反対の理由の一つに「此訳在方ニ絞油屋ト申モノハ至而無数、拾五ヶ村弐拾ヶ村之内ニ一株位之儀ニ候」とか「在郷ニ絞油屋ト申者ハ無数候故過半（菜種）御当地（＝大阪）江指送り候」（豊中市永田家文書）とあり、寛政末においてまだ在々絞油業の発展がきわめて少なかったことを示している。

都市手工業の危機は、農村工業との競合によってもたらされるが嘉永四年の株仲間再興後の数は、菜種絞油屋一二三人、綿実絞油屋一九人となって（『大阪市史　第二』八八八頁）明和―安永期より半減している。これには経営規模の変動をとらえていないので、断言は控えなければならないが、国訴や在々油稼の発展とからみ合せて考えるとき、この数的な減少は、都市のツンフト的手工業の衰退乃至変貌を示すものといって大過ないであろう。ここで注意すべき点は、菜種綿実両種物問屋の数は安永末には四五人であったのが、嘉永五年には九二人に増加していることである。これは何を物語るのであろうか。後にのべる種物問屋のはげしい在郷への原料買入れとともに、併せて、種物問屋の売先が従来都市の絞油屋に限られていたのが、天保三年以来在々の絞油屋も買うことを許されたことから、一端を説明しうるであろう。

大坂市中の絞油屋の分布は、大体天満及び長堀川をはさんだ船場・島之内の二つが中心地であったと思われ、明治二十（一八八七）年代迄このような状態であったといわれる（『東区史　第三巻』一九頁）。先にみた延享五年の史料にも長堀・東堀・天満に絞油業の存在していたことがしられるし、その個々の名前も「平野郷町覚帳」によってある程度判明する。天満に関しては、絞油業の職人たちが群居していたといわれる（岡本氏前掲書六頁、一三二頁）。

(2)　在々絞油業

これに対して、在々絞油業はいつ頃から顕著になってきたのであろうか。天保三（一八三二）年令は何よりもその勝利を物語っているのである。文政の国訴もかかる絞油屋の組織と指導によったと思われるからである。そこで以下、絞油業の発展を地域的にみておこう。

Ｉ　水車新田

ここでは灘両組をとりあげるべきであるが、その後の史料が判明しないのでとりあえず水車新田のみ考察する。先述のように、天保三年令によって灘両組は油江戸直積を許可され、一見優待されたかのようであるが、この令は今井・八木両氏によると文政五（一八二二）年令以前への回復が精々であったといわれる（前掲書二六六頁）。水車新田は、寛保年間（一七四一～四四）に新しい生産用具による生産性の高さによって大坂絞油業の前途にたちはだかったのであるが、当時なお強力であった封建的統制のもとに圧殺されてしまったのである。そのため水車新田は、以後油絞りを放棄して、米舂粉挽に転化していく者が続出する。それはこの地方の灘酒造業が盛行に赴くにつれて、精米という有利な条件の産業に転換していくのである(9)。

同じことが生駒山麓の水車油稼についてもいえる。河内郡四条村では、水車油稼はさほどに発展せず、むしろ米の商品化と結びついた精米が主な仕事になっていたといわれる（朝尾直弘「幕末における領主と農民」、『日本史研究』二九号、一九五六年）。

Ⅱ　柏原村

河州志紀郡柏原村では、文政九年同村西方の菜種作は総家数五七軒のうち三六軒に及んでいるが、同十一年の明細帳によると、水車株二、人力株五の、合せて七軒があり、当時としては有数な絞油業中心地であったと思われる（『柏原町史』、柏原町、一九五五年、六七九頁等々）。同村は柏原船のセンターとして、また大和川の分岐点に位置して早くから河内の商業的な町場を形成していたところである。つまり純然たる農村ではなく、われわれが考える農村都市的な様相を、商業活動によって呈しており、当地方の商業ルートの結節点ともいうべきものであったのである。かかる条件にささえられて、絞油業が発展し、のちこれらが統合されて明治二十八（一八九四）年代に柏原製油株式会社が設立されたのである。それが、マニュ的な在々絞油業の、工場制度への順当な直線的な発展と考えることは問題のあるところであるが、その間の資本の動きは判明しないので姑くおくとしても、農村都市における手工業がかかる工場制度への基盤を提供した好個の例ということはできよう。

Ⅲ　平野郷町

第2表　平野郷紋草・製油額

年代		宝暦4	宝暦5	宝暦6	宝暦7	宝暦8
菜種	産出石	28	27	27	26	25
	入込石	1072	1473	1273	1100	950
	計石	1200	1500	1300	1126	980
	油石	282	360	305	258.5	230.5
綿実	産出貫	10587	9680	7562	9982	4537
	入込貫	439285	461153	477296	387365	334119
	計貫	449872	470833	484858	397347	338656
	内大坂へ	1000	0	0	2000	1600
	平野ニ而製	220220	218240	239360	197120	176000
	河州村々へ	228652	252593	245498	198227	161056
	油	434.7	418.5	476	378	320
油		716.7	77.5	781	636.5	550.5

摂津住吉郡平野郷では、早くからいちじるしい社会的分業の発展をみせ、とくに繰綿の加工においてはこの地方の第一にとりあぐべきものであった。これに対応して絞油業もよく行われ、宝永二（一七〇五）年には二八軒、[10] 第4表にみるように寛政九（一七九七）年以降一〇軒前後、文政度から以降一五軒を越え、天保末以降は二〇軒をこえる数を示している。

今宝暦年代の絞油の大略がわかるので、第2表によってみておこう。この史料は、全面的に信頼することはできないと思うが、大体動きはしり得よう。これによると、平野郷では綿実絞を主とし、それに原料は他からの供給に仰いでおり、菜種作にしても殆んど無視してよいくらいの数である。これだけの史料でみると当時同郷における菜種作は、あまり発展しておらず、表作の棉作とその加工に生計をたてていたと思われる。当時の製油額はほぼ七百石から五五〇石であり、決して多いとはいえない。当時の絞油屋の軒数を第3表から考えて、一一軒として、一軒あたりの製油額を計算すると七〇石以下である。これは寛政以後の絞油屋が、

第3表　平野郷絞油　宝暦9（1759）年

職種	戸数軒	営業内容
水車	2	油稼者不在、綿実賃挽
油絞稼	11	1年に菜種980石、綿実176,000貫目製油
繰屋	290	1年に綿実300,080貫目、右の内、1,600貫目大坂へ、161,050貫目摂河村々へ、残りは平野郷にて製油
油屋	2	和州・河州並びに平野郷油絞屋よりそれぞれ油1020石、710石買調、975石、672石を大坂問屋へ売、残りは平野郷にて小売

山間部においても百石が多いのとくらべると、この当時の規模の小さいことの一証左となろう。

ところが寛政以降は、絞油業は大坂との対立を内包しながら順調にのびていく。第4表をみると、ここには当郷産出の菜種とその売捌先が示してある。絞油屋は、原料として他に綿実を多く買入れ、また菜種も近在から買集めていたので、実際の製油高は、この表から想像するより遥かに多いであろう。この表を大坂との関係でみると、文化―文政期にかけて大坂への出荷菜種の多いことが注目されよう。大坂の在郷支配が、まだ強く残っていることを示している。しかし天保をすぎると事態は一変する。大坂への出荷は全然ないといってよいほどであり、産出菜種のほとんどが内部で加工されてしまうのである。これは平野郷の在郷支配が大坂をおしのけて徐々に確立に向かっていきつつあった証拠ではないだろうか。更に明治二十年代には加賀製油、大坂製油の成立をみるにいたるのである（『大阪府誌　第二編』、大阪府、一九〇三年、三二六頁）。

平野郷の人口も幕末期に著しく減少しているが（津田秀夫「後期封建社会に於ける平野郷町の人口の変遷」、『ヒストリア』二号、一九五一年）、このようにして中世的都市が一旦大坂の支配下におかれて封建都市の出先機関として成立するのであるが、以後幕末には農村都市的に編成していくのである。平野郷町は、本郷七町と散田四村とからなる農村的色彩の濃い町場であったが、幕末期になると、そういう素地にもとづいて商工業の中心地として変質していくのである。

第 4 表　平野郷産出菜種額・売却先

年代	総生産高 石	平野郷絞油高 石	絞油屋 軒	大坂へ出荷 石	絞油屋 軒	摂河泉 石	絞油屋 軒	当時所持 石
寛政 9	316.685	244.025	?	61.79	?			
寛政10	306.585	219.97	11	81.385	15			5.23
寛政11	303.964	196.358	12(2)	107.606	21			
寛政12	299.88	270.414	13	28.466	10	1.0	1	
享和 1	224.255	184.909	11	29.346	10			
文化 1	313.406	237.615	12	75.791	9			
文化 2	490.92	348.985	11	139.067	11	1.37	1	1.5
文化 3	503.589	338.595	13	164.991	14			
文化 4	495.019	428.843	12	65.076	9	1.1	1	
文化 5	425.236	346.668	10	78.568	4			
文化 6	384.59	335.109	10(1)	49.481	5			0.5
文化 7	418.785	351.25	11(1)	65.035	5	2.0	1	
文化 8	429.041	308.013	9	121.028	5			
文化 9	448.554	284.309	7	164.245	7			
文化10	386.104	209.536	9	176.568	12			
文化11	511.354	350.809	9	159.035	12	1.51	1	
文化12	484.394	347.646	9	136.748	7			
文化13	608.108	522.783	9	76.825	8	3.5	1	
文政 1	347.542	232.854	14	114.688	5	0.6	1	
文政 2	475.287	337.925	14	136.762	8	21.6	1	
文政 4	714.529	628.093	11	60.636	9	4.2	1	
文政 5	849.162	529.405	11	315.372	13	4.385	1	
文政 7	396.0845	382.9345	13	8.65	2	4.5	1	
文政 9	469.887	293.206	15	176.681	10			
文政10	504.27521	337.648	14	166.62721	6			
文政11	509.336	310.989	15	198.347	8			
文政12	563.406	341.086	16	222.32	13	8.587	1	
文政13	577.083	552.836	15	15.66	4			
天保 2	506.49	424.145	14	82.345	9			
天保 8	353.453	314.243	17	39.21	6			
天保11	370.189	240.270	14	129.919	8			
天保12	487.079	290.836	15	196.243	9			
天保15	531.257	500.987	22	30.27	2			
弘化 2	519.899	491.889	21	19.5	2	8.5	5	
弘化 3	492.644	441.064	18	17.9	1			
弘化 4	517.369	465.239	18	48.8	1			

註：(　) 内は水車絞、他は人力絞

天保十五年にこの地にも人返令が行われるが、それによると「油絞屋共へ入込居候他国無名前之仕業仕候者、夫々追払候様被為仰付」、これに対し業者は「渡世筋不繁昌之基ニ相成」と反対している（脇田氏前掲『歴史学研究』一八一号論文、一八〜九頁）。つまりここには広汎な流入半プロ層が絞油業の非熟練労働者として立働いていたことがわかるのである。天保十二年では、無高八六九人のうち無作人が四九四人あり、小作人の三二五人を陵駕しているが、かかる無高無作人が、商業乃至工業労働者としてプロ化しつつあったのである。

平野郷は以後絞油の面でも順調にのびて、明治三十四年末当時、大阪府下有数製油工場七つのうち三つがこの地に設けられているのである（『大阪府誌　第二編』三二五頁）。

Ⅳ　その他

その他の地方での絞油業としては、大和川流域と淀川中流域とが主たるセンターを形成しつつあったといえる。前者では、安政四（一八五七）年当時、大豆塚《おおまめづか》村・苅田《かった》村・中喜連《きれ》村・湯谷嶋《ゆやしま》村・寺岡村、以上各一、遠里小野《おりおの》村・万屋新田各二、安立《あんりゅう》町三（以上摂州住吉郡西組）の計一二軒があり、その経営規模も先にみた三つに匹敵するものと考えられる。後者では富田村が、酒造業と絞油業を中心に伸び（酒造業はのち、灘に圧倒される）、国訴その他油方関係の業務に主導的な役割を果している。しかし目下詳細は不明というほかない。

右以外の農村における絞油屋のうち、大体の様相を知りうるものを二、三例挙しておこう。

河州丹南郡小平尾村脇田家は、安政四年当時一九五石の菜種を本村以外の近郷一三ヵ村から買入れて絞っている（小林茂「畿内先進地域における農民闘争の指導層」、『歴史評論』六九号、一九五五年、一二頁）。

河州石川郡喜志村伝兵衛家は、天保三年、菜種五三石五斗、綿実一万六八五〇貫目を買入れ、油一四六石五〇九合を絞立てている（大阪市立大学図書館所蔵文書）。

河州古市郡駒ケ谷村得三郎、清左衛門。天保三年得三郎は菜種一九三石九三升から油三九石七三七合を、清左衛

第5表　絞油業者の存在形態（堺市高林家文書）

村名	年代	人名	持高石	下男下女人	油稼人日雇人	手作	備考
泉州宇多大津村	天保13	権右衛門	26.79	3	6	8反	年寄
	天保13	八左衛門	6.026	5	3	1町	組頭
中　村	天保14	六郎右衛門	48.6492	4	9	2町1反2畝	
	天保14	忠蔵	10.21	3	6	1町4反7畝	年寄
積川村	天保13	岡本辰五郎	33.5327	4	?（1カ）	3町余	庄屋
稲葉村	天保13	平右衛門	76.5	10	3	4町	
		治郎右衛門	3.153	1	2	6反半	

門は油五九石一五升を絞っている。清左衛門の場合は菜種買高不明。今菜種油だとすると、当時菜種一石から油二斗三升を絞るから、菜種は二五〇～六〇石と思われ、一般在々稼としては中等度の規模といえよう。

では次にかかる絞油業を営む者はいかなる農民であったか。

先にみた小平尾村の脇田家は、天保以降三〇石から四〇石近くの持高庄屋であり、文政十一年二町四反三畝以上、安政三年三町一反五畝以上の手作経営を行い、富農的・地主高利貸的更に農村工業者的という多様な側面をもつ有力な農民であった。摂州住吉郡遠里小野村の中野家は、脇田家を更に大きくしたような性格の農民であり（塩野芳夫「絶対主義形成期のブルジョア的発展」、『ヒストリア』一六号、一九五六年。拙稿「地主制形成期における農村工業の問題」、『近世史研究』一七号、一九五六年）、同村小田原領の庄屋であった。泉州の例を第5表にみても、いずれも村役人筋又は有力農民であったことがわかる。とくにこれら農村工業の担当者が、いずれも手作経営を残して富農的側面をとどめていることは注意しておいてよいだろう。

絞油業担当者が、このように有力農民に限られたことは、織物マニュファクチュアなどとちがって、前近代的要素を、雇傭労働の面においても強く残していることからもわかるが、マニュファクチュアへの発展が、前貸問屋制によるもので、原料の獲得と土地集中とが地域的に一致している

第6表　中野宇右衛門家絞油労働の分業形態
（嘉永6年4月26日より10月20日迄175日間仕業）

分業	労働者名	出身地	労働期間	粕玉	賃銀匁
絞り	甚右衛門		4/26～10/20	496	594.4
踏人	亀松		4/26～5/9	140	42.0
	徳兵衛	宇和島	5/10～5/29	178	53.4
	仙助	能州	6/1～6/7	74	22.2
	○利助	紀州	6/9～6/19	82	22.65
	槇藏		6/20～6/24	29	?
	△音吉	貝塚	6/25～6/28	37	11.1
	藤吉		6/29～10/20	906	271.8
伏替	新吉		4/26～6/1	337	67.4
	平藏	播州網干	6/2～10/19	1186	237.2
	○利助	紀州	6/20～6/22	29	5.8
打込	△音吉		6/20～6/22	39	9.75

註：△、○はそれぞれ同一人物。労働期間4/26は4月26日を示す。

ことからもある程度説明できるのではないだろうか。とくに絞油業には道具設備をととのえる上にも大きな資本を要し「油絞立候儀者不容易儀ニ而、右絞場建物並絞道具一式相調候得者凡三四拾両斗も相懸候儀」（文政六年国訴々状）といわれることからもわかるであろう。

次に内部労働者について少しくみておくこととする。

絞油業がマニュファクチュアとよぶべきものであることは、第6表にみるような分業形態をとっていることからわかろう。これら労働者は、殆どが後進地域から供給されている。これは酒造業労働者の場合と同じである。第6表は遠里小野村の中野宇右衛門家の例であるが、また大蔵永常の「製油録」（朝日科学古典全書）によると、立木一挺に菜種一石二斗で、搾り人一人、明き人一人、踏かた二人、せがひ一人、計五人がいるといわれている。

労働者は、明治二十八年の「商工諸組合状況調」（『東区史　第三巻』、大阪市東区役所、一九四一年、六四頁）によると、袋屋（油をしぼるときに、菜種を入れる袋を賃貸しする）が斡旋し、定業なき無頼の徒が多く、播磨・大和・

安芸・丹波あたりからの出稼であったといわれる。

五

天保三（一八三二）年令は在々の絞油業の自由な発展を認めるものであり、天保十三年の株仲間解散は実質的にこの時に始まるとさえいい得よう。かくて摂河泉の在々絞油屋と都市絞油屋の競合がみられるのは当然である。その対立は、嘉永以降在方支配をめぐってまことにめまぐるしいものであるが、それ以前でも既にみられる。早い例としては文政十（一八二七）年十月、摂河泉水車人力油稼人から訴訟がなされた。「三郷種問屋並ニ絞り方之者共ゟ在郷江入込ミ気儘ニ買取候ニ付、在方稼之者共両種共行届兼、迷惑仕、稼休ミ之者数多出来申候」（大阪市立大学図書館所蔵文書）とあり、都市種物問屋・絞油屋の在郷への進出、買荒しを訴えている。原料の買入については「元来三郷江廻着種之義ハ摂河泉在方稼之者共ハ買取候事不相成」、しかるにかく在郷へ出てこられては困るから、以後「在方ハ在（ママ）稼之者へ買取申候」か、それがだめなら「三郷廻着種在方稼之者共江も買取出来候様」と願っている。この要求は、小売油とともに天保三年令で容れられ、諸国からの廻着菜種は都市在郷ともに無差別買入れが許されたのである。しかし実際どれほど在々の者が買入れることができたかは、疑わざるを得ない。

天保三年以降、在々のレジスタンスは激しくなり、天保四年九月早くも大坂出油が減少してその督促をうけており、同五年には大坂油寄所の枡欠のため河州石川郡油稼人三八人が、郡中仲間の中一人宛立会させよという要求を出しているし、同十年には摂河絞油屋と大坂綿実絞油屋とが立会って摂河の綿実の買入直段について協定を結ぶようになっている（以上、大阪市立大学図書館所蔵文書）。

しかし、天保三年以後絞油業者は、油小売を契機として上昇転化の方向を示し始め、一般農民との対立を顕在化せしめるのである。畿内地方は、いわゆる夜なべ仕事としての副業が広汎に行われ、灯油のもつ問題は、他地方以上に重要なものであった。そのため在々絞油業者と農民との対立もたやすく表面化する可能性があった。天保九年河州一六郡でおこった事件はその早い例であろう。これについては、小林茂前掲論文（『歴史評論』六九号）、塩野芳夫前掲論文（『ヒストリア』一六号）、酒井一前掲論文（『近世史研究』一七号）がそれぞれ触れているので省略する。ただこの時点では、「無株之者ニ両種物買入方口次抔為致、不正之商内仕候者有之」、そのために稼人の過半が休株となる危機においこまれたのである。

仲買が寛政九（一七九七）年に禁止されたことは、在々絞油業にとってはまことに手痛い打撃であった。しかしここに自生的な不正仲買がでてくることは当然想像されよう。

文化元（一八〇四）年七月、伯太《はかた》藩で出された無株油稼並種物買取（＝仲買）は、その意味で寛政九年令以後最初のものであり、この時すでに無株仲買が発生していたことを示していよう（大阪府南河内郡真銅家文書）。

文政二年には平野郷油稼人一五人から無株菜種売買の出入がなされた（同年「平野郷町覚帳」）。摂津東成郡天王寺村の油屋利助並びに利八が、住吉郡の内、桑津村・北田辺村・鷹合村・堀村、其外所々在々で凡五百石余買集め、油稼方差支になったというのである。彼ら仲買は手先の者を使い、利助は一人、利八は二人の手先をつかっており、大規模な買入圏を示していたといえよう。ここで天王寺村の農民（これが都市と結びつくか何と結びつくか不明）と平野郷の市場争いとなったのである。

天保四年十月、平野郷油稼人一七人が、同町内の和泉屋嘉吉・種屋甚右衛門が平野郷外の者とともに無株にて綿実を多量に買入れ、ために当郷は勿論河州油稼人共が原料に不足し、難渋したと訴えている。彼らの売込先は灘目となっており、灘目両組の手先仲買となって河州に綿実を集荷しようとしていたのである（同年「平野郷町覚帳」）。

先の伯太藩の文化元年令は、天保五、七、八年の三度にわたって繰りかえされている。とりわけ天保七年の場合は、大坂両種物問屋の摘発するところとなっているし、天保八年の場合は、菜種の無株不埒売買を抑えるため、吹田村では紋草を村役人手元へ集める方針を立て摂河一律にこの方法を採ることを望んでいる。

このように仲買が禁止されていたことは、天保三年令による原料買入圏の拡大を骨ぬきにするものであって、天保四年の平野郷の不正仲買が灘に綿実を売り込んでいたことは、原料の買入圏の違反にはならないが、直買に背いたことになるのである。そのため集荷範囲はどうしても狭溢化せざるを得なかった。

今二、三の油稼人の菜種買集圏をみると、先の小平尾村の脇田家も殆ど一里以内の土地から買入れているし、脇田家に遥かに倍する遠里小野村の中野家にしてもすべて一里以内から集荷している。逆に菜種生産農民の売捌先をみると、右の脇田家・中野家ともに、二三％、六〇％を超えていることからわかるように、主として自村のものを集荷している。このほか、河州古市郡碓井村（大阪府南河内郡松倉家文書）、交野郡田宮村（竹安繁治「幕末期大阪近郊農村の一断面」、『大阪府立大学紀要』四号、一九五六年、一九七頁）、丹南郡池尻村（福島雅蔵「河内池尻村菜種作の一史料」、『近世史研究』一号、一九五四年）、錦部郡河合寺村（井上薫「近世畿内の山村生活の一断面」、『大阪大学南北校紀要人文社会科学』三号、一九五五年、二頁）の場合もすべて一里以内の油屋に売りはらっているのである。

一方都市絞油業の方はどうであったろうか。文政十年摂河油稼人が大坂特権商業資本の在郷への進出を訴えたように、まことに力強いたくましいものがあった。在々絞油業の発展によって足元を動揺させられた都市絞油業は、他国からの大坂廻着菜種に頼るばかりでなく、自らも畿内農村に問屋制的な支配をのばし始めていた。この時点ではすでに都市のツンフト制は変質を余儀なくされていったのではないだろうか。ここにマニュファクチュアが発生するとはいえないまでも、文政期（一八一八～三〇）の在郷進出を契機として大坂の基盤は、遠隔地的な商業からより局地的な市場圏の確立に移行しつつあったと考えてよいのではないだろうか。

特に天保改革を経過したあとの大坂は、従来とはおそらく様相を異にするほどの変質であったろう。

このような変質は、何によってもたらされたのであろうか。

まず大坂の内部をもう一度ふり返ってみよう。安政六（一八五九）年、万延元（一八六〇）年、文久二（一八六二）年の触によると（『大阪市史　第四下』二二七二、二三〇五、二三八九頁）、無宿者を長町四ヵ町の木賃宿に止宿さすべきことを命じているが、彼らは主として搗米屋・酒造屋・絞油屋の日雇労働力となっていることがわかる。彼ら浮浪人たち＝非熟練労働者は、ツンフトの親方―子方的関係による労働関係を蚕食しはじめていたのである。空人別の流入者が、多く半プロ的労働者――一部はプロ的――となって幕末の大坂に、火を求める虫のごとく密集してきていたのである。そして彼らがのち、慶応二（一八六六）年の大規模な打毀しの張本人となり、幕末どんづまりの局面で幕藩体制に決定的な一打を与えるのである。かくなった上は、大坂の商業資本も従来の地位に甘んじることは到底不可能であり、自ら生きのびるためには変質をとげなければならなかったのである。先ほどからみている大坂の在郷進出はその一例である。

この場合大坂の進出を、正面からうけとめ得たのは農村一般であったろうか。決してそうではない。一般の農村は、例えば遠里小野村の中野家にように、都市との対抗に破れて絞油業を放棄する者も出てくるのである。これを受け止め得たのは、まさに農村都市にほかならない。それも事を絞油業に限ってみるならば、純農村の都市化のうちに求めうるのではなく、従来の町場の変質――柏原村・平野郷――にこそ求められるべきではないだろうか。

しかし問題はかく単純ではない。更にこの問題を深めるために絞油業の近代化にもたらす意義を少しくみておかなければならない。

むすび

最後に絞油業の発展の意義を概観しておこう。われわれの問題にあわせてみると、まず絞油業が、織物業・酒造業などのように商工業村落（マニュファクチュア都市）を形成しえず、既成の町場の変容を助けるに役立ったにすぎないのはなぜだろうか。

まず絞油業という工業形態のもつ分業が、きわめて単純であることが考えられよう。分業の内容が簡素であるために、アウトサイダーを社会的分業にまきこむ度合が少なく、その点、木綿織の近代化に及ぼす意義とは全くかけはなれて小さいものであったといえよう。

更に近世において、都市内部にツンフト的絞油業があって、幕府がこれを拠点として強力な統制をしいたことが考えられよう。

このため全国的市場において占める地位は比較的小さいものといわなければならない。明治の統計書を整理された山口和雄氏の『明治前期経済の分析』（東京大学出版会、一九五六年）によると、明治七（一八七四）年当時織物類と酒類が全国的市場で主たる地位をしめ、油類はその三〇％ぐらいにしか及ばないのである（一四頁第二八表）。菜種油については大阪は第四位（第一位山口県）、菜種産額は第一一位である。このような問題のもつ意義についてはまた別に考察することとするが、何よりも絞油業をとりあげる限界を示し得たと思う。

註

（1）神戸市東灘区役所魚崎出張所保管の宝暦六年、同十二年文書。『神戸市史　第一集資料二』（神戸市、一九二一年）一一二頁の宝暦五年令等々。なおこの問題については、今井林太郎・八木哲浩両氏の力作『封建社会の農村構造』（有斐閣、一九五五年）に詳しいから、是非併読されたい。

（2）「平野郷町覚帳」明和五年。この廃止については江戸油屋は明和四年にその復活を願い出ている（同郷覚帳）。

（3）大阪市参事会編纂『大阪市史　第三』（大阪市参事会、一九一一年、のち復刻、清文堂出版、一九七九年）七八七、八四二頁。

（4）結果は、同年の「平野郷町覚帳」によると幕府が「油懸之者」（種物問屋及び絞油屋）を諭すことで終っているが、西宮市、岡本俊二氏所蔵文書では、菜種の売先が比較的自由になり、農民の要求通り質入れなどが自由になったという。なおほかに西宮市、中島直行氏所蔵文書。

拙稿「菜種に関する国訴について」（『近世史研究』八号、一九五五年）では、この年に絞油屋が株の免許を願いそれに農民が反対したように書いたが（七頁）、株の免許は明和七年のことである。またそこでは武庫郡二五ヵ村の農民が闘争したとしているが（同頁）、最近「平野郷町覚帳」によって、武庫・川辺郡一二三村に亙っていたことがあきらかになったので訂正しておく。なお今井・八木両氏は、この年の動きを「摂州武庫郡之内庄屋共」から出されたものとされている（前掲註（1）今井林太郎・八木哲浩『封建社会の農村構造』二七八頁註一）。

（5）脇田修は「地主制の発展をめぐって」（『歴史学研究』一八一号、一九五五年）で単に「八五六ヶ村」とのべておられるが、摂河の村々であろう。大阪府南河内郡松倉家文書では「河内一国」及び「古市郡石川郡」、柏原町『柏原町史』（柏原町、一九五五年）では「河州河内郡・若江郡・志紀郡」の三郡としている（六九〇頁）。安永九年改「諸品定数大坂記録」（大阪市立大学図書館蔵）によると、当時河内一六郡の村数は五六九ヵ村であるから、右の八五六ヵ村は、当然摂津の村々を含むと思われる。かかる大規模な訴訟が行われた背景に、都市の貧民の動きも考えられるのではないか。天明年間では、三年二月、七年五月、八年二月と打毀しが頻発している（『大阪市史』）。

（6）この一三ヵ国買入許可は、初めから保証のあるものではなく、寛政三年「油江戸積廻一件請書」（大阪市立大学図書館蔵）によると、両取種物問屋年行司に、「両種物登り高十ヶ年分先達而相糺候処、阿波美作伯耆隠岐大隅壱岐対馬ハ一向菜種登リ高無之、安芸周防長門出雲石見因幡者年ニ寄聊宛ニ而、尤手作種絞リ御免与ハ乍申、其余之種無之様モ有之間敷ニ付、心掛ケニテ積登可申処全等閑与相聞ヘ候」という頼りない状態であった。

（7）小林茂氏は、摂州川辺郡潮江村の場合、菜種作付の比率が減少していくのに注意され、貧農・小作人層が菜種作から脱落して非農業部門に入っていくことを指摘しておられる（「明治変革期における農民闘争二」、『ヒストリア』一三号、一九五五年、のち『封建社会解体期の研究』、明石書店、一九九二年、所収）。菜種栽培については、今までの報告は、富農層におけるその重要性を明示しているようであるが、それは多分に史料的制約に基くものと思われる。しかし中核は、当時まだ分解ないし動揺をあまり示さない中農層にあったと思う（新保博「徳川中期における西摂一農村の村落構造」（『国民経済雑誌』九三巻二号、一九五六年、のち『封建的小農民の分解過程—近世西摂津菜種作地帯を中心に—』、新生社、一九六七年、所収）四三頁註一二）。

(8)　古市郡喜志村綿屋伝兵衛の署名入りの文政五年四月写とある冊子（大阪市立大学図書館蔵）は、

「乍恐以書付御願奉申上候
　　摂河両国油稼人共惣代
　　　右村々百姓惣代」

として在方油小売の許可を願っている。年代は不明で、この冊子には寛政九年令から天保五年にいたる雑多な内容がもられているが、文政六年の訴訟の前駆的なもの、「下書」ではないかと思われる。これからははっきりと村方と在々油稼人の共調がみられる。

この文書は更に、遠方の百姓は大坂小売油を買いに行くことができず、「無是悲手近の絞り油屋を内々相頼ミ小売ニ仕候故、絞り油屋も無拠忍ひ小売仕候族有之」とのべている。在々の抜売の実態がよくわかると思う。

(9)　魚澄惣五郎編『芦屋市史　史料編一』（芦屋市教育委員会事務局、一九五五年）一九一〜二頁所収の三条村そよの水車再建願によると「最早追々酒造取掛り申候時節ニ相成候得ハ、酒造家ゟ踏米取急キ申ニ付一日ニ而モ水車普請取急キ申度候」とある。これは、宝暦年中に取止めた水車を再建しようというのであって、水車稼の油絞↓精米への転換の一例となろう。

(10)　宝永の二八軒から寛政の一〇軒への激減は、決してその間の絞油業の衰退を物語るものではないだろう。即ち、宝永当時は経営規模もきわめて小さく、マニュファクチュアとよぶべきものでは決してなかろう。なお絞油業の経営形態についてはのちにのべる。宝永期の平野郷内の社会的分業の発展は、津田秀夫「後期封建社会に於ける平野郷町の人口の変遷」（『ヒストリア』二号、一九五一年、のち『封建社会解体過程研究序説』、塙書房、一九七〇年、所収）第二〇表参照。

〔追記〕　これから以後、安政二年・慶応元年の国訴、慶応二年の全国的な打毀し、更には、この稿の基になった摂州住吉郡遠里小野村の分析が残っている。不日稿を改めて発表したい。

なお、平野郷の史料については山口之夫氏、遠里小野村は塩野芳夫氏、大阪市立大学図書館文書は直木孝次郎氏の御世話になった。記して謝意を表する。

慶応二年大坂周辺打毀しについて

はしがき

幕末、慶応二（一八六六）年五月から六月にかけて起った打毀しは、明治維新の寸前の事件であること、更には近畿・関東・東北・中国などの各地で全国的にそれぞれの態様を示しながら勃発したことなどから、下からの革命的エネルギーとしてまことに注目すべきものといわなければならない。しかしこの打毀しの本格的な分析は、史料的にもまた理論的にも漸くその緒についたというにすぎない。とくに史料的には今後打毀しの個別研究を深める意味から新史料の発掘が大いに俟たれるところである。一口に慶応二年の打毀しと言っても、少なくとも畿内大坂周辺に限ってみた場合でも、打毀しを通じて見られる具体的な要求や闘争形態は、その町又は村のおかれている歴史的条件によって著しい差違を示しているといわなければならない。本稿では、まず打毀しの具体的な発生形態をみて、ついで大坂の動きを分析することにする。

畿内では、前年の慶応元年に、該地方に頻りにくりかえされた国訴が最終的に行われ、ついで翌三年には「ええじゃないか」運動が席捲するという、この二つの事件にはさまれた革命的エネルギーの爆発をどのようにみればよいのだろうか。本稿では早急な結論はさしひかえて、打毀し研究の一端として僅かに問題点を紹介するにとどめる。

一　打毀し発生地域

慶応二年の打毀しは、五月一日摂津西宮の米の安売要求から端を発し、八日七ツ時に兵庫に波及し、湊川に二千余人ばかり集まって同夜五ツ時頃から「湊町泉屋と云米屋並に中屋を打毀の内、木場町泉屋並に常見と云紙酒屋、石伊と云米屋、米常阿波長北風米会所北六と云酢屋、北仁阿波屋塩安下村安魚店にてハ油甚と云質屋角石木屋、柳原にてハ木忠並に淀川と云料理屋、右何れも打潰し死人怪我人数不知」（「嘉永明治年間録　巻一五」）[1]という状態、そのため丸岡侯・明石侯がその鎮圧に乗り出した。同じ頃灘酒造業地帯の村々・池田・岡町・伊丹に打毀しが起っている。

池田は「五月十日夜ニ池田多人数ニ而米屋不残別して干藤茅《かや》野屋抔ハ家財引ちらし屋根瓦迄不残取除大騒動ニ有之」（伊丹市木村与次三郎家文書、中部よし子「幕末期伊丹町人の「永代記」」『兵庫史学』一九号、一九五九年、所収）といわれている。

このため、当時経済的中心であった大坂ではその波及を恐れて、五月十日に心得違の者のないように触れているが（『大阪市史　第四下』二五六二頁、達二七五〇）、その徒党禁止令も空しく、十三日夜には大坂南郊の摂津西成郡木津村・難波村に発生、搗米屋・米商人へ大勢押買に出かけ、応じないときは容赦なく建家・土蔵を取壊した。翌十四日には隣村の同郡勝間《こつま》村で年寄水屋八左衛門初め二五軒が打毀され、ついで大坂市中全体にひろがったのである。同じ日に大坂の西北部の西成郡九条村・福島村などにも動きがあり、先の木村家の史料にも「福島曾根崎ゟ北野、追々三郷へ入込候由」として周辺部からの流れこみを示している。翌五月十五日には、西成郡今在家村・中在家村・住吉郡住吉村で徒党が起ったが、この三ヵ村の場合は打毀しにいたらず、仲人が取曖に入って事なきをえて

第１表　大坂南郊農村の救済内容

郡	村	農民の働き	救済内容
西成郡	今在家村	不穏	至て難渋１人につき平均米３合ずつ、代銭60文で８月晦日迄大安売。
西成郡	中在家村	不穏	同上。外に伊丹屋本分３軒より銭1300貫文施行極難渋１人につき、銭９貫文ずつ配布。
住吉郡	住吉村	不穏	極難渋人１人につき平均米３合ずつ、直段は１升につき250文で７月晦日迄大安売。
住吉郡	寺岡村	不穏	極難渋人１人につき平均米３合ずつ、直段は１升につき300文。

註：不穏とは、徒党したが打毀に及ばないことをさす

いる。更には十八日には住吉郡寺岡村、二十一日には同郡遠里小野村に徒党が起っている。

この地方での救済内容をみると第1表のようになっている。遠里小野村については要求とその救済内容が比較的はっきりわかり、それを農民層分解と結びつけて非常に興味ある問題点が出てくるのであるが、ここでは省略しておく。第1表に示された四ヵ村はいずれもお互に近接した、大坂近郊農村であり、米の安売をかちとっているが、表の中に「至而難渋人」とか「極難渋人」とかあるのがことさら救済の対象になっていることがわかる。彼らは、単に難渋人であること以外に、かかる「至而」「極」とかという修飾語がつけられているのは、先に省略した遠里小野村の史料からみて、農業経営から遊離しつつある層であると思われる。脱農民化、ここでは主として日雇など（例えば近郊農村の日雇化及び非農業人口については、宮本又次「徳川期大阪近郊の農業経営」『商業的農業の展開』、有斐閣、一九五五年、四六頁、五〇頁参考）として大坂などと関係のある事実上の賃労働者がこれにあてはまると思われる。以上のことから近郊農村の分解と打毀しの一端を推察することができるのである。

このような動きと並行して、河内石川郡富田林村で五月四日に夫食籾のことから庄屋長右衛門の不正を糺す村方騒動を起し、同村百姓二〇〇人ほどが参加して打毀しに及ぼうとする事態を招いている。

今までみてきた打毀しは、大坂の西部・北部から起って大坂市中を縦断し、遠里小野村で大和川に行当っているのであるが、富田林の動きがこれに合流し、その結果発生した国分《こくぶ》村では五大名の出陣を招くまことに熾烈な打毀し勢力となっている。また一方、別の方向へ波及する動きがある。これは、遠里小野村から大和川を南へ渡って大阪湾沿いに、堺・大津村・岸和田・貝塚・佐野村・尾崎村と紀州の近辺までのびている。

堺は五月十四日に起って「堺市中米屋も暫時同前（打毀し）」（西角桂花『泉大津市年代記』、泉大津市立図書館、一九五二年、一二三頁）とか「同日（十四日）堺も堺は為レ差事も無レ之同前之由」（「堂島旧記」『徳川時代商業叢書　第二』、国書刊行会、一九一四年、四五一〜三頁）という状態、大津村では泉屋某宅の打毀しがあったが大騒動に及ばず（前掲『泉大津市年代記』）、貝塚では、五月十八日暮六ツすぎから南之町の酒造屋高野太兵衛方へ面体を手拭でかくして多人数押かけて酒樽を強要し、ついで「西之町（年寄）沼嶋屋留助表ゟ丸太石等打付、引続米屋渡世同町米屋惣兵衛、安松屋喜代次郎、南之町射場喜兵衛、中之町木屋仙蔵、小瀬屋新兵衛、同様表門口先江打附、戸木障子等打くたき……亦北之町浜手へ多人数集り、同様酒樽を星新、近江源ニて取出し、筛を焼、同町年寄桝屋作左衛門門口表通打壊し、引続米屋金屋源兵衛宅同様」（『貝塚市史　第三巻』、貝塚市、一九五八年、三九七〜三九九頁）というように、年寄二軒、米屋七軒が打毀され、酒屋三軒が酒樽を強要されるにいたっている。米の安売とこの年寄二人の罷免という輝しい成果を収めて終っている。更に南の方では五月二十四日頃「米価高直ニ而下々浚兼候ニ付而者、佐の・尾崎辺抔ニ者大勢寄合、彼是致し候事も有之候」（大阪府泉南市樽井脇田家文書）というように不穏な動きが示されている。

以上、大坂を中心にして打毀しの発生地域更には史料的に遡りうる場合には打毀しの対象とか要求をみたのである。(2)

二　打毀しの秩序

えてして打毀しに際しては、都市貧民のモッブ的な行動が口にされやすい。なるほど幕末期において、彼らはまだ組織と統一をかちとるところまでいかず、多分にルンペン・プロレタリアート的な存在であったろうし、政治的要求を出して戦うところまでいっていない。しかし、今日つたえられている慶応二（一八六六）年の場合は、勿論モッブ的な行動もあったであろうが、次のような指摘もみられるのである。

たとえば「武江年表」には六月五日の打毀しの際に、本所緑町では「幼弱の少年も立交りて、飛鳥の如く駈廻りて、ともにこぼちける由なり……、何より来て、何方へ帰るといふことを知らず、不思議の事といひあへり」と伝えている。同じことは「嘉永明治年間録　巻一五」にも「兎角子供の多く集り来り中に頭分とも相見え十五六歳の男子屋根上を飛が如く縦横自在に奔走頻に下知を伝へ打毀し」と記されている。一少年が広く江戸市民の耳目を驚かす飛燕のごとき活躍を示して打毀しの機動性を指揮していたらしい。このニュースは河内までつたわり、河内古市郡新町村にいた、旗本石川家の代官、塩野家の御用状に次の如く記されている。すなわち「品川宿米屋初其外何商売ニ限らず、大家之分又者小家ニ而も物持之分、及乱妨、土蔵并住宅共悉打こわし、諸道具類迄不残打こわし、尤火之元大切ニ心得有之由……本所辺も同様ニて世間噂ニ者、右打こわし候者十六七歳位之若者両三人交り居候由ニて、尤働之次第明□儀故、凡人之所業ニ者相見不申、何歟付物ニても可有之哉ニ相見へ候之趣、十七八歳位之女子も交り居候事之由……芝田町辺者米屋之多キ場所之由、米屋ヲこわし候節、夜中之往来へ俵ヲこわし米を振蒔候事、往来雪之積りしことく之由ニ御座候処、夜明ケニハ其米皆々困窮人何れへ運ひ取候哉少しも無之珍ら敷大変之由、併　公儀ゟ右御手入御座候趣、誠之発頭人者少しも金銭ニ欲者無之、皆往来へ投出し、困窮人へ為取候由、委敷被仰聞承知仕、扨々珍ら敷大騒働《ママ》ニ御座候」（大阪府羽曳野市、塩野俊一氏所蔵文書）とある。

打毀しの際に、火気に留意することは一般に行われたことであり、（原田伴彦「近世都市騒擾覚書」『日本封建都市研究』、東京大学出版会、一九五七年、五三一頁）、慶応二年の場合もその例外ではない。しかも首謀者は金銭に一切の私慾を抱かず、米を悉く表へ投出して困窮人にもたせるという態度をとっている。捕縛の危険を感じながら寸秒のうちに迅速な行動をとって、夜中に雪の如くばらまかれた米も一夜のうちに悉くもち去られて行くという状態であった。このように打毀しは、突発的に発生しながらも、その動きには一つの秩序があって、あたかも、そこに組織があるかのような印象を与えるほどである。

今みてきたのは、江戸の打毀しであるが、同じことは大坂の場合にもいえるのではなかろうか。大坂では貧民が米を持去ったあとに大坂全体で銭六五一八貫五六一文と金四一両三分二朱を残して行っているが（『大坂市史　第二』九四〇頁）、このことは貧民が米の安売という本来の要求を、暴力的な打毀しの中にあっても持っていることを示し、単にモッブ的な行動をとるのみでなかったことを雄弁に物語っていると思われる。

三　大坂打毀しの分析

次に、大坂を例にとって打毀し勢力の分析を行おう。

大坂市中に関してはまだ史料的な制約があってか十分な研究が行われているとはいえず、今後に俟つところが多いのであるが、乏しい史料から大体の見通しを行っておく。

打毀しの具体的様相も委しく知られていない。わずかに「嘉永明治年間録　巻一五」によるほかない。すなわち、当地（大坂）是迄穏に御座候処、昨十四日（五月）朝より難波にて多人数相集り、米屋初め酒屋質屋渡世のものを目掛け、同所にて十四五軒打破り、従夫五組に別れ、西横堀上町へ相廻り、夫より天満東より西まで押移り、右渡世の家ハ過半打潰し候趣実に大変の儀出来申候、然る処今朝三百人程召捕に相成候もの奉行所へ被引渡候趣、且又当地へ施行差出せと申掛け多人数押掛け候処、其儀無之に付大騒動に相成候趣に御座候

このほか『大阪市史　第二』に引用されている諸史料が打毀しの内容を示しているが、たとえば、被害の及んだ範囲は、大坂のほとんど全市に及び、搗米屋・両替屋など諸商家を打潰して、その数八五八軒、三六六町に跨がり、貧民たちが持ち去ったものは、白米一四六一石二斗二升五合と四八四俵、玄米三〇三石七斗三升、餅米三〇石八斗六升と三五俵、麦一七石八斗一升と五五俵、穀物八七石七斗四升五合と八八俵といわれる(3)。

このような史料によっては、貧民の実態を直接つかむことは極めてむつかしいのである。

ただ注意すべきことは、「嘉永明治年間録」の史料によって、難波村から大坂へ流入した打毀し勢力が、市中でどの方向へ動いているかということを知ることができるのである。勿論、この時打毀し勢力はほとんど全市にわたっているが、この年間録の筆者が大坂よりの書状によって上記の情報をつかんでいることからその波及状況をある程度正確に知りうるものとして史料的に信用してよいと思われる。とすると、打毀し勢力は、難波村から市中へ入り、西横堀→上町→天満というのが主なコースであり、その波及の過程において全市を渦中にまきこんだものと考えられるのである。このように打毀しの主な動きを地理的に明らかにしえたのであるが、それではなぜ主なコースをとっているかを歴史的にみなければならない。これを分析するには、打毀しの対象となった商工業者の分布と該地方との関係をさぐることが一つの方法と思われる。被害者は主として搗米屋・両替屋・酒屋などであったことが知りうるのであるが、これらの各々が該地方を中心に分布していたかどうかは十分には史料的にあきらかにしえないのである。この点大坂三郷における手工業者・商人の分布状態を知ることが大きな課題の一つになっていると

第２表　平野郷産菜種買入の大坂人力絞油業者

寛政11年（1799）	高津新地七丁目（１）、高津新地九丁目（１）、問屋町（３）、竹屋町（１）、南竹屋町（１）、瓦屋橋（４）、塩町一丁目（１）、塩町二丁目（１）、長堀（１）、長堀板屋橋（２）、玉造（１）、天満（１）、天満堀川（１）
文化２年（1805）	高津新地九丁目（１）、南竹屋町（１）、瓦屋橋（１）、九之助橋（１）、木綿屋橋（１）、嶋之内鰻谷（２）、長堀板屋橋（１）、天満堀川（１）、天満今井町（１）
天保12年（1841）	塩町一丁目（３）、塩町二丁目（１）、嶋之内鰻谷一丁目（１）、鰻谷二丁目（１）、嶋之内長堀（１）、長堀（１）、玉造伏見坂町（１）

註：(　) 内は所在地の絞油業者数

思われる。

ところが、別の形で何らかの手がかりをつかみうるのではないだろうか。たとえば延享五（一七四八）年には大坂には「種しぼり油屋二五〇軒余・長堀・東堀・阿波座堀・上町・天満其外所々有之。綿種《ママ》しぼり油屋二七軒・東堀・阿波座・天満に有[4]」というこの史料から阿波座（先に出てきた西横堀）・上町・長堀、更には天満が絞油業の大坂での中心をなしていたことがわかるのである。大坂三郷の手工業者は、大坂市中を流れる東横堀・西横堀・長堀といった掘割に沿って分布し、東横堀の北方にあたる天満が少しとびはなれた一つのブロックを形成していたようである。このような絞油屋が大体今日の船場と島の内に境になる長堀をはさんでその東西に、一部は難波村や次にいう長町と接する道頓堀川附近に分布していることとは、単に延享頃だけの現象ではなく、幕末にもいえることである。

すなわち摂津住吉郡平野郷の産出菜種は、年々大坂へ送り出されているが、それによって間接的に大坂三郷（少なくとも平野郷と取引のあった）の絞油業者の地理的位置が知りうるのである[5]。第２表によると、大坂の南端近くでは高津新地に絞油屋がみられ、今日大阪市南区に属する問屋町・竹屋町・瓦屋橋・鰻谷方面、玉造などの上町方面（現東区）、それに北端では天満方面（現北区[6]）の三つの中心があることがわかるのである。それ以外に平野郷と余り取引はなかったが、業者が多くいたと思われる西横堀方面（現西区）がある。

　このような状態は、幕末から更には機械制工場段階に移行する明治二十年代まで続いたと思われる(7)。以上見たことは、当地域に絞油業者のみがあったことを示すのではなく、むしろ逆にその他諸種の手工業、つまり搗米屋・酒屋などがこの方面に分布していたことを物語るのではないだろうか。このように考えてくると打毀しの動きは、被害者とくに搗米屋とか酒造屋といわれるものから考察するほか、逆の視点、つまり打毀しの主体勢力の側から同じ以上のデータから分析することもできるのではないかと思われる。

　大坂市中では打毀しのおさまった五月二十三日に、極貧の者に毎朝一度粥施行を行う旨触れているが（『大阪市史　第四下』二五六五～六頁、達二七五三）、それによると、施行の対象は「市中住居之者共之内、老幼独身等ニ而聢々渡世茂出来兼、又者其日稼抔いたし、実々貧窮相暮、難取続者」となっている。老幼独身というのはさておき、その日稼＝日雇労働者が困窮の度を加えつつあること、それが施行の対象としてことさら指摘されていることは、彼らの存在が無視できぬものになっていたことを示しているといえよう。

　都市内のギルド的組織の中に、幕末期に広汎に日雇層が雇傭されつつあることが想像されるのである。彼らが、ツンフト的な労働組織に非熟練労働者として入り込み、ツンフトの身分的なヒエラルヒー及び労働形態に対して徐々に否定的な要素を形成しつつあったと思われるのである。このことは一般的にいえば封建社会の解体であるが、更にほりさげていえば基本的には農民層の分解が基底によこたわっているといえよう。勿論これには大坂のごとき特権的な封建都市内部での分解もみのがしてはならない。前者に関しては最近この点に一般に経済史家の分析が集中して急速に研究が深化しつつあるが、後者については全国的にまだ具体的な研究は量的にも多いとはいえない。大坂に関してもわずかに岡本良一氏の指摘があるのみであるが、それによると天保年代大坂市中の借屋軒数は七、八万、その人数は市中総人口の約六三％に及び施行米の対象となっている（『大塩平八郎』、創元社、一九五六年、二六頁）という。

このように都市・農村両面の分解の結果、大坂においてもいわゆる「都市の貧民」なる層が形成されていったのであろう。江戸の場合幕末期では約四分一が江戸以外つまり農村出身者であったといわれるから（関山直太郎『近世日本人口の研究』、竜吟社、一九四八年、二四〇頁）、おそらく大坂の場合もほぼ同じような状態であったといえよう。天保改革に際して出された人返令は、都市への流入農民の少なくないことを示すとともに、彼らが都市内の封建的秩序から排除されるべき存在であったことを物語っているといえよう。

大坂では安政六（一八五九）年三月に次のような触が出されている。

長町六丁目・同所七丁目・同所八丁目・同所九丁目、右四ヶ町旅籠宿木賃宿之義、前々ゟ旅人之宿致し候斗ニ無之、難渋人共身上相仕廻、可手寄方無之、無宿相成、野宿袖乞いたし、或ハ日々市在江日雇働歩行荷物(持)、搗米屋・酒造屋・絞油屋等へ働ニ罷越候者共之類、雨露を為凌候ため、右四ヶ丁宿屋共ニ限、聊之宿賃取之、差泊遣候仕来（『大阪市史　第四下』二二七二頁）。

これによると長町四ヵ町の木賃宿には幕末期には旅人のほかに、難渋人共で身上相仕廻ったもの、つまり身代限り＝無宿空人別の者が従来から止宿させられ、ここで幕府の監督をうけていたことがわかる。長町は、大坂三郷から南に凸出した、文字通りの細長い町で、現在の大阪市南区日本橋筋がこれにあたる。[8] この町には旅籠・木賃宿が近世初頭から多くあったが、これらが大坂への出稼（以上みたように搗米・酒造・絞油の労働者）するための宿舎となり、更には大坂市中に足溜屋（今の雇人受宿）を出先機関として作るにいたっている。先に引用した触はこれに続いて「近来市中并端々、町続在領旅籠屋共之内者勿論、奉公人口入煮売屋渡世之者、又ハ小宿抔与唱」える者が出て、長町四ヵ町宿屋同然の行為を行っていることを示し、その禁止を命じているが、これは先ほど少し触れたように、日雇労働力の発展にともなって長町の口入的活動がのびていることを示すものであり、それを上から統制していこうと策するものと思われる。このように身代限りをした無宿空人別の者は、寛政改革に際した江戸石川島人足寄場と同じような機能を果す長町にとどめられながら、また一方寛政期とは更に大きな規模で解体に向っていた封建社会の中にあって大坂では人足寄場的なものは設置できず、たかだか宿舎を握ることによって統制しようとし、あとは自由に、荷持とか搗米屋・酒造屋・絞油屋などの手工業に日雇として雇われるにまかせていたのである。

安政六年の触に続いて、万延（一八六〇）元年閏三月にこれと関連した触が出されている。それによると、搗米屋・酒造屋・絞油屋などが自分たちの営業の便をはかる意味から「働人足溜所」を差免したが、この機能は単に職業紹介的なことに留まるにもかかわらず、一部の者が「ホウヒキ」と唱えて無宿空人別の者を止宿させて、先の三つのツンフト業者におくりこむようになったため、その越権を禁じ、右の長町足溜屋以外から無宿空人別の者を雇入れることを厳禁している（『大阪市史　第四下』二三〇五頁）。

このような動きは、文久二（一八六二）年八月にも見られ（『大阪市史　第四下』二三八九頁）、幕府がその根幹手工業とした特権的な都市のツンフト制の内部に、無宿空人別《からにんべつ》という封建的規制による束縛をうけることの少ない層が、容赦なく雇傭されつつあったのである。このような層が、先に指摘した手工業地域に多くいたことは言うまでもないことであろう。彼らは、まさに封建的な秩序から脱却しようとしていた層であり、前期プロレタリアートとさえいってよいであろう。都市の攪乱に際して最も尖鋭に動く可能性があったのである。

大坂では、打毀しのあとすぐ粥施行を行うと同時に、借屋人に対しては近所向三軒両隣相互に吟味し、止宿人の取締を命じ（『大阪市史　第四下』二五六三～四頁）、打毀しののち更に六月六日に「紛敷者、其外取締之儀」を今橋・高麗橋両筋あたりで町人借屋中が残らず打寄ってその調査を誓っている（『大阪市史　第四下』二五六七～八頁、達二七五五）。「怪敷者」「紛敷者」が借屋あたりに潜伏することをおそれていることが、この触にありありとうかがえるのであるが、彼らが警戒されたのは打毀しに際して尖鋭に動いたからであり、彼らが封建制によっては把握されえないが故に、「怪敷者」「紛敷者」であったのである。彼らはその日稼の者であってみれば、米価の変化は直接その日の飯米に影響を与えることになるのである。

長州征伐その他の諸条件がくわわって大坂の秩序が乱れ、(9) 米価が高騰していくとき、生活の危機に瀕した彼らが立ちあがるのは理の当然と言ってよいだろう。

先に打毀し波及の市中での主なコースをみたが、その理由はかかる方面に日雇労働者の多くがおり、また搗米・酒造など米に関係のある手工業者が多くあったことを想像させるのである。長町はその点では、南から大坂に乱入する打毀しを導入する役割を果したといえるであろう。

勿論打毀しに際して動いたのは日雇層に限定することはできないが、長町の史料から典型的に抽出されたようなかかる日雇層が主体勢力を形成したと推測して大過ないと思われる。かかる日雇層は、大坂三郷地続きの近郊農村にも数多くみられるところである。これが大打毀しとなる原因とも考えられる。

むすび

以上、大坂を中心に「大坂十里四方ハ一揆おこらざる所なし」といわれた具体的な姿を示し、個別的には大坂の打毀しの進行状態から、難波・木津村方面からの一揆勢力の大坂への導入点として、長町の意味を指摘した。ここには無宿空人別の日雇層がおり、彼らが導火線となって、全市の搗米屋をねらうにいたったのであるが、そこにも手工業者に雇われている日雇の役割をみたのである。(補註) 全市にひろがる打毀しは、近郊農村や大坂の貧民たちによっておこされたのであるが、いずれも前期プロレタリア化した層で、資本制発展の所産だったといえよう。「米を作る百姓は一揆を起さなかった」という『幕末珍事集』に依る石井孝氏の指摘（『歴史評論』三四号、一九五二年）は、正しいものであり、脱農業化しつつあるものが、大坂周辺に広汎にみられたことが一揆勢力をかくひろげたことの最大の原因であり、それ故にこそ主として米の安売とか粥施行という、飯米確保が要求されたのである。この打毀しを通じて、経済史的には非農業人口の増大と、それに伴う穀物の国内市場の拡大を十分把握することができるといえよう。

註

(1) 伊丹では、一般に打毀しがあったことになっているが、伊丹市中や近郷の諸家の記録にはその記事がないので、果して起ったか、また起ったにしても大して大きな規模ではなかったのではないかと思われる。

(2) 上述の打毀しの全域地図は、高尾一彦『近世の農村生活―大阪近郊の歴史―』（創元社、一九五八年）二一〇頁を参照。本論に使用した史料・論著のうち、本文に示した以外のものを念のため挙げておくと、大阪市住吉区、中野軌四郎氏所蔵文書、富田林市田守家文書、神戸市役所編『神戸市史　本編総説』（神戸市役所、一九二一年、のち複製、名著出版、一九七一年）、石井孝「慶応二年の政治情勢―第二次長州征伐をめぐって―」（『歴史評論』三四号、一九五二年、のち大幅な増訂を加え、『明治維新と自由民権』、有隣堂、一九九三年、所収）、拙稿「近世後期における農民闘争について―灘地方を中心にして―」（『兵庫史学』二号、一九五四年、本書第Ⅲ部第一論文）、同「慶応二年大坂周辺打毀しに関する若干の問題」（『県西叢林』四号、兵庫県立西宮高等学校、一九五八年）、津田秀夫「幕末期大坂周辺における農民闘争（幕末における農民一揆）」（『社会経済史学』二一巻四号、一九五六年、のち『近世民衆運動の研究』、三省堂、一九七九年、所収）。

(3) その時持去られた米麦は、大坂市民とくに貧民の食糧としてどれほどの意味をもっているか。例えば「諸品定数大坂記録」（大阪市立大学図書館蔵）によると、安永七（一七七八）年人口四〇万四八一四人で一日飯米一六四六石と計算されているから、粥として施行すると全市民二日分、貧民には四日分ぐらいの食糧に相当するものといえよう。

(4) 拙稿「幕末における絞油業の発展」（『ヒストリア』二〇号、一九五七年、本書第Ⅲ部第二論文）六四〜五頁。

（5）同前、六七頁の表を参考、原史料は大阪市東住吉区杭全神社所蔵「平野郷町覚帳」。

（6）天満辺りに絞油業・酒造業の労働者や綿打職人が多かったことは、岡本良一氏の『大塩平八郎』（創元社、一九五六年、のち改訂版、一九七五年）六頁、一五頁、一三二頁にもみえる。本稿で指摘しようとする都市貧民の動きは、岡本氏も同書の中で示唆的に指摘されている。

（7）大阪市東区法円坂町外百五十七箇町区会編『東区史　第三巻』（大阪市東区役所、一九四一年）一九頁。明治二〇年代まで大体大阪の手工業は幕末と同じ形態であり、それは地理的にも現在大阪市の東区南区北区に多くの手工業者がいて、今日からは想像もできまい。また労働者の雇傭形態も、『東区史』によると、幕末のと大差なく、たとえば絞油業では、絞油につかう袋を世話する業者が口入をもかねて労働者を紹介している。

（8）長町は、大阪が先般の戦災によって焼失するまでスラム街をなしていた。明治二十一（一八八八）年頃の様子は、鈴木梅四郎氏の、「大阪名護町貧民窟視察記」（西田長寿編『都市下層社会―明治前期労働事情―』、生活社、一九四九年）に委しい。明治の中ごろまで夜一人では歩けなかったという。明治三十五年第五回内国勧業博覧会が大阪で開かれた際、この地区は現在の愛隣地区に移り、もとの地は大正に入って東京の神田とならぶ古本屋街となったが、その本屋街のすぐ裏は貧民街であり、このような状態で昭和二十（一九四五）年の戦災を迎えたのである。戦災後日本橋筋には電機屋が多くなり電気器具の町として広く有名になりつつある。

（9）慶応二年の打毀しの時期は、長州征伐のため将軍家茂が大坂城にあったが、八月二十日城内で病死した。この年は西国筋が経済的にも混乱状態に陥って、物資流通も思うに任せなかったようである。大阪府羽曳野市、塩野俊一氏所蔵文書には、「大坂表へ西国米入津不仕」とか「下方ニも此節綿者頓と動き不申、買人無之」といわれている。また大坂へ多くの武士が駐留したため市中の治安は乱れたが、同じ塩野家文書は、この年三月頃の様子を「御城近辺下馬場者勿論、上町辺者夜中ニ不限、昼之内ニても程能場所ニてハ追剝徘徊いたし被相剝候噂数多御座候、此節者田舎侍と相見へ弱と見受候ハヽ、附近態と行当り申分相付、喧嘩仕懸ケ酒料等ニ而相済候次第柄も有之哉之趣」と報じている。

補註　その後史料的にも補足すべき点は多いが、打毀し直後の五月十六日に、薩摩藩の大坂蔵屋敷留守居役木場伝内が、

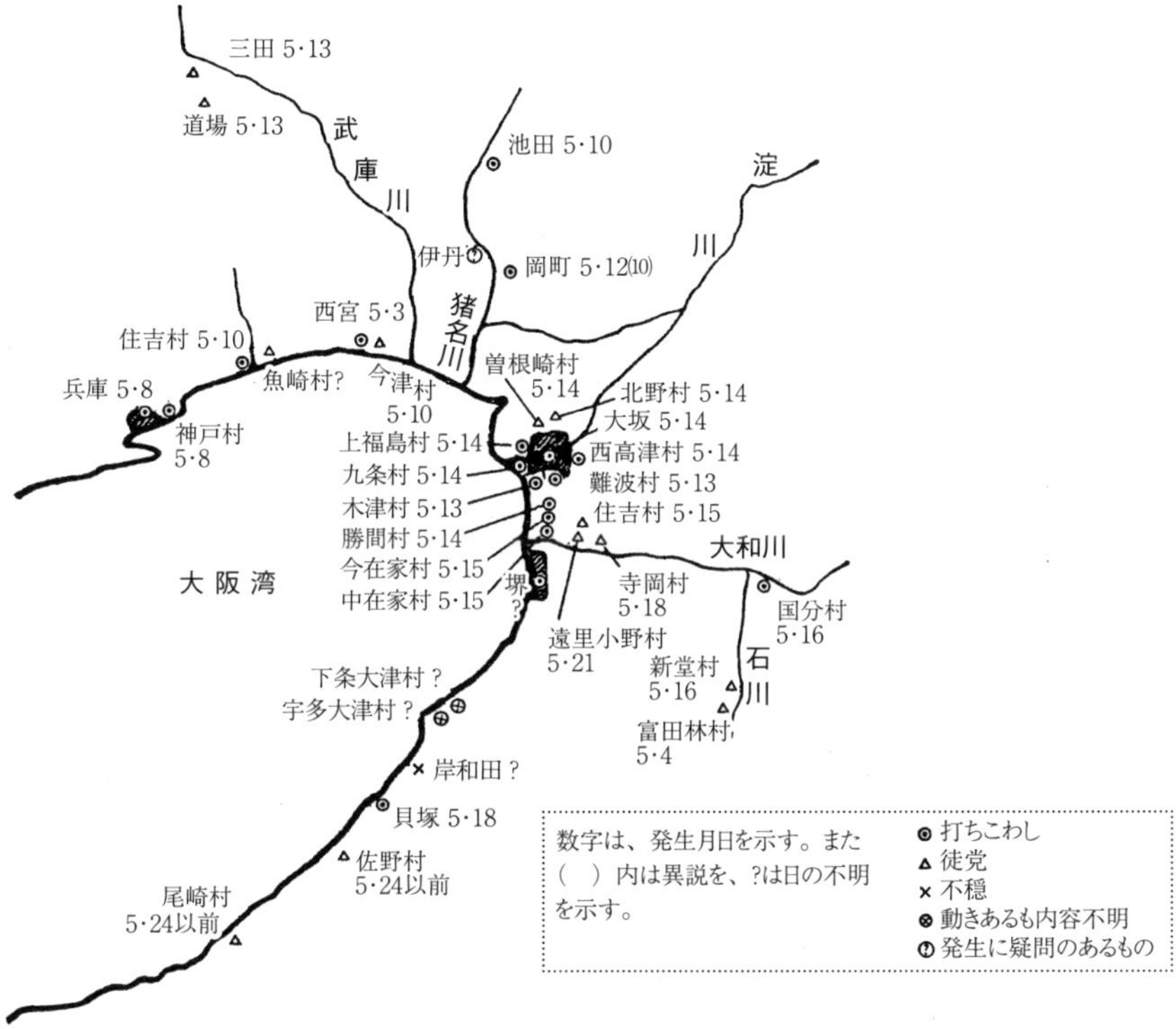

慶応２年大坂周辺打毀し図

大久保一蔵あてに出した書状は、都市貧民の具体像をよく示しているので、ここに付加しておく。

「大坂市中之混雑御遠察可被下、此勢ひを醸出し候ハ全ク此節上納金ゟ相起りし事之様被察申候、上納金被御出候以後、出銀相掛り、富家とも都而普請等取止候処、大工・日用・左官・畳屋・立具や等仕事無之、毎日長町乞食仲間へ落候もの引もきらすとの事ハ早く相聞得、何か事ニ可相成と咄居候」（日本史籍協会編『大久保利通文書第一（巻一―五　嘉永四年―慶応三年九月）』、東京大学出版会、一九六七年、初版は一九二七年、のち覆刻、二〇一四年）。

（一九七四年六月補筆）

幕末期西摂における領主支配と民衆

はじめに

幕末・維新期の西摂地方の人民闘争は、慶応二（一八六六）年五月の西宮・兵庫・灘の打ちこわしと明治二（一八六九）年十二月の兵庫県管轄下の川辺郡一八ヵ村年貢減免闘争の二つにそのピークを見出すことができる。前者は長州戦争のさなか、大坂城に将軍が陣営して大軍を集結させた時点におこり、ついに全国的に波及する人民闘争の高揚を画期づけたものであり、後者は、東播地方東条谷から、摂州有馬郡の三田藩、丹波篠山の年貢半減をめぐる闘争の延長線上において、小作料半減から年貢半減の全農民運動へ展開したものである。

このような闘争は、それぞれ要求を異にしながら、幕末期西摂地方をおおってひろがったものであった。慶応二年の例は、直接的には酒造業地帯を席捲し、とりわけ西摂地方の西部に展開した闘争であり、明治二年の例は、西摂川辺郡に集中した闘争であった。

この二つのひろがりに示された運動は、さらにこの地方に日常化した村方騒動・小作騒動とどのようにからんでいたか。そしてそのからみ合いは、西摂地方の農村構造や支配構造とどのように関連しているか、これらの点を本稿ではあきらかにしたい。この地方についての研究は豊富であり、すでに八木哲浩・山崎隆三・小林茂氏の各氏による農村構造・商品流通・民衆闘争史にわたる詳細で多様な成果をもっている。(1)これらの成果の上にたって主題にとりくみたいと思う。

一　幕末期の郷払米の変化——村方買米納の登場——

西摂地方は、十八世紀後期には灘酒造業の発展にともなって酒米生産地帯として編成され、米の商品生産・流通にともなって農民的在郷商人が広汎に活動した地域であるといわれる(2)。そして領主米の商品化＝郷払米が、かつての大坂市場依存とそれに基く幕藩制的分業の一環としての都市酒造業にかわって、灘などの新興マニュファクチュアの登場による分業関係に編成されて、領主的に対応しつつ量的に増大して行くという傾向がみられる。これは、まさしく「特殊な生産部門を一国の特殊の地域にしばりつける地域的分業は、どんな特殊性でも利用せずにおかないマニュファクチュア経営によって新たな刺戟を与えられる(3)」ものにほかならない。

天保九（一八三八）年に幕領池田岩之丞代官所支配の摂州武庫・菟原・八部各郡の村々、海辺付きの村々の歎願書によると、この酒造業盛行の地での米穀流通について、「酒造人共年々付込買入米之義者、御当地（大坂）堂しま（島）・兵庫津米仲買共ゟ多分買入、其余者他所他国ゟ積来り候米穀、其処へ着船之上、荷主船頭ゟ直買入仕候、且又近国地廻り等ニ而直買入仕候場所数ヶ所有之」「近在村々之儀、多分石代銀御取立ニ相成御村ニ御座候ニ付、御年貢之内石代米其外百姓作徳米等百姓勝手ニ付、酒造人共又者米屋へ直買ニ仕候、御年貢并御田地肥手ニ（ママ）等ニ仕候而、百姓相続仕候義ニ御座候(4)」と述べている。この願書は、天保八年七月から始まっていた摂津七郡五穀仲次の取締りと関連し、天保十一年に酒造業者が在郷米商人を掌握し、その大坂納屋物雑穀問屋支配加入の企図をおさえる過程での内容である(5)。

引用した文章の後段にある「石代銀」は、幕領にみられる三分一銀納にともなう米の商品化に触れたものであるが、ここには郷払米をも含めての文意とみてよかろう。当時酒造業者は兵庫・大坂・堺で原米を調達したほか、「地廻候近郷村々作徳米、又者播州表ゟ多分買入候米者高砂・明石表へ持出候米穀之分、其向々ゟ酒造人共江直買入付候」（天保七年の武庫・菟原・八部郡の村々惣代・酒造大行事の酒造米直買願）(6)とのべている。天保八年十一月の菟原郡東西両組の酒造買入米をみると、「蔵米」と記された領主米が圧倒的で、尼崎・三田・明石・高槻・小野・一柳・田安など摂津・東播の米に依存し、このほか「播州米」「播州三木地米」「摂州米」などがあり、これらは作徳米および旗本の郷払米を含むと考えられる。(7)

このように酒造業と酒米生産地帯との社会的分業がこの地域の特徴であった。そのため酒造業の発展に対応しながら、西摂地方に所領をもつ領主は、郷払米による貨幣収入をあてこんで、米納年貢制を強固に維持しようとつとめていたのである。そして、旗本や飛地大名領の場合は、この郷払米の価格決定が現地代官の重要な職掌の一つであった。

いま、その一例を摂州武庫・川辺郡三ヵ村を支配した旗本青山氏（幸高系）にとろう。念のため、本稿の以下の論旨を理解する便宜上、青山三家の西摂における支配を示すと、第1表のようになる。

年貢米の流通を知るため、ここでは便宜上三ヵ村の「御勘定目録」をみることにする。この史料は、年貢勘定の総決算的なものであり、実際の年貢米の売払いと若干のギャップが存在する。したがって史料操作上は、年貢勘定につかわれた諸種のデータを加味して、より実態を正確に把握する必要があるが、(8)ここでは当面必要な範囲での補正を加えて検討するにとどめたい。

問題を単純化するために、文政九（一八二六）年と文久三（一八六三）年の二ヵ年を軸に、青山領三ヵ村の米流通に触れることにしよう。文政九年の内容は、第2表に示したようになる。中村・高木村では主として西宮の商人に在払いされているのに対し、これとは地理的に隔った下坂部村では、一部尼崎商人杭瀬屋伊八（のちにみえる丹

第１表　慶応４年摂津国旗本青山三家知行所

知行所	郡	村	高石
青山内記（幸通系）高2538.123石	武庫郡	下新田村	114.789
		中村	200
		樋口新田	13.725
	川辺郡	下大市村	488.624
		次屋村	639.845
		浜村	280.691
		潮江村	35.333
青山主水（幸正系）高2052.45石	武庫郡	上大市村	467.965
		中村	382.21
		五郎右衛門新田	19.113
		芝村	262.212
	川辺郡	下坂部村	321.655
		浜村	205.588
	嶋上郡	冨田村	393.717
青山内膳（幸高系）高700石	武庫郡	中村	280.092
		高木村	219.908
	川辺郡	下坂部村	200

出典：沢田正雄氏所蔵文書二の58-1

波屋伊八と同じか）に売るほかは、ごく近隣の塚口村・高田村および自村の商人に処分している。なお下坂部村の高田村為蔵渡りの十二月十九日付の七石は、同年の「御年貢米御勘定帳」（沢田正雄氏所蔵文書五の13-5）によると「一、十二月十九日米十二石　村平五郎売」としるされ、その内五石が「文政六未年御拝借米仕、此所江御返上納米」とあり、実際は下坂部村の平五郎に一二石渡ったことがわかる。いずれにしても基本的な特徴を知るには支障はない。

ほぼこの形で皆米納を基軸にした郷払制のもとで、武庫郡二村の年貢米は西宮に、下坂部村は近隣農村商人へ渡り、ついで多く酒造業者に売渡されて行ったと思われる。

ところが、その後二つの注目すべき変化がみられる。それは下坂部村が天保六年に伊丹の丹波屋儀兵衛へ売払ったのを初見にして、同村に関するかぎり、伊丹売りがその後しばらく持続することである。当時衰退期にあった伊丹酒造業との結びつきが直接展開したとみられ、青山幸正系の銀主として伊丹の岸上氏が登場してくる動きと若干

第2表　文政9年青山（幸高系）3ヵ村郷払米

村	月・日	納米石	渡り
中村	10.11	20	西宮座古屋六兵衛
	10.27	20	〃
	11.9	20	西宮綿屋吉三郎
	11.24	20	西宮木村清兵衛
	12.1	20	西宮亀次屋半右衛門
	12.11	30	西宮綿屋吉三郎
	12.26	8.66275	銀上納
	計	138.66275	（代銀7貫776匁45）
高木村	10.12	20	西宮座古屋六兵衛
	10.25	20	〃
	11.12	20	〃
	11.?	20	〃
	11.26	20	〃
	11.26	20	〃
	12.6	4.44855	〃（？）
	計	124.44855	（代銀6貫940匁22）
下坂部村	10.11	20	長洲村万屋太兵衛
	10.26	20	上坂部村儀兵衛
	11.3	10	尼崎杭瀬屋伊八
	11.22	20	塚口村忠兵衛
	11.26	10	下坂部村清兵衛
	12.8	8	高田村為蔵
	12.19	7	〃
	12.28	1.3656	〃（？）
	計	96.3656	（代銀5貫497匁11）

註：「渡り」の項の（？）は史料上疑義のあることを示す。
出典：沢田正雄氏所蔵文書五の5－1

の時期的なずれはあるにしても、ほぼ照応している。もう一つは三ヵ村全体に共通して「村方買請」があらわれることである。

たとえば嘉永二（一八四九）年の中村の納米には、十二月晦日付で二〇石の「庄屋買入」、高木村では十二月五日付の二〇石〇二三一五が同じく「庄屋買入」と記されていることである（同上、五の5-27）。同年の「御収納米請取帳」（同上、五の39-21）をみると、前者と全く同一の記載で石当り一〇二匁で「庄屋買入」とし、その代銀を代官が「受取」ったことになっている。後者については、二〇石余を記し、その代銀二貫〇三二匁三分五厘（石当り一〇一匁五分）とし、代銀決算は「右勘定之義ハ三ヶ村勘定帳書記有」と書かれている。

「庄屋買入」の文言はその後まもなく姿を消し、「村方買納」となって行く。内容はおそらく庄屋買入と同じであり、嘉永七年の「御勘定目録」（同上、五の5−32）の中村の項に、十月二十六日付の納米二〇石村方買納は、同年の「御収納米請取帳」にも同一の記載で、その代金を代官がうけとった（村方からか）と記されている。

この「村方買納」は、幸正系の青山主水領についてもみられ、以前別稿で安政五年の例を分析した時点では、俵装されえない端数銀納分をふくむところから、銀納（農民自身の）ではないかと想定した。(9) しかし、今回の史料を通じて端数分のほかに、一〇石・二〇石の村方買請がある点からみると、この部分は文字どおり、村方が商人の代りに買入れたものとみてまちがいないと思われる。

以上の変化をふまえてほぼ慶応末年にいたる郷払米の構造は、第3表で示した文久三年の状況によって知りうる。

第3表　文久3年青山（幸高系）領3ヵ村郷払米

村	月・日	納米石	渡り
中村	10.11	55	西宮加茂屋市郎兵衛
	11.10	30	〃
	12.7	20	西宮覚心平十郎
	子 2.16	30.64145	下坂部村平五郎
	計	135.64145	（代銀25貫467匁59）
高木村	10.11	50	西宮加茂屋市郎兵衛
	11.10	20	西宮覚心平十郎
	12.7	40	高木村直太郎
	子 2.11	7.47685	村方買納仕候
	計	117.47685	（代銀23貫112匁64）
下坂部村	10.11	30	西宮加茂屋市郎兵衛
	12.17	10	村方買納仕候
	子正 1.6	46.88615	下坂部村儀兵衛
	計	86.88616	（代銀15貫566匁21）

出典：沢田正雄氏所蔵文書五の5−40

この「村方買納」のもつ意味づけは、その他の史料的な裏づけがないので困難であるが、嘉永期以降に連続してあらわれてくるところから、年貢負担にあえぐ村況や不作をとりまく農民の動向および皆米納制からみて、庄屋ないし村方が米を買取るか、貢租代金をたてかえたものとみられないだろうか。そうすれば、村方財政や庄屋の農業経営と郷払米との関連、さらには貧農の年貢納入方法や村内の米穀市場などの問題がでてくるのではないかと思われる。

これ以上は推論にとどまるので敷衍できないが、ただ天保以後の米価上昇傾向にあって、村方買納のあらわれてくることは留意する必要があると思われる(10)。そして、この動きは、村役人の介在があるだけに一歩あやまれば村財政の不正をもはらむおそれを有していたが、より基本的には在地農民の年貢減免などからくる影響を想定する方が正しいのではないかと思われる。

なお一言、慶応二年暮の米流通にふれておくと、大坂における米価高騰という事態の影響からか、下坂部村・中村・高木村の米一〇〇石が西成郡上福島村明神町の商人によって入札されている。五月の激化事件が上福島村でおこり、大坂三郷へ流入したことを考えると、三郷接続地の米商人との取引きも西国米杜絶の折から、三ヵ村にとってはあらたな意味をもったと思われる。

二　領主支配の基調と村方の対応

西摂・北摂地方が酒造マニュファクチュアの生みだした分業の一環として、酒米生産地帯として編成されたことは、さきに指摘したとおりである。このような編成は、農民経済における小ブルジョア的発展をストレートに保証するものではなく、逆に酒米のもつ特質が石高制にもとづく米納年貢体制とどうからむかが問われなければならない。

西摂地方に所領をもつ領主階級は、尼崎藩をはじめ、本稿で主題としてとり上げる旗本にいたるまで、皆米納年貢を基調にし、酒造マニュの発展に対応していた。領主層は封建的土地所有の動揺を、このような対応関係のなかで阻止しようとしていたが、尼崎藩のような一応のまとまりを示した領域は別にしても、旗本知行所は、散在的な所領の特性と財政窮乏の深化からくる農民収奪の強化の意図から、米納年貢制を堅持しながらも、多様な形での貨幣形態をとった収奪をはかっていた。

幕末・明治初年の全国的な地主的土地所有の展開を追求された丹羽邦男氏は、『形成期の明治地主制』（塙書房、一九六四年）のなかで、領主支配が異なると地主制の展開度がちがい、幕領ほど地主制がのびやすいという問題を出されている。この論法をわれわれの分析視角に入れて考えてみると、西摂地方、とくに旗本所領において頻発する村方騒動は、いまのべた旗本支配の本質からくる矛盾と、マニュの社会的分業をめぐる問題のあらわれとみてよいのではなかろうか。

いま、年貢の変化を青山幸高系の知行所であった武庫郡中村（高二八〇石〇九二）・同郡高木村（高二一九石九〇八）と川辺郡下坂部村（高二〇〇石）の三ヵ村、高七〇〇石についてみると、第4表のようになっている。この表のうち文政六（一八二三）～天保七（一八三六）年にいたる一四ヵ年の取米（本途）平均は三三四石四七一四であり、これ以外に平均二六石九八三七七の延口米・夫米があったから、合算すると三六一石七斗余となる。この数値と、

第4表　青山領（幸高系）3ヵ村年貢高

年次	取米石
文政 6	324.8329
文政 7	358.44389
文政 8	318.5368
文政 9	358.44389
文政10	348.44549
文政11	333.94399
文政12	345.94389
天保 1	345.64789
天保 2	343.44389
天保 3	295.41717
天保 4	343.44389
天保 5	343.44389
天保 6	335.44789
天保 7	390.94389
(14ヵ年平均)	334.74138
安政 4	343.28436
安政 5	324.71965
安政 6	331.64451
万延 1	320.66866
文久 1	343.07016
文久 2	353.16246
文久 3	340.00446
元治 1	260.95053
慶応 1	323.07012
慶応 2	225.95431
(10ヵ年平均)	316.65292
明治 2	270.84

註：なお文政6～天保7年の間は、ほかに延口米・夫米平均26.98377石があり、それ以外の年はこれをふくむ。
青山領3ヵ村は中村・高木村・下坂部村のこと。3ヵ村村高は合計700石。
出典：沢田正雄氏所蔵文書五の33、五の71による。

同じ基準に立った安政四（一八五七）〜慶応二（一八六六）年の十ヵ年間平均取米三一六石六五余および明治二（一八六九）年の二七〇石八四余を比較すると、石高表示に示される年貢量の低下をはっきりよみとることができる。とりわけ万延元（一八六〇）年の低下、ついで元治元（一八六四）年と慶応二年・明治二年の落ちこみが顕著である。あとの二ヵ年は、西摂地方で人民闘争が最も激化した年である。

この年貢減少の傾向は、少くともこの一旗本領の例として処理されるべきものでなく、かなり一般的に考えてよいと思われる。西摂において米納年貢制を堅持し、年貢米の酒米化によって財政をささえていた領主にとって、年貢量の確保が幕末期にいちじるしく困難になってきたことを示している。

天保期を画期にして幕藩制の構造は、農村構造はもちろん、市場構造・価格構造も大きく変貌してきていたのであるが、その矛盾は開港による世界資本主義の影響のもとで、日本が鎖国を放棄して世界的な国際分業の一環に編成されることによっていっそう深化していったのである。加えてこの影響は幕藩権力の支配の動揺をもまきおこし、ついに内乱にまで発展する。このなかで、領主と農民の対立は一段と激しさを増していった[11]。

石高表示の年貢量が固定化し、減少することは、つぎにのべるような人民闘争の重味のかかったものであった。たとえば旗本青山氏七〇〇石の村々についてみても、元治元年・慶応二年で例示するように、用捨米・拝借米・救米などを農民が執拗に要求した結果にほかならない。このような年貢の固定・減少傾向のもとで領主層は、貨幣形態をとった臨時的賦課をもって対処する。この支配の特徴は、旗本領の場合財政窮乏がひどく簡単に補完のきかないものだけに、きわめて明瞭にあらわれてくるのではないかと思われる。御用金はその典型例であり、これ以外に様々な貨幣形態をとった収奪がみられた。この動きは、農民間に新たな矛盾を生みだし、利貸資本の暗躍を許す契機ともなるのである。旗本財政の窮乏が農民と領主の対立をどのように深化させていくのか、具体例を追ってみよう。

嘉永四（一八五一）年四月から大坂町奉行所において、旗本船越兵庫の知行所であった摂州豊嶋郡今在家村大庄屋八左衛門ら七名が、「地頭申付を拒候一件」で取調べをうけていた[12]。七名の具体的な内容は、豊嶋郡の今在家村大庄屋八左衛門（嘉永六年当時五十四歳、以下おなじ）・同村庄屋治三郎（四十四歳）・同村年寄孫右衛門（四十四歳）・同村年寄寅蔵（三十四歳）・原田村庄屋・年寄兼帯忠蔵（三十四歳）および川辺郡若王寺村庄屋勘右衛門（五十一歳）・同村年寄嘉兵衛（四十八歳）で、いずれも「村方之儀者兼而及困窮罷在候」という村柄で、地頭の申付けにそむいたため、所預となっていた。

この一件は、嘉永六年まで町奉行所で吟味されたが、同年五月に「心得違相弁、吟味下」げを願い、十一月に落着した。今在家村八左衛門ら、船越兵庫支配の大庄屋・庄屋・年寄の罪状は、旗本支配の特徴とこれに対処する村役人層の動きを典型的に示している。すなわち、

(1)　船越兵庫の他借銀返済のために、嘉永元年から三年にかけて合計二二貫四九二匁を村方へ下渡し、その後も年々銀五貫三四八匁ずつ下渡し、これを村方が引請けた船越の他借銀の利息返済にあてるべきところ、何分多額の借銀で返済が滞り、銀主が大坂町奉行所へ出訴する事態を生じさせた。

(2)　嘉永元年の収納米売代残銀七貫〇五三匁をこの返済にあてた。それに加えて村入用も嵩んだため、当惑のあまり、

(3)　嘉永二年には紀州熊野三山貸付銀五貫目を村入用に「遣捨」て、さらにこの年は不作であったため、地頭から借請けた米二〇石を小前へ割渡さずに売払い、さきの下渡し銀とともに、こられを借銀返済や百姓取立て等の入用にあてた。

(4)　嘉永三年は「別而不作之年柄」で小前百姓が難渋し立行きがたい状態であったため、右の者たちが申合せ、収納米のうち五〇石を引落し、百姓へ割渡した。

(5) 上記(4)のことで取調べのため、右の者のうち壱両人の出府を命じたが応ぜず、また出府中であった船越の家来の止宿料や呼出しの飛脚賃も差出さない。

以上が主な内容である。領主財政の窮乏を直接知行所の村々が負担するなかで、小前百姓の経営維持や村入用に領主の下渡し銀や売払米の代銀を充てたのである。この事件が、船越兵庫の訴えによって町奉行・大坂城代において吟味されている時点で、すなわち嘉永三年四月に同支配下の豊嶋郡原田村庄屋・年寄兼帯甚右衛門、走井村庄屋彦四郎の二人は欠落して行方不明となり、吟味の過程で「尋并召捕方」が村方に命ぜられていた。

この一件は、船越の知行所を広くまきこんだ動きであり、領主の指示に従わない村役人の動向を物語っている。結果は、本来なら「銘々急度も可申付処」、吟味下げを願ったので、所預を解いて「宥免を以」、八左衛門・治三郎・忠蔵・勘右衛門の四名は「急度叱」、孫右衛門・寅蔵・嘉兵衛の三名は「叱置」の処分をうけて解決、出奔中の甚右衛門・彦四郎の二名も、吟味下げの時点で追跡の必要なしということになった。

なお、原田村は当時船越と鈴木という二人の旗本の入組支配であったが、嘉永六年冬に船越兵庫の江戸用人二人から、鈴木側の原田村地方《じかた》代官野口藤左衛門に出府をうながす書状が届けられている。それによると、船越氏の本家の賄方につき、摂河の知行高の収納米を引当てに郷借をすることになり、野口の協力を求めたものであった。野口は翌嘉永七年三月に原田村を立って江戸へ下って行ったが、(13) さきの大坂町奉行所での吟味と一連の問題と考えてよいだろう。

少し時期は早いが、天保九年に川辺郡御願塚村でおこった御用金の強要とこれに対処した農民の動きも、同じケースである。同村は旗本岡野孫一郎の所領で村高五〇〇石ばかりであったが、ここから七〇〇両の金子をとりたてようとして苦慮していた。そこへ孫一郎家来と唱えて、江戸から大坂に来ていた勝小吉（勝海舟の父）がのりこみ、村内の代官山田新右衛門宅に逗留して虚々実々の懸けひきをし、大坂町奉行と昵懇と称して遂に金子の強要を成功させた。同村の百姓は、その旅宿を竹槍をもってとりかこみ、一時は連日、西光寺へ集合して鐘をついて押寄せたという(14)。

ここに示した二つの例は、いずれも御用金を契機に、それに触発された一連の問題にからんで起きたものであり、基本的には、旗本と農村にいる大庄屋(地方代官)・庄屋など村役人をふくめた農民との対立を物語っている。この背後には、西摂について用捨米などが慣習化していて、領主から、大庄屋(代官)の支配の仕方が甘いのではないかとか(弘化五(一八四八)年、下坂部村)、地方代官と村役人が同腹して「銘々取込致し居候哉」(嘉永七年、青山主水領であった摂州嶋上郡富田村)とみられる事態もひろがっていたのである(15)。

三　幕末期の村情

万延元(一八六〇)年は、春三月から雨が降りつづいて、裏作の収穫にも響き、麦安(裸麦)も反当り五斗しかとれなかった。猪名寺村の富農西沢家の「自分年代記」(西沢忠城氏文書134)によると、八月から麦安の値段があがり、一石一六〇目、小麦一八〇～一九〇目、八月の新米も石当り一三五～一四〇目であり、十月にはさらに一六二匁に達し、年貢米の入札も、石四升で一八一匁のところも、石八升で二〇一匁になるというありさまであった。この年の「世上一躰大不作」のため、広く貧農層に救恤が実施された。川辺郡曼陀羅寺《まんだらじ》村では、領主近衛家が直下げ米を売出すのにさいして、六月から困窮人が希望を申出ており、十一月に近衛家が領内全域に五〇石の下げ米を実施したとき、極難渋人五戸・一八人が粥施行をうけた。曼陀羅寺村の近衛家領の戸口は、安政七(一八六〇)年一九戸・八九人、文久三(一八六三)年一九戸・九六人であったから、二〇%に達する貧民の存在を指摘することができよう。この年曼陀羅寺村をはじめとする川辺郡の近衛家領八ヵ村は、御救社倉米を借りていたが、その米の返済利息を当年かぎり「半減御用捨」してほしいと歎願していた。

文久元年三月には、同村庄屋市兵衛・年寄又兵衛ら六人が粥施行の「加勢」をおこなっている。これら六人の安政二（一八五七）年当時の持高と、万延元年の「稲石判《（番）》割方控」による稲作高（ほかに綿作・大根作があったと思われ、三四人の百姓がこの「割方控」に記されていて、その反別総計は二五町二反八畝となっている）を、この六人について記すと、それぞれつぎのような数値が得られる中間富農層であった。

	安政二年（石）	万延元年（畝）
市兵衛（庄屋）	二一・五六二	一七八
又兵衛（年寄）	二四・六一六二	二〇三
仁兵衛	三六・八二四六四	二三〇
吉兵衛	一八・七	一七九
治郎兵衛	九・三四一六	一一二
与助	不明	不明

一方、粥施行の対象は、恒蔵が右に示した万延元年の史料で四反七畝とみえるほか、他の四戸は全く不明で、文字通り無高貧農層とみてまちがいないであろう（以上、村上一氏所蔵文書）。

下坂部村でも万延元年に、二五軒に白米三升ずつ、五軒におそらく四升ずつ、あわせて三〇軒に施行していた。この年の十月から十二月初旬まで米価は一旦下落して一六四～五匁になるが、十二月からまた上昇し、翌万延二年正月には石当り二三〇匁となっていた。万延の不作では豪農沢田家では約五町の手作で七〇俵の取劣りと計算している。反当り一・四俵＝約六斗の減収で、反当収穫米を二石余とみて、二〇％から二十数％減であった。同家は、このようなかで米価高騰を見はからってか「拙者売払廿石ゟ売不申候、石ニ付百七拾匁ニ尼ケ崎丹波屋伊八へ売」とあって（沢田正雄氏所蔵文書二の37-1）、米の売却を手控えていた。

元治元（一八六四）年分の年貢は、下坂部村がひどい旱魃にみまわれて「稲作皆亡焼」という事態となり、高二〇〇石から例年なら一〇五石四五六余を取るべきところ、実に八四石三六九三が用捨引となり、上納米はわずか二一石〇九一二三と、五分一にすぎなかった。万延元年に一旦おちこんでその後回復に向かった貢租は、元治を契機にほぼ復旧しがたい状況においこまれていった。その状況の上に、長州戦争による負担と凶作がその後加えられる。

慶応元（一八六五）年には「昨子年ニ公儀より被仰渡夫々皆崩レ取払ニ相成、夫より中国米は少しも不登」[16]ようになり、幕令も朝令暮改のありさまで、米の流通も混乱し始めていた。伊丹の米仲買と思われる大和田屋金四郎の記録には「慶応元丑年十一月ゟ米相場珍ら敷事ゆへ書記也」と、初めて米価を克明に記しはじめた。当時大坂表で石当り、加賀米四七九匁、筑前米五〇五匁、肥後米五二五匁、広島米四八五匁で、酒米は玄米で五五〇～六〇〇匁であった。

十一月末から大坂表の米価は一旦下落するが、年貢米の入るはずの十二月二十一～二日ごろから春にかけてまたも高値となった。慶応二年正月十八日には、加賀米四八五匁、筑前米五四〇匁、肥後米五四五匁、広島米四八五匁であった。酒米はこれらよりさらに高く、飯米も米屋で売る分はほぼ六〇〇匁前後に達していた。このような米価高値に代表される諸色高騰のもとで、幕藩制の矛盾は長州戦争を契機に、その戦争の駐屯地となった大坂・兵庫および西摂地方で、慶応二年春から噴出することになった。

武庫郡中村ではこの年三月に「当春取続として」二〇石の下げ米を願っていたが、前年分の年貢も庄屋勇二郎が一五石分の代銀を他借してようやく上納したばかりであった。そして四月末には、さらに左のような苦境を訴えて一五石の救米を歎願した。この願面は、西摂地方の当時の村況をよく示している。

乍恐以書附奉歎願候

一、御知行所中村之儀者少(小)村ニ在之候へ共、山川土砂掛り并往還掛りも壱村之諸役相勤在居候処、近年違作打続、村方一統困窮弥増御座候……、先御上納米者皆済仕候へ共、其冬年ゟ肥シ代・奉公人給銀与(等)ハ不及申、飯米之手当ハ一切無之、百姓一統大ニ心配罷在候上、初春ゟ諸色高直之処、追々此頃ニ至り候而者米穀者前代未聞之大高直ニ付、家内日用之賄方ニ差困り、是迄諸色取引仕送り方先々ゟハ仕送り呉不申、日々飯米買立候積りニ差支、麦・干菜抔ニ而相凌、漸々露命を繋居申、直(猶)又老衰之者ハ不及申、若キ者ニ而も赤子相抱居候もの共中々手業ニ而者露命茂繋兼、誠ニ必至極難渋仕居候、然ル上者先達而ゟ　御進発御用ニ付、御用物継立人足、西宮駅所ゟ日々人足多分差出し可申候様申参り、何分近年之事故ト申候へ共、日々之事故中ニハ相断申候へ者断難相立、差出し不申候而者御通行之御差支可相成与申、御咎メ在之間敷哉与、村方大ニ迷惑至極御座候……、然ル此頃(ニ脱)者麦種も少し取入ハ仕候へ共、肥手仕送り方先へも少々ツ、差入不申候半ハ、干鰯屋方ゟ仕送り呉不申候而者眼前夏作肥シ之差支ニ相成候間、是又心配仕罷在候、最早無程田植附ニも差掛、飯米之手当も無之、大ニ心配仕候間……、村方一統御救御手当米として米拾五石丈ケ御下被　成下度様、乍恐御願奉申上候……、以上

慶応二年　　　御下中村百姓代
寅四月　　　惣左衛門
主　膳
五月二日下ス　　数　馬
新右衛門
武右衛門
年寄

儀右衛門

庄屋　勇二郎

青山様

御役所

（沢田氏所蔵文書二の36－42および続50）

中村のこの願書は、違作のもとで、米価高騰、西宮駅人足をはじめとする長州戦争にともなう諸負担にあえぎ、四月の時点で「麦・干菜抔ニ而」ようやく露命をつなぐありさまを訴えたものであった。同じく四月二十八日付の下坂部村の願書も、ほぼ同じ事情を説明して「米穀者古来稀成高直ニ付、当時日用之飯米之買出し方之手立も無御座、露命ヲ繋兼、誠必至極難渋仕居」、それに「御進発」にともなう加助郷人足を連日別所・神崎の両宿駅に徴発され、田地の相続がなりがたい状態にあるとして、現米一五石の御救手当米を求めていた。

高木村も五月付で同趣旨を訴え、「当春来米大高直ニ付飯米買調ニ手積ニ差詰リ、殊ニ……駅所人足差出……、迚《も》飯米取続難相成」く、三〇石の拝借米願を行った（沢田氏所蔵文書同上および五の156）。

青山領三ヵ村のうち、中村と高木村は西宮駅に、下坂部村は別所・神前駅の加助郷に人足を徴発され、米価高騰のもとで、飯米に支障をきたしていたのである。このことは、農民でありながら飯米を自給できない層が三ヵ村に少なからず存在していたことを十分に物語っている。

西宮駅の助郷は、同所が明和六（一七六九）年上知されたときに、付近三三ヵ村にとりきめていたが、その後天明三（一七八三）年に六九ヵ村の加助郷村々を加えていた。異国船が大阪湾にあらわれ、京都が政局の中心になった文久三（一八六三）年一ヵ年をとってみただけでも、西宮駅が徴発した人足継立助郷は、武庫・菟原両郡三三ヵ村から二八〇〇人の定めに対して、実に三万人にのぼったといわれ、その人足賃銀四五貫目は、加助郷村の川辺・

武庫両郡六九ヵ村の負担となっていた。[17]

さらに、平素はすっかりさびれていた別所・神崎駅も往来が頻繁になるにともなって、元治元年十月に川辺・豊嶋両郡まで加助郷が命ぜられた。[18]慶応二年の川辺郡穴太村の「村役書上帳」にも「神崎村・別所村二か駅へ加助郷人足夥敷差出し難渋」したことが記されている。[19]

さきの中村の願書が、代官沢田氏の手から江戸へむけ発信されたのは五月二日のことで、すでに全国的なこの年の大打ちこわしの序幕は西宮で始まっていた。すなわち一日に西宮の西ノ浜に「貧家之女房」が一四、五人集まり、夜になって米屋に安売米を要求し、つぎに東ノ浜に波及、三日には参加者が急増して激化事件に発展していったのである。[20]

のち、八月二日に記された支配三ヵ村の願書は、五月の状況について、「五月以来ゟ飯米買出し難相成、露命繋兼必至難渋ニ付、小前末々百姓共人気立掛ケ、早速村役人共取押置」、青山役所へ救米を歎願したと報じている（沢田氏所蔵文書五の157-5）。どの村で「人気立掛ケ」たか不明であるが、一般的にみて飯米を購入していた小作・貧農層が救米とか安売を村役人に要求したとみてよいだろう。五～六月の時点では三ヵ村は八〇石の救米を歎願していたと思われるが、青山は七月に、当年かぎりの三〇石にとどめていたのである。

西摂地方でも、他の畿内各地と同様に、慶応二年の五～六月には相当の範囲で救米助成がおこなわれたと思われる。曼陀羅寺村では五月十七日に村方極難渋人六軒・九人に粥施行をおこなったが、その対象は万延元年とほとんど同じ（四軒までが）であった。この年には村役人による「加勢米」は、困窮を理由にことわられて実施されなかった。

下坂部村では、六月一日に現米二石の拝借米が認められ、十月にその分を返却している。粥施行は六月の初めに二六軒を対象に実施された（うち三軒のみ白米二升ずつで、残りは三升ずつ）。当時白米一升が一貫文から一貫一〇〇文の高価を示していた。施行をうけた二六軒のほとんどは、これまた万延元年の三〇軒にふくまれる。なお、五月二日付の近衛家伊丹役所の賃銀定めをみると、平農日雇は、男三〇〇文・女二〇〇文・草取賃は男四〇〇文・女三〇〇文、田耕賃一反につき一貫二〇〇文から一貫文、田植賃四〇〇文、その他馬鍬賃・草取賃・稲刈賃などを取りきめていたが、これら賃銀収入は、白米一升の価格と比較するといちじるしい低さを示している（村上一氏所蔵文書）。

西摂地方では打ちこわしにかかわらず、「諸色大高直」の事態はその後も持続しており、青山領三ヵ村は、八月二日に改めて「米壱升ニ付銭壱貫百文がへニ而、昼夜相挊候得共取凌難相成難渋」を訴え、四月以来の歎願を再度くり返し現米七〇石の拝借米を求めたのである（沢田氏所蔵文書五の157‐5）。秋になっても上大市村の富農中島家の日記には「寅（慶応二年）九月秋作方稲・綿共大ニ凶作ニ御座候て世上人気不宜候ニ付、大ゐニ困入罷在候事」と記されている。[21]

この間特徴的なことは、代官沢田と江戸用人とのやりとりが、もっぱら御用金をめぐって展開したことである。さきにみた三ヵ村からの救米・拝借米願は、五〜六月はもちろん、一揆勢力が終熄した八月・十二月においても米価高騰と不作を理由に続けられ、その結果第4表でみたように取米高のいちじるしい減少をもたらした。しかし、民衆勢力の高揚期にあっても、領主も代官もその訴願をみながらも直接一言も高揚には触れず、御用金問題に跼蹐していた。一揆の高揚に触れ、これを土台に拝借米・用捨米を軸にしつつ年貢減免に進んだのは、いうまでもなく村々からの訴状であった。

すなわち、沢田が五月八日付で出した御用状も、それに対する江戸からの同月十九日付と二十九日付返信も、中村・高木村の両村が西宮駅の過人足扶持米の御下げを求めているのに対し、青山の他の旗本に問合せ中で埒があかず、話題は三ヵ村に賦課した一五〇両の御用金に対し「一統ゟ難渋申立候」事態のなかで、どう処理するかに明けくれていた。むしろ逆に、江戸用人臼田平助は地方代官に対し、「貴様ニも　御上之御難渋之処度々申遣候ニ、少シも御為筋ヲ不思、百姓斗を厭、不埒之事ニ候」とこれを叱責し、早急に上納するよう督励していた（沢田氏所蔵文書一の6-81）。

この御用金は、青山氏の三男順三郎が小坂蔵之助方へ養子に行くのに際して必要となり、三ヵ村に一五〇両を割当てたものであった。当時七年前にすでに四〇〇両の無尽講をつくって御用金にかえたばかりのことであり、日々村役人をよび寄せて厳命を達しても、村方は「右様ニ而者百姓及退転、且ハ是迄ニも御用金茂差上有之」「百姓立行不申旨」を申立てた。結果この御用金は、前回同様無尽講で一五〇両をまかなって、特定の農民相互間で負担する形をとり、青山からは元金だけを十ヵ年で返済すること、利息は三ヵ村の負担となった（沢田氏所蔵文書一の6-82）。

慶応二年の時点では、幕府の威信は地におち、大坂・兵庫の打ちこわしは、島津久光や勝海舟の言を待つまでもなく「万民一時の蜂起」も計りがたい情勢にあったのであるが、とりわけ旗本の関心は家政の窮乏の一点にしぼられていたといって差支えないほど、全国的な情報判断を欠いていたといわざるをえなかった。一方、この間民衆の政治批判は高まっていたのであり、「民、命ニ堪ザル」事態が広汎にひろがっていたのである。

青山領三ヵ村の本途年貢は、この年本来なら三八七石八〇七余のところ、用捨米七七石五六一余、その他拝借米・水損引などを差引いて、第4表にみるようないちじるしい減少をもたらしたのである。

四　村方騒動と小作騒動

つぎに、この地方の村方騒動の特徴と小作騒動に触れてみたい。

まず、武庫郡芝村でおきた村方騒動をみよう。弘化三（一八四六）年閏五月同村の「百姓共一同」が、庄屋ならびに年寄・組頭の「種々不取捌」で「小前末々ニ至迄難渋仕、誠ニ歎ヶ敷儀」であるとして、七ヵ条にわたってその不正を述べたてた（沢田正雄氏所蔵文書二の103）。すなわち、

(1) 前年（弘化二年）の十二月に青山鉱之助（幸正系）から御用金を命ぜられたが、その割当ては、従来の高割りでなく「身元割」にし、しかも余分の割方をしたこと。やむなく他借して納めたが、その返済は村内日銭を企て、元利をすませても月を重ねて集め、余分の掛銀を返すよう歎願したが一向にとりあげてくれず、「下々之者江多分相掛ケ」たため、家財を売払う者が出る始末である。

(2) 先年から村内入用手当金の箱があるので、このたびの要用に使うように歎願したが、一円とり立ててくれず、はなはだ不審である。

(3) 村の寺（西福寺）が天保十一（一八四〇）年から法事勤入用のため金子を他借したが、その返済も日銭と唱え「小前末々までも相集メ」て銀主に返したというが、これもどうなったか不分明である。

(4) 永代経入用手当として屋敷四軒ばかりを村方へ差出し、その作徳で勤めてきたが、この作徳米を役人衆へ取込み、それ以外に仏米とか燈明銭と称して麦を過分に取立てた。

(5) 庄屋の悴弥助の女房八重が寺の道具類を取出し質物に入れてしまっている。これらの道具は「村内一統ゟ差出し買求候品であるので道具の吟味を役人衆へ歎願したが、庄屋と年寄・組頭が同腹しているのか一向にとりあわない。

(6) 庄屋利兵衛は、役儀についてから、「自分入用之酒肴ニ至迄も村割ニ相掛り、剰農業日雇之賃銭迄も地下入用ニ相掛ケ候義」。

(7) 本山（西本願寺）へ上納するという名目で冥加銀を村内一同から取立てて組頭へ預けておいたが、ここ三、四ヵ年ばかりは本山へも差上げず、言語道断である。

これらの要求は、いずれも村役人の不正を衝いた村方騒動に特徴的な内容とみてよいが、芝村の場合は被差別部落に特有な当時の宗教支配に便乗した不正が指摘されていることは注目に値しよう。この騒動は、芝村百姓一同から起きているが、訴状の内容からみて高割に対する「身元割」（家割と考えてよいだろう）によって困窮する「下々之者」「小前末々の者」と称せられた階層によって支えられていることは十分想定できよう。

その具体的な存在形態は、芝村小作人の幕末期の小作騒動への参加からみて、貧農・小作人が考えられるが、もっと進んだ半プロ層をも含んでいたとみた方がよいと思われる。少し時期がくだるが、明治五（一八七二）年の壬申戸籍の記載によると、戸数三三八戸の職業内容はつぎのようになっている。(22)

農業一七七　農・駄賃持渡世牛馬渡世一　農・歩行荷持渡世一〇　農・藁細工渡世一
日雇渡世・あんま渡世一　農・駄賃持渡世三　農・牛馬渡世二　商一〇　雑・髪結渡世一　医一　工五
駄賃渡世一一　歩行荷持渡世五五　藁細工渡世一二　牛馬渡世九　日用品渡世一　髪結渡世三　雑三
御用渡世二四　あんま渡世一　工・下駄渡世四　下駄渡世二　寺一　計三三八戸

この数値によると、専業農家は一七七戸で全戸数の五二・三％、兼業農家（多くは小作人か）をふくめても五七・七％にすぎず、農業外の事実上の賃稼ぎの労働に従事するいわゆる「雑業」層が多く、芝村の農民層分解のはげしさを物語っている。明治四年の史料で、二六〇戸について持高別構成をみると、六四石三斗の地主一戸と二五〜三〇石層二戸の対極に、無高一二八戸、五石未満の高持が七四戸あり、両者で七八・四％を占めている。この層が村方騒動に無縁なはずはなく、さきの「下々之者」は、職業調査の時点と二十六年の隔りがあるが、これら半プロ・初期プロレタリアをふくんだものとみてよいであろう。芝村が慶応二年五月の西宮打ちこわしにさいして、直安米売渡しの寄合が「松原」で開かれたとき、西宮から参加を求められたのは、この激しい分解と西宮との職業上の交流から考えると当然のことであった。(23)

もちろん、弘化の村方騒動の訴状を貫く趣旨は、村役人の村方支配の不正であり、役儀に威を借りた不正であり、おそらく中富農層の指導下の運動であったと思われ、不正が総じて村入用の増加、農民負担の増大を生みだし「時々刻々必至困窮ニ相成行、村方一同御上納之御差支ニも相成候哉」という事態が生じていたのであるが、この動きが単なる高持の騒動でないと想定できる点が特徴であろう。

西摂において村方騒動は幕末期に頻発し、川辺郡下坂部村の例をみるだけでも、代官・村役人の頻繁な交替がみられる[24]。これらの動きは、ほぼ同種の旗本領の村々にも程度の差こそあれしばしばみられたことであった。しかも村方騒動を通じてみられる特徴は、村役人の不正が農村の窮乏、領主収奪の強化に便乗しておこなわれていることである。このことは村役人そのものの経営の不安定さとからんでいた。

村役人、とくに庄屋層は、経済的側面からみると、地主・富農（一括して豪農とよんでよいだろう）であるが、とりわけ大規模な地主的土地所有を実現していないかぎり、領主支配の末端に編成されていることが、マイナスの作用を及ぼすこともあった。とくに年貢納入の困難さが、村内の小作・貧農の動きに裏づけられたものだけに、また領内の村民が青山幸高系領三ヵ村のように「三ヶ村ニて借用無之者ハ、一ヶ村ニ一両人より無御座候、残ル者共田畑ハ不及申、家質差入多分ニ借用致居候[25]」（安政三（一八五六）年）という窮乏のもとでは、年貢皆済の責務はきわめて大きいものがあった。

たとえば、青山幸正系知行所村々で嘉永七（一八五四）年に起きた一連の庄屋をめぐる事件は、それを物語っている。この年、下坂部村庄屋利兵衛は、御用金の賦課に苦しみつつ「大切之水帳江致点作《（添削）》」し、欠所を命ぜられるという一件がおこった。本来なら田畑家財を悉く没収すべきところ、ようやく取上げた田畑家財の半分を悴に与えられ、利兵衛自身も村払のところ村内住居を認められた。その後間もなくこの添削行為は誤解であったと修正され、もっぱら「御用金去年中（嘉永六年）被仰付候処、何分難渋申立、上納不仕候ニ付、欠所申付」けたと記され、御用金拒否に起因するものとされた（沢田氏所蔵文書二の35-23）。

川辺郡浜村庄屋も、村方の年貢皆済にあえぎ、「何分困窮村ニ而、殊ニ公辺目安掛り等数多有之候ニ付」というように村方の借銀をめぐる訴訟が頻発して銀子の調達もできかねる有様で、領主は年貢不納者には手鎖を命じようと思うが、庄屋自らが不納で、公用への影響を考えるとそれも実行できないでいた。

この間の領主青山の態度をみると、村方の攻勢が激しいだけに、いいかえると村役人の交替をもたらす村方騒動が日常化しているだけに、安易に庄屋・村役人を更迭しかねているようである。浜村の場合は、結局この年の六月に庄屋がかわり、入札の結果、茂右衛門が就任した（沢田氏所蔵文書二の106）。

同支配の武庫郡中村でも、嘉永六年の十二月から重左衛門が不帰依を申立て「御上納抔者其年ニ上納不仕候而茂不苦、翌三月十五日迄ニ上納仕候へハ宜敷事抔与申」し、そのため小前百姓たちが、年貢を不納にする始末で、同七年六月に、庄屋・年寄と本役人八名が連名で、重左衛門を「押込隠居」にするよう申出ていた（沢田氏所蔵文書五の163）。

それだけではない。地方代官の動勢も微妙であった。青山幸正系の代官下坂部村東組の西田勝一郎（当時持高約三二～四石）が御用金三〇〇両の賦課をめぐって罷免され欠所においこまれるのもその一例である。幸高系の代官であった同村西組の沢田猪左衛門が、嘉永七年に幸正系の青山江戸屋敷に送った御用状をみると、御用金に応じない西田勝一郎と上大市村の代官松本市左衛門の二人を非難し、両人は「下拙（沢田）へ表向之義ハうつくしく付合被致候へ共、胸内者存之外悪敷、村役之腰押、去ル秋（嘉永六年）凶作ヲ申立候而御用金之義先ツ御断申上候様致候方、宜敷哉」と悪知恵を入れ、四月十七・十八の両日に武庫川の東岸、西国街道沿いの「ひげ茶屋」[26]に知行所村々の庄屋・年寄が参会したと報じている（沢田氏所蔵文書二の35-23）。

沢田が、武庫郡中村の庄屋へ内密に聞合せたところによると、代官沢田への不帰依と、江戸用人山本徳左衛門・

渡辺庄司を「相疑い」、結局御用金は不承知と一統一決したという。これには両代官が、下坂部村庄屋作右衛門と上大市村庄屋仁左衛門のあと押しをし、この二人が不承知の発頭人になっていた。庄屋二人はこの一件で退役させられることになり、同時に代官西田勝一郎の欠所という事態をひきおこしたのである。

この例も、村落支配の指導権をめぐる豪農間の抗争と評価できる面を多分にもつが、問題の争点が、領主の要請のままに御用金を賦課しようとする代官と、要請を受け入れようとしない代官・庄屋が対立し、御用金実現の困難さをめぐって展開しているのに注目する必要がある。のち安政五年に沢田が下坂部村西組代官不帰依を問われ、同家を農民数百名がとりかこんだというが[27]、これは、いまのべた嘉永の動きと明治二年の一八ヵ村強訴において沢田家が打ちこわされる事態との中間項として位置づけられ、同家の階級的性格の一端を物語るものということができよう。

これら一連の村方騒動にみられる特徴は、村方役儀の不正という一般的な騒動の内容にとどまらず、幕末期に強化されようとした臨時的賦課や本途年貢の軽減をもたらす用捨米・拝借米などの「諸引き」を軸に、村民の代官・庄屋に対するリコールが深められているとみてよいであろう。

村方騒動とは、本来別個の動きである小作騒動をつぎにとりあげ、この両者の関連について考えてみよう。小作騒動は畿内全域を通じて十九世紀前半、とくに天保期を画期にして相当の広がりを示し、連帯して行動することがほぼ恒常化していた[28]。武庫郡上瓦林村の岡本家でも、天保三年の旱魃による不作で小作料用捨が要求されるが、同家は「小作人申合一統用捨引申候得ハ、少モ用捨難相成」として、小作人の連帯した行動に反発している[29]。

同郡の中村の例も二件あげることができる。嘉永六年十月沢田代官支配（青山幸高系）の中村では、小作地を耕していた隣村の芝村小作人が、旱魃のため「格外之引方等申立、及応対ニ候得共我儘申張、今ニ壱人も蔵附不致ニ付、地主之者共迷惑致候」（沢田氏所蔵文書二の37-1）といわれ、小作料減免を要求して不納をもってのぞんでいた。

不作で広く救恤のおこなわれた万延元年の十二月にも、青山備前守（幸通系）と同監物（幸高系）の入組支配の中村で、同村および芝村からの小作人が、宛米一割八分の用捨がなければ小作料を皆済しないと「申募《ク》り」、そのうち青山主水（幸正系）の差図で、下作人は「最初申与者大ニ相違、宛弐割之用捨被下不申候（半脱カ）而者、悉ニ地持江差戻ス抔与申」、役所の威光を借りて小作地返還を辞さないで宛米の二割減を要求していた（沢田氏所蔵文書七の9）。

　このような小作人の減免闘争は、そのほかにもいくつかあげることができる。問題は、これが年貢減免とどう関連するかである。西摂地方の農民層分解を詳細に分析された山崎隆三氏の業績によると、十八世紀中頃から小商品生産の展開を前提にして農民層の分解が開始されるが、文化～天保期は分解の第一段階であり、本稿で主としてとりあつかっている安政～明治初年は第二段階にあたり、中農層（五～一〇石層）の両極分解が始まった時点とされる。(30)

　たとえば、穴太村の小作地率は、文政～天保期の一一％に対し、安政五年一九・五％、明治五年二一・九％と漸増していることが指摘される。この地方、とくに明治二年の一八ヵ村の激化事件をふくむ地域の農民層分解について、明治四年戸籍を分析された野田精司氏の成果によっても、(31)一五ヵ村五〇五戸のうち、土地所有別の規模をみると、一〇町以上一、五町以上四、四町以上一、三町以上七、対極として無所有七一、〇～三反一六七、三～五反五五であり（五反以下五八・一％）、中農とみるべき五反～二町以下は一七四（三四・五％）となっている。

　いまさらに一例を加えて、田能村の慶応二年の農民層分解を、入組支配のうち一部のみを示すと、第5表のようになり、ここでは地主的分解が相当すすみ、中農層がわずか二八・六％にすぎなくなっている。

　しかし、全体としては西摂地方武庫・川辺郡は、まだ地主制が支配的なウクラードにはなっていない。むしろ貢租に示される封建的土地所有の存在が問われていた時点であった。この両者の関連について、山崎氏は武庫郡西昆陽村を例にとって、年貢軽減が小作料の低下に結びつくことを指摘され、「貧農をふくむ全農民の減免闘争の成果と考えてよいのではなかろうか」と重要な発言をされている。そしてまた現物納の支配下のもとで「富農にとっても封建的貢租廃棄の要求が必然的であった」ともいわれている(32)。

小作料減免をめぐる闘争がかなり広汎におこなわれていたが、それらが一応の連帯を示しながら、年貢減免が小作料の軽減に通ずるメカニズムのなかで、小作料減免から年貢減免へ、小作人の運動をテコに全農民の参加をみた闘争に転化・発展させる要素が存在していたといってよいであろう。

慶応二年五月の人民闘争高揚期において、地主的土地所有の進んだ地域においては、小作人による救米要求が徒党や打ちこわしをともなって進展している。摂州住吉郡遠里小野村・住吉村・杉本村では、難渋の程度を「小作ヶ成ニ仕候難渋人」「小作仕候得共至而難渋人」「極難渋人」の三つにわけ、その数は遠里小野村について示せば、それぞれ一三六人・二六戸（うち一町以上経営が一二戸）、三三六人・六二戸・一三三人・二九戸、合計六〇五人・一一七戸となっている。小作経営の規模によって難渋の度合をはかり、しかも全く農業経営から遊離したと思われる初期プロレタリアが、「極難渋人」として計上されている。ちなみに同村の人口は、このとき九二二人であり、実に六五・五％が救恤の対象になっていた(33)。

西摂地方は、これほどの分解をとげていないために、打ちこわしの波が直接農村部において救米や値下げ米要求に発展するという形をとっていない。大坂隣接の摂州東成・西成・住吉郡との分解の段階や非農業的諸営業の展開のちがいとみてよいであろう。したがって、広汎に「無作」＝初期プロレタリアを析出するにいたらず、せいぜい

第５表　慶応２年３月田能村農民階層

持高石	戸数	階層内持高 石	持高比率 %
60～	1	66.2845	42.7
10～15	1	10.27249	28.6
5～10	5	34.077	
3～5	5	17.81447	28.6
1～3	12	23.44615	
0～1	13	3.3016	
0	3	0	0
計	40	155.19621	100.0

出典：上島彦兵衛氏旧蔵文書30－1

小作人層の増大をみるにとどまっていたといってよかろう。それだけに、この地方において小作料→年貢の問題が基本的に闘われる必然性があり、年貢減免が小作貧農層をふくめた全農民的な課題として展開する根拠があったのである。

むすび

以上みて来たように、西摂地方は天保期以後あらたな農民層分解をみせ、安政期以後はそれを急速におしすすめた。米価昇騰にみられる「諸色高直」のなかで、酒米の流通にも一定の変化があらわれ、旗本領で、村方買納の形式がみられるようになった。これは酒造米流通の一時的な混乱と農村における窮乏によって生じたものと思われる。

本稿でとりあげたように、天保以降の領主収奪は、本年貢の固定、減少に直面するなかで貨幣形態をとって付加的・臨時的なものが、なかば恒常化しようとしており、領主は利貸資本によって収奪されるがゆえに、より強く農民を収奪しようとしたが、これに対して農民は、用捨引・拝借米の慣例化をもって対処していた。旗本に象徴的な領主財政の窮乏を、現物米納制を堅持して酒米流通を確保する政策と一方での貨幣収奪の二つによってきりぬけようとはかったが、その間の矛盾は、村方騒動の形をとって顕現した。村方騒動は、ここでは領主の増徴の可否を農民的要求に基いてはかることからすすめられ、単なる役儀の不正の基準をこえたものであった。

また本来村方騒動と異質な、地主—小作関係を軸にひろがった小作騒動は、小作料減免が年貢減免と密接な関連性を有するところから、この日常的な闘いは、まだ小作人の連帯性と運動における主体の形成は未熟であるにしても——それは地主制がまだ確立していないことからくるのだが——、ついに倒幕を経過した時点で、旧幕領・旗本領から兵庫県に編入された地域を中心に、明治二年十二月には、小作料半減要求からついに年貢半減闘争にまで発展させた。この打ちこわしの起点になった東播東条谷や丹波篠山藩の例も、全く同じ関連をさし示している。

この小作騒動から本年貢半減にいたる闘いは、まさに一八ヵ村の小作人・貧農が参加することによって全農民運動にひろがり、封建的土地所有の廃棄に通ずる道をひらいたものであった。この層の動きが、村方騒動においても村役人に対するリコールの大きな起動力となっていたと考えられる。それゆえ、明治二年における西摂の激化事件を小作・貧農層の要求がすりかえられたとし、その原因を指導層が「没落しつつあった中農層であった」とする考え[34]や貧農そのものの「内部事情」に求める考え[35]は排されなければならないだろう。小作・貧農層の力こそが基本的矛盾を激化させる道を開きつつあったからである。

残された問題は、西摂酒造業地帯をまきこんだ半プロ・初期プロを中心にした酒造業の直接的な分業に規定された運動と、原料米生産地帯における本稿でみた動きとの関連を明らかにすることであろう。そして、さらに封建的土地所有廃棄の実態を問うとすれば、この地方の地租改正の分析、明治二十年代初めの地価修正運動の解明が求められるであろう。

註

（1）今井林太郎・八木哲浩『封建社会の農村構造』（有斐閣、一九五五年）、八木哲浩『近世の商品流通』（塙書房、一九六二年）、山崎隆三『地主制成立期の農業構造』（青木書店、一九六一年）、小林茂「明治変革期における農民闘争一～四」（『ヒストリア』一二・一三・一五・一六号、一九五五～五六年、のち『封建社会解体期の研究』、明石書店、一九九二年、所収）、小林茂「徳川幕府崩壊期における旗本の没落―七〇〇石取り青山氏の場合―」（『兵庫県の歴史』五号、一九七一年、のち『封建社会解体期の研究』、所収）、その他個別論文多数。

（2）前掲註（1）八木哲浩『近世の商品流通』一〇二頁以下、尼崎市『尼崎市史　第二巻』（尼崎市、一九六八年）第五章第六節。

(3)　マルクス『資本論　第一巻』（大月書店）四六四頁。
(4)　神戸市東灘区白鶴酒造株式会社文書。
(5)　前掲註（1）八木哲浩『近世の商品流通』二六九頁。
(6)　白鶴酒造株式会社文書。
(7)　関西学院大学編『灘酒経済史料集成　上巻』（創元社、一九五〇年）一〇二～一一一頁。なお関西学院大学編『灘酒経済史料集成　下巻』（創元社、一九五一年）二六五～六頁をも参照。
(8)（9）　拙稿「西摂青山主水領の在払制度」（『丹丘』二号、伊丹市立高等学校、一九六〇年、本書第Ⅰ部第一論文）。なお、河州交野郡の小田原領十六ヵ村の在払を分析された美馬佑造氏の研究、「在払米流通と在郷商人の発展」（『枚方市史研究紀要』六号、一九七二年、のち『近世畿内在払制度の研究』、松籟社、二〇〇六年、所収）も、宝暦以後この地方にみられる「村々買請納」に触れ、在払での払米の残額を各村が買い請けた形になっている場合（石代銀納）と、在払に参加して村が買い請けている場合にわけておられる。この指摘は、本稿の主題となった旗本領在払にもあてはまるが、米納年貢制がよりつよかったと思われる西摂地方では、沢田家の万覚帳をみても、年貢を、俵納のほか「五升六合はした寄ニ出ス」（安政四年）とか、「三拾五俵四斗二升」納（文久三年）とあることから、相当端数分米納が実施されていたと思われる。このことが、貧農層の米納とどうかかわるかが問題で、買請米の行方を考える上で一つの方向を暗示していないだろうか。なお美馬氏の「河州小田原藩領の在払制度」（『ヒストリア』六〇号、一九七二年、のち『近世畿内在払制度の研究』、所収）をも参照。
(10)　天保以後の酒造業の衰退と原料米の高騰を、柚木学『近世灘酒経済史』（ミネルヴァ書房、一九六五年）は指摘されている。この事情を勘案して村方が動くとすれば、村方買納もこの線上で酒造業との関連もふくめて理解すべき面もあろう。
(11)　拙稿「幕末期の社会変動と人民諸階層」（『日本史研究』一三一号、一九七三年、本書第Ⅲ部第五論文）。
(12)　大阪市立中央図書館所蔵土屋家文書（常陸土浦藩、大坂城代）。
(13)　豊中市史編纂委員会編『豊中市史　史料編三』（豊中市、一九五九年）四一九、四二二頁以下。

(14) 勝小吉著、勝部真長編『夢酔独言』（平凡社、一九六九年）一〇七頁以下。御願塚村の支配については伊丹市史編纂専門委員会編『伊丹市史　第二巻』（伊丹市、一九六八年）六七、八一頁。
(15) 布川清司『近世日本の民衆倫理思想―摂・河・泉農民の意識と行動―』（弘文堂、一九七三年）一七〇頁。
(16) 西宮市『西宮市史　第六巻（資料編　第三）』（西宮市、一九六四年）一六三頁。
(17) 前掲註（2）尼崎市『尼崎市史　第二巻』七八六〜九〇、九九三頁。
(18) 前掲註（13）豊中市史編纂委員会編『豊中市史　史料編三』五五九〜六〇頁。
(19) 前掲註（2）尼崎市『尼崎市史　第二巻』七九二頁。
(20) 『幕末珍事集』（京都大学国史研究室所蔵）。なお西宮の打毀しについては、寺田政幸「西宮一揆覚書」（『部落問題研究』二二号、一九六八年）・「慶応二年の打ちこわし」（『西宮文化』15）を参照。
(21) 前掲註（16）西宮市『西宮市史　第六巻（資料編　第三）』六五頁。
(22) 西宮市福祉事務所福祉課編『西宮市芦原地区の実態』（西宮市、一九六〇年、上田一雄氏の調査による）五頁の第2表・第3表。
(23) 前掲註（16）西宮市『西宮市史　第六巻（資料編　第三）』六六〜七頁。なおこの誘いをうけた小前百姓に対し、庄屋久兵衛が西宮は幕領で町奉行支配、芝村は私領で支配がちがうことを口実に説得し不参加にとどまった。
(24) 小林茂「近郊農村に於ける近世村役人の性格について」（『ソシオロジ』六号、一九五四号）、前掲註（1）小林茂「明治変革期における農民闘争二」七〇頁。
(25) 前掲註（1）小林茂「明治変革期における農民闘争二」八一頁。
(26) 「ひげ茶屋」付近の様子については、松岡孝彰「史料紹介　西国街道髭の渡し」（『地域史研究』三巻一号、一九七三年）を参照。
(27) 塩野芳夫「幕末百姓一揆の指導層―摂州川辺郡下坂部村に於ける代官騒動―」（『日本史研究』一九号、一九五三年、のち『近世畿内の社会と宗教』、和泉書院、一九九五年、所収）四四頁。
(28) 前掲註（11）拙稿「幕末期の社会変動と人民諸階層」に一応の整理を試みている。

(29) 前掲註(15)布川清司『近世日本の民衆倫理思想』一五四頁。
(30) 前掲註(1)山崎隆三『地主制成立期の農業構造』。
(31) 堅田精司「明治初期西摂における貧農層」(『兵庫史学』二六号、一九六一年)表一。
(32) 前掲註(1)山崎隆三『地主制成立期の農業構造』一四一、一二二頁。
(33) 拙稿「慶応二年大坂周辺打壊しに関する若干の問題」(『県西叢林』四号、兵庫県立西宮高等学校、一九五八年)第2表および大阪市住吉区、中野軌四郎氏所蔵文書。
(34) 前掲註(1)小林茂「明治変革期における農民闘争一〜四」、とくに『ヒストリア』一六号七八頁。
(35) 前掲註(31)堅田精司「明治初期西摂における貧農層」一七頁。

〔付記〕本稿執筆にさいして、史料の閲覧・利用に快く応じていただいた左の各位に厚く御礼申し上げます。

沢田正雄氏、西沢忠城氏、村上旭氏、大阪市立中央図書館の藤本篤・古西義麿の両氏、寺田政幸氏、白鶴酒造株式会社

幕末期の社会変動と人民諸階層

はじめに

幕藩制解体における人民大衆の果した役割を、幕藩制の歴史的特質のなかで明らかにすることが大切である。早く羽仁五郎氏が論文「東洋における資本主義の形成」の冒頭に、レーニンの「共産主義における『左翼』小児病」の一節を引用し「それぞれの国で」の「どうしてもとらざるをえない具体的な特殊性を完全に意識的に考慮する(1)」ことの重要性を暗示している。これはすべての分析にあてはまることであり、とりわけアジアにおける資本主義化を考えるとき欠くことのできない視角である。しかし、その前提として「根本的な原則的な問題」を明確に位置づけることによって初めて、その基本的な法則性がいかに「特殊性」をもって現象するかが究明しうるであろう。

この報告では、幕末・維新期の社会変革を、幕藩制解体の諸要因がほぼ設定される天保期（一八三〇～四四）から、開港、明治新政権の樹立、自由民権運動にいたる数十年の歴史過程のなかで明らかにしたいと考える。この時期は、天保期に生じた幕藩制の構造的危機を契機に、「人民大衆、人民の大多数が積極的・自主的に、自分自身の経済的および政治的要求をかかげて進出した(2)」ときであり、領主の反動化、上からの資本主義化と、農民を主勢力とする人民の下からの封建制解体とがきびしく対決し、人民の要求の痕跡を全歴史過程のなかにのこそうとした時期であった。数十年の過程のなかでは、それぞれの段階において人民大衆の政治的成長をあとづけることができる。

ここでは、主として開港前においてあらわれた矛盾を領主対農民の対立のなかにしめし、そこにおける人民闘争の歴史性を明らかにすることに主要な論点をおくことにする。

十八世紀にみられた商業的農業の展開に始まり、マニュファクチュアの形成に示された生産力の発展が、幕藩的土地所有を動揺させ、そこから、これを再編しようとする封建反動と反動を阻止せんとする全人民との間に、幕末維新期をめぐる基本的階級対立が存在し、幕藩的土地所有・半封建的土地所有と農民的土地所有の形成をめざす全人民の対抗が、惣百姓的な反対を基軸に激化している。そのもとで、人民とくに農民内部の地主・豪農と小作貧農・半プロの対立が村方騒動、小作騒動として内包されているという形態をとっている。この点に焦点をおいて報告をおこなうこととする。

一　天保期の経済変動と領主財政

最初に、経済変動の一般的傾向についてみておこう。幕藩制社会の価格構造の研究は、とくに幕末期の急激な価格変動が、人民の階級的成長の契機をなし、経済的にも政治上からみても重要な論点の一つである。

価格構造上の変化についていえば、享保期（一七一六〜三六）から慶応末年にいたる百数十年間において、米価安直、諸品高直に示される幕藩制中期の構造は、年貢米販売に依存していた領主財政の窮乏を促進したが、文政以後は物価上昇にかわっていった。この間、文政と天保の改鋳の影響は考慮されなければならないが、事実問題としては、改鋳に先行する形で物価上昇の長期波動が開始されていることが注目される(3)。もちろん、開港による経済変動とくに万延の改鋳による物価上昇の激化は周知の事実であり、幕藩制解体の主要な経済的要因となったが、ここではそれ以前の時期に、物価の一般的上昇の傾向が開始されていたことが注目される。

この傾向の開始こそ領主的危機を深刻化し天保改革の経済政策をみちびき出すものと考えられる。大きな前提としては、十八世紀中ごろから十九世紀前半にいたる小商品生産の展開があると思われるが、綿作および綿加工業についての畿内の独占的地位が崩れて広汎な地域的なひろがりをみせていた。そこから生ずる新しい市場構造の変化があり、それに対応する形で登場する上からの産物統制＝専売仕法、都市商人の動揺、加えて天保期以後集中的にあらわれる不作などの諸条件がからまってこの変動が生じたものであろう。幕藩制下でしばしばみられた物価引下げ令をとってみても、文政二（一八一九）年と天保十四（一八四三）年とでは価格構造上すでに質的な変化を含んでいると思われる。文政期（一八一八〜三〇）の物価引下げは、十八世紀にほぼ一般にみられた諸色高直、米価安直に対する対策であるのに対し、天保改革期のそれは、米価高騰に先行される全体的な物価上昇であり、その後、幕藩制解体期に一貫してみられる傾向に対処したものであった。それこそ、あらたな経済の領主的集中と政治権力の再編を領主に痛感させるにいたったものである。

このような価格変動をもたらした市場構造についても、白木屋・越後屋（三井）・長谷川などの江戸問屋を分析した林玲子氏の研究によると[4]、化政期以後各地の特産物地帯の変質がみられ、在方での直買・抜買・越荷が横行して、江戸問屋仲間の独占が動揺し崩壊し始めている。ここでは、明らかに在方と都市商業資本の対立が顕在化しており、畿内の国訴に典型的に示されるように直接生産者が在方中買＝在郷商人を通じて進出している姿がみられる[5]。

畿内周辺部の姫路藩の播州木綿専売（文政三年）や東海地方の尾張藩の知多木綿専売は[6]、これらの藩領における綿業の小営業的発展を、城下町商人と新たに把握した農村内の豪農を軸に流通ルートを通じて領主的に掌握しようとしたものである。姫路藩のばあいは、従来大坂木綿問屋の買いたたきをうけていたが、これを避けて江戸へ直積みするのである。その結果ここでは大坂への木綿回着量の減少を生ずるものの、依然として都市商人への依存という点では変化はみられない。

それはともあれ、畿内およびその周辺部に代表されるような、一般的に農民経済において小商品生産が展開した地域に対し、萌芽的利潤の形成のみられない後進地帯においては、専売制が領主の商人的役割の強化とそれによる収奪の進行が注目される。山陰地方は、十八世紀に綿業の展開が著しく、明治初年においても綿作の残存を見るところであるが、松江藩の天保十年の綿作を、ある村についてみると、綿種・肥料代を領主が貸付け、貧窮分解の結果として滞留した「極難人」の一部を、村内上層部＝質地地主が綿織物業に従事させるという事態がみられる。このばあい、地主は反当り一石に及ぶ小作料をあげるために、貧窮人＝零細小作人を質地小作関係をテコに債務奴隷的な賃労働に従事させているといってよく、小作経営が肉体消磨的賃労働と結合している姿を見ることができる。出雲国出雲郡においては、文化二（一八〇五）年には「其郡直江町木綿市追々致繁栄、中買共相増買溜候ニ付、余程木綿出増に相成候」という木綿生産の増大がみられるが[7]、この生産実態は領主収奪を補完する質地地主の小作人支配によってもたらされたものであった。なお都市の問屋商人は、山陰の伯州木綿・雲州木綿の掌握をはかり、越後屋（三井）は安永期（一七七一〜八一）から生産地への支配をはかるが、これも天保期（一八三〇〜四四）をすぎると激減し、開港前夜に三井家の窮乏を招いている[8]。

このような生産構造と領主的対応をもふくんだ市場構造の変化が、米を代表とする農産物価格の上昇傾向をもたらすが、このなかで年貢収奪の一応の固定化を克服するために領主階級は、貨幣形態での多様な収奪の強化をうち出し、人民諸階層との対立を深め、また賃銀切下げ、賃労働の抑制によっていっそう小作人・貧農層の動きを激化させる。その意味で、農民負担の強化と米価を代表とする価格変動が、幕末期の人民闘争激化の経済的背景をなすにいたる。

一方、領主財政はどのような窮乏におちいっていたであろうか。幕府財政は、古島敏雄氏が明らかにしたように[9]、文政三年に年貢賦課総額米換算量が一五〇万石を割って以来、「誠斎雑記」の記録の残る天保十二年まで一度も一五〇万石をこえることがなく、年貢増徴の困難さを示している。そのなかで、年貢外金納収入の量と比率の増加が注目される。

その主要なものは、元文改鋳以来久しぶりに実施された、文政期の改鋳から始まり、天保・安政・万延と続く貨幣改鋳の益金であり[10]、天保十五年では実に幕府総収入の二〇％を占めている。弘化以後についての村上直・大野瑞男氏の研究も同じ傾向を示しており、歳入額に占める金銀座益銀額が相当に増加し、文久三（一八六三）年には最大値を示し収入総額の五二・六％に達している[11]。

このような貨幣改鋳、とくに悪鋳による益金の捻出は、逆に原蓄の重要な槓杆となり、財政金融政策を通じて小農民の窮乏化をすすめていく点に特徴がみられる。

幕府が専ら貨幣鋳造権を掌握し、その益金に依拠しながら財政を補塡するのに対し、藩財政の改善は、専売制度による正金獲得に主眼がおかれる。専売制度は、小営業の一定度の展開を基礎にして西日本に広く実施されたが、ここでは正金銀と兌換することを前提に藩札の発行がみられる。しかし、この藩札がその価値の変動、総じてその低下におびやかされ、風聞によってすら容易に混乱を生じるものであった。その例を、泉州の関宿藩領の米札や備中国一橋領知の銀札[13]、さらには天保期に「御銀札引替も差滞り、数万人之難儀」となった摂津尼崎藩[14]などにみることができる。そして一八三〇年代以後において紙幣の発行もまた原蓄の槓杆《こうかん》としての機能を果した。

二　領主反動の基調と人民

年貢量が石高の枠内で固定化するなかで、なおかつ増徴をはかることが、領主財政の窮乏化を打開し、天保期（一八三〇～四四）以後増大する領主財政支出に対処するために必要であるが、そこでは臨時的な新たな賦課と石代納をはじめとする貨幣形態による収奪が基調をなしている。いずれも貨幣形態をとる点に特徴がある。その画期が天保期にあり、この傾向は、その後、海防問題・開港・内乱などによっていっそう増大する。

三河国の加茂郡一揆でも年貢金納相場引下げが要求の一つにかかげられている。(15) 畿内幕領において展開される石代平均願の最初は、天保七（一八三六）年のことであり、(16) 石代納をめぐる争点は、当時米価上昇にさいして、安石代運動ならびに三分一直段と平均直段との「差引間銀」年賦運動といわれている。(17) 畿内では直接地元に藩領をおく領主をのぞくと、飛地を有する譜代大名、三卿領知では石代直段については幕領三分一直段を採用するほか、それを基準にして収奪を強めようとしている。米作地帯では、石代納よりもむしろ米の現物納の強化をはかり、米価上昇による収入増を計画したと考えられるが（尼崎藩・高槻藩など）、ここでも貨幣形態による臨時的賦課の増大がみられる。

その意味で、天保期からはじまる価格変動に応じながら収奪を強化する方向がみられた。一般に畿内では年貢は基本的争点とはならず、河内の明和六（一七六九）年の丹南藩郷中騒動・(18) 天明二（一七八二）年の泉州一橋領知一揆以後、(19) 全藩的惣百姓一揆は姿を消し、国訴に示されるように専ら商品流通の自由を求める、都市特権商人との対抗と村方騒動の頻発に重点を移していたといえる。しかしながら、生産物地代の貨幣地代への転化がみられず、米価の変動に応じて石代をスライドさせて行くところから、依然として石高制による幕藩的土地所有が存在しているかぎり、年貢固定化から一歩増徴にふみ出したときには、全農民的な訴願運動が展開した。石代平均願は、いわば年貢版国訴ともいうべきものであった。

東北諸藩においても、庄司吉之助氏の整理をみると、(20) 享和以後文政期にいたる二〇件の百姓一揆のうち、安石代要求が最も多く七件、天保～文久期三五件のうち七件（名主不正が一四件で最大）、元治～明治四（一八七一）年の一五件のうち年貢問題が三件で最も多く、近世期を通じて東北諸藩一五一件の一揆のうち、年貢問題が六五件（四三％）を占めており、年貢が最重要の争点であった。南部藩でも連続する飢饉のあと、天保十年に全領民に軒割役を課し、有名な嘉永六（一八五三）年の三閉伊通の一揆の要求には、年貢強化について「御定役と申義、是迄無御座候所、二十ヶ年已前より一ヶ年二拾俵宛被仰付候処、当年十一俵宛両度被仰付」、「金納御年貢近年不都合罷成、高直に被仰付迷惑、已前は宮古町之米相場に御上納仕候」というように、(21)臨時賦課と石代による増徴に対する反対が貫かれていた。

ここに示された地帯はいうまでもなく質地地主・小作関係の支配的なところであって、他律的な貨幣経済の浸透が、領主の直接的な収奪強化と結びつきながら、質地地主が利貸活動を通じて萌芽的利潤をなしくずしに吸収していた。したがって年貢をめぐる争点は、質地を媒介にして質利値下げ・質地取戻しの要求を人民内部の対立の要因としてふくんだものであった。

領主反動化は、後進地帯では質地小作関係の展開を示し、豪農層の小農民との対立を深めるが、畿内においても小商品生産を代表した富農経営が、天保期以後ほぼその経営の拡大傾向をとめ、一定の生産力の発展の上に立って、むしろ利貸活動と急速な土地集中による地主的側面の強化の方向を歩むことになる。河内についての竹安繁治氏、摂津の山崎氏、八木氏らの詳細な研究は、この事実を証明している。(22)この変化は、貨幣形態をとった領主収奪強化に対応しているものと思われる。

明治二十年代に地主制がその支配を完成するまでは、ここにいう地主的側面の強化は、ただちに富農経営の放棄を意味するものではなく、両者の併存といってよい。しかし地主的土地所有がのび、小作地が幕末期すでに五〇％をこえる村々においては、生産力の担い手は富農ではなくなっている。かつて三〜四町歩経営（寛政四（一七九二）年に幕領で実施された四町歩経営のモデル計算を想起）によって担われた生産力は、十九世紀前半には一〜二町歩経営に移っている。西摂の富農岡本家も、天保十三年には「手作之向、外並ゟハ不出来ニ候」といい、嘉永元（一八四八）年には「中年ニハ少々劣り壱石八斗ゟ弐石余り、去年ゟ者弐三斗つヽ不作之様子ニ候、手作之分ハ去年位之平均（一石六、七斗）ニ相成候」といわれ[23]、同じことは、文化期（一八〇四～一八）には富農的意欲を示し、その後生産者的側面を弱めた河内綿作地帯の山沢家についても指摘できる[24]。

小作地率の高い河内綿作地帯をはじめ、一定度の小作地率を示す農村における小作人の存在形態は、直接に賃労働に依存する農村工業の展開を近辺にもちえないところでは、ほぼ自小作、小自作を中心としている。これら零細土地所有を媒介にして、小作騒動が村方騒動と結びつき、さらに年貢をめぐる惣百姓的な運動につながる契機があると考えられる。

実証的研究の豊かな河内綿作地帯での小作料の徴収は、天保期までは契約小作料が現実の収納の基準になっていたが、それ以後は減免慣行を反映して、出来高を見立てた、竹安繁治氏のいう「見立小作料額」が基準となっている。これは、小作料の決定に地主・小作人間の力関係が大きく作用することを示しており、しかもこれら見立小作料額の決定が「村極」によることからわかるように、単なる個々の地主の判断によるのではなく[25]、村内地主と小作人の力関係によることを物語っている。また年によっては、領主減免の大小が地主検見用捨引の額に関連するので、地主をはじめとする、自作中農、自小作中農は、無高小作人層の小作料減免に共鳴しながら自らは年貢軽減を要求することにもなる。

また本年貢の一般的固定化傾向に対し、小作料は地主・小作関係の流動性を反映してまだ流動的であった。地主的土地所有の拡大のもとで、小作騒動のもつ意味は大きい。しかしここにおいても、領主・地主・小作人の取分構成が、ほぼ実証的成果によるとそれぞれ一・二・二の比率になっていて領主取分は低くなっているものの、地主的土地所有が幕藩制の本来的構成要素でなかったがゆえに、一部特権化した地主豪農をのぞくと、農民として領主と基本的な対立を依然として有していたのである。農産物および加工品などの流通過程における都市問屋商人や専売制による前期的支配が農民の全体的反撃をまねくことはいうまでもない。

天保以後の利貸活動の強化は、村内農民への貸付だけでなく、村外にも拡延するという特徴がみられ、これが地主的土地所有の地域的拡大にもつながっていた。それと同時に地主上層部のなかには、都市商人とならんで大名貸に従事する者もみられ始めた。このように、領主は都市商人と地主の利貸資本によって収奪されて窮乏し、収奪されるがゆえにより多く一般農民への収奪を強化し、これへの吸着を深める。富農的発展が相対的によりつよく停滞し、利貸資本の転化形態としての地主的土地所有が進展する面は、ここにも求めることができる。

下作直段が三分一直段、蔵米直段を基準に決定され、貨幣形態での小作料の増徴がおこなわれるのも(26)、このような利貸資本の本性にねざしたものということができる。

三分一直段をめぐる闘争では、土地保有農民による惣百姓的訴願運動によって一応平均化を実現するにいたるが、しかし三分一直段を基準にした金納小作料については必ずしも平均化が実現されず、むしろあくまで公定の三分一直段よりどれだけ引下げるかという形で進んでいる。まだ私的な関係として地主―小作関係が存在し、小作層全体の階級的な結集が未熟であることの一端を示している。しかしこの要因を含むことが、基本矛盾を激化させることになるのである。

三　村方騒動と小作騒動

このようななかで、幕府は天保改革を実施するが、一方西南諸藩でも改革を通じて藩経済の自主化に始まる一藩絶対主義化の方向が進められていく。幕府に集中的に統一されていた幕藩的領有権の動揺が深化する。

天保改革にみられた株仲間の解散は、市場構造の変化、すなわち小商品生産の展開と、いみじくも阿部正蔵の調査が指摘しているように[27]藩経済自立化の方向による大都市の経済機能の低下、そこから生ずる物価騰貴に対処しようとしたものであった。しかしこのことは、株仲間から徴収していた莫大な冥加金を犠牲にしてのことであるから、幕府財政の観点からいえば、これを補うに足る貢租量の増大が必要であった。

株仲間の解散は、江戸・大坂・京都の三都から幕府直轄の地方都市へと展開されるが、大坂への入津量の減少、それによる都市特権商人の動揺に対して、天保十三（一八四二）年十月に専売制度の禁止が「五畿内、中国、西国、四国筋」[28]の国々領主を対象に実施された。この専売禁止令は、実は同年三月から始まっていた尾張藩の木綿専売にむけられたものといわれるが[29]、尾張藩の専売続行に、御三家をもふくむ藩と幕府の対立、領主階級内部の矛盾が顕在化してくる方向をうかがうことができる。

株仲間解散を保証する年貢増徴は、天保改革においては農本主義による小経営維持、抑商政策によって貫かれている。とくに先進地帯では、綿織物マニュファクチュアを波頭とする非農業部門への農民の進出、脱農化をおさえ、小農経営としてこれを村内で滞留させる方向をとった。

泉州堺周辺農村をみると、

米穀下直ニ随ひ、市中入交り之不定之耕作人共ニ而至而利倍之考早ク、耕地方不仕、追々余業ニ相成、小作人共不時ニ地所差戻、地主手支候へ共、荒レ置候儀恐多々分之町歩作付仕候、然ル所奉公人又者男女雇入等精々取調べ候而も、昨冬より当春に至り市中諸働色々臨時働迄も相稼、駄賃取賃取銭儲ニ相掛、且在分迚も近来木綿高直ニ随ひ右稼専に仕、又者村方ニより他所稼差止メ候分も儘有之、弥以人少ニ而耕作差支候故……、則手弱之女にてもさな（真田）並色々織屋働有之、女手業にても過分の銭儲有之[30]（天保十二年五月）

とあるように、小作人が小作地を返還して木綿織、駄賃稼、賃取などに従事して初期プロレタリアとして存在し始めたことを示している。

これに対し、物価の上昇傾向のなかで一方では奉公人・日雇・職人の賃銀切下げを領主の触や「村定」などによって実施し、脱農化人口の帰農を計画した。このばあい、地主的土地所有がほぼその形をととのえている地域においては、土地所有の整理が不可能である以上、帰農は小作人の形をとっての小経営への還流しかありえない。村請制による年貢収取を確保していくために、領主は郷村または支配領地単位ごとに、他村・他領への出作・出奉公を禁止し、村内または領地内の農業労働力を確保しようとするが、無高層の土地緊縛はあくまで小作人としての小経営の形をとった。天保十二年十月の泉州清水領知の触では、「男女とも十五以上六十以下之ものは、壱人前ニ田畑二反ツ、之積り小作可致、其余多分ハ出精次第たるべき事」と触れており(31)、「在村之身分ニ而皆式農作不仕ものが「賃糸取、或者往来筋駄賃荷物、又者村内日雇稼」に従事しており、以後これを改めて「小作たりとも精々相稼候様」（天保十四年四月）(32)という方針でのぞんでいる。

その間の実態的分析は中村哲氏の『明治維新の基礎構造』が詳細に展開しているが、労働人口・作付反別・奉公人などの調査がこの時期に集中的に実施されている。もちろんこの政策がそのまま貫徹したとは考えられず、さしづめ規制の対象となったと思われる泉州の木綿織業の展開をみても、文久三（一八六三）年二月の「木綿売捌一条ニ付永年心得方覚書」(33)に「其頃（文化七（一八一〇）年）織出候木綿壱ヶ年分惣反数凡百万反斗之事故、堺大坂ニ而輙売捌候得共、其後追々織出相増、凡弐百万反余ニ相成候」とあるように、文化から文久にいたる約五〇年間にほぼ生産高を倍増し、とくに文久三年には堺商人による流通独占を仲買と農民の反対で打破し、幕藩制下の綿国訴の掉尾をかざっていることから、抑制策が十分成功しなかったことは予想される。

ともあれ、このような形での帰農方針からすれば、年貢米の安定的収取は、同時に地主―小作関係における小作料の安定的収取によって支えられる必要がある。その意味で、地主の小作料収取は、年貢徴集のための村請制と分ちがたい関係にある。地主が一旦小作米をすべて手元に納入させて、その上で年貢部分を年貢として納入する形態のもとでは、村請制からの地主の相対的自立がみられるものの、全体として年貢確保のための領主支配機構をつかいながら地主の小作料実現がみられる。

　小作人による小作料納入をめぐる闘争は、自小作・小自作らの小作中貧農層によっておこなわれた。その事例は豊富にある。

〔A〕

一、其方村方小作免引之儀、近年来及過多候ニ付、御高余分所持いたし小作致させ罷成候向不引合之由、相聞江候、其振合追々押移候而者往々御年貢上納ニ差響候基ニも可相成歟、自今以後御用捨有之候年柄者御用捨ニ准シ免引相立、地主小作人両全之処相考、一同申談、相当之可致取斗候、其上小作人無体ニ免乞いたし不平穏之儀有之候ハヽ、其段御役所江可訴出候（文久元年十二月　旗本小出氏触）(34)

〔B〕

村方ニ寄、小作之者茂多人数寄集り、小作年貢別而用捨致し呉候哉、又者年賦ニ而取立呉候哉、熟（執）ニ而も深勘弁致候ワ而ハ、立行不申抔与難題申募リ候ニ付、村役人共色々申諭、取鎮候得共、容易ニ引退不申（慶応元（一八六五）年）(35)

〔C〕

一、先月廿八日私共始外小前之者共、最寄相談之上、小作御年貢引方之義（別本木綿作引方之義）地主へ申出候趣、達御聴、御役所様ニ而御吟味ニも可相成之処、村目附方ゟ取調子候様被仰渡候趣……、先月廿七日宿坊法座後、長左衛門・惣兵衛・吟蔵打寄、当稲作者相当之出来立ニ者候得共、木綿作引方聊ニ而も地主ゟ勘弁致呉間敷哉ト申出候折柄……、一統之者共江長左衛門・惣兵衛ゟ申談、最寄之上、地主ゟ申立候段、徒党之筋ニも相当り候様御利解被下（天保十五年十二月）(36)

ここに示した史料は、小作料減免闘争の一端であり、年貢徴集確保の立場からいえば小作人の言動は「徒党」として領主的統制の対象となった。摂津西成郡の畑場村々でも幕末期に小作料滞納がみられ、納入の催促に対しても「今在家村小作人ハ申合、壱人も応対ニ不参」（安政五（一八五八）年）、その翌年も「只今在家村之者等閑ニ仕、打捨置候事ニ御座候、其上外村之小作人迄誘ヒ合、人気悪敷仕候」(37)というように、小作人が村をこえて連帯する動きすらみられる。これに対し、幕領では「郡中詰合惣代」がおかれて監視の役を演ずることになる。

さきに少し触れたように、小作料の決定は、幕末・明治初年においてすでに個々の地主の手によるものではなく、「村極」や近村での地主的取りきめによる場合が多く、小作人の共同闘争に対する地主連合がみられるが、ここでも小作料や奉公人給銀の決定には村役人が強い発言権をもっていたことが注目される。河内綿作地帯に属する丹北郡若林村の明治初年の例をみても、安岡重明氏のすぐれた分析によると(38)、小作料が近村間で一定の取りきめによること、小作直段が村々相談の上で決定されていること、小作料決定をめぐる庄屋の動きが、小作層に「好意的」であるのに対し、奉公人の賃上げ要求には断固とした拒否の態度をとっている。その意味で、地主制の進展したところでは、賃労働の析出よりも小作経営の保証が村役人の関心事になっていることを物語っている。

村方騒動は、農民身分である村役人を支配の末端に編入しているという幕藩制特有の構造から規定されて、年貢不正、村入用の不正など農民負担の不正・不平等が、村落内の勢力争いとからんで、村役人攻撃という形で展開することが多い。このばあい、運動の指導は、村政における発言権を保持している上層農民にあり、必ずしも運動の中心は貧農層にはない。ここでは村役人糾弾・排斥は、あくまで郷村の行財政の責任者として「村役人」としての面に対しておこなわれ、地主的側面に対してでない点がまず注目される。

しかし、さきにみた小作料の決定・収取の機構のなかで、小作人による闘争が重要な推進力となっており、小作人の存在形態が主に自小作・小自作・無高小作の三様をとっているが、これらがいずれも村方騒動に関連することになる。

しばしば村方騒動の争点になる村方諸入用の不正も、村入用の配分をめぐって高割・家割の比率が村によってちがい、無高層でもこの点については費用の負担者であることから、不正問題について無高層の動きが当然考えられる。村役人の立場を利用して、宮田・講田や手余地を地主的に支配する方向（高槻藩・三田藩領や郡山藩大和国中の事例など）や、社倉米・救米などはその契機をなしている。たとえば、泉州における清水領知の社倉積穀は、村々人別出穀によっておこなわれており、持高の有無をとわず村内全農民への負担となっているかぎり、しかも社倉穀の貸付けが小経営維持のためにきわめて階層的性格をもって無高層を排除するのである以上、(39)無高貧農層の「成立ち」を逆に村役人に保証させる根拠となっている。したがって、村方騒動と小作騒動とは別個のあらわれ方をとりながらも、あい関連しており、後者における小作貧農層の運動が、村方騒動を深化・拡大する要因となっている。そして全農民の領土への反対をひろげる重要な要因をなしてきているが、しかしこの層が運動の主体性と持続性をになうにはまだいたっていない。

四　明治初年百姓一揆の様相

以上のべてきたように、天保期（一八三〇～四四）から顕著にあらわれる幕藩制解体に対処する封建反動は、人民への収奪の強化をもって進められるが、そのことによって、幕藩領主と人民との間の対立を激化せしめつつあった。かくて開港による世界資本主義との接触がいっそう幕藩制の解体を深化せしめる。いま開港以後の諸問題については別の機会に譲るが、天保期以後醸成されていた矛盾は深化した。木綿織マニュファクチュアに代表される綿業生産におそいかかる大量の安価な綿製品によってマニュ経営の発展の方向が停滞し、地主経営すら困難に直面し、その結果領主と人民の対立が、人民内部の富農・地主と貧農・半プロの副次的矛盾の激化によって尖鋭化する。直接には世界資本主義による収奪が万延の改鋳をもたらし、それが流通機構の混乱によって物価高騰（その内での賃金の低下）を招来し、非自給的な貧農・半プロ層の闘争を前進させた。このなかで、貧農・半プロ層の指導性はまだ獲得されず、全農民の闘争のなかに内包されていた。しかしその結果は、十八世紀の百姓一揆よりはるかに進んだ農民的要求をかかげた一揆のひろがりを示した。

倒幕を間にはさんだ慶応二（一八六六）年と明治二（一八六九）年は人民闘争が著しく激化した時点である。慶応二年五月に始まる都市の大打ちこわしは、まだ米の不足という季節的制約をうけて米をめぐる都市貧民・前期プロの闘いという要素はのこしているが、十八世紀末、天明七（一七八七）年五月に高揚をみせた大都市・地方都市の打ちこわしに比して、半プロ層を滞留させていた在方町や漁村にもひろがるという特徴をもっている。しかしその持続性の欠如はまだ半プロ層が運動の指導層をなしていないことを物語っている。中村哲氏は、慶応二年をもって世直し一揆の開始＝農民的農業革命の起点とみており(40)、下からの封建的土地所有廃棄の動きとして設定している。この情勢が、開港を契機に形成される点に幕藩制解体における世界資本主義の影響をみることができる。

その後、倒幕後、人民闘争はあらたな様相をおびてひろがり、年貢問題を中心に広範な展開を示した。いまその具体例の一つを示そう。

明治二年十一月十五日から摂津三田藩領において百姓一揆（郷騒）がおこり、農村部の豪農を打ちこわして城下町へ乱入し商人への打ちこわしに発展した。数多くの要求のうち最も基本的なものは、年貢六分引きであり、領主が四分引きの高札を建てるが納得せず、遂に五分引きで解決した。同時に小作料についても五分引きを求めて徒党を続けた(41)。この一揆は、さらに十一月二十九日に藩領をこえて隣国丹波国篠山藩に波及し、三田藩領大川瀬村の者が、篠山藩領の今田組の者を嘯集した。この地域は半プロ層の多いところで、彼らが中心となってまず領内の農村部を打ちこわし、その後、城下町に乱入、たちまち藩領全域にわたる一揆となった[42]。この動きは、同じ十一月に程近い播磨の美嚢《みの》郡および加東郡東条谷にあった鶴舞藩一七ヵ村にもみられ、年貢全免要求をかかげて二〇年賦納入による半減をかちとった。三田・篠山・東条谷など三ヵ国にまたがる経済状態をほぼ等しくする地域が支配単位をこえて一揆が展開したのである。ここに実現された年貢半減は、形式上は年貢減免闘争という幕藩制下に一貫してみられた要求にみえるが、単なる減免の枠をこえて新たな質的な変化、封建的土地所有の廃棄につながる線において理解する方が正当であろう。

この一揆は、不作と倒幕後の藩支配の動揺を背景として拡延しているが、具体的に拡延性を担っているのは、篠山藩では領内の貧農のほかに三田藩などの他領の者も含まれており[43]、その身軽な行動からみて半プロとしてよいと思われる。藩政に対する批判もきびしく、三田藩では説得・鎮圧に赴いた藩主は投石をうけて落馬し、「どふ盗人め」と悪態をつかれ、家老も駕籠からひきずり出されて駕籠をつぶされ、「誠ニあぶない事也」という事態であった。篠山藩でも藩主が「なげ打ち」にされている[44]。

篠山藩一揆の要求は、当上納五歩引、高掛り金として昨年・本年上納分（御用金）の返済、年貢俵石に五升の差米の廃止、金納直段壱石四両（当年石代八両一分）などですべて年貢をめぐるものであり、年貢負担者＝高持百姓の要求である。これに、質地関係をふくむ「相対貸借の金銭」について二〇年賦の要求、村庄屋肝煎の一人制などが加わり、土地保有から自由な村落構成員の要求をも反映していた。同藩内でも一揆に先行して下作人の減免闘争がひろがっており、一揆の背景をなしていた。摂津川辺郡の政府直轄領においても、三田・篠山一揆のあとをうけて、兵庫県支配一八ヵ村の「半年貢」要求から打ちこわしがおこり、小作料減免要求をも随伴して、闘争は自作農をふくむ地域の全農民によっておこなわれた[45]。

質地地主地帯でも年貢をめぐる基本的要求は全く同一であり、明治元年の東北地方を例にとっても、「元徳川御領天朝御領分奥州伊達郡川俣陣屋村々」は「夫々御年貢辻御免除被仰付」れ、同郡上糠田村も水害と戊辰戦争の戦火のなかで「御年貢筋者御認め達候通り、向三ヶ年御宥免被下候間」という状況であり、郡山宿でも「昨年（明治元年）御収納無税に被成下」、無年貢となっている。[46] この地方では世直し要求として質利子の引下げや質物返還の闘争を随伴する。

　このような地域的な差違があり、あるいは小作料減免、あるいは質地奪還などの要求を、小作人・質入農民によって闘いながらも、基本的には年貢をめぐって領主と農民の基本的対立が主軸をなしていた。

結びにかえて

　以上、幕末維新期の基本的階級関係を中心に考察してきた。ここ数年佐々木潤之介氏のすぐれた分析が、幕末維新期に革新的情勢として「世直し状況」を設定し、石高制を基本とした幕藩制の特質的構造の分析をふまえた「豪農・半プロ」論が提起されている。[47] 佐々木氏の問題提起のなかには、民主主義革命におけるプロレタリアートの役割というすぐれて現代的な関心が含まれており、山田盛太郎氏の『日本資本主義分析』であきらかにされたような軍事的半農奴制的資本主義の構造が幕藩制という特殊日本的な封建制の構造からどのように生まれてきたか、そこにおける変革主体がどのような「具体的な特殊性」をもっていたかをさぐろうとしたものであろう。そのなかで、「半プロレタリアの歴史的役割をその視点の中核にすえ」「変革の推進的役割をその一身に背負わねばならなかった」半プロ層について問題を提起したものであった。

　これに対しては、すでに大石嘉一郎氏をはじめとする批判がおこなわれているが、[48] 本報告もそれら批判の線に沿いながらまとめたものである。そのばあい、幕藩制の構造的特質の重要性はさることながら、そして山田氏の『分析』に帰結する形での日本の資本主義化が実現されたことを承認するとしても、ここにいたる歴史的変革過程をみるとき、たえず領主と農民の対立を基軸に、上からの解放と下からの解放とが一貫して相拮抗しはげしく抗争しているという弁証法のなかに理解しようとした。その意味で、もし真に人民的な変革をさぐろうとすれば、山之内靖氏が指摘されるように「アジアにおいて真の変革が起りうるとしたならば、いずれにせよ、生産者が商人兼資本家になってゆくという内部からの革命的道筋が、アジア的独自性をとおして貫徹されなければならない[49]」であろう。そしてそのためには、維新変革の進展のなかに、「下層民の大量の革命化」がすすみつつあるが、本来歴史的任務を果すべき「下層部位の内に主体性が確立されているか否か[50]」について、当時の生産力段階のなかで民主主義運動の力量とその主体が確定されることこそが重要であろう。

註

（1）ソ同盟共産党中央委員会付属マルクス＝エンゲルス＝レーニン研究所編、マルクス＝レーニン主義研究所訳『レーニン全集　第三一巻』（大月書店、一九五九年）八〇頁。

（2）レーニン「国家と革命」（『レーニン全集　第二五巻』、大月書店、一九五七年）四四九頁。

（3）新保博「徳川後期の価格構造―物価史研究への一つの試みとして―一・二」（『国民経済雑誌』一二一巻四・五号、一九七〇年）、山崎隆三「近世後期における農産物価格の動向」（『経済学年報』一九号、一九六三年）。

（4）林玲子『江戸問屋仲間の研究―幕藩体制下の都市商業資本―』（御茶の水書房、一九六七年）第四章。

（5）なお松本四郎「幕末・維新期における経済的集中の史的過程」（『歴史学研究』三二九号、一九六七年、のち「市場構造の変化と商業金融―幕藩制的経済構造の瓦解と転成の道筋」と改題・要約し、『幕末維新期の都市と経済』、校倉書房、二〇〇七年、所収）は、米市場の変化や商業信用の不振による都市問屋商人の変容を分析している。

（6）穂積勝次郎『姫路藩綿業経済史の研究』（穂積勝次郎、一九七〇年）、林英夫『在方木綿問屋の史的展開』（塙書房、一九六五年）。

(7) 藤澤秀晴「序稿　棉作と御立派以後の藩政について」(『島根史学』七号、一九五七年)七頁、岩成博「幕末における商品生産と地主制—旧出雲郡を中心として—」(『島根大学論集　社会科学』五号、一九五九年)四一頁。

(8) 前掲註(4)林玲子『江戸問屋仲間の研究』第四章第一節。なお中井信彦『転換期幕藩制の研究』(塙書房、一九七一年)も、越後屋の因伯木綿の買入れを分析している(三七〇～二頁)。

(9) 古島敏雄「幕府財政収入の動向と農民収奪の画期」(古島敏雄編『日本経済史大系　第四　近世下』、東京大学出版会、一九六五年)。

(10) 田谷博吉『近世銀座の研究』(吉川弘文館、一九六三年)。

(11) 村上直・大野瑞男「幕末における幕府勘定所史料—文久三年「金銀納払御勘定帳」「米大豆納払御勘定帳」について—」(『史学雑誌』八一巻四号、一九七二年)。

(12) 一、天保八酉年正月五日夜、米札一件ニ付、ぐ孫(具足屋)・ぐ半・市三人ゟ書物参り、其文略、然者此度米札一統不通用之内専風聞御座候間、明日ゟ取引之義御断奉申上候との書面、幸助殿ヲ以早束(速)ニ御役所御手代衆中迄入御覧候処、御承知之由御申被下候……、其夜八ツ時頃ゟ門の戸たゝき、米札引替被下度段申之、夫ゟ善三郎方男共ハ九郎方之男共并内之手夫々かりあつめ、新宅ヲ為片付候処……、翌日人の参り候迄片付、そこをはくやはかぬまに多人数中参り、追々誠ニ八ツ時頃ト申ものハ多人中ニていたし方も無之、凡人ハ四五百人斗参り候処、あちらニて断を申候而已故、八ツ時半頃ニ者こちらへ参り、大勢ニて門をゑひト声を出しおし候へ共(者)、門の〆貫はつれ、どや〳〵ト大勢入込申、其先新宅ニおいていたしかた無之候付、十四日よりト申張紙をいたし候得共、直ニ夫々手をかけ引めくり候ゆへ、と(ど)ふもいたし方無之(下略)(大阪大学経済学部中辻家文書、作道洋太郎氏のお世話になった)。

(13) 大山敷太郎『幕末財政金融史論』(ミネルヴァ書房、一九六九年)第六章。

(14) 作道洋太郎「近世農村社会における貨幣経済の問題」(宮本又次編『近畿農村の秩序と変貌』、有斐閣、一九五七年)八五頁。

(15) 「鴨の騒立」(庄司吉之助・林基・安丸良夫校注『日本思想大系五八　民衆運動の思想』、岩波書店、一九七〇年)。

(16) 拙稿「幕末期畿内における石代納—三分一直段平均化をめぐって—」(小葉田淳教授退官記念事業会編『小葉田淳

教授退官記念　国史論集』、小葉田淳教授退官記念事業会、一九七〇年、本書第Ⅰ部第三論文）。

(17) 森杉夫「間銀をめぐる農民の動向」（『ヒストリア』二六号、一九六〇年、のち『近世徴租法と農民生活』、柏書房、一九九三年、所収）。

(18) 小葉田淳監修『堺市史　続編　第一巻』（堺市役所、一九七一年）。

(19) 森杉夫「天明期の百姓一揆―泉州一橋領知の場合―」（『社会科学論集』創刊号、一九七〇年、のち前掲註（17）『近世徴租法と農民生活』、所収）。

(20) 庄司吉之助『東北諸藩百姓一揆の研究』（御茶の水書房、一九六九年）。

(21) 前掲註（15）庄司吉之助・林基・安丸良夫校注『日本思想大系五八　民衆運動の思想』、森嘉兵衛『三浦命助伝―南部藩百姓一揆の指導者―』（平凡社、一九六二年、のち『森嘉兵衛著作集　第七巻　南部藩百姓一揆の研究』、法政大学出版局、一九九二年、所収）三二三頁。

(22) 竹安繁治『近世畿内農業の構造　近世土地制度の研究第三部』（御茶の水書房、一九六九年）ほか、山崎隆三『地主制成立期の農業構造』（青木書店、一九六一年）、今井林太郎・八木哲浩『封建社会の農村構造』（有斐閣、一九五五年）。

(23) 前掲註（22）今井林太郎・八木哲浩『封建社会の農村構造』一一四～五頁。

(24) 前掲註（22）竹安繁治『近世畿内農業の構造』一二三～四頁。

(25) 竹安繁治『近世小作料の構造　近世土地制度の研究第二部』（御茶の水書房、一九六八年）一三三頁以下。

(26) 前掲註（25）竹安繁治『近世小作料の構造』第二章第二節、その他。泉州大鳥郡赤畑村の高林家の例をみると、小作直段は文化末～天保初年では農村における米販売価格によって決定されていて、三分一直段とは無関係であるが、このころから未進小作料が従来の小作直段よりかなり高い水準に変更され、未進者に対する高利貸収奪の強化がみられる（中村哲『明治維新の基礎構造』（未来社、一九六八年）三八三頁以下）。

(27) 「諸色取締方之儀ニ付奉伺候書付」（大阪市参事会編纂『大阪市史　第五』、大阪市参事会、一九一一年、のち復刻、清文堂出版、一九七九年）。

(28)　大蔵省編『日本財政経済史料　巻七　経済之部　第四』（財政経済学会、一九二五年）八一六頁。
(29)　北島正元編『体系日本史叢書二　政治史二』（山川出版社、一九六五年）四一八頁。
(30)　牧野信之助『土地及び聚落史上の諸問題』（河出書房、一九三八年、のち複製、日本資料刊行会、一九七六年）。
(31)　堺市、高林誠一氏所蔵文書。
(32)　堺市、高林誠一氏所蔵文書。
(33)　堺市、高林誠一氏所蔵文書。
(34)　堺市、氏家正吾氏所蔵文書。
(35)　津田秀夫「幕末期大坂周辺における農民闘争（幕末における農民一揆）」（『社会経済史学』二一巻四号、一九五六年、のち『近世民衆運動の研究』、三省堂、一九七九年、所収）、河内古市郡古市村の例。
(36)　堺市、浅尾十三氏所蔵文書。
(37)　小林茂『近世農村経済史の研究―畿内における農民流通と農民闘争の展開―』（未来社、一九六三年）三六四頁。
(38)　安岡重明「賃労働者層形成期の経済と社会」（前掲註（14）宮本又次編『近畿農村の秩序と変貌』）。
(39)　拙稿「泉州清水領における社倉制度」（『堺研究』四号、一九六九年、本書第Ⅰ部第五論文）。
(40)　中村哲「明治維新と農民革命」（『日本史研究』一〇四号、一九六九年、のち『世界資本主義と明治維新』、青木書店、一九七八年、所収）五四頁。
(41)　三田市、朝野庸太郎氏所蔵文書。
(42)　篠山藩一揆については、岡光夫『近世農民一揆の展開』（ミネルヴァ書房、一九七〇年）第四章、「明治二巳年十二月乱暴一件ニ付出京手扣」（青木虹二・森嘉兵衛編『日本庶民生活史料集成　第一三巻　騒擾』、三一書房、一九七〇年）。
(43)　朝野庸太郎氏所蔵文書「明治弐己巳年日和附諸事聞書扣　諸相場附　朝野重兵衛」によると、
ソノ田（篠山藩大庄屋）申ニハ、我ト、《(徒党)》ヲ人ニ成テ我命ヲ捨、願之義ヲ申上る、殺されても願上る、其儘□候百姓待居、其時殿様出て、五ヶ条之義ハ何成共聞込と被申候処、無方《(法)》人有て、是迄何事言た事ニ相違有故、役々不立と申者有、殿様へなげ投スル、是ニ付、殿様御立腹、おれとなげ打致スからハ打取と申され候ニ付、百人斗りく丶る、町方木戸〳〵〆テ人ヲしらべ候処、他領之者多分入込有也、三田ゟ九人入込、加茂村ニ弐人、本庄村へいかけや、大川セ《（瀬）》壱人、黒井之者、播州之もの、皆金子非《（緋）》ちりめん色々盗取候ニ付、盗不取者ハ縄付ニ成共たすかる。

(44) 同上文書、三田藩の鎮圧についてみると、左のとおり。

一御上ニハ押へ不付候ニ付、役掛り惣登城、朝ゟ夜迄詰越し衆評之上、十五日（明治二年十一月）之五ツ時過ギゟ、殿様奉行白洲退蔵様初メ、殿様御馬近習弐人、御馬奉行白洲駕ニて、百姓加茂橋ヲ不渡先ニ押寄、是にて談対《（ママ）》致し押留候思召ニ候処、百姓之方ゟ先キヲ取、橋ヲ乗越大勢集り居候処へ、殿様馬上ニて、何願筋有之ハ何事も聞取候間、引取様被申候ニ付、百姓共殿様近キ候者ハかぶり物ヲ取、殿様ヲ置、町方之方へ行過シ、何か近習之云様あしく申者も有、又松明ヲ百姓之中へつき出し候ヲ相図《（合）》ニ起ると申も有、何か先き行過キ候者又立帰り、かも《（加茂）》村方ニて殿様ヲ中ニ取巻、馬ヲ見掛ケ、割木財《（材）》木石抔ヲなげ打候ニ付、馬ハおどろきはね上り、殿様馬ゟ落候ヲ、ふらんけん《（ブランケット）》ヲ百姓引取、みじんニ引さき、籠ハ溝へ踏込ツブス、殿様・家来分レ〳〵ニにげる、此時東の上村かじや喜兵衛と申者、組庄屋役致し居候者、殿様ヲ□引はり、くい川を負て渡ス、誠ニあぶない事也、百姓、殿様ニどふ盗人め、色々悪口ヲ申取掛り、近習天野氏御殿へ帰り候処、殿様御返り無之ニ付、又立戻りさがす。

(45) 小林茂「明治変革期における農民闘争一〜四」（『ヒストリア』一二・一三・一五・一六号、一九五五〜五六年、のち『封建社会解体期の研究』、明石書店、一九九二年、所収）、尼崎市『尼崎市史　第三巻』（尼崎市、一九七〇年）。

(46) 庄司吉之助『世直し一揆の研究』（校倉書房、一九七〇年）二六三、二七〇頁。

(47) 佐々木潤之介『幕末社会論―「世直し状況」研究序論―』（塙書房、一九六九年）はじめ一連の労作。

(48) 大石嘉一郎「明治維新と階級闘争―とくに農民闘争―」（『歴史学研究』三三九号、一九六八年）、前掲註（40）中村哲「明治維新と農民革命」、中村政則「現代民主主義と歴史学」（歴史学研究会・日本史研究会編『講座日本史一〇　現代歴史学の展望』、東京大学出版会、一九七一年、のち『日本近代と民衆―個別史と全体史―』、校倉書房、一九八四年、所収）、丹羽弘「幕末維新期における農民諸階層の存在形態―美濃縞地帯における―」（『岐阜経済大学論集』

五巻三号、一九七二年）ほか。

(49)　山之内靖『マルクス・エンゲルスの世界史像』（未来社、一九六九年）三八四頁。

(50)　山田盛太郎『日本農業生産力構造』（岩波書店、一九六〇年）九一〜二頁。

幕末・維新期の民衆は何を求めたか

開国前の社会矛盾

十九世紀に入ると、幕藩体制下の民衆もしだいに民富を蓄えつつ次の時代への準備を整え始める。この頃、村むらに建てられた石燈籠が鎮守の森に遺されているが、その多くは、五穀豊饒《ほうじょう》と村中安全の思いを込めた刻銘をとどめている。

明治《めいじ》維新《いしん》を広い社会的視野からとらえると、天保期（一八三〇～四四）から明治憲法の登場（一八八九＝明治二十二年）までの数十年にかけての変動とみることができる。この期間は、まさに内憂外患こもごも登場してついに国家のあり方が鋭く問われた激動の半世紀であった。

天保八（一八三七）年の大塩平八郎《おおしおへいはちろう》の乱を挙げるまでもなく、民心が幕藩領主のあり方を生活の場から考え始めたのが、天保期であった。三河《みかわ》田原《たはら》藩の重臣で蘭学者であった渡辺《わたなべ》崋山《かざん》が、天保二年、旅先の相州《そうしゅう》厚木《あつぎ》近在で出会った侠客駿河屋《するがや》彦八《ひこはち》から、「今ノ殿様ニテハ慈仁ノ心、毫分《ごうぶん》モ之《こ》レ無ク、隙《すき》ヲ窺《うかが》ヒ、収斂《しゅうれん》ヲ行フ、殿様ヲ取カヘタランコソヨカルベシト思フ也」という言葉を聞きとっている。旗本領の「村長《むらおさ》」をも務めるこの人物は、村民一般より領主支配について考える機会が多かったのであろうが、それにしても、このあと実施される天保改革の前提として、このような時代への認識があったことは注目される。維新を経て新政権のあり方を問うた明治十七（一八八四）年の秩父《ちちぶ》事件の困民《こんみん》党の面々の思想と底流においてつながるとみてよいだろう。すでに厚木だけでなく、下《しも》野烏山《つけからすやま》領内でも「政事甚苛刻、人情皆怨怒《えんど》ヲツツム」とも崋山は記している（「游相日記」「毛武游記」）。

崋山が「万国の国体・政務・人情・世態等、蘭書中より抄出し、又は伝聞に出たる事などを湊洽《そうごう》し」、『鴃舌《げきぜつ》小記』を著わしたのも、獄中にあった高野長英《たかのちょうえい》が「近歳 凶歉《きょうけん》打続き、人心 恟々《きょうきょう》 安からず、富《とめ》る者は益々富み、貧者は愈々《いよいよ》窮し、窮民処々に騒擾《そうじょう》」したからと述べたとおりである。この頃から識者は政権構想を外国に求めて模索し始めていたのである。

この時点から五穀豊饒・村中安全の願いはいっそう必要性を帯びてくる。社会変動の深化に伴い、領主は財政補塡のためさまざまな新規の政策を図って重課をすすめ、民衆の負担と怨嗟《えんさ》を大きくしていった。

癸丑以来の難局と民衆

幕末の社会変動は、明治維新というより明治革命と呼ぶにふさわしい内容をもっている。その本格的な登場は、当時の文書にしばしば登場する「癸丑《きちゅう》以来」、すなわち嘉永六（一八五三）年のペリーの率いるアメリカ東インド艦隊の浦賀《うらが》来航からである。内的に醸成されてきた幕藩制社会の矛盾は、外からの衝撃をうけて一挙にひろがり始める。安政五（一八五八）年の日米修好通商条約など五ヵ国条約の勅許問題をめぐって政争が開始され、将軍継嗣問題もからんで急速な展開をみせた。合わせて世界資本主義による包摂《ほうせつ》が、貨幣改鋳、物価騰貴を生み、いっそう民衆の政治批判の目を育てていった。民衆は国内外の動勢を、かつてないほどの情報の量とスピードを得て、社会的関心を深めた。

条約問題を契機として展開した政治問題は、万延元（一八六〇）年の大老井伊《いい》直弼《なおすけ》の暗殺、文久二（一八六二）年の老中安藤信正《あんどうのぶまさ》の襲撃など、激化する公武《こうぶ》合体《がったい》派と尊王攘夷《そんのうじょうい》派のめまぐるしい抗争をもたらした。そして京坂を舞台に局地的な武闘が見られたが、やがて全国的な軍事対決となっていった。

当時、すでに幕藩制国家存立の重要要件の一つであった鎖国制は崩れ去り、世界資本主義の一環に日本は強力に編成され始めた。祖法のいくつかが相次いで崩壊する。寛永十一（一六三四）年の三代将軍家光《いえみつ》以来「上洛ノ廃典」とされていた将軍上洛が文久三年、実に二三〇年ぶりに再現され、一四代将軍家茂《いえもち》が入京する。このときには参勤交代《さんきんこうたい》制も改変を迫られていた。

元治元（一八六四）年禁門《きんもん》の変で長州《ちょうしゅう》藩が幕府の制裁をうけ、やがて全国的な兵乱のスタートとなる長州戦争の第一波が開始される。このなかで民衆の長州びいきの気運がひろがる。「残念さん」信仰の動きもその例である。同年七月、江戸と大坂にあった長州藩の蔵屋敷が破却された。大坂では町奉行所の命をうけた三郷火消人足の手で土佐堀・江戸堀・富島《とみじま》の建家・土蔵が崩された。「諸人一見、何れもおしまぬ人なし」といわれ、いち早く江戸堀長州藩の浜屋敷の柳に人びとが群参し、柳の葉をもち帰り、これを煎じれば何病でも癒るといい、たちまち木は裸になり、果ては柳の木を切ったり削ったりする始末であり、土佐堀浜の屋敷地の柳も同然で、町触《まちぶ》れによって群参を制止しなければならなかった（『大阪編年史　第二四巻』、大坂市西区役所文書、『上方』四九号）。

この種の動きは、九月に大坂高麗《こうらい》橋に見られた張紙のように「将軍上洛はいらぬ事、此後上洛なれば一文も町人よりは出銀せず」「公儀に用金出す馬鹿はなし」（『大阪編年史　第二四巻』）というきびしい幕政批判となり、その後さらに怒りを噴出させる。

長州戦争と民衆

八月の長州征伐の軍令も容易ならぬ事態を含み、当時上洛といわず「進発《しんぱつ》」（のち神罰と風刺される）としたのは、「上坂ト称セズ、長州征伐ニ親発トノ運《はこび》ハ、江戸ニ於テ上洛候ト運候テハ御供致ス可シト申臣一人モ之レ無ク（是ニテ旗下譜代ノ心知ルベシ」」「長州長州ト陣ブレニ相成候ヘバ、群臣我モ我モト御供願出候由」（『続再夢紀事』）で、幕威失墜の表れであったという。

慶応元（一八六五）年九月に大久保《おおくぼ》一蔵《いちぞう》（利通《としみち》）が西郷吉之助《さいごうきちのすけ》（隆盛《たかもり》）に宛てた書状によると、「御当地（京都）より大坂辺は、下匹夫に至迄、幕府を悪事《にくむ》甚舗《はなはだしく》」「親藩さえも（長州征伐は）御為に宜《よろし》からずと存候者は、名を正し義を明らかにして言上いたし候」とあり、武士から民衆まで不評を買っていたことを知りうる。

その後一年足らずで、大坂・江戸の大打ちこわしがあり、米価・物価高騰の生み出す矛盾が、戦乱の地となった中国筋西部だけでなく、基幹都市をまきこんだ。慶応二年七月に薩摩《さつま》藩主島津茂久《しまづしげひさ》とその父久光《ひさみつ》の関白二条斉敬《にじょうなりゆき》宛て上書は、まず「内外大小ノ憂四方百出仕、実ニ皇国危急存亡、此時ニ御座有ル可シ」とし、第二次の長州戦争のもとでの一連の一揆にふれたあと、「兵庫・大坂・江戸ノ騒動伝承仕候、即今兵庫・大坂ノ儀、将軍御在陣中号令整粛、軍威四方ニ輝ク可キノ処、却《かえっ》テ足本ノ卑商賤民ノ如キ、厳威ヲ憚ラズ大法ヲ犯シ候儀、所謂民、命ニ堪ヘズノ苦情ニ出候事ニテ、忍ブ可カラザル次第」「米価ハ勿論、諸色《しょしき》未曾有ノ騰貴」「率土分崩、救フ可カラザルノ勢ニ及候」と、軍指令の本拠大坂の民衆蜂起に始まる「民不レ堪レ命」事態を深刻にうけとめ、国家瓦解の危機感を示している。

開国によるメキシコ・ドル支配に対処した万延元（一八六〇）年の貨幣改鋳は、国内の産業構造の変化、軍事動員に伴う流通機構の混乱とともに、諸物価の一層の騰貴を生み出していた。米一揆と呼ばれる慶応二年五月の打ちこわしはその矛盾を経済的に示したもので、それが長州戦争によって生み出されただけに、政治的意味の大きいものであった。

当時年貢問題も農民にとって第一義的に重要事であった。早く天保八（一八三七）年大塩が檄文で年貢等にかかわる諸記録帳面の焼却を求め、文久三（一八六三）年の尊王攘夷派の大和天誅《やまとてんちゅう》組や但馬生野《たじまいくの》の蜂起が、さらに慶応四年の討幕先陣を承った相楽総三《さがらそうぞう》らの赤報隊《せきほうたい》が、そして現実にはこの年の生野代官所の高札や、明治二（一八六九）年の摂津《せっつ》北・西部地域の騒擾《そうじょう》でいずれも年貢あるいは小作料の半減をうたったのも、このことを証明している。質地を軸に土地移動がみられた東北などの地域はその取り戻しを求めている。土地と年貢、これが基本問題であった。

そのためにも、村落内の民主化、豪農と貧農・半プロの対峙を求める「世直し」が必要であった。加えて開国後は、旧秩序を超える激動が民衆をつつみこむ。貨幣経済が隅々まで浸透していた幕末期には、物価問題も重要な要素として登場する。十九世紀前半に始まった米価安、諸色安の物価構造が天保を経て、ウェスタン・インパクトをうけて、米価・諸色あげての高騰となった。慶応二年はそのピークとみられ、民衆が歴史におどり出す時期でもあった。天下泰平がゆらぎ始めたのである。

ここで、当時流行した落首に民衆の声を聞こう。兵庫県三田《さんだ》市にあたる城下町三田の金物商、鍵屋重兵衛の記録（朝野家文書）の例は、長州戦争をどうみたかを民衆の言葉で語っている。

(1)　略詩（落首）ニ東西南北ニて云
東から南西に北　ひがしからなにしにきた
東からだんご三ツを喰に来て、箸がかたうて喰かねて居る　将軍大坂留る（慶応元年）

(2)　おとしばなし御座候　伏見ニ御泊留之節、将軍様へ家来共申上ニハ、アナタ様が大坂御立じゃと云と、米百目下落ニ成る、江戸へ御帰るか、腹でも切なされたれバ、米ハ段々と安易ニ相成候と申、将軍腹切バいたひ（痛）、左様なれバ首釣なされ、首つるのもあまりに見苦しゆえ舌かんで死のふか、舌《した》かめバいとふ御座り升《ます》と申し上る、将軍仰ニハ、下《した》のいたむハかまわぬと仰せられ候

(3)　去丑冬（慶応元年）ニ世間之評、将軍様大将軍ニ御座候得は、いん五が五百目ニ米が成と言、将軍が西へ行

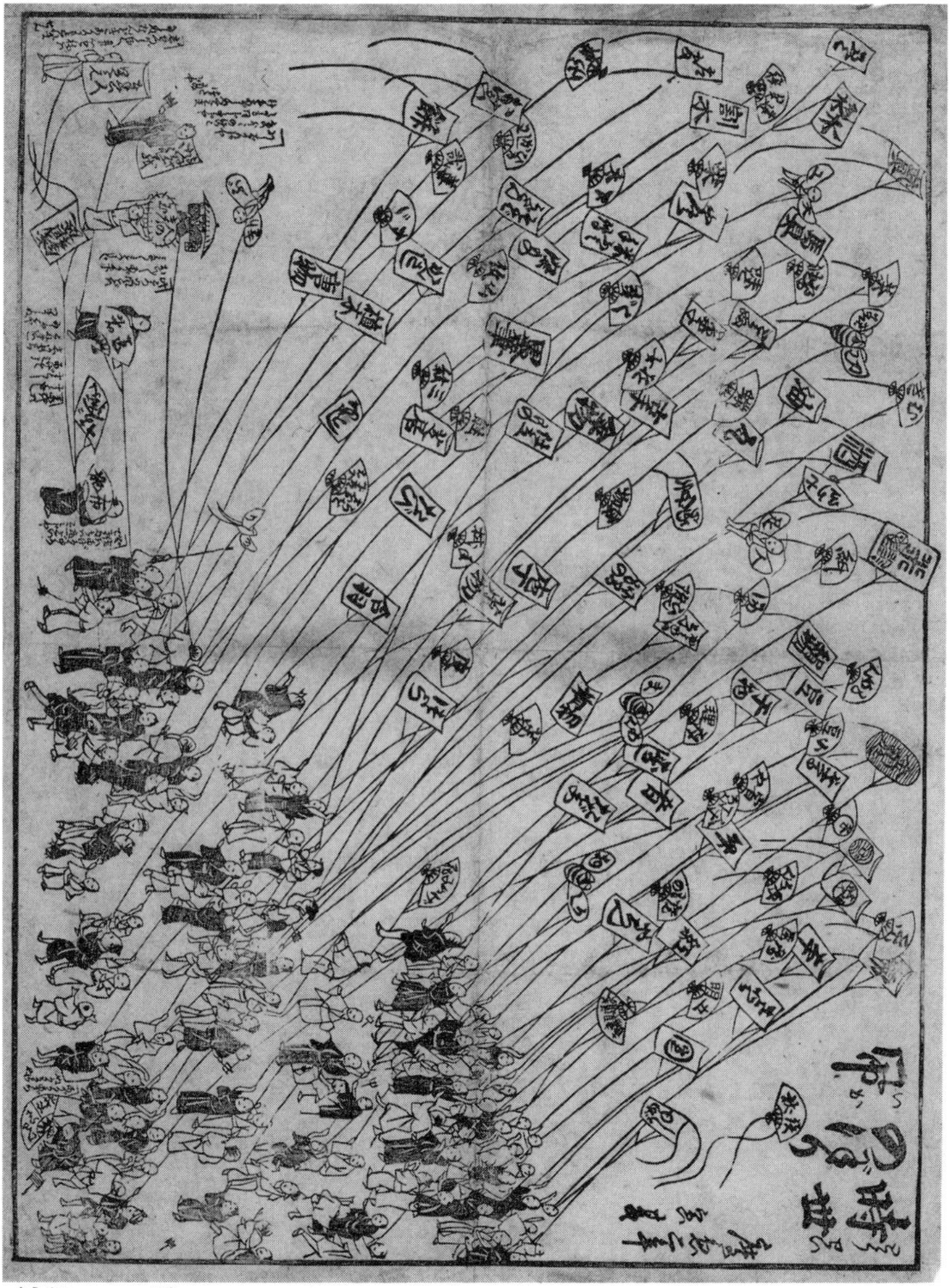

「時世《とうせい》のぼり凧《いか》」（大阪城天守閣所蔵、大阪城天守閣編『テーマ展　南木コレクションシリーズ第11回　瓦版にみる幕末大坂の事件史・災害史』2011年より）
幕末の物価騰貴は庶民の生活に深刻な打撃をもたらした。多くの凧のなかで、米・糸・家賃などが高々とあがり、布施や奉公人の給料といったものは、あがらない。1866年刊。

こなれバ、二四が八百目、江戸へ（去）いになされバ、いんにが弐百匁二成と、米四百目位之時ニ申出ス

(1)の落首は、愛知県の刈谷領野田《のだ》村の記録に、「唐《から》」を中心に、右に「東西」、左に「南北」を配したナゾ解きにもあり（塚本学・新井喜久夫『愛知県の歴史』、山川出版社、一九七〇年）、かなりひろがっている。滋賀県長浜《ながはま》市で明治三十三年に生まれた女性も、長州戦争の人足に動員された村人を見ており、「慶応と年号をかえて戦さして、さかしまによめば、もう応慶《おけ》という」という落首をいまも語っている。長州藩の紋所は一文字三ツ星で、これを団子三つの上に箸を一つ置いたものと表現している。

(2)のシタの痛む話は、すでに田沼政治批判時にも使われたもので、幕末に八〇余年を経て蘇ったものであろう。

(3)は米価高騰と将軍進発をからめた風刺で、翌年には米価は石当り銀一貫目前後となり、大打ちこわしが起こる。

維新政権と民衆の生活

戊辰《ぼしん》戦争を経て誕生した維新政権は、国際社会の「万国公法」のもとで新政策を相次いで打ち出し、統一国家の態勢を整えた。たとえば、地租改正《ちそかいせい》は全国的な調査を実施して、幕藩制的土地所有からの変容を示した。実地に臨んだ役人が、どちらかといえば「故《ことさら》に租を軽くするの疑」があるため、地方官が再調査して地価を高め、その三%（のち明治十（一八七七）年以後二・五%）としたが、旧法の四公六民より重くなったところも生じた。租税収入方法も、維新当時米納を改めて金米両納を許して民衆の至便を期したが、改組後すべて金納となり、「僻遠運送不便の民尤も甚し」という苦境を生じた。加えて凶作の対処が旧藩期のように「官吏轎《かご》を走らせ全地の損毛を規見し、民と議して平均幾歩の損と定め、納租一分を減ずれば、藩主の用度を始め、皆一分を減」じたという柔軟な方法を欠き、民意を刺激し、その「画一の良法」のあり方も問われた。さらに改租調査の費用が村民に課され、そのため数年の負債を残し、「一夫席《むしろ》を掲げ、万夫竹を削《けず》るに至る」（木下真弘著・宮地正人校注『維新旧幕比較論』、岩波書店、

一九九三年）、いわゆる明治九年の茨城・三重など諸県の地租改正反対一揆をもたらした。土地問題の農民的解決の道はまだ程遠かった。

生活面では、明治五年十二月からの太陽暦の採用をみよう。世界の基準にあわせた太陽暦は、たとえば農民の年間会計が新年に入り込むこと、漁民の潮汐を諳《そら》んじていた慣習が失われるなど、旧暦（太陰太陽暦）以来の生活慣行との相違が生み出す諸問題があったが、より重要なのは、この年十一月に神武《じんむ》天皇即位の年を紀元とし、即位日（当初一月二十九日、のち二月十一日に改定）を祝日と決めたこと、翌明治六年一月に伝統的な五節句を廃止し、神武天皇即位日と天長節《てんちょうせつ》を祝日としたことである。

これに対する民衆側の対応は、「当《ま》さに一令の下に改む可し」といわれながら、元始・紀元・天長の三節は、「独り官庁の休暇たるに過ぎざるもの有り」、五節句のもとで、「一日の楽み以て百日の労を忘れ、親戚の情を暢《のば》さんと欲」してきた人たちには、休息を奪うものであった（同上）。実際三大節は、のちに学校行事にとどまり、太陽暦採用後七〇年を経た時点の太平洋戦争時でも、旧暦の行われている地帯の方がその面積からすれば新暦よりはるかに広く、大阪市付近でも一歩郊外へ出ればほとんど旧暦で、国の祝日には人が田野で働いているのを見かけたという（宮本常一『民間暦』、講談社、一九八五年）。

太陽暦の採用という科学的な施策が、他面政治的・天皇支配貫徹のねらいをもって登場する。今日の祝日が、なおこの明治国家の施策と共通した面を多分に含んでいるが、このことは国民の自主的な休日というより、ナショナル・ホリディに依存する異常な休日の姿の本質を物語っていよう。

民衆に期待されるもの

いま鎌倉《かまくら》市となっている神奈川県鎌倉郡村岡《むらおか》の住民となって古老から聞きとりを行った山川菊栄《やまかわきくえ》の『わが住む

村』（岩波書店、一九八三年）は、東海道筋の様相を記録して、平和な日々を送る幕末の百姓を「まるで深海に棲《す》む魚のようなもので、どんな激しい嵐が海の上をさわがせていようとも、海の底のように静かな野良にいて、ただ米を作り、年貢を納めるという日々の営みに追われ」「全く百姓にとっては、公方様《くぼう》の運命より、毎日のお天気の方が大事なことだった」と叙述している。天下泰平を望む民衆が、最も関心を寄せたのは、生活の場における日常の安定であり、それゆえにこそ村々の鎮守に建てられた石燈籠の刻銘が改めて意味をもってくると思われる。

しかし、幕末・維新の激動は、各地を走りまわる志士《しし》や草莽《そうもう》たちだけでなく、村を離れぬ民衆にも甚大な影響を与えてくる。物価・負担増から戦火、そして急激な新政権の施策等々が、日常の生活を外から大きく規制していくことになる。

維新から明治憲法制定に至る政権構想をめぐる政府と民衆のせめぎ合いのなかではどうか。明治十三（一八八〇）年の『愛国新誌』第一四、一五号で、植木枝盛《うえきえもり》と覚しき筆者が、「井ヲ鑿《うがち》テ飲ミ、田ヲ耕シテ喰ヒ、知ラズ識ラズ帝ノ則ニ従フ、是レ之ヲ良民ト為ス乎《か》」と問い、良民を「知識アリ、元気アリ、独立自主ノ精神アリ……持ツ可キ権利ヲ持テ、尽ス可キ義務ヲ尽シテ」と規定し、「平民ハ昔ヨリ少シモ国事ニ関与セザルモノニシ（テ）、又知識モ元気モ弁別モ少キ故ニ、己レ等一個一身ノ上ニ関リタル地租等ノ事ニ就テハ、時ニ一揆ヲ起シモスレドモ、全国ノ大政上ニ就キテ政府ニ叛シ大乱ヲ起ス程ノ事ヲバ為シ出サザルナリ」（丸山真男『忠誠と反逆』、筑摩書房、一九九二年、所引）と述べ、きびしい平民観を展開している。一揆と民権、個別の運動とナショナル・インタレストにかかわる民権の相違をふまえた議論である。このことは、今日日常生活と政治のあり方を考えるものとして示唆《しさ》に富む指摘である。そしてわれわれに求められるのは、日常を日常平穏にとどめるのではなく、変革期に民衆が育てた「日本国民抵抗の精神を保存して、其気脈を絶つことなからしめん」（福沢諭吉『丁丑公論』）ことであろう。

参考文献

吉田常吉・佐藤誠三郎校注『日本思想大系五六　幕末政治論集』（岩波書店、一九七六年）
佐々木隆爾編『争点日本の歴史　第六巻　近・現代編』（新人物往来社、一九九一年）
遠山茂樹『岩波セミナーブックス三四　明治維新と天皇』（岩波書店、一九九一年）

解題

Ⅲには、「幕末の社会と民衆」に関する酒井氏の主要な論考として、①「近世後期における農民闘争について―灘地方を中心にして―」（一九五四年）、②「幕末における絞油業の発展」（一九五七年）、③「慶応二年大坂周辺打毀しについて」（一九五九年）、④「幕末期西摂における領主支配と民衆」（一九七四年）、⑤「幕末期の社会変動と人民諸階層」（一九七三年）、⑥「幕末・維新期の民衆は何を求めたか」（一九九三年）の六編を収めた。これらは、大坂周辺地域を主な研究フィールドとして、史料調査を重ね、その成果をふまえて、各時期の近世史研究の動向と真摯に向き合いながら、まとめられていったものであるが、問題意識やテーマ設定のあり方などから、一九五〇年代に発表された①②③と、一九七〇年代の④⑤、一九九〇年代の⑥とに大別される。

①②③の論文は、大阪歴史学会の近世史部会の活動とも深い関わりを持ちながら、研究に精励されるようになっていた、氏の学生時代（二十代）の作品で、これらには、当時の近世史研究の動向が色濃く反映されている。

戦後の改革が進むなか、一九五〇年代を迎えると、大坂周辺地域を対象とした近世後期の研究は、大きく進展するようになった。近世封建社会を崩壊に導く諸契機を、当該先進地域の動向のなかに検出し、その主体を明らかにしようというねらいによるものであり、商業的農業や農村工業、商品流通、農民層分解などに関する研究が活発に行われるようになったのである（大坂におけるツンフト的絞油業と対抗しながら進展をとげるようになっていった、摂・河・泉の在方絞油業について分析された酒井氏の論文②や、「地主制形成期における農村工業の問題」（『近世史研究』一七号、一九五六年）などは、こうした研究動向に対応したものであった）。

これに加えて、民衆闘争史の分野では、北島正元氏によって提起されていた「摂津型」地域における百姓一揆稀少説（「百姓一揆論」、『新日本史講座』所収、中央公論社、一九四七年）を克服するために、「摂津型」一揆の発掘と検討がなされるようになり、その一環として、津田秀夫氏によって、当該先進地域における「農民闘争の一類型」として国訴が発見され、その反封建闘争としての意義が高く評価されるようになった（「摂津型地域における百姓一揆の性格」、『歴史評論』二八号、一九五一年、および「封建社会崩壊期における農民闘争の一類型について」、『歴史学研究』一六八号、一九五四年)。また、大坂における打ちこわしの研究も、岡本良一氏によって進められるようになっており(「大都市の打毀しとその主体勢力」、『日本史研究』一二号、一九五〇年)、その主体勢力を近隣農民に求めようとする氏の説に対して、原田伴彦氏から異論(都市貧民説)が提示されるようになっていた(「近世都市騒擾覚書」、『経済学雑誌』三四巻一・二号、一九五六年)。

酒井氏が処女作にあたる①を発表されたのは、このような研究状況の下であった。本論文では、畿内先進地域で封建社会崩壊期に展開された農民闘争として、文政六(一八二三)年の国訴と、慶応二(一八六六)年の打ちこわしの重要性にまず言及されており(これに関連して、「大塩の乱の持つ意義はこの両者を上回るものではない」という指摘も見られ、注目される)、続いて、西摂の灘地方のケースにもとづいて、文政期にかけての国訴の進展のあり方と、慶応二(一八六六)年五月に発生した打ちこわしとその主体勢力について述べられている。後者の打ちこわしは、全国各地で発生した騒擾の先駆けをなすものであったが、その主体勢力は酒造業などの進展に伴って当地で多数形成されるようになっていた半プロレタリア的農民層であったとされている点が注目される。

『幕末珍事集』(京都大学文学研究科所蔵)には、「大坂十里四方ハ一揆おこらざるはなし」という、有名な記事が見られる。当地域で慶応二(一八六六)年五月に連鎖的に発生したこの「一揆」=打ちこわしは、長州への出兵を控えて、大坂に集結していた幕府軍が大量に兵糧米の買い付けを行い、米価が暴騰するようになったことを引き金とするものであり、大坂市中での騒擾に際して捕縛された一人が、吟味に際して大坂城に滞在している将軍家茂こそがこの騒擾の発頭人であると言い放ったという話が伝わっていることでもよく知られている。

酒井氏の論文③は、この打ちこわしの発生状況(発生地、要求、攻撃対象)について検討するとともに、大坂市中での打ちこわしの有様と主体勢力について分析されたものである。前者に関しては、「脱農民化しつつあるものが、大坂周辺に広汎にみられたことが一揆勢力をかくひろげたことの最大の原因」であったという重要な指摘がなされており、後者に関しては、(一)難波村の打ちこわし勢が市中へ入り、西横堀→上町→天満というコースを主に辿りながら、全市を騒擾の渦中に巻き込んでいった、(二)難波村から市中への入口筋にあたる長町には、数多くの日雇層が存在しており、「彼らが導火線となって、全市の搗米屋をねらうにいたった」、(三)「全市にひろがる打毀しは、近郊農村や大坂の貧民たちによっておこされたのであるが、いずれも前期プロレタリア化した階層で、資本制発展の所産だったといえよう」、という注目すべき評価がなされている。

この大坂での打ちこわしについては、酒井氏が本論文を書かれて以降、その重要性がしばしば指摘され、乾宏巳氏や佐藤誠朗氏らによって批判的見解が提示されたことがあったものの、近年まで本格的な研究は行われず、「いまだ騒動の事実関係を明らかにするという基礎的な研究すら蓄積されていない」（岩城卓二「幕末期畿内社会論の視点」、『日本史研究』六〇三号、二〇一二年）と評される状況が、長らく続いていた。しかし、ようやく最近になって、半世紀余ぶりに、澤井廣次氏によって、関係史料にもとづく実証的な研究成果が公表されるようになった（「慶応二年大坂騒擾と戦時下の社会変容」、『大阪の歴史』八二号、二〇一四年）。澤井氏の論点やこれに先行する乾氏らの見解については、同論文を参照されたい。

酒井氏の論文③と、④⑤の間には、一五年ほどのタイムラグが存在するが、④⑤の論文を理解するにあたって、一九六〇年代後半に佐々木潤之介氏によって提起され、学界に旋風を巻き起こした豪農―半プロ論、「世直し状況」論に目を向けておく必要がある。この論は、幕末維新期の社会情勢を「世直し状況」として捉え、維新変革における変革主体を、「世直し騒動」の担い手となり、革命的情勢を生み出す原動力となった半プロ層に求めようとするもので、その対極に位置した豪農層（ブルジョア的側面を有しながらも、なお前期高利貸資本としての性格を本質としていた）は、半プロ層に「決定的」に「対立・反逆」する存在であり、反封建勢力としての本来的な役割を果たせなかったとして、その反動性を強調するものであった（『幕末社会論』（塙書房、一九六九年）として結実した一連の研究）。

佐々木氏のこの論に対しては、ほどなく大石嘉一郎氏らによって批判が加えられるようになったが（論文⑤の註（48）参照）、酒井氏が一九七二年度日本史研究会大会近世史部会報告（論文⑤）で示された見解もまた、そうした批判の線に沿うものであった。この報告で氏は、領主と農民との基本的階級対立を主軸として、幕末維新期の領主支配と「人民諸階層」の動向について考察され、（一）幕藩制解体に向けての動きが顕在化するようになった天保期以降、領主による農民への収奪強化（封建反動）が、貨幣形態による臨時的賦課の増大という形をとって進められるようになり、農民との対立が激化するようになった、（二）開港（世界資本主義との接触）に伴う経済変動が進むなかで、領主と農民との対立は一層深まるようになり、「富農・地主」と「貧農・半プロ」との副次的矛盾の激化によって、尖鋭化するようになった、(二) 明治初年には、西摂から東播・丹波にかけてのケースのように、年貢の五分引き、六分引き、さらには全免を要求するような一揆も見られるようになっており、これらは「封建的土地所有廃棄につながる線において理解する方が正当であろう」、といった評価をされている。

論文④は、灘酒造業の発展に伴って酒米生産地帯となっていた西摂津を対象地域として、幕末維新期の領主支配と農民闘争のあり方について具体的に検討されたもので、論の展開の大筋は論文⑤と同じである。本論文では、当該期に多発するようになっていた村方騒動や小作騒動についても論じられており、明治二(一八六九)年十二月に起きた兵庫県管下川辺郡一八ヵ村の闘争に関しては、小作料半減を求める「小作・貧農層」の運動を起動力として、年貢半減を求める「全農民運動」へと展開していった点に着目されている。そこには、副次的矛盾の深化が基本的矛盾の激化をもたらすという理解が示されており、佐々木氏の論とは、一線を画するものとなっている。

⑥の論考は、一九九三年に刊行された『新視点 日本の歴史6 近代編』(新人物往来社)に寄稿されたものであり、「幕末・維新期の民衆は何を求めたのか」というテーマについて、「開国前の社会矛盾」「癸丑以来の難局と民衆」「長州戦争と民衆」「維新政権と民衆の生活」「民衆に期待されるもの」という項目順に、民衆史と政治史とをクロスさせながら、コンパクトにまとめられたものである。なお、本稿の姉妹編とも言える論考に、「明治維新の過程で民衆はどう変わったのか」(『争点 日本の歴史6 近・現代編』、新人物往来社、一九九一年所収)があり、関連する優れた論考に、「開国と民衆生活」(『日本民衆の歴史5 世直し』、三省堂、一九七四年所収)があるので、是非とも併せてお読みいただきたい。

「幕末の社会と民衆」に関する氏の論考は、本論文集のⅢに収載した六編の他にも存在し(たとえば、初期に発表された民衆闘争に関連する論文には、①と③のほかに、「菜種に関する国訴について」、『近世史研究』八号、一九五五年、「慶応二年大坂周辺打毀しに関する若干の問題」、『県西叢林』四号、一九五八年、「寛政期の肥料に関する二つの国訴」、『兵庫県歴史学会会誌』五号、一九六〇年がある)、優れた論文も少なからず見うけられる。残念ながら、スペースの関係で収載することはできなかったが、それらについても、巻末の「酒井一先生著作目録」をご参照のうえ、お読みいただくように願っている。

(谷山正道)

Ⅳ　地域史と民衆文化

摂津猪名川筋三平伝説の歴史的考察

――地域史研究の一つの試み――

はじめに

全国各地でさかんにおこなわれている府県・市町村史などの地方史の編纂事業は、地域史研究を推進するうえで重要な役割を果たしている。とくに阪神間は、全国的にみても水準の高い科学的な市史の数々を生みだしている。実証的で緻密な分析によって生みだされた最近のすぐれた地方史編纂の成果が、全国的な歴史学の発展をおしすめているだけでなく、地域社会の研究や教育に役立っていることはいうまでもない。たとえば、最近作成された尼崎市中学校社会科教育研究会『尼崎の歴史』は、『尼崎市史』の成果を教育に生かそうとする意図をもったもので、地域史の研究成果と教育の結びつきをはかっている。

そして、このような試みが進めば進むほど、研究者の責任もいっそう大きくなってくる。研究者による地方史の編纂が住民のためのものになるには、今後研究者・教育者の統一的な作業によるいくたの試みが必要であり、また地域住民との結びつきが不可欠の条件であろう。このことが、本来地方自治体の担う課題と研究者・教育者の社会的責任とを結びつけていくことになるのではないかと考える。

一方、地域―郷土を守り育てていく民主的な教育は、住民の歴史からどのようにすぐれた伝統をくんでいかなければならないかを考え、いくつかの尊い実践を生み出している。研究者にとっては、研究そのものが自己目的化する（結果的には自分のための研究となる）ことがあっても、教育においては、教育そのものが自己目的化することは少ない。歴史教育をみても、「だれ」を対象にするか、何のためかを明確に定めていなければ成り立たない。もちろん研究も本来そういうものであるはずだが、日本の研究体制はこの自明の理を覆い隠している。教育の場では、子どもを凝視し子どもに責任をもつかぎり、その未来を開拓するための試みが生まれてくるのは当然である。だからこそ教育実践のなかから、理論的にも実証的にもレベルの高いものが生まれてきているといえる。そしてこれらの成果は、住民による批判によって濾過され仕上げられていくことになるだろう。

さしあたってここで指摘しておきたいことは、最近とみに強調されている郷土史＝地域史学習のなかで、郷土の民衆の中に守られて来た伝統から、歴史や文学の教材化できるものを掘り起こすべきであるということである。単なる偉人や英雄の話や変革の主体を欠いた「構造論」ではなく、現代に生き未来に通ずる民衆の伝統を、社会の現実が提起する課題にそって育てていく必要がある。郷土の伝統のなかから歴史家や文学者はどのように学び、そしてそれを教育の場によみがえらせることができるのだろうか。自らの「歴史書」を編むことのなかった民衆は、口碑や伝説によって尊い祖先の生活のあとを語りついでいる。そこから研究者は何を学び、何を伝えるべきだろうか。

歴史学研究と歴史教育が相互に学びあいながら各専門分野での自主的な発展をはかり、しかも住民の提起する地域社会の当面する問題に答えるにはどうすればよいか、これに対する私自身の反省をこめたささやかなノートの作成が本稿執筆の目的である。とくに郷土―地域につたわる伝承・伝説を素材に歴史学的な分析を加えることによって、その伝説をもう一度再生させる手がかりを準備したいと思う。そのことを通じて、この伝説を住民の手によって新しく創造させていくことを念じている。

一　三平伝説の分析

摂津の西部、現在の兵庫県下の川西・宝塚・伊丹・尼崎の市域は、地形的には北部に洪積層があり、南部は武庫平地とよばれる沖積層平野を形成している。この地には、東に猪名川、西に武庫川の二河川が流れている。この二つの川については、「住吉大社神代記」に為奈川女神と武庫川女神の争いが興味深い伝説として語られている。(1) いま主題としてとりあげるのは、猪名川およびその分流である藻川に用水をとる尼崎市内の水系である。

尼崎市内の用水については、『尼崎市史　第二巻』に水系図をかかげて適確に叙述されている。猪名川下流では、猪名寺井《ゆ》・三平井《さんぺい》・大井・三ツ又井・内井・西明寺井の井組がある。猪名寺井に入っている村は、川辺郡下市場・上外崎・外崎・高畑・猪名寺・清水の六ヵ村（うち猪名寺・清水村は現尼崎市、他は伊丹市）、近世期では掛り高七六〇石から八〇〇石余である。三平井は、八ヵ村、二五九九石五斗二升の掛り（第1表参照）、大井は最も大きくて、一八ヵ村、約八六〇〇石の掛り（第2表参照）、三ツ又井は、椎堂《しどう》・田能《たのう》・富田《とうだ》・穴太《あのう》・法界寺・中食満《なかけま》・下食満の七ヵ村、一五〇〇石、(2) 内井は、上食満・中食満・下食満の三ヵ村（石高不明）、西明寺井は、善法寺・額田・高田・神崎・戸之内の五ヵ村（西八〇〇石余・東八〇〇石余）の掛

第1表　三平井組掛り（寛文11年ごろ）

	村名	石高　石
四縄	万多羅寺	301.222
	田中	75.398
	岡院	181.15
	上坂部	1,405.25
	上坂部のうち　森	464.335
	小計	1,963.02
井子	猪名寺	25
	上食満	60
	清水	131.5
	塚口	420
	小計	636.5
計		2,599.52

出典：浜野種次郎氏所蔵文書第27号

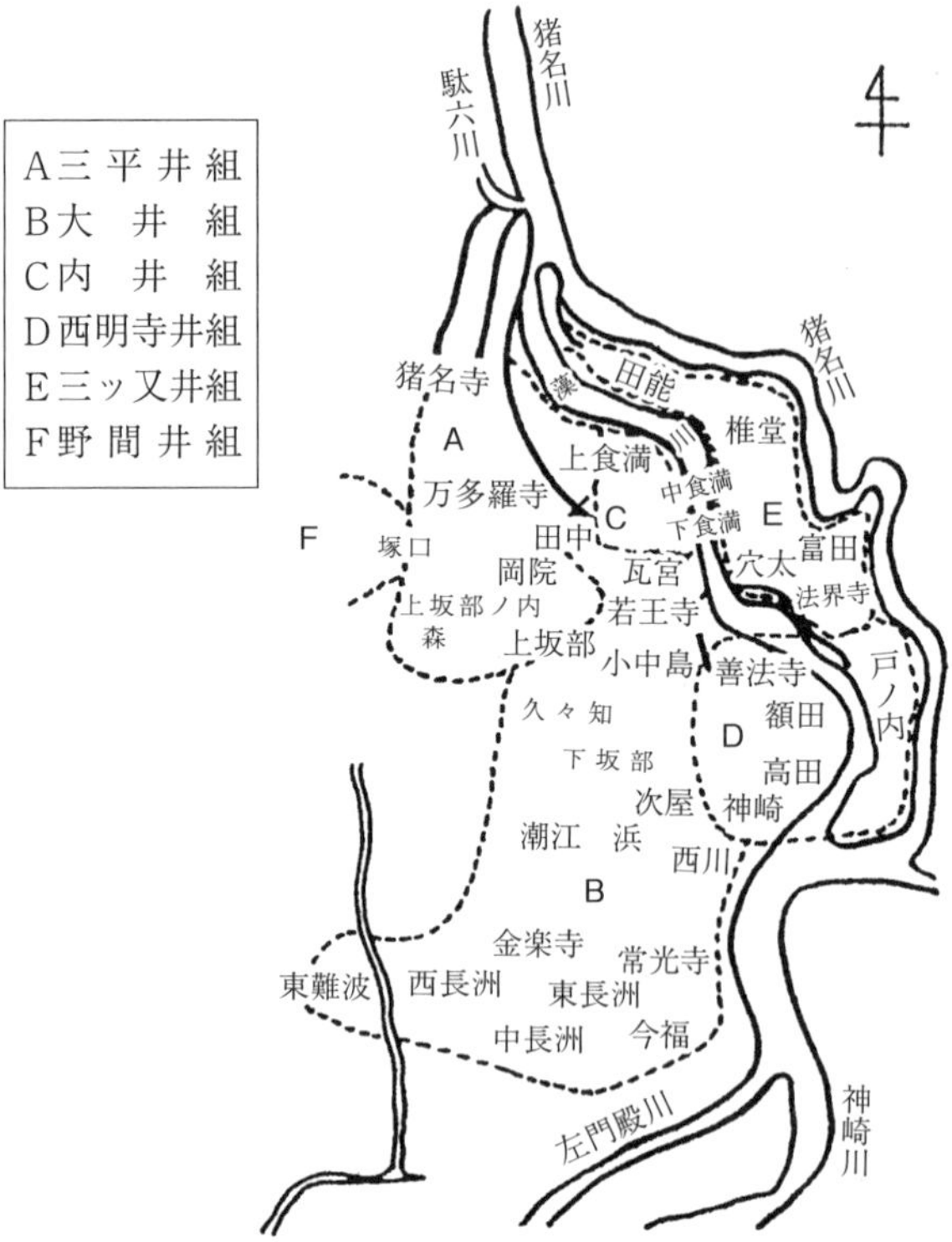

図　猪名川筋井組図

註：村名のうち◯にまたがっているのは、その井組以外にも入っていることを示す。
出典：『尼崎市史』第３巻、図13によって作成。

第２表　大井組掛り（寛文11年ごろ）

村名	石高石
田中	125余
瓦宮	225
小中嶋	427
善法寺	557余
久々知	1,165
下坂部	520
次屋	615
潮江	856余
浜	470余
西川	205
常光寺	420
今福	205（註１）
東長洲	793
中長洲	320余
西長洲	765
金楽寺	405
東難波	560（註２）
計	8,633

註：（１）「只今ハ井組を退申候」（只今は天明期をさすらしい）
（２）「此内大井掛リハ四百石斗也」
（３）この表には、若王寺村が欠落している。
出典：浜野種次郎氏所蔵文書第27号

りである。

三平井は本縄《ほんなわ》とよばれる井親（四縄あり）が四ヵ村あり、万多羅寺・田中・岡院《ごえん》・上坂部（森をふくむ）がそれである。のち明治の町村制の実施後は御園・上坂部・森が本縄であり、全村が三平井から灌水していた。それに対し井子（ユコウまたはユゴウ）の村が猪名寺・上食満・清水・塚口の四ヵ村であった。のちには猪名寺・南清水・上食満・塚口・口田中となるが、これらの村（部落）は、一部を三平井に頼るだけで、他の井組にも加入していた。

三平井と大井とは、井組の成立後しばしば水論をくり返している。三平井の取樋口は、猪名川とその西側に細く流れる駄六川の合流点に近く、猪名川の西岸にある。地名は伊丹市下市場字石劍であり、上野製薬株式会社の東南隅にあたる地点である。大井の取樋は、これより南へ一〇町（一・一キロメートル）ほど下流、尼崎市猪名寺にあり、三平井よりさらに南の農村部を井組にしていた（前頁の図参照）。この両井は近世期を通じて再三激しい水論をくり返した。

三平井の取樋の成立について、地元に三平伝説が残っている。自ら歴史を創造しながらその「歴史書」を編むことのなかった民衆は、伝説という形で口から口へ語りついできている。伝説そのものが歴史的な産物であるかぎり、歴史的な制約をうけており、語りつがれているうちに、史実と大きくかけ離れてしまうことが多い。どのような形で伝説が発生し、屈折するのか。少し煩雑であるが、事実に基いて分析することにする。

三平伝説が文章になったのは比較的最近のことと思われる。いま管見にふれた範囲で最も早い例は、藤本亮助氏の『兵庫県郷土の誇り』（一九六二年）に収められている「庄屋のむすこ三平さんの美談」という文章である。少し長いが、全文をそのまま引用する。

　むかし天正三年（一五八九年）[七五]の五月、摂津平野一帯はひどい水キキンにみまわれた。水なしでは一日も過ごせない農村のだげきは大きく、日ごとに干し上がる田が目立っていった。水の便が悪い尼崎塚口付近の村々御園《みその》、富田ではいまにも稲の苗が枯れるというひどさで野菜もかれはじめた。村々の農民たちは朝ばん空をあおいでタメ息をつくばかりでした。農民たちの代表が時の藩主、荒木摂津守に、猪名川から水をひきたいとたびたび陳情したが、摂津守は他の村への影響をおそれて容易に許さなかった。農民たちが力をあわせ、苦しいくらしのなかでつくった猪名川からの水路二キロもいつ水がはいるのか、見通しはまったくたたず、毎夜集まって相談する農民のひたいには、苦しみのシワがめっきり深くなってきた。こんなありさまを見てある日、犠牲になろうとしたのが庄屋貴志のむすこ、三平でした。三十五才の独身だった彼はなんとかして村を救おうと毎日のように藩にかけあったり、水の豊たかな村々と話し合ったがダメ。残された道はただ一つ、猪名川の堤防を破って水路に水を流しこむことでした。藩の方針に反することはよく知っていたが、この道しか残っていない。水と自分の命をとりかえることで農民たちを救おうと覚悟した。ひそかに村の有志を自宅に招いてこの計画を打ちあけたが、村の人たちは、はじめこのあぶない計画に反対した。しかしこれにかわる名案がないので三平にすがるより道はなかった。

五月も十七日を迎えると、木の若葉はあざやかになり、三平は有志に四斗ダルをたくさん買い集めさせて、底をぬき、つなぎ合わすといつでも長い管にできるように準備した。夜にはいった三平は白装束。夜中猪名川の堤防は破られた。場所は尼崎境の伊丹、桑津橋下流。タルの管を通って水は音をたてて水路に流れ、二キロの水路にあふれた水は村々の田にあふれるように走っていった。水路の両側には「水だ水だ」とうれしそうに走り回る農民の姿がつづいた。夜はあけた。水はいままで干しあがっていた田にゆたかな波が《(を)》打った。「これだけの水があれば村の人たちは苗や野菜を守って救われる。私のしたことはムダではなかった」と三平はひそかに心を慰めた。三平はやがて水路のそばで自害した。水は赤い血に染まった。赤さはなかなか去らなかった。堤防が破られたことについて藩でさっそく協議されたが、農民を救うために身を捨てた三平の行為をとがめようとしたものは一人もなかった。水路は三平井（さんぺいゆ）と名づけられた。水不足の真夏でもこころよい水の音をはしらせた。村々は尼崎の穀倉といわれるほど農業が栄えた。

三平の資料がのち地元でみつかり、関係各村の代表者が相談して御園に供養塔をたてた。

例年五月十七日の法要がいとなまれている。この付近も今はめっきり住宅がふえたがせばめられた水路—三平井《ゆ》にはいまも美しい水がこんこんと流れている。

この伝説は、どこから聞きとったのか不明であるが、藤本氏は何かの文章から筆写されたのであろう。ほぼ同じ文章が、兵庫県立伊丹高等学校社会科研究部の『摂北』第二二号（一九六五年二月）と尼崎市立園田中学校社会研究クラブの雑誌『れいめい』（一九六五年十一月）に生徒の作品として掲載されている。(3)

右の伝説のなかには、歴史的にみて、天正三（一五七五）年に庄屋がいたり、藩があったりして矛盾する点があるが、いまそれは問わないでおこう。右のような形で話に筋がついたのは案外新しく、ここ十数年来のことのようである。

地元御園地区の吉本万二郎氏(4)に、この文章をみせたところ、即座に自分の聞いている伝説との相違を四点あげられた。㈠時の藩主荒木摂津守は、ただ「時の大名」「時の殿様」と聞き、村重という人名はなかったこと、㈡三平は庄屋（富田村の）貴志家の息子というが、伝説ではどこの出身かわからず、ただ三平という「浪人」「士族」だったということ、㈢村人が三平の計画にはじめ反対したというが、村人は水が欲しいから最初から反対しなかったこと、㈣地元に三平の史料がわかって始めて三平記念塔を建てたのではなく、どこの人ともわからぬまま郷土の恩人として祭ったことである。右の文章で傍線を付した箇所がそれである。最も粉飾の少ない時点での伝説は、吉本氏自身の文章でつぎのように記録されている。(5)

我等祖先の時代、用水に対し非常に苦しんで居る。石刎（現在伏樋のある処）に伏樋を伏せる事を、時の大名に陳情せしが、許可なく、涙を流して居る時、三平と云う浪人が此の事を聞き、百姓がかわいそうである、私が伏せてやる、責任は私が持つ、四斗樽を沢山買って来い、此の四斗樽の底を抜く。つなぎあわし、沢山の人足をつれて行き、壱夜の内に四斗樽を伏せ水を通した。これが変り変って現在の樋になって居る。三平は許可なくやった其の罪により、筧の上で自害し《せ》られたと云い伝えたが、其の三平が何処の人か、其の后どうなったか不明のまま年を過した。唯忘れぬため記念碑を立てた。

この方が原型に近いようである。とくに「一夜の内」に三平井が通じたことが、地元で聞きとりをしたときに強調されている点で[6]、それが三平の超人的な仕事を高くみる一つの原因となっている。三平記念碑（供養塔）は、もと阪急神戸線園田―塚口間の線路のすぐ南側、御園地区の三平井に沿った民有地に建っていたが、昭和二十六（一九五一）年この地が旭硝子に売却されたため、線路の反対側（すぐ北側）の三平井にそった現在地に移建された。この碑には、建立年代の記入がないが、昭和七年ごろではないかと推定できる[7]。当時郷土に対する研究や関心がふかまり、とくに農村問題が日本資本主義の危機とファシズムの進行のなかで、重要な問題点となっていたころである。尼崎地方は、東北地方のようなきびしい不況に立っていたわけでないが、一般的な社会問題化の一つとして顕彰運動がもりあがったのであろう。

吉本氏自身の伝説も、同氏が昭和四十年四月発行の雑誌『むらかみ』（村上一後援会事務局）第二号に書いた「三平井樋門と三平塔縁起」になると、藤本氏や高校生・中学生の採録したように、天正三年五月十七日となり、始めて年代が示されている。この年代については、吉本氏は、先に引用した原型に近い伝説につづいてこう記している。

其后（昭和二十七年）尼崎市の史蹟調査の際、戸ノ内中川三千蔵氏曰く、富田の貴志隆蔵氏に聞いてみなさい、古文章も沢山ありますから何かの参考になるでしょう。早速貴志氏を訪れ、古文章系図を拝見し、上記（この部分省略、次頁に別記する）の文章あり、永年の伝説が解決した。百姓大喜びして、五月拾七日を命日として毎年法要を営む事にした。

これでだいぶ謎が解ける。天正三年五月十七日は、尼崎市富田の貴志家の系図が唯一の根拠であり、昭和二十五～二十七年ごろに吉本氏と貴志氏の邂逅によってそのことが判明し[8]、以後その日を三平の命日として供養することになったのである。

ことがここにいたると、年代的に唯一の根拠というべき貴志家の系図の検討に入らなければならない。貴志家の系図は二巻あり、いずれも新しい。時期の新しい一巻は、明治以降の内容で、故貴志隆蔵氏の筆になるものである。内容の古いもう一巻は、清和天皇から大正期（一九一二〜二六）までのもので、すべて同一人物の筆になるものであるが、隆蔵氏の筆ではない。この古い方の系図の作成年代を推定すると、系図の最後は、

「良三」　貴志三四郎宗家ヲ相続ス
「大正拾弐年七月九日死去　行年七拾一才」

とある。「　」内がこの部分より前の字体と異筆で、隆蔵氏の追筆と思われる。三四郎良三は、隆蔵氏の実父であ

- 良岸　貴志三郎平、文明拾七年乙巳六月十五日氏成和合ノ御供名ヲ顕ハス、死去、五十七才ナリ
  - （略）
  - 良信　貴志三郎右衛門、永正十六年己卯六月ヨリ摂津国尼崎城建築ス一人ナリ、澄元高田氏共ニ摂津合戦ノ軍人ナリ、同十七年戦フ軍功顕ハス、薨去五十七才ナリ
  - 良玄　貴志三郎兵衛、天文十五年丙午二月ヨリ武田村上大合戦ノ軍人也、同十八年義輝江州へ送ル道中ニテ薨去ス
    - 良軍　貴志利三郎、天正九年辛巳十月十四日秀吉姫路城建築スル軍法一人ナリ、仝十二年合戦薨去ス
  - 良香　貴志三平、永禄四年信玄川中嶋ニ戦フ、久秀義長秡ニ付軍功ヲ顕ハス、大旱ニ付キ百姓水喧嘩ス、其節三平井戸顕セシ一人ナリ、筧ノ上ニテ切腹ス、天正三年乙亥五月十七日葬式シ百姓埋葬ス
    - 正昌　貴志三郎平、慶長十年乙巳七月廿一日薨去六十三年
    - 道機　貴志正八、元和二年丙辰二月三日死去ス

り、父の死後隆蔵氏が諱と死亡年月日、享年を記入したらしい。このようにみると、古い方の系図は、この三四郎の時代、明治から大正期にかけて作成されたと思われる。なお三四郎は明治五（一八七二）年の壬申戸籍には十九歳、貴志三郎右衛門（当時庄屋）の二男で、隠居三郎兵衛の孫となっている。(9)

さて問題の三平の個所である。前頁の系図をみよう（文中適宜、読点を補った）。

この系図のうち良香が三平であり、その箇所の説明によると、貴志三平は川中島に戦い、さらに松永久秀、三好義長に従って軍功を顕わしたという。いずれも永禄四（一五六一）年のことである。この部分といい、系図上兄にあたる良玄をみても、武田信玄と関係があり、しかも将軍足利義輝に近侍していて東奔西走していることになる。年表をみながらの作為を思わせる。しかし「大旱ニ付キ百姓水喧嘩ス」の一節は、無視できないものがある。

良香という諱は、同家には問題の三平のほか二人あり、一人は貴志三郎右衛門（天保十三（一八四二）年正月十六日死去、六十五歳）であり、もう一人も同じく貴志三郎右衛門（川辺郡園田村のうち下食満村西明寺に住職、明治以後の人）である。

三平は、先の文章の伝説では三十五歳の独身となっている。系図上では、貴志三郎平正昌と貴志正八道機の二子がある。独身で子どものあることは一応問題にしないでおこう。子どものうち正昌は、慶長十（一六〇五）年に六十三歳で死亡しているので、誕生は天文十二（一五四三）年ということになる。父であるはずの三平の年齢を伝説通りとすると、天正三年で三十五歳で死んでいるから誕生は天文十年となり、父子で年齢が僅か二つしか違わないことになる。もっとも、三平が三十五歳の独身であったこと、時の藩主が荒木摂津守村重であったこと、さらには文章化されていないが、三平は平素ぶらぶらして、村中を馬で走り廻ったりしたが、きわめて義侠心に富んだ人物であったことなどは、富田の貴志隆蔵氏が「老人」（父あるいは祖父か）から聞き伝えての談であり、三平井組の御園地区の口碑にはなかったことである。

次節で史料的な検証を行うが、その結果を先どりしていえば、三平伝説のもとになった事件は文禄元（一五九二）年五月の大井組と三平井組との激しい水論、系図にいう「水喧嘩」ということになる。いまそのことを念頭において、三平と貴志家との関係をさぐってみよう。井組の「三平」という名称が人名なのか、それとも人名以外のものなのか、よし人名としても「三平井戸顕（ロヵ）セシ一人ナリ」（系図）というように何人かの三平井関係者の一人なのか、三人の兵衛を一人にあらわしたものなのか、全くわからない。しかし貴志家は近世期を通じて代々三郎兵衛、三郎右衛門と称することが多く、一見三平との関連を思わせる。

富田村には正徳以前の史料がないので、隣村で同じ三ツ又井組に属する椎堂村の史料をみよう。文禄三年極月の「摂州河辺郡椎堂村御検地帳」[10]に「とうた何某」と記される富田村からの入作人が一二人あり、その一人に「三郎衛門」というのがいて、荒畑一畝、高八升を所有している。また承応三（一六五四）年に三ツ又井口新規樋の設置について、田能村庄屋・年寄から椎堂・富田・中食満・下食満・穴太・法界寺の各村庄屋に対して差入れた一札[11]をみると、富田村庄屋は三右衛門とある。この二人はあるいは貴志家の人かもしれない。

しかしこの二人を系図上の人物に比定することはできない。三平の子という正昌が慶長十（一六〇五）年に死去し、さらに系図上その子となっている貴志三郎平道知の死んだ正徳三（一七一三）年までの間に実に一〇八年の隔りがあり、正昌と道知を親子とすることはできないからである。富田村の現存する最古の宗門帳は元文三（一七三八）年のものであるが、当主三郎右衛門の項目に「祖父道知……廿六年以前ニ相果申候」[12]とあり、少くとも道知については正しいといえる。しかしさきの不自然さは三平良香の登場によっていっそう目立ってくるのである。三平の父を三郎平良岸、三平の子を三郎平正昌とし、三郎兵衛を三郎平に変形しているのは、系図に三平を挿入することの不自然さをカバーするための修正とはいえないだろうか。

富田村と三平井組が水利上、全然無関係であることも注意しておこう。富田村は三ツ又井組で地形的にいっても三平井組には文禄期（一五九二〜九六）から無関係といえる。三ツ又井に関する最も古い記録は「文録（禄）年中蒔田相模守様ゟ三平井江井堰之御證文被下置、此横関三平壱分之井堰也、然者三平井余り水者猪名川筋三股井江請込申候」[13]とのべており、寛永十三（一六三六）年の摂津豊嶋郡と川辺郡との水論の際[14]にも三ツ又井の名が登場する。三ツ又井は文禄元年当時、すでに存在していたといえる。それゆえ同じ猪名川筋ということ以外に三平と富田村を結ぶいわれはない。

それでは、このような不自然な行為までして系図に記された三平が、天正三年五月の時点に比定されるのは、どうしてだろうか。おそらく天正・文禄期とか太閤秀吉の時代とかいう大まかな時代や五月という田植え時の想定があり、それに信憑性をもたせるために、三平の死に明確な年月日を入れたのであろう。しかし天正三年五月が三平の死の日（系図では葬式の日）として選ばれたのはなぜか。いま目を猪名川筋からはなして全国的な動きにむけると、有名な長篠の戦の最中で、織田信長と徳川家康の連合軍が武田勝頼をうちやぶる時である。

ここで注意しなければならないのは、富田村と甲州武田との関係である。同村には天目山の戦に敗れた武田勝頼の子、勝親が当時三歳で栗原左衛門尉の花菱の幕につつまれて山城の上醍醐密経院に落ちのび、のち尼崎藩主戸田左門の近習の養うところとなって富田村に住み、天和二（一六八二）年に一〇三歳で死んだという伝説がある。その子孫の開いた善念寺の北側の地に宝暦三（一七五三）年十月淡州山県長周の撰文のついた勝親の墓がある[15]。貴志家の口碑では、おちのびた武田が貴志家を頼って来たという。一方貴志家の系図にも、三平良香の頃には先にみたように同家も武田勢に加わったことが記されている。貴志家は、武田家にまつわる武田伝説を自家の系図に入れ、三平井関係の伝承と結びつけ、勝頼失墜の契機をなす長篠の戦に焦点をあわせてつくりあげたと考えられはしないだろうか。

三平葬式の日と称する五月十七日の前日、十六日に、長篠合戦の花といわれる鳥居強《すね》右衛門勝商《かつあき》が刑死しているのである。武田勝頼勢にかこまれた織田方の長篠城主奥平定昌が、援軍を求める密使として鳥居を家康方に派遣するが、鳥居は逮捕され、五月十六日の夕刻近く篠場野で磔刑に処せられている。行年三十六歳という。この壮烈な刑死をとげた戦国武将が地元の武田伝説を介して、水論で死んだ（その死に方が切腹＝自殺でなく、処刑であり、五月ごろの事件であることを系図の作成者は知っていたのではないか）義侠の「浪人」三平のモデルとして活用されたと考えられないだろうか。

以上のようにみてくると、三平が貴志家の出身であることを積極的に証明するものがなく、かえって系図上の作為によるものと思われる。したがって天正三年五月説もそう根拠のあるものとはいえない。現存の系図の作成が、三四郎氏の時代かその兄または父としても、この時点で全く新しく作られたのか、それとも一応存在した系図に三平を挿入して改訂したのか、その点は不明である。

二　三平伝説にかんする歴史的事実

以上、ここ十数年に混入した三平伝説の夾雑物をとりのぞくと、吉本万二郎氏の手記にある伝説が原型に近いものということになる。そこでつぎに、実証的な史料に基づく分析にとりかかろう。三平伝説に関係を有すると思われる史料はつぎの二つである。

〔Ⅰ〕「文録（禄）元壬辰年正月　三平井大井水論一件并絵図分見之事　池田川筋藻川筋一件并井堰間数之事[16]」

三平井
大　井　水論年暦書

一文録（天正二十）元年壬辰正月為朝鮮御征伐、諸大名九州御発足、

一同三月廿六日大閤（太）様為右征伐肥前名護屋へ御発向、
一同五月三平井組大井組惣百姓中、於井河原水論、大取合有之候、鑓長刀其外兵具を用扱、其躰乍左如一揆云云、此時京都所司代増田右衛門尉也、大谷様御留守之中、国郡を騒し候罪科不軽ニ付、御吟味之上、双方庄屋中、於四条河原斬罪被仰付候、其後名護屋ゟ大谷様御赦文到来仕候得共、最早間ニ合不申由承伝候、
　御赦文之趣者
　百姓之用水を論ハ武士之国郡ヲ論と同事与之儀也、
一此砌蒔田相模守ゟ三平井江井関之御証文被下置候、
　寛永之水論ニ此御証文御公儀様へ入御上覧候故、此方利運罷成候、
　寛文之水論迄ハ所持仕候所、只今ハ致紛失候、剰写等迄も無之候、
一文録（禄）三年諸国御検地　上坂部村宮城藤右衛門殿也、

（後略）

〔Ⅱ〕古野将盈「有岡年代秘記」(17)

（前略）

天正二年三月伊丹氏落城、荒木居此、
同　七年十一月荒木村重落城、
同　十七年大閤（太）秀吉公御入湯御止宿、
同　年大井組ヨリ藻川口新塞、増田右衛門尉裁断、
文禄元辰年同断新塞水論、六人即死、前田徳善院殿裁断、庄屋七人御成敗、
同　三年午片桐市正殿御検地、

慶長五子年九月秀頼卿御朱印御禁制書頂戴、
同　九（年脱）辰大井組ヨリ再新堰、片桐市正殿裁断、取払、

（後略）

まず、史料の説明をしよう。〔Ⅰ〕の史料の裏表紙には「保科弾正忠殿領分　摂州川辺郡岡院村　庄屋　勝治郎」とある。三平井掛りの岡院《ごえん》村の勝治郎が筆写したものである。勝治郎がこの史料をまとめたのは文化六（一八〇九）年のことではないかと思われる(18)。この年の六月に三平井組の万多羅寺・田中・岡院・上坂部・森・猪名寺・清水・上食満・塚口の九ヵ村が、池田川筋（猪名川）用水川筋刎杭妨出入で、下河原・天津の二ヵ村を相手取って訴訟を起している(19)。下市場村地先にあった三平井取樋の上流に、相手二ヵ村が川中に水刎杭木をうちつけて水尾《みお》筋をかえたというのである。そのため「猪名川茂川三平図(20)」や「文禄年中（文禄三年八月）ゟ正徳年中（正徳五年八月改）三平井川筋絵図(21)」が作成されている。その時に文禄以来の文書が冊子にまとめられたのであろう。もっとも文禄期（一五九二〜九六）の原史料は当時すでになく、文中に、寛永十三（一六三六）年の史料をあげたあと「天明元丑年迄百四拾六年ニ相成」とあり、また冊子の末尾に「右之通文録（禄）年中ゟ書物写在之候得共、虫さし候而やふれ申候ニ付、写替申候、尤も此通之写書者(22)北方新右衛門方ニも御座候、是ハ天明弐年寅年之写御座候、以上」とあり、古来の文書を天明二（一七八二）年に写したのを、水論の必要上庄屋勝治郎がもう一度写しかえたものである。

〔Ⅱ〕の史料は、伊丹の学者古野将盈が文政二（一八一九）年に著わしたものである。この両者に書かれていることに一応の信憑性をみとめて(23)、天正末、文禄期の三平井と大井の水論を整理すると、つぎのようになる。

天正十七（一五八九）年に大井組が、猪名川の分流藻川に新堰を設けて、ときの奉行増田長盛が裁断した。おそらくこれが大井の樋口新設ではないかと思われる。増田が裁断したのは、何らかの争論が発生したからでもあろうか。その後天正二十年五月に、大井組の新堰をめぐって水論が発生した。三平井組と大井組の惣百姓が井河原（大

井の取口か）で大取合となり、鑓・長刀そのほか武具を用いてさながら一揆のようであった。その結果六人が即死した。水論の責任をとって双方の庄屋七人が京都四条河原で斬罪に処せられた。裁断は前田玄以（当時京都所司代）の手でおこなわれた。この地方の領主大谷吉継は当時朝鮮出兵中で、肥前名護屋から赦文が到着したが、間にあわなかったという。その赦文には、百姓が用水を論ずるのは武士が国郡を論ずるのと同じことだという。この水論の結果蒔田広光から三平井へ井関の証文が下された。その証文は、寛文の水論まであったが、のち紛失して内容は定かでない。(24)

ここで問題になるのは、三平井の開かれたのはいつかという点である。『尼崎市史　第二巻』は、天正十七年の大井組の新堰は、はじめて猪名川に取樋口を開いたのではなく、干魃によってあらたに本堰を作ったということであろうかといい、三平井についても、天正十七年の大井組の新関にともなう争論の相手ではないが、それ以前に三平井・大井とも取樋口を猪名川・藻川堤に設けていたと推定される。この点はもうこれ以上推測すべき史料がないので、とくにつけ加えることはない。ただ少し疑問として残るのは、乱闘の結果蒔田広光が井関の証文を文禄元年に始めて下したことであり、双方の庄屋七人が処刑されながら三平井組にのみ伝説として後世に伝えられた事実である。この疑問も、従来あった堰を、大井に続いて三平井が本堰にかえる権利を獲得し、それによって三平井が潤ったと解釈すればよいのかもしれない。

その点はともかくとして、三平伝説の裏付けとなる事実は、天正二十（文禄元年）年五月の大井組との激しい水争いにあったといえるだろう。貴志家系図のうち「大旱ニ付キ百姓水喧嘩ス、其節三平井戸顕セシ一人ナリ」という文言も、この史料と合わせることによって生きてくることになろう。

三平井の井組の確定のために、庄屋七人の命が失われた。「三平」とは果して人名なのだろうか。人名としても処刑された庄屋のある一人の名なのか、何人かの庄屋を偶像化してできた名なのか、これまた考証の域をこえそうである。ただそれ以後今日まで四百数十年語りつがれるなかでは、三平は犠牲となった庄屋たちの英雄化した姿となっていることは断言できよう。

これでほぼ三平伝説の考証はおわった。しかし大切な問題点が残されている。三平の最期が、史実では斬罪というきびしい権力側の処分であるのに対し、伝説では自殺となっている点である。これをどう考えたらよいのだろうか。

前掲『郷土の誇り』などの伝説では、違法行為をおかした三平が自ら責任をとって自害するのに対し（まさに遵法精神の強調）、むしろ殿様の方がものわかりがよいことになっている。史料〔Ⅰ〕の領主大谷も同様であろう。大谷の赦文自体がこの史料作成の時点での作為かもしれない。三平を自害においこみ、領主の寛仁さを強調しているのは、やはり徳川封建制の圧制による伝説の歪みとは考えられないだろうか。庄屋七人を斬罪に処した新しい封建領主の無言の圧力が、伝説をゆがめているとはいえないだろうか。

しかし、先に少しく考察したように、岡院村庄屋勝治郎は、三平井水論で庄屋七人が処刑されたことを、文化六年の時点で知っていたわけである。この時は天明二年の写しをさらに写し替えたと思われるから、三平井の掛り村々では水論のたびごとにこの事件を想起しているのである。井組から離れた伊丹の学者古野将盈も、文政期（一八一八〜三〇）の年代記にその事実を記している。それゆえ、少くとも文化〜文政期（一八〇四〜三〇）には、史料的に人々は文禄の事件の実態を知る機会をもったはずである。

そのころ伝説はどうなっていたか。三平はすでに「自害し果てた」ことになっていたのか。これまた明らかでない。地元三平井掛りの村に住む勝治郎あたりは、伝説が文禄の事件から生じていたことを知っていたかどうか、これまた明らかでない。

三平伝説にあらわれた水論は、近世村落の形成にともなう新しい水利体系の整備を物語っている。同じころ武庫川流域でも激しい水論とそれに対する厳刑が行われている。天正十九年の夏、三平・大井争論の前年、武庫川の分流枝川では、鳴尾村北郷樋用水のことで瓦林村と鳴尾村との間に水論があり、乱闘し、「弓鑓馬上抔携、尚又隣村より加勢を乞、合戦争論」となった。その結果鳴尾村二五人、瓦林村二六人がはりつけとなり、加勢村々も「乞食・首切」の刑に処せられた(25)。刑の執行されたのは天正二十年十月で、三平井水論で七人が断罪をうけた五ヵ月のちの出来事であった。この事件は、三平井の例より規模が大きく断罪も斬首だけでなく磔刑が多く、それだけに伝承のなかでも強くのこり、天保期（一八三〇～四四）にすでに二五〇周年の法要が営まれたくらいである。

武庫平地の東と西にみられた水論は、従来中世の荘園制のもとで荘園領主によって支配されていた荘園間の水利慣行が(26)、郷村制のもとで村と村とを結ぶ新しい水系に編成されることによって生じたものであった。織豊政権から幕藩制初期にかけて集中的に起こる水論は、特権的な庄に対する他の庄の水利権の闘いから、村々結合による平等な水利権実現の闘いへの移行を示しており、その点は山論についても同じであった。しかし新しい水系の誕生は、農民間の水の分配から対立・抗争をともない、裁判権をもつ統一政権による厳しい断罪をさけることはできなかったのである。

三　伝説の新しい継承のために

本稿で三平伝説を分析したわけであるが、その結論に誤りがないとすれば、「三平」の身元がわかって大喜びをした地元民に大きな失望を与えるかもしれない。しかし、農業生産を守るための「三平」伝説は当然伝えていかなければならない。しかも農民間の水争いとしてではなく、生産を守るための農民間の対立が領主層の断罪をともなって解決していることを知らねばなるまい。そのためにこそ伝説にまつわる真実と虚構の区別が必要であった。

伝説そのものをあるがままのきびしい現実にひき戻さなければならない。そのあとで現代的な問題をふまえて、三平伝説は文学や歴史教育の素材となり、新しい伝説として再生し継承されていかなければならないだろう。

木下順二氏は「なぜ民話を問題にするか」と自問して、「民話は、今後研究者の研究や芸術家の創造や教育者の実践を通して生れ変り、民話に心をひかれる広い大衆の中に新しく生きて行くことになるよりほかないということになり、同時に一方、現代の民話が現実の中で、つくりだされ、つくり変えられ、採集され、再話されして育っていくだろうし、その努力がされねばなるまい(27)」と答えている。このことは伝説についても同じであろう。また、西郷竹彦氏は「人民の歴史というものは、たとえ一時は地にくぐって、人びとの記憶の中から忘れられたかに見えても、決してその流れを断つことはない。いつの日にかかならずそれは人民の口をかりて、人民の筆先をかりて、この地表にこんこんと湧き出して陽の光を浴びるものである(28)」という。まさにこのような人民に対する深い信頼の上に立って、伝説はよみがえって行くことだろう。このことを通じて、住民の歴史像を成長させ、住民そのものの歴史を育てあげることが可能になるのではないだろうか。

三平井をとりまく農村も耕地の減少によって農民もへり、水利や農業生産など伝説をささえてきた基盤はくずれつつあるといえる。明治三十（一八九七）年七月当時、三平井は上坂部・森・御園・口田中・上食満・猪名寺・南清水・塚口の八部落で稲作反別二一三町一反七畝二九歩をうるおしたが、昭和四十（一九六五）年ごろにはわずか二八町一反（口田中・猪名寺・塚口は三平からの用水なし）に減少している(29)。このような変化をみるとき、三平伝説はこの地域の農民の手だけでなく、都市化のすすむなかで、この地域に住むもっと広い各階層の手にひきつがれ新しく再生されていかなければならないだろう。本稿はそのためのささやかな試みである。

註

（1）西宮市『西宮市史　第一巻』（西宮市、一九五九年）三九二頁、『西宮市史　第四巻』（西宮市、一九六二年）七頁。

（2）この数字は、尼崎市の浜野種次郎氏所蔵文書、第二七号（寛文期の史料をのちに写したものと推定）によったが、尼崎市『尼崎市史　第二巻』（尼崎市、一九六八年）六二三頁の表にあげる宝暦期の石高は、二四四一石となっている。

（3）このほか『月刊あまがさき』二〇号（尼崎市役所広報課、一九六五年十二月号）に「三平伝説」（伝承をたずねて⑱）があるが、これも直接の聞取りではなく、他の文章をみて作成したようで、内容は大同小異である。

（4）尼崎市、一八九一年生まれ。一九六九年三月十二日聞取り。

（5）吉本氏の個人用の写真帳「尼崎史蹟」下巻。なお文章は原文のままであるが、かなづかいと句読点は同氏の許可をえて一部改めた。

（6）尼崎市の吉本万二郎氏、村上一氏（もと万多羅寺庄屋の家）、浜野種次郎氏（もと岡院村庄屋の家、一八九四年生まれ）から一九六九年三月十二日聞取り。

（7）当時満州事変で出征した村上一氏が召集解除後間もなく、供養塔建立の発起人に加わったこと、区長が昭和七年に吉本万二郎氏から広橋金三郎氏にひきつがれ、広橋氏が発起人の一人になったことから推定。

（8）吉本氏はこの時期を、雑誌『むらかみ』第二号では昭和二十五（一九五〇）年とし「たまたま郷土史に興味を持つ私が昭和二五年に富田の貴志隆蔵老人と懇談の折同家の系図を見るに及び、義人三平が貴志家の祖先であることを知り驚喜躍動」したとのべている。

（9）貴志光男氏所蔵文書、第一二三号。

（10）尼崎市、門田隆夫氏所蔵文書、第一〇号。

（11）門田隆夫氏所蔵文書、第五八号。

（12）貴志光男氏所蔵文書、第一一八号。

（13）浜野種次郎氏所蔵文書、第二七号。

(14) 門田隆夫氏所蔵文書、第一一二号、貴志光男氏所蔵文書、第二八六号の各絵図。
(15) 原田長治『川辺郡誌』(川辺郡誌編纂会、一九一四年、のち復刻、中央印刷、一九七三年)園田村一三頁、なお郡誌は、武田勝親の墓を信玄と誤っている。善念寺所蔵の富田村武田家系図参照。同家は、宝暦期には医療に従事し、二人扶持をもらっている(貴志光男氏所蔵文書、第一三九号)。
(16) 尼崎市、浜野種次郎氏所蔵文書、第二七号。
(17) 京都大学文学部国史研究室所蔵。
(18) 勝治郎の岡院村の庄屋就任期間が史料的に判明するのは、文化六(一八〇九)年から嘉永元(一八四八)年である。もう少し範囲をひろげるとすると、勝治郎の前では友吉が、享和三(一八〇三)年に庄屋役にあり、この年と文化六年の間に勝治郎が庄屋役になったことも考えうる。また勝治郎の子勝之助が庄屋になったことを示す最初の史料は嘉永六年で、場合によっては勝治郎の庄屋役の下限は嘉永元年から下ることもありうる。
(19) 浜野種次郎氏所蔵文書、第二九号。
(20) 同右文書、第三六号。
(21) 同右文書、第三五号の一・二。
(22) 岡院村は南方(上総飯野藩の保科領、同村の大部分)と北方(領主はたびたび交替)とに分かれていた。前掲註(2)尼崎市『尼崎市史　第二巻』八一頁。
(23) 史料〔I〕では文禄元(一五九二)年京都所司代を増田右衛門尉とするが、当時京都所司代は前田玄以(東京大学史料編纂所編『史料綜覧　巻一二』(印刷局朝陽会、一九五三年、のち複製、東京大学出版会、一九八二年、三五一~二、三六〇頁)で、その点史料〔II〕の文言が正しい。
(24) 『寛政重修諸家譜　第一五』(続群書類従完成会、一九六五年、大正六―九年刊行の新訂版)八三頁。
(25) 西宮市『西宮市史　第二巻』(西宮市、一九六〇年)二七~八頁、八二〇~二頁、前掲註(1)西宮市『西宮市史　第四巻』二七六~九頁、前掲註(2)尼崎市『尼崎市史　第二巻』六一四頁、赤松啓介『一揆　兵庫県百姓騒擾史上巻』(庶民評論社、一九五六年)、椒原督雄『鳴尾の義民伝』。なお、西宮市甲子園六番町の浄願寺に、天明七(一

七八七）年三月の供養碑が建っている。この水論について住職井上徳雄氏（一九〇一年生まれ）からの聞き取りによると（一九七〇年六月二十四日）、ここでも四斗樽をつかって一夜のうちに樋を掘ったといい、また浪人者がこれを支援したと伝えている。三平伝説ときわめて類似した内容である。奉行所で「命がおしいか、水がほしいか」と尋問され、水を要求したところ、奉行所は敷設した酒樽の数だけ打首にするが、奉行所が自ら二五ぐらいかと暗示し、鳴尾村がそうだと答えて、二五人が処刑されたという。

(26)　宝月圭吾『中世灌漑史の研究』（畝傍書房、一九四三年、のち複製、吉川弘文館、一九八三年）。

(27)　木下順二「なぜ民話を問題にするか―「あとかくしの雪」を素材として―」（木下順二編『日本の民話』、毎日新聞社、一九六九年、のち木下順二・塩田庄兵衛・斎藤公子『木下順二・民話の世界―聞き手・塩田庄兵衛―』、創風社、一九九五年、所収）一一～二頁。

(28)　西郷竹彦「序文」（加来宣幸『郷土と文学教育―上野英信作『ひとくわぼり』の授業記録―』、明治図書出版、一九六九年）一五～六頁。

(29)　吉本万二郎「三平井樋門と三平塔縁起」（『むらかみ』第二号）一九頁の表。

〔付記〕　本稿の執筆については、浜野種次郎・吉本万二郎・貴志光男・田中新一・村上一・善念寺武田勝行・山本賢之介・市川真一・小野寺逸也・竹松定雄・浄願寺井上徳雄の各氏のお世話になった。深く感謝の意を表します。（一九六九年三月十四日）

本稿は、もと大阪府立大学『歴史研究』第一一号（一九六九年三月）に発表したものであるが、その後本誌（『地域史研究』二号）転載にさいして一部補訂した。とくに最近、公害などに対する反対運動が各地に展開し、住民のくらしといのちを守る運動が進んで来てくることを考えると、本稿で主張した歴史教育と歴史研究の統一的な作業だけでなく、もう一歩住民の要求にこたえる方向をうちだす必要を痛感するが、さしあたって前稿の補筆にとどめておく。（一九七一年十月二十日）

文政十三年おかげ参り施行宿の一考察

――伊勢野間店の人数改めを中心に――

はじめに

文政十三（一八三〇）年三月に阿波から始まったおかげ参りについては、実に多くの研究成果がまとめられている。ほぼ六〇年に一回の周期でくり返され、最後は慶応三（一八六七）年の「ええじゃないか」で終焉を迎える動きが、近世の民衆運動としてどのように評価されるかが、目下多くの人たちの関心事になっている[1]。

本稿は、おかげ参りの本質を理解する前提作業の一つとして、諸国からの異常な量の参宮人がどのような地方から、どのような形態で伊勢へやって来たのかを明らかにすることを目的としている。参宮の動きについては、伊勢や大坂などの通過点での概括的な数字を示すか、また個別の村落例の並列的な組立てで議論されてきたように思われる。この論考では、一定の期間と場所を限定した上で、伊勢の外宮近くの売薬業者による施行宿を要めとして、おかげ参りの盛行を参宮の終着点での定量分析によって究明しようとするものである。

一　史料の解説と施行宿止宿人一覧

ここで直接分析の対象とする史料は、主につぎの二点である。一つは文政十三（一八三〇）年閏三月の「施行宿国所名人数帳」（裏表紙に「野間店」）であり（以下史料Aとよぶ）、もう一つは「二はん（番）御影御参宮人施行宿人数改之扣」（以下史料Bとよぶ）である。A・Bともに伊勢市の神宮文庫所蔵のもので、その奥書に、Aには「右原本野間圀彦蔵　有馬静輔写之　大正八年十二月五日　大西源一識」、Bには「右壱冊野間圀彦氏記録也　使有馬静輔謄写之本日一校了　大正八年十二月十一日　於神宮司庁　大西源一識」とあって、野間圀彦氏蔵の原本を大西源一氏の指導のもとに大正八（一九一九）年に有馬静輔氏が影写したものであることがわかる。[2]

いま原本の所在を確める余裕をもたないので、このA・B本、とくに史料Aに基いて施行宿の止宿人の分析をおこなうこととするが、史料の性格を知るためには、まず所蔵者について語らねばなるまい。

『宇治山田市史』（一九二九年）は、同市（いまは伊勢市）の名産を記したなかで、つぎのように述べている。

・朝熊岳万金丹　製薬本舗野間家の伝によれば、同家はもと尾張国野間より出で、今より十九世の祖徳翁宗祐と云ふが、鎌倉建長寺五世東岳文昱禅師の其の地を過ぐるに従って朝熊岳に登り、茲に居を卜し、虚空蔵菩薩の夢想を受けて万金丹を練り出したとしてあるが、其の受領したのは宝暦八年二月、斎翁と云ふが、金剛証寺役者瑞泉院の奔走に依り山田奉行水野甲斐守の後援を得て、因幡椽と仰付けられたのを始とする、妙法院宮より霊方の二字を用ゐよとの仰もあった由にて、爾来霊方万金丹と相認め、上つ方へも献上し、元禄の頃妙見町に支店を設け、（一軒漫筆）信仰に於ける朝熊山の繁昌と伴うて万金丹も非常に売行き、都鄙に喧伝せらるゝ事となった。（上巻六二一～二頁）

また大正四年に発行された『三重県紳士録』（著作兼発行人服部英雄）は、度会郡四郷村大字朝熊の野間圀彦について、かれと山田市尾上町十四番地にあった万金本舗支店の写真二点を掲げて（二九七頁）、『宇治山田市史』とほぼ同じ説明を付けている。このことから考えると、野間家は朝熊の万金丹本舗で、参宮客と結んで全国に売薬のルートをもった薬舗であり、山田の妙見町（いまの尾上町）に支店を出していたことになる。史料Aの裏表紙にある野間店は、山田町に有した支店と思われ、おかげ参りの盛行時に広く施行宿を提供したのであろう。

二つの史料はともに日付ごとに止宿人の住所・人数、ときには組（連）ごとの全員の名前、続柄を示している。(3) 記載時期については、Aは文政十三年閏三月十三日から六月十日までの五九日分で、三・四月は連日記録されているが、五・六月は著しく不備である。Bは同年五月四日から七月二十六日までで（五月は二〇日分、六月は二七日分、七月は一五日分）、六二日分に及んでいる。人数の確定できるAにみる月別の集計は第1表のとおりで、五九日分の数値を知りうる。この間参宮止宿人は一七六八人を数え、月別では、この四ヵ月間でみるとおかげ参りの始まった閏三月が最も多く、一日平均四三・五人となっている。その後平均人数は漸次減少している。この史料では、四月の集計を一〇四三人とし、後掲（稿末）の第2表に示した明細を知りうえた九一九人とは著しく齟齬している。別帳があったかも知れないが、その数字を使っても一日平均三四・八人で、いまのべた傾向に変わりはない。

Aの記載例の特徴をいくつか触れておこう。冒頭の箇所を示すと、

閏三月十三日
一阿州徳嶋助任町西町　友太郎妻
　〆五人　子供女
一当国一身田南黒田町　多　吉
　〆三人
一羽州山形　猶　助
　〆五人
一和州初瀬とい前　市　助

第１表　参宮人数（文政13年）

月	日数	参宮人	１日平均
閏３月	17	739	43.5
４月	30	919	30.6
５月	9	87	9.7
６月	3	23	7.7
計	59	1768	30.0

出典：文政十三年閏三月「施行宿国所名人数帳」（神宮文庫所蔵写本）

〆三人
一当国桑名平津村　治兵衛
〆弐人
一阿州撫養《むや》明神　茂　吉
〆五人
一津ノ国　西村利兵衛
〆弐人
〆弐拾五人

とある。このような記載を整理したのが第2表である。繁雑なまでに住所・名前・続柄を掲げたのは、参宮人の出所・性別や家族内の位置を正確に知るためである。

史料Aの末尾には、「惣〆千七百八拾壱人　外ニ三百八拾四人西出ニ而泊　是者別帳有　惣〆弐千百六拾五人折々返礼ニも来ル」とある。第2表の末尾にも示したように計出できる参宮人数は一七六八人で右の記載と若干相違するが、注意されるのは、「西出」にもこの間三八四人の止宿人がいて、別帳に記録されていたようで、これを合わせると野間店で二一六五人に達していたという。

Aの五・六月の記載が欠けていることは、第1表の日数や第2表からもわかるが、Bがほぼこの欠落部分を補う形をとっている。したがってこの二史料で閏三月十三日から七月二十六日まで（史料Bの七月分は記載のない日が多い）の一二一日分の実態を知ることができる。但し本稿で専らAのみを分析の対象としたのは、Bには日計が行われておらず、人名・続柄についてはAの四月十九日以降の記載と同様きわめて詳細になりながら、数値的に日ごとの集計を行うことが困難であるからである。

二　施行宿止宿人の分析

第2表をもとに、文政十三（一八三〇）年閏三月十三日から四月二十九日までの記載のある四七日間について参宮人の国別の様子を示すと第3表のようになる。Aの冒頭の記載例にみたように、閏三月十三日には阿波・伊勢・羽前・大和・摂津、十四日には大坂・尾張・京都・紀伊・河内・播磨の名が見られる。国数は、大坂と京都を別立てに数えて三五に及ぶ。それぞれの初出の月日を示したから地域的に拡延していく様子がわかる。閏三月十三日の羽前山形の例は、地域的にも隔たりがあり、一般の参宮がおかげ参りとかちあったものであろう。当時すでに参宮の波がうねり始めており、「文政十三庚寅壬三月朔日ヨリ阿波・淡路ノ国〻参りはじめ、朔日ニ

第3表　国別参宮組数と人数（文政13年）

国名	初出月日	組数	人数	組平均人数
伊勢	閏3.13	31	136	4.4
伊賀	閏3.19	2	7	3.5
摂津	閏3.13	17	63	3.7
大坂	閏3.14	16	41	2.6
河内	閏3.14	20	74	3.7
和泉	閏3.17	23	109	4.7
山城	閏3.15	10	50	5.0
京都	閏3.14	21	80	3.8
大和	閏3.13	28	121	4.3
尾張	閏3.14	47	246	5.2
美濃	閏3.17	19	92	4.8
三河	4.4	5	22	4.4
紀伊	閏3.14	33	122	3.7
淡路	4.6	3	15	7.5
阿波	閏3.13	22	84	3.8
讃岐	閏3.19	4	15	3.8
播磨	閏3.14	17	76	4.8
備中	閏3.17	3	7	2.3
備後	4.7	3	12	4.0
安芸	4.16	2	8	4.0
美作	4.1	1	2	2.0
近江	閏3.16	13	82	6.3
遠江	閏3.27	1	10	10.0
信濃	4.26	1	4	4.0
羽前	閏3.13	1	5	5.0
加賀	4.29	1	1	1.0
越前	閏3.29	3	12	4.0
若狭	4.3	1	5	5.0
丹後	4.4	4	23	5.8
但馬	4.2	14	55	3.9
丹波	閏3.16	17	56	3.3
因幡	4.22	3	12	4.0
豊前	4.7	1	3	3.0
肥前	4.27	1	3	3.0
相模	閏3.27	1	4	4.0
33ヵ国と大坂・京都		389	1657	4.3

註：史料は第1表と同じ。但し文政13年閏3月13日から4月29日までに限って集計。

通り候人数三四千余人、不残おかげといふ笠をかむり、杓を持、合印はおもい〱也」と伊勢松坂の速水貞頭の記録にあり、[4]また同じく伊勢の記録である「御蔭群参地名録」[5]にも「閏三月朔日（霽《はれ》）阿波　徳嶋一円、二日阿波徳嶋一連、三日阿波徳嶋　鳴門一連、四日阿波徳島鳴門一連、紀州若山少々、泉州堺少々、伊与（予）少々、讃岐少々」などとあり、閏三月十四日までにすでに阿波・紀伊・和泉・伊予・讃岐・淡路・大和・大坂（閏三月五日始まり、少々）・摂津住吉・播磨（閏三月八日始まり）・伊勢・志摩（相差・方田）・三河の各地からの参宮人を知りうる。十四日についても、「雨　大坂一連　京洛中外大勢　紀州若山　泉州左海　河内　明石　姫路　大和郡山　北勢松坂少々　備中少々　江州八幡少々　伊賀少々」とあって、第3表に示した野間店の初出月日より伊勢では早くからおかげ参宮人をみかけたことは確かである。このことを前提にして第3表を通して地域的なひろがりを日を追って見てみよう。

参宮人の多さは、①尾張二四六、②伊勢一三六、③紀伊一二二、④大和一二一、⑤和泉一〇九の順となっている。京都を含めた山城は一三〇、大坂を含む摂津は一〇四となるから、伊勢とその近国が参宮盛況時の中心であったことがわかる。阿波は発祥の地だけに、野間店でも閏三月には多いが、四月に入ると減り、かわって伊勢とその近国の数が増えている。なお第3表以外の地域では、史料Bを合わせてみると、江戸（六月一日）・伊予（六・八）・周防（六・九）・石見（六・一〇）・長門（六・一四）・上総（七・一）等と東西に少人数ながら地域がひろがっている。

野間店施行宿での止宿人の最も多かったのは、第2表にみるように閏三月十九日の六七で、あとは四月一日の六一、閏三月二十七日の六〇、同月十六・二十五・二十八日の五八である。「御蔭群参地名録」によると、この日に「宇治自岩崎家出火　荒祭宮　御炎上」、二十日については「両日依番所家々共混雑ニ記録散失　宮川船渉人数ヲ見而可知」とあり、荒祭宮や宇治橋焼失などの影響をうけたのかもしれない。なお同書は、さきに触れたように閏三月一日から参宮の国名を記録して六月二十九日に及んでいるが、このうち「群集中第一之人数也」とするのは、中間時の表現ながら閏三月二十六日のことである。

参宮人のグルーピングについては、Aの記載の多くは「何人組」とするが、ときに「何人」「何人連」ともある。この区別は当面無視し、第3表には人数のみを示してある。また人名に「何某殿」とある場合も若干数見られ、それが野間店の得意先を意味するのかどうか判断しにくいために、特に明示していない。御師についても一〇例のみその名が地名の右に肩書されているが、これも特に御師から宿泊の依頼があったのか、単にどの御師の担当地域であることを知ったが故なのか明らかにしえない。

グループはどのように組まれていたのか。主に三つの形態が考えられ、一つは「家内」とまとめられたもので、当主をはじめ家族ぐるみの参宮である。二つ目は男子ばかりの集団で、もう一つは女性を中心に、子連れの（ときに乳呑み子）の集団である。第2表にみるかぎり前半期はかなり男性名義のものが多いが、四月五日頃から女性名が多く登場しはじめている。人名の記載様式が変化したからとも考えられるが、第2表や史料Bを通覧してみるかぎり、それは時期的な特徴とみてよい。四月に入って女・子どもの参宮が量的に多くなり始めたことがわかる。

第2表の示すように、四月二十日以後人名記載に変化があって、実態はより鮮明に現われる。四月五日と二十一日の尾張や同月二十八日の因州鳥取城下の例などは女ばかりのグループで、四月二十六日の福井山奥の例も男性一人をのぞいて六人が女性である。いま性別の数値を明示しえないのは残念であるが、女性の参加が圧倒的といってよいだろう。日常的な共同体の枠の下におかれていた伊勢参りが多く男性たちによって行われていたといわれるから(6)、この特徴は「抜参り」たることの本質をついているように思われる。家族から村から、そしてこの両者を結んだ男たちからの「解放」とみてよいだろう。

記載例をみると、肩書に「何某女房」「何某娘」とあるほか、「何某内」（四月九日の美濃、四月十九日の河内、四月二十日の京都、四月二十二日の紀伊などの例）とあるのも少なからずあり、これらは奉公人・同家人と思われる(7)。また第3表にみる大坂・京都からの参宮人の特徴は、一組あたりの人数の少ないことで、全国平均四・三に対し、大坂は二・六（摂津三・七）、京都三・八（山城五・〇）となっている。農村部からの参宮人は村落共同体（親類を含めて）を軸にしているのに対し、都市部は小商人・小職人たちの小経営者独自の参加か、奉公人によるものであろう。ちなみに文政十三年の大坂市中からのおかげ参りの様子は、地元の医師の著わした『浮世の有様』に詳しく、女連れの抜参りなど興味深い事例が多い。京都も閏三月十日頃から「浮れ出し、一統に参宮し、施行をなす事も大坂より多く」と同書は記録している。(8) これら都市型の参宮と農村型のそれとの対比は、さらに今後深化させる必要があろう。

小括

文政十三（一八三〇）年のおかげ参りを伊勢の一施行宿の人数改めを中心に、細かい内容を表示し、いくつかの問題点を指摘した。これらの多くは先行の諸研究によってすでに触れられている点も少なくないが、(1)山田の施行宿から集約的に参宮人を確定したこと、(2)時期的に男女の比の変化があり、四月以後女性中心のおかげ参りの色を濃くしたこと、(3)大坂・京都など都市からは、相対的に小グループの参宮が特徴で、小商職人・奉公人らが中心と思われ、農村部のそれとは若干の相違をもつことなどを新しくとりあげた。

文政十三年のおかげ参りの地域別の数値を示したのは、近江蒲生郡石原村の図司家についての西垣晴次の『ええじゃないか』が先駆的なもので、そこでは三二二人について通過点での分析が行われている。本稿は、不十分ながら終着点で扱った。当時の参宮人の数は、たとえば「御蔭群参地名録」によれば、閏三月二二八万一二〇〇人、四月一三二万七〇〇〇人、五月三二万一八〇〇人、この間八九日で三九三万人という。本稿の分析は氷山の一角にすぎないが、量的に細部を示しえた数少ない例であろう。

なお史料Bは止宿人の名前をさらに詳細に知りうるので（人数の確定はやや困難ながら）、いずれ別稿において分析し、本稿と合わせて施行宿にみる参宮人を総合的に明らかにしておかげ参りの実証と理論化を深めたい。

註

（1）藤谷俊雄『「おかげまいり」と「ええじゃないか」』（岩波書店、一九六八年）、藤谷俊雄「近世「おかげまいり」考上・下」（『立命館文学』一五三・一五四号、一九五八年、のち『神道信仰と民衆・天皇制』、法律文化社、一九八〇年、所収）、西垣晴次『ええじゃないか―民衆運動の系譜―』（新人物往来社、一九七三年）、西垣晴次『お伊勢まいり』（岩波書店、一九八三年）、大西源一『神宮教養叢書　第三集　参宮の今昔』（神宮司庁教導部、一九五六年）、相蘇一弘「おかげ参りの実態に関する諸問題について」（『大阪市立博物館研究紀要』七号、一九七五年、矢野芳子「文政十三年おかげ参りとおかげ踊り」（百姓一揆研究会『天保期の人民闘争と社会変革　下』、校倉書房、一九八二年）等々。なお西垣晴次編『民衆宗教史叢書　第一三巻　伊勢信仰Ⅱ近世』（雄山閣出版、一九八四年）は、前掲の相蘇・矢野論文をはじめおかげ参りに関する代表作品、および西垣氏による研究史の整理、主要文献目録を収めて現在の研究水準を知るのに至便である。なお「ええじゃないか」については、戦前の成果のほか、西垣晴次・高木俊輔・三浦俊明・伊藤忠士や最近御鍬祭の関連を示した藤井寿一・田村貞雄氏らの研究がある。

（2）この史料を部分的に使用したものに、尼崎市『尼崎市史　第二巻』（尼崎市、一九六八年、八木哲浩氏執筆分）と兵庫県史編集専門委員会編『兵庫県史　第五巻』（兵庫県、一九八〇年、酒井一執筆分）がある。本稿使用の史料は、一九七四年五月に兵庫県史編集室の手で行われた神宮文庫調査時のフィルムに依っている。

（3）A・Bに記された人名を、ここでは参宮止宿人と推定した。施行宿が、通行人に施行することも多かったが、①Aの末尾に、西出における「泊り人」の数を示し、それとAの数とを合算していること、②人名と住所・続柄をかなり正確に個別に書き上げていること、③註（5）にみる古市町の大林寺施行宿が、「泊り人」として人数を記録していることの三点がその理由である。なお野間店支店は、参宮街道に沿って所在し、早くから神宮司庁編『神都名勝誌』（辻村梅太郎、一八五一年、のち複製、皇学館大学、一九九二年）などでその名を知られていた。

（4）前掲註（1）西垣晴次『ええじゃないか』二二八〜九頁所引。

（5）神宮文庫所蔵写本。奥書に「天保紀元寅歳甤《（カ）》賓日　南勢長峰　松井敬民誌」とあり、さらに写本に「右壱冊飯南郡松坂町桜井祐吉君蔵本ニ依テ摹《（撲）》写校合了」として、大正八（一九一九）年に神宮司庁の大西源一氏の筆で説明が付せられている。内容は長文にわたり、好個の史料であるが、参宮人の国名を連日記載し、各地の幟も図示されている。なおこの幟の形は、天保四（一八三三）年の播磨加古川筋一揆、天保八年の大坂大塩の乱のそれと類似している（参考までに）。この記録には「右古市町はぐれ場調所ニ於て日々見聞或者笠印引合帳ニて録す、尤群参故地名脱漏計り難し」とあり、記載事情を示している。

また同書に収める「古市町的場はぐれ人調会所、付施行泊り人数之記」の項には、閏三月七日から六月十四日まで九六日間で迷人数四四一三人（うち於宮川内引合一一六三人）、施行泊り人（於大林寺）が閏三月七日から五月二日まで五三日間で総計四五八三人いたとある。大林寺の施行宿は野間店のそれよりさらに規模が大きかったことを知りうる。

（6）矢野芳子「「おかげまいり」と「ええじゃないか」」（青木美智男ほか編『一揆　四　生活・文化・思想』、東京大学出版会、一九八一年）三三二頁以下「女は行けない伊勢参り」を参照。

（7）前掲註（6）矢野芳子「「おかげまいり」と「ええじゃないか」」は、宝永のおかげ参りに触れて、参宮の機会の少なかった都市の年少奉公人からおかげ参りが始まったと指摘している。

（8）庄司吉之助・林基・安丸良夫校注『日本思想大系五八　民衆運動の思想』（岩波書店、一九七〇年）三二八、三三五頁など。

第2表　施行宿野間店の参宮人名簿（文政十三年）

月・日	国名	郡町村名	名前	人数	小計
閏3・13	阿波	徳嶋助任町	友太郎妻子供女	5	
	伊勢	一身田南黒田町	多吉	3	
	羽前	山形	猶助	5	
	大和	初瀬とい前	市助	3	
	伊勢	桑名平津村	治兵衛	2	
	阿波	撫養明神	茂吉	5	
	摂津	—	西村利兵衛	2	25
閏3・14	阿波	徳嶋冨田町	吉野屋和平	2	
	大坂	東天満寺町前	堺屋弥兵衛	2	
	尾張	知多郡大野	西念寺僧	2	
	京都	—	何某	9	
	摂津	住吉郡あひき村（我孫子）	親子	3	
	紀伊	海部郡福嶋村	亀右衛門	2	
	河内	渋川郡岸和田	庄兵衛	5	
	播磨	加古郡西谷新村	利兵衛	4	
	摂津	西成郡勝間村	庄吉	2	
	摂津	西成郡今宮村	安兵衛親子	3	
	京都	河原町三条下ル	丸屋小兵衛	2	
	紀伊	—	佐右衛門	7	
	尾張	名古屋	輪光庵尼僧貞安	5	48
閏3・15	摂津	灘御影村西ノ町	広田や長次郎（御師来田新左衛門）	3	
	山城	塔之村	善太郎、九右衛門	7	
	阿波	高尾村	順次郎	5	
	摂津	川辺郡兵庫津逆瀬川	海老や庄兵衛（御師丸岡宗大夫）	3	18
閏3・16	播磨	明石蛭子町	米や惣兵衛（御師小倉四郎大夫）	4	
	伊勢	白子	市郎兵衛娘	2	
	阿波	海部郡	伊七郎親子	2	
	阿波	板野郡黒崎村	定治	4	
	大和	多武峯	松塚や重兵衛	2	
	山城	宇治郡岡屋村	勘兵衛妻	8	
	伊勢	大石谷	政助女房	2	
	丹波	笹山縄手村	井筒や佐吉	4	

	伊勢	西冨田	孫左衛門	4	
	阿波	那賀郡冨岡町	冨田や栄蔵	5	
	近江	志賀郡真野浜村	西川重蔵	21	58
閏3・17	大和	竜田西町	酒屋佐兵衛	7	
	美濃	下内村	龍大寺僧	2	
	大坂	日本橋筋8丁目	松屋金蔵	4	
	備中	小田郡宮山村	源之丞	2	
	紀伊	和歌山福町	有田屋佐兵衛	7	
	阿波	板野郡古代村(大代カ)	市蔵親子	2	
	和泉	堺飾浜	河内屋長兵衛	12	
	大坂	松江町東へ入	近江や捨枩	2	
	大和	山辺郡白石村	丈五郎	3	
	近江	志賀郡膳所西所町	小西久左衛門	9	
	摂津	兵庫相生町	河内や安兵衛	2	52
閏3・18	大和	添下郡疋田村	米や平兵衛	14	
	摂津	嶋下郡片山村	源次郎	7	
	摂津	兵庫西出町	川崎や庄左衛門	11	
	河内	古市郡古市村	喜兵衛	3	
	近江	日野松上町	玄兵衛	6	

	京都	四条芝居前	小村屋おまき	4	45
閏3・19	大坂	重蔵町	京屋おやす	2	
	和泉	堺車屋大工町	前田嘉左衛門	2	
	和泉	日根郡地蔵堂村	文六母	3	
	阿波	徳嶋佐古町	左太郎	5	
	摂津	伊丹大手町	多田や惣左衛門	3	
	伊賀	名張郡	磯右衛門母	2	
	和泉	堺綾の町	福寿院	8	
	尾張	丹羽郡大赤見村	佐助	20	
	讃岐	ひも多浦	仁左衛門	8	
	京都	猪熊椹木町上ル	菱屋芳兵衛妻	4	
	伊勢	石薬師	半十郎	10	67
閏3・20	京都	三条小川町上ル	高野屋善七	7	
	河内	丹南郡北野田村	定右衛門	8	
	京都	上京千本通清玄町	井筒や定治郎	5	
	京都	堺町竹屋町上ル	雁金や金助	4	
	丹波	亀山西ヶ谷村	久兵衛	4	
	山城	相楽郡木津	武平治	6	
	阿波	海部郡日和佐村	久米助	5	41

	伊勢	（北勢）羽津村	正法寺	3	㊷
閏3・21	伊勢	大沓村	藤七	4	
	近江	（西江州）今津村	与茂大夫	6	
	大和	郡山高田口	助七	2	
	河内	古市	水野忠右衛門	3	
	河内	野中	綿屋利左衛門	2	
	播磨	多可郡下野間村	喜左衛門	5	22
閏3・22	京都	三条新町上ル所	ふきや又兵衛	9	
	紀伊	伊都郡粉川村	平川惣五郎	5	
	伊勢	阿曽	久兵衛	5	
	河内	丹南郡黒山村	磯右衛門	9	
	大坂	天王寺村	粉川甚七	2	
	近江	石部在正福寺村	奥村玄良	3	
	伊勢	員弁郡桑名在野方村	平五郎娘	3	
	近江	八幡在間気村（牧）	長左衛門	5	41
閏3・23	丹波	船井郡天引村	直七	6	
	播磨	揖西郡田中村	定右衛門	5	
	紀伊	牟婁郡田辺村	善七母	2	
	河内	錦部郡高向村	武平	4	
	阿波	麻植郡亀瀬村	安兵衛	4	
	美濃	岐阜下大桑町	亀太郎	2	
	大坂	南久太郎町	森田や久蔵	2	25
閏3・24	大和	添上郡横田村	弁蔵	6	
	近江	蒲生郡高木村	長右衛門	4	
	京都	松野下中立売下ル所	八文字や弥助	5	
	和泉	日根郡日根野村	藤左衛門	5	
	山城	八幡	利左衛門	2	
	山城	伏見	何某	6	28
閏3・25	美濃	安八郡土倉村	宗六	5	
	和泉	岸和田南町	播磨屋宗助	3	
	尾張	葉栗郡般若村	七蔵	2	
	尾張	中嶋郡玉野村	兵左衛門悴	7	
	河内	石川郡寛弘寺村	安兵衛	4	
	和泉	泉郡松ノ尾谷春木川村	清七	4	
	大和	高市郡土佐町清水谷	おたみ	3	
	伊勢	神戸在須賀村	新六	2	
	京都	大仏境内大黒町五条下ル	江戸屋定次郎	2	

	丹波	笹山そうじ村	音右衛門母	1	
	丹波	くるすの村	要助	2	
	阿波	那賀郡橘村	仁兵衛	4	
	阿波	名東郡徳嶋	岡本庄大夫	1	
	大坂	平野町	茨木や内すみ、茂兵衛	3	
	和泉	日根郡大木村	利左衛門	4	
	摂津	嶋下郡岸部村	吉左衛門	3	
	摂津	有馬郡三田	大坂屋辰蔵	8	58
閏3・26	近江	神崎郡殿村	庄左衛門妻	4	
	近江	蒲生郡桜村	重兵衛妻	3	
	尾張	知多郡田屋村	多蔵	3	
	山城	相楽郡つばい村	柳部源治郎妻	4	
	近江	野洲郡一宮毛村	仁左衛門妻	2	
	京都	間ノ町蛭子川上ル	若狭や久兵衛妻	2	
	播磨	加古郡本庄村	藤四郎	8	
	丹波	氷上郡たなはら村	安左衛門妻	2	
	大坂	東天満勝田町	丹波や利助	3	
	尾張	海西郡駒飼村	繁左衛門	9	
	播磨	加西郡佐谷村	甚五郎妻	3	

	大和	葛上郡かし下村	清次郎	5	
	伊勢	亀山在畑村	九蔵	3	
	山城	伏見森橋町	塩飽や元吉	2	
	山城	伏見森橋町	紀伊国や五兵衛	3	56
閏3・27	遠江	浜松上松村	孫蔵	10	
	美濃	高田村	作四郎	4	
	伊勢	桑名在井坂村	庄三郎	12	
	京都	堀川三条西へ入	扇屋宗七	2	
	伊勢	桑名郡安永村	伝九郎	4	
	播磨	赤穂郡矢野榊村	礎右衛門	4	
	山城	相楽郡大里村	平六家内	6	
	相模	柳町浜	花や久兵衛母ぬい	4	
	河内	石川郡広瀬村	清八	4	
	伊勢	四日市在大平村	清吉	10	60
閏3・28	紀伊	那賀郡東国分村	市郎右衛門妻	3	
	京都	大仏夷町正面上ル	菱屋市松妻	3	
	阿波	美馬郡井ノ尻村	辰次郎妻	4	
	尾張	中嶋郡中巻村	平蔵娘	6	
	伊勢	石薬師本町	又兵衛妻	8	

	伊勢	桑名在豊広新田	直治娘	3	
	尾張	中嶋郡一ノ宮村	与次右衛門妻	2	
	大和	葛下郡曽禰村	惣八妻	3	
	伊勢	(南勢) 川俣谷七日市村	銀助妻	9	
	美濃	安八郡中川村	太兵衛	5	
	美濃	可児郡横曽禰村	久兵衛娘	12	58
閏3・29	大和	吉野郡吉野山本堂前	松屋佐助	5	
	大和	吉野郡下市村	伊右衛門	2	
	尾張	名古屋禰宜町	熊野や多助	4	
	美濃	石津郡山崎村	勇左衛門妻	3	
	大和	三輪上市村	政吉	6	
	尾張	丹羽郡一ノ宮	木屋清次郎	8	
	河内	古市郡臼井村(碓井)	喜兵衛	1	
	尾張	知多郡平嶋村	宗助	3	
	紀伊	那賀郡大倉組三毛村	藤吉	3	
	越前	敦賀	仙養院倅	1	36
閏3月計					(739) 738
4・朔	京都	三条白川橋下ル所	丸屋勘兵衛妻	3	
	近江	犬上郡長寺村	作兵衛	7	
	丹波	桑田郡棚野多藤村	弥右衛門	7	
	播磨	明石大倉谷村	惣八	3	
	尾張	春日井郡小牧新田	忠蔵	3	
	摂津	豊嶋郡東畑村	善右衛門	3	
	美作	真嶋郡一色村	豊蔵	2	
	播磨	龍野城下	丸屋平兵衛	3	
	京都	安井御殿前	近江や松之助	4	
	大和	吉野植木町	桃(カ)谷やりん	2	
	阿波	徳嶋淡路町	大和屋与兵衛	3	
	大和	宇智郡常安寺村	伝兵衛	8	
	播磨	姫路松原村	五郎右衛門	13	61
4・2	但馬	出石郡寺坂村	友四郎	3	
	河内	若江郡高井田村	卯兵衛、しげ	3	
	大和	高市郡兵庫村	庄兵衛	6	
	大和	吉野郡下市村	吉野や九吉妻家内	5	
	近江	愛知郡平尾村	庄右衛門	8	
	播磨	明石郡大浪村	三木屋惣右衛門	3	

	美濃	福塚和津中新田	善右衛門	4	
	紀伊	伊都郡九度山村	平助	4	
	伊賀	伊賀郡羽禰村（羽根）	善之丞家内	5	
	大和	式上郡出墨村（カ）	庄次郎	2	
	但馬	気多郡府市場村	佐平次	7	
	近江	栗太郡阿志浦村	為八	4	54
4・3	伊勢	四日市久六町	白子や武兵衛	5	
	尾張	春日井郡舟津村	浅三右衛門	2	
	若狭	小浜城下	荒物や五兵衛	5	
	美濃	各務郡あく田見村	庄左衛門	10	
	紀伊	若山城下内大工町	有田や楠左衛門	4	
	大坂	嶋之内周防町難波橋	今福や安兵衛	2	
	讃岐	阿野郡	重蔵	2	30
4・4	尾張	中嶋郡北大見村	善吉	3	
	丹波	吉見	重助	2	
	摂津	住吉天下茶屋	治兵衛	2	
	和泉	泉郡	利助	9	
	但馬	豊岡	五郎左衛門	6	
	但馬	六地蔵村	磯次郎	4	

	但馬	六地蔵村川向	浅五郎	4	
	河内	若江郡八尾村	儀兵衛	1	
	但馬	城崎郡	栄次郎	2	
	丹後	久美浜	平兵衛	2	
	三河	大湊	由右衛門	6	41
4・5	尾張	知多郡横須賀村	村瀬清九郎内おとの（女ばかり）	12	
	美濃	上野村	石原常蔵	3	
	尾張	春日井郡新井村	勘右衛門	3	
	紀伊	伊都郡橋本組すきおう村	百姓幸助娘おさわ	2	
	伊勢	員弁郡	伊藤利右衛門内をみ	4	
	播磨	明石郡森村	百姓庄右衛門妻ふゆ	3	
	紀伊	日高郡畑村	林蔵内よし	6	
	播磨	姫路	石橋儀平内おます	5	
	伊勢	四日市北条町	肴屋豊次	8	46
4・6	但馬	城崎郡吉村	伊平次内しげ	3	
	丹後	田辺雪長村	おとめ	4	
	紀伊	有田郡石垣組小川村	中村文七、ゑい	3	
	但馬	豊岡寺町	桶屋善作、ゆた	9	

	淡路	津名郡谷村	与作	9	
	淡路	津名郡大谷村	林佐市左衛門、もん	2	
	尾張	大津町下地蔵前	沢屋亀蔵おなが	4	
	伊勢	神戸在冨屋村	森田与左衛門、もん	2	
	尾張	中嶋郡小藪村	庄右衛門、きと	2	
	大和	平群郡なし元村	喜兵衛	2	
	京都	下立売	嶋や喜次郎、この	2	42
4・7	丹波	氷上郡戸へら村（戸平）	茂左衛門女房	4	
	讃岐	金毘羅新町	伊予や次兵衛、おはん	2	
	備中	後月郡高屋町	助七女房	3	
	但馬	府中芝村	安次郎女房	2	
	豊前	中津弓町	卯之助女房	3	
	丹波	福知山中町	今田や平助女房	4	
	丹波	福知山中町	はつ巻儀七女房	3	
	但馬	―	六左衛門女房	4	
	丹波	氷上郡寄せ谷村	浅次郎女房	4	
	大和	葛上郡須戸羅村	平兵衛女房子供	8	
	備後	佐伯郡□□浦	惣右衛門	6	

	伊勢	四日市赤堀	幸右衛門	2	
	伊勢	三重郡四日市在川下村	彦蔵	2	
	尾張	中嶋郡松根穴村	八郎次子とも	4	
	丹波	何鹿郡上杉村	小嶋与左衛門妻	2	
	丹波	福知山長田村上町	豊助内つね	2	55
4・8	播磨	加西郡甘地村	茂十郎	4	
	和泉	板原村	惣兵衛内とめ	4	
	大和	御所	左官や吉兵衛	2	
	和泉	大鳥郡深江新田	甚兵衛内つぎ	7	
	紀伊	海部郡毛尾村	文左衛門内ぶん	2	
	河内	高安郡服部河村	宇兵衛、娘たか	3	
	紀伊	伊都郡橋本新町	河内や庄五郎内こと	4	26
4・9	大和	郡山高田町	畳や久兵衛	6	
	備後	尾ノ道吉輪村	文平、なよし	4	
	美濃	武芸郡飛たち村	喜左衛門、とよ	2	
	尾張	知多郡下半田村	源蔵、多か	12	
	美濃	可児郡船着村	要八	3	
	和泉	豊中村	吉左衛門	6	
	但馬	気多郡岩中村	八郎右衛門、長太郎	2	

	京都	蛸薬師	義右衛門	2	
	和泉	泉郡大津中市村	天満や庄兵衛	2	
	美濃	大垣七軒町	久留周平内おかね、おまき	2	
	尾張	春日井郡此台村	善蔵	8	
	京都	五条	赤尾喜一郎家内	4	53
4・10	丹波	氷上郡きぬ山村	定次郎	3	
	但馬	出石七軒町	善七	2	
	但馬	下靏井村	甚五郎	2	
	尾張	春日井郡櫛野村	義左衛門	3	
	丹後	田辺水間村	嘉左衛門	15	
	山城	綴喜郡宮口村	久左衛門	6	
	尾張	知多郡上村	勇助	6	
	淡路	須本新町	鍋屋六弥	4	
	尾張	中嶋郡馬曳村	宗兵衛	10	51
4・11	和泉	日根郡高崎村	新右衛門妻	2	
	伊勢	四日市御館村	宗左衛門	2	
	大坂	南堀江橋通り2丁目	奈良や伊助	2	
	丹後	伊倉村	彦助妻	2	

	紀伊	若山北新中町	岡や重助	2	
	和泉	大鳥郡別所村	平蔵妻	2	
	美濃	安八郡今尾村	伊蔵	15	
	摂津	住吉郡堀村	佐右衛門親子	4	
	美濃	各務郡志田見村	佐左衛門妻	2	
	三河	播豆郡西尾在かん町	茂三郎母	5	
	尾張	春日井郡あし間原村	儀兵衛	13	51
4・12	紀伊	那賀郡中山村	善夽	6	
	美濃	羽栗郡笠夽天の川	桶や仙右衛門母	3	
	紀伊	若山内大工町	弥助	4	
	大和	三輪	堺やおたみ	3	
	大和	宇智郡常火打村	文蔵	4	
	尾張	中嶋郡大洲村	おのふ	5	
	伊勢	桑名縄生村	忠助	3	
	紀伊	有田郡石垣組市場村	長吉	6	
	尾張	丹羽郡佐野村	子供連	7	41
4・13	紀伊	有田郡石垣組立石村	甚八	2	
	伊勢	神戸旅籠や町	田中彦兵衛	5	
	紀伊	熊野尾鷲新町	吉田屋文右衛門母親子	3	

	伊勢	桑名郡吉野村	政右衛門	8	18
4・14	尾張	春日井郡下原村	勘右衛門	15	
	尾張	中嶋郡片原一色村	定吉	5	20
4・15	尾張	春日井郡志田見村	吉三郎	2	
	伊勢	津者乙部村	大工宗兵衛悴	2	
	尾張	知多郡長扇村	与平	2	
	河内	大県郡かし原村	銭兵衛	3	
	摂津	兵庫山上村	備前や嘉吉妻	2	
	大坂	久太郎町心斎橋筋	河内屋久兵衛	3	
	大和	葛下郡高田村	平左衛門	4	
	丹波	氷上郡神垣村	重右衛門女房	4	
	美濃	大野郡古橋村	春吉	6	
	三河	幡豆郡幡豆村	伝助	2	
	京都	大仏前	加賀屋松助	1	
	讃岐	高枩兵庫町	熊野屋次助妻	3	34
4・16	摂津	灘燈明村（東明）	嶋屋三郎兵衛、妻むめ	2	
	播磨	姫路下町	喜助妻ちう	2	
	和泉	安松村	松屋伊左衛門	8	
	和泉	垂井浦（樽井）	西野与四郎	7	
	但馬	気多郡八社宮村	与左衛門	5	
	河内	三日市加賀田	久兵衛妻	2	
	尾張	宮	松次郎	4	
	安芸	広嶋山本村	岩枩	3	
	京都	一条智恵光院西へ入	近江や十次郎	3	36
4・17	尾張	丹羽郡とき嶋村	仲左衛門妻	3	
	尾張	丹羽郡禅寺野村	兵蔵妻	2	
	三河	額田郡丸山村	治郎右衛門娘（外に乳呑子1人）	6	12
4・18	紀伊	那賀郡長山村	小三郎	4	
	紀伊	有田郡広浦	四郎兵衛	4	
	河内	丹南郡今熊村	大工文左衛門	7	
	阿波	板野郡明神村	徳左衛門	4	
	河内	石川郡山中田村	泉龍寺僧衆	2	
	尾張	春日井郡多良賀村	弥左衛門	5	
	丹後	熊野郡長野村	忠右衛門妻	2	28
4・19	河内	古市郡誉田八幡	宇兵衛妻いし、せき	2	
	紀伊	海部郡黒江村	漆屋久右衛門悴安吉、とよ、小さん	3	

	阿波	美馬郡半田村	豊久兵衛よつ、せい、くま、亀五郎	4	
	河内	大県郡青谷村	権左衛門内さき、兵蔵	2	
	美濃	可児郡津屋村	弥惣次妻もよ、子2人、とみ、はる、みつ	6	17
4・20	紀伊	伊都郡慈尊院村	忠右衛門妻おくら、徳㕝、もん、はな	4	
	大和	菅原	新蔵、同妻、子およそ、同乳呑子	4	
	和泉	大鳥郡金剛山麓	仁兵衛、すゑ、その、熊次郎、外子供1人	5	
	和泉	万場村	武右衛門親子	2	
	紀伊	伊都郡名倉村	栄次郎、同妻きぬ、娘やす、悴嘉吉	4	
	備後	安那郡徳田村	直次郎母、和三郎	2	
	京都	醍井通松原上ル町	河内屋庄兵衛内まつ、まさ、きよ	3	
	尾張	春日井郡手山村	利吉母、中真尼、みな	3	
	尾張	春日井郡瀬戸川村	新左衛門、同女房、子供	3	30
4・21	紀伊	海部郡加茂谷下津浦	角兵衛、㕝之丞（御師田中福村大夫）	2	

	阿波	徳嶋住吉嶋	甚蔵、同女房、小者（御師神谷善大夫）	3	
	河内	茨田郡上嶋頭村	儀兵衛、□つ、りよ、いし、すゑ、のゑ	6	
	尾張	名古屋若宮浦	餝や清吉妻りか、ふさ、せき、とよ、とみ	5	
	尾張	海東郡津嶋下ノ切	善助内おきさ、りよ、そよ、子2人	5	21
4・22	因幡	鳥取鋳物師町	市場善兵衛、同母、よし、いと、ゆき	5	
	紀伊	伊都郡河瀬村	紙や平三郎内いし、小よし、子常吉（御師大徳屋大夫）	3	
	紀伊	和歌山	松屋喜助内母ちよ、常吉（御師喜多出雲）	2	10
4・23	因幡	八東郡東村	源次郎、とよ、子1人（御師小林三大夫）	3	
	大和	三輪神路浦新町	素麪屋嘉七内みわ、しか	2	
	紀伊	干潟浦	清四郎、甚之助、豊次郎、㕝五郎、むめ、やすへ、きち（家内）	7	(12) 22

4・24	播磨	小野新宮村	重蔵内りゑ、長蔵、のふ、ちのミ子1人	4	㉚ 28
	和泉	日根郡佐野村	堺や徳兵衛、しか、徳㕝、とり	4	
	和泉	岸和田領岡田浦	喜兵衛、しか、源蔵、品之助、るい、けん（御師堤左衛門）	6	
	紀伊	若山畑屋敷町	岡崎や権兵衛内じゅん、なじの、楠次郎	3	
	阿波	北泊り浦	徳右衛門内みつ、ひさ、兵蔵、とく、いし、子1人	6	
	阿波	徳嶋	弥次左衛門、房吉、りく、たい、□くま	5	
	備後	御調郡尾ノ道今町	山田や伊助、つね	2	
4・25	美濃	厚見郡上赤鍋	甚吉内かの、すえ、子1人	3	
	大坂	生玉	白木屋万蔵家内	6	
	大坂	（生玉カ）	大坂や新七妻	2	
	尾張	海西郡本城	衆中	4	
	和泉	岸和田	靏原や久蔵	1	
	伊勢	亀山	大黒や豊吉娘りさ、小まつ	2	18
4・26	越前	福井山奥	佐助妻さつ、子1人、おかね、子1人、吹津や文蔵妻きの、子1人、政吉	7	
	越前	福井□や町	米や惣右衛門妻のふ、子1人、治助、女房ふし、子1人	4	
	信濃	下の諏訪横町	与兵衛	4	15
4・27	大坂	難波上ノ町	美濃や安兵衛悴嘉吉	1	
	大和	式下郡丹波市新町	孫や善七妻、子1人	2	
	紀伊	海部郡御山村	権七同女房、おりゑ、嘉蔵	3	
	尾張	善太新田村	勇助妻とよ、子3人	4	
	阿波	板野郡木津村	治左衛門妻くま、子2人	③	
	大坂	安堂寺町筋山家町	菱や喜兵衛娘いわ	①	
	肥前	彼杵郡深ふり村	利兵衛、善七、母はる	3	
	紀伊	若山新堀町	良左衛門悴十之介、平八悴浅吉	2	
	紀伊	若山在黒江村	毛糸や利右衛門妻親子	4	23

月日	国	所	人名	人数	日計
4・28	尾張	名古屋袋町	八百や儀八妻まつ、子きよ	2	
	因幡	鳥取城下鋳物師町	巽や治三郎母みゑ、よね、岩田屋藤七母そよ、ちか	4	
	三河	衣（挙母）新明町	内藤山城守御屋敷ひそ、きと、りん	3	9
4・29	加賀	金沢	霊岸寺弟子浄心	1	
	伊勢	西黒部	海月庵いか市	2	
	尾張	中嶋郡大塚村	貝定、治円	2	
	和泉	堺錦相模町	針屋三右衛門妻、子2	3	
	大坂	安治川3丁目	嶋村や吉蔵、妻きせ、子2	4	
	尾張	春日井郡中切村	民蔵、同女房、小者2	4	16
4・30	尾張	春日井郡瀬戸村	繁蔵、女房いと、子3人	5	
	尾張	春日井郡瀬戸村	勝蔵、女房きよ、子1人	3	
	播磨	加東郡上滝野村	妙正、妙仲、久兵衛女房とめ	3	
	安芸	高宮郡中深川村	万蔵、女房りよ、久米蔵、左次郎、ミよ	5	
	阿波	勝浦郡大谷村	嶋蔵、女房かめ、娘きよ、（子1）	3	19
4月計					（919）1043
5・1	尾張	名古屋内下新道中ノ切	治助女房ゆる、子杢次郎、かね	3	
	阿波	海部郡牟岐浦	繁蔵妻つま、子1人、三郎兵衛妻てる、子1人（御師西村兵大夫）	4	
	紀伊	牟婁郡田辺神みす村	芳兵衛母とめ、ひさ	2	
	美濃	岐阜長柄村	善太郎悴慶次郎、与八下男虎蔵	2	
	備後	海津郡深津村	喜代助妻なを、子5人、栄助妻、子3人	10	21
5・4	播磨	姫路竹田町	長浜や九十郎妻、娘しま	2	
	近江	伊香郡千田村	宗太郎家内	7	
	尾張	中嶋郡新妙法村	毘沙門堂秀浄	10	
	美濃	石津郡仁和村	理光庵禅能	4	23
5・5	因幡	鳥取河原町	紙屋文七妻、さじや十蔵妻	2	
	大和	添上郡水間村	清十郎妻たき	3	

月日	国	村名	人名	人数	日計
	紀伊	和歌山吹上	三宅元蔵悴角蔵、重蔵悴亀蔵	2	7
5・9	美濃	可児郡今渡り村	龍助悴八十八、新吉悴菊蔵	2	2
5・14	尾張	愛知郡下中野村	伊助妻いさ、奥蔵妻てつ、子2人	4	12
	美濃	滝ノ鼻沖村	甚左衛門娘ゆみ、冨五郎娘、喜三郎、辰治郎	4	
	伊賀	上野峠平町	久六娘にを、作左衛門娘てつ	2	
	三河	碧海郡伊賀や村	庚申堂かんすい、大長	2	
5・17	尾張	中嶋郡稲嶋村	善蔵妻きな、喜左衛門妻やさ	2	6
	尾張	知多郡半田村	宝慈庵、玄随	4	
5・18	伊勢	桑名郡ちから村(力尾)	彦次郎、小はる、おきせ、おやす	4	4
5・22	尾張	春日井郡今村	定右衛門妻きの	7	7
5・28	尾張	愛知郡平場野赤池村	千右衛門悴勝次郎、ふさ、さい、ひさ、いし	5	5
5月計					(87)

月日	国	村名	人名	人数	日計
6・3	加賀	金沢城下天神町	高木や宗右衛門妻やす、子2人、娘さよ	4	10
	三河	額田郡宮崎村	小七妻みつ、子2人、新五郎妻みさ、長大夫娘さい、八太郎母ぎん	6	
6・9	尾張	知多郡寺本村	利八悴安八(14才)(利八行衛不明)	1	1
6・10	石見	那賀郡浜田領七上村(七条)	善蔵悴甚蔵、八助悴多喜蔵、武左衛門娘のふ、音十郎娘ふみ、源蔵娘ぶん、多助娘りか、和三郎娘きよ、善太郎娘とし、伊左衛門娘たけ、倉次郎娘りわ、亀次郎娘みさ、与蔵娘はつ	12	12
6月計					(23)
総計					1781 (1768)

〔外ニ三八四人、西出ニ而泊、是者別帳有〕　惣計二一六五人

註：①地名記載のうち明らかな誤りについては訂正し、一部（　）で補正した。
②人数は原史料のままとし、誤りと思われるものや原本に欠けている箇所については（　）で註記した。
③地名と関連して記載された御師名（一〇件）については人名のうしろに（　）に入れて示した。
④解読難解な文字は□として示した。
出典：神宮文庫所蔵「文政十三年庚寅閏三月吉辰　施行宿国所名人数帳」（野間店）写本

〔付記〕　史料を提供された神宮文庫、野間店について御教示いただいた同文庫の石井昭郎氏、三重県史編集室松浦栄氏、ならびに調査に協力された兵庫県史編集室に御礼申し上げます。

近世民衆文化の到達点
――見えてきた「国民」――

一　行動文化としての近世の旅

幕末維新期の民衆文化ということで近世期最後の文化の到達点を明らかにする予定でしたが、時間の関係で近世後期を中心にとり上げ、幕末維新期への展望を示すにとどめたい。その前に一律に文化といっても、随分範囲が広いので、当面文化の近世期における多様性と担い手を確定することにしたい。もう一つは、多くの文化史の研究が歴史学の分野で申しますと、主として文字を媒介にしたフィールドを追いかけてきたようで、ここではもちろん江戸時代の民衆の識字の到達点は世界的に極めて高く、近世初頭においても、キリスト教宣教師がヨーロッパ世界以外では見たことがないと驚いたようにかなり高いものであり、それを踏まえて近世の石高制の支配が成立するということを自明の前提とおいたうえで、なおかつ文字を直接媒介としない文化を考えてみたい。

まず近世の幕藩体制の成立とともに全国的な交通網が整備されて参りますし、また村落における小経営の展開が見られる。いわゆる本百姓体制の成立でありります。対外的には鎖国の問題が入ってまいります。これは後に「国民文化」の形成を考えるとき、開港とのかかわりで問題になります。それから日本の風土の問題であります。日本がいわゆる島国であり直接異国と国境を接しないということと、もう一つは東北から西南に至るかなり長距離のひろがりをみせて、異なった自然、気候をもっているということであります。このことはかつて柳田国男が「旅行の進歩および退歩」（『青年と学問』、岩波文庫、一九七六年）で指摘しているように、例えば正月元日を迎えるに当たっても、九州と東北では決定的に違うという差があります。この差を幕藩体制社会が内的にいかに埋めて、明治維新に向かっていくかということを考えてみたい。

最初に旅が果たした役割を、近世の交通網の展開の中から調べたいと思います。旅の役割は随分あるわけでありますが、これを社会的文化的に解明した研究は十分とは言えない状態です。旅がある地域で獲得された歴史的な文化のあらわれであると考えると、旅をどのように理解するかは、幕藩制国家のもとにおける民衆文化を考えるうえにおいてはかなり大きな意味を持ってくるのではないかと思います。柳田の言葉を借りれば、「旅行は学問のうち」なのです。近世期の最も代表的な旅は寺社めぐりでありまして、それは伊勢参宮と善光寺まいりに代表されます。これを頂点にして全国的な寺社巡りと一般的な旅が展開するといってよいでしょう。伊勢神宮と善光寺の日本列島に占める地理的な意味は決して無視できないと思います。ここで今、越後塩沢の鈴木牧之の『北越雪譜』（天保六（一八三五）～十三年）の一節「熊人を助」くを想起しています。この地の農夫が誤って冬眠中の熊の前に転落したとき「お伊勢さま善光寺さまをおたのみ申よりほかなしと、しきりに念仏唱へ、大神宮をいのり」（岩波文庫、一九三六年）という箇所です。

伊勢参宮につきましては膨大な研究がございますので、ここでは直接触れませんが（当面『三重県史　資料編　近世四（上）』、一九九八年を挙げるにとどめる）、これはのちの明治国家のつくり出した伊勢参宮の位置付けにおける参宮の問題とは本質的に異なったものです。伊勢参宮について性別の問題を考えますと、これは一般的には男性中心の参宮であるということができます。善光寺は西垣晴次氏らが示したように（『江戸時代図誌一〇』、筑摩書房、一九七七年）男女を問わず参り、生前だけでなく、死後も参らなければならず、霊魂が善光寺へとぶと信じられていました。善光寺はもちろん宗派を超えて参詣する寺でありますし、伊勢参宮は農業神としてのかかわりを非常に強く持ったものでありまして、これは信仰の対象というよりむしろ旅そのものを楽しむ観光という意味合いを濃くもち、ここでの文化交流に期待するものが多かったとみられます。伊勢については全国からの参宮を保証するために村落の中に講をつくります。これは参宮に限りませんが、伊勢がその代表と見てよいかと思います。これに対して善光寺は、いわゆる善光寺から諸国への出開帳を行います。伊勢が伊勢講を村落にもち、伊勢のお祓いや暦を届ける御師が地域と神宮をつなぎますが、善光寺は出開帳で全国を回る。いずれにしましてもこういうものを通して一つの大きな文化の交流を示したと思います。

この二つを大きな中央部における中心的な寺社のキーステーションとして位置付けますと、次にそれをとりまくものとして観音信仰による三十三ヵ所めぐりと、四国に代表される大師信仰の遍路、それから真宗と日蓮宗に代表される本山参りを指摘できます。三十三ヵ所の巡礼のコースはほぼ一四八〇年代に成立しています（速水侑『観音信仰』、塙書房、一九七〇年）。東北の同じ三十三ヵ所は、十六世紀の成立といわれていますから戦国期においてすでにみられるわけでありますが、問題はこのような中世的な三十三ヵ所巡礼が、その場所、順番が近世に変わることで、当初は京都・熊野などとの関係で京文化の役割が大きいということから、それを軸に展開して参りますが、全国的な流通、旅のシステムが整うにつれて三十三ヵ所の順番が変更して参ります。近世的な巡礼の成立です。もちろんこれに坂東三十三ヵ所と、秩父三十四ヵ所がでて参ります。四国の遍路は八十八ヵ所巡りでありますが、これに隣接する場所として金毘羅が登場して参ります（近藤喜博『金毘羅信仰研究』、塙書房、一九八七年、全体像としては、新城常三『新稿社寺参詣の社会経済史的研究』、塙書房、一九八二年を参照。その他近年個別の研究は多い）。また日本の宗教性は多神教的であるといわれますが、そのなかでの多分に非多神教的な真宗、つまり神祇不拝の思想を持った仏教と他宗に対して独立を主張する日蓮宗に対しては、多分に本山参りを考える必要があると思います。このような形で近世期は、寺社をめぐって多様な信仰形態が見られました。このことは幕末慶応元（一八六五）年のええじゃないかのお札降りが天照大神宮札を中心にしながらも種々さまざまな、とりわけ近隣の寺社のお札を含んだものであることを、名古屋の例として守山古文書の会「青窓紀聞――「ええじゃないか」関係分（守山郷土史研究会編『もりやま』第五号、一九八六年）、大坂の例として降札の日付、場所、形を図示した刊本の「末代録」（大阪商業大学比較地域研究所蔵）など多くの史料が証明していると思います。これらは村々の祭神信仰がきわめて多様であることを示しています。

寺社参詣の代表である伊勢参宮と西国三十三ヵ所巡礼との関係について申しますと、中世的な伝統から脱却して近世的変容を受けて伊勢参宮とその三十三ヵ所が新たな形で結合します。参宮の道が、三十三ヵ所一番札所の南紀・熊野の青岸渡寺とリンクして二番紀三井寺へと紀伊半島をまわります。伊勢参宮を終えたあと、熊野街道を下って熊野へ出て西国巡礼となる例を享保十三（一七二八）年の「巡礼案内記」でみると、「伊勢の国ハ天照太神宮のましまます所にて西国しゅんれい（巡礼）の心ざしある人ハ、おほよそまづ太神宮へまいりてやき山（八鬼山）こへをこすなり、いせ宮川の内にて外宮・天の岩戸・内宮そのほか参り所おほし、山田町にハ御師の家・商人・はたごやおほし、此所にてしゅんれいの道具、札・おいづる（笈摺）・めし（飯）入のこり（行李）までもとむべし」とあります（三重県教育委員会『歴史の道調査報告書一　熊野街道』、一九八一年）。また伊勢参宮と西国三十三ヵ所巡礼とでは服装が異なりますので、神宮を出たところで商魂たくましく札の書きようと菅笠、おひずるの書き方の見本を示しています（『巡礼道中指南車』、天明二（一七八二）年）。これらを販売するのです。

一方信仰を深めながら同時に旅で何を学ぶかということになりますと、これまた非常に多様なものがあります。伊勢参宮が、稲の品種の交換の場であり、宝暦期（一七五一～六四）に信州の村明細帳に稲の品種名に伊勢を冠したものがあることや、幕末の伊勢錦（伊勢の岡山友清と大和の中村直三の交流）など例証は実に豊富ですのでここではとくに触れませんが、旅に学ぶ文化というものに限って申し上げたいと思います。旅で学ぶものは随分多いのですが、その代表として芝居をあげることができます。先程申しましたように、旅のコースは東国・西国の両方から伊勢参宮と西国三十三ヵ所、それから京、大坂、奈良を結びます。京、大坂は申すまでもなく芝居の本拠地でありますが、同時に伊勢の古市もまた芝居の中心的な役割を果たしております（吉田暎二『新補伊勢歌舞伎年代記』、放下房書屋、一九三三年。『三重県史　資料編　近世（五）』、一九九四年）。名古屋の芝居小屋が屋根をもたなかったのに対して、伊勢は屋根を持っていて小屋の構造がかなり違っている。西方では讃岐の金毘羅と安芸の宮島（薄田太郎・薄田純一郎『宮島歌舞伎年代記』、国書刊行会、一九七五年）にも歌舞伎があります。

大都市と主要な寺社には人の流れに支えられた芝居があり、これがさらにクモの巣のように小都市・農村へと伝播します。芝居のもつ民衆への文化的役割は明治初年にロシア人レイ・イリイッチ・メニチニコフの『回想の明治維新』（岩波文庫、一九八七年）が桜宗吾（佐倉惣五郎）の観劇を例に適確に指摘しています。旅によって芝居を通じて文化と歴史を学びます。この芝居自体が今日と同じように、固定した場所で固定した役者がするのではなくて、巡業であります。相撲も同じことです。巡業する役者から旅をする人達が学び、それからそれを更に吸収するかたちで村へひろげてまいります。都市や寺社所在地の歌舞伎がその周辺に時代とともに大衆芸能を拡げるという意味合いを持っていると思います。ここでは触れませんが、相撲と芝居はよく似たシステムをもっています。ここに旅する文化の姿・行動文化の役割を考えさせられます（横山俊夫「「藩」国家への道」、林屋辰三郎編『化政文化の研究』、岩波書店、一九七六年）。

二　日常生活における文化・宗教

つぎに日常生活における文化、とりわけ宗教の果たす役割であります。これは幕藩体制下において仏教の果たす役割がかなり限定され、しかも死者の供養や来世を願う傾向に対して、現世での生活や共同体組織と結び付く点から申しますと、村の氏神の存在は極めて大きいと思います。これは同時に祭礼の果たす役割を考えることでもあります。例えば藩を作った場合の城下町における寺社の問題だけでなく、神社のあり方はどうかということも問われていたはずです。

例えば大坂の場合をみると天満に川崎東照宮があります。これは全国に二百を超えた東照宮のひとつでありますが、本来平日は町民がこの宮に入ることは許されていませんが、四月十七日には門を開けて町民に入ることを認める（「此日雑人の参詣を許し給ふ」『摂津名所図会大成』）といいます。それから地主神としての天満天神祭の六月二十五日には船渡御の見られる川沿いの蔵屋敷は表門、裏門を開放して町民の出入りを認める。これは祭礼に対する領主の姿勢を示していると思われます。伊勢安濃津でも八月十五日の八幡宮の祭礼では城主藤堂氏が地主神の神輿を迎えます（速水春暁斎『諸国年中行事』、八坂書房、一九八一年）。これは地域社会においても、神のもつ意味は非常に大きいものであり、氏神が小経営を支える共同体的組織の中心として存在していることを示していると思います。

同時に民衆にとって大事な問題としては火があります。火と氏神の関係は強いわけでありますが（被差別部落の別火の問題を想起）、防火の問題、それから水、降雨の問題、これらは日常生活にとってきわめて重要なものです。火防せの神として遠江の秋葉大権現、それから山城の愛宕山、この二つが全国的な中心として存在した。水は金毘羅宮、雨乞は各氏神及びその周辺の神々のところで行われますが、東海地方に関しては伊勢の多度神社が東は駿州から西は河内に至る地域の雨乞の場になります。多度社の火をもらって休まず無言で村までリレーします。気候学の人の話を聞いてみますと、ここが太平洋側と日本海側のひとつの気候の接点になるところで、降雪に見舞われる関ヶ原の地域的特徴と同じでありまして、天下分け目の地、伊吹山から鈴鹿山系という日本を縦断する気候上の変化をもたらす地点であって、これが東海地方の雨乞の拠点の役割を果たしています。村々の雨乞は踊りを伴いますので、当然民俗芸能を持ちますが、とくに先程申しました歌舞伎との関係で申しますと、伝統的なつまり中世以来の風流踊りを踏まえた雨乞があります。ここへ歌舞伎の影響が加わります。京都・大坂の間の高槻城下の近辺津之江村では「義経千本桜」で雨乞をいたします（『高槻市史　第四巻二（資料編三）』、一九八〇年）。大和の国の源九郎狐の話で、狐忠信が初音の鼓にききいる風情を語る一節です。涙を催す場面ですが、この例は大都市に近いところの雨乞文化の到達点を示しているのではないかと思います。芝居が村々の生活にとりこまれているのです。

三　化政期に始まる「国民文化」形成の予兆

近世期はほぼ十八世紀の中頃以降、民衆文化というものが今までとは違った質と量の広がりを見せて深まっている。その変化の時期を特に限定して申しますと、化政期（一八〇四～三〇）が注目されます。この時期の歴史的役割が、天保期（一八三〇～四四）の評価に比べて低いということは誠に残念でありまして、化政期の問題こそ天保期の飢饉、あるいは政治的な変動を通して天保期の諸問題を提起することになりますので、化政期という前提を抜いて天保期の理解はできないと思います。まさに近代の予兆がみられる時期です。化政期の社会情勢、文化上の変化を最もよく示しているものに『世事見聞録』があります。同書については青木美智男氏もよくその意義を紹介されていますが、文化十三（一八一六）年に書かれました『世事見聞録』は、武士身分の著者が反発しながらもとりあげる内容として、「殊更中人以下、下賤の事を重にするなり」と宣言しています。遊芸についても触れて、琴、三味線、長唄、浄瑠璃、踊り、芝居、狂言、遊芸などがそれにあてはまる。ここでは中世以来の伝統をもった能が上層旦那衆に享受されるのとは違って、大衆的な民衆的な場に遊芸が広がってきた。歌舞伎はその根本であると指摘しています。俚諺としてはからずも「芝居咄しの長局」とか「女嫌いの男と芝居嫌いの女はない」など芝居のひろがりに触れています。この観点を踏まえて一般化していいますと、化政期に高揚した社会的生産力と社会構造の変化、とくに文化面の変化はきわめて注目すべきものがあると思います。これはいろんな面で証明される。歌舞伎の内容の変化、鶴屋南北に現れるのも、あるいは江戸っ子的な江戸文化の粋とか洒落とかいわれたものが、実は幕藩制のもとで江戸だけではなくて、つまり上方が十七世紀に到達した文化を踏まえながら、さらに『世事見聞録』が示したような中人以下下賤の者を軸に全国的に広がって行くと理解できるのではないでしょうか。それは江戸と上方の文化交流の深化によって新しい文化の担い手とその内容を生んだのであり、全国的な文化上の変化につながります。

細かい例証は省略しますが、関東をみても、古川貞雄『村の遊び日』（平凡社、一九八六年）にもあるように、関東取締出役が文政十（一八二七）年に指摘していることは村々における歌舞伎、芝居、手踊り、相撲、操芝居のことであります。こういう村の多様な遊芸をわれわれは今まで必ずしも重視したとはいえませんし、専ら幕府及び領主の取締側から見やすかったが、実は取締りの対象となった側から議論を組み立てなければ民衆文化の到達点を明らかにしえないと思います。それから畿内に限って申し上げますと、文政期（一八一八～三〇）に文字どおりの国訴が登場して参ります。国訴のとりあげます商品は肥料、綿と油があります。菜種油の問題は実はこれは民衆の夜間の使い方の問題であります。油の問題は江戸市場、領主統制とのかかわりでよく議論されてまいりましたが、それが平川新氏のいう消費者の観点（『紛争と世論』、東京大学出版会、一九九六年）とともに民衆の生活との関係でいうとどういう意味をもつのか、夜間の有効な利用と文化との関係が改めて問われる必要があると思います。

つぎに村法の変化です。村法に遊芸、参詣、講、食事が基本的に寛政期（一七八九～一八〇一）から、とくに化政期以降に新しい項目としてその中心項目をなすようになってきます。それから文政期に東国においても西の播磨においても郡中規定が郡単位、国ぐるみでいま述べましたような問題に関わって登場してまいります。例えば村々に無心をいったり、廻国する人達の層が十九世紀には十八世紀以上にふえてきているということを客観的に示しています。このことは当然旅人も増加し、道標や常夜灯がほぼ化政期から急増してくることからも証明できると思います。秋葉山、愛宕山や六十六部、西国巡礼などの碑がほぼこの頃から新たな傾向を示してきます。人口は文政十一年に日本は二七二〇万人を超え、少なくとも現在判明している近世期のデータでは最大の数値を示しています。刊行物で申しますと、旅にかわる道中記、買物案内などの案内物が大変多くなってきます。この変化は文化の交流に影響を与え、芸能についてもその内容とそれを担う階層が変化し拡大をみせます。

例えば、芝居が十九世紀から村に定着しはじめたということは常識のようでありますが、現存する下野・播磨に見られるように農村舞台での衣装の借入、それを踏まえて芝居を買う、芝居を楽しむ方から、自ら演じる芝居への展開が見られる（角田一郎編『農村舞台探訪』、和泉書院、一九九四年）。このことは村の中での若者を中心とした若手の文化、その担当者としての役割の拡大、同時に下層民の村落内部における進出をもたらしているということが想定されます。いま述べましたような変化は、当然都市、農村を含めて大きくなり十九世紀前半に姿を見せてきます。

大坂に関して申しますと、『摂陽奇観』（『浪速叢書　第六』、浪速叢書刊行会、一九二九年、のち復刻、名著出版、一九七八年）があります。『浮世の有様』とならんで注目すべき文化・社会の記事が年譜風に史料をもりこんで書かれています。その文政十一年五月朔日の項に次のようにあります。

此節、河州若江村木村長門守様墓所へ参詣致シ病苦其外諸願懸ケ候へは利生有之由、専参詣人有之候ニ付、先月下旬より内々御差止ニ相成候へ共、人気一同して夥敷参詣群集いたし、様々増長ニ及候間、尚十一日十二日

右参詣之者共御召捕之上所預ケ被仰付候

河州若江村にある木村長門守墓への参詣であります。それが取締の対象になった。ちょうどその頃出版の方では、『絵本太平記』が寛政十（一七九八）年に出版され、文化元年に禁止されている。文政七年に大坂の本屋仲間の記録によると、『絵本太平記』が改ざんされたとあります。こういうものを踏まえての豊臣びいきの群参と思われま

すが、文政十一年に木村長門守重成への墓参が集中的に行われる。のちに安政六（一八五九）年に『絵本太閤記』は解禁されて出版を認められますけれども、この動きは一方における稲荷信仰などの新しい民衆信仰などのひろがり、あるいは幕末期の政治変動における「残念さん」信仰にも通じるものがあるのと推定します。

十九世紀前半を代表する最大の民衆運動である文政十三年のおかげ参り、おかげ踊りでありますが、おかげ参りはさきほど冒頭で申しました伊勢参宮がほぼ共同体的な講を踏まえて男性中心であったのに対して、女性と子供の大量の参詣をもたらしたということ、それから同時に上方では村落内でおかげ踊りを流行させました。この点はすでに指摘されていることであり、伊勢国ではまだ見つかっておらず、踊りの流行地域を確定する必要がありますが、この「おかげ」を民衆レベルでは国土安全、五穀成就の喜びとして説明していると思います。おかげ踊りのおどりは、古い風流踊りの流れをくんでおりますけれども、交流ということから留意すべき点は、村の外から指導者を招いていているということです。この史料は摂津尼崎北部東富松村の油屋と称する富農的商人の残したものですが、文政十三年六月に大和から始まったというおかげ踊りが年を越えてこの地域にもひろがり、規制によって氏神だけで踊っていたのが、「大坂へ内しょふにて願人ぼうのがん徳と言ふ人頼、十日ほどハたのミ孫兵衛殿な家ニて北内町・中の町両町若衆心を合しけいこ始り」といふ賑やかさとなりました（地域研究史料館「浅井理兵衛「歳代記」」、『地域史研究』四四号、一九八五年）。がん徳の振り付けに「やあとこせへゑゝ」と伊勢音頭をとりこんだもので、六月中旬には隣村へもひろがったと伝えます。

ここで注目されるのは踊りに大坂から招いた願人坊主という賤民視される芸能者の指導をうけていたことです。「浮世の有様」（『日本庶民生活史料集成　第一一巻　世相一』、三一書房、一九七〇年）にも、大坂の様子を伝えて「踊りの手は頭人坊主手を付て、願人躍りの如く、三味線・太鼓・すりがね等にてはやし、傘をさし、住吉踊りのことしと云」とあって、おかげ踊りが願人坊主によって振り付けされていることがわかります。この踊りの元のかたちは「住吉おどり」で、文政期に大坂から名古屋に伝播しまして、名古屋で華々しく興行された踊りであります。こういうのを村方に導入してまいります。いまこれらを伝えた記録、例えば「浮世の有様」、『摂陽奇観』や大坂・江戸の生活比較を記した『近世風俗志』（『守貞漫稿』）などのニュースソースはどのようなものであったか。大坂斎藤町の医者が書きとめた膨大な情報記録「浮世の有様」は、演劇史の守屋毅「市井の情報」（林屋辰三郎編『幕末文化の研究』、岩波書店、一九七八年）が指摘されていますように、西国あるいは四国遍路などの旅からの情報をふまえているということです。『摂陽奇観』の浜松歌国は、文政元年から天保四（一八三三）年にいたる記録を残していますが、途中で文政十年に死んでいて、あと別の三人の手で書き継がれるのです。その場合彼の記録は、芝居番付、風俗画など数多くの史料をもりこんで、こと細かく記録するわけですが、彼の情報ソースは彼自身のものではなくて、人参三臓円を売る薬屋からのものであります。富山の薬売りも医薬の面のほかに遠くからの情報を口で伝える意味がありました。薬の果たす情報文化の役割は近世期においては大きいと思います。これは先程の旅とのかかわりで改めて考える必要があるでしょう。その定着した姿を、浄瑠璃・芝居・相撲・医者・学問からみた例として兵庫県赤穂郡について書いた高田十郎編『播州小河の方言』、同編『播州小河地方の昔話』を挙げることができます。柳田国男も行商人と民衆文化・情報の関連を適確に述べています。

四　天保期の画期

天保期（一八三〇～四四）の問題に移ります。いま述べましたように、化政期（一八〇四～三〇）には下層民が芸能の新しい担い手・創造者として進出してきました。かつて元禄文化が都市と町方の町民を中心とした文化で村落でも上層をまきこむものであるのに対して、ここではその階層と文化の共通性と平準化において新しい様相を呈しはじめます。この新しい近世の到達点を示す文化はほぼ明治、大正まで、もっと申しますと昭和二十（一九四五）年まで伝わるさまざまの大衆芸能を育ててきたと思います。この文化の到達点のうえにたって天保期の変動がやってまいります。天保期は数十万をこえる餓死・病死者を生む飢饉があり、大塩の乱とそれに続く一連の社会的な状況を眼前にして天保改革が行われます。この時期に見られる政治批判は先程申しました文化の到達点、つまり謡とか和歌とか漢詩とか、薬名、開帳、芝居とかを使って行われます。例えば大塩に関して申しますと、大塩が「救民」という「孟子」に登場しながら、それまでほとんど使われなかった言葉を政治的意味合い、社会的意味合いにおいて使ったことは民衆のよく知っている薬の名に由来し、十七世紀末の元禄期（一六八八〜一七〇四）の妙薬救民からとったものとみられます。のちに和歌山藩が救民講をつくって農民救済の手段としますが、周知の薬名を社会的意味合いにかえてゆくという構図は化政期の文化交流を踏まえて登場するのではないかと思います。それから近世期独特のパロディも、民衆が日常的に知っている近世文化を踏まえて展開する。

また歌舞伎についても天保改革の取締りの対象としてのみみられますが、そうではなくて、逆に全国的に拡大した民衆文化の果たす社会的、経済的役割を重視すべきと思います。このことは今日、経済偏重の日本において貧困な文化を考えます場合、文化の果たす経済的機能もあるはずで、風俗矯正、年貢増徴とかに関心をよせて茶屋小屋とか、それに伴う飲食衣服やさまざまの民衆生活のひだに入った生活文化のもつ意味が天保改革の中枢閣老には理解できなかったのだと思います。大塩の乱と天保改革を結ぶ間には、実は飢饉を経過した後にやはり江戸から京都、大坂の三都を中心に、民衆のまだ踊りまくっている状況があります。こういうことも天保改革の背景として考える必要があるのでありまして、一揆の理解についても、改革についても相対的・絶対的貧困論を抜いた単なる飢餓窮乏論からの立場では事は済まないように思います。それから一揆と歌舞伎の関係で申しますと、大塩の乱は軍書の講釈として「浮世の有様」が指摘しているように、乱の起こった天保八（一八三七）年早くも上演されています。

「大塩一件脚本の筋書」としてまとめられていますが、事件後直ちに四〜五月には九州で芝居が上演されたと記されています。伊勢古市でも天保十二年に「花開浪雛形」が上演されたが、これは「大塩騒動作リ替ノ由」といわれています（前掲、吉田暎二『伊勢歌舞伎年代記』）。これは佐倉惣五郎の一件が芝居として上演されるまでかなりの時間を要したということ、また赤穂浪士事件が近松門左衛門によってすぐに上演されながら、「忠臣蔵」として定着するのに半世紀近い時間を要したということからみると非常な早さであります。念のため「忠臣蔵」について付言すれば、この芝居が全国的に町から村へ伝わって「国民演劇」ともいうべき位置を形成するのは化政期だと思います。その後、世直し大明神が天保期に登場してまいります。これが仏ではなくて神として登場することの意味を考える必要があるのではないでしょうか。一揆における神の問題は、それは大塩の書いた檄文には配布の御師名の特定できる神宮のお祓いが貼ってあり、天意・神慮を伝えるものとして神聖視されて配られたものですが、それは伊勢のお祓いであり、事件の際使われたのぼりも、天保四年播磨加古川筋一揆にも共通し、中味が世直し的になっていますが、おかげ参りに華やかに宮川を渡った各地ののぼりとの関連を想起させるものであります（「御蔭群参地名録」、神宮文庫蔵）。

一揆と信仰、旅という視点からみますと、天保期だけでも興味深いいくつかの例をあげることができます。天保七年の甲州郡内一揆の指導者の一人犬目村の兵助の走路は西は安芸宮島に及び、西国札所めぐりのルートに乗って善根宿や寺の門前に泊まり、最後伊勢神宮へ参って東国へ走ります（深谷克己『八右衛門・兵助・伴助』朝日新聞社、一九七八年、増田広美氏から原文書のコピーを拝受）。翌八年の大塩の乱の中心グループの走路も地元河内の観音信仰と摂津・大和の札所、高野山と結びついていました（拙稿「大塩の乱与党の走路」、『いずみ通信』二〇号、一九九七年、のち『なにわの歴史八景』、せせらぎ出版、二〇一〇年、所収）。天保十三年近江の三上山一揆の指導者の一人甲賀郡岩根村の藤谷氏の残した日記によりますと、盛んに氏神と遠州の秋葉山参りをしています。一揆参加を決意したときにもここに参っています（『八日市市史　第三巻』、一九八六年、甲西町藤谷家文書）。非日常性の行動が寺社巡礼という日常化した行動文化の流れに沿っていることを証明しています。こういうふうな文化の到達点を踏まえながら、天保期から開港を迎えることになると思います。

開港以後の問題についてはレジュメには記してありますが、時間の制約上省略いたします。こういう鎖国下での文化の到達点が、実は民衆の非常に高い識字率、読み書き算盤にたいする知識を豊富に満たし、多様な民衆文化による「国内市場」の形成というべきものが誕生し、政治思想の一定の高まりを示すけれども、民衆レベルでの新しい国家像の形成に至らなかったという問題があります。文化と国益、ナショナル・インタレストとの関係です。これは文化というものが直ちに政治思想に帰着するかどうかということを問う場合、すべての国が文化水準そのままに新たな国家像を構築するとは限らないわけでありまして、このことは後に大きく影を落とすこととしているのではないでしょうか。文化を通して情報を高め、小地域の世界から視野を全国にひろげ、領主支配の枠をこえて一つの共通の世界を生んでいきます。徐々に「国民」への道が文化面でも育ちはじめています。今はこの点のみ強調しておきます。今のべた近世文化の生み出した「国民」形成の到達点に対して、維新政府は一定の開明的な政策を示しながらも上からの強圧的な統一をもって臨み、独自の国家的文化を構築してくると考えたいところです。

五　むすびにかえて

以上ごく大雑把に近世の民衆文化が十九世紀前半期に独自の文化をつくり出し、寺社参詣や旅、遊芸などを通じて次第に「国民文化」の素地を形成しつつあることを示しました。しかしここでは「国民」とはなにかについては十分分析できていません。少なくとも幕藩制国家のもとで、「何某様御領分百姓某」といわれるものから「国民」

へ脱皮することの意味だけは問う必要はあるでしょう。幕末維新の変革が藩を単位に動いたことは周知のことですし、畿内の国訴も支配領域単位でまとまったこともよく知られています。しかし国訴についていえば、組織単位はそうであっても経済の赤い糸のつくりだした広域的な地域を大きな視野に入れた新しい地域づくりの運動です。ここに狭い領主枠や国郡単位の発想と違った世界のひろがりをみたいと思います。

維新変革は国民国家（nation state）の形成をめざしたものです。この問題の研究について近年著しい進展をみせていますが、私はごく簡単に次のエピソードを紹介して「領分百姓」から「国民」への転換の指標にしたいと思います。長崎海軍伝習所に招かれたカッテンディーケが、日本の百姓の権利（ここにも近世社会の到達点がみえる）の高さに驚きながら、身分制の枠が「国民」形成を妨げていることを指摘しています。このことを随想した司馬遼太郎氏は「カッテンディーケの日本観は、この国における身分制社会が〝国民〟の成立をはばんでおり、〝国民〟が成立しないかぎり、日本は大国に食われてしまうだろうというひとことに尽きる」と評論し、「〝国民〟とは近代以前には存在しない。定義ふうにいえば、貧富や身分の差をこえて、人はすべて法のもとで等質であるという存在である。同時に〝国民〟は、自己と国家は同一であるものだとおもっている」と明快に説明しています（司馬遼太郎『この国のかたち　二』、文藝春秋、一九九〇年）。市民革命始発の地から来たオランダ人の考えを敷衍したものでしょう。

〔付記〕　この文章は一九八九年十月一日歴史科学協議会大会で「幕末維新期の民衆文化」と題して行った報告を、若干添削してまとめたものである。報告の機会を与えられた佐々木潤之介・中塚明両氏、予備報告の場をもって頂いた大阪歴史科学協議会、当日意見を寄せられた方々、ならびに長く篋底に眠っていたテープの翻字を担当された久保在久氏らの皆様に厚く御礼申し上げたい。ここで示した雑駁な近世文化論が、幸いにこの冊子（『日本史・ア・ラ・カルト』、天理大学文学部歴史文化学科歴史学専攻　酒井ゼミ編集・発行、一九九九年）に収められた卒業論文のいくつかによって多彩に展開されていることは、望外の喜びである。

中世・近世を生きる
――祈り、巡礼、芸能――

《はじめに》

歴史学の究極の目的は時代を書くことです。主な目的は、歴史の資料を集める仕事だと永原慶二さんが対談のなかでおっしゃっています。これに八〇パーセントの労力を使う。考古学でいうと発掘で、我々では文書《もんじょ》の整理に労力を使う。後の二〇パーセント近くで、一つのテーマを攻めていく。最後に、調べた時代は一体どんな時代であったのかを書き上げます。

それぞれの時代において、人々がどのように生きたかを考えるには、まず現在から出発することです。イギリスの心理学者、エードリアン・ホワイトさんの調査によりますと、世界の幸福度一位はデンマークで、日本は九〇番目のようです。これだけ経済が発展し、大学の数も多いのに、これはちょっと大変だなと思います。

作家村上龍の作品に『希望の国のエクソダス』（文藝春秋、二〇〇〇年）があります。「エクソダス」とは、旧約聖書の言葉で「出エジプト」転じて国外脱出の意ですが、村上さんはこの本の中で、「この国には何でもあります。でも、希望だけがない」と書きました。どうでしょうか。

犬養道子さんが『歴史随想　パッチワーク』（中央公論新社、二〇〇八年）という本を出されました。犬養さんのような人生経験と、世界を飛び歩いている人の本は非常に参考になる。犬養さんはこのように言っています。「私たちはいま、あまりにも暗くみじめな、出口の見えない『現代』を生きている。しかし、暗ければこそ、みじめなればこそ、『対立』『悪口』の心をきっぱり棄てて、対話を、和合を、日々刻々まさぐりつづけて、踏み出さなければならない」。昭和七（一九三二）年五月十五日、道子さんは学習院の幼稚園に行っておられましたが、その日、おじいさまの犬養毅氏が五・一五事件で撃たれた。こうした道子さんの経験が時代を見る目につながっているのです。その方がアメリカの大学へ行き、二十歳前後には中国へ行って、政治家のトップと話をしたりする中で、こういう文章を書かれているんです。

次にヴァイツゼッカー。この人は、西ドイツの大統領でした。大統領のとき、昭和六十年五月八日、ナチスドイツ崩壊四〇年の記念講演を行い、これが『荒れ野の40年』（岩波書店、一九八六年）という本になっています。彼は東西ドイツが合併した後も大統領を務めましたが、「現代の科学及び技術の支配する世界は、愛なき知性と呼ばれる人間の不遜な大胆さの所産である」と述べています。

科学とか技術というものだけで世の中は進んではならない。環境問題もそうでしょう。自然の侵してはならない領域を人間が侵すことによって環境問題が発生している。入ってはならない自然の聖域があるはずで、人類はそれを何でも文明社会の名においてやってきた。我々は、もう一度、歴史の中で立ち止まって考える必要があるのではないでしょうか。

服部之総《はっとりちかふさ》という歴史家がおられました。明治維新の研究家で、この人の本を読まなければ明治維新の研究をやったことにならないと言われるほどでした。島根県（石見）の浄土真宗の寺のご出身です。浄土真宗の寺は大体長男が継ぐのですが、彼は寺を飛び出して走り回った。しかし、晩年には自分を育てた親鸞と蓮如に回帰して『親鸞ノート』の中でこう言っています。「宗教こそは、およそこの地上において永遠に解放される条件と、その見通しをもちえなかった全世界の封建的農奴にとって、自己とその世界を領有するための唯一の科学であり、哲学であり、思想であり、真理であった」。

どうですか、この文章。宗教が今見直されています。つまり、カネ、カネ、経済、経済だけでいいのかということが、今問われています。庶民にとって、医者もなければ、訴えるにも字も書けない時代に、誰が人の生きる道を示してくれるのか、宗教しかなかったのではないか。だから、宗教は唯一の科学であり、哲学であり、思想であり、真理であったと服部氏は述べています。

《中世を生きる》

中世において、人々を襲うのは貧困、病気、飢饉です。さらには災害、兵乱、戦争です。こういうものと中世の人々は隣り合わせに生きていた。現代の、ある程度の満ち足りた、しかし肝心のところが欠けた社会から見るのではなく、今から六〇〇年、一〇〇〇年近く前の姿を頭に思い浮かべながら、人々はどう生きたかと考えることです。「仏は常に在せども、現ならぬぞあはれなる、人の音せぬ暁に、ほのかに夢に見え給ふ」、東山を散歩して永観堂の庭におりると、後白河法皇の編集した『梁塵秘抄』の一節が石に刻んでありました。仏さまは目の前に簡単に来てくれない。自分をとぎ澄まさないとあらわれない。これを「一心三昧《ざんまい》」と言います。三昧とは、ひたすら、それを求めるということです。

比叡山に千日回峰という行があります。酒井雄哉さんは、三度も千日回峰を成しとげ、大阿闍梨になられた。行は生死紙一重ですから、座っているだけで死体の臭いがすると申します。このとき絶対に仏は見えたと思いますね。「仄かに夢に見え給ふ」、この言葉を理解するためには、追い詰められた中世の人のようになる。そういうときはじめて仏が見えるということじゃないでしょうか。

また、『梁塵秘抄』には、次のような歌もあります。「遊びをせんとや生まれけむ、戯れせんとや生まれけん、遊ぶ子どもの声聞けば、我が身さへこそゆるがるれ」、子どもの声は、天使の声です。これを歌ったのは誰か、いろんな説がありますが、平安末から中世に数多くいた遊女です。自分が仏法に背いて生きていることを、子どもの声で悟らされる。感動しているのはどの階層の人か。満ち足りて暮している人か、あるいはこの生き方を明日もしていいのかと思っている人か、それぞれ置かれている人間の姿を思い浮かべながら、味わい、考えなければならないでしょう。

京都の北のほうに日蓮系の寺があります。あるとき豊臣秀吉が母親の供養のため各宗派に供養を命じます。ところが、日蓮系では日蓮宗以外の人のためには拝まない。一文の布施も貰わないという不受不施の精神があります。したがって、たとえ秀吉であってもノーという。すると弾圧が加わりますから、一団こぞって姿を消し西山のほうに隠れた。ある人が、「なぜあなた方は反対するのか」と問うたら、「この世の中は太閤秀吉さんのものではありません。お釈迦さんのものです」と答えたといいます。つまり「仏法為本」、応報、仏法いずれをとるか。お釈迦さんのほうが基で、時の政権が基ではない、という思想です。これが、いかにも中世的な生き方です。ほかの宗派についても同じことだと思います。

法華経では、この世の中は火宅である、燃えている家みたいなものだと申します。衆苦充満、人々の苦しみがあふれている。常に、生老病死、生まれて死ぬ、病気になって死ぬ、これだけの憂患《うげん》がある。真っ暗闇の時代を、どう生きていくかということです。

《時代と飢饉》

鴨長明の『方丈記』によって、我々が災害に見舞われたときの雰囲気を想像してください。

「世ノ中飢渇シテ（飢えて）アサマシキ事侍リキ」、「乞食《こつじき》路ノホトリニ多ク、ウレヘ悲シム声耳ニ満テリ」、「剰《あま》ツサヘ疫癘《えきれい》ウチ添ヒテ」、「路ノホトリナル頭、スベテ四万二千三百余ナンアリケル」。そして僧は「ソノ首ノ見ユルゴトニ、額ニ阿字ヲ書キ」巡ります。おそらく幕末までの様子はそうだったと思います。

明治政府は、その点よく頑張りまして、明治十年代に飢饉を克服しました。最後の飢饉は明治十八（一八八五）年ごろです。それから後は、米の流通に伴う米不足はあっても、生産段階ではほぼ解決したと私は思っています。

中世の時代は、食べ物がない。加えて、「ヲビタダシク大地震振ルコト侍キ、ソノサマ世ノ常ナラズ、山ハクヅレテ河ヲウヅミ、海ハカタブキテ陸地ヲミタセリ」（『太平記』）といった災害がありました。日蓮は、文応元（一二六〇）年、「近年より近日に至るまで、転変地夭《てんぺんちよう》、飢饉疫癘あまねく天下に満ち、ひどく地上にはびこる」（『立正安国論』）と書いて、「あなた方はどういう政策をおとりになりますか」という意見書を鎌倉幕府に出しています。

最近、飢饉と災害の研究が歴史学の大きなテーマになってきております。我々の学問の一番大事なのは、人の命を守るということです。人の命を守れない学問は、学問とは言えないんじゃないでしょうか。災害とか病気をどう克服しようとしたか、学問はそれを証明する責任があると思います。

南北朝のはじめ、「大旱《たいかん》（日照り）地を枯らして」、赤土のみあって、清涼な田んぼに青い苗がない。「餓病《がびょう》」、「飢え人地に斃る」、飢え苦しむ人が野に満ちておりました。時の後醍醐天皇は、「君遥《はるか》に天下の飢饉を聞召して、朕《ちん》不徳あらば、天予《われ》一人を罰《ばっ》すべし」、つまり、災害の来るのは政権担当者の責任で、民をこれだけ苦しめるなら、天よ私を罰したまえと言われた。そして、「天に背ける事を歎き思召して、朝餉《あさがれ》の御供《ごく》を止められて」、自ら朝飯をやめて、「飢人窮民《うえびときゅうみん》の施行にひかれたることありがたけれ」、と『太平記』は書いています。飢饉は、必ずしも個人の責任ではありません。しかし、政権担当者が、自ら身を慎んで、天にわびて、食事も減らして救わなければならない。

つまり、貧困とか、ワーキングプアとかに手を打たない限り、政権担当者といえるかと、既に『太平記』は言っているのです。

《社会とハンセン病》

さて、次は病気です。いちばん、差別を受けたのがハンセン病です。この病気はお釈迦さん時代のインドにも、キリスト教の聖書にも出てきます。もちろん日本の奈良・平安・鎌倉時代にもありました。

医学が進んでいないとき、何にすがればよいか。病気をはね返すには、自分の細胞が大事でしょう。身体が弱っていたら攻め込まれる。少々弱っても細胞に力があればはね返せます。細胞を活性化させるのは心のよりどころです。

立川昭二さんは『病気の社会史』（日本放送出版協会、一九七一年、のち、岩波現代文庫、二〇〇七年）という本で、「病気と宗教の切っても切れない結びつき」について書いています。病気を克服するのに医学が乏しい時代には、宗教が一つの役割を果たしていたのではないでしょうか。

ハンセン病のような病気をどう乗り越えていくか。鎌倉仏教の僧は、病気あるいは災害などを念頭に置いて活動しました。西大寺の叡尊と弟子の忍性は、ハンセン病の人々や非人と呼ばれた人々を救います。ハンセン病になれば、家で面倒を見てもらうか、叡尊らがやっている奈良坂の北山十八間戸へ収容してもらうかのいずれかでした。叡尊が動くたび、行く先々で、千人、二千人の人々が集まって拝んでいる。全部ハンセン病の人かというと、そうでなくて、それだけの浮浪者がいたということです。

日蓮は言っています。「世間の人の恐るる者は、火炎《ほのほ》の中と刀剣《つるぎ》の影を、此身の死するとなるべし、牛馬、猶身を惜む、況《いわん》や人身をや、癩人猶命を惜む、何況壮人をや」と。人間は、火災に遭う、刀で襲われる、刀の影を見ただけでも震える。そして、死ぬことが一番怖い。牛馬でさえ死ぬことを惜しむのに、人間がどうして命を惜しまないことがあろうか。治りがたい癩病になった人でも、明日も生きたいと思うている。しかるに元気な人間が一体何たることだといっている。

宗教も学問もそうですが、自分の置かれている時代に、どう取り組み、向き合っているか、真っ向勝負をする必要があるということです。

《人身売買の時代》

人間に襲いかかってくる、もう一つの問題は人身売買でした。ヨーロッパ世界では、奴隷貿易にかかわったことを、今もなお謝罪し続けています。日本は外国から奴隷を連れてくることは、まずありませんでした。しかし、奈良時代には奴隷が一〇パーセントいたと言います。室町時代にも人身売買がありました。

永正十五年（一五一八）年に成立した『閑吟集』に、「人買舟は沖を漕ぐ　とても売らるる身を　ただ静かに漕げよ　船頭殿」という、歌の一節があります。そこで思い浮かぶのは『山椒太夫』です。『山椒太夫』の原作、説経節の中に次の言葉があります。「舟漕ぎ戻いて、静かに押さいよ、船頭殿」、非常に似ていると思いませんか。

母と安寿そして厨子王は山椒太夫に売られます。母を乗せた舟と子ども二人を乗せた舟が日本海で別れます。母がはっと気づいた。おかしい、なぜ子どもと別々に行くのか。そのとき、船頭殿、静かに漕いでくれ、漕いで戻ってくれ、子どもと一緒にしてくれと詠んでいるんです。この様子が説経節で語られます。

奴隷売買は日本国内だけではありませんでした。豊臣秀吉の時代に、「大唐、南蛮、高麗へ日本人を売り遣し候事停止」とあって、中国や南蛮、スペイン、ポルトガル、朝鮮へ日本人を売っていたことがわかります。それは元和七（一六二一）年、徳川幕府二代将軍秀忠のときに、「人身売買、異国渡海停止令」が出るまで続きました。このころ何とか日本は、奴隷と呼ばれる人身売買を必要とせず成り立つ社会をつくり上げたということです。

《衆庶の心をとらえる説経節》

衆庶の心をとらえる芸能として、さきに少し触れた説経節の世界があります。学校の先生の説教と違って、お経の「経」という字を使います。この教えを聞くことによって仏縁を得る、成神成仏すると教えたのです。歌舞伎研究家、服部幸雄先生によりますと、宗教と生活と娯楽、その娯楽の最たるものが芸能で、これが一つになったものが説経節であると申します。

説経節は、江戸時代の初期に形が整ったようです。これが芸術的に高められていくと、人形浄瑠璃とか、浄瑠璃になっていったと思いますが、なぜこういう作品に人々が耳を傾けたのでしょう。

例えば、河内国高安（現在の八尾市）の俊徳丸は、継母の祈禱によってハンセン病に感染したのです。もう駄目だと思って、天王寺の引声堂というお堂の縁の下で、「もうわしはホームレスだ」と死を覚悟した。そこへ、姿を消した俊徳丸を追いかけて、許嫁《いいなずけ》の美貌の乙姫が巡礼姿で訪ねてきます。乙姫は俊徳丸を背負って袖乞《そでご》い、つまり物ごいをします。

先ほど話しました西大寺の忍性も、ハンセン病の患者を自ら背負って歩いています。お説経で助けるのも大事だけど、自ら力の及ぶ範囲で自分の施設に収容しにいくのです。

俊徳丸の物語も同じような流れの中で出てきました。袖乞いの世界では、天王寺が一つのよりどころになります。彼は二重の病、つまりハンセン病と盲目から救われました。この物語は、後に江戸時代の浄瑠璃『摂州合邦辻《せっしゅうがっぽうがつじ》』に仕上げられていきます。

歌舞伎の『小栗判官』、これは十六世紀の成立だといわれています。小栗判官が毒を盛られました。相州（神奈川県）に遊行寺という一遍ゆかりのお寺があって、そこの上人の勧めで、熊野湯の峰温泉のつぼ湯に出かけます。熊野は、ハンセン病であろうが、何でも皆「信不信を選ばず、浄不浄を嫌はず」と受け入れてくれます。そこで人々が判官を土車、土砂を運ぶような車に乗せて、みんなが順番に引いていきます。熊野へ詣る山伏も引くし、近所の人も引く。今、小栗街道を呼ばれている天王寺からずっと海より、JR阪和線に沿った街道を行きます。そして、湯の峰温泉に入ります。すると、「七日目が明」き、「二十七日腰が立ち、七十七日満願」、つまり四十九日目に満願成就して病が治る。悲惨な世界じゃなくて、こういう物語がバンバン、バンバンと、説経節で語られるわけです。

さきにも少しお話しした『山椒太夫』は摂州東成郡生玉庄大坂《おおざか》の、天下一説経与七郎という人が語った。どこで語ったか。四天王寺で語ったという説が有力です。『山椒太夫』の物語は、阪口弘之先生によると、十三世紀から十四世紀にかけて西大寺の叡尊・忍性ら、律宗僧の宗教活動が踏まえられているということです。そういう歴史があって、江戸時代に芸術に高められ、その教えを説いていったのです。「ただいま語り申す御物語、国を申さば、丹後の国、金焼《かなやき》地蔵の御本地を、あらあら説きたてひろめ申す」などと語り始められます。

陸奥国岩城の判官は、九州筑紫安楽寺へ流されます。残された御台所と、姉姫の安寿、そして弟の厨子王丸は、父を訪ねる旅に出るが、人買いにだまされます。そして「あなたこなたと売られて後、丹後の湊の、山椒太夫に買ひ取られ」ます。姉の安寿は亡くなり、弟の厨子王は逃げてお寺へ駆け込みます。お寺はアジール、つまり何人であろうと寺の許しなしには入れないところです。

やがて、厨子王丸は京都へやってきて、京都の七条朱雀権現堂で寝ていたところ、関白様が参詣したおり、丹後国司に取り立てられます。そして、母を探すことになるのですが、その前に自分の姉を責め殺した山椒太夫に復讐します。その場面は、「一引き引きて千僧供養、二引き引いては万僧供養、えいさらえいと引くほどに、百に余りて六つのとき」、「首を前にぞ引き落とす」つまり、一〇六回竹の鋸で山椒太夫の首を挽いたとき、首が落ちたという、残酷なことをした者には残酷な報いがあるという物語です。

厨子王は佐渡島で母親に再会します。母は鳥追いの歌を歌っている。親子の対面です。説経節では「両眼がはっしと明きて、鈴を張りたることとなり」と語られ、一巻の終わりとなります。

《森鷗外と『山椒太夫』》

森鷗外の『山椒太夫』では、鷗外は山椒太夫を殺しません。説経節と鷗外の世界の違いを指摘されたのは林屋辰三郎さんです。

鷗外のタネ本は、享保十（一七二五）年に出された浄瑠璃本で、鷗外が『山椒太夫』を書く大正四（一九一五）年の二年前にその本の複製が出ています。

山崎國紀先生が森鷗外の生涯を本にされました。電話でお話したら、鷗外の『渋江抽斎』という東北の医者のことを書いた非常に優れた作品の一節に、岩手県の岩木山が安寿姫だという伝承があることを鷗外が指摘していると言われました。今までの鷗外研究家は、それをほとんどパスしていましたが、山崎先生が見つけられた。私もそれを見つけた。この話には、酒向伸行さんの先行研究があります。丹後の国の船が津軽の領内に入ってくると、津軽には、嵐が来るという言い伝えがある。なぜなら、岩木山は安寿姫だから。姫を殺した丹後の人は一歩も津軽の国へ入れないという伝説が、すでに江戸時代にあったというのです。鷗外は、おそらく江戸時代のいろんな作品を見ながら書いたのでしょう。津軽には、「いたこ」がおりますので、この物語は「いたこ祭文」に発展していくということです。

今の話は江戸初期に伝わりました。江戸時代の一番いいところは戦争がなかったということです。だから、江戸時代になると、安心して旅行ができた。街道も整備されます。古い時代だと、旅行する人は限られていました。古代は租庸調という負担があって、税を運ぶために奈良の都に来ていた。そういう苦役を背負いながら、異質の文化を見て「奈良は、こんなんだぞ」と、口で伝えるわけです。現在の我々は、どこかへ行くとき、強制的に行かされることはまずありません。自分の目的で旅行しますが、これが本格的にできるようになったのが江戸時代です。それだけ経済も発展し、旅行する態勢が生まれてきたということです。

大変まとまりませんでしたが、お聞きいただきまして、ありがとうございました。これで終わらせていただきます。

地域史と資料館活動
——尼崎の場合——

はじめに

アジア・太平洋戦争の終結後すでに半世紀を経ようとしている（一九九四年現在）。この間の日本社会の変貌はかつてないほどの大きさで展開してきている。視野を半世紀にひろげるまでもなく、ここ二〇年間ほどに絞ってもその激動はすさまじいほどである。この日本およびそれを支える地域社会の基盤の変化は、私たちに直接かかわる歴史資料の存在形態をも大きく変えつつある。

戦後、国民主権・住民自治の民主主義の理念がうち出され、歴史観も大きく変わった。早く山形県の児童が「雪がコンコン降る。人間はその下で暮しているのです」と歌った（無着成恭《むちゃくせいきょう》編『山びこ学校』、青銅社、一九五一年）ように、無名の民衆の生活から歴史を動かす方向が歴史学にもひろがり、それを正面にすえた研究組織や姿勢が誕生してきた。中央に対する地方、地方にかわる地域、そして地域から歴史像をくみ立てて中央を撃つ姿勢、すなわち地域史研究の登場である。

地域資料館の考えをささえる背景には、このような流れが明らかに存在している。地域史は、まさに民衆を生活の場から描き出し、歴史をささえる民衆の声や姿が身近かに浮かび上るように描き出すことをめざしている。地域研究といえばアメリカに学ぶ Area Study に示されるように、歴史学だけでなく広く諸科学を総合して学際的に地域性を究明する研究方法もみられるが、いまここにのべた地域史研究は、日本の社会構造の特質を反映したもので、地域史・地域資料館・地域博物館などの名称にある〝地域〟とは、日本の地域社会の独自性を住民の目から見直そうとする意図がこめられたものである。(＊)

＊史料と資料の類別は、単純にはできにくいが、ここでは史料は歴史資料にかかわる公文書も含めて文字記録・文書を指すものとしたい。歴史資料にはこの史料のほか、遺物や博物関係を含めることもあるが、広義の資料という用語をこれに宛てるものとする。

地域資料館や地域博物館など、直接歴史資料の収集・整理・保存・サービスにかかわる公的施設の設立が近年相次いでいる。いずれも関係者の努力の賜物であるが、現実には様々な困難を抱えているのが実情であろう。ここでは、地域の歴史資料のうち、とくに近世・近代（一八八九年の市制・町村制施行以前）の古文書とその後の公文書・行政資料を主に取り扱っている文書館を念頭において、なかでも先駆的に史料館の設置を実現した兵庫県尼崎市の例を中心に紹介し、今後の史料保存・利用のあり方を展望したい。

一　尼崎市立地域研究史料館への道

尼崎市立地域研究史料館は、工業都市として知られる尼崎市の中心部、庄下川《しょうげ》下流の左岸、国道二号線沿いの高層ビル、総合文化センターの七階にある。

戦後の自治体史の編纂事業が開始されるなかで、阪神地方では新しいタイプの『西宮市史』（全八巻、西宮市、一九五九〜六七年）が発刊され、戦後史学の成果をもりこんだ内容が自治体史に新風をよびこんだ。戦後間もない一九四八年から五二年にかけて文部省科学研究費総合研究として全国的な史料所在調査が実施され、五三年三月に

『近世庶民史料所在目録』（全三輯、日本学術振興会）としてまとめられ、戦前正当に位置づけられなかった在地の地方《じかた》史料の所在が確認できるようになった。この調査はのちに一九五一年の文部省史料館の設置を経て改めて継承された。

この調査に若くして従事した八木哲浩《あきひろ》は、これに先んじて摂津国武庫《むこ》郡上瓦林《かみかわらばやし》村（西宮市）の尼崎藩大庄屋岡本家の膨大な古文書を発見し、この地に仮寓して沈潜するように農村経済史の分析に着手した。その成果はやがて、この庶民史料調査の兵庫県（主に摂津・播磨・淡路・丹波地区）の責任者であった今井林太郎との共著『封建社会の農村構造』（有斐閣、一九五五年）としてまとめられた。西摂武庫川右岸から西をフィールドにしたこの研究につづいて、同左岸を対象に山崎隆三が『地主制成立期の農業構造』（青木書店、一九六一年）をまとめ、河内綿作地帯を調査した古島敏雄・永原慶二の『商品生産と寄生地主制』（東京大学出版会、一九五四年）とともに近世経済史における畿内の位置づけを明らかにした。ちなみに、史料保存について数々の提言を行った津田秀夫も、大阪府下のこの庶民史料調査に携わり、近世史研究に大きな足跡を残した。

この戦後史学史に残る研究の成果をもつ八木が『尼崎市史』の編纂事業に加わったことが史料館設置の前提として存在している。八木の調査研究で際立っていたのは、当時村方《むらかた》文書の悉皆《しっかい》調査を行い一点残さず目録化したことで、謄写版刷りの目録はほぼ彼の単独の作業とみてよいものである。『西宮市史』以後八木の関係した阪神地方や播磨地方の自治体史の編纂事業に、この目録化の手法はそのまま引き継がれている。

八木は前掲『封建社会の農村構造』の「はしがき」の中で、戦中・戦後の激しい社会的・経済的変動期に、祖先の遺したこれら膨大な文書《もんじょ》を保存してきた岡本家にとくに敬意を表している。この姿勢が史料館設立につながることになる。

尼崎市では市制五〇周年を前に、その記念事業の一環として一九六二年、修史事業を開始し、市史編修室を設置した。この当初から同室に勤め、やがて室長として市史全一三巻・別冊一巻（一九六六―八八年）を完成させた小野寺逸也は、八木の研究蓄積を見ながら、戦後史編発刊に伴う難局をのりこえ、編纂事業を実らせるため、行政当局内で独自に史料保存・地域史研究の認識を深める努力を重ねていた。もともと近代の社会政策に詳しかった小野寺は、労働運動史から近世史にいたる研究論文を自らも発表し、あわせて地域の史料センターの必要性を感じていた。小野寺が史料館構想をもつに至った際ヒントになったのは、当時優れたスタッフと資料をもっていた兵庫県労働部の労働調査室（のち兵庫県立労働経済研究所）であり、経済学に通じていた彼の関心が歴史研究の地域版としてまとまったものといえる。

尼崎市史編修室の史料収集・保存の動きを追ってみよう。同室では一九六九年十二月からすでに目録化を終えた文書の保管者に、保管用のブリキ製衣裳缶を無償配布し、定期的に除虫剤を入れかえるなどのサービスを実施した。翌七〇年三月には廃棄手続きを完了した戦前の土地台帳等の保存について、市史専門委員と編修室が保管措置を関係者に依頼した。この年から総合文化センター構想の中に加わる形で小野寺の発想で市史編纂事業の継続を求めて史料館的な施設を設置する動きが始まり、先行の山口県・埼玉県・下関市などの文書館に資料の提供を依頼し、京都・岡山へ調査に出張し、「地域資料センター」設置の構想のもとに自治体史・団体史・社史、大学等の紀要の収集を開始した。

一九七一年には翌七二―七四年の市政策実施計画に「センター」の開設およびその準備をもり込み、この年十月に紀要『地域史研究』を市史編修室として創刊した。当時としてはユニークなネーミングであり、誌名としてとくに「尼崎」とうたっていないところに広域性と自負をうかがわせる。市史の刊行と並行して年三回発行されてきている。『地域史研究』は当初、市史刊行の継続と史料館開設への一つのステップとして発案されたものであるが、歴史研究のほか文書保存・史料館に関する幅広い内容で、阿部謹也・桂芳男ら外国史研究者や弁護士、住民からの声も掲載されている。

ちなみに、同誌が阪神地方に及ぼした影響は、伊丹市行政資料室（のち市立博物館）が『地域研究いたみ』を、宝塚市史編集室（のち市史資料室）が『市史研究紀要たからづか』をそれぞれ市史完成後の継続事業として創刊しているのにもうかがえる。

一九七三年十月に作成された史料館設置の基本方針では、その基本目的は、(1)日々散逸しつつある貴重な史料を収集・整理・保存し、公開利用に供するとともに、後世に伝えること、(2)生活の場である地域の歴史について市民の認識を深め、地域社会に対する科学的認識と愛情を育てること、の二点とし、史料館の性格は、市民の文化活動の歴史的分野におけるセンターとするとして、次の二点、(a)史料の収蔵・公開およびサービス機関（文書と刊行史料を中心にし、考古・民俗の遺物は取り扱わない）、(b)尼崎地域史の調査・研究・編集機関（市史・紀要・目録等）をあげている。

この間、石油ショックによる開設のおくれと書庫スペースの削減があったものの、一九七四年十月に「尼崎市立地域研究史料館の設置及び管理に関する条例」が公布され、財団法人尼崎市総合文化センターのビルの完成とともに七五年一月十日、同史料館が開館した。市立としてはこの前年に開館した神奈川県藤沢市文書館につぐ二番目の文書史料館である。藤沢市も準備段階で尼崎市に再三足を運び事情を聞きとっている。当時まだ国レベルでも国立公文書館が七一年七月に設置され、七二年設立の国文学研究資料館史料館（国立史料館）と並立し、県レベルでも山口・埼玉・東京など数館を数えるにすぎない時点でのことである。小野寺は、行政内で野草平十郎助役（のち市長）の理解をとりつけ、庁内で「きらわれてもなめられるな」を秘かな信念にして、職場に腰をすえ責任を取る姿勢を堅持して史料館の建設を実現した。

市条例の文言は、二年前の基本方針と少し変わり、日々散逸しつつある「貴重な文書《もんじょ》、記録等の史料及び文献」

を収集し後世に伝えるとともに、地域社会に対する「市民の歴史的認識を深める」こととなっている。建館の意図は全く変化はないとみられる。したがって基本方針にあった市民の科学的認識と歴史的認識の尊重の精神が基礎にある。

この精神をどう解釈すればよいか。一つはこの史料館が研究施設として位置づけられながらも、当初から研究者だけでなく、むしろ市民を対象にしていることの意味である。文書館が一部研究者の利用に偏している実情は否定すべくもないが、市民に開かれた史料館をめざしていることが十分察知できる。さらに科学的認識・歴史的認識についてはどうか。ここでは茨城県・神奈川県の県史編纂にかかわった金原左門《きんばらさもん》の、自治体史と科学としての歴史学の関連に触れた意見を紹介しておこう。すなわち「在地の資料の調査と発掘、観察にもとづく仮説づくり、検証の手続きを経て、それぞれの都道府県、市町村の個性をとらえ直しながら……まとめていく手法」であるという（金原―一九九三）。これは執筆を担当する歴史家への提言であるが、市民とつながり市民の検証を経て市民の社会認識を育てる観点に通じるものがあろう。

この条例では、わざわざ「文書《もんじょ》」と註記しているように、一般にいう文書《ぶんしょ》との違いを強調している。当時まだ行政資料の取り扱いが十分検討されておらず、近世期や近代の戸長《こちょう》役場文書（主に一八八九年の町村制施行以前）の保存を急務としたからと思われるが、史料館の所管についての意見で行政文書の取り扱いを指摘し、国立公文書館と総理府、東京都公文書館と都総務局という前例を念頭に置いて、公文書の取り扱いをふまえて所管の決定を求めていたことは十分注目しなければならない。その後の住民による情報公開の要望に応じる条例が相次いで自治体で制定され、また公文書の保存をめぐる全国的な運動や、その成果に立つ一九八八年六月の公文書館法が施行されるなどの状況を反映し、八九年、市の文書規定にも歴史的価値を有する文書の保存の条項を設けられた。市が廃棄することを決定した文書のうち歴史的価値を有するものは、史料館において保存することができるものとされた。

このようにして誕生した史料館は、地域史研究室、地域文書館と地域文献センターの三つの性格をもっている。また、この地域の歴史教育にも貢献した。尼崎市立地域研究史料館の名称は、さきに触れた紀要のそれとともに地域史研究を強く志向する意図を示している。市民の歴史的認識を育てるとともに地域住民に根ざした文書館の姿を掲げようとしている。設置時から施設の中心部は約三〇〇平方メートル余であり、職員数も市史編修室時代と同じ五名にとどまっている。しかしこの間、業務は多くなり、収蔵資料も開館時の一九七五年一月の古文書約一万六三〇〇点、古行政文書約七〇〇冊、刊行史料等図書五一五二冊、調査報告書・紀要等七八〇〇冊からはるかに増加している。本館以外に少し離れた地点に分室が設けられたが、すでに古文書・近現代文書数は三八七件・四万八四〇〇点に達し、その他行政文書・資料等々の数も多い。利用者も九三年度で九二八件・一一九六人で、多くは直接の来館者である。今後史料館（文書館）の存在をさらに住民とのつながりのなかで訴え、市民・研究者・関係諸機関との幅広いネットワークと史料の収集・利用とが考えられているが、行政内での認知を一層徹底するために公文書のもつ意味を問うかたちで庁内での連携が必要であろう。同史料館の運営の一コマは辻川敦の「史料保存実現のための提言——利用・公開を軸とした文書館事業展開の可能性」（『歴史科学』一三六号、一九九四年）にうかがえる。

二　なぜ文書を保存するか

全国的にみて政令指定都市以外の都市で早くも文書館建設がみられたことは、横ならびの行政が多い日本では注目されることである。その意味で、いまのべた尼崎の史料館に一歩先んじた藤沢市文書館の存在も大きい。同館は一九七四年七月に設置された。同市では市役所に市域の戸長役場文書が集められていたが、六三年十一月初旬にこれが一挙に焼却された。この種の動きは当時としてかなり全国的にみられたことでもある。それ以前にも五三年公布の町村合併促進法による町村合併とこれにつづく開発ブームの中で数多くの公文書が処分された。大規模化した市町の新庁舎を前に集められた文書が焼失されたり、庁舎移転に際して処分された例は多い。旧町村役場の倉庫に置きざりにされた公文書はむしろ幸せな方である。

藤沢市では高野修が教員から転じて市図書館・市史編纂室の体験を通じて市文書館設立の推進力となった。藤沢市文書館は例外的といえるかもしれないが現行の公文書も管理しており、揺りかごから墓場まで関係の文書一切が文書館で保管されている。もちろん市長部局の所管で行政の心臓の役割を果たしているという。高野も藤沢市にある時宗総本山清浄光寺文書の整理・研究に携わっており、研究面からも行政面からも両面から文書のあり方について強力に取り組んでいた。高野は、保存年限の切れた文書でも地域住民にとって役立つものは地域と次の世代に遺すのが行政当局の責務であり、税金によって作成された公文書は、すべて納税者に帰属するという原則的な発想に立っている。

この考え方は改めて認識する必要がある。地方自治体史の編纂にいくつかかかわり、情報公開条例の制定・運用の経験をもつ山中永之佑も、「一般に行政文書（史料）は、いうまでもなく税金を使って作成されたものである。それゆえ、地方自治体の行政文書（史料）は、その自治体住民の財産である。従って、これをむやみに廃棄することは、住民の財産を廃棄することにほかならない」とし、この考えは民主政治の論理からすれば当然のことであり、その点を保存の原点とすべきであると指摘している（山中―一九八八）。

このことを原点にして史料保存のあり方を考えてみよう。歴史資料のうち古文書類の保管については、過去の経緯があって図書館・博物館でも行われている。しかし行政非現用文書のうちでこれらの教育委員会所管の施設に収蔵されているのは少いと思われる。史料館・文書館が、古文書から行政文書・資料に及ぶ広範な歴史資料を取り扱っている。

資料館と博物館との違いは関係者の中でもよく議論されるところであるが、右の文書資料をめぐる保管状態も一つのポイントになる。塚本学は、歴史民俗資料館が実態として博物館であることを念頭において、資料館を広義の歴史資料を保管して比較的少数の研究者の利用に供することを主任務とする施設とし、文書館は資料館の特殊専門形態と位置づけている（塚本―一九九〇）。展示を必ず行い歴史資料の複製をも用意する博物館との差異を措定している。実態として資料館・文書館が限られた研究者の利用の場であり、国立公文書館の閲覧室の様子もそのことを示しているが、地域レベルになるとこの点は再考の必要があろう。尼崎でみた市民に開かれた史料館の方向は忘れてはならないし、とくに公文書が何よりも国民・住民の財産であることを考えると、研究者レベルの利用の観点にとどまるべきではなかろう。

三　危機に立つ文書群と保存

いま、戦後の歴史研究者側による史料保存の運動をふり返ってみよう。君塚仁彦は三つの期にわけている。近世史料の散逸と保存への取り組みを主として歴史研究者が進めた第一期、歴史資料の保存機関として山口県文書館（一九五九年）・京都府立総合資料館（一九六三年）・東京都公文書館（一九六八年）・埼玉県立文書館（一九六九年。新設一九八三年）から国立公文書館（七一年）など「文書館」設立が実現した第二期、そして一九八七年十二月公布の公文書館法にいたる「文書館法」制定運動が行われた第三期である（君塚―一九八八）。さきの尼崎の史料館と藤沢市文書館はこの第三期の冒頭を飾る地域運動とみることができる。いまは公文書館法にもとづいて地方自治体で公文書館設立をめざすとともに、既設文書館の改善・充実をはかる第四期にさしかかっているといえる。

このような時代を経ながら古文書と公文書をとりまく状況はどうなっているのだろうか。この両者に絞って考えてみたい。

近世から近代の市制・町村制実施にいたる四〇〇年余にわたる史料は膨大なものとなっている。近世の町方村方の庶民史料は、石高制のもとで一定の識字水準を前提に作成され、世界史的に注目されるほど遺されている。これは、保存についてもかなり厳密さを要求されていたからで、これらが村役人・豪農層を中心に作成・伝来されてきた。島崎藤村が、上からの明治維新像に対して下から見上げて草莽の立場から『夜明け前』（一九二九〜三五年）をまとめたのも、この階層の日記によるものであった。近代に入ってかつての豪農層は地方名望家とよばれて性格をかえながら、地方での政治進出を果たし、生産・流通・文化の地域的担い手として明治前期に足跡を残した。四〇〇年間にわたっての古文書は公私とりまぜてこれらの家々に伝来し、戦後庶民史料の調査の対象となり、歴史学の発展に寄与した。余談ながらいま活躍中の政治家の中にはこの系譜に属し文書を保存している人たちが意外に多い。

地域から歴史を考えるとき、これら個人の手で守られてきた歴史資料が基礎となった。しかし近代を通観した場合、市制・町村制の実施以後市町村役場が公的文書を作成し保管するにいたると、当時はさておきその後の戦争の影響、町村合併などで廃棄されることが少なくない。以前は永久保存とされていた議会議事録などもその散逸ぶりには驚かされる。戦中の資料にいたってはほとんど残存していない。戦争責任とのかかわりで焼却したからかもしれないが、本来行政の義務として保存されるべき資料が実に乏しいのが現状である。

たまたま合併時に旧村の倉庫に残され、あまり利用者もないまま幸いに生きのびた好史料もある。管見でもたとえば兵庫県豊岡市三宅《みやけ》の平尾在脩（日露戦後の報徳会・荒村復興関係）の史料や、三重県多気《たき》郡多気町佐奈の旧役場文書のように一見して地域史の実態を示す好史料などがあり、全国的にみれば未整理のまま生きのびている例は実に多い。

これらの史料群の生命を維持する方法は、文書の整理と目録づくりであろう。これが第一歩である。この際の分類や整理方法についてはまだ近世・近現代の史料学が確立していないだけに多大の困難を伴うが、廃棄を免がれる手はじめとしてぜひこの作業が必要であろう。

それにしても、生活様式の変化、家屋の改築、少子化や効率重視の経済第一主義の風潮などで長年伝えられてきた文書はいま存続の危機にさらされている。公文書をはじめ、これら古文書が地域の民衆の文化遺産であることの認識はひろがりつつあるが、行政の責任においてこれを保存するというには、まだまだ道は遠いといわなければならない。

公文書については、これこそ行政が作成から保管まで全責任を負ってきており、しかもこれが民主主義の原則からみても、行政のものというより主権者である国民・住民のものである限り、一日も早く文書館の設立を各地で実現すべきであろう。現在（一九九四年）三三〇〇の自治体のなかで文書館とよぶに値する実態をそなえたものは三十数館にとどまっている。近年、地域博物館やこれに類する施設は増加しているが、いわゆる一般の優れた文化財だけでなく、一切の文書を遺そうとする文書館の厳しい姿勢は、容易には認められないのが現状であろう。

事を立案し成就させるには、一定の組織が必要であるが、その前提として人の役割も大きい。すべて個人に還元してしまうのは危険であるが、英断を生む条件も人とのかかわりで考える必要がある。周知のように公文書館法の制定には元茨城県知事で参議院議員であった岩上二郎の役割が大きい。国会提出の法案の大半が政府提案であるなかで、この法案が議員立法として全会一致で承認されたことは注目すべきであろう。この英断を生むには岩上をとりまく事情を調べなければならないが、歴史学サイドからいえば、日本学術会議や歴史関係学会・保存機関関係者の長年にわたる活動を指摘できるし、何よりも直接保存に関係する人たちによる全国歴史資料保存利用機関連絡協議会（全史料協、一九七六年二月発足）の熱意を考えなければならないだろう。

国際的にも高い評価をうけた県立文書館を開設した当時の埼玉県の畑和《やわら》知事や「地方の時代」を提唱した神奈

川県の長洲一二《かずじ》知事など、岩上とならんで文書や県史の編纂に独自の判断を示した人たちの存在がある。埼玉県の場合は、埼玉県市町村史編さん連絡協議会が県立文書館を中心に優れた活動をつづけており、会発足後一三年目にして『地域文書館の設立に向けて』（同会編集・発行、一九八七年）をまとめ全国に文書館設立・史料保存をよびかけている。このほか各地で努力を重ねている関係者も忘れることはできない。

　これら関東の先進的な取り組みに対し、西日本はいささか立ち遅れている感がある。しかし保存の始期からいえば、欧米の「アーカイヴス」の考えに立った一九五九年設立の山口県文書館を全国最初の文書館としてみうるし、先鞭をつけたのは西日本というべきで、京都府の蜷川《にながわ》虎三知事が大英博物館に学んで、歴史・文化・生活の資料を収集し、博物館機能を備えた府立総合資料館を一九六三年に設立したことや、地方都市としての尼崎の例が当時の先駆性を示していると考えられる。

　文書館の設立と自治体史の編纂とはかなり強い相関関係がある。自治体史を発刊したあと、調査によって史料の形態や所在が乱されることも少なくなかった。行政が研究者に全面委託する形をとった場合は、右のような結果を生じた。最近の編纂事業では、県とか大規模の市では事務局体制が整備され随分改善されてきているが、古文書類の悉皆調査や目録化を欠いているところも多い。町村レベルではよほど関心をもつ人材に恵まれないかぎり、編纂担当者任せで処理される。このような形では資料館等への展望はとても不可能に近い。

　歴史研究者の自治体史への参加についてはきびしい批判の声もあるが、いまのべたような観点をもち、地域から歴史を組み立てる姿勢があれば一概に否定し去ることも正しくない。さきに引用した箇所で、金原左門は「日本近現代の百年におよぶ歴史のなかで、いま、はじめて地方史の次元から科学的な歴史構成の展望がみえはじめたような気がする」とのべ、フランスなどに一世紀近くおくれをとりながら、地方史が歴史研究のなかで正当に位置づけられる可能性もできたという。その可能性をささえるものとして、研究面以上にいちじるしい後進性を示す資料の収集・保存・利用について、関連機関の充実が必要であろう。

埋蔵文化財についていえば開発ブームによって新発見が相次いでいる。めざましい歴史学の新知見とよぶべきだろうが、開発と連動した発掘に心を痛める人たちも少なくない。かつて開発のブルドーザーの前に立ちふさがった学生たちの姿も想起されるし、一九六六年の古都保存法を生み出した日本で最初の「ナショナル・トラスト」といわれる鎌倉風致保存会の例もある。後者の「御谷《おやつ》騒動」の中心に立ったのは鎌倉の鶴岡《つるがおか》八幡宮裏山を開発から守った天野久弥（花咲織維社長）であり、この一市民が鎌倉在住の文化人、大仏《おさらぎ》次郎・吉野秀雄・朝比奈宗源《そうげん》らによびかけて全国的な古都保存の道をそれこそ身命をなげうって実現させた。鎌倉についてさらに書き記すと、中世遺跡の発掘の成果もあり、永井路子氏は「一市民の私は無力である。が、いま遺跡を破壊して八百年後にもの笑いにならないよう」にと資料館建設へ英知の発揮と決定を求めている（朝日新聞一九九二年五月十一日）。話が遺跡に及んだのは、この市民的観点と熱意が文書史料についても共有されることを望むがゆえである。たかが紙切れと思うなかれ、一枚の文書が世界を日本を揺るがすこともある。歴史関係者がこれから本腰を入れて地域の姿の見える資料館・文書館を建設しなければならない。

おわりに

資料館・文書館をとりまく環境はきびしい。図書館司書・博物館学芸員のような専門職員、アーキヴィスト（公文書管理者）の配置がまだ日程に上っていない。その養成が望まれるし、何よりも機構と人的面における行政機関での正当な位置づけが求められる。定員・身分・財政などによって認知されなければならない。

行政内部での文書保存等の認識についての市民権の拡大とともに、幅広く地域住民のアイデンティティーの形成に資して、多くの流入人口を抱える地域でも居住地の歴史から改めて学ぶことが可能になるようにすること、そしてまた市民・研究者と行政とが一体となって資料の現地保存主義を念頭におき、歴史に学びながら地域社会の発展をさぐることが必要である。その上で中央史の地域版でないユニークな地域史の研究が登場することになろう。史料保存をめぐって、関係者は私的な伝来者との間に信頼関係を作って個人に代って守る姿勢を示すことが求められており、公的史料に関しては行政内の認知への努力が不可欠である。

文書が消滅することの意味は、自然環境破壊と人間の関係を問うのと同じで、人間的社会的文化的「エコロジー」を守ることでもあり、主権者の権利を守って豊かに暮すことにもつながっているはずである。二十一世紀に私たちは歴史資料を悔いなく遺し伝えられよう、一段の努力が求められている。

参考文献

君塚仁彦「文書館設立運動の展開と課題」(『生活と文化』三号、一九八八年)
金原左門「日本の「自治体」史の編纂と歴史家の役割」(『歴史学研究』六四二号、一九九三年)
高野　修「地域社会と文書館」(『藤沢市文書館紀要』一三号、一九九〇年)
塚本　学「歴史学研究と歴史系博物館・資料館」(『歴史評論』四八三号、一九九〇年)
津田秀夫『史料保存と歴史学』(三省堂、一九九二年)
山中永之佑「地方自治体と史料保存――情報公開制度との関連において」(『地方史研究』二一五号、一九八八年)

解　題

巻末の年譜からも、また巻頭のインタビューからみても、酒井一という歴史家にとって「地域史と民衆文化」というテーマは、生涯を通じての主題であったと言えるだろう。したがって、それら多数の諸論考の中から五編のみを選んで「地域史と民衆文化」として収めるのは意に沿わないところがある。本書が四部構成を取ることから、以下の論文が、便宜的に配列されたものとして理解されることを願う。

さて後述の五編を選んだが、それぞれの論文では大きく趣が異なる。第一グループは、兵庫県史・三重県史という自治体史調査のなかから見出したテーマ・史料に沿って書かれている。比較的短編だが、小論の名手であった氏の真骨頂が窺える作品である。第二グループは、研究発表・講演を文章化したもので、大阪弁を常用していた酒井氏の口吻が色濃く残されている。合わせて話が大きく展開しており、小さなテーマと史料にこだわった第一グループとは相当、趣が異なる。最後の一編は、『岩波講座日本通史』というバリバリの学術書に書かれたもので、居住まいを正した学術論文の顔を見せている。「地域史と民衆文化」という主題で共通しながらも、硬派から軟派まで、幅広い表現方法を駆使した歴史家の一面を読み取ることができるだろう。

第一グループに属する「摂津猪名川筋三平伝説の歴史的考察―地域史研究の一つの試み―」は、大阪府と兵庫県の境界を流れる猪名川およびその支流である藻川から取水する井路のひとつ、三平井に関わる伝説の成立ちを考察したものである。たしかに他の井路が大井・野間井・西明寺井とよばれる中で、人物名をもつ三平井は特異で、三平とは誰かという興味を起こさせる。しかし、それを問題にし、いかに解きほぐすかは別問題である。その意味で本論は、「地域史の研究成果と教育の結びつきをはか」ろうとする強い問題意識に牽引された論文となっており、その姿勢は、筆者自身による聞き取りが行われていることにも現われている。

一九六九年に書かれ、七一年に補筆された本論の目的は、「郷土―地域につたわる伝承・伝説を素材に歴史学的な分析を加えることによって、その伝説をもう一度再生させる」ことにあるが、史学史的にはその後、別の方向で大きな展開があった。文中に「三平伝説の裏付けとなる事実は、天正二十年五月の大井組との激しい水争いにあった」との指摘があるが、同年の水論はいずれも、三平をはじめ大量の犠牲者を生み出している。その事実に着目して、野々瀬紀美「豊臣政権下の水論と村落」（『ヒストリア』七〇号、一九七六年）が書かれたが、それはさらに藤木久志氏による豊臣平和令への発見（『豊臣平和令と戦国社会』、東京大学出版会、一九八五年）に至った。

「文政十三年おかげ参りの施行宿の一考察―伊勢野間店の人数改めを中心に―」は、ごく短い前書で始まっているが、特定の地点での参宮者の定量分析をはじめて示すことで「おかげ参り」の研究史に残る成果となった。典拠となっているのは、伊勢の内宮・外宮に関する資料を所蔵することで著名な神宮文庫蔵の史料「施行宿国所名人数帳」である。史料には、朝熊岳万金丹の製薬本舗野間家の宇治山田支店が施行した、文政十三（一八三〇）年閏三月から六月までの五九日分の参宮人が、出身地とともに記されている。データ提示に重きが置かれ、分析はごく簡単なもので終わっているが、「四月に入って女・子どもの参宮が量的に多くなった」ことや、一組当たりの参加者が農村部に比べ京都・大坂の都市部は少ない、という指摘は貴重である。

残念ながら、氏自身によってさらに深化されることはなかったが、その後、二〇〇七年に大和御所町（中井陽一「文政十三年のおかげ参りに関する考察」、『史泉』一〇五号）、二〇〇八年に大和北八木村（宮本栄子「文政十三年のお蔭参りと施行」、『史文』一〇号）と相次いで施行記録が発見され、施行の物品、近隣村からの寄進、施行を受けた参宮者からの謝礼、施行後の行事などの詳細が分かるようになるとともに、四百万人を超える参宮者という通説が信頼の置けるものなのかという議論を生んだ。本論は、特定の地点での参宮者の定量分析からおかげ参りを再検討する研究の嚆矢となった。

尼崎市・八日市市史・安濃町史や兵庫県史・三重県史などの多数の自治体史編纂に従事しながら、また大塩事件研究会会長として会活動を主導しながら、酒井氏は一時期、学会の長を勤められたことがある。一九八八年から九一年にかけて、大阪歴史科学協議会代表委員を勤められたのである。後にも先にも「お堅い」学会の委員長は、この時だけであるが、その折、一九八九年度の歴史科学協議会大会で、大阪歴史科学協議会を代表して報告されたのが「近世民衆文化の到達点」である。

付記にあるように、本来ならば大会の翌年に出る『歴史評論』の大会特集号に論文として掲載されるべきものであるが、ノートのみが掲載され、論文にならなかった。そのことを惜しみ、当日のテープを起こすことで文章化されたのが本論であるが、それを担当した久保在久氏は、酒井氏の右腕として大塩事件研究会を支えた人である。久保氏のお蔭で酒井氏の構想する民衆文化、とくに十九世紀前半の民衆文化に関する理解が公表されることとなった。『なにわの歴史八景』(二〇一〇年)という大阪に限定した単著しか遺さなかった酒井氏が、近世の全体史について発言したものとして本論文は貴重である。

「中世・近世を生きる—祈り、巡礼、芸能—」もまた、講演記録である。『日本文化の源流を求めて』という書物に、他の講演とともに収められているので、論題は、他のテーマとの関係で与えられたものと思われるが、中世史にも視野を広げたものとして貴重である。とくに冒頭、服部之総『親鸞ノート』が引用されていることにわたしは注目する。明治維新史の大家として、その著作に酒井氏が馴染んでいたことは想像に難くないが、ここでは晩年の作『親鸞ノート』を引いている。「晩年には自分を育てた親鸞と蓮如に回帰して」という一文は、同様に仏門に生まれた酒井氏も当時、自分を育てた日蓮宗への回帰を考えていたのだろうか、と臆測を逞しくさせる。氏の絶筆となった作品である。

最後の「地域史と資料館活動—尼崎の場合—」は、『岩波講座日本通史　別巻二　地域史研究の現状と課題』に収められたもの。戦後の一九六〇年代から一〇年ごとに編集されている日本歴史のシリーズ企画であるが、時代順に編成された本巻とは別に、別巻が付けられている。一九九〇年版は「日本通史」と題され、別巻には、戦後五〇年を経過して高揚してきた地域史の動向を扱った論考が収められたが、そのうちの一本である。京都大学大学院時代の畏友朝尾直弘氏が編集代表の一人を勧めているので、朝尾氏の推挙ではないかと思われる。酒井氏にとって、「文書のチリを払いながら古文書の目録をつくる。そして、それを踏まえて、内容に入る調査を行うという、基本勉強をした」(本書一六頁、巻頭のインタビュー)地であり、いち早く市立の公文書館を立ち上げた尼崎市の事例が紹介されている。本論の発表された一九九四年の翌九五年に阪神・淡路大震災が勃発、多大な被害とともに資料保存問題が劇的に変化し、各地に史料ネットが生まれた。

(藪田　貫)

酒井一先生年譜

一九三一年（昭和六）　九月六日　上野龍学と同ミサヲの三男として大阪市此花区上福島南一丁目十五番地（現・大阪市北区堂島三丁目三―五）に生まれる。

　　十一月十三日　母の叔母酒井家の養子となる。

一九三八年（昭和十三）　四月　堂島幼稚園二年を経て大阪市立堂島尋常小学校入学。

一九四四年（昭和十九）　三月　堂島国民学校卒業。

一九四四年（昭和十九）　四月　兵庫県西宮市の私立甲陽中学校入学。

一九四五年（昭和二十）　六月　二回にわたる戦災をうけ、大阪府豊能郡庄内町庄本に転居。

一九四八年（昭和二十三）　四月　学制改革により中学四年から甲陽学院高等学校二年に編入学。この頃生地の大阪市北区へ戻る。

一九五〇年（昭和二十五）　三月　同校卒業。

　　四月　神戸大学文理学部文科入学。

一九五四年（昭和二十九）　三月　同学文科史学科日本史専攻卒業、この頃から半年病気療養。

一九五四年（昭和二十九）　十月　神戸大学文学部専攻科入学。

一九五五年（昭和三十）　四月　京都大学大学院文学研究科修士課程（国史学専攻）入学。

一九五七年（昭和三十二）　三月　同学修士課程修了。

一九五七年（昭和三十二）　五月　兵庫県立西宮高等学校非常勤講師となる。

一九五八年（昭和三十三）　四月　京都大学大学院文学研究科博士課程（国史学専攻）編入。兵庫県伊丹市立高等学校（全日制）常勤講師となる。

一九五九年（昭和三十四）　四月　森妙子と結婚、尼崎市法界寺に住む。

一九六一年（昭和三十六）　三月　京都大学大学院博士課程単位取得退学。

　四月　京都大学文学部研修員となる。

一九六二年（昭和三十七）　四月　伊丹市立高等学校教諭となる。

一九六七年（昭和四十二）　五月　宝塚市千種一丁目に転居。

一九六八年（昭和四十三）　二月　大阪府立大学教養部助手となる。

一九六九年（昭和四十四）　四月　龍谷大学経営学部助教授となる。

一九七四年（昭和四十九）　四月　京都大学経済学部堀江英一教授のもとに一年間国内留学。

一九七五年（昭和五十）　五月　枚方市楠葉花園町に転居。

　十一月　大塩事件研究会を結成し、会長となる。

一九七七年（昭和五十二）　十月　龍谷大学教授となる。

一九七八年（昭和五十三）　四月　龍谷大学社会科学研究所へ出向。

一九八二年（昭和五十七）　八月　ロンドン大学 London School of Economics and Political Science に留学、Prof. I.H. NISH のもとで学ぶ。

一九八三年（昭和五十八）　四月　三重大学人文学部教授となる。

一九八四年（昭和五十九）　五月　大和高田市幸町に転居。

一九八五年（昭和六十）　四月　三重大学人文学部長となる（一九八七年四月まで）。

一九八八年（昭和六十三）　六月　大阪歴史科学協議会代表委員となる（一九九一年六月まで）。

　九月　歴史科学協議会常任委員となる（一九九一年六月まで）。

一九九二年（平成四）　四月　三重大学学生部長となる（一九九四年三月まで）。

　九月　津市文化財保護委員となる。

一九九五年（平成七）　三月　三重大学定年退官。

　四月　天理大学文学部教授となる。三重大学名誉教授。

二〇〇〇年（平成十二）　三月　天理大学退職。

二〇〇三年（平成十五）　一月　宝塚市千種一丁目に戻る。

二〇〇六年（平成十八）　四月　奈良大学文学部嘱託教授となる。

二〇〇七年（平成十九）　三月　奈良大学退職。

　この間、非常勤講師として、京都大学教養部・文学部、立命館大学文学部・経済学部、京都橘女子大学文学部、花園大学文学部、奈良大学文学部、四条畷学園女子短期大学、大阪大学教養部、神戸大学文学部、大手前女子大学文学部、島根大学法文学部に出講。

二〇一一年（平成二十三）　一月九日　逝去。

二〇一一年　四月九日　酒井一先生を偲ぶ会開催（大阪リバーサイドホテル）。

酒井一先生著作目録（一九五四年〜二〇一七年分）

※著作目録のうち、二〇〇〇年までのものは、先生自らまとめた「著作目録」（『史文』三号、天理大学文学部歴史文化学科歴史学専攻、二〇〇一年）に依り、二〇〇一年以降のものについては、確認し得た範囲で記載した。

また、本書に収録した論考には＊を付した。

一九五四年　＊近世後期における農民闘争について—灘地方を中心にして—　（『兵庫史学』二　兵庫史学会　十一月）

一九五五年　菜種に関する国訴について　（『近世史研究』八　大阪歴史学会近世史部会　四月）

一九五六年　地主制形成期における農村工業の問題　（『近世史研究』一七　大阪歴史学会近世史部会　九月）

一九五七年　＊幕末における絞油業の発展　（『ヒストリア』二〇　大阪歴史学会　十月）

一九五八年　慶応二年大坂周辺打毀しに関する若干の問題　（『県西叢林』四　兵庫県立西宮高等学校　三月）

一九五九年　＊慶応二年大坂周辺打毀しについて　（京都大学文学部読史会創立五十周年記念『国史論集』　読史会　十一月）

※のち、『歴史科学大系23　農民闘争（下）』（校倉書房、一九七四年）に再録

近世における商業的農業と特産地帯形成—とくに西摂地方の商品作物を中心に—　（『兵庫史学』二二　兵庫史学会　十二月）

一九六〇年　寛政期の肥料に関する二つの国訴　（『兵庫県歴史学会会誌』五　兵庫県歴史学会）

（書評）安岡重明著『日本封建経済政策史論』　（『日本史研究』四六　日本史研究会　一月）

＊西摂青山主水領の在払制度　（『丹丘』二　伊丹市立高等学校　二月）
＊河内国石川家領の貢租―日本貨幣地代成立史研究の一試論―
（大阪歴史学会編『封建社会の村と町』吉川弘文館　十一月）

一九六一年　近世畿内農業と牛流通―河内駒ヶ谷市を中心に―（上）・（下）
（『史林』四四―二、四四―三　史学研究会　三月、五月）
畿内綿作の諸問題　（『ヒストリア』三一　大阪歴史学会　十二月）
「純粋封建制」論について　（『兵庫県歴史学会会誌』七　兵庫県歴史学会）

一九六二年　（書評）津田秀夫著『封建経済政策の展開と市場構造』　（『史林』四五―二　史学研究会　三月）
一九六一年の歴史学会―回顧と展望―
（『史学雑誌』七一―五　近世5（森杉夫氏らと共同）　史学会　五月）
近世史サマー・セミナー参加記（その二）　（『歴史評論』一四六　民科歴史部会　十月）

一九六三年　後進地帯の農業構造―会津を中心として―　（堀江英一編『幕末・維新の農業構造』岩波書店　二月）
（書評）小林茂著『近世農村経済史の研究』　（京都大学新聞一一五九号　七月）
封建制の動揺（阿部真琴氏と共同）　（『岩波講座日本歴史』12　近世4　岩波書店　七月）

一九六五年　大阪府の立憲改進党史料―布施市山沢家文書を中心に―（森杉夫氏と共同）
（『大阪百年史紀要』一　大阪府史編集資料室　十月）

一九六七年　兵庫県百年史　明治後期第二～一〇章　（兵庫県　七月）

一九六八年　（講演）明治後期の淡路の生活　（『淡路地方史研究会会誌』五　淡路地方史研究会　四月）
大阪百年史　文化編（森杉夫氏と共同、教育・新聞担当）　（大阪府　六月）

一九六九年 ＊泉州清水領における社倉制度 （『堺研究』四 堺市立図書館 三月）
＊摂津猪名川筋三平伝説の歴史的考察―郷土史研究の一つの試み― （大阪府立大学『歴史研究』一一 大阪府立大学歴史研究会 三月）
※のち一部改訂して『地域史研究』二（尼崎市史編修室、一九七一年十二月）に再録
秘事法門の一史料 （『兵庫県の歴史』一 兵庫県史 六月）
一九七〇年 ＊幕末期畿内における石代納―三分一直段平均化をめぐって― （小葉田淳教授退官記念『国史論集』記念事業会 十一月）
一九七一年 堺市史続編 第一巻 近世編第五・六章 （朝尾直弘・福島雅蔵氏らと共同） 堺市 二月）
幕藩制中期の物価政策と農村奉公人の賃銀 （『社会科学研究年報』二 龍谷大学社会科学研究所 三月）
河内国更池村第一巻 （宮川満・森杉夫・山口之夫氏と共同） （更池村文書研究会編 部落解放研究所 十月）
姫路藩寛延一揆の大坂町奉行所取調べ史料（1） （『近世史研究』四七 大阪歴史学会近世史部会 十二月）
一九七二年 奥田家文書 第七巻・第八巻・第九巻 （岡本良一・森杉夫氏と共同） （奥田家文書研究会編 和泉市・部落解放研究所 二月・八月・十一月）
近世史ハンドブック 幕府財政・藩財政 （児玉幸多ほか編 近藤出版社 五月）
（ノート）都市貧民と樋口一葉の作品 （『学会通信』六 龍谷大学経済・経営学会 十二月）
＊摂津国一橋領知の石代 （赤松俊秀教授退官記念『国史論集』記念事業会 十二月）
一九七三年 兵庫県水平運動史（3）水平運動の前進と共同闘争

＊幕末期の社会変動と人民諸階層　（『水平運動の研究』六　部落問題研究所　一月・三月）
（随想）文理学部時代の今井先生　（『日本史研究』一三一　日本史研究会　二月）
隆盛をきわめた富田酒　（『今井林太郎教授退官記念文集』四月）
大阪の教育（福島雅蔵氏と共同）第五〜八章　（『広報たかつき』三三七　高槻市　十月）
大逆事件と神戸　（毎日放送文化双書9『大阪の学問と教育』毎日放送　十一月）
（座談会）但馬の歴史（永島福太郎・石田松蔵・宿南保・鎌木義昌氏ほか）　（『兵庫県の歴史』一〇　兵庫県史　十一月）
（『兵庫県の歴史』一〇　兵庫県史　十一月）

一九七四年　奥田家文書　第一〇巻・第一一巻（共同）　（和泉市・部落解放研究所　一月・三月）
河内国更池村文書　第二巻（共同）　（部落解放研究所　五月）
開国と民衆生活　（佐々木潤之介編『日本民衆の歴史5　世直し』三省堂　八月）
＊幕末期西摂における領主支配と民衆　（『地域史研究』一一　尼崎市史編修室　十月）
（座談会）兵庫県の部落の歴史――徳川期を中心として（阿部真琴・落合重信・安達五男・小林茂氏と）　（『兵庫県の歴史』一二　兵庫県史　十一月）
富田村の助郷騒動　（『広報たかつき』三六三　高槻市　十一月）
長州軍の上京と高槻城　（『広報たかつき』三六五　高槻市　十二月）
兵庫史学会の思い出と今後への期待　（『兵庫史学』六五　兵庫史学会　十二月）

一九七五年　風雲急な西国街道　（『広報たかつき』三六七　高槻市　一月）

大塩の乱と高槻地方（1）・（2）（『広報たかつき』三六九・三七一　高槻市　二月・三月）
河内国更池村文書　第三巻（共同）（部落解放研究所　三月）
奥田家文書　第一二巻・第一三巻（共同）（和泉市・部落解放研究所　三月）
*大塩の乱と在郷町伊丹（『地域研究いたみ』三　伊丹市行政資料室　三月）
（史料）天保十三年堺の物価引下げ調査（『堺研究』九　堺市立図書館　三月）
日本産業革命研究のための序論（『社会科学研究年報』六　龍谷大学社会科学研究所　三月）
鉄道開通と高槻城の破壊（『広報たかつき』三七七　高槻市　六月）
*大坂書林河内屋のことなど―伊丹の書簡からみた大塩余聞―（『伊丹史学』二　伊丹地方史研究会　十月）
藩史総覧　摂津国高槻藩（児玉幸多・北島正元監修　新人物往来社　十二月）

一九七六年　大塩事件と民衆（上）・（下）（『大阪民主新報』一月八日・一月十日）
かわる明治の農業（『わが町あまがさき』五　尼崎市広報課　二月）
平八郎と町人（『大阪民主新報』三月二十三日）
創刊にあたって（『大塩研究』創刊号　大塩事件研究会　三月）
大阪府南王子村文書　第一巻（南王子村文書研究会　和泉市・部落解放研究所　三月）
奥田家文書　第一四巻・第一五巻（共同）（和泉市・部落解放研究所　三月・四月）
大塩の乱を見直す（『読売新聞』夕刊　十月二十九日）

一九七七年　枚方市史　第三巻（森杉夫・福山昭氏らと共同）第二章第一・三・四節（枚方市　三月）
大阪府南王子村文書　第二巻（和泉市・部落解放研究所　三月）
堂島　地名は語る　わが町の生いたち34　大阪市内編（『大阪民主新報』一五五九号　四月）

（ノート）伏見区内（京都市）の工業概況　（『社会科学研究年報』八　龍谷大学社会科学研究所　七月）
阪南町史下巻（史料）、（近世担当、熱田公・福島雅蔵・里上龍平氏らと共同）
（大阪府阪南町　十月）

一九七八年　阪南町自然田　地名は語る　わが町の生いたち　府下篇20　（『大阪民主新報』一六五八号　十二月）
大阪府南王子村文書　第三巻　（和泉市・部落解放研究所　三月）
（ノート）日本産業革命の研究の流れ　（『龍大社研所報』一〇　龍谷大学社会科学研究所　三月）
静かなブーム　大塩平八郎　（『大阪民主新報』　三月十四日）
歴史対談　大塩平八郎と大阪の民衆（阿部真琴氏と）　（『文化評論』六月号（二〇六号）　六月）
枚方市招提　地名は語る　わが町の生いたち　府下篇56　（『大阪民主新報』　十月）

一九七九年　高槻市史　第四巻2・資料編Ⅲ（松尾寿氏と共同、近世）　（高槻市　二月）
兵庫県史　第四巻（作道洋太郎・小林茂氏らと共同）第三編第三・四・五章　（兵庫県　三月）
大阪府南王子村文書　第四巻　（和泉市・部落解放研究所　三月）
＊大塩の乱と枚方地方　（『まんだ』八　北河内とその周辺の地域文化誌まんだ編集部　十一月）
〝大逆事件〟究明の旅　（『大阪民主新報』　十二月二十日）

一九八〇年　紀州庄村の形成と展開―近世かわた村と真宗を中心に―　（龍谷大学『同和問題研究資料』2　二月）
兵庫県史　第五巻（作道洋太郎氏らと共同）第三編第六章、第四編第二章　（兵庫県　三月）
（座談会）『兵庫県史』第四巻の執筆を終えて（今井林太郎・八木哲浩・作道洋太郎・小林茂・前嶋雅光氏と。紙上参加薗田香融氏）　（『兵庫県の歴史』一七　兵庫県　三月）
救民を唱えた儒者――大塩平八郎　（『歴史読本』六月特大号特集　新人物往来社　六月）

一九八一年　大塩事件研究会創立五周年にあたって　（『大塩研究』一〇　大塩事件研究会　十月）
民衆史のなかの〝大塩研究〟―「大塩事件研究会」五周年によせて―　（『大阪民主新報』十一月八日）
（随想）お母さん、そちらも花が咲いていますか　（枚方市中宮婦人学校文集『昭和史の中の私たち』三月）
都市に敗れた大塩の乱　（『朝日新聞』三月二十五日）
＊大塩の乱と畿内農村（青木美智男・山田忠雄編『天保期の政治と社会　講座日本近世史6』有斐閣　四月）
大塩事件処刑七〇周年によせて　（『日本史研究』二二四　日本史研究会　四月）
（座談会）『兵庫県史』第五巻の執筆を終えて（今井林太郎・阿部真琴・小林茂・作道洋太郎氏と）　（『兵庫県の歴史』一八　兵庫県史　九月）
一九八二年　町史こぼれ話（担当　阪南町の瓦生産、慶応二年五月の尾崎村、延享元年の年貢増徴と鳥取庄村むら、幻の舞村、江戸初期の領主と無地増高）　（大阪府阪南町　三月）
（講演）近世但馬の百姓一揆について　（『但馬史研究』八　但馬史研究会　三月）
『地名は語る』分担執筆　（大阪民主新報編　岡本良一・脇田修監修　文理閣　六月）
（書評）民衆の立場を貫く　歴教協編著『兵庫の歴史散歩』（1）（2）　（『兵庫民報』七月十一日）
（座演会）楠葉（今中五逸・東平介・瀬川芳則・舟木信光氏と）　（（一）『まんだ』一六　七月）
（（二）『まんだ』一七　十一月）
大阪府南王子村文書・奥田家文書　総目次・索引　（奥田久雄編、委託により全面作業に従事　比叡書房　九月）
一九八三年　（講演）日本資本主義と部落問題―解放令と自由民権期を中心に―

（龍谷大学同和問題研究委員会『同和問題講演資料集』１　三月）

阪南町史上巻（福島雅蔵・熱田公氏らと共同）

（近世第一章第三～六節、第二章第二～四節　大阪府阪南町　三月）

イギリスにおける歴史研究と日本関係史料調査

（『昭和五七年度在外研究報告書』龍谷大学教務部学務課　七月）

砲兵工廠と大阪産業、鼎談（小山仁示・久保在久氏と）

（大阪砲兵工廠慰霊祭世話人会編『大阪砲兵工廠の八月十四日　歴史と大空襲』東方出版　八月）

（随想）顧問・有光友逸師を悼む　（『大塩研究』一六　大塩事件研究会　十一月）

一九八四年

発刊にあたって

（『社会教育を生きるための権利に「枚方テーゼ」の復刻と証言』社会教育研究所（枚方市）二月）

（書評）多田留治著「破戒」の人びと　民衆史研究の成果　（『赤旗』十二月二十四日）

一九八五年

（随想）学恩やよ忘るな

（『甲陽史学会田岡香逸先生・高井悌三郎先生・宮川秀一先生著作目録』甲陽史学会記念事業会　四月）

（随想）日本のナショナルトラスト運動に思う　（『三重大学教職員連合会ニュースレター』三七〇　四月）

（随想）四〇年前の思い出から　（『学園だより』八二　三重大学学生部　七月）

（随想）米谷修さんのこと　（『米谷修遺稿集　想い起こす　御堂筋』内外履物新聞社・米谷嘉夫　十月）

一九八六年

大塩事件研究会十周年と事件殉難者一五〇回忌にあたって

（『大塩研究』二〇・二一　大塩事件研究会　三月）

相生市史　第二巻（三浦俊明氏らと共同）、第六章第二節１　（相生市　三月）

八日市市史　第三巻　近世（朝尾直弘氏らと共同）第一〇章第一～三節　（八日市市　三月）
（随想）ぶどうの木の下を掘ろう　（『学園だより』八六　三重大学学生部　四月）
「大塩事件」と庶民の記録　（『サンケイ新聞』七月二十八日）
一九八七年　（随想）限りなくいのちを尊ぶために
（三重大学医学部・同付属看護学校『第八回はまゆう祭　いのち～未来の医学を担って～』五月）
一九八八年　大塩平八郎の乱
（『週刊朝日百科　日本の歴史90　近世から近代へ――大塩の乱と天保の改革』朝日新聞社　一月）
＊文政十三年おかげ参り施行宿の一考察―伊勢野間店の人数改めを中心に―
（『今井林太郎先生喜寿記念　国史学論集』今井林太郎先生喜寿記念論文集刊行会　一月）
相生市史　第三巻（共同）第一章第一節一・二、第三節一・二　（相生市　二月）
大塩中斎書簡（共同、翻字・解説担当）（『平松楽斎文書13』津市教育委員会　三月）
三重県史　資料編　近代3　産業・経済（武知京三・桜谷勝美・大原興太郎氏らと共同）資料選択と総合解説を担当　（三重県　三月）
一九八九年　（解題）史料紹介　森川三都子「神津製作所学徒動員の記録―大阪師範学校女子部予科生の日記（一）―」
（『地域研究いたみ』18　伊丹市立博物館　三月）
相生市史　第五巻（史料編）近世　（第一章第一節6の一部、第二章第二節1、第三節　三月）
大塩の乱研究の問題点　（『歴史地理教育』四四三　歴史教育者協議会　六月）
（随想）豊かな一般教育をめざして　（『一般教育通信』二　三重大学一般教育委員会　七月）
（随想）思い出の岡本良一先生　（『大塩研究』二六　大塩事件研究会　七月）

（ノート）幕末維新期の民衆文化　一九八九年度歴史科学協議会大会報告のために大会第二日目　報告2
（『歴史評論』四七四　歴史科学協議会　十月）
（ノート）歴史から見た地方都市――日本の都市の特性と未来を考える
（平成元年度第四回公開講座『地方都市―その魅力と課題―』三重大学人文学部　十月）
三重県の近世　平松令三・伊藤達雄編『三重県風土記』（旺文社　十一月）
富豪万能主義か住民自治主義か
（『東海近代史研究』一一　東海近代史研究会　十二月）

一九九〇年

大塩平八郎
（『歴史地理教育』四五五、三月臨時増刊号　歴史教育者協議会　三月）
足代弘訓書簡　付岡本花亭書簡（共同）
（『平松楽斎文書14』津市教育委員会　三月）
兵庫県史　史料編近世二（八木哲浩・作道洋太郎氏らと共同）、五のうち年貢、六（史料と解説）
（兵庫県　三月）

一九九一年

三重県近世史研究の諸問題（1）―太閤検地を中心に―
（『三重県史研究』七　三重県　三月）
監修にあたって
（『紀和町史』上巻　紀和町（三重県）三月）
明治維新の過程で民衆はどう変わったのか
（佐々木隆爾編『争点　日本の歴史6　近・現代編』新人物往来社　五月）
松浦武四郎書簡　付山田三郎書簡（共同、解説担当）
（『平松楽斎文書15』津市教育委員会　十二月）

一九九二年

なまけるなイロハニホヘト散桜
（『郷土の歩み』二三　和泉市立解放総合センター　三月）
名張藤堂家歴史資料目録―名張藤堂家歴史資料調査報告書―（調査代表）
（名張市教育委員会　三月）
江戸時代人づくり風土記24　三重　お伊勢参り、江戸時代50科―豪商のふるさと―
（農山漁村文化協会　五月）

一九九三年

（講演）歴史研究・教育と現代（三重県高等学校社会科研究会　91年総会）（『三重社会』三七　六月）

真阿上人書簡　付真吽上人書簡（共同）（『平松楽斎文書16』津市教育委員会　十二月）

監修を終えて（『紀和町史』下巻　紀和町（三重県）三月）

（ノート）近世史からみた東日本と西日本（『地域研究の方法論に関する研究報告書』三重大学人文学部　三月）

筆道教師川越苗清先生のこと（『郷土の歩み』一四　和泉市立解放総合センター　三月）

親民から救民へ（『大塩平八郎と民衆』大阪人権歴史資料館　三月）

大塩平八郎生誕二百年　その挫折と決起の間（『産経新聞』夕刊　五月二十八日）

（随想）文理学部二期生のころ（『神戸大学文学部日本史研究室同窓会会報』六・七合併号　六月）

＊幕末・維新期の民衆は何を求めたか（佐々木隆爾・山田朗編『新視点日本の歴史6　近代編』新人物往来社　八月）

四日市市史　第一二巻　史料編　近代Ⅱ（武知京三・岡田知弘氏らと共同）（第一章第一節一〜五　四日市市　八月）

大塩平八郎と民衆—生誕二百年記念展—　文化フォーラム第一、二部を聞いて（『大塩研究』三三　大塩事件研究会　九月）

一九九四年

斉藤拙堂書簡（共同）（『平松楽斎文書17』津市教育委員会　三月）

南王子村の高札場（一）（『郷土の歩み』一五　和泉市立解放総合センター　三月）

伊丹をまきこんだ大塩平八郎の乱（『新・伊丹史話』伊丹市立博物館　三月）

（座談会）『三重県史』資料編近代の編集を終えて（西川洋・武知京三・大林日出雄・樋田清砂・吉村利男

氏と）（『三重県史研究』一〇　三重県　三月）

（随想）江戸橋、日本橋、そして…（『一般教育通信』二一　三重大学一般教育委員会　五月）

＊地域史と資料館活動—尼崎の場合—（『岩波講座日本通史　別巻2　地域史研究の現状と課題』岩波書店　十二月）

一九九五年　安濃町史　資料編（共同）第二編歴史　第三章（近世）および監修（三重県安濃町　十二月）

津阪東陽書簡　付津阪拙脩書簡（共同）（『平松楽斎文書18』津市教育委員会　三月）

大塩平八郎を解く—25話—（共同）7、8、9、14、18、20、21、25執筆（大塩事件研究会　三月）

兵庫県史　史料編　近世四（作道洋太郎氏らと共同）一二　災害・一揆騒動1～3、一三　庶民文化1～4　史料と解説（兵庫県　三月）

＊大塩与党をめぐる村落状況（朝尾直弘教授退官記念会編『日本社会の史的構造　近世・近代』思文閣出版　四月）

わたしたちのふるさと　勢和（共同）36、50、51、58、60、62、63および「編集を終えて」（三重県勢和村　四月）

（随想）顔のみえる歴史像を（『歴史と旅』六月号　秋田書店　六月）

（随想）八・一五を背負いつづけて（『歴史の理論と教育』九三　名古屋歴史科学研究会　十一月）

塩野芳夫著『近世畿内の社会と宗教』あとがき（和泉書院　十一月）

（随想）『近世史研究』のころ（塩野淑子編『史料採訪の日々—塩野芳夫歴史随想集』創栄出版　十一月）

（随想）ずっと三重大生協を見守って（『三重大学生活協同組合25周年記念誌』十二月）

一九九六年　ふるさと三雲　今と昔（共同、監修担当）16、17、18、19、38、39、41、42、43執筆

伊勢錦の岡山友清（村史編纂室33）（『広報せいわ』二六一　三重県勢和村　三月）（三重県三雲町　三月）
南王子村の高札場（二）（『郷土の歩み』二七　和泉市立解放総合センター　三月）
（随想）編纂室の窓から（『三重大学50年史ニュースレター』三　三月）
尼崎地域史事典（共同）大塩平八郎の乱、慶応二年の打ちこわし、三平伝説、村方騒動、山田屋大助の乱（尼崎市立地域研究史料館　三月）
（随想）もっと話のしたい市川さん（『地域とともに　市川真一追悼集』兵庫県歴史教育者協議会　五月）
（ノート）天保飢饉のダメージ（『古文書の研究』四四　日正社古文書研究所　九月）

一九九七年
安濃ふるさと　101編（共同、監修）36、37、38、39、40、41、42、43、あとがき執筆（三重県安濃町　一月）
解放令と相撲興行（一）（『郷土の歩み』二八　和泉市立解放総合センター　三月）
大塩の乱与党の走路―僧形と順拝―（『いずみ通信』二〇　和泉書院　五月）
種痘の普及と野呂文吾（村史編纂室48）（『広報せいわ』二七八　三重県勢和村　六月）
（随想）民衆史を切り拓く向江さん（向江強著『民衆のたたかいと思想』耕文社　十月）
石橋孫右衛門と牛流通システム―『石橋家文書―摂津国天王寺牛市史料』から―（『大阪の部落史通信』12　十二月）
（随想）思い出の浅野安隆君（『浅野安隆遺文・追悼文集　道山に還る』文集刊行会　十二月）

一九九八年
（随想）不敏の弁（『甲陽史学会高井悌三郎先生米寿　宮川秀一先生喜寿祝賀文集』一月）
（講演）大塩平八郎とその時代

（『大塩研究』三九　「大塩平八郎終焉の地」建碑記念特集号　大塩事件研究会　二月）

四日市市史　第十五巻　史料編　現代Ⅱ（武知京三・岡田知弘氏らと共同）第三章第二節第三項・第三章第四節第三項（いずれも漁業関係）（四日市市　三月）

兵庫県史の完結と今後の資料保存によせて（『兵庫県の歴史』三四　兵庫県　三月）

三重県史　資料編　近世4（上）（茂木陽一氏らと共同）（第二部総合解説・第三章近世の旅の史料　三重県　三月）

利右衛門、村の歴史をふりかえる（『郷土の歩み』二九　和泉市立解放総合センター　三月）

（講演）四日市が世界に結びついたとき―地域を変えた近代産業の誕生と起業家たち―（『四日市市史研究』一一　四日市市　三月）

思子淵神社古文書調査報告書（滋賀県高島郡安曇川町　中野自治会・思子淵神社　三月）

兵庫県史　史料編　幕末維新一（作道洋太郎氏らと共同）二　尊王攘夷運動と各地の政情4、四　明治国家による地方支配上1～3と解説（兵庫県　三月）

兵庫県史　史料編　幕末維新二（共同）四　明治国家による地方支配下4～7、五　明治国家の新政策3、六　明治政権草創期の混乱と動揺1～3、八　新政府の開化政策4～6と解説（兵庫県　三月）

羽曳野市史　第二巻　本文編2（山中永之佑・藪田貫氏らと共同）近代編　第二章　近代国家と羽曳野第三節1～6、第四節1～5（羽曳野市　三月）

（書評）加藤周一著『消えた版木　富永仲基異聞』近世思想史上に輝く業績に光（『京都民報』五月十七日）

江戸時代人づくり風土記28　兵庫（共同）

監修と「近世の兵庫　その地域振興の足どり」（大石慎三郎氏と共同）（農山漁村文化協会　十月）

一九九九年　兵庫県の部落史研究に寄せて（『ひょうご部落解放』86　兵庫県部落解放研究所　三月）

＊日本史ア・ラ・カルト（共同）はしがき、（歴科協大会報告）近世民衆文化の到達点―見えてきた「国民」―を執筆（天理大学文学部歴史文化学科歴史学専攻酒井ゼミ　三月）

大塩家家譜覚書―天満・名古屋・篠山を結ぶ―（『大塩研究』四〇　大塩事件研究会　三月）

※のち、学術文献刊行会編『日本史学年次別論文集　近世1―一九九九年』（朋文出版、二〇〇一年）に再録

（講演）FORGIVE BUT NOT FORGET―三重・タイ・イギリスを結ぶ―（『平成10年度高等学校教育課程研究成果報告書』　三重県立四日市西高等学校　三月）

（座談会）海の道・陸の道・文化の道（八賀晋・稲本紀昭氏から聞く）（『安濃津物語実行委員会　一九九八年度事業報告』　三月）

解放令と相撲興行（二）（『郷土の歩み』三〇　和泉市立解放総合センター　三月）

（講演）近世大坂の庶民生活――衣・食・住をめぐって（大阪市立高等学校教育研究会　三月）

（随想）登良さんの驥尾に付して『登良さん百話』（下村先生を囲む会実行委員会　四月）

三雲町史　第二巻　資料編1（太田勇氏らと共同）第三章三雲町の近世1、7、第四章三雲町の近代1～3、6、15および編集あとがき、監修（三重県三雲町　七月）

勢和村史　通史編（小林秀・下村登良男氏らと共同）第二編第三章近世の勢和第一・二節、第五節四・七、編集あとがき、コラム二点、監修（八月）

三重大学五十年史　通史編・資料編　第一章第一節、第二章第一節、第三章第一節1・2、第四章第

一節、第六節5、編集後記執筆、全体を監修　（開学五〇周年記念事業後援会　九月）
三重大学五十年史　部局史編　第一章人文学部 第三節1　（開学五〇周年記念事業後援会　九月）
横山文哉の生誕地有明町を訪ねて　（『ありあけの歴史と風土』 二二　有明の歴史を語る会　九月）
一万年の歴史の掛け橋―勢和村史通史編の発刊―　（『広報せいわ』 三〇四　三重県勢和村　十月）
安濃町史　通史編（浅生悦生・大原興太郎・日野出英彦氏らと共同）第二編歴史、第四章第一節1～4、第二節、第三節1、第四節1～5、第五章第一節、第四編文化　第四章を執筆、全体を監修　（三重県安濃町　十月）
精密な記録に彩られた町史資料集1を発刊　（『広報みくも』 三三五　三重県三雲町　十一月）

二〇〇〇年

まったり日本史で御座候（共同）　はしがき――ゼミ生を送るに当たって、大和高田の産業革命を語る―鉄道・紡績・銀行とその後―を執筆　（天理大学文学部歴史文化学科歴史学専攻酒井ゼミ　三月）
行事「大塩平八郎と天満」に思う　（『大塩研究』 四一　大塩事件研究会　三月）
（随想）古文書に親しんだ島野三千穂さんを悼む　（『大塩研究』 四一　大塩事件研究会　三月）
（ノート）九九年歴史セミナー　大塩平八郎を学ぶ　第二回ここが知りたい大塩の乱　（『大塩研究』 四一　大塩事件研究会　三月）
（講演）「近代の予兆」を見た人たち―化政・天保期を中心に―　（『兵庫のしおり』 二　兵庫県政資料館　三月）
解放令と相撲興行（三）　（『郷土の歩み』 三一　和泉市立解放総合センター　三月）
四日市市史　第一八巻　通史編　近代（西川洋・武知京三・岡田知弘氏らと共同）第一章第三節手工業から近代工業へ　一 農林漁業1～5　（三月）

創立二五周年を迎えて　（『大塩研究』四二　大塩事件研究会　十一月）
三雲町史　第三巻　資料編2（太田勇氏らと共同）近世第一章5と解説、第二章1～8（共同）・人物一覧、第三章、地籍図解説、絵図解説および全体編集　（三重県三雲町　十一月）
二〇〇一年　大塩研究との出会い　（『大塩研究』四三　大塩事件研究会　三月）
二〇〇二年　中瀬寿一先生を悼む　（『大塩研究』四五　大塩事件研究会　三月）
大塩の乱と猪飼野　（『大塩研究』四六　大塩事件研究会　六月）
この言葉　王文成画像　（『大塩研究』四七　大塩事件研究会　九月）
二〇〇三年　この言葉　幸田成友書簡　（『大塩研究』四八　大塩事件研究会　二月）
（講演）ボクの家が焼けた時―戦争はだれを守ったか―
（『戦争を語りつぐ02　21世紀の平和を守るために』福島区歴史研究会・大阪市立福島図書館　四月）
この言葉　頼山陽　（『大塩研究』四九　大塩事件研究会　七月）
大塩事件の深化を求めて　（『大塩研究』四九　大塩事件研究会　七月）
二〇〇四年　街道の日本史30　東海道と伊勢湾（本多隆成氏と共編）Ⅰ―二―2とⅡ―三―5の執筆と全体編集　（吉川弘文館　一月）
誌齢50号を祝して　（『大塩研究』五〇　大塩事件研究会　三月）
《講演筆記Ⅰ》兵庫県政と地域の歴史群像―兵庫県・日本・世界を結ぶ―　（『兵庫のしおり』六　三月）
大逆事件聞き書き（一）―新宮グループのこと―　（『大阪民衆史研究』五六　十二月）
二〇〇五年　洗心洞　大塩中斎「親民から救民への道」　（『大阪春秋』一一七　新風書房　一月）
「救民」の道を進む―研究会三〇周年に当って―　（『大塩研究』五三　大塩事件研究会　十一月）

＊半世紀の歴史研究を振り返る（村井康彦・朝尾直弘氏と共同）
（『大阪商業大学商業史博物館紀要』六　大阪商業大学商業史博物館　十一月）

二〇〇六年　大塩事件研究会の三〇年とこれから
（『大塩研究』五四　大塩事件研究会　三月）
《随筆　のじぎく1》明治憲法のあとさき
（『兵庫のしおり』八　三月）
（対談）語り部たちの戦後六十年
（『戦争を語りつぐ05　21世紀の平和を守るために』　福島区歴史研究会・大阪市立福島図書館　四月）
柳河瀬精「告発！　戦後の特高官僚」によせて
（『大阪民衆史研究』五九　十月）
梅田入堀に思う　（『大阪春秋』一二三　新風書房　七月）
（基調講演）自然と信仰の歴史遺産（シンポジウム「紀伊山地の祈りと生活―世界遺産登録一周年を迎えて―」
『大阪商業大学商業史博物館紀要』七　大阪商業大学商業史博物館　十一月）

二〇〇七年　刊行によせて
（酒井一監修、岸本隆巳著『もはや堪忍成り難し―自由民権秘史　島本仲道と三浦半島の仲間たち―』　叢文社　一月）
「資料抄」の出版に寄せて　（『寺田治兵衛資料抄』発行人・寺田培　三月）
大塩の乱一七〇年記念行事に当って　（『大塩研究』五六　大塩事件研究会　三月）
この言葉　平松楽斎宛書状　（『大塩研究』五七　大塩事件研究会　十月）

二〇〇八年　大塩研究特別賞を贈る　（『大塩研究』五八　大塩事件研究会　三月）
（基調講演）信仰・巡礼・芸能（シンポジウム「巡る祈りの文化―世界遺産にみる信仰・巡礼・芸能―」『大阪商業大学商業史博物館紀要』九　大阪商業大学商業史博物館　十一月）

二〇〇九年　この言葉　大塩の書　尊攘堂旧蔵　（『大塩研究』六〇　大塩事件研究会　三月）

明治中期の淡路紡績関係史料（一）―伊藤重義文書に見る地方紡績業―
（兵庫県公館県政資料館歴史資料部門編『新兵庫県の歴史』一　三月）
天春文衛・東尾平太郎・脇栄太郎『減租参考一斑』―明治24年地価修正運動史料―
（近畿大学経済学会編『生駒経済論叢』七―一　七月）

二〇一〇年　パネルデスカッション　近世後期の大坂と摂津・河内・和泉　大塩事件の背景をさぐる
（『大塩研究』六二　大塩事件研究会　三月）
大塩事件と能勢一揆
（「池田郷土研究」編集委員会編『池田郷土研究』一二　池田郷土史学会　三月）
明治中期の淡路紡績関係史料（二）―伊藤重義文書に見る地方紡績業―
（兵庫県公館県政資料館歴史資料部門編『新兵庫県の歴史』二　三月）
なにわの歴史八景　（せせらぎ出版　八月）

二〇一一年　大塩平八郎が向き合った時代
（『大塩研究』六四　大塩事件研究会　三月）
序文にかえて　大塩事件研究会創立三十五周年にあたって
（大塩事件研究会編『大塩平八郎の総合研究』　和泉書院　四月）

二〇一二年＊中世・近世を生きる―祈り、巡礼、芸能―
（立命館大学文学部編『日本文化の源流を求めて　読売新聞・立命館大学連携リレー講座』第三巻　文理閣　四月）

二〇一七年　『日本の近世社会と大塩事件』
（和泉書院　一月）

編者あとがき

直接の恩師でも、大学の友人でもない大先輩の論文集を編集することになるとは、予想のできないことであった。もちろん筆者である故酒井一氏自身、予想していなかったであろう。歳末の急病という不運に遭い、二〇一一年一月九日に急逝されなければ、氏自身、みずからの手で論文集を編まれる予定であったと強く信じている。実際、本書の出版を和泉書院が引き受けられたのは、廣橋研三社長と酒井氏の間で生前、論文集出版の約束があったからである。みずから遅筆と公言してはばからない酒井氏であるが、自身の手で、本格的な論文集の出版を企図されていたという話は、この度の出版のお世話をしようと考える大きな要因であった。

もうひとつ、酒井氏が生前、塩野芳夫氏（一九二四～九三）の論文集『近世畿内の社会と宗教』（和泉書院、日本史研究叢刊6、一九九五年）を出しているという事実も、論文集編纂を引き受ける理由であった。塩野氏の論文集は、井上薫先生を代表に、酒井氏や福島雅蔵・山口之夫・服部敬の諸氏からなる論文集刊行会によるものであるが、一五篇の論考を四部に集大成した同書の「あとがき」を酒井氏が書いている。「あとがき」では、「惜しくも道半ばで逝った塩野氏を追慕して」論文集を刊行するに至った経緯を記すとともに、「諸論文の理解に資するため、塩野氏の研究のあゆみに沿って、氏の関心事とその頃の歴史学界の流れに触れながら」解説している。

これを読み、人のために労をいとわなかった人ならば、自分も労を惜しまないでおこうと考えたのも、もう一つの要因である。

もちろん、わたし以外の適当な編者がいたかもしれないが、氏が長年にわたって務められた大塩事件研究会会長を、氏の没後、務めざるを得なくなったという事情が加わることで、最終的に、編者を引き受けることに踏ん切りがついた。二〇一二年末のことである。

論文集の内容を検討する上で氏が、天理大学を定年退職されるときに作成されていた年譜と著作目録が大いに役立った。年譜が氏自身の手になることは、出生や婚姻の記事が見られることからも明らかであるが、さらに氏自身が、大阪商業大学商業史博物館の協力を得て行われた鼎談「半世紀の歴史研究を振り返る」の記録が『博物館紀要』として残されていたことも大きな手掛かりとなった。朝尾直弘・村井康彦氏と酒井一氏の鼎談として始められたこの企画は、後日、日と場所を変え、博物館の学芸員（当時）小田忠氏を聞き役に、酒井氏の研究歴を聞く企画に転じているが、そこには氏の研究歴と問題関心の所在が、氏自身の言葉で語られている。

こうして年譜と鼎談記録をもとに本書の目次作りに着手した。収録の基準は、①氏の研究歴を物語り、同時に戦後の日本史学との接点のあるモノを選ぶ、②学術論文に限らず、講演録・随筆・ノートの類からも選択する、③連載物は避ける、④自治体史に掲載された業績は除く、ということであった。

二〇一四年六月、出来上がった目次案を谷山正道氏に送付し所見を賜った。酒井氏の業績をよく知ると同時に、天理大学の同僚として、二〇〇〇年三月の氏の定年退職を見守り、同大学の学会誌『史文』に退職記念号を編んだことからアドバイスを願ったわけである。谷山氏の修正をへて二〇一五年八月、最終的に目次案が出来上がり、廣橋社長と確認した上で、十一月初め、廣橋氏が妙子夫人と直接面談し、刊行について同意を得た。席上、刊行の費用を全額負担される意向が夫人から寄せられた。また、題名を『日本の近世社会と大塩事件』とすることにも賛同を得たが、そのことは「明治維新の前も後ろも、大事な日本の変革を両方から押えているという気持ち」（巻頭インタビュー、本書二五頁）という発言に込められた酒井氏の研究姿勢を無視することとなったことは一言、記しておかなければならない。現下の厳しい出版状況を考慮する時、近代史に関するものも収め、酒井一論文集として出版することは不可能と考えたこともあり、人生の後半生を大塩事件研究会会長として捧げた氏の論文集としては、大塩事件をタイトルにする以外の書名は思い浮ばなかったからでもある。酒井氏の知友・門人ならびに読者のご理解を得たいと思う。

さて、既出論文をもとに組まれた論文集であることから、収録論文はすべてコピーをとり、わたしの周囲にいる関西大学の学生や院生・卒業生たちに依頼してアルバイトとして作業してもらった。二〇一三年から一五年までほぼ三年を要したが、本書作成の期間は、ほぼそれに充てられているといってもいい。その上で、出版の準備が整えられ、和泉書院編集部への入稿となった。

本書は目次にある通り四部に分かれ、巻頭にインタビュー「半世紀の歴史研究を振り返る」が置かれている。それは本書が、氏自身の語る研究の軌跡に沿う形で構成されていることを意味しているが、「Ⅰ　近世の領主支配と村々」に収めた論考についてはインタビューのなかで氏自身の言及がない。京都大学大学院生として中村哲氏らとともに、当時、日本経済史研究を主導していた堀江英一教授の下で、村方文書の調査を精力的にこなしていた青年期の酒井氏にとって、もっとも重要な課題であった問題群が、氏自身の言葉で語られていないのは意外であったが、それらを除外することは適当と思われなかった。そこで、氏自身による位置づけを参考にしながらも、第三者（あるいは後進）の目で、それらの研究を史学史に位置づける必要があると考え、その役割を果たすために本書の各部の末尾に後進研究者の手になる解題を付け加えることとした。

執筆は酒井氏にゆかりの後進研究者に依頼することとし、「Ⅰ　近世の領主支配と村々」には本城正徳氏を配した。本城氏は奈良教育大学在職中に、天理大学在職中の酒井氏や、「Ⅲ　幕末の社会と民衆」の解題を担当した谷山正道氏らとともに、奈良市内で研究会を開催していたメンバーである。「Ⅱ　大塩事件」は、奈良大学在学中に非常勤講師として出向されていた酒井氏の薫陶を受けた松永友和氏（現徳島県立博物館学芸員）が担当している。三人の方々はいずれも、わたしの依頼に丁寧に応えていただき、力作の解題が揃うこととなった。また松永氏には、初校に際し、既発表論文との照合を行うとともに、異同の大きかった注釈の整合など面倒な作業を一手に引き受けてもらった。昭和の初めに生まれ、いわゆる「墨塗り世代」として戦後、歴史学の構築に若くして参画した酒井氏らの世代から言えば、谷山・本城・松永の諸氏は、その後継世代として酒井氏の諸論考を読んできているが、それぞれの解題はあらためて、酒井氏の追求した歴史学の一面を析出している。

わたしも「Ⅳ　地域史と民衆文化」の解題を担当したが、この中に収めようとして断念した論文がある。著名な牛市に関する論考「近世畿内農業と牛流通」である。論文が多数の図表を含め分量が膨大で、掲載すれば他とのバランスを逸するというのが第一の理由であるが、より大きな理由は、巻頭のインタビューで言及するところがあるものの、氏自身による史学史的な位置づけがなされていないことにある。言い換えるなら、他の論考のように継続してある時期、追求された問題意識に沿った論考というには、孤立した業績と思われるからである。きわめて貴重な史料を発掘した研究であるため、この論考は酒井氏の代表作とみなされているフシもあるが、本書では、以上の理由から収めることを見送っている。

むしろ掲載したくて適当な論考が見つけられなかったのは、氏の被差別部落史に関する論考である。『河内国更池村文書』『大阪府南王子村文書』という大阪を代表する被差別部落の史料集編纂に従事したことは、酒井氏の研究歴を彩る大事業であったと思われるが、研究論文としても、あるいは随想としても適当な論考を見つけることができず諦めた。残念至極である。

酒井氏といえば、みずから遅筆を認めるところであるが、若い頃の酒井氏の調査と執筆は、熱気に満ちていたと思われる。とくに大阪周辺の農村調査、村方文書調査では東西の研究者が競い合い、高揚した雰囲気を醸し、津田秀夫・高尾一彦・中村哲・朝尾直弘・脇田修氏らが、次々と論文集を著わしていた。そんな中、精力的に資料調査をこなし、執筆活動を進めていた酒井氏が、脂の乗り切った時期に単著をものすることがなかったのは、いま考えても不思議であると同時に、なんとも惜しまれる。その反面、個々の史料への史眼の鋭さは特筆に値する。それは見事な短編をつぎつぎと生み出し、酒井氏の歴史家としての力量を示す一つの特徴であった。

なお、本論文集の編纂と並行して故酒井氏の遺品整理が、夫人の手で順次、進められたが、氏の生前の業績を語る上で無視できないことでもあるので、「あとがき」の最後にふれておきたい。

蔵書約一万冊は二〇一三年、畏友中村哲氏の計らいでドイツ（ベルリン図書館）に寄贈され、その後、古典籍が京都大学図書館に引き取られた。手書き原稿や古文書類が残されたが、手書き原稿類（書簡・写真を含む）は二〇一四年、大塩事件会の事務局が置かれる大阪市天満の成正寺に一旦、引き取られ、大塩事件研究会会員久保在久・松浦木遊両氏の手で整理されたが、その中に氏の十歳台半ばから二十歳台にかけての日誌と原稿があった。そして最後に古文書類が残り、二〇一六年五月、小生の下に届けられ、松永氏の協力を得て、整理したが、大塩事件関係と並んで地方（農村）文書が数件、出てきた。なかでも魚崎村と遠里小野村の村方文書は、本書に収めた論考と深くかかわるものであり、日誌とともに写真を口絵に収めた（口絵掲載は魚崎村文書のみ）。

古文書は史料保存に厳密であった氏の生前の姿勢を尊重し、関連する自治体の文書館・市史編纂室などに引き受けてもらう作業を進めている。大塩事件関係資料は成正寺に収めることを予定しているが、同寺の住職である有光友昭師は、酒井氏の三重大学時代の最後のゼミ生であった。またこの間、妙子夫人とともに遺品の整理を一身に担われたのは、氏の龍谷大学時代の教え子であった岸本隆巳氏である。龍谷・三重・天理と異動を重ねながらも知友・門人に恵まれた氏ならではの人脈である。わたしを代表とする大塩事件研究会が、「惜しくも道半ばで逝った」酒井氏の業績を末永く伝えることに協力できることは光栄なことである。

二〇一六年十月二日

大塩事件研究会会長　藪田　貫

刊行によせて

二〇一〇年の暮頃から酒井は体調を崩し臥せっていました。お正月のＮＨＫニューイヤーコンサートは楽しんでおりましたが、私に合せてくれたのかも知れません。正月明けに入院しまして一月九日、呆気なく旅立ちました。随分我慢していたのだと思います。

片付けはどうしたらよいのやら茫然といたしました。

中村哲先生が訪ねて下さいました時、本の処分についてお願いいたしましたところ、先生の友人のドイツ・ボン大学の教授ギュンター・デステルラート先生に頼んで下さいました。結果ドイツ・ベルリンの図書館へ全部寄贈することになりました。本当に安堵いたしました。

古文書類については岸本隆巳さんと相談しまして、藪田貫先生のもとへ送ることにしました。先生の御判断でそれぞれ納まるべきところへ送って下さいました。

ここに立派な酒井の論文集ができましたが、本人がいないのにその本を編集するということは大変な御苦労があったと思います。藪田先生をはじめ諸先生方に深く感謝申し上げます。有難うございました。この立派な本を手にしました時、遠く旅立っていた酒井が、戻ってきたように思われます。

酒井は思い残すことは多々あったと思いますが、この本をみて気持が静まり、しばしの間ふり返って読んでいることでしょう。

二〇一六年十一月十六日

酒井妙子

■**著者紹介**

酒井　一（さかい　はじめ）

一九三一年大阪市生まれ。神戸大学卒業後、京都大学大学院に進学し、日本近世・近代史を志す。高校教諭などを経て、一九六九年以降二〇〇七年まで龍谷大学・三重大学・天理大学・奈良大学などの助教授・教授・嘱託教授を歴任。一九七五年には大塩事件研究会結成とともに会長となり、「大塩の乱」研究の学際化と普及に努めた。二〇一一年一月九日逝去。

日本史研究叢刊 31

日本の近世社会と大塩事件

二〇一七年一月二二日初版第一刷発行
（検印省略）

著　者　酒　井　　一
発行者　廣　橋　研　三
印刷所　亜　細　亜　印　刷
製本所　渋　谷　文　泉　閣
発行所　有限会社　和　泉　書　院

大阪市天王寺区上之宮町七－六
〒五四三－〇〇三七
電話　〇六－六七七一－一四六七
振替　〇〇九七〇－八－一五〇四三

ISBN978-4-7576-0820-7　C3321

日本史研究叢刊

書名	著編者	番号	価格
大塩平八郎の総合研究	大塩事件研究会編	21	九〇〇〇円
大塩思想の可能性	森田康夫著	22	八〇〇〇円
海民と古代国家形成史論	中村修著	23	八〇〇〇円
医師と文芸 室町の医師竹田定盛	大鳥壽子著	24	八〇〇〇円
玉葉精読 元暦元年記	髙橋秀樹著	25	一〇〇〇〇円
中世説話の宗教世界	追塩千尋著	26	七〇〇〇円
近世の豪農と地域社会	常松隆嗣著	27	六八〇〇円
大塩思想の射程	森田康夫著	28	六〇〇〇円
有間皇子の研究 斉明四年戊午十一月の謀反	三間重敏著	29	六五〇〇円
正倉院文書の歴史学・国語学的研究 解移牒案を読み解く	栄原永遠男編	30	一二五〇〇円

（価格は本体価格）